HERBJØRG WASSMO

Tora

HERBJØRG WASSMO

Tora

Das Haus mit der blinden Glasveranda
Der stumme Raum
Gefühlloser Himmel

Romantrilogie

Aus dem Norwegischen
von Ingrid Sack

List Verlag
München · Leipzig

Die norwegischen Originalausgaben erschienen unter den Titeln „Huset med den blinde glasveranda“ (1981), „Det stumme rommet“ (1983) und „Hudløs himmel“ (1986) bei Gyldendal Norsk Forlag, Oslo.

ISBN 3-471-79149-3

Gesamtherstellung: Mohndruck GmbH, Gütersloh

Inhalt

Das Haus mit der blinden Glasveranda

I

Sie wußte nicht, wann sie sich ihrer zum erstenmal bewußt geworden war: der Gefahr. Es war, lange nachdem sie in die kleine Speisekammer hinter der Küche gezogen war, weil die Mutter meinte, sie solle einen Raum für sich haben. Es war, lange nachdem sie angefangen hatte, nachts von den lauten Stimmen in der Stube, in der Henrik und die Mutter schliefen, aufzuwachen. Sie wachte nachts auf und fühlte sich verschwitzt. Als ob sie Fieber bekommen würde. Und sie wollte nach der Mutter rufen, sie nahe bei sich haben. Aber sie brachte keinen Laut hervor. Es war alles zusammen unmöglich und fremd, und die Dunkelheit war unsicher. Das war sie immer öfter. Besonders wenn die Mutter Abendschicht in der Fabrik hatte und erst spät nach Hause kam.

Dann mußte sie sich ganz wach machen, obwohl sie es nicht wollte.

Setzte sich im Bett hoch und war wie eine leere Schale. Sie hatte das Gefühl, daß der Kopf angeschwollen war und die leere Schale hielt, die im Raum schwamm. Die Ohren waren wie die Türen von Almars Bootsschuppen in Hestvika: in den Angeln kaputt, so daß der Sturm an ihnen riß und zerrte.

Sie war einmal oben auf dem Hesthammeren gewesen. Ganz oben auf dem Gipfel. Da war nichts anderes als Stein und Heidekraut. Henrik hatte sie an der Schulter genommen und sie bis an den Abgrund geführt. Der Abhang führte steil hinunter ins Meer und war bedeckt mit Steinen und Geröll.

Während sie da stand, hatte es so in ihrem Kopf zu sausen begonnen, wie wenn der Wind durch die Türen von Almars Bootsschuppen fuhr. Sie konnte sich nicht rühren. Mutters Stimme klang ängstlich, als sie Henrik bat zurückzukommen. An die Worte konnte Tora sich nicht mehr erinnern.

Damals hatte sie verstanden, daß Henrik sehr stark war. Denn er lachte. Wenn er die Luft einzog und eine Lachsalve in die Tiefe schickte, hallte es Schlag auf Schlag unten im Geröll wider.

Die Kinder in der Schule riefen ihr ab und zu nach, daß man es rieche, wo ihre Mutter arbeite.
Aber nach Fisch roch jeder, meinte Tora. Sie kümmerte sich nicht weiter darum. Wenn man sie nur sonst in Ruhe ließ.
Hände. Hände, die in der Dunkelheit kamen. Das war die Gefahr.
Große, harte Hände, die grapschten und drückten. Nachher schaffte sie es kaum, noch rechtzeitig aufs Klo zu kommen. Manchmal wußte sie nicht, ob sie es wagen sollte, in der Küche zu pinkeln, wo der Eimer stand.
Da schlüpfte sie lieber in die Stiefel, zog den Mantel über das Nachthemd und sprang in den Hof, ob es nun Sommer oder Winter war.
Der Hof war groß und sicher, und es gab einen Haken an der Klotür.
Dort unten konnte sie lange sitzen bleiben. Manchmal bis sie vor Kälte ganz steif war oder Mutters Schritte auf dem Grusweg hörte.

Henrik war an den Abenden, an denen die Mutter arbeitete, auch meistens fort. Tora wachte auf, wenn die Tür ging und einer von ihnen kam. Die Mutter hatte müde, aber leichte Schritte. Sie öffnete die Tür vorsichtig, als ob sie Angst hätte, sie könnte kaputtgehen. Henrik dachte weder an den Türrahmen noch an die Tür. Er hatte keinen Schritt, er schlurfte nur herein.
Aber in der Wohnung hatte Henrik andere Schritte, wenn er wollte. Schritte, die man fast nicht hörte. Lautlose, mit einem rauhen Atem verbunden.
Ingrid begann eines Tages, Tora plötzlich auszufragen. Fragte, wann Henrik nach Hause komme. Wie er sei. Tora atmete den ekelhaften Geruch von Nelken, und ihre Hände wurden ganz feucht.
Von da ab stand sie auf und half ihm ins Bett, wenn er kam, die Mutter sollte ihn nicht auf dem Sofa in der Küche finden. Es ging ein scharfer Geruch von ihm aus, und manchmal war er wirklich schwer. Aber er berührte sie niemals, wenn sie ihm half. Fuhr nur ab und zu mit dem Handrücken unter der Nase

entlang. Er sah Tora nicht einmal an, starrte nur angestrengt in den dunklen Raum.
So war es ruhig und ordentlich, bis die Mutter kam.

Eines Abends ging es aber trotzdem schief.
Henrik hatte kein Licht angemacht, als er um elf Uhr nach Hause kam. In der Dunkelheit stieß er an die Gläser und Tassen, die umgedreht auf dem Küchenschrank zum Trocknen standen. Mehrere Gläser und Tassen zerbrachen auf dem Schrank und auf dem Fußboden.
Tora wachte auf, als es polterte und klirrte. Sie hörte ihn hinfallen und fluchen. Sie wagte nicht, sofort hinauszugehen. Ihr Herz schlug gleichsam außerhalb ihres Körpers. Sie brauchte eine gewisse Zeit, um es wieder hereinzuholen.
Aber dann rief er leise und röchelnd, und Tora bekam Angst, daß Elisif vom Dachgeschoß heruntersteigen und den ganzen sündigen Raum entdecken könnte. Da würde die Mama vor Scham sterben.
Sie spürte, wie die feinen, kleinen Glassplitter sich in die Fußsohle hineinfraßen, als sie durch die Küche ging. Sie mußte durch die ganze Küche, um an den Schalter neben der Flurtür zu gelangen.
Er saß mitten auf dem Boden und weinte.
Eine fremde Gestalt mit Henriks Haut drum herum.

Tora nahm Schaufel und Besen und fegte eine Art Weg bis zum Ausguß. Sie konnte die Blutspur von ihrem Fuß sehen, als sie zurückging.
Sie holte einen Küchenstuhl und hievte ihn hinauf.
Die verstümmelte Schulter hing noch mehr herunter als sonst. Es sah so aus, als ob jemand den Jackenärmel mit Wolle ausgestopft hätte und nicht sehr sorgfältig dabei gewesen wäre. Den verkrüppelten Arm hielt er dicht an seinen Körper, wie einen Schatz, der vor Stößen und Gefahren geschützt werden mußte. Die gesunde Hand blutete, aber darum kümmerte er sich nicht.
Das Weinen hatte aufgehört. Der Kopf war auf die Brust gesunken. Er schien Tora gar nicht zu bemerken.
Sie wusch das Blut ab, das aus der Stirn lief. Er hatte über der rechten Augenbraue eine klaffende Wunde. Das Rieseln des Wasserhahns und die Reste seines rauhen Weinens waren die einzigen Geräusche, die man hören konnte.

Plötzlich wurde die Flurtür geöffnet, und Ingrid stand da. Die Augen waren wie zwei Löcher im grauweißen Fjordeis.
Tora schrumpfte unter dem Blick gleichsam zusammen.
Der ganze Raum schwankte leicht.
Sie begriff, daß die Mama sie beide *sah*: Henrik und sie. Tora sah sich selbst und Henrik vor Mutters Augen in Auflösung begriffen. Wie geplatzte Seifenblasen zum Küchenfenster hinaus. In tiefem Fall, gewichtlos und ohne Wert.
Mama war Gott, der sie sah. Mama war der Pfarrer oder die Lehrerin. Mama war Mama – die *sah!* Tora war schuldig. Sie war in Henriks Bild. Sie war gefangen in Henriks Stärke. Sie war verloren.
Ingrid setzte sich auf den alten Küchenhocker, der ständig quietschte. Das Geräusch ging durch Mark und Bein.
Da überwand sich Tora, zerrte Henrik vom Stuhl hoch, schwankte einen Augenblick leicht, zusammen mit ihm. Sie gab ihm einen energischen Ruck, stellte sie beide mühsam auf die Beine und bewegte sich langsam mit ihm in die Stube.
Als sie wieder zurückkam, saß Ingrid immer noch da. Sie hatte die Augen auf den Boden gerichtet, und das war beinahe noch schlimmer, als wenn sie einen ansah, so schien es Tora.
»So geht's hier also zu, wenn ein armer Schlucker auf Arbeit ist?« Die Stimme klang plötzlich fremd von da unten aus dem Mantelkragen.
»Das ist doch nur heut abend so«, antwortete Tora.
Sie war schrecklich froh, daß die Mutter redete. Aber Ingrid sagte nichts mehr. Sie hängte ihren Mantel in den Flur und schloß sorgsam die Tür hinter sich, wie sie es immer tat.
Den Kaffee, den Tora in die Thermosflasche gefüllt hatte, rührte sie nicht an, und die Brote auf dem Teller würdigte sie keines Blickes. Sie schüttelte den Kopf, als Tora die Scherben aufkehren wollte, und nickte nur stumm zur Kammertür hin.
Da erst bemerkte Tora das Weinen in ihr. Hohl und qualvoll wie von einer zerstörten Hoffnung.
Sie schlich sich in die Kammer, zog einen gebrauchten Socken über den verletzten Fuß, um die Bettwäsche nicht mit Blut zu verschmieren, und dann rollte sie sich unter der Decke ganz zusammen. Zitternd strich sie mit klammen, kalten Händen über ihren Körper. Diese Nacht war so merkwürdig still. Wie eine stumme Warnung. Dann war sie allein auf der Welt. Nur sie, Tora, existierte.

Geruch von dunkler Nacht, Staub und Bett. Es war, als ob man nach einem langen Tag draußen im Regen hereinkam und Fleischsuppe aß. Der Schlaf wollte sich nicht einstellen, und der Fuß tat ein bißchen weh. Sie spürte, daß noch eine kleine Glasscherbe drinsteckte.
Gegen Morgen kroch endlich die Wärme in sie hinein, sie wandte das tränennasse Gesicht gegen das blaue Licht. In ihrem Kopf rauschte und sauste es – wie in der großen Espe, die im Pfarrgarten stand.

2

Tora konnte sich noch gut daran erinnern, daß sie einmal auf einen Hocker geklettert war und einen schwarzen Knopf neben dem Türrahmen angefaßt hatte. Eine ungeduldige Stimme hatte gesagt: »Nein, du mußt drehn. Du mußt drehn – so!«
Die Stimme war tief und hart und machte alles um sie herum so merkwürdig leer, machte die ganze Welt tot. Die große Hand preßte sich um ihren Handrücken. Die Finger taten weh, als die große Hand drehte, daß sowohl ihre Hand als auch der Schalter gehorchen mußten.
Dann flammte grelles Licht in dem Raum auf. Füllte alle Ekken aus, schmerzte hinter den Augen, schmerzte so, daß es im Kopf rauschte.
Da dachte sie an die große Muschel, die sie öfter ans Ohr gehalten hatte, um das Meeresrauschen aus dem Märchen zu hören, so wie die Großmutter es ihr gezeigt hatte, bevor sie starb. Es war aber nur eine Art Pfeifen darin, ein klagender, schmerzlicher Laut, der in keiner Weise dem entsprach, was sie sich vorgestellt hatte. Das Märchen war weit entfernt von dem pfeifenden Geräusch, das sie in der Muschel hörte.

Ähnlich war es mit dem Licht, das von dem Schalter und der großen Faust beherrscht wurde. Es war auf keinen Fall so warm und nah wie das Licht von der Petroleumlampe, die auf einer Kuchenbüchse hoch oben auf dem Tisch stand. Tora wußte nicht, ob sie nach der Geschichte mit dem Schalter das Licht, das aus der Birne an der Decke kam, leiden konnte oder ob sie es nur hinnahm, weil es für manche Dinge nötig war. Die Mutter packte die Petroleumlampe weg.

Licht! Sie fühlte es im Frühling auf den Augenlidern, wenn noch Schnee lag. Es funkelte und flirrte. Und sie schien noch auf dem Hocker zu stehen, mit der kleinen Hand an dem Knopf, ohne zu wissen, daß man seine ganze Kraft gebrauchen mußte, wenn man klein war und doch Licht haben wollte. Sonst kam die große Faust und nahm einem alles weg. Machte es fremd und unangenehm wie der Sonnenschein im April, nachdem man eine ganze Woche mit Fieber im Bett gelegen hatte und plötzlich wieder kräftig genug sein sollte, um hinauszugehen.

Wenn die uralten Vogelbeerbäume vor dem Küchenfenster rot wurden und voller Beeren hingen, so daß man die Hand nur durch das Ausstellfenster zu strecken brauchte, um sich ein Büschel zu holen, dann war die Zeit für die Fleischsuppe gekommen. Jedes Jahr lag dann eine umgedrehte Zinkbütte auf dem Schrank im Flur. Darin holte die Mutter Kartoffeln und Gemüse. Sie ging in abgeschnittenen Stulpenstiefeln die Treppe hinunter, zur Haustür hinaus und hinter das Haus, von wo der Pfad zu den Fischtrockengestellen und zum Gemeinschaftsacker führte.

Manchmal ging Tora mit. Sie sah die Hacke zwischen Mutters Beinen. Die Hacke ragte deutlich heraus und war doch auf sonderbare Weise ein Teil der Mutter. Der Schaft bewegte den Rocksaum und grub seine Eisennase tief in die Erde. Hie und da traf die Hacke unerwartet eine Kartoffel und spaltete sie in zwei Teile. Da seufzte die Kartoffel, und die Hacke hielt einen Augenblick inne, als ob sie sich ärgerte. Und die Mutter sagte: »Ach, haste das gesehn!« Dann machte sie weiter.

Die Möhren waren nach Toras Geschmack, wenn die Zähne sie zermahlen hatten und sie als ein süßlicher, grober Brei in der Mundhöhle lagen.

Sie nagte auch an den Kartoffeln. Mit Schale und Sand. Da mußte sie wohl schrecklich klein und dumm gewesen sein. Aber sie konnte sich deutlich daran erinnern.

Der Suppentopf auf dem Tisch. Das Fett, das in Ringen und Blasen herumschwamm. Die Farben waren schön.

Am liebsten *sah* sie das gekochte Gemüse, denn es schmeckte abscheulich. Die tiefe Stimme zwang trotzdem soundso viele Bissen gekochte Möhren und wenigstens ein Kohlblatt in sie hinein. Mit den Kartoffeln ging es, die war sie gewohnt.

Mit dem Fleisch ging es auch. Aber es war ekelhaft anzusehen.

Es stülpte sich beim Kochen vor ihren Augen gleichsam um und verdarb alles. Und im Mund war es zäh. Aber bevor es in den Topf kam, war es braunrot, mit einem Häutchen in allen Regenbogenfarben. Nichts anderes hatte eine so schöne rote Farbe wie das rohe Fleisch auf dem Brett.
Manchmal war noch Blut daran. Die Mutter schnitt das Fleisch vorsichtig in mäßig große Stücke. Und die Farben wechselten mit ihren Handbewegungen und den Schatten.
Das Messer blinkte immer so schön und gefährlich, wenn die Mutter damit schnitt.
Anschließend nahm sie das Brett zum Herd hinüber und schob die Fleischstücke schnell und geschickt in den Topf. Dann war Schluß.
Tora wußte, daß die Fleischstücke nun grau und ausgelaugt und unansehnlich würden.
Möhren, Kohl und Kohlrüben indessen würden in der Fleischbrühe erglühen und sich gegenseitig die Farben erhalten, so daß eine schöne Verwandtschaft daraus wurde.
Sie durfte eine Weile still bei Tisch sitzen und nur schauen und riechen, während sie darauf wartete, daß die Suppe abkühlte. Dann würde ihr die Stimme befehlen, alles aufzuessen, und sie würde das verhaßte Kohlblatt Löffel für Löffel vorbeisegeln lassen, bis sie es endlich hineinbekam.
Die Tobiashütte hatte schon immer da gestanden, das wußte Tora. Sie war alt und kalt, mit Säcken in den Fensterlöchern und einer schiefen Tür, die grauenhaft jammerte, wenn man kam und ging. Die Hütte wurde zu nichts anderem benutzt, als Kisten und Gerümpel dort zu lagern oder um sich samstags zu einem Kartenspiel zu treffen, falls es warm genug und man ein Mann war.
Die Hütte stand für sich allein, hatte ein niedriges Dach und keine so steile Treppe wie andere Fischerhütten. Es war leicht hineinzukommen und auch wieder herauszutorkeln.
Einmal hatte Henrik sie in die Tobiashütte mitgenommen, weil die Mutter bei irgend jemandem, gegen Bezahlung, putzen mußte. Das war vor langer Zeit, als man Tora noch nicht allein lassen konnte und die Mutter noch nicht in die Fabrik arbeiten ging.

Henrik hatte mit einem Glas dagesessen und Geschichten erzählt. Der Schweiß perlte auf seiner Stirn, wie immer, wenn er etwas zu trinken und zu erzählen hatte.

Er war in der Welt draußen gewesen, der Henrik – da, wo einiges *geschah*. Wenn er davon erzählte, schien er seine schiefe Schulter zu vergessen, die er gewöhnlich unter der Jacke zu verbergen suchte.
Die anderen Männer saßen breitbeinig da, den Oberkörper auf den Tisch gelümmelt. Henrik saß immer vornübergebeugt und ließ die verkrüppelte Schulter herunterhängen wie ein flügellahmer Kormoran.
Aber erzählen konnte er.
Manchmal war es, als ob er sich aus den erwartungsvollen Gesichtern um ihn herum Kraft holte, so daß er die Schulter plötzlich hochzog und sie für einen Augenblick auf den kraftlosen Ellenbogen stützte.
Das Sonderbare und Erschreckende an Henriks Oberkörper war indessen nicht die verstümmelte Schulter. Es war die gesunde! Sie quoll enorm unter den Kleidern hervor. Die Hand und der Arm waren ein einziges Bündel trotziger Muskeln, in ruheloser Bewegung. Aber auf der linken Seite hingen Arm und Hand völlig unterentwickelt und passiv herunter und sprachen Henriks ganzem Wesen hohn.

Dichter Rauch aus den Pfeifen und den selbstgedrehten Zigaretten hatte damals in der Tobiashütte um die Petroleumfunzel gelegen, die wie ein müdes, gereiztes Tier oben zwischen den Balken zischte. Der Glühstrumpf leuchtete bösartig in dem Glas und warf Blitze auf den blanken Metallgriff.
Tora merkte, daß sie aufs Klo mußte, und zupfte an Henrik, um es ihm zu sagen. Aber sein Gesicht war so weit da oben, und sie war so klein und ganz unten auf dem Fußboden. Er hob mit der gesunden, großen Hand das Glas und erzählte. Er war Samson und sah sie nicht.
Da fing es an zu laufen. Erst war es warm und gut auszuhalten, aber es war fürchterlich schlimm. Einer von den Männern sah, was los war, und sagte es Henrik. Die anderen lachten. Sie zeigten auf Tora und schlugen sich auf die Knie und sagten, daß Henrik sich schlecht zum Kindermädchen eigne. Das Gelächter schwoll immer mehr an, bis es ihren ganzen Kopf ausfüllte und nicht von dieser Welt war.
Sie kroch in ihre Schande hinein und war allein gegen alle.
Aber das war nicht das Schlimmste.
Sie mußte auch ein großes Geschäft machen. Es kam einfach. Sie konnte es nicht zurückhalten. Sie merkte, wie es drückte

und herausfloß. Die Männer lachten noch mehr, schnupperten und rümpften die Nase und trieben ihre Scherze mit Henrik, weil er so schlecht auf Ingrids Kind aufpaßte.
Innerlich zitterte sie. Aber nach außen war sie ganz ruhig.
Es lief an den weißen Wollstrümpfen herunter bis auf den Boden. Dünner, dünner Kot.

Sie hatte in der Tobiashütte ihr Gesicht verloren, deshalb ging sie nicht mehr gern dorthin. Es kam allerdings vor, daß sie dazu gezwungen war, wenn jemand sie mit einem Auftrag hinschickte. Da konnte sie noch spüren, wie es knackte, als ob sie etwas in sich hätte, was niemals aufhören würde zu zerbrechen. Noch hatte sie den Geruch in der Nase und sah die braunen Flecke auf den Strümpfen. Und die Erinnerung an das derbe Lachen aus den weit aufgerissenen Mäulern erfüllte sie immer noch mit Scham.
Elisif, die im Dachgeschoß wohnte, war sehr fromm, und sie hatte Tora erklärt, daß die Scham von Gott erfunden sei. Das machte das Ganze so hoffnungslos, denn unter diesen Umständen war nicht daran zu denken, von der Scham loszukommen. Gott hatte es so eingerichtet, daß man sich schämen sollte, das tat den Menschen gut, sündig wie sie nun einmal waren.
Und Tora verstand, daß sie solch ein Mensch war.
Sie log, wenn sie glaubte, daß es der einfachste Weg war, und sie nahm, ohne zu fragen, mehr Pflaumen, als die Mutter erlaubt hatte.
Aber es wunderte sie trotzdem, daß einige Menschen so aussahen, als ob sie sich über nichts in der ganzen Welt schämten, obwohl sie nicht zu ertragen waren.

3

Tora stand mit bloßen Füßen am Kammerfenster und sah, daß das Heidekraut braun und verblüht war. Die Überreste einer regenreichen Nacht hingen wie ein ausgewaschenes Gespenst über dem Veten und dem Hesthammeren. Ganz draußen an der Fjordmündung, hinter Dahls Kai, lag dichter Nebel, leblos und ewig. Die kleinen Boote in der Bucht waren wie mit einem weichen Bleistift skizziert, und Tora wußte, daß an den

dicken Johannisbeeren im Pfarrgarten große Tropfen hingen. In der Dachrinne gluckerte es.
Sie sah die scharfe Kurve, die der Weg unterhalb des Veten um die obersten Höfe machte, bevor er den Hang herunterlief, um erst ganz draußen am Kai zu enden.
Eine Handvoll Häuser lagen längs des Weges verstreut am Hang. Meist alte Häuschen mit niedrigem Dachstock und kleinen, verschämten Fenstern. Die Farbe blaß wie bei verblichenen Papierblumen und zum Teil auch abgeblättert. Ein paar funktionale Klötze mit grellem Anstrich erhobenen Hauptes dazwischen. Einige hatten unverputzte Mauern, die sich in dem Lehmboden mit einer Sturheit festkrallten, die man bewundern mußte.
Wie eine Verkündigung und wie eine Erinnerung an den Quell alles Guten brach plötzlich ein Strahl durch einen Spalt in der Wolkendecke. Die Sonne. Sie ließ die Zweige der Birkenallee, die zum Hof des Lensmanns hinaufführte, golden aufleuchten.
Tora verfolgte den Grusweg mit den Augen. Fing ganz oben in Bekkejordet an und dann vorbei an den Feldern und dem fröhlichen herbstbunten Heidekraut, vorbei an den Mooren und dem Birkenwäldchen, vorbei an den Trockengestellen und dem großen Stall, der nicht mehr benutzt wurde – wo verwahrloster, brachliegender Boden überging in kleine, kahle Felsen und Tang und lebendiges, nasses Meer. Links, dort wo der Weg sich zu den Kais teilte, flog ihr Blick zurück in ihr eigenes Kammerfenster und war daheim. Im Tausendheim.
Noch war es für einen Augenblick still im Haus.
Dann brach es über ihrem Kopf los. Das waren Elisifs Kinder, die aufstanden und über den Boden polterten.
Die Geräusche waren weder angenehm noch unangenehm. Scharren, Trippeln, Elisifs gottesfürchtige Stimme, die Tora beigebracht hatte, daß es nicht das geringste Böse gab, auch wenn es noch so sehr nach dem Jüngsten Gericht aussah.
Sie hörte, wie die Mutter draußen in der Küche den Kaffeekessel mit Wasser füllte. Henrik würde noch nicht aufstehen. Bevor Tora in die Schule ging, gab es nur die Mama und sie. Wenn die Mutter in der Fabrik war, dann war Tora mit den Brotscheiben und der Wanduhr allein.
Tora wußte, daß der Stärkste bestimmte und in allen Dingen recht hatte.
Es war wichtig zu wissen, wer am stärksten war.

Henrik war am stärksten.
Auch wenn er eine Schulter hatte, über die die Leute ein wenig lachten und die keine richtige Schulter war, so war er doch furchtbar stark in der anderen. Und er sprach hastig und stoßweise mit großem, offenem Mund.
Wenn er lachte, war es kein richtiges Lachen. Es hörte sich so an, als ob er traurig wäre. Wie eine Art Blubbern oder wie ein Unwetter in den Bergen. Henrik hatte oft schlechte Tage. Dann ging er nicht zu Dahl aufs Lager.
Mamas Tage waren weder gut noch schlecht, glaubte Tora. Sie sah immer gleich aus, nur manchmal etwas blasser. Gewöhnlich waren Mamas Augen groß und grünlich, mit einem dünnen Schleier davor, genau wie die Sommergardinen bei Tante Rakel. Aber plötzlich konnten sie die Farbe wechseln, die Gardinen wegziehen und Tora hineinsehen lassen.
Sie füllten sich mit Leben. Glichen Laubbäumen im Sommer, mit vielen kleinen Vögeln und schnell wechselnden Schatten. Es flatterte und lebte da drinnen in dem Grün. So war es fast immer, wenn Tora und die Mutter allein waren.

Henrik schlug härter als jeder andere, von dem Tora wußte. Mit der gesunden Hand. Es kam schon mal vor, daß Mama ihr eins mit der flachen Hand hintendrauf gab. Einen kleinen Klaps. Sie wollte Tora zu verstehen geben, daß sie betrübt war. Die Klapse taten nicht weh. Mama schlug auch nicht oft. Nur wenn es sein mußte. Tora durfte weinen, wenn die Mama schlug.
Wenn Henrik schlug, schrumpfte Tora ein. Wand sich gleichsam um seine Hand wie ein Lappen.
Sie hatte das Gefühl, keine Füße mehr zu haben, und es drückte so, daß sie beinahe pinkelte. Bis jetzt war es immer gutgegangen, denn sie erinnerte sich noch an die Tobiashütte.
Sie war wie die zersauste Katze, welche die Jungen von Vaeret zu Tode gequält hatten, weil sie keinem gehörte.
Sie hatten sie an einem Zaun gekreuzigt.
Die Katze schrumpfte ein. War zum Schluß nur noch Fell und Tatzen.
Die Krähen hackten ihr schon am ersten Tag die Augen aus. Tora überlegte oft, ob die Katze genauso gefühlt hatte wie sie, daß sozusagen kein Platz zum Weinen da war. Es war alles zum Zerplatzen gespannt, aber es kam nichts heraus. Es war alles zu eng.

Die Mutter pflegte zu sagen, daß Henrik nicht böse sei. Tora hatte niemals gedacht oder gesagt, daß Henrik böse sei, deshalb verstand sie nicht, wieso die Mutter darauf kam.
Es war, als ob sie Tora streng ansah und sie ermahnte: »Henrik ist nicht böse!« Aber für Tora war Henrik weder böse noch gut, er war Henrik.

Tora zog die Strümpfe und den Rock an. Es war kalt in der Kammer, obwohl die Herbstsonne tat, was sie konnte. Aber es war noch früh am Morgen. Tora mußte das Gesicht noch unter den kalten Wasserstrahl halten. Sie paßte den Augenblick ab, da die Mutter mit irgend etwas draußen auf dem Gang beschäftigt war, dann brauchte sie nicht die Blechschüssel zu füllen. Ingrid war damit so genau.
Sie sprachen nicht viel, während sie frühstückten. Aber die Stille war nicht bedrohlich, wie sie es wurde, wenn er dabei war.
Frühstückte Henrik mit ihnen zusammen, hielt Tora immer die Augen auf den Tisch gesenkt. Sie wußte, daß er sie beobachtete. Darauf wartete, daß sie etwas umstieß oder sonst etwas anstellte.
Sie hatte sich angewöhnt, nur das Allernötigste zu essen, wenn er dabei war. Und sie tat niemals Zucker oder Marmelade aufs Brot. Die konnte sie verkleckern. Käse war gut. Der klebte an der Butter fest, auf den konnte man sich verlassen.
Das Milchglas war eine Heimsuchung. Sie hatte das Gefühl, es fiel schon um, wenn sie nur daran dachte. Als ob Henriks Augen ihre Hand dazu bringen könnten, alles mögliche umzuwerfen.

Aber heute waren die Mama und sie allein, und da nahm Tora sich Zeit und ließ ihre Augen wandern, wohin sie wollten.
An einem solchen Morgen konnte Ingrid ihre Hand behutsam über Toras Schulter gleiten lassen, wenn sie mit dem Pappranzen fertig für den Schulweg dastand. Später sah Ingrid vom Fenster aus das magere kleine Mädchen mit den roten Zöpfen, die hinter ihr herwippten, an der Wegkreuzung verschwinden, zusammen mit den Kindern von Elisif und mit Rita vom ersten Treppenaufgang.
Und Ingrid fühlte etwas wie Ohnmacht gegenüber allen Dingen.

Tora und Sol saßen im Laufe des Nachmittags in dem blaugestrichenen Klo, wenn die Erwachsenen Mittagsschlaf hielten oder mit ihren Dingen beschäftigt waren, so daß die Klobesuche nachließen. Die Mädchen schwätzten oder lasen Zeitung.

Das Phantom reitet auf seinem weißen Pferd durch den Dschungel, um Sala zu suchen. Die Trommeln haben gesagt, wo sie ist.

Sol murmelt halblaut, während sie den gestreckten Zeigefinger gegen das Zeitungspapier und die Natur, direkt unter dem molligen Hintern, drückt. Es bläst oft sehr frisch dort unten. Wenn Flut ist, kommen kleine Wellen schmatzend den Hang hinauf, und der Kot fällt direkt ins Meer.

Bei Ebbe gibt es kleine Plumpse zwischen dem Lesen, und das Papier flattert heimatlos herum, bis es sich besinnt und seewärts zieht.

Tora kann es nicht über sich bringen, sich mit Zeitungen abzuwischen, die nicht mehr als eine Woche alt sind. Sie können bei vielen Klobesuchen gelesen werden. Es sind etliche Sphären und Welten in den Zeitungen, die noch ergründet werden müssen, bevor die Zeitungen kassiert werden.

Hygieneartikel in geheimnisvollen Annoncen. Gabardinemäntel zu herabgesetzten Preisen.

Aber vor allem sind da das Phantom und Sala.

Und Tora faltet die Zeitungen sorgfältig zusammen und legt sie zuunterst in den Stoß der Ablage. Unter die uralten Wochenzeitschriften, die zu steif sind, um sich damit abzuwischen. Unter die glitzernden Sommertitelseiten und eine Nummer von »Allers« von vorigem Ostern, wo das Küken auf dem Titel in zwei Teile zerrissen ist.

Ab und zu reißen sie ein Bild heraus und befestigen es an der Wand. Aber es gibt zuwenig Reißnägel.

Das Klo war in grauer Vorzeit einmal weiß gewesen. Es hatte zwei Türen mit dreieckigen Fenstern, um Licht und Luft hereinzulassen, aber die Fenster waren in ehrbarer Höhe angebracht, was einen Einblick unmöglich machte.

Ursprünglich waren das Pfarrhausklo und das Tausendheimklo beide weiß gestrichen und majestätisch gewesen. Nun lag über letzterem eine wehmütige, abgeblätterte Größe – wie jemand, der schon auf bessere Klos gegangen war, schnell feststellen konnte.

Die eine Klotür war für Männer, die andere für Frauen und kleine Kinder.
Das Männerklo wurde gelegentlich mit dem Schlauch von dem Fischereibetrieb abgespritzt. Er wurde mit großer Aufregung und viel Geschrei den leicht geneigten Hang von der Anlegestelle bis zum Tausendheim hinaufgezogen. Das geschah nicht oft. Erst wenn es so fürchterlich war, daß die Männer freiwillig nicht mehr aufs Klo gingen.
Die Frauen hatten ein Stück von einer alten Gardine vor dem Dreiecksfenster und einen Sack auf dem Boden. Im Sommer standen manchmal Glockenblumen und Margeriten in einer Blechbüchse auf dem Brett über den Sitzen. Es gab ein kleines Loch und zwei große.
Ab und zu waren alle drei gleichzeitig besetzt. Besonders an späten Herbstabenden und wenn die Winterstürme und die Polarnacht Körper und Seele am schlimmsten belasteten.
Es war, als ob die Kälte einen weniger zu fassen kriegte, wenn man in der Dunkelheit ein entblößtes Hinterteil und eine Stimme neben sich hatte. Es war der gleiche menschliche Geruch und der gleiche warme Dampf aus dem Inneren und Versteckten; das tröstete und schuf eine gewisse Gemeinschaft, über die man nicht zu reden und von der man kein Wesen zu machen brauchte.
Man klopfte diskret an die Tür auf der gegenüberliegenden Seite des Flurs, flüsterte ein paar Worte durch den Türspalt zu der einen oder anderen. Und schon war die schwesterliche Gemeinschaft besiegelt, und der Gang zum Klo war klar. Geflüsterte Weltanschauungen, vertrauliche Mitteilungen über Innersekretorisches oder über die unbändige Bosheit des Herzens gehörten dazu. Da wurden nicht nur die Abfallstoffe der Natur ausgeschieden. Auch Seelsorge und Trost wurden in dem kalten Kloraum während der Dunkelzeit vermittelt. Die Menschen spürten den Luftzug, der vom Meer her in die offenen Löcher wehte, nicht so sehr, wenn sich mehrere Hinterteile dort niederließen.
Die Männer dagegen hatten einen einsamen Klogang. Aber sie hatten eine andere Gemeinschaft, von der die Frauen ausgeschlossen waren.
Nämlich den Schwatz und das Schnäpschen auf den Dachböden der Fischerhütten und den Spaziergang in Vaeret an Sonn- und Feiertagen.
Sie zeigten ihre Angst vor der Dunkelheit nicht so offen, die Männer.

An dem Tag, als Einar in die Dachstube über der Veranda gezogen war, hatte er kritisch die eine sowie die andere Klotür geöffnet. Und nachdem er festgestellt hatte, daß das Frauenklo gemütlicher und einladender war, ging er dort hinein und verriegelte vorsichtshalber die Tür. Das war ein großer Fehler, den Einar da im Tausendheim machte. Er wurde ihm nie richtig verziehen.
Als er wieder auf die Klotreppe hinaustrat, ohne sich noch die Hose anständig zugeknöpft zu haben, waren bereits drei Fenster zum Hof hin aufgeflogen.
Drei Frauengesichter kamen zum Vorschein. Das eine hitziger als das andere. Elisif war die erste gewesen. Sie hielt die Strickjacke mit einem festen Griff über der üppigen Brust zusammen und öffnete den Mund zu einem spitzen Trichter. Die weißen Ersatzzähne schimmerten gefährlich, und die Worte kamen wie Peitschenhiebe an diesem lichtblauen Tag.
»Was machste aufm Frauenklo, wenn ich fragen darf?«
Einar stand halb abgewendet auf der schiefen Holztreppe, die rechte Hand am Hosenlatz und die linke am Türhaken. Sein Unterkiefer klappte einen Augenblick herunter, als er den Kopf drehte und die drei Frauenköpfe an der unsauberen Hauswand entdeckte. Drei unversöhnliche, weißgemeißelte Gesichter gegen den gespenstisch grauen Hintergrund.
Einar schluckte. Dann faßte er sich, zog blitzschnell die rechte Hand aus dem Hosenlatz und nahm sie hinter den Rücken. Er wagte sie nicht einmal in die Tasche zu stecken, so verdutzt war er über diese enorme Kuckucksuhr von einem Haus, wo gleichzeitig drei Köpfe mit weit aufgerissenen Schnäbeln draußen waren und schrien. Einar schluckte noch einmal, bevor ihn der Zorn wie ein stechender Frostschmerz überfiel und er schweratmend und mit rauher Stimme rief: »Was zum Teufel krähste da oben? Ist es hier verboten zu scheißen?«
»Du warst aufm Frauenklo! Ich hab' dich gesehn!« Elisif kannte keine Gnade. Eine strafende Donnerstimme in hoher Tonlage.
Aber Einar hatte sein Selbstvertrauen wiedergewonnen: »Ist da ein Unterschied zwischen Männer- und Frauenklo? So fein wie hier in Stranda war's nicht mal beim Pfarrer, wo ich herkomm'. Dem Pfarrer seine hatte keinen so piekfeinen Arsch, daß sie ein Klo für sich haben mußte wie die Weiber hier im Tausendheim.« Und ohne sich weiter um das Gekeife von Elisif zu kümmern, schritt er über den Hof und ging in den mitt-

leren Eingang hinein. Er schloß die Verandatür mit einem Knall und stapfte wütend die alte Holztreppe hinauf, so daß die Messingbeschläge ganz außen an jeder Stufe leicht zitterten.

Kurz darauf saß Einar auf seinem Sofa und blinzelte unfreundlich die Wand an. Der Teufel sollte die Weiber holen. Er wollte sich selbst nicht eingestehen, daß er immer noch Herzklopfen hatte.

Er benutzte das Frauenklo nie mehr. Trotzdem guckt er jedesmal noch böse auf Elisifs Fenster, wenn er über den Hof geht, um seine Notdurft zu verrichten. Und wenn er irgendwo im Haus ihre hohe, dünne Stimme hört, bekommt er ab und zu ein ganz unangebrachtes Herzklopfen, dessen er nicht Herr wird. Das macht ihn rasend. Denn Einar ist ein Mensch, der in jeder Beziehung allein im Leben zurechtkommt. Er fürchtet weder Pfarrer noch Weiber.

4

Das Tausendheim! Der große Holzbau aus der Zeit der Jahrhundertwende zeigte Reste aus stolzer Vorzeit und menschlicher Dummheit.

Man konnte beides deutlich an den alten, verwitterten Dachvorsprüngen sehen. Von dem mit Steinen beschwerten Dach mit Moos und Möwendreck bis zu den dicken Grundmauern aus handbehauenen Steinen und bis auf einen Meter tief in die Erde hinein roch es nach einem Fischereibesitzer alten Stils und nach Großkapital.

Das Haus hatte drei Etagen und einen Keller und eine Menge hohe, zugige Fenster.

Das Gartenhaus war eine vermooste Fallgrube geworden, in die Elisifs Fünfter eines Sommers hineinfiel und sich den Fuß brach. Aber an klaren, kalten Tagen lag der Rauch noch wie in alten Zeiten über dem geflickten Dach und kam aus drei Schornsteinen gleichzeitig.

So flößte das Haus noch immer Respekt ein.

Aber Großverdiener gab es keine mehr. Sie waren bereits in den schwierigen dreißiger Jahren verschwunden. Und danach blieb das Haus allein mit dem Verfall und den Wunden, die ihm das gemeine Volk zufügte.

Denn in das Tausendheim kamen die Armen. Die, welche schwer zu tragen hatten und arm waren an irdischen Gütern. Der eine oder andere war auch arm an Geist.
Sie drängten sich um die drei Treppenaufgänge zusammen, und manchmal brauchte man sie noch, wenn in der Gesellschaft eine Lücke entstanden war. Ob das nun an den Kais war, bei den Hausbesitzern oder unter den verschmutzten Zimmerdecken bei anständigen Leuten zum Hausputz.
Die Leute im Tausendheim dachten nicht daran, daß sie das Erdreich wegen ihrer Sanftmütigkeit besitzen sollten. Daran dachten sie am allerwenigsten.
Aber wenn im Spätherbst der Mond über dem Veten und dem Hesthammeren stand und die Mütter ihre Ältesten beauftragt hatten, die kärglichen Kartoffeln vom Gemeinschaftsacker zu ernten, mit dem jährlichen Streit, wo Elisifs Grenzen aufhörten und Arnas und Peders Grenzen begannen, beruhigten sie sich auf ihre Weise unter den Lampen. Wenn sie jung waren, lungerten sie in Vaeret herum, und wenn sie noch jünger waren, spielten sie in dem dunklen Keller Verstecken.

Der Mond streute sein prächtiges Silber über den alten Drachenkopf am Südfirst (am Nordfirst war er bereits vor dem Krieg heruntergefallen), und die Gemüter im Tausendheim erhoben sich über ihre eigene graue Sanftmut.
Wenn die Sonne endlich wiederkehrte und auf das schneebedeckte alte Dach schien, kamen die Männer mit Kabeljau und Rogen heim. Die mandelförmigen Kartoffeln wurden aus dem Keller geholt, und ein schwerer, friedlicher Dunst von gekochter Leber durchzog das Haus.
Da riefen sie sich durch die offenen Fenster zu, daß die dunkle Zeit vorbei sei, und die Frauen halfen einander mit den Schubkarren bis zur Flußmündung, wo sie die wintergelben Laken zum Bleichen auf den Felsen und den alten Schneewehen ausbreiteten.

Die Poesie lag in den Details. In den segensreichen Tropfen aus der abgebrochenen Dachrinne zum Beispiel. Aber sie war scheu, und sie wurde kaum beachtet, wie ein armes Kind, das keiner stillen wollte oder dem keiner Liebe geben wollte.
Das Geheimnis des Lebens ging einem armen Schlucker selten auf. Das begriff er erst bei Sturm und Schiffbruch. Das kam vor.

In der Dachstube über der Veranda im Tausendheim wohnte viele Jahre eine alte Witwe. Sie strickte für die Kinder im Haus und verprügelte sie der Reihe nach, wenn sie Unfug trieben. Sie warf Steine auf streunende Hunde und putzte die Treppen, ob sie dran war oder nicht. Da hatten die im mittleren Treppenhaus Glück. Aber dann fing sie an, die Küchentücher im Nachttopf zu waschen, und vergaß sich selbst und die Treppe. Schließlich mußte sie ins Altersheim nach Breiland gebracht werden. Da war sie genau einen Tag und eine Nacht. Dann war es aus mit ihr.

So wurde die Dachstube frei für Einar, der von dem neuen Pfarrer aus dem Pfarrhof gejagt wurde, weil er die Eier unter den Hühnern wegstahl und den Speck aus dem Vorratsspeicher. Die Dachkammer befand sich oberhalb der alten Glasveranda. Da war übrigens nicht mehr viel Glas. Der Südwestwind hatte gewütet und die kleinen Glasscheiben eine nach der anderen kaputtgemacht. Die Männer hatten Holzteile und Platten an der Südwestseite davorgenagelt, um Wind und Wetter abzuhalten.

Wenn die Außenlampe eingeschaltet war und in dem schaumgekrönten, jähzornigen Meer glitzerte, sah die ganze Glasveranda wie ein blindes Auge aus. Es waren nur zwei kleine Scheiben davongekommen. Sie schielten trotzig und verwundert in den Himmel.

Die Dachstube war ziemlich fußkalt.

Dagegen zog es kaum durch das Fenster. Das kleine Dachfenster ließ nämlich nicht den Wind durch, sondern weinte.

Es tropfte und rann, wenn Schnee und Regen das Fenster blind machten.

Einar hatte schnell denselben Trick raus, den auch die Kalla-Witwe angewandt hatte. Er setzte eine Waschschüssel darunter.

Auf dem Boden unter dem Fenster war ein verschwommener, rostiger Kreis von der Witwenschüssel. Einar begriff den Sinn dieses Kreises sofort und setzte beim ersten Unwetter seine Schüssel dorthin.

Durch das segensreiche Guckloch im Dach kam Gottes uralter und launischer Himmel herein – falls das Wetter es zuließ. Man brauchte keine Gardinen gegen neugierige Blicke, und es gab kein Fensterbrett für Topfpflanzen. Das war Einar nur recht.

Tobias A. Brinch und Waldemar E. Brinch besaßen einstmals jedes Lebewesen und jede Bewegung auf Öya. Sie steuerten aus der Ferne jedes Fischerboot südlich der Bucht und steuerten den Überschuß in die eigene Tasche.
Von zwei Herrschaftshäusern mit Dienstboten, Gesellschaften und Festlichkeiten aller Art gingen die Befehle über Leben oder Verhungern hinaus in ferne Zeiten. Der Pfarrhof war der dritte Machtfaktor, und der konnte wohl mithalten, auch wenn hier nicht von Kronen und Öre die Rede war.
Gegen Ende der dreißiger Jahre geschah das Unbegreifliche: Die Dorfbesitzer Brinch gingen in Konkurs. Die Kais, das Geschäft, der Grund und Boden, alles war beliehen und gepfändet. Schlechte Zeiten und Spekulation, sagten die, die mit so etwas Bescheid wußten.
Das Haupthaus war das größere und gehörte dem älteren der beiden Brüder, Herrn T. A. Brinch. Mit seinen geschnitzten Dachfirsten und der Glasveranda bot es unten in Stranda einen prächtigen Anblick.
Zuerst war ein Herr aus Bergen gekommen und hatte einen Winter und einen Sommer lang die Konkursmasse verwaltet. Er wurde von einer Firma in Bergen bezahlt, um die Räder in Gang zu halten, aber es schien dem wohlhabenden Mann und Junggesellen da oben unter dem Nordlicht und bei Möwengeschrei allmählich zu einsam zu werden. Jedenfalls verschwand er an einem schönen Frühlingstag und kam nie mehr wieder.
Jetzt beherbergte das Hauptgebäude so viel Menschengewürm und Dreck, daß es wohl zu Recht Tausendheim hieß.
Weiter oben am Hang stand der Gården, der Hof, etwas kleiner im Grundriß als das Tausendheim, aber stärker geachtet, nachdem die Fassade ein paarmal weiß angestrichen worden war. Er diente als Schule und wurde beheizt und instand gehalten von dem alten Almar aus Hestvika.
Während des Krieges entdeckten die Deutschen den Hof. Die kaputten Tür- und Fensterangeln wurden in Ordnung gebracht, und die verblichene Seidentapete wurde übermalt. Derbes Gelächter und Gegröle erscholl unter dem Dachgebälk, und es setzte sich ein unausrottbarer Geruch nach Leder und Uniformjacken für immer in den Räumen fest.
Es verging ein Friedensjahr, bis man es für moralisch vertretbar hielt, unschuldige Kinder in dieses Haus hinaufzuschikken, aber die Leute vermehrten sich wie verrückt, und das alte Schulhaus unten auf der Landspitze wurde zu klein. So kamen

die Kinder und Almar und machten den Hof zu dem ihrigen. Aber für die alten Leute mit großem Respekt vor den Mächtigen früherer Zeiten war es ein schlimmes Zeichen, daß der Hof von Hand zu Hand ging. Und sie nahmen in Verbindung mit dem Hof auch niemals das Wort Schule in den Mund, ebensowenig wie sie das Wort Kaserne oder Deutschenlager gesagt hatten.

Aber Almar war nicht von der Nostalgie ergriffen. Endlich hatte er einen sicheren Lebensunterhalt. Kinder produzierten die Leute bereitwillig drauflos, und geheizt werden mußte, wenn die Rasselbande sich im Winter nicht zu Tode frieren sollte.

In den wunderbaren Sommermonaten hatte er dann seine Ruhe draußen im Fjord und konnte fischen.

Während der Schulmonate heizte Almar den meterhohen Ofen, leerte die Aborte und sammelte Abfall auf.

In dem großen, zugigen Klassenzimmer im zweiten Stock stand ein wackliger, schwarzer Ofen und grübelte über die wahre Größe der guten alten Zeit.

Am Fußboden zog es vom Meer her, und in Gesichtshöhe schlug einem die Hitze entgegen wie glühendes Eisen. Den Kindern lief die Nase, wenn sie in der Nähe des Ofens saßen, und der Kopf schwitzte, aber die, die an der Tür saßen, froren am ganzen Körper. Öfen hätten keinen Verstand, deshalb könnten sie nicht nach unten wärmen, sagte Almar, wenn die Kinder sich, selten genug, beklagten.

So tauten sie die Füße in den Schultaschen auf.

Tora hatte ihren Platz direkt vor dem Katheder.

Fräulein Helmersen hatte große Filzpantoffeln an und saß da oben wie eine rosa oder gelbe Blume über dem lackierten Tisch.

Fräulein Helmersen hieß Gunn und war sehr jung. Jünger als einige von den Eltern. Sie hatte Grübchen und viele große weiße Zähne. Sie sahen ganz echt aus.

Gunn war schön, fand Tora. Schöner auch als die Mutter, weil sie fröhlicher war.

Das Haar war blond und gelockt, wie bei dem Engel auf dem großen Glanzbild, das Tora eingerahmt über dem Bett hängen hatte.

Die Kinder nannten Fräulein Helmersen Gunn und bekamen einen ganz sanften Blick, wenn sie von ihr sprachen.

Bei vielen Vätern war das auch so.

Sie war fertig ausgebildete Lehrerin, obwohl sie noch so jung

war. Man schuldete ihr großen Dank dafür, daß sie aus dem milden Süden und von frommen Eltern hierherauf nach Öya gekommen war, zum Meer, zu Kälte und Dunkelheit.
Elisif meinte, es sei eine göttliche Fügung, daß sie Gunn noch ein zweites Jahr behielten.
Die Kinder suchten einen Vorwand, um auch am Nachmittag hinauf zum Hof zu gehen, sie stellten neugierige Fragen und brachten Kabeljauzungen und selbstgebackenes Brot mit.
Tora sah Gunn vor sich, wenn sie abends allein in ihrer Kammer lag und nicht schlafen konnte.
Sie sah sie immer mit großem, offenem Mund und mit tiefen Grübchen in den Backen. Es war so, als ob jemand den Zeigefinger in ihre Backen gedrückt hätte und die Druckstellen nie mehr fortgegangen wären.
Tora träumte, daß sie Gunn war. Sie löste manchmal die Zöpfe und kämmte sich die Haare nach oben, damit es so aussehen sollte wie bei Gunn. Aber ihr Haar hatte eine ganz andere Farbe, und sie hatte einen ganz anderen Kopf. Sie kletterte auf einen Stuhl und betrachtete ihr Spiegelbild über dem Ausguß.
Es half nichts, wie viel sie auch bürstete und wie sehr sie auch lächelte. Toras Gesicht war und blieb schmal und grau mit dünnen Lippen und einer allzu großen Nase. Diese Nase war übersät mit Sommersprossen. Die Haare waren dicht und widerspenstig und gänzlich ohne Locken. Sie umrahmten das kleine Gesicht wie die Borsten von einem abgenutzten Besen.
Sie war Tora. Da war nichts dran zu ändern.
Elisif hatte ihr mehr als einmal gesagt, sie könne nicht verstehen, daß eine so schöne und gutgebaute Frau wie Ingrid sie bekommen habe. Das müsse das fremde Blut sein und der Sünde Sold, die das bewirkt hätten.
Tora verstand allmählich, was sie meinte, und wurde rot bis zu den Ohrläppchen.
Das fremde Blut war das schlimmste, das gehörte zum Krieg, von dem die Mutter niemals sprach. Der Sünde Sold nahm Tora nicht so schwer. Da konnte man schummeln, das hatte sie gesehen.
Wenn auch der Spiegel über dem Ausguß Tora erzählte, wer sie war, so lebte sie doch ihr eigenes heimliches Leben unter dem Federbett in ihrer Kammer. In der Dunkelheit und allein mit sich war sie die, die sie sein wollte. Da streifte sie unter dem kleingeblümten Bettbezug ihre Haut ab, wärmte sich mit ihren eigenen kalten Händen, liebkoste sich selbst, während sie

eine andere Tora heraufbeschwor. Wenn sie allein zu Hause war, konnte sie die eigentliche Tora vollständig vergessen.
Für eine Weile konnte alles, was am Tage an ihr nagte, verschwinden, als ob es nie dagewesen wäre.
Die Gefahr? Sie verschwand auch.
Sie war lieb zu ihrem eigenen mageren Körper, bis er glühte und zitterte und die Füße warm wurden. Sie war frei von allen Stimmen und Augen und bestimmte selbst, wer sie sein wollte. Sie wußte, daß sie »so etwas« mit sich eigentlich nicht machen durfte. Aber wenn sie es tat, ohne sonderlich viel dabei zu denken, dann konnte es wohl nicht so gefährlich sein.

5

Seit dem Tag, als Ole Vaeret ihr erzählt hatte, daß sie aus der Fotze von ihrer Mutter herausgekommen sei, mußte Tora beinahe brechen, wenn sie daran dachte, daß die Leute so etwas machten...
Daß die Mutter und Henrik ... Oder der Pfarrer! Der Pfarrer hatte vier Kinder! Und Elisif, die so fromm war, ließ sich von Torstein hereinlegen, so daß jedes Jahr ein neues kam.
Da war es besser, es selbst zu machen und die Gefahr zu vergessen. Trotzdem konnte sie lange im Dunkeln in der Kammer liegen und darüber nachgrübeln, wie sie das eigentlich machten, was Ole da erzählte.

Sie war einmal mit Jörgen und einigen anderen Kindern hinter dem Hügel gewesen, und sie hatten die Pferde beobachtet, die dort weideten.
Der Hengst vom Pfarrer wurde ganz wild und kam in die Einzäunung herein, um eine Stute zu bespringen. Tora konnte nicht verstehen, daß ein Hengst vom Pfarrer sich nicht besser benahm. Aber gleichzeitig wurde sie von dem seltsamen Wunsch ergriffen, zuzusehen.
Der Hengst zeigte sein großes Glied, und Tora spürte die Gefahr und gleichzeitig eine quälende Neugier.
Die Pferde rasten eine Weile an der Einzäunung entlang, und als Tora merkte, daß es ernst war, tat sie so, als ob sie die Augen im Ärmel versteckte. Aber sie hätte sich die Mühe sparen können. Keiner hatte Zeit, darauf zu achten, was sie machte.

Alle standen mit offenem Mund und feuchten Augen da und starrten auf den Pferdepimmel.
Als der Hengst ihn in der falben Stute verschwinden ließ und wieherte und schnaubte, konnte sie deutlich sehen, daß Elisifs Jörgen gleichsam in den Knien zusammensackte und Ritas Zungenspitze in dem einen Mundwinkel erschien.
Blitzartig wußte Tora, daß sie alle, hier am Zaun, auf den Hengst starrten, wie er bei der Stute pumpte, und daß alle das seltsame heimliche Ziehen im Unterleib verspürten wie sie selbst. Sie erlebten etwas gemeinsam, ohne daß sie es wagten, sich anzusehen.
Tora versuchte sich vorzustellen, wie es wohl wäre, gerade jetzt die Stute zu sein. Erst hatte sie gezittert. Dann stand sie nur da. War gleichsam gar nicht beteiligt. Vielleicht schämte sie sich? Das mußte es sein! Sie mochte es wohl nicht, daß die Kinder zusahen. Es mußte auch schrecklich weh tun mit dem großen Pimmel.
Nein, so sah es nicht aus. Dann hätte die Stute nicht stillgestanden. Es gingen warme und kalte Schauer durch Tora hindurch.
Es war, wie wenn man schnell und lange lief, so daß man einen Blutgeschmack im Mund hatte, wie wenn man an dunklen Herbstabenden Versteck spielte. Ja, das hier war beinahe aufregender, als auf den Eisschollen in der Bucht zu segeln.
Schließlich knickte der Hengst über der Stute zusammen und schnaubte. Er schleuderte den Kopf in die Höhe, daß die Mähne nur so flog.
Dann glitt er ermattet von der Stute herunter, der Pimmel mit. Das ging Tora zu schnell. Erst hatte sie geglaubt, daß alles schön war. Der Hengst, der den großen braunen Kopf hochwarf, und die Mähne, die im Winde flatterte.
Nun schien der Hengst nicht mehr viel zu taugen. Der Pimmel schlenkerte schlaff von einer Seite zur anderen und schrumpfte vor den Augen der Kinder ein. Er tropfte etwas.
Rita glotzte noch eine ganze Weile, nachdem alles vorüber war, dann brach es aus ihr heraus: »Das Schwein! Hat in die Stute gepinkelt!« Jörgen sah sie verächtlich an, spuckte aus und schleuderte ihr ins Gesicht: »Das ist Samen, kapierste, du doofe Nuß!« und spuckte noch einmal.
Und dann hielt er einen kurzen Vortrag sowohl über das eine wie auch das andere. Und Ole mischte sich ein und sagte, daß

sie alle aus der Fotze von ihrer Mutter gekommen seien und daß man sich deswegen nicht zu schämen brauche.
Sie sprachen übrigens mit keinem Erwachsenen über dieses Ereignis. Und sie fragten niemals nach dem, was sie so gerne wissen wollten.
Aber gelegentlich saßen sie auf der Kirchhofsmauer und stritten sich, was sie denn nun wirklich damals auf der Weide aus so kurzer Entfernung gesehen hatten.
Jörgen wollte den Pimmel des Hengstes immer noch größer machen, als er eigentlich gewesen war.
Rita beschuldigte ihn, daß er Lügen verbreite. Sie zeigte mit gespreizten Fingern in der Luft die Größe, aber Jörgen beharrte auf seinem Standpunkt. Schließlich schubste Jörgen sie von der Mauer herunter.
Es hätte ein Ende mit Schrecken nehmen können, wenn nicht die wortkarge und bescheidene Lina plötzlich gesagt hätte, daß sie einen richtigen Männerpimmel gesehen habe. Die Münder öffneten sich entzückt und erschrocken zugleich.
»Ne-ee«, kam es ungläubig.
»Wem seinen haste denn gesehn?« fragte Ole.
»Das sag' ich nicht. Aber er war blau.«
»Wer? Der Mann?« fragte Tora zweifelnd.
»Der Pimmel doch, du blöde Ziege!« Lina warf triumphierend den Kopf zurück und entfernte mit einem Hölzchen den Dreck aus den abgetretenen Profilen ihrer Stiefel. Sie spitzte den Mund, daß er aussah wie ein kleiner Schnabel, und schaute in die Luft und wollte die anderen nicht ansehen.
»Bah, du lügst! Die sind kein bißchen blau. Du bist verrückt!« Jörgen war entrüstet. Ole und die Mädchen sahen ihn an. Es ging ihnen auf, daß er sich für sein Geschlecht schämte und daß er sich verbat, mit einem blauen Pimmel versehen zu werden. Ole unterstützte Jörgen vorsichtig und winkte Lina ab. Aber sie behauptete: »Jungenpimmel sind eben nicht das gleiche wie Männerpimmel, verstehste das nicht?«
Nein, Ole und Jörgen verstanden das nicht.
Allmählich gingen sie jedoch zu einem anderen Gesprächsthema über, denn die Argumente waren verbraucht, und sie wollten eigentlich auch lieber über die Sache reden, als darüber in Streit geraten.

Tora grübelte trotzdem über das nach, was Lina gesagt hatte. Am Abend, unter dem Federbett, bekamen alle ihre Traumge-

sichte eine blaue Farbe, und die Fantasie kroch ihr sozusagen unter die Haut.
Über dem Ganzen lagen der Ekel und die Gefahr und die Zerstörung.
Alle Flüstereien zwischen der Mutter und Tante Rakel, alle Geräusche aus dem Zimmer, wenn die Mutter und Henrik glaubten, daß sie schlief.
Alle nicht zu Ende erzählten Witze unten in den Fischerhütten, alle Geschichten, die nicht für ihre Ohren bestimmt waren.
Sie konnte das nicht voneinander trennen, konnte nicht wissen, wo sie hingehörte. Sie wußte nicht, ob sie Ekel empfand oder...

Manchmal schämte sie sich über sich selbst und war froh, wenn niemand sie in der Dunkelheit sah.
Sie hatte das Gefühl, daß sie nicht mehr sie selbst war. Die empfindlichen Kuppen auf der Brust schienen gar nicht richtig zu ihr zu gehören. Sie machte den Rücken krumm, damit niemand sie sehen sollte. Wollte sie gewissermaßen in sich verstecken.
Aber das half wenig. Sie waren schuld daran, daß ihr alle Kleider obenrum zu eng wurden. Sie wünschte, sie wäre ein Junge. Lina und Rita waren noch flach. Sie konnten im letzten Sommer bei Ebbe unten am Strand nur in der Unterhose hüpfen und springen. Tora erfand alle möglichen Entschuldigungen, um nicht dabeisein zu müssen.
Sie hatte nicht nur die kleinen Knospen, derentwegen sie sich schämte. Es schienen auch überall Haare zu wachsen. Und manchmal roch es nach alten Nelken, der Geruch kam sowohl von ihr als auch aus den Kleidern. Er erinnerte sie an Beerdigung. Ein widerlicher, süßlicher Geruch, jedesmal wenn es ihr warm wurde oder sie nervös wurde. Sie hielt sich jetzt meist an Sol, die beinahe zwei Jahre älter war und die hier und dort reichlich dicker geworden war.
Samstags machte Tora in ihrer Kammer Feuer und trug das Waschwasser und die Handtücher hinein.
Im letzten Winter hatte sie noch in der Zinkwanne vor dem Küchenofen gebadet. Aber dann hatte sie sich ihrer Mutter widersetzt und sich geweigert. Es konnte ja jemand kommen. Einmal war Henrik gekommen, während sie in der Bütte saß. Er betrachtete sie. Es war nicht auszuhalten. Sie blieb sitzen,

wo sie saß, bis er wieder ging. Er hatte den Körper gesehen, der nicht der ihre war.
Dann hatte sie wochenlang nicht gebadet. Die Mutter wurde böse und sagte, daß die Würmer sie noch auffressen würden. Schließlich ließ sie dann durchblicken, daß Tora in ihrer Kammer heizen und dort baden könne, wenn sie wolle.
Tora fühlte eine weiche, warme Zuneigung für die Mutter, als sie das sagte. Sie hätte sie am liebsten umarmt, konnte sich aber nicht dazu überwinden. Es war wie ein Meer zwischen Mama und ihr – in diesen Dingen.
Während des ganzen Frühlings und Sommers hatte sie sich in der Kammer gewaschen und ein Messer zwischen Tür und Türrahmen gesteckt. Das war das einzige Schloß, das sie besaß. Man konnte das Messer gut von außen wegdrücken, aber es war doch eine Art Verschluß, eine Ankündigung, daß sie allein sein wollte, ohne daß sie etwas zu sagen brauchte.

Vor dem großen Katheder in der Schule konnte sie auch allein sein. Da hatte sie nur Gunn vor sich.
Alle Augen waren hinter ihr. Sie konnte so tun, als ob sie Gunn zuhörte, und dennoch ihre eigenen Gedanken denken. Sie konnte seelenruhig die wunderlichsten Dinge fantasieren. Gunn war sehr darauf bedacht, daß Ruhe im Klassenzimmer herrschte.
Sie hatte eine seltsame Macht über die Kinderschar, um die sie sogar der alte Lehrer hätte beneiden können. Und sie ließ solche Kinder wie Tora mit ihren Gedanken in Frieden.
Ihre Autorität war nicht faßbar, weil sie so ganz anders war als die, welche die Kinder in Form von Ohrfeigen und Prügel von ihren Vätern kannten, wenn sie sich nicht anständig benahmen. Gunns Methode verwirrte vor allem die älteren Jungen. Sie sah sie an. Ließ sie mit dem Blick nicht los.
Manchmal legte sie ihre Hand auf den Nacken des Missetäters. Dann hob sie mit einer bestimmten Bewegung seinen Kopf und sah ihm in die Augen, bis es ganz still im Klassenraum wurde und der Schlingel aufgab.
Aber es dauerte nicht lange, bis Gunns Grübchen wieder zum Vorschein kamen, und alles war gut.
Tora ging gern in die Schule. Sie liebte den Geruch von Staub und Kreide. Man mußte nur seine Arbeit ordentlich erledigen, dann hatte man seine Ruhe. Jedenfalls während des Unterrichts.

Man konnte Gunn alles fragen – beinahe alles.
Und man bekam eine Antwort.
Aber des Pfarrers Hengst und die Gefahr gehörten zu den Dingen, nach denen keiner irgendeinen Erwachsenen fragen konnte. Es war auch nicht so, daß man immer draußen auf der Straße fragen konnte. Das ging nur, wenn es sich gerade ergab. Wie damals auf der Weide.

Im Herbst war Tora in dieselbe Klasse gekommen wie Sol. Die beiden letzten Jahrgänge wurden zusammengefaßt.
Sol hatte ein Jahr Vorsprung vor Tora, aber sie triumphierte nicht deswegen. Eine vom Tausendheim konnte es sich nicht leisten, eine Freundschaft für Bagatellen zu opfern.
Tora fand, daß Jörgen nicht mehr so aufregend war, wie er es die ganzen Jahre gewesen war. Der Alltag und die Jahre veränderten sie alle. Und Jörgen schlug sein Wasser in ihre Schuhe ab und versteckte Sols Schulbücher, er fluchte, wenn die Mutter nicht in seine Richtung hörte, und es zog ihn immer wieder hinunter zu den Kais.
Sol war schweigsam, aber sie kannte sich in den meisten Dingen aus, die zwischen den vier Wänden vor sich gingen und die in vielen Irrgängen des Lebens verborgen waren. Sie war die älteste von sieben Elisif-Kindern, und sie hatte mehr oder weniger unfreiwillig Geburt und Empfängnis mitbekommen, in den Nächten all der Wochen und Jahre im Tausendheim.
Aber Tora konnte Sol nicht nach dem fragen, wovon auf der Straße gesprochen wurde, sonst glaubte Sol am Ende, daß sie ein kleines Kind sei.

6

Deutschenkind! Sie hatte das Wort oft gehört. Es lag etwas Schlimmes darin. Ein Urteil.
Henrik hatte das Wort auch gebraucht, nicht direkt ihr gegenüber, aber es war durch die dünnen Holzwände gedrungen.
Sie hatte die Mutter fragen wollen, aber das Wort blieb ein Teil der Gefahr. Deshalb verdrängte sie es absichtlich, sie hätte es sonst nicht ausgehalten. Es konnten Wochen und Monate vergehen, ohne daß sie das Wort hörte.
Aber es kam immer wieder. Da hatte sie ein Gefühl wie da-

mals, als die Jungen von Vaeret sie hinterlistig dazu überredeten, einen steilen Hang auf Skiern hinunterzufahren, und sie nicht wußte, daß die Jungen mitten im Hang eine Schanze gebaut und den Aufsprung mit mehreren Eimern Wasser schön vereist hatten.
Es gab keinen anderen Weg, wenn man erst einmal in der Luft war.
Nur viel Sog und leeren Raum rundum. Das einzige, was man wußte, war, daß man gezwungen war zu landen.
Auf der Straße draußen galt ein eigenes Gesetz. Es war nicht immer das gleiche wie das der Erwachsenen. Und es war auch nicht das gleiche wie drinnen in der Küche.
Aber der Schmerz war von kurzer Dauer. Wie bei einem eingeklemmten Finger oder einer Schürfwunde. Es tat weh, so daß die Tränen liefen, egal. Das ging vorüber. Man brauchte sich nicht zu grämen, denn es kam jeder dran.
Ole war der Stärkste und Größte, aber nicht der Schlimmste. Er hatte seine Schwächen. Er pinkelte nachts ins Bett. Und ab und zu roch es so, als ob er nicht genügend Zeit hätte, sich sauberzumachen, bevor er in die Schule ging. Der große Junge! Tora sammelte Schwächen – von anderen.
Sie sagte es ihnen nicht, denn das hätte nur zu Unfrieden geführt. Aber sie dachte daran.
Manchmal träumte sie davon, daß sie es ihnen zurückgeben würde, genau an der Stelle, wo sie am meisten verwundbar waren. Aber es wurde nie etwas daraus. Tora war dünn und unansehnlich und klein. Das einzige, wofür sie Kraft hatte, war der Ballweitwurf.
Sie lief auch schneller als irgendeiner, wenn es sein mußte. Oder sie schlich sich fort, ohne daß jemand es merkte.
Dann stieg ihr die Schamröte ins Gesicht. Sie bekam ihren Anteil von all den Schlägen, die auf der Straße ausgeteilt wurden. Aber die waren anders als die Prügel, die sie von Henrik bezog.
Auf der gegenüberliegenden Seite der Bucht, wo Heidekraut und niedriges Gehölz beinahe bis an den Wegrand wuchsen, konnte Tora das alte Jugendhaus sehen. Es war eigentlich nicht alt, nur sehr verwahrlost. Einst war es rot angestrichen. Vor dem Krieg.
Der Krieg war schon sehr lange her, aber Tora wußte, daß sie ein Teil von ihm war.
Sie hatte viele Geschichten über den Krieg gehört.

Aus allem, was sie hörte, wuchs die schreckliche Erkenntnis, daß auch Mama ein Teil von ihm war.
Wenn Henrik vom Krieg sprach, ging Mama ans andere Ende des Zimmers und drehte denen, die gerade anwesend waren, den Rücken zu. Henrik verfluchte den Krieg mehr als jeder andere, denn er hatte ihm beinahe die linke Schulter abgequetscht und sie halbwegs in die Lunge gedrückt.
»Die verdammten deutschen Teufel!« sagte er und bekam tiefe Furchen zwischen den buschigen Augenbrauen.
Alle waren einer Meinung mit ihm, trotzdem sahen sie weg und warfen Ingrid verstohlene Blicke zu, wenn sie Zeuge von Henriks Ausbruch wurden. Mama sprach niemals vom Krieg.
Tante Rakel hatte einmal angedeutet, daß es die Großmutter das Leben gekostet habe, daß Tora geboren wurde. Das war nicht für Toras Ohren bestimmt gewesen, deshalb konnte sie auch nicht fragen.
Tora fand es seltsam, daß ihre Geburt an Großmutters Tod schuld sein sollte, denn sie konnte sich noch deutlich an sie erinnern, an ein bleiches und mageres Gesicht in einem weißen Kissen, drinnen in der Kammer bei Tante Rakel und Onkel Simon auf Bekkejordet.
Tora wußte, daß alles rationiert gewesen war, so daß die Menschen wenig zu essen und anzuziehen hatten. Vielleicht hatte sie sich verhört, und die Tante hatte gesagt, daß dieses die Großmutter das Leben gekostet habe.

Tora stellte sich öfter vor, wie Almar aus Hestvika während der Rationierungszeit auf dem Deck seines etwas eckigen Fischkutters nackt und ausgehungert umhergewandert war. Das mußte ein kalter und wunderlicher Anblick gewesen sein. Tora sah immer Almar vor sich und keinen anderen.

Auf der Heide stand also das Jugendhaus. Es war auch ein Teil vom Krieg. Dort hatte man einmal Mamas Haar bis zu der schneeweißen Kopfhaut abgeschnitten.
Tora hatte oft davon gehört und aus vieler Munde. Aber sie vertraute meist auf Sols Geschichte: Sie hätten der Mutter das Haar abgeschnitten, weil Tora im Krieg geboren wurde.
Tora dachte indessen, daß sie es sicher deshalb getan hatten, weil sie neidisch auf Mama waren. Denn sie konnte gut sehen, daß auch die neuen Haare ungewöhnlich dunkel und dicht waren. Mama hatte das schönste Haar in ganz Vaeret.

Aber daß die Leute so gemein sein konnten? Einmal hatte sie Tante Rakel gefragt.
Da hatte die Tante sie in den Arm genommen und gesagt, daß der Krieg viele Menschen schlecht gemacht habe und daß Tora die Mutter nicht quälen und nicht danach fragen solle.
Aber jedesmal wenn Tora an dem Jugendheim vorbeiging, war es ihr, als ob sich unsichtbare Hände nach ihr ausstreckten und ihr Böses tun wollten. Das Haus hatte ängstliche, kleine Fensteraugen und ein schiefes Muster auf den ausgeblichenen Gardinen, deshalb war es seltsam, daß sie solche Gefühle hatte. Und sie konnte sich nicht vorstellen, daß irgendeiner von den Menschen, die sie auf der Straße, in Ottars Laden oder auf dem Kai sah, es fertiggebracht haben sollte, der Mutter so übelzuwollen und ihr das Haar abzuschneiden. Da mußte eher das Haus die Schuld tragen.
Dort war es passiert. Und dort konnte es nun stehen, allein mit seinem zu dem lästigen Moor hin niedergedrückten Drahtzaun und seinen ungestrichenen Wänden, sichtbar für jedermann! Die Mutter ging niemals mit ihr dorthin. Am 17. Mai und an den Weihnachtsfeiern nahm Tora nicht wie die anderen Kinder teil, bevor sie in die Schule ging.
Tora bildete sich ein, wenn »das Haus« der Mutter nicht die Haare abgeschnitten hätte, dann würden sie bis zu den Hüften hinunter reichen. Sie konnte die Mutter vor sich sehen, im Wind über den Fluß gebeugt, während sie die Wäsche ausspülte. Das Haar schwamm zwischen den Steinen im Fluß direkt hinaus ins Meer.
Sie erzählte es Sol.
Aber Sol war zwei Jahre älter und nahm das nicht ernst: »Keiner bekommt so lange Haare. Das gibt's nur im Märchen.«

Sol und der Rest von Elisifs Kindern wohnten genau über Toras Kopf. Morgens rauschte es lange und kräftig in den Rohren da oben. Es waren eben viele, die die Waschschüsseln füllen und sich waschen mußten, gebückt über die Torfkiste beim Ofen und bewacht von Elisifs strengen Augen.
Es scharrte und klopfte und hustete und weinte da oben. Und das mußte auch so sein.
Aber es gab natürlich genug Leute, die meinten, es sei doch zu verrückt mit den vielen Kindern bei Elisif. Sie waren erzeugt von einem kleinen grauen Mann, der nie die Türen zuschlug oder zur Unzeit ein tadelndes Wort sagte. Ein sanfter Schat-

ten, mit dem keiner an der Seite der starken, dominierenden Elisif rechnete.
Indessen standen die Männer rundum an den Wänden in Ottars Laden und grinsten und überlegten, ob bei Elisif auch in diesem Jahr wieder vor Weihnachten etwas Kleines ankommen würde. Das war nicht immer so. Jörgen war jedenfalls am 18. Mai geboren. Tora schien es ein Trost, daß die Leute es für verrückt hielten, daß Elisif jedes Jahr ein Kind bekam. So war sie im Unglück nicht allein.

Als Tora klein war, saß sie bei Ebbe öfter unten am Strand und sah das Licht aus dem Grau und Blau aufsteigen und seinen Schein direkt in den Himmel hineingeben.
»Es ist der Himmel, der dem Meer und der Erde Licht gibt«, sagte Ingrid, als Tora versuchte, ihr verständlich zu machen, was sie sah.
Sie pflegten an der Flußmündung zu sitzen und zu essen, während die Wäsche in dem mächtigen Waschkessel zwischen den Steinen kochte. Kaffeemulde nannten die Leute die Stelle. Dort konnte man im Kessel frisches Wasser aus dem Fluß holen und außerdem auf das Meer hinausschauen.
Tora glaubte nicht richtig, was die Mutter vom Licht und vom Himmel sagte. Denn das Meer war doch so unendlich tief. Ganze Schiffe und zahlreiche Menschen konnte es verstecken wie nichts. Und doch war es so groß, daß es noch Platz hatte für alles andere, Fische und Tang, Netze und Steine.
Aber sie widersprach der Mutter nicht, sah nur verwundert auf das Glitzern dort unten im Brackwasser, folgte mit den Augen den Strömungen und Wirbeln bis dorthin, wo es das graue Salzwasser erreichte und grünschimmernd wurde mit zitternden Schaumkronen.
Tora hatte einmal Salzwasser getrunken, weil sie nicht verstanden hatte, daß ein Unterschied ist zwischen Meer- und Flußwasser.
Seitdem vergaß sie den Geschmack nie mehr.
Deswegen hatte sie Angst, im Meer zu baden. Sie zog die Vertiefungen im Fluß vor, auch wenn sie kälter waren. Und wenn sie hörte, daß jemand im Meer ertrunken war, hatte sie immer den salzigen, widerlichen Geschmack im Mund.
Somit wußte sie ein wenig vom Sterben.

7

Der Herbst war die Zeit des Reisig- und Torffeuerns.
Die Leute bereiteten sich auf den Winter vor und waren im Haus beschäftigt.
Alle warteten mehr oder weniger auf die große Aktivität, wenn der Fisch an Land kam.
Da waren Nerven und Glieder angespannt, und man fragte nicht nach Tag oder Nacht, nach Arbeitslust oder Müdigkeit. Einige standen mittendrin in der Fischverarbeitung und in der Gischt. Andere standen am Küchenfenster oder mit dem Ohr dicht am Radio. Kinder weinten, und das Vieh mußte gefüttert und der Stall ausgemistet werden, auch wenn die Frauen allein waren. Sie beklagten sich nicht. Es war wichtig, möglichst viel aus der Fischsaison herauszuholen. Da bekamen viele diese Chance zum Geldverdienen. Das war aber auch alles.
Ottar und Gröndahl mußten ihr Geld für die Nahrungsmittel bekommen, die vielleicht schon als Mist ausgebreitet auf den kleinen, steifgefrorenen Äckern lagen oder an heimlichen, versteckten Stellen zwischen Tangbüscheln in der Hochwasserlinie schaukelten.
Die Kinder brauchten neue Stiefel und Skihosen und Kleider für drinnen, damit sie sich sehen lassen konnten, wenn es Weihnachten wurde.

Den Torf nahm man nur zum Feueranmachen, dann mußte der Kohlenhändler sein Geld bekommen. Wer später im Jahr schlachtreife Schafe im Stall hatte, dem ging es gut, wer aber das Fleisch kaufen mußte, der konnte bluten. Es blieb ihm nichts anderes übrig, als den Kopf über Wasser zu halten und das Leben weitergehen zu lassen. Schweinefleisch sollte der Teufel essen. Denn nur bessere Leute und solche, die eine tüchtige Frau im Hause hatten, die ein Schwein zu mästen verstand, konnten sich diesen Luxus leisten.
Simon auf Bekkejordet behauptete, daß eine ordentliche Frau der halbe Lebensunterhalt sei.
Damit habe er recht, meinten diejenigen, die Rakel kannten.
Alle wußten, daß sie das Zeug zu mehr in sich hatte, als sich nur völlig zu verausgaben.
Rakel verwaltete Simons Besitz und seine Schulden. Ab und zu beschummelte sie ihn nach Möglichkeit ein wenig. Aber niemals aus Böswilligkeit. Nur um ihm das Bitten und Betteln

um Geld zu ersparen, für Dinge, von denen er ganz und gar nicht verstand, daß sie nötig waren.
Rakel hatte ihre Notgroschen in einer Schatulle. Mit der Zeit waren das übrigens nicht gerade wenige.
Wenn sie etwas davon nahm, so *mußte* das sein, und sie trauerte dem Geld nicht nach. Aber sie war nie blank. Sie hatte schon schlechtere Zeiten am eigenen Leib erfahren als jetzt bei Simon.
Simon erlaubte es sich, über Rakels Schatulle zu lächeln, er mischte sich jedoch in ihre Angelegenheiten nicht ein. Sie ihrerseits ließ ihn niemals merken, daß sie über Geschäft, Mannschaft und Boot Bescheid wußte.
Es gab auf Bekkejordet auch einen verborgenen Brunnen.
In diesem Brunnen wäre Simon einmal beinahe ertrunken. Da war Rakel aus der Zimmerwärme herausgekommen und hatte ihn aus der Kälte geholt.
In seinem tiefsten Innern wußte Simon, daß Rakel als letzte untergehen würde, wenn etwas Schlimmes passieren sollte und sie Schiffbruch erlitten.
Rakels Stärke verwirrte und überraschte ihn, gerade deswegen, weil sie nicht in den Fäusten lag. Diese Stärke war unantastbar.

Das hatte er vor allem begriffen, als sie aus der Stadt kam und ihm erzählte, daß sie keine Kinder bekommen könne.
Sie hatte in dem neuen, großkarierten Mantel dagestanden und mit den Händen gestikuliert.
Der Doktor hatte es gesagt: nach siebenjähriger Ehe keine Hoffnung mehr auf Kinder. Da hatte sie sich eben einen Mantel gekauft. Sie sagte das ebenso verbissen und tränenlos, wie sie es hinnahm, daß sie noch einmal putzen mußte, wenn die Arbeiter nach der Kartoffelernte dagewesen waren.
Kein Kind! Es lag an ihr.
Sie hatte unten im Betrieb in der blauen Bürotür gestanden. In seinem Reich hatte sie das auf sich genommen, von dem sie wußte, daß es sein Mangel war.
Denn es war kein Leben in Simon Bekkejordets Samen.
Er war oft nahe daran gewesen, es ihr zu sagen, aber er brachte die Worte einfach nicht heraus. Wußte, daß sie sich sehnlichst ein Kind wünschte. Er durchdachte genau, was er sagen wollte. Aber wenn der Augenblick kam, wurde es doch nicht gesagt.

Es ging einfach nicht. Zuletzt bedrückte es ihn so, daß er anfing, sich von ihrem Bett fernzuhalten. Er machte sich mehr und mehr im Betrieb zu schaffen, so daß sie eingeschlafen sein mußte, wenn er nach Hause kam.
Vielleicht hatte sie deshalb die Schatulle aufgeschlossen und war in die Stadt gefahren.
Rakel verwaltete das, was Simon *nicht* hatte, genauso gut wie das, was er hatte, so sah es jedenfalls aus.
Da hatte sie nun in dem neuen Mantel gestanden und hatte ihm mit den ehrlichsten Augen der Welt ins Gesicht gelogen.
»Ich kann keine Kinder kriegen, Simon. Wir müssen uns etwas anderes einfallen lassen oder kinderlos bleiben.« Am Abend hatte er sie genommen, erst etwas schamhaft wie ein dankbarer Hund. Da hatte sie ihm zu verstehen gegeben, daß sie ihn so nicht haben wollte. Und er hatte sich tief in sie hineingegraben und die Sicherheit gefühlt, einen Menschen bei sich zu haben, der ihm mindestens ebenbürtig war im Körper und im Willen.
Sie waren wach beieinander, bis der Tag kam und die Arbeit mit dem großen Vorschlaghammer vor dem Bett wartete.
Beide lebten voller Wärme und Nähe füreinander. Beide wußten.

Rakel schaffte sich eine Katze an.

Der Regen hatte sie überfallen, und unter den Bergkämmen lag der Nebel, dicht wie alte Bosheit.
Die Berge im Süden gehörten nicht mehr zur sichtbaren Welt.
Die Leute heizten ein, schlossen die Haustüren und maulten über die undichten Fenster. Sie suchten Wolljacken und -hosen hervor und grausten sich vor dem notwendigen Geschäft in dem kleinen Häuschen.
Man knöpfte alles gut zu, wenn man hinausging.
Die Gesichter standen weiß und leuchtend in den Kleiderbündeln, wenn man unterwegs Menschen traf.
Am liebsten hockten sie dicht beieinander in den eigenen vier Wänden. Hielten Abstand zu allem, was außerhalb war.
Da gab es kein Rufen mehr über Gartenzäune, von denen die Farbe abgeplatzt war, und über rostige, quietschende Wäschegestelle.
Die Kartoffeln waren im Haus. Die paar Johannisbeeren, die noch an den Sträuchern hingen, konnten in Gottes Namen die kleinen Vögel fressen.

Einige Laken und Kissenbezüge hingen dort draußen zwischen den Unterhosen und tanzten im Wind. Aber am Morgen knackte es gewöhnlich in ihnen, wie sie da so in Reih und Glied hingen und sich steif hin- und herbewegten. Sie baumelten wie vergessene Leichen in dem eisigen Luftzug.
Es ist ein großer Unterschied, was die Unterwäsche betrifft, zwischen einem Nordnorweger und einem Südnorweger.
Der Wintermensch hat bedeutend weniger innen drin, aber desto mehr Verpackung.

Das Leben am Kai verlief träge. Es war, als ob beim Winterfischfang an Treibstoff gespart würde. Auf ihren Booten gingen die Männer rund um die Ladeluken und hatten nichts zu tun.
Große Hände schlenkerten an der Ölhose entlang oder pusselten ein wenig mit dem Tabak und der Pfeife herum.
Ab und zu rissen die Männer sich zusammen und schlugen in rasendem Tempo die Arme über der mit der Arbeitsbluse bekleideten Brust zusammen, bis die Hände von der stärkeren Durchblutung und vom Frost glühten.
»Was treibst du dich denn hier rum?« konnten die Männer irgendein Kind anschreien, das den Südwest nicht respektierte, sondern einen Spaziergang zwischen den Hütten oder hinter den Bootsschuppen machte.
Aber viele Männer waren auch um diese Zeit gutmütig und hatten nicht vergessen, daß sie selbst einmal jung gewesen waren.
Diese Männer hatten oft ein bißchen Spott im Auge und ein Scherzwort im Mundwinkel, wenn Tora und die Tausendheimbande vorbeikamen.
Regennasse, glühende Gesichter und quatschende Schuhe an dem einen Tag, eiskalte, schmerzende Finger und triefende Nasen am anderen. So war das eben.
Galoschen mit einem Einmachgummi über dem Rist an dem einen Tag und dicke Socken am anderen.
Den ganzen Oktober und November war es grau und nebelig, aber die Nächte waren trotzdem eiskalt und schlimm und hatten einen irritierenden Mond, der für den nächsten Tag gutes Wetter versprach und log. Denn lange bevor die Hühner draußen im Schuppen der Kampfertropfen-Anna anfingen zu rumoren und allmählich an den Tag glaubten, goß es von einem lebensfeindlichen Himmel herunter und gluckste und rann in den morschen Dachrinnen vom Tausendheim.

Die Männer trafen sich in dem neuen Laden in Nordvika oder in der alten, dunklen Hütte von Ottar. Sie schwätzten und blieben hängen. Nach ein paar Stunden kam vielleicht der eine oder andere darauf, daß er etwas einkaufen sollte. Das brauchte dann auch seine Zeit und hatte keine große Eile.
Ottar stand hinter dem Ladentisch und wog ein bißchen und maß ab.
Er rechnete und beteiligte sich an den Klagen über das Wetter, wenn er gerade nichts anderes zu tun hatte.
»Der Teufel soll das Wetter holen«, konnte er ehrlich überzeugt und mit mühsam unterdrücktem Zorn sagen, wenn er den Südwester nehmen mußte, um nach draußen zum Lager zu gehen und Heringe oder Sirup oder sonstwas zu holen.
Denn Ottar hatte einen »Scheitel«.
Die dünnen Haare von unbestimmter Farbe waren sorgfältig gekämmt, mit einem Scheitel auf der rechten Seite.
Das hätten sie damals in Bodö so gehabt, als er dort als Verkäufer gearbeitet habe, erklärte er stolz.
Bei den täglichen Anforderungen hatte er natürlich nicht die Zeit, sich dauernd zu kämmen, deshalb benutzte er einen großen Südwester, wenn er raus mußte. Dieser hing stets griffbereit auf einem Nähgarnröllchen hinten bei der Tür mit dem abgesprungenen Emailleschild, das die Aufschrift trug: PRIVAT.
Aber lästig war es sowohl mit dem Südwest, der draußen wütete, als auch mit dem Südwester, der drinnen am Haken hing.
Es konnte ihm passieren, daß er schon am Kai war, bevor er sich an seine Kopfbedeckung erinnerte. War es windig, was sehr oft der Fall war, dann war der ganze Scheitel zum Teufel.
Dann mußte er hinauf ins Private eilen und seine Haare in Ordnung bringen, während kostbare Verkaufsminuten sich in Luft auflösten. Denn die heimliche, kleine Glatze mußte vertuscht werden, koste es, was es wolle.

Das Wetter war nicht dazu angetan, daß ein armer Kerl sich wegen eines Mittagessens nach draußen schleichen mochte. Gute Mächte schienen zu meinen, er solle mit den Händen im Schoß dasitzen und sich zu Tode hungern, die Speisekammer gleich vor dem Kai.
Die Männer spuckten in den großen Topf, der an der Tür stand, ob sie nun Tabak kauten oder nicht, und waren sich einig.

Tora saß auf einer Tonne hinten in der dunkelsten Ecke und wartete. Sie hatte eine Liste mit dem wenigen, was sie einkaufen sollte, bei sich.
Die Wollstrümpfe kratzten. Die Mutter hatte sie ihr auch dieses Jahr wieder aufgezwungen.
Jedesmal wenn einer kam oder ging, spürte sie den Luftzug langsam herangleiten und genau die Stelle finden, wo die Hosenkante aufhörte und die bloße Haut zum Vorschein kam, weil sie im letzten Sommer so gewachsen war, daß die Strümpfe zu kurz geworden waren.
Sie merkte die Kälte nicht sofort, sie kam gleichsam lauernd, wie mit Eisnadeln, die Schenkel herauf.
Ihr graute vor dem Augenblick, da Ottar ihr zunicken würde und sie an der Reihe war, denn sie hatte auch heute kein Geld mit. Nur den Zettel, feucht von den schweißnassen Händen und dem Regen. Auf dem Zettel stand in Ingrids Schrift:

¼ kg Kaffee
1 kg Margarine
2 kg Weißmehl
100 g Hefe
1 l Sirup
Kannst du das bitte anschreiben, bis ich herunterkomme?
Ingrid

Ottars Gesicht schlug Falten in der verkehrten Richtung und wurde ein wenig dunkler, als sie ihm den Zettel gab. Er räusperte sich und holte ihr die Waren. Danach nahm er das große, dikke Buch, das einmal grün gewesen war mit einem marmorierten Muster in allen Farbschattierungen.
Langsam und traurig suchte er Ingrid Tostes Namen, den Zeigefinger drohend vor sich. Dann fügte er den neuen Betrag zu den vielen anderen, die schon dastanden. Zuletzt schlug er das Buch mit einem Knall zu und seufzte halblaut.
Während dies alles vor sich ging, war Tora von einem Fuß auf den anderen getreten und hatte das Gefühl gehabt, als ob sie Ameisen zwischen ihren Kleidern und dem Körper hätte.
Ständig hatte sie den Drang zu pinkeln. Obwohl sie sich, bevor sie in den Laden gegangen war, noch hinter den hohen Holzzaun gehockt hatte.
Aber die Waren bekam sie, wie immer.
Keiner hatte bisher erlebt, daß Ottar Lebensmittel verweigerte, die man zum Brotbacken brauchte.

Tora schlich sich zwischen den Männern durch, deren Gesichter hoch oben zusammenflossen. Augen und nochmals Augen. Münder, die kauten, Münder, die sich um den Pfeifenstiel, zwischen gelben Zähnen, schlossen oder halboffen und neugierig über ihr standen. Wenn die Messingglocke an der Tür leise klingelte, war das sowohl ein gutes wie auch ein schlechtes Zeichen für Tora. Es kam darauf an, in welche Richtung ihre Nase und ihre Zehen zeigten. Rein oder raus.

Zitternd und außer Atem hielt sie so schnell wie möglich hinter dem Holzzaun an und erleichterte sich. Dann eilte sie die Straße entlang und den Hang hinunter zum Tausendheim. Sie sprang über die Pfützen, und die Waren schlugen ihr gegen die Beine. Der alte schwarze Regenmantel hing wie ein Segel hinter ihr, weil sie sich nicht die Zeit genommen hatte, ihn zuzuknöpfen.

Eigentlich wußte sie nicht, was passiert wäre, wenn sie nicht mehr rechtzeitig aus dem Laden gekommen wäre, nachdem Ottar die Waren im Buch notiert hatte. Hier hörte die Fantasie auf.

Und Ottar vom Laden wurde gleichsam Jesus und Gott und der Pfarrer und der alte Lehrer und Henrik in einer Person. Das hielt sie nicht aus. Sie mußte irgendwie fliehen.

Als sie nach Hause kam, schimpfte die Mutter nicht, daß sie die Treppe heraufgepoltert war und die Stiefel noch in der Wohnung anhatte. Sie nahm nur den Einkauf entgegen und berührte Tora flüchtig mit der freien Hand. Sie lächelte schwach, als ob sie noch etwas sagen wollte.

Aber Tora sprang die Treppe hinunter, hinaus auf die Straße zu den anderen, die struppigen roten Zöpfe wie gefärbte Sisalstummel hinter sich und eine wunderbare, flüchtige Freude in sich.

Sie war sozusagen gerettet. Auch diesmal. Sie konnte mit gutem Gewissen die nächste Einkaufstour verdrängen. Runter in den Bauch damit! Gewiß, sie fühlte sie manchmal wie eine Ratte nagen, wenn der Tag sich näherte. Besonders wenn sie in der einsamen, warmen Dunkelheit ihres Bettes lag. Aber in dem Augenblick, wenn der Einkauf vorüber war, gab es keine Sorgen mehr.

Als sie abends mit steifen Händen und roten Ohrläppchen nach Hause kam, roch es im ganzen Treppenhaus nach Brot. Ihr lief das Wasser im Mund zusammen, und sie sauste die

Treppe hinauf. Die zwei dünnen, geraden Beine waren unglaublich stark, wenn es darauf ankam. Die Brote lagen noch auf dem Küchenschrank und kühlten ab.
Nichts war dem Geruch von Mutters Brot vergleichbar. Sogar Henrik bekam ein gutes Gesicht, wenn er das Brot witterte. Er konnte sich dann neben den Küchenschrank setzen und seine Finger mit irgend etwas beschäftigen. Er war mit der einen Hand, in der er Kraft hatte, außerordentlich geschickt, und er half mit der anderen, soweit er es vermochte. Aber nur, wenn er wollte.
Tante Rakel meinte, daß er, geschickt wie er war, mit dem Reparieren von Netzen sehr wohl etwas verdienen könnte, wenn er nur nicht eine Frau hätte, die alles herbeischaffte, was sie brauchten. Aber Ingrid antwortete nie auf solche Bemerkungen. Sie tat geradewegs so, als ob sie sie nicht hörte. Tora wußte, wenn Tante Rakel nicht gewesen wäre, dann hätte es in den Zeiten, als die Mutter arbeitslos war, nicht sehr gut bei ihnen ausgesehen.

Abends waren sie allein, die Mutter und sie. Henrik saß unten in der Arntsen-Hütte. Tora hatte seine Stimme durch das offene Fenster gehört, als sie mit den anderen Kindern zwischen den Tonnen Versteck spielte und an dem Fenster vorbeigestrichen war.
Es war Samstag, und einige Männer vertrieben sich dort die Zeit.
Tora hängte ihr nasses Zeug zum Trocknen in die Nähe des Ofens.
Sie legte noch ein paar Schaufeln Kohle auf, nur um der Mutter zu zeigen, daß sie ihr gerne zur Hand ging.
Ingrid nähte. Sie saß über die alte schwarze Nähmaschine gebeugt, die sie von ihrer Großmutter geerbt hatte.
Nun erhob sie sich langsam, streckte den Rücken und stützte ihn mit der rechten Hand. Sie sah blaß und müde aus, aber sie lächelte. Es war ein richtiges Lächeln, als ob sie an etwas Schönes dächte. Dann ging sie hinüber zum Küchenschrank und nahm eines der frischen Brote. Schnitt mit raschem, sicherem Griff in das weiche Brot, welches jedesmal nachgab, wenn sie das Messer durch die goldgelbe Kruste drückte. Die Kruste war knusprig und gab bei jedem Schnitt einen Laut von sich, als ob sie um Gnade bitten würde.
Ingrid schmierte reichlich Butter auf die Brotscheiben und ließ

den Zuckerlöffel darüber vibrieren, so daß es weiß und schön auf die ganze Scheibe rieselte.
»Was hat er gesagt, der Ottar?« fragte sie und bestreute eine zweite Scheibe mit Zucker.
»Nee-ee, er hat nichts gesagt... Ich mein', er redete nur mit den Mannsleuten, die da standen.« Tora zögerte so lange, daß die Mutter sich umdrehte und Tora das Gesicht zeigte, das sie heute abend am wenigsten sehen wollte.
»Warum sagste das? Warum sagste nicht, wie es ist?«
Das klang ärgerlich und ängstlich.
»Was soll ich da sagen?« Toras Stimme war zaghaft, aber sie streckte die Hand nach der Schnitte aus, die die Mutter ihr reichte.
»Setz dich ans Tischende und streu den Zucker nicht überallhin!« Tora ließ sich am Küchentisch nieder und stellte einen Teller unter die Schnitte, so wie es die Mutter haben wollte. Daß sie es immer wieder fertigbrachte, die Mutter in schlechte Laune zu versetzen. Immer machte sie alles falsch. Es war wie verhext! Und das heute abend, wo sie allein waren und es so schön hätten haben können.
»Der Ottar hat nichts zu mir gesagt. Das ist bestimmt wahr. Wenn du meinst, er hätt' was zu mir sagen sollen, daß ich die Sachen hab' anschreiben lassen, so hat er nichts gesagt, Ehrenwort!« Sie schwiegen beide. Ingrid hatte sich wieder dem Küchenschrank zugewandt. Der Zucker knirschte laut zwischen Toras Zähnen. Sie konnte es nicht ändern, denn es schmeckte so gut, und sie war hungrig.

Es trommelte jetzt gegen die Fensterscheiben. Der Regen schloß sie zusammen dort drinnen ein. Die Mama schien das auch so zu sehen, daß nur sie einander hatten, denn plötzlich drehte sie sich um, sah Tora freundlich an und sagte: »Nein, es ist wohl so. Der Ottar ist nett. Du sollst übrigens nächste Woche mit Geld hingehn. Ich werd' im Lensmannshof was kriegen fürs Extraputzen. Ja, und dann krieg' ich ja auch die Lohntüte, weißte. Du sollst damit gehn, du!« Tora kaute und lächelte. Im Geiste sah sie mindestens zehn Zahlen in Ottars Buch vor sich. Aber sie sagte nichts. Rutschte nur unruhig hin und her und leckte den Zucker auf, der auf den Teller gefallen war. Sie nahm dazu den Finger, drückte ihn kräftig auf die Zuckerkrümel, so daß sie mit zum Mund hinaufkamen.
»Sitz nicht so da«, sagte die Mutter. »Es ist ekelhaft, an den

Fingern zu lecken, wenn man ißt.« Tora senkte den Kopf und hörte auf, Zucker zu lecken. Sie bekam einen Knoten im Magen, und die Brotscheibe, die ihr gerade gereicht wurde, war zu groß. Sie fühlte sich so elend, daß sie keinen anderen Rat wußte, als die Mutter noch einmal anzulächeln. Aber es gelang nicht recht, und die Mutter sah es auch nicht, denn sie hatte sich wieder zum Küchenschrank umgedreht, um das Essen wegzuräumen.

Dann ging Ingrid zu dem Tisch, auf dem die Nähmaschine stand. Immer mit dem Rücken zu Tora.

Tora fühlte eine Leere.

Mamas Rücken schien ihr die ganze Zeit feindlich gesonnen zu sein.

»Soll ich dir Kaffee kochen?« fragte sie vorsichtig nach einer Weile.

Ingrid wandte sich langsam um und sah das Mädchen an, als ob sie es vorher nicht richtig gesehen hätte. Blinzelte, als ob sie schlecht sehen würde, nachdem die Augen sich an das starke Licht über der Nähmaschine gewöhnt hatten und nun plötzlich in die Dunkelheit hineinschauen sollten.

»Nein, Tora... Aber du kannst mir helfen, die Jacke anzuprobieren. Ich plag' mich mit den Ärmeln. Die Rakel ist ja kleiner als ich. Schmaler. Deswegen muß ich Keile einsetzen, guck! Aber das Wenden ging gut. Die Jacke sieht wie neu aus.« Sie hielt Tante Rakels abgelegte und gewendete Sonntagsjacke vor Tora hoch.

Tora wischte sich den Mund ab und stürzte zu ihr hin.

»Ja! Was soll ich machen?«

Die Mutter erklärte und dirigierte. Sie zog die Jacke an und drehte sich vor dem Spiegel, den sie aus der Stube geholt und gegen eine Stuhllehne gestellt hatte. Tora steckte die Stecknadeln dorthin, wo Ingrid hinzeigte. Die nackte Birne über dem Tisch legte einen Glorienschein um die beiden einander zugeneigten Köpfe.

Nach einer Weile war die Anprobe fertig, und Ingrid setzte sich wieder an die Nähmaschine. Es summte, wenn sie die Handkurbel in Bewegung setzte. Tora hing über dem Tisch und sah zu. Wagte es jetzt.

Sie hatte den Stuhl herangezogen und konnte den ganzen Arbeitsablauf verfolgen.

Die Mutter war zufrieden. Die Jacke sah gut aus, und ein Ende der Arbeit war abzusehen. Die tiefe Falte zwischen den Au-

gen verschwand. Sie glättete sich auf eine so feine Weise, daß Tora innerlich ganz warm wurde.
Dann bat die Mutter sie, doch Kaffee zu kochen. Und sie sprachen davon, wie erstaunt Tante Rakel sein würde, wenn sie sah, wie schön die Jacke geworden war.

Sie waren noch nicht fertig, als Henrik kam.
Hatten nicht darauf geachtet, daß unten die Haustür ging, denn sie erwarteten ihn an einem Samstag erst später.
Er war nicht so fürchterlich voll, das konnte Tora sehen. Setzte sich an den Küchentisch und wollte schwätzen.
Er gab Tora die Schere, die auf dem Tisch liegengeblieben war, nachdem sie für die Mutter Fäden abgeschnitten hatte. Tora schien die Schere nicht mehr dieselbe zu sein. Diese hier war kälter. Fremd. Es war auf sonderbare Weise ekelhaft, sie entgegenzunehmen. Deshalb tat sie es ordentlich und ruhig. Ohne ihn anzusehen.
Sie sagte laut: »Danke!« Später fragte er, wie es in der Schule gehe. Aber da war er bereits ganz schläfrig geworden, und Ingrid stand von der Nähmaschine auf und half ihm ins Bett.
Als die Mutter und Henrik in die Stube gegangen waren und Tora sie durch die halboffene Tür sehen konnte – zusammen, überfiel sie eine plötzliche Übelkeit. Sie beeilte sich, in ihre Kammer zu kommen, und schloß sorgfältig die Tür hinter sich.
Es war kalt da drinnen. Alles war still, und keiner sah sie. Sie stand mitten im Raum und hatte Mitleid mit dem Engel, der unter Glas im Rahmen an der Wand hing. Er hatte die eine mollige Hand an der Backe und blickte ins Leere.
Er war ganz allein.

8

Tora hatte am Kiosk von Jenny eine Lutschstange bekommen, weil sie das Lofotpaket geholt hatte, als das Linienschiff kam. Nun schlenderte sie langsam nach Hause. Sie sah, daß der klare Himmel ein Wunder war und daß die Möwen sich für sie auf den Trockengestellen produzierten. Das gab ein schönes Echo in ihrem Kopf. Sie konnte die Möwen schreien hören, wann sie wollte und wo sie auch war. Sie trug das Geräusch mit sich.

Aber manchmal war es heller und freundlicher als sonst. Heute war ein solcher Tag. Ein Tag, um von neuem zu beginnen. Ein Tag, um nur an gute Dinge zu denken. Ein Tag, um richtig schnell zu laufen, laut zu lachen – oder nur für sich allein mit einer Lutschstange zu gehen. Auf dem Weg nach nirgendwo, auch wenn es der Heimweg war.

Jenny war nett. Sie konnte auch sehr grob sein und ein dreckiges Mundwerk haben. Aber nett. Das lag sicher an den Augen. Schmale Schlitze mit etwas Grün drin. Quicklebendig, ob sie nun fröhlich oder zornig war.

Jennys Backen waren sozusagen verwandt mit ihren Äpfeln. Rot. Die gelb und braun gestreifte Schürze war nie sauber. Flecken vom Tintenstift auf den Taschen. Immer.

Die Flurtür stand offen. Aber keiner rief, daß sie die Schuhe ausziehen sollte. Tora blieb plötzlich stehen. Ihr Magen verkrampfte sich zu einem harten Knoten. Es war jemand da, und es war niemand da.

Ob Henrik schon am hellichten Tage so besoffen sein konnte? Ingrid saß am Küchentisch, als sie hereinkam. Hatte den alten braunen Mantel an. Sie sah nicht auf und schien Tora gar nicht zu bemerken. Sie hatte noch das Kopftuch auf und die Handschuhe an.

Das Gesicht war wie ausgelöscht. Die Nase war ein blasser Fleck, den jemand bemüht gewesen war zu entfernen, aber der Schaden war nur noch größer geworden.

Etwas von dem dunklen, dichten Haar schaute unter dem Kopftuch hervor und nahm sich seltsam lebendig inmitten allem anderen aus.

»Sie können mich nicht länger brauchen. Sie sagen, ich will was Besseres sein, weil ich die Abendschicht nicht mehr nehmen kann. Ich bin arbeitslos, Tora!« Ingrids Stimme schrillte in den Raum hinein. Es war eine Art ohnmächtiger Wut in der Stimme, die nicht wagte, ihre Stärke zu zeigen, als ob sie Angst hätte, daß sie nicht stark genug sei.

»Ich weiß nicht, wovon wir leben sollen«, fügte sie schwach und wehleidig hinzu – diesen Ton kannte Tora schon von früher.

»Soll ich Kartoffeln aufsetzen, Mama?«

Die Worte entschlüpften ihr atemlos.

Wenn sie so tat, als ob sie nichts gehört hätte, dann war vielleicht alles nur erdichtet. Wenn sie es schaffte, bis hundert zu

zählen, während sie in den Keller lief, um die Kartoffeln zu holen, dann hatte sie vielleicht nur geträumt, und die Mutter würde dastehen, als ob nichts wäre, und es gäbe braune Soße zu den Fischfrikadellen, wenn sie wieder nach oben kam.
Aber sie hatte vergessen zu zählen, und die Mutter saß noch wie vorher.
»Würdest du abends allein klarkommen«, klagte die Mutter, »könnt' ich arbeiten gehn.«
Tora empfand die Worte wie einen Schlag über den Rücken. Sie drehte den Wasserhahn voll auf, damit sie nichts mehr zu hören brauchte. Dann rührte sie aus Leibeskräften in der sandigen Schüssel herum. Es drückte irgendwo hinter den Augen. Aber Tora wusch Kartoffeln, als ob es um ihr Leben ginge. Sie konnte es doch allein schaffen, wie viele Abende es auch sein würden! Trotzdem blieb die Anklage wichtig und wahr, weil die Mama sie ausgesprochen hatte.
Wahr! Wäre nicht sie – Tora gewesen...
Eine seltsame Empfindlichkeit breitete sich in ihrem Körper aus. Und sie wagte nicht sich umzudrehen. Das Gesicht war zu nackt. Es fing bei den Augen an, und dann fühlte sie es bis in die Fingerspitzen. Es breitete sich schnell aus und erfaßte den ganzen Körper. Er fühlte sich kalt und klamm an, so wie sich die Großmutter angefühlt hatte, nachdem sie gestorben war.
Vielleicht fing auch sie an, auf irgendeine Weise zu sterben? Dieser Geruch nach Nelken?
Wenn sie die Aufgaben abgefragt wurde und vor aller Augen aufstehen mußte: Sie wußte, daß sie die Aufgaben konnte, und trotzdem bekam sie klamme Hände und wurde naß unter den Armen. Und dann kam dieser süßliche Geruch nach Tod und Nelken.

Ingrid hatte sich jetzt langsam gefangen. Sprach, während sie das Essen vorbereitete. Hantierte herum, noch immer in Mantel und Kopftuch. Tora hörte nicht auf das, was sie sagte, oder sie vergaß es absichtlich wieder ganz schnell. Das war am besten so. Für sie beide.
Sie suchte bereits nach einem Brett, um für den Rest des Tages darauf zu schwimmen. Sie würde ihre Aufgaben machen und dann direkt zu Jennys Kiosk laufen und beim Preisauszeichnen helfen.
Hatte es schon versprochen.

Sie wollte sich heute unsichtbar machen.
Aber erst wollte sie die Küche aufräumen, damit die Mutter sich hinlegen konnte.
Falls Jenny sie nicht den ganzen Tag haben wollte, konnte sie auch auf den Dachboden von Onkel Simons Fischerhütte gehen, zu ihren Heften.

Auf dem Dachboden gab es ein kleines Fenster mit vier schmutzigen Scheiben. Es ließ das Tageslicht zu ihr herein, sofern es welches hereinzulassen gab. Es zeigte ihr ein gutes Stück Himmel. Anderes Licht gab es nicht.
Manchmal dachte sie daran, einen Kerzenstummel mitzunehmen, aber sie überwand sich, es nicht zu tun.
Ingrid hatte ihr eingetrichtert, wie furchtbar es war, ein Feuer zu entfesseln. So konnte sie weder lesen noch schreiben, wenn es nicht hell war. Aber niemand konnte sie daran hindern, unter dem großen, zerlumpten Segeltuch, hinten in der Ecke unter dem Fenster, die Mäuse zwischen der Holzverkleidung und der Wandpappe rumoren zu hören. Auch das Meer und die Möwen waren immer zu hören.
Auf dem Dachboden gab es Heringskisten, Tonnen und Gerümpel. Man konnte mancherlei komische Möbel daraus machen.
Eigentlich war sie zu groß für so etwas. Aber keiner sah sie.
Tora nahm niemanden mit auf den Dachboden. Nicht einmal Sol. Die war zu erwachsen dafür. Deshalb hatte sie auch nicht das Gefühl, daß sie Sol betrog.
Sie hatte eine alte Wolldecke dort. Für kalte Tage, wenn sie ihren eigenen Atem wie unheimlichen und einsamen Rauch aus ihrem Mund kommen sah. Es war, als ob sie ein Ungeheuer wäre oder ein verwandelter Drache, der aber wieder seine ursprüngliche Gestalt annahm, wenn er allein war. Sie war trotzdem Tora.
Sie hatte mehr Geschichten im Kopf, als sie verarbeiten konnte, wenn sie nur eine Zeitlang dasaß. Einige Geschichten waren unerhört spannend. Einige hatten den gleichen Anfang, endeten aber verschieden.
Ab und zu quälte sie sich selber damit, sie traurig enden zu lassen. Dann weinte sie in ihre Wolldecke hinein, ohne daß Tränen kamen. Sie hatte Schwierigkeiten mit dem Weinen. Die Tränen waren gleichsam fest eingeschlossen und wollten nicht heraus.

Die Geschichten lagen fertig neben den Wänden, in den Schatten der Kistenmöbel, zwischen den Dachstuhlbalken.
Die schönsten hatten immer einen Vater, der zurückkam. Einige hatten eine Mutter, die starb. Und wenn der Vater das erfuhr, kam er aus dem fremden Land und holte seine Tochter, obwohl er sie noch nie gesehen hatte. Schlicht und einfach ließ sie die Mütter sterben. Es war selbstverständlich, daß sie es im Himmel besser hatten.

Allein.
Der Gedanke war ein süßes Geheimnis.
Sie versteckte ihre Kostbarkeiten unter einer umgedrehten Margarinekiste. Drei Hefte, die sie von Gunn bekommen hatte, und einen Kopierstift. Aber sie nahm sich nur selten die Zeit, einige von den Geschichten niederzuschreiben. Oft war es auch zu dunkel, oder die Handlung lief so schnell ab, daß sie keine Zeit hatte, die Worte dafür zu finden.
Mitunter schien ihr das, was in dem Heft stand, so ungeschickt, daß sie es wieder ausstrich.
Da war es besser, die Gedanken schwebten unter der Decke oder hinaus in die Luft. Die Gedanken an sich waren so groß. Sie waren das Schönste, was Tora sich vorstellen konnte. Das änderte aber nichts an der Tatsache, daß manche Gedanken nicht auszuhalten waren.
Tora hatte eine schöne Geschichte, die davon handelte, daß sie mit einem Schlüssel in der Tasche eine Straße entlangging. Einem Schlüssel für ein kleines, verschlossenes Zimmer. Für Menschen verschlossen. Sie kam immer bis zu einem bestimmten Punkt an der Straße, wo sie umdrehte und nach Hause zu dem Zimmer ging, ungeachtet dessen, wohin sie eigentlich wollte. Sie schloß die Tür auf, ging hinein und schloß hinter sich wieder zu.
Dort waren keine Stimmen.
Die Gefahr? Die Gefahr konnte in ein solches Zimmer nicht hinein.
Falls jemand unvorhergesehen seinen Namen erwähnte, konnte die Gefahr den ganzen Tag plötzlich grau und dunkel machen, auch wenn sie eine gewisse Übung bekommen hatte, nicht daran zu denken.
Wenn er plötzlich einen Raum betrat, in dem sie allein war, konnte sie plötzlich das Gefühl haben, daß ihr jemand ein dreckiges, klammes Kleidungsstück übergeworfen hatte.

Da blieb sie steif und untätig stehen, bis irgend etwas geschah, was den Bann löste.
Einige Male hatte sie sich damit gerettet, daß sie sich in rasender Geschwindigkeit in ein Märchen hineingedichtet hatte.
Sie war eine verzauberte Prinzessin, der etwas Böses widerfahren war. Aber falls sich dieses oder jenes ereignete, würde sich der Zauber lösen und die Gefahr gebannt sein.
Daß er seine Kleider im Flur neben ihre hängte oder daß man ihren Teller auf seinen stellte, wenn der Tisch abgeräumt wurde, das konnte manchmal einen guten Tag bis tief hinunter in das Tanggestrüpp versenken.
Wenn sie glaubte, daß sie an etwas ganz anderes dachte, konnte ihr nur beim Anblick seines in der Waschschüssel schwimmenden Rasierschaums *plötzlich* übel werden.

Draußen war es meist sehr schön.
Dort war eine andere Art Leben. Man konnte laufen. Weglaufen, wovon auch immer.
Bei Sturm oder genügend Wind hatte sie das Gefühl zu fliegen. Sie legte ein besonders scharfes Tempo vor und sprang besonders hoch. So war sie *plötzlich* Tora, die fliegen konnte.

»Wenn du nur groß genug wirst«, pflegten Tante Rakel und Mama zu sagen.
Tora merkte, daß sie anfing, groß genug zu werden. Denn die Gefahr war so nahe gekommen, näher als je zuvor. Sie war nicht nur Traum und Fantasie, sie war in ihr drin. Und sie mußte damit fertig werden, das war ihre Sache.
So war das.
Indessen flog sie, so schnell sie nur konnte. Und keiner hatte eine solche Geschwindigkeit beim Spiel wie Tora.
Sie spielte mit den großen Jungen von Vaeret Schlagball und schlug den Ball, wie sie wollte. Sie fing den Ball und warf ihn hart und treffsicher. War sie gut gelaunt, gab sie ihm einen Drall, der Bewunderung erweckte.
Keiner warf so fest wie Tora, obwohl sie so aussah, als ob sie jederzeit in der Mitte durchbrechen könnte, und deutlich nach Fisch roch! Sie streckte das spitze, kleine Kinn vor und hielt mit der knochigen, steinharten Hand den Schlagball, einen Augenblick oder zwei, bevor sie ihn fliegen ließ. In dem Augenblick, in dem er ihre Hand verließ, fühlte sie die un-

bändige Kraft in sich, mitzufliegen. Der Körper war wie eine gespannte Feder. Sie wurde von einer jähzornigen Freude erfaßt.
Dann flog der Ball, und sie wurde wieder...
Aber er schmerzte – wo er hintraf.

9

Der Nachmittag lag blau und undurchdringlich vor dem Fenster, als Tora die Gardine zuzog. Sie hatte die größte Blechschüssel bis zum Rand mit lauwarmem Wasser gefüllt. Die stand jetzt auf dem Hocker am Bettende und war eine Freude an sich.
Tora hatte den ganzen Nachmittag, seit die Mutter zur Arbeit gegangen war, eingeheizt. Das war, strenggenommen, nicht erlaubt. Ingrid meinte, es würde genügen, ein paar Stunden bevor sie sich wusch, Feuer zu machen. Kohle war teuer. Sie hatten eigentlich nicht die Mittel, Kohle zu verfeuern, sie sollten sie lieber essen, pflegte Einar von der Verandadachstube zu sagen.
Tora hatte das große, scharf geschliffene Messer aufs Bett gelegt. Sie benutzten es sonst zum Kartoffelschälen. Die Klinge glänzte gutmütig-gefährlich.
Es gab nur einen Schlüssel in der Wohnung, und der war für die große, braune Flurtür. Die Tür hatte zwei solide Felder mit vielen Farbschichten darauf. Der noch solidere Türrahmen hatte noch mehr Farbschichten.
Der große, altmodische Schlüssel wurde nur benutzt, wenn sie wegfuhren. Sonst hing er in der Küche neben dem Lichtschalter. In den Zimmern nahm man irgendein Messer und versperrte damit die Türen. Es war aber mehr eine Ankündigung, daß man für sich sein wollte, als ein Verschluß.

Tora hatte das neue weiße Makkohemd herausgesucht, das sie bisher nur für gut gebraucht hatte. Die Mutter hatte gesagt, daß sie es nehmen könne, denn sie hatte zwei Wochen nicht gewaschen.
Tora freute sich. Natürlich konnte sie das Hemd nehmen! Alles war ihr übrigens im letzten Jahr zu eng geworden. Der schmächtige Körper war nach allen undenklichen Richtungen hin dicker geworden, es war zum Verrücktwerden.

Es war gemein von ihr, so zu wachsen, daß die Mutter viel Geld für neue Sachen ausgeben mußte, obwohl die alten noch gar nicht verschlissen waren. Es dauerte eine ganze Weile, bis Tora begriff, daß es gar nichts nutzte, den Brustkasten einzuziehen, den Nacken zu beugen und sich zu schämen.
Sie strich mit der Hand über das neue weiße Hemd. Es leuchtete bläulich im Schein der Nachttischlampe. Es war viel schöner und weißer als das alte.
Sie hatte sich ausgezogen, stand neben dem kleinen, schwarzen Ofen und spürte, wie die Wärme ihren Körper einhüllte. Gut.
Wenn man doch immer ohne Kleider gehen könnte! Vor der Ofenwärme. Auf den glatten Felsen am Wasser. In der Sonne. Einfach der sein, der man war, ohne daß jemand das häßlich oder seltsam fand.
Tora hatte das Gefühl, das müßte das Schönste von allem sein. Die langen, widerborstigen Zöpfe kitzelten auf dem Rücken, wenn sie sich bewegte.
Rund um die Tür klaffte ein deutlicher Spalt, und ein eiskalter Luftzug strich plötzlich über den nackten Körper. Sie fröstelte, steckte die Hände in die Waschschüssel und ließ das warme, nach Seife duftende Wasser langsam über den Körper rieseln. Die Zöpfe wollten ständig ins Wasser fallen, aber die kamen an einem anderen Tag dran. Die Mutter half ihr dann beim Haarewaschen. Es war so schwierig mit dem Spülen. Da brauchte man so viel Wasser, daß sie es am Ausguß in der Küche machen mußten.
Nackt gehn... immer... Das war ein beinahe schrecklicher Gedanke. Das durfte sie niemandem sagen. Nicht Sol und nicht einmal Tante Rakel.
An sich war es so, daß Tante Rakel offen über viele Dinge sprach, die die Mutter nie erwähnte.
Wenn sie in der Küche zusammensaßen und schwätzten, die drei, konnte es passieren, daß Ingrid den Mund spitzte und sagte: »Hör auf, Rakel, denk an das Mädchen!« Tante Rakel war ganz anders.
Aber sie konnte es sich ja leisten, sie hatte einen Mann, der ein Boot und einen kleinen Betrieb besaß, ein kleines weißes Haus unterhalb des Veten und einen Stall mit Schafen. Sie konnte wirklich lachen.
»Tante Rakel ist ein großes Kind«, pflegte Ingrid zu sagen. Aber Tora konnte nicht ganz verstehen, daß sie es der Tante

nicht gönnte, ein großes Kind zu sein, denn auf Bekkejordet gab es keine Kinder.
Tante Rakel konnte lachen. Wie ein ganzer Erdrutsch.
Man war überrascht, wenn man es zum erstenmal hörte. Es war unglaublich viel Lachen, was aus ihrem Mund herauskam und gleichzeitig in ihrem Magen gluckerte. Und das rote, dauergewellte Haar stand wie eine Wolke um ihren Kopf, wenn sie ihn zurückbog und aus vollem Halse lachte. Es ging da eine Geschichte um, daß sie bei ihrer eigenen Hochzeit in der Kirche so gelacht hatte, daß Simon für sie alle beide mit Ja antworten mußte. Und das, weil der Pfarrer ein neues Gebiß bekommen hatte und nicht deutlich sprechen konnte, als er sie fragte, ob sie Mann und Frau werden wollten.

Tora hörte plötzlich Schritte auf der Treppe.
Sie faßte sich blitzschnell und steckte das Messer in den Türrahmen. Es war nicht sicher, daß es jemand war, der zu ihnen wollte. Sie lauschte, während sie die Seife mit beiden Händen an die Brust drückte. Es tropfte gleichmäßig und fast lautlos vom Hals und von der Nase herunter auf den Holzfußboden. Einige Tropfen landeten auf der kleinen Brust, und die Brustwarze zog sich zusammen.
Ein fester Griff auf die Türklinke der Küchentür. Er! Aber er sollte doch noch für mehrere Stunden unten im Lager bei Dahl sein! Sie kauerte sich in die Ecke am Bettende.
Wenn jemand an die Tür ging, konnte er sie einen Spaltbreit öffnen, bevor das Messer ihn stoppte.
Man konnte das Messer auch von außen wegstochern. Nun ging er an der Küchenwand entlang, das konnte sie hören.
»Ingrid!« rief er in die leere Küche.
Er war also betrunken, und das mitten am Tag.
Jetzt hörte sie ihn in der Ecke bei der Stube. Er stöhnte und versuchte sich die Schuhe auszuziehen.
Wenn er sich nur hinlegte, dann würde er sofort einschlafen. Sie würde durch die dünne Wand das Stöhnen und Schnarchen hören. Dann konnte sie sich fertigwaschen. Untenrum und die Füße. Aber sie konnte nicht aufstehen und sich waschen, bevor er nicht schlief.
Er schlurfte tatsächlich zum Bett.
Tora saß mucksmäuschenstill in ihrer Ecke. In dem Spalt um die Ofentür herum war es dunkel geworden, aber sie legte nicht nach.

Irgend etwas sagte ihr, daß sie sich nicht bemerkbar machen sollte. Sie sollte nicht dasein. Sie sollte unterwegs sein, bei der Tante, in Vaeret. Irgendwo. Bis Henrik eingeschlafen war. Schlief er erst, hatte sie die ganze Wohnung für sich, konnte so tun, als ob er nicht da wäre. Konnte alle Türen schließen und sich auf die Torfkiste in der Küche setzen und sich sauber und gepflegt fühlen, wie neugeboren. Oder sie konnte das Licht über dem Küchentisch anmachen und in dem schönen, traurigen Buch lesen, das Gunn ihr geliehen hatte.
Die Welt konnte doch noch gut werden.
Ihre Beine waren schon ganz steif, das Wasser an ihrem Körper war getrocknet, und sie fror ein bißchen. Noch hörte sie kein Schnarchen. Vielleicht war er so voll, daß er überhaupt nicht schnarchte. Vielleicht war er tot? Würde sie traurig sein? Wahrscheinlich. Weil die Mama traurig sein würde.

Henrik war eine Tatsache. Sie konnte sich keinerlei Verwunderung darüber erlauben. Sie sagte Henrik zu ihm. Andere Kinder sagten Papa zu dem Mann im Haus. Tora war plötzlich froh, daß sie ihn nie Papa genannt hatte. Sie wußte nicht, warum. Es hatte etwas mit harten Händen zu tun, mit Traum und Wirklichkeit, die so dicht und dunkel zusammengesponnen waren, daß es nicht auszuhalten war.
Ein schwerer Knoten, ein wilder Druck ganz unten im Schritt. Sie wollte, daß es Sommer wäre und Tag und Nacht hell, wenn sie so etwas fühlte. Gleichzeitig wollte sie sich im dunklen Winter in der äußersten Ecke verstecken, die es gab.

Nein, sie legte nach. Henrik schlief jetzt wohl.
Es war nur noch Glut da, deshalb suchte sie etwas Papier zusammen und legte auch noch ein Torfstück darauf, um das Feuer wieder in Gang zu bringen.
Es war kühl im Raum geworden, und sie zitterte und fror, weil sie sich nicht abgetrocknet hatte. Der Seifenschaum schwamm in der Schüssel wie ein eingetrockneter Klumpen Froschlaich. Das Wasser war kalt. Trotzdem wrang sie den Lappen aus und wusch sich im Schritt und hinten. Ganz schnell und leise, beinahe ohne zu atmen. Dort wo der Lappen hinfuhr, bekam sie eine Gänsehaut. Dann waren noch die Füße an der Reihe.
Die Mutter nahm es immer sehr genau mit dem Waschen, es mußte alles in der richtigen Reihenfolge gemacht werden. Ge-

sicht, Ohren, Hals, Brust, Arme, Rücken. Und dann untenrum, wie sie es nannte.
Zum Schluß die dünnen Beine und die Füße. Die Beine bis hinauf zu den Knien, auch wenn es Spätherbst war und noch so sehr Stiefelwetter.
Sie wagte niemals zu schummeln.
Es war, als ob die Mutter durch die Kleider hindurch sehen konnte, wie Tora sich gewaschen hatte.

Sie stellte die Schüssel auf den Boden und steckte beide Füße hinein. Da hörte sie ihn an der Stubentür.
Sie hatte das Gefühl, daß ihr Kopf sich erweiterte. Er wurde groß und unförmig und floß weg, sie hatte keine Gewalt mehr über ihn. Keinen einzigen Gedanken mehr.
Es klopfte in den Halsadern, und die Zunge schwoll gleichsam in den Kopf hinein, der nicht mehr da war. Sie füllte den ganzen Rachen aus.
»Tora…«, kam es unsicher und zögernd.
Sie antwortete nicht. Es gab auf der Welt keinen Menschen, der Tora hieß. Sie war in ein Nichts hineingeflogen. Es herrschte nur eine große Stille.
Das Messer im Türrahmen bewegte sich sachte. Sie sah und sah. Daß die Tür sich öffnete. Dann stürzte er herein wie ein großer, zottiger Berg. Sie drückte das Stück Seife an den Körper. Versuchte, sich mit zwei dünnen Armen und einem Seifenstück zu bedecken.
Dann war da nur noch ein Keuchen im Raum. Keuchen war das Nachtgeräusch im Haus. Jetzt war es Tag, aber…

Der Mann hatte kein Gesicht. Die Schüssel fiel um. Der gesunde Arm war gewillt, für zwei zuzupacken.
Einmal war die Stimme ganz dicht an ihrem Kopf: »Du brauchst keine Angst haben. Ich werd' nur… ich werd' ihn nicht richtig reinstecken… ich werd' nur…«

Die geschundene Katze auf der Straße.
Es nützte nichts mehr, sich in einer Ecke zu verstecken. Es gab kein Versteck.

Es war dieselbe Hand, die sie am Kai gerettet hatte, es war die Hand, die sie am Hesthammeren festgehalten, die die Schaukel zwischen den großen Birken hinter dem Haus angestoßen

hatte, die ihr Ohrfeigen gegeben und ihr in manchen Dingen geholfen hatte. Sie wuchs um sie, rundherum, in sie hinein. Wurde zu einer unförmigen, brennenden Masse von Seehundskotze, die an ihr klebte, überall.
Als er mit herunterhängenden Hosen wieder in sein Zimmer ging, hatte er immer noch kein Gesicht. Nur ein starres Grinsen, in der Luft baumelnd zwischen ihm und dem Bündel im Bett.
Tora begriff, daß sie in gewisser Hinsicht tot war.
Trotzdem nahm sie den Waschlappen und wischte die halb angetrocknete Spur, die er auf der Wolldecke im Bett hinterlassen hatte, fort.
Sie rieb und rieb, um alles wegzubekommen.
Die geschundene Katze. Der Hund von Bertelsens hatte sie gleichwohl geschnappt. Sie lange durch Schlamm und Dreck gezogen. Später lag sie lange im Graben.
Die Katze war sicher selbst dran schuld. Weil sie keinem gehörte und keiner sich um sie kümmerte. Das wirkte so auf Menschen, daß sie ihr das Fell abzogen. Wirkte so auf Hunde, daß sie sie durch den Dreck zogen.
So war das. Irgendeiner hatte das vor langer Zeit bestimmt. Da kam man nicht dran vorbei.

10

Bekkejordet lag unterhalb des Veten, mit Birkengestrüpp und wilder Heide bis dicht an die obersten Äcker. Die Häuser standen mitten im Hang, weiß gestrichen und gepflegt. Küche und Wohnzimmer hatten große Doppelfenster. Der Stall hob sich deutlich ab, er war rot gestrichen und hatte ein fächerförmiges Fenster oben im Heuboden.
Man erzählte sich, daß Simons Onkel, als er einmal bei seiner Schwester im Gudbrandsdalen gewesen war, den großkopfeten Einfall bekommen hatte, das Stallfenster von dort nachzuahmen.
Simon erbte den Hof und die Äcker und den Kai. Er war nicht gerade reich, aber er brauchte auch niemanden um etwas zu bitten. Bei der Frühjahrsbestellung und bei der Heuernte stellte er Leute ein, und der kleine landwirtschaftliche Betrieb war in bestem Zustand.

Das könne er sich auch leisten, munkelten die Leute. Simon machte gutes Geld. Er ging nicht einmal selbst mit auf Fang, sondern heuerte die Mannschaft und den Bootsführer an. Er beschäftigte sich mit dem Schriftverkehr, dem Fischaufkauf und den Verträgen. Er springe gleichsam allzu leicht und trokkenen Fußes von einem zum anderen, meinten die Leute in Vaeret. Simon auf Bekkejordet und der Pfarrer, sie hatten das Geld, um Hilfskräfte bei der Heuernte zu bezahlen. Nun ja, die schlechte, erdige Kartoffel war Rakels Angelegenheit. Außer dem Pflügen machte sie alles selbst. Während der Pfarrer mehrere Milchkühe hatte und einen festangestellten Knecht, hatte Simon den Stall voller Schafe, die er im Sommer auf dem Fjell weiden ließ. Ein Unterschied mußte ja auch sein zwischen Simon und dem Pfarrer.
Das war klar! Niemand konnte Rakel nachsagen, daß sie nur fein angezogen herumlief und an den Werktagen rundum in den guten Stuben saß und Kaffee trank. Rakel versorgte die Schafe und hatte für jedes einen Namen. Im Herbst bestellte sie den besten Schlachter von Breiland. Sie selbst rührte das Blut, wobei sie leise schluchzte und weinte und alle davonjagte, die in ihre Nähe kamen.
Im Spätwinter lag sie dann auf allen vieren in den gesäuberten Boxen und zog die armen, schleimigen Geschöpfe auf die Welt, wobei sie ebensoviel weinte und sich mit dem Handrükken die Nase abwischte. Rakel hatte ihre besondere Fastenzeit, die jedem Brauch widersprach, während der Schlachtzeit aß sie kein Hammelfleisch.

Oben im Dachgeschoß, wo eigentlich alle Kinder wohnen sollten, nachdem sie das Licht der Welt erblickt hatten, stand der Webstuhl. Er war groß und grün, und Rakel war völlig von der Bildfläche verschwunden, wenn sie dort oben saß.
Es war jedes Jahr sehr spannend, wer bei der großen Weihnachtslotterie zugunsten der Seemannsmission Rakels Spende gewinnen würde. Die Spende bestand nämlich aus mehreren Ellen Flickenteppich. Alles in einem Stück. In schön aufeinander abgestimmten Farben, nicht in einem grellen Durcheinander von vorhandenen Lumpen, so wie andere Frauen einen Teppich woben. Nein, es war ein Kunstwerk in Farben und Mustern, melierte Felder und Streifen, die mit ebenso vielen Einschlägen genau übereinstimmten.
Bevor es Strom auf der Insel gab, summten zur Winterszeit

zwei Petroleumlampen gleichzeitig in der Dachstube. Wer die Abkürzung zwischen Övergården und Vaeret ging, konnte hören, daß es lustig und lebensfroh dort oben klapperte.
Manchmal wurde es still, während es immer noch hell aus den großen Fenstern leuchtete. Dann stand Rakel über ihre Flikkenkiste gebeugt und legte ein Knäuel zum anderen und wählte sorgfältig die Farben und die Stärken aus.
Fehlte ihr gerade die Farbe oder die Stärke, die sie sich in den Kopf gesetzt hatte, dann eilte sie von Hof zu Hof und bettelte und tauschte. Oder sie holte den großen Waschzuber aus dem Keller und machte sich mit Feuereifer ans Färben.

Sie hatte den armen Ottar im Laden mehr als einmal beschimpft, weil er sich nicht aufgerafft hatte, die Farben zu bestellen, die sie brauchte.
Er ärgerte sich darüber, aber er sagte nichts, ehe nicht Rakel und ihre Einkaufstasche außer Hörweite waren.
»Ich finde, dem Simon seine Frau hat zu großartige Wünsche«, konnte er sagen.
Wenn zufällig Kunden da waren, die das überhörten, dauerte es trotzdem nicht lange, bis er die Worte wieder zurücknahm: »Sie will ja nicht gerade was Besseres sein. Sie ist ja auch oft hilfsbereit und gut gelaunt. Aber ein ziemliches Mundwerk hat sie. Das gehört sich nicht für eine, der alles so in den Schoß gefallen ist wie der Rakel. Sie kommt ja auch nicht von besseren Leuten. Aber das ist lange her. Ich gehör' auch nicht zu denen, die das ganze Elend mit den Deutschen wieder auskramen. Die arme Ingrid... Aber es ist lange her. Und die Rakel bezahlt *bar.* Aber sie schnauzt die Fischer im Geschäft vom Simon an, das könnt ihr glauben. Daß sie sich nicht die Füß' abputzen, wenn sie ins Büro kommen. Sie beschimpft sie Lappenpack und fragt, ob sie in einer Torfhütte geboren sind. Was sagt ihr dazu? Das schickt sich nicht, sag' ich. Und der Simon steht nur da und lacht und sagt, daß sie sich nach der Rakel richten sollen, denn die ist Chef fürs Saubermachen. Mein Bereich ist nur der Fisch, sagt er. Was sagt ihr dazu?«

Rund um das Haus waren Schneewehen aufgewirbelt worden, und das Licht aus den Fenstern lag einsam und bläulich auf dem harten, glänzenden Schnee, sobald der spärliche Tagesschimmer verschwand.
Der Frost hatte endlich auch das Tausendheim im Griff. Er biß

jämmerlich auf den Fluren und wehte einem in heftigen Stößen aus dem Loch vom Klositz entgegen. Alle hatten vergessen, daß sie den Frost herbeigesehnt hatten, als der Nebel im Frühwinter besonders schlimm gewesen war. Alle verleugneten ihn nun, da er gekommen war. Sie krochen in den Stuben in sich zusammen und gingen in die dunklen Kellerlöcher, um mehr Brand zu holen.

Kurz vor Weihnachten heuerte Rakel Tora als Backfrau an. Tora fettete die Formen für die Sandkuchen ein und glühte vor Eifer und war fröhlich. Es duftete herrlich nach der Biskuittorte, die auf dem Küchenschrank stand und in der Blechform abkühlte. Die sollte es am zweiten Weihnachtstag geben. Da pflegte Rakel beide Platten in den Eßtisch einzusetzen und viel und üppig für Verwandte und Freunde aufzutischen. Während des ganzen Nachmittags war dann ein Kommen und Gehen, je nachdem wie man im Stall zu tun hatte oder wie die kleinen Kinder versorgt werden mußten. Es ergab sich von selbst, daß es mehr Freunde waren, denn Tora und Ingrid waren ja nur zwei. *Er* kam niemals.
Tora glaubte, daß er Angst vor Tante Rakel hatte und daß er Simon nicht leiden konnte, weil dieser zwei gesunde Arme hatte. Aber ganz sicher war sie nicht.
Tora nahm es sehr genau mit dem Einschmieren der Formen. Sie folgte mit dem fettigen Papier jeder einzelnen Furche, bevor sie die Form wegstellte.
»Ich mein', ich sollt' diesmal auch die Jenny vom Kiosk zu Weihnachten einladen. Die sitzt da in ihrer Dachkammer im Tausendheim und hat niemanden zum Schwätzen, wie ich das so seh'. Sie ist ja schließlich kein Unmensch, auch wenn sie sich einen Bankert angeschafft hat.« Tora wurde es glühend heiß. Bankert! »Ich glaub', das Mädchen kommt allein zurecht. Sie nimmt die Fürsorge nicht in Anspruch.«
»Wieso?« Tora fand endlich die Sprache wieder.
»Sie verdient doch selbst, im Kiosk.«
»Wo... wo hat sie denn den Bankert her?«
Rakel lacht und wirft einen schnellen Blick auf Tora.
»Er kommt wohl von ein paar Liebestropfen wie andere Kinder auch. Nur daß der Vater die Jenny halt nicht haben wollte.« »Warum wollte er sie denn nicht?« fragt Tora unsicher.
»Du kannst fragen! Er war schon verheiratet, glaub' ich. Sie sagen, er ist nicht von hier. Sie sagen, er reist mit einem Kino

rum. Kann gut sein. Ich hab' den Tratsch zuletzt erfahren. Zu mir kommt keiner mit so was. Die wissen wohl...« Rakel hält plötzlich inne und wendet sich energisch den Formen zu, die Tora eingefettet hat.

Die Wohligkeit und die Wärme in Bekkejordet stürzten jäh zum Fenster hinaus, so schien es Tora. Die Worte und die Schande verfolgten sie bis in Tante Rakels Küche.
Schande! Die den Kindern das Recht gab, ihr auf der Straße nachzurufen: »Feuer, Feuer in Toras Haar, Feuer, Feuer, die Mutter hat mit 'nem Deutschen geschlafen!«
»Deutsch« war das schlimmste Wort hier. Es war schlimmer, als aus den Baracken von Nordsund zu kommen. Schlimmer, als während der Fangzeit besoffen zu sein. Schlimmer, als der Bankert von der Kiosk-Jenny zu sein.
Es war die Kälte selbst.
Tora war bestimmt auf ganz Öya die einzige, die deutsch war.
Einmal war Ole wütend auf sie geworden, weil sie ihm ihren neuen Radiergummi nicht lieh. Sie schrieben gerade ein Diktat. »Du geiziges Deutschenkind!« hatte er ihr ins Gesicht geschleudert.
Da hörten sie plötzlich Gunns Filzpantoffeln zwischen den Pultreihen. Sie blieben zwischen Ole und Tora stehen.
Gunn hatte nichts gesagt, und sie hatte Tora nicht einmal angesehen, aber Oles Ohr war nachher feuerrot, und die Nakkenhaare standen senkrecht – lange.
Das war seltsam ungereimt, aber Tora hatte damals doch gut verstanden, wie schlimm es war, ein Deutschenkind zu sein. Denn so hatte sie Gunn niemals gesehen. Es konnte einem richtig angst und bange werden.
Ole schrieb dann auch die ganze Zeit bis zum Schluß, ohne aufzusehen und ohne ein falsches Wort auszuradieren.

Rakel beobachtete das Mädchen über den Tisch hinweg.
Dann kam es behutsam: »Ich hab' dir doch nicht weh getan, Kind? ... Wegen dem Wort, das ich gebraucht hab'?«
Tora fühlte, daß ihr die Tränen kamen. Das lag an der Behutsamkeit in der Stimme ihrer Tante.
Statt der Tränen stürzten die Worte aus ihr heraus. Es war, als ob sie vor einer verschlossenen Tür gelegen hätten, bereit, herauszuspringen, wenn jemand die Tür nur einen Spaltbreit öffnete: »Wer war er, mein Vater?«

Die Stimme gehorchte ihr nicht, sie klang atemlos und belegt. Rakel erstarrte in ihren Bewegungen. Sie kam sich wie abgeschaltet vor. Selbst den leisen Atem, den sie immer aus einem Mundwinkel herausblies, wenn sie mit einer Arbeit beschäftigt war, die sie gern machte, hörte man nicht.
»Was – was meinst du?« sagte sie zögernd, vor allem, um Zeit zu gewinnen.
»Ich meine meinen richtigen Vater.« Tora hatte sich aufs offene Meer begeben, sie mußte sich über Wasser halten. Umkehren konnte sie nicht mehr. Rakel trocknete sich umständlich die Hände an der schneeweißen Schürze ab und sank langsam auf den nächsten Stuhl.
»Hat deine Mutter dir nichts von deinem Vater erzählt?«
Sie blickten einander etwas unsicher an, prüfend.
»Nein... Mama ist immer so beschäftigt – sie hat soviel um die Ohren. Sie hat keine Zeit.«
Das letzte kam überstürzt, als ob sie plötzlich ein Brett gefunden hätte, auf das sie sich retten konnte. Auch wenn sie die Mutter noch so sehr verriet, sie mußte eine klare Antwort bekommen. Mußte die Kraft haben, die Wahrheit zu wissen – damit sie über der Sache stand, wenn die Schimpfworte auf sie herunterprasselten.
Rakel saß. Sie sah Tora die ganze Zeit an. Sie zwang sich fast dazu, nicht wegzusehen. Dann sagte sie: »Gut. Nimm den Kuchen aus dem Ofen, Tora! Komm dann und setz dich! Das wird mehr als ein Backtag.«
Und Tora tat, was Rakel ihr gesagt hatte, und sie hatte das Gefühl, daß ihre Arme mit schrecklichen Stricken an ihrem Körper festgebunden waren. Die Füße blieben beim Gehen an den Teppichen hängen.

»Dein Vater«, fing Rakel unsicher an, »dein Vater war ein ganz gewöhnlicher Mann mit schwarzen Haaren und blauen Augen und breiten Schultern. Ein schöner Mann. Deine Mutter und er verliebten sich ineinander. Er war kein einfacher Soldat.«
Rakel stockte, sie richtete den Blick auf die Zuglöcher im Ofen.
Dann fuhr sie fest und entschieden fort: »Aber er war hierher in unser Land geschickt, um es zu besetzen, deshalb war er ein Feind! Wie er sich auch benahm oder wie er aussah oder ob er Vater wurde! Damals war er ein Feind. Auch wenn er sich in deine Mutter verliebte und... Der Großvater hat später nie

mehr einen frohen Tag gehabt. Er starb an Tuberkulose, weißt du. In dem Frühjahr, als der Krieg aus war. Deine Großmutter weinte, und alles war in großer Aufregung, als klar wurde, daß du im Anmarsch warst. Das mußte verstehn, Tora! Es war in vieler Hinsicht eine schwierige Zeit. Es gab soviel Haß. Als Frieden war, suchten sie einen Sündenbock, auf den sie den Haß abladen konnten. Deine Mutter ist in diese Sache hineingeraten, und ich weiß nicht, ob sie schon wieder richtig rausgekommen ist.«
Das letzte war kaum zu hören.
Einen Augenblick war es still in der Küche.
»Aber wer war er? Wo – wo ist er jetzt, Tante Rakel?« flüsterte Tora.
»Wart ab!« Rakel räusperte sich. »Deine Mutter und er wollten nach Oslo reisen, wo er Freunde hatte, bei denen sie wohnen konnte, wenn sie dich bekam. Hier in Vaeret war kein Platz für euch. Sie glaubten auch, daß der Krieg bald zu Ende wäre. Dann wollten sie nach Berlin fahren, wo er zu Hause war.«
»Ja?«
»Sie kamen nicht so weit. In Trondheim machten sie ein Ende mit deinem Vater, Tora...«
»Ende? Wer machte das?«
»Das haben wir nie rausgekriegt. So was aufzuklären war nach dem Krieg nicht mehr wichtig. Wie ein Feind verschwand. Hauptsache, er war weg. Aber es können auch seine eigenen Leute gewesen sein – genausogut...«
»Seine eigenen?«
»Ja, er hatte ja keine Erlaubnis zu dem, was er tat. Er nahm sich frei, um deine Mutter zu seinen Freunden zu begleiten, das war kein Vergnügen für einen Mann in deutscher Uniform. Deine Mutter bekam in der Pension, wo sie wohnte, einen Brief unter die Tür geschoben. Mit vielen häßlichen Worten und mit der Nachricht, daß er – tot war.«
»Tot!« Das schien Tora erst jetzt richtig zu begreifen.
»Ja, Tora. Und dann ging deine Mutter durch halb Norwegen wieder nach Hause. Größtenteils zu Fuß. Denn das Geld hat er gehabt. Und du warst in ihrem Bauch, und die Sonne hat nicht oft geschienen, möcht' ich glauben...«
»Aber ist er tot, Tante Rakel? Ist er wirklich *noch* tot?«
Rakel starrt ungläubig auf das Mädchen. Dann erhebt sie sich und geht langsam um den Tisch herum zu Tora.

»Meine liebe Tora, liebe – liebe Tora! Du weißt, daß wir dich gern haben. Der arme Großvater starb damals, aber erinner dich an die Großmutter. Sie war so gut. Nicht wahr? Keiner durft' dir ein Haar krümmen.«
Rakel lächelte zögernd. Sie schien mit dem, was sie sagte, gar nicht anzukommen.
»Er war kein böser Mann, dein Großvater, das mußt du schon glauben. Das war Ingrid selbst, die von hier wegwollte. Sie kannte das Getratsche der Leute zur Genüge. Ich hab' manchmal gedacht, wie es wohl gekommen wär', wenn dein Vater Villars Sohn gewesen wär' , so wie der Simon. Wenn er Norweger gewesen wär' und so weiter.«
Tora hörte nichts. Sie sah nur, daß Rakels Mund sich rasend schnell bewegte. Schneller und immer schneller. Sie hatte das Gefühl, schon vom bloßen Zusehen ersticken zu müssen.

So hatte sie oben auf dem Dachboden also nur geträumt. Gedichtet und geträumt. Hatte ihm einen Namen gegeben. Ein Gesicht. Alles.
Papa.
Es gab keinen Papa. Hatte niemals einen gegeben. Er war schon tot, bevor sie geboren wurde! Sollte sie gar nichts haben? War das der Sinn? Der Mund verzog sich zum Weinen, aber es kamen keine Tränen. Dann erhob sie sich, umarmte Rakel, die neben dem Stuhl stand, und ging schnell zur Tür. Sie dachte nicht an die Jacke, die im Flur hing, wollte nur hinaus in das Schneetreiben und schloß sorgfältig die Tür hinter sich.
Es war eine große Leere in ihr. Es nützte nichts, auf den Dachboden zu kriechen und alles fortzudichten.
Tot!
Für Tora war das schlimmer als die Gefahr. Weil es etwas Gutes war, was sie verloren hatte – für immer. Bei allem Bösen, da konnte man sich zwingen, es zu vergessen. Davon konnte man wegfliegen, über den Pfarrhof laufen wie der Wind, schreien gegen den Wind wie ein Verrückter, Schlagball spielen, den anderen so hart zusetzen, daß sie jammerten – auch wenn man ihnen nur bis zur Achselhöhle reichte.
Sie konnte gemütlich, in die Wolldecke gehüllt, zusammen mit allen Gefahren der Welt auf dem Dachboden sitzen, in den grauen Himmel schauen, bis alles verschwand, konturlos und gleichgültig wurde. Aber mit diesem jetzt konnte sie nicht fer-

tig werden. Es war ihre Freude gewesen, die einzige, an der ihr wirklich lag – die tot war und fort für alle Zeit.
Tora hatte ein heftiges, schmerzliches Verlangen, irgend etwas zu haben, wo sie draufschlagen könnte. Treten, das Leben abwürgen. Dem, der ihr dieses angetan hatte.
Und mit einemmal wurde ihr klar, daß es nichts nützte, einem alten Jugendheim die Schuld zu geben für das, was war oder nicht war. Die Menschen mußte man fürchten und vor ihnen davonlaufen.
Sie waren es, die alles töteten.

Rakel fand sie zusammengekauert an der Stallwand. Wie einen vergessenen Heusack. Schnee und Hagel taten jämmerlich weh. Peitschten die bloßen Hände und das Gesicht. Legten sich aufs Haar – um im nächsten Augenblick von einer Windbö weggefegt zu werden.
Es war ein richtiges Unwetter. Es biß. Aber sie dachten nicht darüber nach, die zwei. Hatten an andere Dinge zu denken.
Seit langem war Rakel nicht mehr so unsicher über ihr eigenes Verhalten gewesen.
Beide schwiegen. Tora wurde ins Haus geführt, aufgetaut und frisch angezogen. Rakel hielt sie die ganze Zeit im Arm.
Der Weg zum Tausendheim war lang.

»Wir sind drei Frauen in der Familie«, sagte Rakel bestimmt. Sie wußte, wenn jemand etwas sagen sollte, dann mußte sie das tun.
»Da ist noch vieles, worüber wir reden sollten.«

Sie schenkte den Kaffee ein, den sie selbst gekocht hatte, und bot den beiden anderen von Ingrids kostbarem Weihnachtsgebäck an – direkt aus der Büchse. Ingrid sagte kein Wort. Als das Mädchen und Rakel zur Tür hereingekommen waren, hatte sie sofort gesehen, daß da etwas nicht stimmte.

Henrik war rausgegangen, wie er es immer tat, wenn Rakel kam. Rakel hatte Tora ins Bett gebracht, Kaffee gekocht und verkündet, daß sie an Toras Bett Kaffee trinken würden.
»Ich weiß nicht, ob ich heut was falsch gemacht hab', Ingrid, oder ob du was versäumt hast. Du hattest doch eigentlich Verstand genug, dem Kind zu sagen, wer sein Vater ist. Aber nun weiß sie alles, was ich selbst weiß. Und ich möcht' gern mit ei-

genen Ohren hören, ob du einverstanden bist mit dem, was ich gesagt hab', damit du später nicht sagen kannst, daß ich gelogen hätte. Denn du bist ja ihre Mutter. Du mußt ihr erzählen, daß wir uns durch diese Geschichte alle gemeinsam durchgeschlagen haben und daß sie nicht rumgehn muß und sich ihres Vaters schämen, den sie einmal hätte haben sollen, wenn alles gutgegangen wär'. Daß unser Herrgott, die Männer und der Teufel den Krieg und die Leichen in der Welt zu regieren scheinen, dafür brauchen wir Frauen uns nicht zu schämen. Nicht wir sollen den Kopf beugen. Wir müssen nur weiter schauen als bis zur Lüge und zum Verschweigen und auch einander stützen. Hörste zu, Ingrid?«

Als Simon spätabends nach Hause kam, naß und müde, aber mit dem Weihnachtsheilbutt, Boot und Mannschaft geborgen, da war Rakel noch beim Backen. Denn der Nachmittag im Tausendheim hatte sich in die Länge gezogen.

Das rote Haar sah trotzig unter dem Kopftuch hervor. Das Gesicht war voller Mehl, und die Gesichtszüge waren hart. Der kleine, halbmondförmige Mund verzog sich zu einem unfreiwilligen Flunsch, als sie den Mann ansah.

Simon merkte, daß die Stimmung in der Küche gespannt war, aber er schlich sich von hinten an Rakel heran, um sie mit einem Küßchen aufzumuntern. Mit einem solchen Küßchen noch in voller Seemannsausrüstung neckte er sie gerne, bevor er sich umzog.

»Hau ab! Heut muß ich kotzen, wenn ich einen Mann nur seh'! Ich back' jetzt für Weihnachten, und das werd' ich so lange tun, bis ich eine andere Meinung von allem hab'.«

Simon grinste ein bißchen, aber der Ausbruch machte ihn unsicher. Da mußten ja große Dinge im Busch sein. Er kannte Rakel.

Er streifte die nassen Kleider ab, füllte warmes Wasser in die große Zinkbütte und trug sie in die Speisekammer, die sie sich zu einer Art Waschraum eingerichtet hatten. Es gab da ein neumodisches Waschbecken mit warmem und kaltem Wasser. Aber wenn sie den ganzen Körper waschen wollten, trugen sie die Zinkwanne hinein. Simon hatte schon vage daran gedacht, im Sommer eine Badewanne einzubauen. Es waren nicht viele in Vaeret, die so etwas hatten. Aber man brauchte es nicht an die große Glocke zu hängen, klar...

Simon schrubbte sich ordentlich ab und hütete sich, Rakel zu bitten, ihm den Rücken zu waschen und andere Kleider zu bringen. Zum Schluß trug er die schmutzigen Sachen in die Kiste im Anbau. Als er wieder in die Küche kam, erzählte er vom Fang und tat so, als ob er von Rakel noch nichts gesehen und gehört hätte, seitdem er heimgekommen war. Aber sie arbeitete mit viel Schwung weiter und stellte sich taub. Dann sagte er noch etwas von der verdammten großen, rostigen Angel, die er so dumm gewesen war, sich in die Hand zu jagen. Rakel drehte sich zweimal um sich selbst, dann schoß sie zur Tür hinaus, kam mit Jod und einer Mullbinde zurück und legte einen Verband an wie bei einem kleinen Kind.

Die Berliner Kränze brannten an, so daß Simon und die Katze das ganze Ofenblech zum Abendkaffee essen mußten.
Und während dies alles geschah, brach bei Rakel der Damm. Simon bekam die betrübliche Geschichte erzählt und Toras sonderbares Benehmen an der Stallwand.
Und Simon vergab ihr augenblicklich, daß er als Sündenbock hatte herhalten müssen für den Krieg und den Jammer und die Vaterschaft in aller Welt. Obwohl das letztere sein größter Wunsch war.
Als sie endlich ins Bett kamen, war Rakel wie eine vibrierende Wiese nach einem warmen, rieselnden Frühlingsregen – Erde und Blumen. Und Simon nahm das alles zusammen und füllte die rauhen Hände und die verletzte Handfläche mit aller irdischen Herrlichkeit. Und das, obwohl es mitten im Advent war. Simon war ein glücklicher Mann.

11

Im Tausendheim hatten jeder Laut und jeder Rhythmus irgendein Publikum.
Man wußte nie ganz sicher, welche Wendung die Geräusche nahmen.
Da waren immer überraschende Momente und unsichere Faktoren.
Oft lagen versteckte Impulse und verborgene Meinungen in den Abend- und Nachtgeräuschen. Man konnte sich ab und zu gründlich irren, wenn man versuchte, die Geräusche zu deuten, die nicht für einen bestimmt waren.

Lachen und Weinen waren klar. Ebenso Fluchen und Singen von frommen Liedern. Aber schwieriger war es, aus Wasserhähnen und Schritten, gedämpften Geräuschen und Scharren auf Fußböden und an Wänden klug zu werden.
Einige von den Bewohnern hatten wenig zu verbergen, jedenfalls sah es so aus. Sie ließen den Geräuschen in den Treppenhäusern und aus den Fenstern freien Lauf. Das waren typische Tagesgeräusche.
Wenn an den langen Vorweihnachtsabenden die Lichter gelöscht wurden, lag gleichsam eine dämpfende Wolldecke über den Geräuschen.

Eines Abends, so um elf Uhr, wurde plötzlich die Haustür energisch geöffnet, und jemand kam mit festen, schnellen Schritten die Treppe herauf. Der Betreffende machte keinen Versuch, leise zu gehen. Es war mitten in der Woche, und viele Männer waren nicht da, sie hatten irgendwo eine Gelegenheitsarbeit, oder sie saßen unten in Vaeret.
Tora und Ingrid waren allein zu Hause. Ingrid nähte für Tora ein neues Kleid. Sie sollte es als Weihnachtsgeschenk haben. Es war ein abgelegtes Kleid von Rakel, und Ingrid hatte es gewendet. Es hatte einen warmen Grünton, und Tora glaubte, daß sie es sicher gern anziehen würde, auch wenn es kratzte.
Den ganzen Abend war es bei Elisif sehr ruhig gewesen. Deshalb hatten sie sich darüber unterhalten, daß Elisif wohl zu einer Versammlung gegangen war und daß Sol die kleine Gesellschaft zeitig ins Bett befördert hatte, wie sie es immer tat, wenn sie mit den Kindern allein war.
Tora steckte die Nase vorsichtig zur Tür hinaus, obwohl Ingrid sagte, sie solle sich reinscheren. Sie erkannte die alte Hebamme an ihrem Mantelsaum und an den Gummischuhen, die sie über die Pantoffeln gezogen hatte.
Also sollte Elisif wohl ihr jüngstes Kind bekommen. Torstein, der Vater werden sollte, war kurz vorher weggegangen. Aber das hatte keiner beachtet.
Ingrid seufzte und sah ängstlich gegen die Decke, sooft das Stöhnen da oben lauter wurde. Elisif hatte sonst bei der Entbindung nie viel gejammert. Sie habe Routine, die Arme, meinte Ingrid.
Seit der letzten Schwangerschaft hatte sie sich sehr verändert. Sie war Anhängerin der Pfingstgemeinschaft geworden und durch Gottes Gnade in die Gemeinschaft aufgenommen, was

nur Auserwählten vergönnt war. In Herrlichkeit und Freude getauft im Hestvikafluß.

Auf der alten Eichenkommode, die sie von einer Verwandten geerbt hatte, stand eine grüne Glasschale, in der sie ihr »Mannakorn« aufbewahrte, in sicherem Abstand von den Kleinen, die ständig auf dem Boden herumtobten. Jeden Tag zog sie ein »Mannakorn« mit einem aufgedruckten Hinweis auf eine Bibelstelle heraus und behandelte die ganze Familie so, wie das Bibelwort befahl. Am schlimmsten war es, wenn es sich um eine Stelle im Alten Testament handelte. Elisif versuchte ab und zu, dem Herrn zu erklären, daß sie den armen, unschuldigen Kleinen doch nicht von Huren, Steinigung und Teufelswerk vorlesen könne. Manchmal sah es so aus, als ob der Herr Gnade vor Recht ergehen ließ, denn sie nahm ein neues Korn zu seiner Ehre und schlug ganz schnell eine andere Bibelstelle auf.

Tora hatte Elisif oft sagen hören, daß sie alles in Gottes Hände lege. Aber Tora konnte gut sehen, daß, wenn Sol nicht gewesen wäre, Gott viel Dreckarbeit hätte leisten müssen. Denn es war genug zu tun – bei Elisif.

Tora konnte auch nicht verstehen, daß man solche unappetitlichen Sachen wie eine Geburt in Gottes Hände legte und selbst nicht weiter darüber nachdachte.

Ingrid war offensichtlich auch der Meinung, daß das etwas für Frauenhände war, denn als die Hebamme heruntergestürzt kam und um Hilfe bat, zog sie eine saubere Arbeitsschürze an und sprang die Treppe hinauf.

Wer Elisif in dieser Nacht half, konnte erzählen, daß sie sich durch viele Stunden und durch noch viel mehr Wehen hindurchgebetet hatte. Gebetet um einen tüchtigen Jungen, groß und gut gewachsen zu Gottes Ehre, damit sie ihn als Missionar zu den Unerlösten schicken könne.

Etwa um sechs Uhr morgens wurde die Luft von einem tierischen Schrei zerrissen. Er ging durch aller Mark und Bein im ganzen Tausendheim.

Elisif hatte es nicht mehr geschafft, sich noch länger an das Himmlische zu halten. Sie mußte zu dem einzigen flüchten, womit sie sich helfen konnte. Dem Urschrei. Das ist der erste wirkliche Schrei in der Weltgeschichte. Luft, die von einem Wesen in großer Not herausgepreßt wird, von einem von Gott verlassenen Menschen, allein mit seinen Schmerzen. Dieser Kampf ist nirgends als etwas Besonderes aufgezeichnet, weil Heerführer niemals wegen eines neuen Lebens schreien.

Sie gebar ein totes Mädchen, blau und mit schiefem Kopf.
Alle verhielten sich ganz still, als es bekannt wurde.
Denn Pfingstler oder nicht, Elisif war eine der Ihren. Sie hätten ihr nach dem Kampf mehr Glück gegönnt. Sie holten die sieben, die lebten, zu sich herein, kochten ihnen Wasserkakao und fragten sie, ob sie Pullover oder, was sie sonst für Weihnachten brauchten, bekommen hätten. Und die armen Kleinen schüttelten allesamt den Kopf und aßen und tranken und ließen sich mit dem einkleiden, was in den Schränken und Pappschachteln an Überschuß da war.
An dem Morgen, als Torstein aus dem Haus ging, den kleinen Holzkasten, der als Sarg dienen mußte, auf der Schulter, da folgten ihm die Kinder und die Frauen, die abkömmlich waren. Sie schwiegen. Es wurde kein einziges Lied gesungen, bevor nicht der Pfarrer eines anstimmte. Er stand auf dem gefrorenen Erdhügel in allzu dünnen schwarzen Schuhen und sang die ersten Strophen mutterseelenallein. Dann schienen sie sich zu besinnen, die Frauen, und fielen mit einem leisen, murrenden Ton ein, der mehr wie eine ohnmächtige Drohung gegen eine zu große Übermacht klang als wie ein Kirchenlied.

12

Ingrid wusch die Küche ab. Tora saß bei offener Tür in ihrer Kammer und beantwortete 25 Fragen über »Asiens Menschen, Tiere und Kultur«. Der Dampf von dem kochendheißen Wasser zog durch die Türöffnung herein. Sie vernahm den scharfen Geruch von Salmiak und den schönen, beruhigenden Geruch von Schmierseife.
Ingrid hatte einen Hocker auf den Küchentisch gestellt und stand auf dem Hocker. Ihre Hände lagen flach an der Decke, den grauen Putzlappen zwischen sich und der schmutziggelben Fläche. Man sah deutlich den großen Unterschied zwischen den Feldern, wo Wasser und Seife das Ihrige schon getan hatten, und denen, wo noch Tabaksrauch, Essensdunst und Kohlenfeuerung von einem halben Jahr klebten. »Nicht zu fassen, daß drei Menschen soviel Dreck machen können.«
Ingrid seufzte und streckte mal kurz den Rücken. Der Küchentisch und der Hocker wackelten gefährlich, als sie einen kleinen Schritt vorwärts tat. Dann beruhigte sich alles wieder,

und sie gewann das Gleichgewicht zurück, für sich und das Gerüst. Man hörte nur das Klatschen des Putzlumpens, gleichmäßig und schmatzend. Von Zeit zu Zeit wrang sie den Lumpen aus, vertauschte ihn gegen einen anderen und fuhr mit klarem Wasser über die gesäuberte Fläche. Dann waren ihre Bewegungen rascher und behender und hatten gleichsam einen Seufzer der Erleichterung in sich, weil wieder ein Stück sauber und in Ordnung war.

Tora kam mit Asiens Land und Volk und Kultur nicht voran. Schließlich guckte sie verstohlen zur Mutter und zog das große Nachschlagewerk aus ihrem Pappranzen. Gunn hatte es ihr geliehen. Es beinhaltete die Buchstaben A und B, deshalb hatte es so gut gepaßt, gerade heute zu fragen, ob sie es ausleihen könne.

Aber Tora schlug nicht Asien auf. Sie hatte bereits ein kleines Zeichen bei B reingelegt.

Das Buch lag vor ihr und war seltsam lebendig – und gleichzeitig fern und fremd.

Der Zeigefinger folgte den herausgehobenen Buchstaben, bis sie fand, was sie suchte. Das Stichwort mit mehreren Spalten, Karten und Bildern und einer Menge winzig kleiner Buchstaben. Berlin. »Die Hauptstadt des früheren Deutschen Reiches liegt in Brandenburg, an den Flüssen Havel und Spree«, las Tora.

Die Karte war ein unruhiges Muster in drei Grautönen mit vielen fremdartigen Namen. Sie setzte den Finger entschlossen auf ein Gebiet in der Außenzone – Schönhausen – und siedelte sich dort an, mit allem, was sie besaß. Dort war Großmutters Haus. Genau *dort* war ein unsichtbarer Punkt auf dem Papier. In der Mitte zwischen der Frankfurter Allee und der Greifswalder Straße. Tora lächelte.

Die schwierigen, fremden Namen formte sie vorsichtig im Mund, aber es kam kein Laut heraus.

Sie ließ den Finger an den Textzeilen entlanggleiten. Las, was da stand über Gebäude und Straßen. Sie machte sich die Mühe und suchte sie auf der Karte. Dann schloß sie die Augen und dachte an etwas anderes. Nach einer Weile öffnete sie die Augen und versuchte die Namen auf der Karte schnell wiederzufinden und sagte sich im Geiste auf, was in dem Text gestanden hatte.

Die Großmutter war gestern zu ihr gekommen, als sie auf dem

Dachboden saß und an dem Kopierstift kaute. Sie hatte gerade an den Abend gedacht, an dem sie erfahren hatte, daß Papa tot war. Da war ihr eingefallen, daß er aus Berlin stammte und daß er von einem Bruder und von einer Mutter gesprochen hatte. Sonst wußte Ingrid nichts von seiner Familie und auch nicht seine Adresse. Er hatte sie ihr gesagt, aber Ingrid konnte sich nicht mehr daran erinnern.

Rakel hatte vorgeschlagen, daß sie seine Verwandtschaft ausfindig machen sollten. Sie wußte, daß andere Leute das getan hatten. Nach zehn Jahren Frieden sei es wohl an der Zeit, meinte Rakel.

Aber Ingrid schüttelte den Kopf und sah auf ihre Hände herunter.

»Die leben ihr Leben, ich lebe meins!«

Das kam hart und bitter und ohne Hoffnung.

»Der Henrik ist nun zusammen mit mir«, fügte sie hinzu. »Es ist nicht sicher, daß er das will.«

»Ja, aber Ingrid, das ist doch verständlich, daß das Mädchen was von seinen Verwandten von Vaters Seite wissen will. Von was für Leuten sie kommt. Ich mein', wir könnten ihr helfen, daß sie Bescheid weiß.«

»Nein!« Ingrids Stimme war wie ein Ruf.

Rakel richtete sich auf und kniff den Mund zusammen.

»Daß du es nicht eines Tages bereust!«

Tora hatte im Bett gesessen und die beiden Frauen angesehen. Sie konnte es nicht ändern, daß sie mehr Freude daran hatte, die Tante anzusehen als die Mama.

Sah sie die Mutter an, arbeitete sich ein Klumpen hoch, vom Magen bis in den Hals. Etwas wie Mitleid.

Das machte sie ratlos und unsicher.

So kam es, daß Tora mit der Unsicherheit leben mußte, denn an der Mutter war nicht vorbeizukommen. Aber wenn das Mädchen ein bißchen Sicherheit auf seinem Weg fand, dann hob es sie mit vorsichtigen Händen auf – und wußte, daß sie nur für ein oder zwei Stunden geliehen war.

An dem Abend, im Bett, als sie alles erfuhr, war es Rakel gewesen, die sie ins Meer gestürzt hatte, aber Rakel war es auch, die sie in eine Art offenes Boot der Sicherheit gezogen hatte. Denn mit Tante Rakel konnte man reden.

Und die Großmutter existierte! Sie kam quicklebendig zwischen den Dachbalken herein und fing an, mit Tora zu spre-

chen. Sie trauerte auch um Papa. Sie hatte ihn nie vergessen. Sie würde Tora eine Fahrkarte nach Berlin schicken, sobald Tora mit der Schule fertig war. Denn es war das beste, daß sie dort die Volksschule besuchte, wo sie die Sprache verstand. Tora war damit einverstanden. Außerdem mußte noch viel geregelt werden. Das waren die schönsten Augenblicke, die sie jemals auf dem Dachboden erlebt hatte.
Als sie im Dunkeln nach Hause ging, wußte sie genau, was Elisif meinte, wenn sie vom Seelenfrieden sprach.
Sie dachte nicht daran, Gott miteinzubeziehen.

Tora half der Mutter bei den Wänden. Sie spülte mit klarem Wasser nach und rieb trocken nach Mutters kurzen Anweisungen. Asiens Land und Volk waren gemacht, wenn auch nicht gerade mit Eifer.
»Tante Rakel hat gesagt, ich soll zu Weihnachten eine Fleischrolle bekommen!« schwatzte sie.
Die Mutter drehte sich um. Es war jetzt nicht mehr viel zu tun.
Der Schweiß lief ihr von der Stirn.
»Sie sagt, ich soll das als Lohn fürs Backen haben!«
Zu spät merkte Tora, daß sie *den* Abend erwähnt hatte.
Ingrid hatte seitdem nichts mehr über den Vater gesagt. Es hatte sich gleichsam Schorf über der Sache gebildet. Und Tora konnte sich nicht dazu überwinden, weiterzufragen. Sie hatte Angst, der Schorf könnte aufplatzen und die Wunde von neuem anfangen zu bluten.
Aber niemand konnte Tora verweigern, »Wilhelm« zu sagen – in ihrem tiefsten Innern. Sie verbarg den Namen nahe, nahe bei sich, als ob er eine verletzte kleine Möwe wäre, von der niemand wissen durfte, weil sie sonst totgetreten würde.

Ingrid und Tora saßen nach getaner Arbeit an der herausgezogenen Platte vom Küchenschrank und tranken Tee. Schweigsam und zufrieden mit steifen, roten Händen und müden Augen. Indessen zog der Dampf aus dem frisch abgewaschenen Raum zum Fenster hinaus, das einen Spaltbreit offenstand. Floß hinaus in den kalten Abend und verwandelte sich unter dem Dachvorsprung in kunstvolle, bucklige, kleine Zapfen. Es klang spröde und wehmütig, wenn der Wind vorsichtig daran rüttelte, und die Zeit verging.
Die Lichter im Tausendheim wurden gelöscht, eines nach dem

anderen. Tora hob das spitze, kleine Gesicht Ingrid entgegen. Sie hatten viel geschafft. Es roch sauber, und da lag ein ehrlich verdienter Krapfen auf einer goldumrandeten Untertasse vor Tora. Es war genug für heute abend. Denn es war ja so ewig weit bis Berlin.

13

Elisif schien das mit dem Kind nicht zu begreifen. Sie weigerte sich, die Milch aus ihren Brüsten abzupumpen. Sowohl Ingrid als auch andere Frauen aus dem Tausendheim waren der Reihe nach bei ihr oben und wollten sie zur Vernunft bringen. Die Hebamme versuchte geradezu mit Gewalt, ihr die Milch abzupumpen. Aber Elisif wimmerte leise vor sich hin und hielt mit beiden Händen den sauren Lappen fest, den sie unter dem Nachthemd hatte, damit die Milch sie nicht überschwemmte. Gottes Gaben dürften nicht verschleudert werden, jammerte sie. Aber die Worte hatten keinen Sinn, denn die Gaben flossen reichlich. Andererseits gab es für die Kinder, die leben mußten, eher zuwenig von den Gaben Gottes.
Sie wollte auch nicht gewaschen werden. Und wollte nicht aufstehen. Die Hebamme war ärgerlich und versuchte sie damit zu erschrecken, daß sie ihr erklärte, sie würde im ganzen Unterleib Brand bekommen, falls sie sich nicht ordentlich pflegte. Aber Elisif meinte, daß der Herr gebe und nehme und sein Name in Ewigkeit gelobt sei.
Inzwischen wurde der Wollappen immer saurer, und das Haar klebte unschön um das weinerliche Gesicht. Im Inneren schien der Körper sich selbst reinigen zu wollen, mitten in diesem Elend. Sie blutete von neuem. Die Bettwäsche wurde zuerst rot. Das Blut zog sich über das ganze grauweiße Laken, das allmählich eine dunkelbraune Farbe annahm. In Körpernähe war stets eine Quelle von frischem Blut. Es war, als ob der Körper verzweifelt versuchte, die Fahrrinne offenzuhalten. Elisif wurde wund und sie pries Gott. Sie weinte nicht eine Träne. Und sie behauptete, daß sie nicht zu essen brauche.
Nach einer Woche kam die Hebamme wie eine Furie in Ingrids Küche gestürzt.
Elisif hatte da, wo sie genäht worden war, eine Entzündung. Die Hebamme hatte sie gewaltsam halten müssen, um über-

haupt so viel sehen zu können, daß sie die Fäden ziehen konnte.
Sie bemächtigten sich ihrer mit Gewalt – Ingrid, Johanna und die Hebamme. Es gab keine andere Möglichkeit. Die Hebamme versorgte sie nun ordnungsgemäß, und die Matratze mußte am Strand verbrannt werden.
Als es vorüber war, weinten sie alle zusammen, außer Elisif. So ein Kindbett hatte noch keine gesehen.
Torstein ging herum wie ein geprügelter Hund. Nach einer gewissen Zeit vermochte er den Raum nicht mehr zu betreten, in dem seine Frau lag.
Sol ging hinein, mit Essen und Trinken, und redete ihr gut zu und brachte sie dazu, so viel zu essen, daß sie nicht starb. Jedesmal wenn Sol die Tür nur einen Spalt öffnete, schlug ihr der süß-widerliche Geruch von frischem und altem Blut entgegen. Er war außerdem noch vermischt mit einem ekelhaften Geruch nach Urin und saurer Milch.

Am Weihnachtsabend saßen Sol und Tora zusammen auf dem Klo.
Der Feiertag wurde gerade eingeläutet, während sie dort saßen. Sol weinte ein bißchen, aber sie hatte keinen Mut, die Tränen wirklich fließen zu lassen. Tora hockte auf ihrem Loch und sagte nichts. Das war zuviel für sie, daß Sol weinte.
Endlich fertig, schneuzte Sol sich in eine alte Zeitung, wobei sie sich nicht einmal die Mühe machte, die Zeitung vorher zwischen den Händen weich zu knüllen.
Als sie im Schneetreiben über den Hof gingen, berührte Tora den Arm der ganz durchgefrorenen Sol. Und als sie sich in der Veranda den schlimmsten Schnee abbürsteten, sagte Tora entschieden: »Kommt heut runter, du und Jörgen – wenn die Kleinen im Bett sind. Ich werd' in der Kammer eine Kerze im Engelsleuchter anzünden.«
Sols Gesicht erhellte sich für ein oder zwei Sekunden, erlosch aber gleich wieder. Sie schüttelte langsam den Kopf und ging schnell die Treppe hinauf. Als sie bei der Biegung des letzten Absatzes angekommen war, drehte sie sich jäh um und sah hilflos auf Toras bleiches Gesicht herunter. Die grelle Deckenlampe fraß sich in jeden einzelnen von Toras Gesichtszügen, während sie Sols Gesicht allein da oben im Schatten stehenließ.

Das Gerücht über Elisif erreichte auch den Pfarrer.
An einem Donnerstag vormittag war ein deutlicher, weicher, südnorwegischer Dialekt im Treppenhaus zu vernehmen. Tora erkannte den Pfarrer sofort an der Stimme. Sol auch. Einar von der Verandadachstube knallte die Tür zu seinem Zimmer demonstrativ hart zu, denn auch er kannte den Tonfall zur Genüge.
Elisif lag nun bald drei Wochen, und der Kalender war schon weit in den Januar hinein abgerissen. Als Elisif jung und diesseitig gewesen war, hatte sie ein Mädchen geboren, das sie kurz und bündig Sol, Sonne, nannte.
Aber es war schlecht bestellt mit dem Sonnenschein für die Vierzehnjährige. Dunkel war es draußen und pechschwarz zu Hause.
Der Pfarrer grüßte und schickte Jörgen nach dem Vater. Beschämt, schweigend und die Mütze zwischen den Händen drehend, blieb Torstein mitten in der Küche stehen, als er sah, welch hohen Besuch sie bekommen hatten. Er kam noch nicht einmal auf die Idee, dem Pfarrer einen Stuhl anzubieten. Die Mütze drehte sich jetzt schnell wie ein Rad. Torstein hatte soviel auf dem Herzen, was er dem Pfarrer gerne gesagt hätte, wo der doch in ihr Elend heraufgestiegen war.
Aber die Worte schafften es nicht, sich einen Weg hinauf und hinaus zu bahnen. Außerdem war er sich auch nicht sicher, ob so ein kluger und belesener Mann ihn überhaupt verstehen würde.
»Es war halt diese Religiosität, diese Umkehr. Ihr könnt es glauben, das war die Verrücktheit – Pfarrer.«
Nun hatte er es gesagt, aber es ging genau so, wie er gefürchtet hatte.
Der Pfarrer verstand die Anspielung nicht.
»Deine Frau ist sicher ein guter Mensch und ein guter Christ, daran zweifle ich nicht«, antwortete der Pfarrer zerstreut.
Er war kurz im Krankenzimmer gewesen. Da mußte eine Frau sich drum kümmern. Gewiß machte er seine Seelsorge nach bestem Wissen und Gewissen. Aber diese Frau hier war kaum zur Zusammenarbeit bereit. Sie sang die ganze Zeit Kirchenlieder. Das verwirrte den Pfarrer, wie man sich denken konnte.
Schließlich ging er mit Torstein hinaus in den Flur und schloß die Tür hinter ihnen. Er wollte mit Torstein unter vier Augen reden.

Die Kinder müßten fort, behauptete der Pfarrer.
»Wohin denn?« erdreistete sich Torstein zu flüstern.
Das wußte der Pfarrer auch noch nicht, aber es würde sich wohl eine Möglichkeit finden. Das war eine Sache für den Fürsorgeausschuß. Er, der Pfarrer, konnte nur einen Hausbesuch machen und feststellen, daß die Not groß war und daß es an einer starken erziehenden Hand fehlte. Die Erziehung in einer anderen Familie war für eine gewisse Zeit unumgänglich.
Dann begab er sich wieder in die Küche und sprach ein paar freundliche Worte zu der Kinderschar, tätschelte Sol den Kopf und fragte, wann sie zur Konfirmation gehe.
Der Flur hatte weit geöffnete Türspalten gehabt und Ohren und Augen in jeder Ecke, deshalb dauerte es keine halbe Stunde, bis Torsteins und des Pfarrers Gespräch im ganzen Tausendheim bekannt war. Torstein ging zurück zu seinen Netzen und war grau bis zu den Bartwurzeln vor Erregung.
Tora und Sol machten sich ans Spülen. Sie hatten eine Zinkwanne auf einem Hocker plaziert und auf einen Schemel neben dem Hocker einen großen Deckel gelegt, verkehrt herum. Sol stellte mit ruhigen, langsamen Bewegungen die brühheißen Tassen in den Deckel.
Tora trocknete das einfache Geschirr mit einem hauchdünnen Küchentuch ab. Es war schon längst naß, aber sie machte sich so unsichtbar wie möglich und wollte nicht nach einem trokkenen Tuch fragen.
Irgend etwas sagte ihr, daß sich hier kaum ein kleines Lager in der Küchenschublade befand, so wie unten bei der Mutter.
Sols Gesicht war ausdruckslos, was oft der Fall war, wenn sie besonders viel zu denken hatte. Ernste Gesichtszüge unter strähnigem Pony, der beinahe ganz oben am Haaransatz abgeschnitten war. Die Hände waren unnatürlich groß. Aber das war auch nötig.
Sol brauchte Ewigkeiten allein für die Wäsche. Sie war die Älteste, ein Mädchen – und obendrein gefällig. Das war ihr Los in der sündigen Welt. Sie konnte nicht nein sagen. War nicht imstande, sich wirklich aufzulehnen.

Tora stellte einen von den Kleinen zum Auskehren an.
Er machte das auf seine Art, aber niemand beschimpfte ihn deswegen. Tora schnitt hinten auf der Küchenschrankplatte das stark gesalzene Hammelfleisch in kleine Stücke.
Es wurde fast kein Wort gesprochen.

Der Gesang in der Stube drinnen war verstummt. Sie schlief wohl. Jörgen und Tor kamen herein, beschämt und schweigsam, weil alle im Tausendheim wußten, daß der Pfarrer bei ihnen gewesen war. Schließlich veranlaßte Sol die Kleinen, mit der Schachtel, in der das Feuerholz lag, zu spielen, und die fünf Großen setzten sich an den Küchentisch und teilten die Scham miteinander über dem großen selbstgemachten Mühlebrett. Sie nahmen Knöpfe und abgebrochene Streichhölzer und spielten gegeneinander. Tora und Sol gewannen ständig, und Jörgen wurde ärgerlich. Sein Gesicht bekam Farbe und er hatte an etwas anderes zu denken als daran, daß die Fürsorge ihn holen würde.
Tora fühlte sich erstaunlich wohl. Beinahe froh. Sie war nicht die einzige, die einen Makel hatte.

Als Tora und Sol abends, mit ihren Milchkannen schlenkernd, nach Vaeret gingen, um Milch zu holen, sagte Sol mit sicherer Stimme: »Da wird nichts draus!«
»Was meinste?«
»Wir werden nicht fortgeschickt.«
»Nee?«
Tora war unsicher und antwortete zögernd.
»Da ist niemand, der uns haben will. Wir sind viel zu viele.«
»Da haste sicher recht«, sagte Tora.
Sie sahen einander an. Dann fing Sol an zu lachen. Es war ein fast herzhaftes Lachen, über das Tora sich wunderte. Aber sie lachte mit.
Das wenigstens konnte sie tun. Und sie schlenkerten mit den Milchkannen und eilten den Hang hinunter.
Das Milchauto war noch nicht da, denn die Straße über den Paß war wieder verweht.
Sie standen in dichtem Haufen. Lauter Kinder und ein paar Alte. Eng an die Wand gedrückt, um einen Schutz zu haben. Über ihren Köpfen war ein selbstgefertigtes Schild angenagelt: MILCHVERKAUF.
Die Kinder schubsten einander und fröstelten allmählich und heckten auch allerlei Unsinn aus, um sich die Zeit zu vertreiben. Es waren viele. Sechs allein vom Tausendheim.
Sie warteten und froren – alle zusammen.
Endlich kam das Auto. Die Kinder vom Tausendheim hatten eine besondere Geschicklichkeit, als erste in der Schlange zu stehen, denn es wurde von oben aus den großen Transport-

kannen abgemessen. Und zuoberst, da war die fette Milch. Das wußten die Kinder vom Tausendheim, ohne daß es ihnen jemand ausdrücklich gesagt hatte.
Sie bezahlten mit steifen Fingern oder wurden in dem großen Buch aufgeschrieben, das auf einer Ablage aus rohem, ungehobeltem Holz direkt über der Milchrampe lag.

14

Sol hatte recht. Es gab keine Möglichkeit, Pflegeeltern für so viele zu finden. Jedenfalls nicht im Winter und nicht so kurzfristig.

Vier erwachsene Frauen drehten Elisif um und wuschen sie mit Gewalt. Aber aufstehen wollte sie nicht.
Ingrid setzte sich eines Tages an ihre Bettkante und versuchte, mit ihr über das tote Kind zu sprechen. Elisif bekam glänzende Augen und lobte die Weisheit des Herrn in allen Dingen, so daß es Ingrid kalt den Rücken herunterlief. Die einzige, die gewissermaßen unter die heilige Oberfläche dieses armen Menschenkindes drang, war Sol.

Ende Januar setzte ein plätscherndes Tauwetter ein. Im Frühjahr und im Herbst gab es immer ein großes Gedränge um die Schuhe.
Aber in diesem Jahr mußte man bereits im Januar wasserdichte Schuhe anziehen.
Elisif war glücklich unwissend. Torstein versuchte verschiedentlich, am Morgen die Schuhe zu verwalten, aber mit ziemlich schlechtem Ergebnis. Während des Tauwetters waren sie nie alle vier gleichzeitig in der Schule, die Elisif-Kinder. Denn die vier Ältesten verfügten nur über ein Paar hohe Schuhe und zwei Paar abgeschnittene Stiefel. Die Kleinen hatten das Glück, daß sie die ausgewachsenen Schuhe von den Großen erbten, deshalb konnten sie vor die Tür. Aber die Großen hatten vier Paar gleich große Füße und zusammen nur drei Paar Schuhe. Drei von ihnen gingen jeden Tag in den »Hof« und zu Gunn Helmersens roten Korrekturstrichen.
Sol paßte auf, daß der Mangel einigermaßen gleichmäßig verteilt wurde und nicht immer der mit der Schande zu Hause

bleiben mußte, der zuletzt aus dem Bett stieg. Und sie paukte mit dem begriffsstutzigen Jörgen, damit auch er seinen Teil von Gunns Weisheit bekam.
Schließlich verzichtete Sol freiwillig auf den Schulbesuch, um die Arbeit zu Hause zu erledigen und die drei Kleinen zu versorgen. Torstein war ständig beim Netzeflicken und selten im Treppenhaus zu sehen. Gunn sagte nie etwas über Sols Abwesenheit. Aber eines Tages kam sie unangemeldet mit einem Rucksack voller Bücher und Aufgaben zu Sol. Dieser Besuch sollte eine Lösung bringen, die sich auf die Dauer als die beste erwies.
Gunn blieb lange in dem stinkenden Zimmer bei Elisif.

Am nächsten Tag erklärte sie vor Pfarrer, Fürsorgeausschuß und was es sonst an wohlmeinenden und gesetzeskundigen Männern in Vaeret gab, daß nicht die Kinder fort mußten, sondern daß Elisif krank war und Hilfe brauchte.
Was die Hebamme »Zauberei« und der Pfarrer »zu große Nachgiebigkeit einer guten Frau gegenüber ihren Kindern« genannt hatte, das nannte Gunn »Zusammenbruch« – ohne auch nur einmal die Augenbrauen hochzuziehen. Sie schrieb offizielle Briefe, telefonierte – und erreichte, was sie wollte.
Sie bekamen für Elisif einen Platz an irgendeiner Stätte in Bodö. Keiner sagte den Namen dieses Ortes laut.
Aber in Ottars Laden stellten die guten Leute fest, während sie ein bißchen Margarine und Kaffee kauften, daß Elisif verrückt geworden war und weggeschickt werden mußte.
Sie machten den Laienprediger dafür verantwortlich. Er hielt sich jetzt wohl an einem anderen Ort auf und brachte dort einfältige Weibsleute um ihren Verstand. Es war eine Schande, daß so etwas frei herumlief.
Der Tag kam. Und Elisif mußte gewaltsam angezogen und auf die Beine gestellt werden. Über Torstein, Gunn und Ingrid ließ sie ein Donnerwetter herniedergehen, gellende Drohungen mit des Herrn Strafgericht über den, der die Hand an eine seiner Geringsten legte.
Der Pfleger von Bodö hatte sicher schon schlimmere Dinge gesehen, denn er war ruhig und unerschütterlich wie ein Fels und sagte kein einziges Wort zu ihr. Als sie wohlbehalten im Krankenkorb lag, fing sie an zu weinen.

Sol hatte sich mit den Kleinen in der Küche aufgehalten, aber als sie die Mutter weinen hörte, kam sie rein. Sie stand einen Augenblick mitten im Zimmer, als ob sie mit sich selber kämpfte, und dann ging sie zu dem Krankenkorb. Beugte sich ganz nah zu Elisifs Gesicht hinunter und flüsterte: »Mama, du wirst es dort besser haben, wo du hinkommst. Da sind Leute, die haben Zeit, mit dir zu singen und den ganzen Tag in der Bibel zu lesen. Du kannst in Frieden beten, ohne daß welche grinsen, Mama. Und wenn du wieder gesund bist, kommen wir und holen dich. Ganz bestimmt! Hier haste dein Mannakorn, Mama...«
Sie stopfte eine fettige graue Papiertüte unter Elisifs Decke und reichte ihr die Hand zum Abschied. Sie hatte ein verschlossenes Altfrauengesicht, wie sie so dastand. Weder ein Lächeln noch Tränen waren zu sehen.
Die Erwachsenen wandten sich einen Augenblick ab. Sie hatten eine erwachsene Frau von vierzehn Jahren gehört und gesehen, deren Augen zu alt für sie waren und deren Name ihr hohnsprach.
Sol!

15

Gunn saß eines Tages auf dem Katheder und sprach über den Haß. Tora versuchte den Haß nachzuempfinden.
Aber er war nicht da. Nicht so, wie Gunn ihn beschrieb. Sie fühlte, daß es dort leer war, wo der Haß sein sollte. Leer – wie wenn man in die funkelnagelneue Sonne starrt, bis es mit kleinen, verschwommenen Kreisen vor den Augen flimmerte und der Sonnenschein weiß und sinnlos wurde.
Gunn sprach zu ihnen vom Krieg.
Tora sträubte sich und machte mit gesenktem Kopf in ihrem Griffelkasten Ordnung. Sie wartete auf das Deutschen-Wort. Wollte es nur überstanden haben.
»Atomkrieg!« sagte Gunn. »Das ist schlimmer als alles andere, was Menschen gemacht haben. Alle Erwachsenen, die aufmerksam die Entwicklung verfolgen, haben Angst, daß es einen Atomkrieg gibt.«
Und sie erzählte ausführlich von den Atomversuchen und ihren unheimlichen Auswirkungen. Die Atomexplosion hatte

geleuchtet wie hundert Sonnen. Stand in der Wüste von Nevada wie eine Feuerkugel 15 000 Meter hoch in den Himmel! Und ringsum wurde alles radioaktiv!
Tora kam zur Ruhe in der alten Schulbank, die sie mit Sol teilte. Sie legte die feuchten Hände in den Schoß und fühlte sich unsäglich erleichtert.
Atomkrieg! Das war viel schlimmer als die Deutschen! Gunn hatte es gesagt, und alle hatten es gehört.
Ganz ohne Grund und ohne auch richtig hungrig zu sein, freute sich Tora auf das Frühstück in der blauen Blechbüchse und das bißchen Milch in der Flasche. Es wurde ihr innerlich so warm und leicht, wenn sie Gunn ansah.
An demselben Tag, an dem Ingrid erzählte, daß sie in der Fischfabrik wieder eingestellt wurde, falls sie die Abendschicht nahm, erwähnte Gunn, daß der Kabeljau zu den Vesterålen gekommen war. In Överegga hatten sie bereits einen guten Fang gehabt.
Da wurde es Tora klar, daß die Mutter abends lange würde arbeiten müssen...
Sie starrte die Lehrerin an, bis sie Großmutters vornehmen Kopf in Gunns Blusenkragen hineingleiten sah.
Tora saß kerzengerade und starrte, bis sie es schaffte zu glauben, daß der Tag trotzdem ein bißchen Wärme in sich barg.

Keinem gehörte die Katze.
Keiner kümmerte sich um sie.
Die Katze lag in ihrer eigenen Schande.
Zuletzt wurde sie in den Graben gezogen.

16

Die Männer standen in Ottars Laden und fluchten und sagten, daß das Benzin für die Fischer jetzt steuerfrei sein müsse.
Viele hatten schon das große Geld gesehen und hatten sich in der Hoffnung, daß der Fisch kam, 15 bis 20 Nylonnetze gekauft.
Im vorigen Jahr war ein Drittel des Netzfangs mit Nylonnetzen heraufgeholt worden.
Almar zog nachdenklich an seiner Zigarette, schaute angestrengt auf die Regale und sagte mit mühsam unterdrücktem

Zorn: »Nun gibt es bald nicht mehr viel, wofür es sich lohnt rauszufahren. Jahrelang haben die Schleppnetzfischer alle großen Fische rausgeholt, nun gibt's nur noch kleine Seelachse. Den Kabeljau haben sie rundum im Meer so erschreckt, daß er nicht mehr wagt, das Maul aufzureißen und an der Langleine zu fressen. Die Schleppnetzfischer sind so einem armen Langleinenfischer immer in die Quere gekommen und haben den Kabeljauschwarm auseinandergejagt, so daß die Netzfischer nichts anderes als Lumpen vorgefunden haben.«

Almar zog wieder laut und vielsagend an seiner Zigarette.

»Aber sie haben Hopsteigen geschützt«, wandte Ottar vorsichtig ein.

»Ja, die so dumm sind und es nicht fertigbringen, sich ein 60-Fuß-Boot anzuschaffen mit Schleppnetz und Echolot, die sollen frei fischen dürfen wie im Märchen. Pfui! Was für ein Freibrief!«

Zwei Männer von Simons Bootsmannschaft hatten es eilig, den Karton mit dem Proviant hinauszutragen. Sie nahmen sich nicht die Zeit, mit den Männern von Hestvika zu diskutieren, wenn Simon in der Nähe war.

Aber einer der Männer konnte es doch nicht lassen. Als er wegen der Ölkanne zurückkam, die er beim erstenmal noch nicht hatte mitnehmen können, rief er beim Hinausgehen durch die Türspalte: »Der Almar kann ja streiken! Das steht ihm frei! Und seine Einkünfte von der Gemeinde kann er ja auf die Bank bringen, anstatt teuer zu investieren und zu bluten, wenn der Fisch fortbleibt.«

Nach dieser Salve sah Almar keinen mehr an. Die anderen wandten sich pflichtschuldigst dem Ladentisch und Ottar zu und suchten ein neues Gesprächsthema.

Dahl brauchte in dieser Woche viele Leute. Er wartete auf ein Boot, das er für die USA beladen sollte.

Das war eine gute Nachricht.

Aber die Handangelfischer blieben argwöhnisch, auch wenn sie den offenen Kampf mieden. Und es wurden viele bittere Worte in den Fischerhütten gewechselt. Sie verbreiteten sich in ganz Vaeret, bis hinein in die Küchen. Die Frauen ergriffen Partei, die Kinder ließen Schimpfworte fallen, und die Nasen bluteten, wenn es klar wurde, daß da zwei Fronten waren, die eine, die es mit den Schleppnetzfischern hielt, und die andere mit der Gegenseite.

Ab und zu wurde es ernst. Im Jugendhaus konnte man samstags bald nicht mehr vom Fischen sprechen, denn es wurde zu leicht eine Schlägerei daraus.
Mittlerweile hatten 783 Boote, die mit Schleppnetzen ausgerüstet waren, die Konzession für die Saison bekommen, und die Netz-, Langleinen- und Handangelfischerei nahm sich aus wie der Sauerteig ohne Brotteig, in dem er aufgehen möchte. Die Fischer drohten damit, zu Hause bei den Frauen und in der Wärme zu bleiben, falls die Behörden das Datum für die legale Schleppnetzfischerei nicht verschoben.
Die Männer hielten die großen, unruhigen Hände in den Taschen.
Die Zeiten waren unsicher. Trotzdem schaffte sich manch einer ein Radio an, egal wo das Geld auch herkommen mochte. Die Stürme wurden heftiger, und man konnte in Gottes Namen zu Hause bleiben und hatte die schönste Zeit zum Radiohören. Für einen, der gerne etwas verdienen wollte, war es allerdings nicht gerade das ideale.
Die Meinungen waren geteilt, ob der gute Mensch oder der Teufel die Fischpreise regelte. Einige wußten auch irgendwelche Namen in Oslo. Es wurden 57 Öre für den Lofotkabeljau bezahlt, während Seelachs und Schellfisch bei 61 Öre lagen.
Die Frauen seufzten über den Kaffeepreis: 17,70. Aber sie waren froh, wenn der Sturm ihnen nicht Menschen und Boot nahm. In der Finnmark waren sechs Boote draußengeblieben. Herrgott! Da sollte man nicht über die Preise jammern...

Unten in der Fischfabrik bei Dahl lief der Betrieb auf Hochtouren.
Dahl war kein harter Herr. Aber er liebte es, wenn die Arbeit flott voranging. Das war für alle das beste. Besonders für die, die am Packtisch saßen und im Akkord arbeiteten.
Der Vorarbeiter sollte die »Damen« immer wieder an dieses Faktum erinnern. Dahl selbst hielt sich dabei im Hintergrund.
Håkon Himmelglötten – er schielte – schätzte den Auftrag nicht besonders, und er führte ihn auch nicht zu rauh aus. Er war ein anständiger und sehr beliebter Vorarbeiter. Er tröstete und munterte auf, wenn die Arbeit aus irgendeinem Grund gekürzt wurde und der Akkord sank, so daß es weniger als 13 Kronen für die Stunde gab.
Die Männer hatten einen Festlohn von 15 Kronen und 50 Öre.
Aber die Räder liefen, und das war die Hauptsache. Und wer

seine Füße fest in der Filethalle hatte, konnte froh sein. Frieda, Grete, Hansine und Ingrid wußten das. Sie wuschen sich der Reihe nach die Pfoten in dem rissigen Waschbecken. Benutzten viel Seife, um den schlimmsten Geruch loszusein, wenn sie ihre Brote aßen.
Eine kostbare halbe Stunde! Im Eßraum war gerade Platz für die sechs Stahlrohrstühle und den großen quadratischen Tisch mit der Kunststoffplatte. Neben der Tür befanden sich das Waschbecken und der Spiegel. Die Frauen sahen ihre grauen, unförmigen Schatten darin, wenn sie die weiße Kappe aufsetzten oder sich nach der Schicht mit dem Kamm durchs Haar fuhren.
Das Licht über dem Tisch indessen legte sich über die wehrlosen, bleichen Gesichter und machte jede Falte zu einer schlecht zusammengewachsenen Operationsnarbe und jeden Pickel zu einer ekelhaften, unappetitlichen Herausforderung.

Ingrid nahm die Kappe ab und sank auf die Bank, die bauchige Thermosflasche vor sich. Sie hörte zerstreut zu, wie Grete mit Frieda ihre derben Scherze machte.
Kauen. Einsilbige Worte. Mit beiden Händen die graue Bakelittasse halten, um die Hände zu wärmen.
In den ersten Minuten hatten sie keine Puste für etwas anderes.
Vier Stunden, nur mit den kurzen Fünf-Minuten-Pausen dazwischen, hatten in Schultern und Nacken ihre Spuren hinterlassen und den Blick getrübt.
Nach einer Weile kamen ein paar Worte von Frieda: »Dahl ist nicht der Schlimmste. Er zahlt auch nicht den schlechtesten Akkord.«
Die halbe Pause war um. Der Luftzug von der Tür und von den kleinen Fenstern brannte an den Beinen. Grete ist zu dünn angezogen, dachte Ingrid verächtlich. Es kommt ihr vor allem darauf an, gut auszusehen.
Hansine ging aufs Klo. Grete murmelte etwas wie, daß sie eine Schnellere in der Schicht haben sollten.
Hansine hielt auf... verdarb den Akkord.
Die beiden anderen wechselten einen Blick, kauten, sagten nichts. Im Flur hörte man Stimmen. Ein paar Männer kamen herein. Ingrid fühlte eine enorme Erleichterung. Gerade heute verkraftete sie Gretes Angriffe auf Hansine überhaupt nicht.
Der Fisch lag haufenweise vor ihnen und mußte verpackt wer-

den, das war das Wichtigste für Ingrid heute abend. Es nützte wenig, daß es Samstag war und daß die Männer freihatten.

Ingrid wußte, daß nicht nur bei ihr die Arbeit zu Hause auf sie wartete.
Frieda hatte erwähnt, daß sie die Wäsche nicht geschafft hatte, bevor sie ging, weil der eine Junge sich übergeben hatte und sie ihn versorgen mußte. Ihre kranke Mutter wohnte bei ihr, und der Mann war auf Fischfang.

Hansine wohnte auf der anderen Seite der Bucht. Sie hatte eine Reifenpanne mit ihrem alten Fahrrad. Für sie würde es Nacht werden, wenn sie nicht jemanden fand, der sie hinüberruderte. Sie hatte zu Hause eine Kuh mit Euterentzündung.
»Diesmal gibt es nicht viel in der Tüte.«
Grete schwatzte mit den Männern. Legte das eine Nylonbein über das andere und streckte den Busen vor. Sie zog in der Essenspause immer die Wollstrumpfhosen aus.
Ingrid grübelte darüber nach, wo Grete den Überschuß an Kraft herbekam. Herrgott!
Sie war die einzige Unverheiratete von ihnen. Sie hatte ein Kind, aber das war bei der Großmutter in Breiland. Grete war frei und ledig.
Es gab Ingrid einen Stich: frei und ledig!
»Morgen früh werd' ich es mir gemütlich machen, verdammt noch mal! Mit Kaffee und Teilchen. Sonst sollte man besser ein Mann sein!« Grete war heute abend mächtig in Form und inhalierte mit großem Energieaufwand eine gekaufte Zigarette und sah vielsagend zu dem jüngsten von den Männern hinüber.
»Was meinste?« fragte er.
»Ich denk' an den Filetschneider – der nicht am Samstagabend hier stehn muß und einen Blutgeschmack im Mund hat wegen des scharfen Akkords.«
»Fängste wieder an?« sagte Hansine, die gerade hereingekommen war. Sie lehnte sich ans Waschbecken, weil kein Stuhl mehr für sie da war.
Einer der Männer bot ihr sein Knie an. Aber Hansine lachte und winkte ab.
»Du mußt dir ein anderes Gestell über den Knien anschaffen und aufhören, dich so rauszuputzen, dann glaubt der Dahl,

daß du ein Mann bist, und gibt dir Männerarbeit«, meinte der älteste von den Männern und grinste.
Gretes Gesicht erstarrte für einen Augenblick. Es kam etwas Hartes, Unschönes in ihre Gesichtszüge.
»Ja, du glaubst wohl, daß du einen Beutel zwischen den Beinen haben mußt, um den Stundenlohn wert zu sein!«
In Gretes Mundwinkeln blieben kleine Schaumflöckchen hängen. Die Augen schossen Blitze. Sie vergaß total, die Beine von sich zu strecken. Sie drückte die Zigarette so ungestüm in dem Blechaschenbecher aus, daß die Asche über Hansines Käsebrot stob. Die Männer erhoben sich und gingen lachend raus.
»Du solltest dir einen festen Kerl zulegen. Dann brauchste nicht arbeiten zu gehn und nimmst denen nicht den Platz weg, die gerne arbeiten wolln«, ertönte es vom Flur her.
Ingrid sah zu ihrer Verwunderung, daß Grete beinahe weinte.
»Es ist wahr, was die Grete sagt«, hörte Ingrid sich selbst. »Wir Frauen sitzen hier mit dem Fischberg, während die Männer Feierabend haben. Wir sollten beim Packen zu fünft sein.«
»Ja, wir *sind* aber nun einmal nur viere«, sagte Frieda müde.
»Ist das vielleicht in Ordnung?« sagte Grete wütend. »Haben wir nicht einen Vorarbeiter, bei dem wir uns beschweren können?«
Frieda machte sich fertig zum Gehen, die Pause war bald um.
»Wir sind nicht organisiert, er ist nicht verpflichtet, unsere Sache vorzutragen«, sagte Ingrid mutlos.
»Pah – ihr laßt euch einschüchtern wie die Dorschköppe!!« sagte Grete.
»Du nicht?« fauchte Frieda.
Es wurde still.
»Hättste aufhörn können, an deiner Zigarette zu ziehn, dann hätten wir andern keine Asche aufm Brot und keinen Rauch im Maul gehabt, und dann ging es uns viel besser im Betrieb!«
Grete drehte sich zu ihr um, ungehalten und mit einem seltsam starren Gesicht. Aber sie sagte nichts mehr.
»Ich glaub', wir sind müde. Es ist besser, wir sind jetzt friedlich. Wir sind gezwungen, die Last gemeinsam zu tragen, auch wenn wir uns noch so sehr streiten. Es muß ja nicht sein, daß wir die Pausen dazu benutzen, um uns gegenseitig an die Kehle zu springen.«
Hansine sah die anderen bittend an.
Grete verließ als letzte den Eßraum.
»Die Mannsleut' werden nicht gleich an dem Tag rausge-

schmissen, wenn's keinen Fisch mehr gibt«, rief sie ihnen nach.
»Die Männer sind die Ernährer!« rief Frieda zurück.
»Das bin ich auch!« schrie Grete und hatte das letzte Wort. Dann rächte sie sich an dem Stummel, den sie bereits ausgedrückt hatte. Sie zermalmte ihn, zerquetschte ihn, zerbröckelte ihn in dem Aschenbecher.
Als Ingrid in den Flur hinauskam, merkte sie, daß es im Eßraum gemütlicher gewesen war, als sie geglaubt hatte. Es zog hier draußen von allen Seiten. Eiskalt und feucht.
Das ärgerte sie maßlos, und sie wußte nicht, warum. Sie blieb stehen und wartete aus purem Trotz auf Grete. Fühlte sich elend und mutlos.
Aber tief innerlich kletterte sie auf ein Brett von Bosheit. *Daran* war Grete schuld.
»Ich will doch nur ein bißchen was vom Leben haben«, sagte Grete, als sie Ingrid einholte. »Verstehste das, Ingrid?«
»Ja, das versteh' ich. Und das wollen andre auch. Es ist nur so, daß sie das nicht fertigbringen. Ich bin übrigens auch ein Ernährer«, fügte sie leise hinzu.
Grete ist wie gelähmt. Solche Geständnisse kommen nicht jeden Tag aus Ingrids Mund. Sie stupst Ingrid freundschaftlich in den Rücken und sagt fest:
»Ich wünscht', wir würden uns auch außerhalb dieser Mauern sehn, Ingrid. Ich glaub', wir sind vom gleichen Schlag.«
Ingrid lächelt.
»Vielleicht.«
»Ich möcht' leben und ein wenig Luxus haben. Ich hab' daran gedacht, mir einen Pelz zu kaufen. Ja, das möcht' ich. Werd' durch Vaeret gehn mit einem Pelz, den ich mir selbst gekauft hab'. Die solln gucken, die Läuse! Ich hab' eine Annonce im Blättchen gesehn: ›Braune und schwarze Seehundsmäntel: 400 Kronen bis 850 Kronen.‹ Es wird wohl einer von den billigeren werden«, fügt sie hinzu.
Das Gesicht leuchtet, und die Augen lassen Ingrid los und erblicken weit fort einen Tagtraum.

Die »Torstein Jarl« lag am Kai und wurde beladen. Ingrid warf einen Blick hinaus, als sie an den letzten Fenstern des schmalen Ganges vorbeieilte. So gab es wenigstens einige Männer, die am Samstagabend arbeiten mußten.

17

Almar aus Hestvika besaß einen 21-Fuß-Kutter. Er hatte ihn schon viele Jahre und hatte herausgefunden, daß das Boot ein grundgütiges Alltagswerkzeug in des Herrn nasser Hand war. Es war nicht immer gerade frisch geteert. Aber der Motor war jederzeit gepflegt worden.

Almar betrieb nebenher etwas Fischfang. Vom Heizen der Schule allein konnte er nicht leben.

Es sei auch nicht der Sinn der Sache, daß der, der sein Brot in der Gemeinde verdiente, es gleich aufessen sollte, meinte Almar. Aber sollte man das, was man in dem einen Jahr zu Weihnachten bekam, aufheben, damit man bis nächste Weihnachten etwas zu essen hatte? Nein, Almar dachte nicht daran – und ging fischen.

Außerdem war es gut, ein Boot zu haben, falls irgend jemand an den Tagen, an denen das Linienschiff nicht fuhr, nach Storöya oder aufs Festland wollte. Es kam öfters vor, daß Kinder doppelt aus dem Bauch der Mutter herauskamen oder mit den Füßen zuerst oder sonstwie eine unglückliche Lage hatten, so daß die alte Hebamme überfordert war.

Da hatte Almar seinen sicheren Verdienst. Besser einen Spatz in der Hand als eine Taube auf dem Dach – bis das Linienschiff kam, meinte Almar und ließ den Motor an.

Er hatte oft gedacht, er sollte ein neues, besseres Boot haben, aber das Geld wuchs nicht auf den Büschen im Garten, so war es bei dem Gedanken geblieben. Aber es war eine Schande, daß der kleine Aufbau so winzig und zugig war, daß die Schwangeren oft mit den Füßen in dem kalten Luftzug von der engen Kajütentür her liegen mußten.

Dort unten roch es streng nach Heizöl, übergekochtem Kaffee, Fett und ranzigem Ofenöl.

Auf dem trapezförmigen Tisch vorn am Schott, mit zwei schmalen braungestrichenen Bänken auf jeder Seite, war die Wachstuchdecke krümelig und rissig. Man konnte gerade noch erraten, daß sie einmal ein dichtes Rosenmuster gehabt hatte. Die oberste Schicht hatte sich zum Teil abgelöst, so daß das schmutzigbraune Gewebe der Decke als eigenes Muster hier und da zum Vorschein kam.

Über dem Ofen hing immer dasselbe rotkarierte Küchentuch. Es hatte die Farbe der vielfältigen Ereignisse des Lebens angenommen und gehörte zum Inventar.

Keiner gab dazu seinen Kommentar ab, außer Rakel.
»Ich hab' dir doch zu Weihnachten ein neues Küchentuch gegeben, Almar. Wo haste das denn?«
»Ach, das war so schön, das hab' ich zu Hause in der Schublade.«
»Ja, aber auf dem Päckchen stand, daß es im Boot sein soll!«
»Ha – ha – tja, das stand da, aber...«
»Ich kann in deinem Boot nicht Kaffee trinken, wenn die Tassen nicht gespült und abgetrocknet werden. Mit einem sauberen Küchentuch. Das verstehste doch?«
»Da scheiß' ich drauf!«
»Du bist doch nicht böse, daß ich das gesagt hab', Almar?«
»Ach was!«
»Du *bist* böse, das seh' ich dir doch an.«
»Ach was!«
Rakel versuchte es wiedergutzumachen. Sie versprach ihm ein Küchentuch für die Schublade und eins fürs Boot. Ob sie das Monogramm draufsticken solle, scherzte sie.
Aber Almar startete mit einem wilden Satz und sauste in voller Fahrt aus der Bucht.
Sie waren schon ganz weit draußen an den äußersten Seemarkierungen, als er endlich den Kopf wandte und in die Kajüte hinunterrief: »Kochste Kaffee, Ingrid?«
Er sah nicht in die Richtung, wo Rakel saß.
Rakel guckte hinauf und hänselte ihn: »Es kommt jetzt ein Stück offenes Meer, da kannste dich austoben!«
Almar überhörte die Bemerkung und drehte hitzig am Steuerrad.
Tora gefiel das nicht sehr. Es lohnte sich nicht, Almar zu foppen, das wußte sie.
Sie wollte nicht, daß irgend etwas diese Tour kaputtmachte.

Rakel mußte nach Breiland, um sich ihre Zähne in Ordnung bringen zu lassen, und sie hatte keine Lust gehabt, allein zu reisen. Ingrid brauchte für den Rest der Woche nicht zu arbeiten, und Rakel spendierte die Reise. Sie hatte mit Gunn gesprochen, und Tora hatte freibekommen.
Die Tante hatte den weiten karierten Mantel an. Sie ist schön, dachte Tora.
Dann warf sie einen verstohlenen Blick auf Mutters altmodischen, umgeänderten Mantel. Er war frisch gebügelt, und die Flecken unten am Saum waren am Abend vorher sorgfältig

entfernt worden. Aber sie schienen trotzdem noch dazusein, jedenfalls hatte Tora den Eindruck. Als ob alle, die sie an diesem Tag in Breiland trafen, den Fleck *sehen* würden und denken: »War da nicht ein Fleck...?«

Rakel hatte moderne Gummisocken über die Schuhe gezogen. »Polarer« hießen sie und waren grün. Die Mutter hatte Stiefel an. Breite, niedrige, die Sohlen innendrin gefüttert. Es waren dieselben, die sie auch in der Fabrik benutzte. Tora glaubte, sie müßten weithin riechen.

Schämte sie sich? Wegen der Mutter? Nein! Aber sie wurde innerlich ganz weich, wenn sie an den Unterschied zwischen Mama und Tante Rakel dachte.

Über dem geänderten Kleid, das sie zu Weihnachten bekommen hatte, trug Tora einen von Ingrid genähten Anorak.

Die dunkelblauen Wollstrumpfhosen hatten idiotische Nähte an den Innenseiten und hingen wie eine Ziehharmonika an den Beinen herunter, obwohl sie sie bis zu den Armen hochgezogen hatte.

Das machte alles nichts. Auf Almars Boot war keiner da, mit dem man sich vergleichen konnte.

Aber sie würde es der Mutter gönnen, schön angezogen zu sein. Sie würde es sich selbst gönnen, eine Mutter wie Tante Rakel zu haben.

Es schien rings um Tante Rakel herum zu knistern. Das lag nicht nur an den Kleidern. Sie war immer so voller Leben. Ob sie nun zornig oder sanft war. Es wallte gleichsam um sie herum. Aller Augen richteten sich auf sie, wenn sie einen Raum betrat. Das hatte Tora mehr als einmal gesehen.

Ungerecht war das! Auch wenn sie der Tante das Beste gönnte. Wenn die Mutter doch etwas fröhlicher wäre...

War es wirklich so einfach? Machte die Freude die Menschen schön?

Sie waren nun zwischen den Inseln hindurchgefahren und hatten das offene Meer erreicht. Almar stellte das Steuer fest und kam die zwei Stufen herunter zu ihnen, um seinen Kaffee zu trinken.

Es duftete kräftig.

Die Kaffeetasse war groß und tief und nur halb voll, trotzdem schwappte der Kaffee auf die Wachstuchdecke. Almar holte sich mit zwei Fingern, die niemals mehr die Hautfarbe bekommen würden, ein Stück Zucker. Er hatte sein Leben lang

geheizt und geölt und davon innerlich und äußerlich Farbe angenommen.
Das schneeweiße Zuckerstück sah seltsam fremd zwischen den zwei gelben Zahnstummeln aus. Aber es nahm schnell die Farbe des Mannes an, denn er saugte, mit einem Mund gleich einem gefräßigen Trichter, den Kaffee genießerisch durch den Zucker.
Tora starrte ihn an, bis Ingrid sie mit dem Ellenbogen anstieß. Die anderen bekamen auch ihren Teil von dem bitteren Kaffee. Almar steckte einen rostigen Löffel in die Trockenmilchbüchse und streute, gastfreundlich wie er war, ganz viel von dem seltenen Pulver in Toras Tasse.
»Nur für junge Damen«, scherzte er und lächelte mit halboffenem Mund.
Dann verzog er sich wieder hinauf an sein Steuer und hatte genug zu tun.
Die beiden Frauen konnten endlich im Schutz des Motorlärms ungestört miteinander reden.
Tora stützte sich auf der Bank ab, die Handflächen gegen den harten Holzsitz gedrückt und die Finger um die Kante geklammert. So konnte sie in dem ständig stärker werdenden Schlingern das Gleichgewicht halten. Es war, als ob der Rhythmus sich in den Beinen und Händen fortsetzte und sie sicher auf dem Platz hielt. Ihre Füße reichten dieses Jahr ganz hinunter bis auf den Boden. Als sie mit der Mutter im vorigen Jahr in Vestbygda gewesen war, da hatte sie, wie sie sich erinnern konnte, die Zehen ausstrecken müssen, um herunterzukommen.
Das Rauschen vor dem Bug und das Tuckern des Motors machten sie ganz schläfrig. Es war früh am Morgen, noch nicht sechs Uhr. Aber der Bus hatte bestimmt, wann sie sich auf den Weg machen mußten. Und Almar ließ sich immer einen Spielraum. War langsam und gründlich. Legte lieber eine halbe Stunde zu und wartete dann im Schiff mit laufendem Motor auf den Bus, als daß er die Maschine überforderte und den Schaden davon hatte. Auf diese Weise besaß er sowohl eine Fähre als auch einen Warteraum.
Denn in Grunnvoll gab es keinen Schuppen, um dahinter Schutz zu suchen, während man Ausschau hielt und auf die rote Erscheinung wartete, die einen weiterbringen sollte.
Almar war am Morgen bereits oben in der Schule gewesen, um Feuer zu machen, bevor er mit dem Kutter kam.

Gunn sollte dann auch etwas früher als sonst aufstehen und das Heizen während des Vormittags übernehmen. In dieser Beziehung war sie unkomplizierter als der alte Lehrer. Er war immer so schwächlich und stinkfein gewesen, daß man ihn nicht um eine Handreichung bitten konnte, die nichts mit Büchern und Schreiben zu tun hatte. Er ging meist zwischen den Bankreihen umher und schneuzte sich in saubere Taschentücher, glaubte Almar.

Jetzt hatten zwei Frauen seine Nachfolge angetreten. Die Leute vermehrten sich ja so beträchtlich, daß ein Lehrer nicht mehr reichte.

Die eine Dame war aus dem gleichen Guß wie der alte Lehrer, und man konnte kaum mit ihr reden. Aber dann hatten sie auch das nette Mädchen aus dem Süden bekommen. Stets lächelnd. Klein und rund und freundlich. Sie lachte ganz natürlich. Almar hatte ab und zu gehört, daß sie im Klassenzimmer zusammen mit den Kindern gelacht hatte!

Manchmal ging sie nur im Nachthemd über den kalten Flur, wenn er zum Feuermachen kam.

Aber sie rief: »Guten Morgen!« – als ob sie vollständig angezogen wäre, mit Rock und Pullover.

Sie war von einer wunderbaren Natürlichkeit.

Almar vergötterte sie in seinem tiefsten Herzen und hütete sein Gefühl gut, damit niemand es ihm nehmen konnte.

Er brachte ihr Rotbarsch und Kabeljau – je nachdem. Einmal hatte sie ihn zu sich hereingerufen und ihn gebeten, ihr zu zeigen, wie man frischen Fisch auf nordländische Art kocht. Almar vergaß diese Stunde nie. Sie stand wie ein Glanzbild vor seinem inneren Auge. Ja, sie erfaßte den ganzen strapazierten Kreislauf und den untersetzten, trägen Körper.

Und er erzählte seinen Bekannten höchstens im Vorbeigehen davon. Aber er vermied es, etwas Besonderes daraus zu machen, so wie ein guter Jäger das Dickicht nicht verrät, in dem die Schneehühner sich aufhalten.

Gunn war für Almar wie ein Sommersonntag. Er brauchte sie. Er fühlte sich absolut noch nicht alt – der Almar. War im vergangenen Oktober 47 geworden und konnte sein eigenes Boot steuern und sich eigene Gedanken leisten...

Sie hatten das Gefühl zu reiten.

Tora folgte dem Schaukeln mit dem ganzen Körper. Sie hatte

sich gegen die schräge Bugwand gelehnt und die Stiefelsohlen gegen die Tischstütze gestemmt.
Sie waren nun ganz hinaus in die Fjordmündung gekommen. Das Meer wälzte sich über die flachen Landspitzen da draußen. Nichts schützte einen mehr. Tora fühlte eine ganz kleine Übelkeit im Magen.
Es war quälend warm in der Kajüte. Der Ofen bullerte. Zwischen den rostigen Eisenringen konnte man ab und zu die Flamme aufflackern sehen, wenn das Feuer aus dem dünnen Rohr, das aus dem Öltank kam, neue Nahrung erhielt.
Tante Rakel war ganz still geworden. Sie war beinahe so blaß, wie Ingrid es immer war.
Tora sah die Tante an und wartete nur darauf, daß es ihr schlecht wurde. Es war komisch, aber sie hatte nie daran gedacht, daß auch die Tante Schwächen haben könnte. Sie war immer diejenige, die mit allem fertig wurde. Guter Laune, schlagfertig. Immer schaffte sie es, Probleme zu lösen und aus Schwarz Weiß zu machen. Es war das erstemal, daß sie und die Tante bei rauher See zusammen in einem Boot waren.
Rakel fuhr übrigens hierhin und dorthin, um einzukaufen und um alle Bekannten und Verwandten in der Umgegend zu besuchen.
Es war, als ob sie mehr Verwandte hätte als Ingrid und Tora, obwohl sie doch zur selben Familie gehörten.
Ingrid und Tora waren selten irgendwo anders.
Im Sommer konnte Tora sich von den Männern am Kai ein kleines Boot leihen und zwischen den Inseln hinausrudern. Rudern und rudern, bis die Hände brannten und das Meer wie ein Troll auf sie zukam. Sich vorwärtsschiebend, mit breitem, listigem, langsamem Rücken, selbst bei schönem Wetter. Unheimlich und herrlich zugleich.
Sie konnte vor Freude schluchzen, wenn das Meer plötzlich kam und sie nicht wagte, weiter hinaus zu rudern, aber auch nicht wagte zu wenden, weil sie dann das Boot für einen Augenblick seitlich stellen mußte.
Die Mutter wußte von solchen Touren nichts. Das war auch gut so.

Ja, Rakel war es übel. Sie stützte den Kopf gegen die Wand und schluckte mehrmals tief.
»Ich hätt' den Kaffee nicht trinken sollen«, murmelte sie und versuchte zu lächeln.

»Biste krank?« Ingrid war bekümmert. Sie hatte die gleiche wehleidige Stimme wie zu Hause, wenn etwas passiert war. Tora zitterte, als sie hörte, daß die Mutter diese Stimme mit auf die Reise genommen hatte.
»Ja, du weißt doch, wie's mir geht«, sagte Rakel ganz jämmerlich.
»Ich hatt's vergessen.« Ingrid war über sich selbst erstaunt. »Es ist schon so lange her, daß wir zusammen gefahren sind.«
Rakel nickte nur. Zu etwas anderem hatte sie keine Kraft. Es war ganz naturwidrig, Tante Rakel so zu sehen.

Ingrid saß ebenso bleich da wie immer, kerzengerade, die Hände um die schäbige Handtasche gelegt. Sie sah ruhig, beinahe froh aus, trotz der bekümmerten, wehleidigen Stimme. Ingrid verreiste selten. Aber wenn Rakel unbedingt Begleitung haben wollte und die Tour bezahlte, konnte Henrik nichts dagegen einwenden.
Ingrids Augen waren leicht verschleiert, aber anders als bei Rakel. Sie fühlte sich sicher und war müde. Sie saß in Almars Boot und genoß diese unerwartete Reise.
Ihr Anblick machte Tora ganz glücklich. Es sprudelte über. Sie vergaß die Tante für eine Weile. Saß nur ganz still und versenkte sich heimlich in Mutters Gesicht.
Jäh erhob sich Rakel und wankte die zwei Stufen zum Deck hinauf.
Sie stieß Almar beinahe zur Seite und konnte gerade noch den Kopf aus der Türöffnung stecken, da kam es auch schon aus ihr heraus – alles, was drin war. Sie stülpte sich regelrecht um, mit vielen unheimlichen Lauten. Es hörte sich an, als ob die Laute aus einer anderen Welt kamen, von einer anderen Rakel.

Ingrid sprang auf und eilte zu ihr. Tora folgte nach. Als sie hinaufkam, hatte die Mutter Rakel im Arm. Sie stützte sich auf die Reling und hielt sie beide fest. Rakel krümmte sich erbärmlich. Es kamen jetzt nur noch unnatürliche Kehllaute. Sie war leer, mühte sich durch dieses Stadium hindurch und versuchte den Magen zu beruhigen.
Ingrid half ihr, sich auf die Luke vom Laderaum zu setzen. Ergriff eine Plane und legte sie um die Schwester, zum Schutz gegen die schlimmsten Regenschauer. Dann knüpfte sie das eigene Kopftuch um Rakels Hut, und es kümmerte sie wenig, daß

ihr Knoten sich auflöste und die Haare wie ein Focksegel um sie standen.
»So, so – nun ist das Schlimmste vorbei. Bleib nur sitzen und ruh dich in der frischen Luft aus. Nachdem du alles raushast, kann's nur besser werden. So, ja...«
Tora setzte sich dicht daneben und hielt die Tante von der anderen Seite umschlungen, so blieben sie sitzen, die drei – unter der Plane, während die See über das kleine Deck schlug.
Kam unter der Reling auf der einen Seite herein und schoß auf der anderen heraus. Manchmal mußte Almar den Motor drosseln und eine große Welle abwarten. Sie hörten es im voraus und fürchteten sich Rakels wegen. Ingrid saß da, mager und ruhig. Tora meinte, sie könnte Mutters zähe Stärke durch den Körper der Tante hindurch spüren.
Sie sollten auf einer solchen Luke in einem kleinen Kutter ihr ganzes Leben sitzen, dachte Tora. In einer steifen Brise – wie jetzt.

Der Bug grub sich in das Meer ein, als suche er etwas dort unten. Etwas, was er irgendwann verloren oder vergessen hatte. Dann kam er, wie aus Neugierde, wieder nach oben und wurde mit mehr Wasser überschüttet, als er wohl erwartet hatte. Beugte sich zuerst, zog nach links und nach rechts. Wollte sich zur Seite drehen, um sich vor dem Unwetter zu schützen.
Aber Almar da drinnen an seinem Steuerrad war auch eine Kraft. Er paßte auf die Windböen auf und kam ihnen zuvor. Verminderte die Fahrt, blieb liegen und wartete unten im Wellental. Das genügte. Mehr war nicht erforderlich.
Sie wurden mit der nächsten Welle hochgeworfen, aber es ging gut.
Die See stürzte über das Deck. Über Rakels neue Gummischuhe.
Spritzte über die Beine und hinterließ dunkle Flecken auf den Kleidern, dort wo die Plane zur Seite gerissen wurde. Verursachte tränende, vom Salzwasser gereizte Augen und starre Gesichter.
Toras Hände waren in den neuen, dünnen Handschuhen bereits gefühllos. Die Handschuhe taugten nicht für dieses Wetter. Waren zu schön.
Trotzdem war Tora froh und innerlich warm.
Mama hatte alles geregelt! Sie war hier eine andere als zu Hause. Hier paßte sie sogar auf Tante Rakel auf. Sie war wie eine

Königin, fand Tora. War strahlend wiedergeboren in dem Unwetter, ihr Haar in wütendem Kampf mit dem Wind.
Ja, genau das war sie: wiedergeboren!
Das hatte nichts mit dem Bethaus zu tun. Das bedeutete nur, stark und unverwundbar zu sein und alles zu bewältigen, ohne bei jemandem zu betteln.
Da hing ein großer Tropfen an Mutters Kinn. Tora sah, daß sie ihn nicht beachtete, sondern ruhig in die Fahrrinne und in das Unwetter schaute. Tora fröstelte, obwohl es ihr innerlich glühend heiß war.

»Es ist schlimm geworden. Aber wir werden den Bus erreichen. Keine Angst. Ihr braucht nicht da draußen im Unwetter zu sitzen und euch zu Tode zu frieren. Geht rein, auch wenn ihr kotzen müßt. Es ist am sichersten, bei solchem Wetter Frauen und Kinder drinnen zu haben.«
Almar hatte den Kopf aus der Kajütentür gesteckt. Er rief den dreien tröstende Worte durch die Gischt zu. Es goß mächtig inzwischen, aber sie merkten es nicht. Das aufgewühlte Meer machte sie sowieso naß.
Da! Mitten zwischen Leuchtfeuer und Küstenstreifen, hoch oben in dem tobenden Himmel, konnte Tora einen einzelnen funkelnden Stern durch die Gischt hindurch sehen. Es war ein Wunder. Eine Ankündigung, daß sich etwas veränderte. Ein Zeichen...
Tora folgte dem Boot und den Bewegungen der Wellen mit dem ganzen Körper, ließ sich ausgelassen hin und her werfen. Die Übelkeit war verschwunden. Wind und Meer bliesen gleichsam durch den Kopf hindurch. Sie fühlte den Druck auf den Augenlidern, das Brennen auf den Backen, das Beißen an den Ohrläppchen. Der Mund war halb offen, und sie schmeckte deutlich den merkwürdigen, salzigen Geschmack des Meeres. Den merkwürdigen, salzigen Geschmack des Todes. Aber er war nicht mehr furchterregend.
Tora hatte die Gewißheit in sich – die Gewißheit, daß die Mutter eine Veränderung durchgemacht hatte. Danach konnte alles anders werden. Denn Mama war stärker als Tante Rakel, wenn es darauf ankam.

18

»Ich fahr' heut nicht heim, wenn's Wetter nicht besser wird!« Rakel rückte sich den Hut zurecht und bürstete sich auf dem Weg zu dem übervollen Bus den Schnee ab. Sie sah blaß und elend aus und nahm gleich von den grauen Tüten, die im Gepäcknetz vor ihr lagen, mehrere an sich.

Der Busfahrer lächelte. Er hatte schon Schlimmeres gesehen und ähnliches gehört, wenn die Leute an Land kamen.

»Wir schaukeln hier an Bord nicht soviel, wenn dich das trösten kann.«

Er wartete geduldig, bis Rakel das Portemonnaie gefunden und das Geld, das er bekam, abgezählt hatte.

Einige junge Burschen, die bis zur Fischfabrik in Sörfjord mitfahren wollten, um Zungen zu schneiden, meinten, daß es zu langsam gehe, und sie stießen Tora in den Rücken. Da fuhr Ingrid dazwischen.

Tora fühlte eine jähe Wärme für sie.

Und als sie auf dem klammen Sitz neben der Mutter Platz genommen hatte und der Bus sie davontrug, da war es ihr, als ob sie sich von der Erde abhöbe und in den Himmel hineinflöge. Die Mama und sie – und Tante Rakel.

Rakel bestand auf ihrem Willen. Sie würden an diesem Tag nicht mehr nach Hause fahren.

Es war Sturm gemeldet.

Sie saßen in dem hellgrünen Wartezimmer beim Zahnarzt, und Rakel hatte ihren schlechten Backenzahn plombiert bekommen. Das sei genug für einen Tag, meinte sie.

Ingrid sprach mit ihr – so wie man zu Kindern von besseren Leuten spricht. Freundlich, aber bestimmt. Überredend.

Aber Rakel war wieder sie selbst. Es waren mehrere Stunden seit der Seekrankheit vergangen. Sie entschied und handelte, wie sie es gewohnt war.

Tora mußte in die Schule, und Henrik würde toben. Und wo sollten sie bleiben? Sie hatten doch keine Verwandten in Breiland.

»Wir nehmen uns ein Hotelzimmer«, antwortete Rakel leichthin und setzte sich vor dem Spiegel den Hut auf.

Ingrid blieb einen Augenblick der Mund offenstehen, während sie ihre Schwester anstarrte.

»Du guter Gott, Rakel! Haste den Verstand verloren?«
»Nein, und ich hab's auch nicht vor«, antwortete Rakel.

Rakel regelte es so, wie sie es haben wollte. Sie arbeitete sich durch das Unwetter hindurch zu dem einzigen Hotel, Tora und Ingrid im Schlepptau. Sie stützte die eine Hand in die Hüfte, wie es ihre Gewohnheit war, und rief zu Hause an. Simon sollte zu Gunn und Henrik gehen. Rakel warf das rote Haar in den Nacken und war die ganze Insel quitt.
Indessen saßen Tora und Ingrid auf verschnörkelten Stühlen vor der Rezeption und warteten. Ingrid schimpfte leise über Rakels Einfall. Da war wieder der wehleidige Ton, aber Tora überhörte ihn. Wollte ihn nicht in sich eindringen lassen. Es war wohl noch ein bißchen von der alten Mutter übriggeblieben.
Die Frau an der Rezeption hatte auf der äußersten Nasenspitze eine starke Brille sitzen. Sie lauschte schamlos auf alles, was im Hinterzimmer am Telefon gesagt wurde. Tora fand, sie ähnelte der Eule im Lesebuch. Die Nase stak spitz wie ein Schnabel aus dem Gesicht heraus, und die Augen fuhren ab und zu wachsam über die Gäste. Als ob sie kontrollieren wollte, daß sie nichts an sich nahmen und verschwanden. Sie betrachtete sie eingehend und schonungslos über die Brillengläser hinweg. Betrachtete abschätzend die Stiefel und den alten Mantel, sah die Flecken von dem Meerwasser und dem Schneeregen und verweilte bei den Haarsträhnen, die unter Ingrids Kopftuch hervorschauten, und bei Toras zerzausten Zöpfen. Manchmal erhob sie sich ein wenig vom Stuhl, um das Ganze besser betrachten zu können.
Aber nichts vermochte Tora die Freude darüber zu nehmen, daß die Mama sich verändert hatte.
Laß die Eule glotzen! Sie fing plötzlich an zu kichern, und Ingrid stieß sie in die Seite. Die Frau an der Rezeption fuhr bei dem Geräusch zusammen und richtete ihre Augen auf Tora.
»Was ist los?« flüsterte Ingrid nervös, als ob sie Angst hätte, daß jemand sie rauswerfen würde, während Rakel telefonierte.
»Nichts. Ich lache nur.«
»Schluß mit dem Blödsinn!«
Die Seidentapete und das Gemälde an der Wand gegenüber wurden plötzlich grau und blaß in Toras Augen.
»Nein und noch mal nein, das wird viel zu teuer für Simon!!«
Ingrid hängte den Mantel auf und setzte sich unschlüssig auf die äußerste Kante des breiten Hotelbettes.

»Für den Simon! Pah, glaubste, daß der Simon das bezahlt? Wer hat denn gesagt, daß er das tut?«
Rakel stand über ihre große Reisetasche gebeugt und zog Kleinigkeiten heraus, die sie brauchte, um sich frisch zu machen.
»Ja, wer denn sonst?« fragte Ingrid und sah sie an.
»Ich selbst!« sagte Rakel und richtete sich auf.
Sie wechselten die Blicke. Tora schienen sie vergessen zu haben.
»Was sagste? Hast *du* dein eigenes Geld?« flüsterte Ingrid ungläubig.
»Das hab' ich wohl! Ich bezahl' selbst für dieses und jenes.«
»Puh! Wie du redst!« Ingrid hatte sich von der Überraschung erholt und gab nichts auf den Hochmut der Schwester.
»Ich mach' verschiedenes, wo ich mir den Verdienst ausrechne. Ich putz' zu Hause, halt' alles schön in Ordnung, ich versorg' die Schafe und ernt' die Kartoffeln, ich web' und näh'. Ich putz' auch ab und zu unten im Betrieb und im Büro vom Simon. Und manchmal die fürchterlich dreckigen Flure.«
»So was!« Ingrid unterbrach sie irritiert. »So was macht man doch für sich und die Familie. Das hab' ich nicht gemeint.«
»Aber *ich* hab' das gemeint.«
Rakel wandte sich Ingrid zu. Die eine Augenbraue war beträchtlich höher als die andere und die Stimme beinahe scharf.
»Kannste mir sagen, warum ich mir den Verdienst für die ehrliche Arbeit nicht einstecken soll? Wenn ich sie nicht machen würde, müßt' der Simon sich eine Hilfe nehmen und die teuer bezahlen. Ist es nicht so?«
Tora sah verzweifelt von der einen zur anderen und wünschte, der Streit wäre bald beendet.
»Forderst du denn Lohn?« fragte Ingrid und lachte hart. Es war unvorstellbar für sie.
»Ich *fordere* nicht. Ich erledige ja alles selbst mit den Ausgaben und den Rechnungen. Natürlich nicht im Betrieb. Ich behalte mir nur eine bestimmte Summe, je nachdem, wie Geld vorhanden ist. Und die Summe ist nicht zu hoch, das will ich dir nur sagen! Aber ich muß was für mich haben, ich muß wissen, daß ich mir dies und jenes leisten kann. Ich will den Simon nicht um jede Öre fragen. Das wär' Wahnsinn! Und für den Simon auch!«
Jetzt lachte Rakel.
»Ja, so ist das, wenn man genug Geld hat...«
Ingrid murmelte es vor sich hin, als ob Rakel es nicht hören sollte. Als ob Ingrid nur von etwas spräche, von dem sie in der Zeitung gelesen hatte und das ihr so fernlag, daß sie sich den

Kopf nicht darüber zerbrechen mochte.
»Ach, reden wir doch kein dummes Zeug! Wir wollen lieber lustig sein, wir drei Frauen. Wir waschen uns jetzt und machen uns etwas zurecht, und dann gehen wir in den Speisesaal runter und essen zu Mittag.«
Rakel lief hin und her und war mit ihren Dingen beschäftigt. Aber Tora konnte wohl sehen, daß die letzten Worte der Mutter wie ein Stachel in ihr steckten.
»Im Flur ist das Bad. Heut abend baden wir, bevor wir ins Bett gehn, was?« sagte Rakel. »Aber jetzt bin ich so hungrig, daß ich was zu essen haben muß!«

Es gab Fleisch. Koteletts. Und Dessert. Später sollten sie noch Kaffee bekommen.
Sie waren allein im Speisesaal. Tora erschienen die Kronleuchter, die von der Decke hingen, wie aus einem Märchen. Sie mußte ab und zu den Kopf in den Nacken legen und richtig *sehen*.
So war es sicher in Berlin...
Die Tapeten, die Wandleuchter, die Türen, die Farben, die Bilder und Gemälde. Tora nahm das alles in sich auf und hatte eine Todesangst, sie könnte etwas übersehen oder vergessen. Sie hatte das Gefühl, daß sie ein neuer Mensch wurde. Daß sie anders sehen und riechen konnte als zu Hause.
Dann, blitzartig, sah sie die Mutter und sich selbst inmitten dieser Pracht. Sah, daß es nicht zusammenpaßte. Sie waren Fremde...
Und tief innerlich fühlte sie, daß da ein Riß entstand, den sie nicht ganz aufreißen lassen durfte.
Sie konnte nichts dafür, daß sie auf einmal an das Einkaufen in Ottars Laden denken mußte. Fühlte sich plötzlich schäbig und dreckig, obwohl sie wußte, daß sie morgens, bevor sie fuhren, sauber gewesen war. Das war der Unterschied zwischen den Leuten. Das war auch der Unterschied *für* die Leute.

Sie wagten sich wieder ins Unwetter hinaus. Aber *das* war kein Problem mehr, sie waren satt und trocken und hatten ein sicheres Nachtquartier.
Rakel wollte einige »Kleinigkeiten« kaufen, wie sie das nannte.
Sie kaufte irgendwo einen Pullover und Wolle zum Stricken.
In einem Fenster entdeckte Tora Anoraks. Blau. Sie kosteten 59 Kronen. Sie schaute an ihrem eigenen abgetragenen, aus In-

lettstoff selbstgenähten herunter. Die Kinder nannten sie Gespenst. Sie hatte einen weißen Anorak.

Die beiden anderen schwatzten, während sie die Straße hinuntergingen, Tora mußte laufen, um sie wieder einzuholen. Sie hatten die Anoraks nicht gesehen. Tora fand es besser, die Mutter nicht damit zu belästigen. Wer so einen Anorak haben könnte! Ganz zu schweigen von einem Paar Gabardine-Skihosen! Mehrere Mädchen in Vaeret hatten solche. Der glatte Stoff glänzte, wenn sie in der Schulbank saßen und die Beine sich unter der Deckenlampe bewegten. Es gab so schöne Schatten. Und der Schnee fiel beinahe von selbst ab.

Sie gingen in ein Geschäft, das Stoffe führte. Rakel wollte einen neuen Blusenstoff haben. Sie verhandelte mit der Verkäuferin und entschied sich für einen grünen, gepunkteten Stoff. Er erschien Tora wie ein Spinngewebe.

Ingrid stand allein am Ende des Ladentisches und hielt einen rotbraunen Kleiderstoff in den Händen. Sie ließ die Finger vorsichtig über den flauschigen Stoff gleiten und war sozusagen nicht da.

Rakel bekam den gepunkteten Stoff abgemessen und wandte sich zur Schwester, um irgendeine Bemerkung zu machen.

Plötzlich *sah* sie Ingrid.

Ein Hauch von Zärtlichkeit flog über ihr rundes Gesicht. Mit halbgeschlossenen Augen versuchte sie etwas zu sagen. Für einen Augenblick zitterte es um ihre Mundwinkel.

»Das ist ein schöner Kleiderstoff. Der würde dir gut stehen, Ingrid!«

»12,50 der Meter«, sagte die Verkäuferin unaufgefordert und blickte sie abwartend an.

Ingrid schaute weg, als ob sie bei etwas Unerlaubtem ertappt worden wäre.

»Ja«, sagte sie nur und zog die Handschuhe an, um zu gehen.

Rakel sah einen Augenblick auf den Stoff, dann sah sie die Verkäuferin entschlossen an und sagte: »Es ist heutzutage so schwierig, etwas zu bekommen, was einem gefällt. Ich möchte drei Meter von dem da.«

Ingrid blieb stehen. Immer wieder ließ sie die Finger aneinander entlanggleiten. Die bloßen Finger der rechten Hand zwischen den bekleideten der linken.

Dann räusperte sie sich und sagte: »Was Grünes wär' für dich vielleicht vorteilhafter – wie das da...«

Sie zeigte aufs Geratewohl hinauf in die Regale.

Rakel blickte auf in Ingrids Gesicht. Es kam Tora ganz sonderbar vor, daß Rakel soviel kleiner war als die Mama, so daß sie zu ihr aufschauen mußte, damit ihre Blicke sich trafen. Es sollte wohl so sein.
Alles veränderte sich.
»Ja, und Nähgarn und einen Reißverschluß in derselben Farbe«, sagte Rakel schnell zu der Verkäuferin. »Ingrid, leih mir deinen Rücken...«
Sie griff nach dem Zentimetermaß, das auf dem Ladentisch lag.
»Ich bin doch viel größer als du«, wandte Ingrid leise ein.
Aber Rakel antwortete nicht, maß nur vom Hals aus abwärts. Dann entschied sie, wie lang der Reißverschluß sein sollte. Ingrids Augen flogen an den Regalen entlang, planlos und ohne etwas wahrzunehmen.

Als sie ins Hotelzimmer zurückgekommen waren, reichte Rakel der Schwester das Paket mit dem Kleiderstoff und sagte: »Vorschuß für den Hausputz, den du doch im Frühjahr für mich machen willst. Und ein kleiner Lohn dafür, daß du mir die Lumpen für die Teppiche geschnitten hast.«
Ingrids Augen füllten sich mit Tränen. Tora sah, wie die zwei Frauen sich umarmten.
Das hatten sie auch getan, als die Großmutter starb, dachte sie verwundert. Aber das war schon lange her.
»Du bist so lieb, ich kann's niemals gutmachen – das da. Und es ist so unnötig und so teuer. Der Henrik wird...«
»Wir pfeifen auf die Männer!« unterbrach Rakel munter. »Du hast's verdient. Außerdem ist es wahr, was du heut gesagt hast: daß es für mich einfach ist, vom Kaufen und vom Bezahlen zu reden und mir einen Verdienst anzurechnen. Der Simon hat ein gutes Einkommen. Das ist der ganze Unterschied. Wahrscheinlich das einzige, was verschieden ist. Wir sind doch Schwestern. Ich hab' keine Kinder. Ich hab' nur euch.«
Rakel stockte. Holte das Taschentuch aus der Manteltasche und schneuzte sich.
Tora war wie gelähmt. Sie wußte nicht, wohin mit ihren Händen, obwohl niemand sie ansah und sich offensichtlich auch niemand dafür interessierte, wo sie sie hintat. Es schien etwas Glänzendes aus den Wänden und aus dem Fußboden herauszuwachsen. Es kam von der Decke geflogen und legte sich über die Hände. Als ob die ganze Welt aus Glas wäre. Man

durfte sich nicht rühren, keinen Schritt tun, denn sonst konnte alles zusammenbrechen. Sie empfand das Halbdunkel in dem Zimmer wie Baumwolle um den Körper. Hörte die beiden Frauen leise über alltägliche Dinge sprechen. Tora stand am Fenster und ließ ihre Stimmen in sich hineingleiten, ohne auf die Worte zu achten. Die bedeuteten nichts mehr. Nur die Stimmen waren wichtig: ruhig, leise, zuversichtlich. Sie verstand vage, daß die Worte etwas mit dem zu tun hatten, was die zwei zusammen erlebt hatten – früher. Dinge, die man ihnen heute nicht mehr anmerkte: gemeinsame Sommertage und Schürfwunden. Unwetter morgens auf dem Schulweg. Gemeinsamen Kummer und gemeinsame Weihnachtsabende. Situationen, in denen sie genötigt waren, sich auf schwesterliche Weise tief innerlich zu hassen, um im nächsten Augenblick einzusehen, daß es immer noch das beste war, zusammenzuhalten. Nicht die Worte, die sie sagten, verrieten dies. Nein, es waren die Stimmen. Sie kamen aus einem tiefen Brunnen gegenseitiger Zuneigung.

Tora begriff, daß, wenn die Tante auch oft herzhaft lachte, sie doch ihre Sorgen hatte. Diese waren bei einem Menschen, der die nötigen Mittel besaß, in einem Hotel zu übernachten und Kleiderstoffe zu kaufen, nicht leicht zu erkennen.

Man sollte immer im Unwetter reisen!

Da war ein Flötenton im Fensterkreuz. Er vibrierte um alles und in allem, was im Zimmer war. Auch in ihr. Es war nur der Wind, das wußte sie ja. Aber er war verhext – und wurde zu einem richtigen Ton!

Sie lag in dem großen Hotelbett, in der Mitte. Alle Lichter waren gelöscht.

Tief im Innern hörte sie das schwache Klingen der Prismen im Kronleuchter des Speisesaals, ein wunderbares Klingen, das sich mit dem Flötenton vereinigte.

Sie konnte die Umrisse der Möbel gerade noch erahnen, weil das Licht von der anderen Straßenseite gelb und weich durch das zugewehte Fenster drang.

Sie waren zu dritt in dem großen Bett. Drei Körper. Die Wärme der beiden anderen traf die Haut wie der Sommerwind. Sicher. Ohne Hände. Ohne Gefahr.

Kein Knirschen auf dem Fußboden, kein Schleichen.

Nur der Flötenton und das Licht durch das Schneetreiben hindurch und das zerbrechliche Gefühl der Sicherheit.

Sie hörte gelegentlich Stimmen aus einem weit entfernten Zimmer.
Stimmen, die nichts von ihr forderten, die von ihrer Existenz nichts wußten. Stimmen, die nichts zu verbergen hatten.
Tora schlief zum erstenmal in ihrem Leben hinter einer verschlossenen Tür.
Es lag etwas Magisches darin.
»Schließ die Tür ab«, hatte die Tante gesagt.
Und Tora war durchs Zimmer gegangen und hatte den kleinen Schlüssel umgedreht. So einfach war das! Die Welt auszuschließen.
Sogar das Fensterkreuz, das sie zu Hause in Angst versetzen konnte, wenn sie nachts aufwachte, wirkte hier freundlich.
Dieses Fensterkreuz war unschuldig und hatte nichts gesehen...
Und die Bettwärme? Sie hatte nichts Gespanntes oder Ekelhaftes an sich. Da war nichts, was weggewischt oder umgeschlagen werden mußte. Es roch nach nichts anderem als nach Haut. Nach sommerwarmem Moos. Das war Tante Rakels Haar, das über das Kopfkissen hinausfloß. Darüber hinaus... darüber hinaus. Es flutete über und verwirrte sich mit Toras gelösten Zöpfen.
Tora konnte noch die helle Stimme der Tante hören, als sie sich für die Nacht fertig machten: »Wie lustig, daß du mein Haar geerbt hast. Sonst hätt's keiner geerbt.«
Die Stimme der Tante war bitter und fröhlich zugleich. Sie bürstete Toras Haare mit langen, behutsamen Bewegungen. Nicht schnell und zerstreut, wie die Mutter es zu tun pflegte, bevor Tora anfing, sich selbst zu kämmen und die Zöpfe zu flechten. Dann kamen die roten Haare also nicht davon, daß sie ein Deutschenkind war. Es war also nicht so wie in dem Vers, den die Kinder auf sie gemacht hatten: »Die Mutter hat bei 'nem Deutschen gelegen, die Haare sind so rot deswegen!«
Die Haare waren ein Erbe von Tante Rakel!
Tora hatte die größte Lust, sie zu fragen, nur um von ihr noch einmal zu hören, daß es so war, aber sie wagte es nicht.
Mama war so froh heute abend, ganz verändert. Sie lächelte. Tora wollte nichts zerstören, deshalb durfte sie den Krieg oder die Deutschen nicht erwähnen. Da würde Mama sich sofort verschließen und wie eine Blume im Herbst verwelken.

Kühle, fremde Laken. Mamas und Rakels gleichmäßiger Atem. Der Raum schützte sie, legte seine Grenzen um sie und hielt alles andere von ihnen fern. Der Raum ließ die Leere in ihrer eigenen Sinnlosigkeit ertrinken und machte die Nacht kostbar.
Oder war es nicht nur dieser Raum? Gab es noch viele solche guten Räume in der Welt, viele Türen, die man zuschließen konnte?
Hatte nur das Tausendheim ekelhafte Nächte, in denen man sich im Dunkeln fürchten mußte?
Rakel und Ingrid atmeten verschieden. Mutters Atem hatte kleine Unterbrechungen. Es hörte sich so an, als ob sie manchmal zu atmen vergäße, als ob sie nicht richtig wagte, frei durchzuatmen. Rakels Atem war gleichmäßig und ruhig wie ihr Schlaf.
Ingrid drehte sich im Schlaf um und wandte Tora den mageren Rücken zu.
Tora spürte den warmen Druck von Mutters Körper gegen den ihren. Dicht, dicht.
Rakel drehte sich zu Tora um. Ihr Atem strich leicht über Toras Kinn, und ihr Arm lag wie eine Möwenschwinge auf dem Federbett. Er hatte sowohl Kraft als auch Weichheit in sich. Auch wenn er schlief. Er war weiß in der Dunkelheit.
Sie waren wie Schafe, die sich hinter einem Stein zusammendrängten, wenn der Sturm wütete. An einem fremden Ort schufen sie sich ihre eigene Sicherheit und Wärme, weil man sie in Ruhe ließ.
Sie wußten, daß die Kälte der anderen durchbrechen und sie befallen würde durch Haut und Haar. Es kam darauf an, all die Wärme zu verbreiten, die man hatte, dann bekam man sie zehnfach zurück. Hier versteckten sie sich nicht voreinander wie zu Hause. Hier wurden sie nicht dadurch gestört, daß die Mama zur Arbeit mußte oder daß *er* nach Hause kam. Hier war niemand, der durch die Flure rief oder vom Krieg redete.

Aber morgen mußten sie zurück.
Da waren sie wieder gezwungen, das zu verschweigen und zu verbergen, woran sie trugen. Sie mußten es so gut verstecken, daß sie es selbst vergaßen. So war es.
Zu Hause durften sie einander nicht die Wärme geben, die sie brauchten. Da waren sie nur verschreckte Schafe im wilden Gebirge.

Tora wurde von Hoffnungslosigkeit überfallen.
Aber sie kämpfte dagegen an, bis sie schließlich die Großmutter mit dem weißen Haar und den weichen Runzeln an der Bettkante vorbeistreichen sah. Sie sah das freundliche Gesicht und hörte sie von Vater sprechen. Das Zimmer wurde zu Großmutters Zimmer, das Fensterkreuz – alles. Sie war in Berlin. Und die Großmutter hatte ihnen das Bett gerichtet und wollte sie nicht wecken, um sie zu fragen, ob es ihnen gutgehe. Sie strich nur vorbei in dem langen blauen Kleid, das sich leicht bauschte und ein wenig Wind machte, wenn sie sich bewegte. Und die Großmutter sah, daß sie es gut hatten und daß sie weit, weit von Vaeret und der Insel fort waren.
Der Traum war beinahe wirklich. Sie kämpfte ihn mit jeder Faser ihres Herzens in die Wirklichkeit hinein, um den morgigen Tag fernzuhalten.
Ganz befangen in tiefem Schlaf, in dem Teil ihrer selbst, den der Mensch nicht steuern kann, erlebte sie den Duft des sommerwarmen Mooses und die klaren, sanften Flötentöne.
Einmal wäre sie fast aufgewacht. Da hatte die Großmutter plötzlich Tante Rakels Haar, das über das Kissen hinausfloß, und war zu ihr ins Bett gekrochen. Es war ihr wohl zu anstrengend geworden, so in dem kühlen Raum umherzuschweben und Wache zu halten, dachte Tora.
Und die Körper im Bett strömten ineinander und ineinander und hatten keine Grenzen. Großmutters, Mamas und ihr Körper.
Dann kroch sie unter das Bett, wo die Tante jetzt lag, und bemühte sich, sie hinauf ins Bett zu bekommen. Es war, als ob das Bett zu klein wurde. Und sie wußte, daß die Tante dabeisein mußte.

Der Wind hatte noch zugenommen. Es war nicht mehr möglich, durch das Fenster zu sehen. Der Schnee lief draußen in kleinen Rinnen an den Scheiben herunter. Aber ständig kam neuer kalter Schnee dazu und verhinderte, daß der alte Schnee richtig schmolz. Es war, als ob das Glas weinte, weil es das Licht nicht hineinlassen konnte.
Tora starrte mit einemmal hellwach in den Raum. Er hatte ein gräulich-gelbes, flauschiges Muster. Wie eine Landschaft im Nebel. Das Fenster war zugewachsen. Sie waren eingeschneit.
Die Nacht hatte warme Füße.
Gott segne den Sturm!

19

»Alle sehn mich so seltsam an!« flüsterte Rakel Tora zu.

Die beiden beobachteten, wie das Boot vom Kai ablegte. Es war Schluß mit dem Sturm, Schluß mit dem Traum.

Für Tora begann die Wirklichkeit mit eiskalten Füßen in den Gummistiefeln, sie pflanzte sich danach im ganzen Körper fort als eine Art Widerwille, als eine Müdigkeit, die Tora sich nicht erklären konnte, denn im Bus war es nicht kalt gewesen, und sie hatte am Morgen lange geschlafen.

»Ich kann nichts Besonderes an dir entdecken«, antwortete Tora.

Sie lächelte, um etwas von ihrer inneren Leere loszuwerden. Auf diese Weise wurde alles leichter.

Gleichzeitig ging ihr auf, daß Rakel recht hatte.

Die Leute starrten. Sowohl die, die am Kai standen, als auch die, die an Bord waren. Sogar der kleine Junge, der am Kai Rotaugen angelte, sah lange zu Rakel hinüber.

Tora forschte in Rakels Gesicht und sah prüfend von oben bis unten über die ganze Gestalt, um einen möglichen Grund zu finden. Aber nichts.

Sie ergatterten einen Platz im »Salon«. Saßen dicht beisammen. Taschen und Pakete lagen rund um ihre Füße wie gehorsame junge Hunde. Sie rückten sie jedesmal beiseite, wenn jemand vorbeiklettern mußte, um zu einem Sitzplatz weiter hinten zu kommen.

Rakel versuchte mit der Frau, die neben ihr saß, ein Gespräch anzufangen. Aber entweder war sie ungewöhnlich schüchtern, oder Rakel hatte sie irgendwie vor den Kopf gestoßen, denn die Frau schaute auf die Wand und wollte nicht reden.

Rakel war unschlüssig. Dann wandte sie sich statt dessen an Ingrid und Tora. Aber es war etwas Unsicheres über ihr rundes, offenes Gesicht gekommen. Tora konnte sehen, daß die Tante sich bemühte, all die schiefen, verhohlenen Blicke, die ihr heimlich zugeworfen wurden, zu verstehen.

Sie kam sich vor, als ob sie aussätzig wäre.

Schließlich schafften es die drei, einen gewissen Kontakt untereinander zu finden und so die kurze und doch lang währende Stunde hinter sich zu bringen, die das Schiff brauchte, um den Fjord zu überqueren und zweimal anzulegen, aus- und einzuladen, Leute von Bord gehen zu lassen und neue aufzunehmen.

Das Linienschiff fuhr nicht schnell, aber es fuhr.
Zuletzt fuhr es in die Bucht hinein, und dort war Schluß.
Tora wartete darauf, daß irgendeiner sich verriet.
Es war auf dem Schiff, wenn sie damit gefahren war, noch nie so still gewesen. Es war beinahe unheimlich. Besonders unheimlich war der Blick von dem alten Mann, der ihnen gegenübersaß. Er saugte an seinen Zähnen und seufzte. Ununterbrochen.
Tora wußte, daß er in Vaeret wohnte, aber sie erinnerte sich nicht, wie er hieß.
»Du warst verreist«, sagte der Mann endlich – und sagte es langsam und umständlich, während er den rechten Mundwinkel weit aufriß, so daß man den Kautabak sehen konnte.
Rakel strahlte, und die Erleichterung, daß das Schweigen gebrochen war, stand ihr im Gesicht geschrieben. Sie lachte den Mann an und sagte, ja, das sei sie gewesen. Sie setzte gerade zu einem neuen Satz an, hielt aber inne. Die Gesichter rund um den fünfeckigen Tisch hatten alle einen unergründlichen Ausdruck. Der Mann sah sie vielsagend an und seufzte wieder (da war irgend etwas, wovon er seinen Zahnstummel nicht befreien konnte) und sagte: »Ja, so ist das. Es wird jedenfalls hart, nach Hause zu kommen. Aber so geht's im Leben, auf und ab...«
Seine Frau stieß ihn in die Seite, ohne ein Geheimnis daraus zu machen. Die Leute saßen mit halboffenem Mund und vornübergebeugtem Oberkörper, als ob sie Angst hätten, etwas zu versäumen.
Die Maschine tuckerte. Das Meer war ruhig. Nichts geschah.
Aber Rakel erhob sich jäh und ließ Pakete Pakete sein und Augen Augen. Sie schnappte sich die kleine Handtasche und verschwand durch die Tür.
Ingrid stand auf und folgte ihr zögernd.

Tora blieb zurück mit viel Platz auf jeder Seite, und aller Augen waren auf sie gerichtet. Es war etwas beschämend.
Sie starrte aus einem der vom Seewasser fleckigen Fenster und hielt aus. Sie hatte sich gelobt, der Gefahr zu trotzen. Wie, das wußte sie nicht, aber das würde sich wohl finden.
Sie konnte ja hier beginnen.
Sie riß sich zusammen und richtete die Augen so schnell auf einen, der direkt vor ihr saß, daß er keine Zeit hatte, den Blick wegzunehmen.

Tora hängte sich an dieses Gesicht, an diese zwei Augen. Sie hatte das Gefühl, als ob das Herz sie ganz ausfüllte, als ob es durch den Hals bis in den Kopf wuchs. Dann sagte sie mit sonderbarer Stimme: »Warum seht ihr so auf Tante Rakel? Warum ist's hart, nach Hause zu kommen?«
Der Mann, an den sie ihre Augen gehängt hatte, wich erst aus – aber dann kam es: »Es hat beim Simon Bekkejordet gebrannt. Das ganze Geschäft ist heut nacht vernichtet worden. Da war nichts zu retten. Es war ja auch 'ne steife Brise. Wir konnten nur die Segel naß machen und die Hütten drum rum retten. War gut von unserm Herrgott, daß der Wind vom Land blies!«

20

Es stieg noch Rauch auf von dem leeren schwarzen Fleck. Träge und gleichgültig schwebte er über der Brandstätte.
Feuer!
Das war etwas, wovon man hörte. Worüber man las. Etwas, wobei man schauderte. Etwas, was irgendwo anders passierte und bei Leuten, die man nicht kannte. Niemals bei einem selbst.
Mitten in den verkohlten Resten der Balken lagen verbogene Eisenschienen und mehr oder minder unkenntliche Gegenstände, die bezeugten, daß hier einmal ein Fischereibetrieb gewesen war – aus dem allen erhob sich ein einsamer, schroffer, verrußter Schornstein aus Ziegelsteinen und maß den Weg des heruntergebrannten Hauses in den Himmel hinauf.
Er schien zu sagen: »So weit hinauf reichte Simon in seinen guten Jahren. So weit. Aber nun ist es vorbei.«
Rakel stand da in ihrem karierten Mantel und hielt sich krampfhaft an der Reling fest. Sammelte ruhig ihre Taschen und Pakete ein und bewegte sich langsam den Landungssteg hinunter, Ingrid und Tora dicht hinter sich. Und die Leute machten Platz. Sie wichen zurück.
Alle Augen, die dort drinnen im Salon wie Nadeln in sie gedrungen waren, waren nun wieder zur Stelle. Sie fühlte sie im Rücken und biß die Zähne zusammen. Spürte, daß es für die Leute ein Zirkus war, dies hier. Ihre Augen suchten auf dem Kai nach Simons schlanker Gestalt. Er wußte, daß sie kam.

Würde er dasein? Würde er verstehen, was sie durchmachen mußte? Nein.
Gut! Sie schaffte es auch allein!
Sie sprach mit keinem. Aber sie nickte denen zu, die vorher zu ungeniert ihre Augen in sie hineingebohrt hatten.
Nickte ihnen zu, als ob es ein ganz gewöhnlicher Tag wäre. Dann setzte sie ihre Siebensachen am Kai ab und machte einen Rundgang um die Brandstätte. Weil sie wußte, daß dies das letzte war, was sie von ihr erwarteten.
Natürlich sollten sie ihren Zirkus haben.
Aber nicht so, wie sie sich das gedacht hatten. Sie würde ihnen den Gefallen nicht tun, hysterisch zu reagieren. Sie würde es mit Fassung tragen, so daß sie wirklich etwas zu reden hatten. Sie sollten sehen, daß das ging. Sie wußte noch nicht um die Tragweite dessen, was geschehen war, aber sie wußte, daß die Leute auf Simon und sie immer neidisch gewesen waren. Vor allem auf sie. Man mißgönnte es ihnen, daß sich alles so gut für sie anließ. Bis jetzt.
Sie wußte, daß ihr das Unglück wohl gegönnt wurde.
Jeder Mensch wurde für Rakel zu einem schadenfrohen Tier, das auf der Lauer lag und auf ihre Schwäche im Unglück wartete.
Denn sie war nicht so scheu und selbstzerstörerisch, wie die Leute es gern hätten. Sie verachtete Unterwürfigkeit, und das war schlimm von ihr.
Nun warteten sie nur darauf, zu sehen, daß sie ihre Strafe für den Hochmut bekam. Sie vergaß beinahe das Unglück selbst, weil sie sich stark zeigen wollte.

Aber auf Bekkejordet war für Rakel noch eine »Brandstätte« zu bewältigen. Denn Simon hatte sich in der Dachstube, wo der Webstuhl stand, eingeschlossen und wollte niemanden hereinlassen.
Simon war in dem Brand vernichtet worden.

ELLERT DAHL
ÖYA
Kaufe alle Sorten Fisch
Produktion – Export – Tranproduktion
Frischfischproduktion – Frosterei
Heizöl – Schmieröl
Fischerhütten – Lagerraum für Schleppnetze

»Er ist ja schnell dabei, sich an andrer Leute Unglück zu bereichern!«
Ottar breitete die »Lofotposten« auf der zerkratzten Theke aus und las die Annonce mit gerunzelter Stirn.
Henrik stand mit abgewandtem Gesicht und ließ die Männer reden. Er war heute nüchtern. Er war die ganze Woche nüchtern gewesen.
»Nu regiert er die Fischgründe allein, der Dahl.« Ottar schielte argwöhnisch auf Henriks Rücken. Er wollte ihn zu einem Gespräch herausfordern. Aber Henrik drehte vorsichtig die Blechkannen im Kreis, die an einem Haken vom Dachbalken herunterhingen. Es gab ein durchdringendes Geräusch, wenn die Henkel der Kannen sich an dem Messinghaken rieben.
»Aus Anstand hätt' er die Annonce nicht drucken lassen sollen – vor nächster Woche. Da hätt' er auch noch genug verdient. Was sagt der Simon?«
Ottar hob die Stimme und war entschlossen, Henrik in das Gespräch hineinzuziehen. Aber Henrik wandte sich nicht um. Er stand mit dem Rücken gegen sie alle und sah mit Kennermiene in die unterste Blechkanne.
»Ich grüß' den Simon auch nicht öfter als du, Ottar!« sagte er plötzlich.
»Er sitzt nu in der Webstube, soviel ich weiß?« fragte Ottar treuherzig und maß ein großes Stück Einwickelpapier für Einars Seilrolle ab.
»Vorige Woche gab's viel Kabeljau auf den Lofoten, da ist Fisch für alle«, fiel Håkon Himmelglötten ein und wollte das Gesprächsthema um des lieben Friedens willen wechseln.
Aber niemand nahm von ihm Notiz. Simon sollte beleuchtet werden.
Es waren viele, die das wollten. Sechs Mann beim Einkaufen. Der Pfeifen- und Zigarettenrauch hing dick an der niedrigen Decke. Die Türglocke hielt Ruhe, und so war Zeit für einen Schwatz.
»Ist es wahr, daß die Rakel damit droht, abzuhauen, wenn er nicht von der Dachstube runterkommt?« fragte ein stämmiger, grinsender Bursche, die Schirmmütze im Nacken. Das war ein junger Grünschnabel, der eigentlich den Mund halten sollte, wenn erwachsene Leute redeten, aber er war aufgeweckt und hatte ein freches Mundwerk, deshalb gingen die Männer auf ihn ein.
»Die Rakel türmt nicht, wenn's ein bißchen im Rock brennt«,

grinste Henrik und drehte sich jäh zu den anderen um. Er stand vornübergebeugt und hatte den verletzten Arm auf die Theke gelegt. Er sah keinen an. Sagte die Worte nur vor sich hin, in die Luft.

»Nein, sie ist nicht so unstet«, stimmte Einar zu und schüttelte den Kopf.

»Sie sagen, der Brand war gelegt«, meinte Håkon.

»Dann ist es also kein Versicherungsbetrug«, lachte Einar und öffnete die abgegriffene Geldbörse, so daß die Kupfermünzen klimperten.

»Es ist traurig mit der schlechten Versicherung«, sagte Håkon mit wehleidiger Stimme und wollte sich dicketun.

»Ach, die bekommen das, was sie verdienen«, fiel der Grünschnabel ein.

Die Fensterscheiben liefen an. Es waren viele, die atmeten.

»Hat der Simon was bekommen?« fragte Ottar.

»Frag mich nicht«, erwiderte Henrik und griff nach seiner Mütze und ging zur Tür.

»Was haste es so eilig – ich wollt' nicht schlecht von deiner Familie reden...«

Dem Grünschnabel war plötzlich eingefallen, daß Henrik und Simon mit Schwestern verheiratet waren.

»Ja, du bist etwas zu weit gegangen, du kleiner Teufel«, warf Henrik ihm über die Schulter zu. »Du kannst beim nächstenmal dran denken, wenn du wieder zuschlagen willst.«

Es wurde still im Laden. Ottar stand mit offenem Mund, und die Männer sahen auf den Boden.

Als Henrik draußen war, entfuhr es Einar trotzdem: »Seit wann macht er soviel Aufhebens davon, daß er der Schwager vom Simon ist? Das muß 'ne plötzliche Liebe sein... oder was sagt ihr?«

Sie wechselten Blicke und lachten ein wenig.

»Ja, sonst ist er ja schnell dabei zu erzählen, wie der Simon den alten Onkel beerbt hat. Der Bankert von Bö, der nach Öya kam und über Nacht ein Großkopfeter wurde!« fauchte es aus einem eierförmigen Wollknäuel, das auf einer kleinen Tonne hinten beim Ofen saß und bisher noch nichts gesagt hatte.

»Am schlimmsten ist es mit den Arbeitsplätzen. Da ist wohl wenig Geld zum Wiederaufbauen da, wenn der Simon nichts von der Versicherung kriegt.«

Ottar sah einen nach dem anderen an, er hatte Himmelglöttens Ton angenommen.

»Sie sagen, die Rakel hat ihn von der Dachstube runtergeholt«, meinte das Wollknäuel auf der Tonne.
»Der Nachbar ist direkt in die Höhle des Löwen gegangen und hat seine Hilfe für die Aufräumungsarbeiten angeboten. Ja, und die Arbeiter wollen helfen, die auch. Ohne Entgelt natürlich. Sie haben erzählt, daß die Rakel sie alle zusammen mit Waffeln und Labskaus bewirtet hat. Aber der Simon hat sich an der Brandstätte nicht sehen lassen. Es sollte mich wundern, wenn er sich nicht ins Bett legte und Weibernerven bekäme, wo ihm nu der Wind so ins Gesicht bläst«, kicherte das Bürschchen schadenfroh und bohrte lange und ungeniert im rechten Nasenloch, in dem er Polypen hatte, deretwegen er aber nicht zum Doktor zu gehen wagte.

Ja, ja!
Es war nicht bös gemeint. Nicht ein einziges Wort war bös gemeint. Es waren nur Worte im Laden, an einem harmlosen Montag gesprochen.
Es hatte mit dem Versuch begonnen, Henrik auf den Arm zu nehmen, und dann hatte das Ganze eine so unglückliche Wendung genommen.
Es war nur gut, daß keiner überraschend dazugekommen war und gehört hatte, wie sie sich über Simon ausgelassen hatten, dachte Ottar.
In der Abenddämmerung machte er seine Runde und schloß das Lager und den Laden ab. Am Tau- und Salzverkauf merkte er, daß Simons Geschäft weg war. Aber darüber wollte er kein Wort verlieren, es war zu geringfügig und ohne Bedeutung für einen, der seine festen Kunden hatte. Jedenfalls kauften die Männer von den Fischkuttern jetzt nach dem unglückseligen Brand Salz und Taue bei ihm. Dahl betrieb keinen solchen Handel wie Simon.

Man sah sie gewöhnlich mit den Händen in den Taschen und der Pfeife im Mundwinkel, wenn die Zeiten schlecht waren. Sie standen da, meist den ganzen Tag, und kauften so allmählich ein Kilo Zucker oder ein Päckchen Tabak. In der Arbeitslosenschlange hielten sie sich hinten. Andere hatten gute Knorpel in den Ellenbogen und für so etwas keine Zeit.
Aber mehr und mehr Menschen wurden beiseite geschoben, wenn die Arbeit verteilt und der Lohn ausgezahlt wurde. Es waren oft diejenigen, die weder Haus noch Hof hatten. Sie be-

saßen nur eine vitale Bitterkeit gegen fast alles, viel Zeit zum Einkaufen, aber kein Geld, um zu bezahlen. Sie wohnten zur Miete und lebten von Gelegenheitsarbeiten. Feste Arbeit war ein Traum, der allmählich im schwarzen Meer ertrunken war. Oder er baumelte ganz draußen am Kaikran. Kreischte gerade noch im Unwetter oder wenn anderer Leute Fisch und Güter ein- und ausgeladen wurden.

Zu Hause waren die Frau und rotznasige Kinder.

Es kam auch vor, daß sie außerhalb eine Beschäftigung fanden und wegfuhren. Alle waren froh darüber. Es war eine seltsam dunkle, schwarze Freude. Sie hatte nichts mit Lachen oder Lebenslust zu tun. Sie machte nur eine Zeitlang Schluß mit dem Magenknurren und der langen Zahlenkolonne in Ottars Buch. Sie war von einer einfachen und realen Art. Sie kannte keine Gefühlsduselei. Sie gab die Chance, etwas Geld zu verdienen.

Diejenigen, die ein Stückchen Land und einen Fischkutter besaßen, hatten indessen die Freiheit zu entscheiden, ob sie im Joch gehen wollten oder nicht. Wenn sie im härtesten Winter ein bleiches Gesicht hatten, so erfroren sie dennoch nicht.

Gottes lose Vögel vergaß man oft zu erwähnen. Sie flogen nicht, trippelten nicht einmal. Aber sie gebrauchten die Flügel als Stütze, wenn sie sich hin und her schleppten. Flügel kann man zu vielem gebrauchen. Ein solcher Vogel wohnte in der Verandadachstube, und er bediente eine Bratpfanne mit ehrlich gestohlenem Speck. Er hatte keine große Chance, selbst wenn er gewollt hätte. War verurteilt, *bevor* er den Diebstahl beging.

Dann waren da noch der Dahl, der Pfarrer und der Doktor – Gott helfe ihnen durch das Nadelöhr.

Dahl war übrigens ein ehrlicher Sünder, denn er gab vielen einen Arbeitsplatz. Er behauptete, daß er seinen Betrieb demokratisch führe, was immer das auch bedeuten mochte. Seinen Sonntagsspaziergang in Vaeret machte er als der Großverdiener, der er nun einmal war, mit Hund und Frau und zwei Kindern. Er war trotzdem nicht zu fein für ein Spielchen in den Fischerhütten. So etwas war bei seinem Vorgänger nicht üblich gewesen.

Ohne den Doktor konnte man auch nicht sein. Das verschaffte ihm das hohe Ansehen. Man verzieh ihm nur zu gerne, sowohl daß er Junggeselle war, als auch daß er in dem Ruf stand,

geizig zu sein. Er gab Gesundheit mit einem Tropfen Alkohol, wenn jemand in großer Not war.
Der Pfarrer war der Schlimmste. Bei ihm gab es nur Teufelsgeschwätz, Klugheit und heiliges Donnerwetter.
Nein, da war es doch mit dem alten Propst besser gewesen. Das meinte nicht nur Einar.

Der alte Propst hatte gearbeitet wie andere Leute auch. Er hatte den Pfarrhof selbst in Ordnung gehalten. Es konnte passieren, daß die Boote mit dem Brautpaar und den Hochzeitsgästen zu früh am Kai anlegten, so daß er gerade noch Zeit hatte, den Talar über die Arbeitskleider zu werfen und zum Altar zu latschen. Das war besonders während der Erntezeit so.
Die eine oder andere Braut rümpfte die Nase über den Mistgeruch und die erdigen Schuhe unter dem Talar, aber insgesamt sahen die Leute ein großartiges Arbeitstier in ihm. Er starb auch im Schafstall.
Das sollte wohl so sein. Er fiel mitten in der Arbeit um. Bekam einen Schlag, der ihn aus diesem Jammertal hinausbeförderte.
Er benahm sich bis zum Schluß wie ein Mensch.

21

Es sah so aus, als ob die Saison für Simon Bekkejordet zu Ende wäre. Er hatte nicht einmal ein lumpiges Pult, um dahinterzusitzen. Kein Geld, um den Lohn auszuzahlen. Als ob ein Unglück nicht genug wäre, bekam sein erster Fischer den Fuß in eine Winde, und der Fuß war gebrochen.
An einem Samstag abend nahm Rakel die Nachricht am Telefon entgegen.
Danach ließ sie sich Zeit, zog sich erst einmal um und ging mit der Botschaft zu der unglücklichen Frau, die mit drei Kindern dasaß und auf ihren Mann wartete. Rakel gab ihr Geld, damit sie in der nächsten Woche zurechtkam, dann ging sie wieder nach Hause und stellte sich innerlich darauf ein, in die Webstube hinaufzusteigen und Simon die Neuigkeit zu erzählen.
Er wanderte jetzt in der dritten Woche da oben auf und ab, vielleicht konnte das neuerliche Unglück ihn ein wenig aufrütteln, dachte Rakel bitter. Sie hatte einen Schlag vor den Bug

bekommen, auch sie. Aber es war nicht der Brand, der *das* bewirkt hatte. Es war die Tatsache, daß sie mit einem Mann zusammengelebt hatte, den sie nicht gekannt hatte, bis jetzt. Er war nicht so, wie sie geglaubt hatte. Der große Mann war ein Kind. Erst hatte sie gedroht und gedrängt, dann hatte sie ihn in Ruhe gelassen. Sie trug nur das Essen zu ihm hinauf und schaffte im übrigen fast alles allein, aber sie kämpfte einen verzweifelten Kampf gegen etwas in ihr, für das ein Außenstehender sicher einen Namen gehabt hätte. Verachtung.

Rakel drückte die Klinke nieder und öffnete die Tür. Simon mußte gehört haben, daß sie die Treppe heraufkam, denn er hatte sich auf das Sofa gesetzt, das unter den beiden Fenstern stand. Er schlief auch hier oben, die wenigen Stunden, die er sich dafür gönnte. Rakel hatte es nun kennengelernt: allein in dem großen Bett unten im Schlafzimmer zu liegen.

»Wirst du heut zum Essen runterkommen, Simon?« fragte sie ohne Einleitung. Sie sah den Mann an, der da im Halbschatten hinten bei den Fenstern saß. Er war mager und hohläugig geworden vor lauter Schlaflosigkeit und Grübeln. Aber es war wenig dabei herausgekommen.

Er schüttelte den Kopf und machte keine Anstalten, etwas zu sagen.

»Willste hier oben sitzen, bis du verfaulst?« schrie sie ihn an. Er hob nur gerade eben den Kopf. Sah sie an, als ob sie ein lästiges Kind ware.

»Ich kann viel vertragen, Simon. Alles Unglück kann ich ertragen. Aber daß du hier oben in der Dachstub' sitzt wie ein Narr, wo ich dich brauch', das ertrag' ich nicht! Haste gehört?«

»Es ist aus, Rakel... Ich hab' nichts mehr... Ich bin ruiniert. Das weißt du auch.«

»Sieh mich an, Simon! Sieh mich gut an!« Er schaut sie mit leerem Blick an, wie sie dasteht, die Hände in die Seiten gestemmt.

»Bist du ruiniert, wenn du noch eine Frau hast? Ich hab' keine Geduld mehr mit dir, wenn du nicht runterkommst. Ich schlacht' die Schafe und fahr' weg! Hörst du!!« Simon sieht sie erstaunt an.

»Wegfahren? Du kannst doch nicht im Ernst von einem ruinierten Mann wegfahren. Ich brauch' dich, Rakel. Du sagst das nur, um mich zu erschrecken.«

»*Du* brauchst *mich*, sagste. Was glaubste denn, was ich tu? Ich brauch' niemanden, was? Simon, du, reize mich nicht so weit, daß ich dir ins Gesicht lache. Weißte, was ich heut am Telefon erfahren hab'? Nein! Denn du bist ja nicht unten in der Stube, daß du ein Gespräch annehmen kannst, das für dich bestimmt ist. Und du tust auch nicht das geringste. Alles wäre zum Teufel gegangen, wenn ich nicht getan hätt', was getan werden mußte. Die Leute lachen über Simon Bekkejordet. Sie sagen, daß er das mit dem Brand nicht verkraftet. Sie sagen, daß die falsche Person die Hosen anhat auf Bekkejordet. Hörste, Simon?«

»Rakel – Rakel«, jammert er und legt den Kopf in die Hände.

Da geht sie zwei Schritte auf ihn zu und setzt sich auf seinen Schoß.

Rakel ist ein Taktiker. Ebenso natürlich berechnend, wie sie im Frühjahr die Kartoffeln setzt, ebenso sorgfältig, wie sie das Schafsblut würzt, über das sie gerade geweint hat, bevor sie Blutklößchen brät, ebenso natürlich kehrt sie die Seite hervor, die sie gerade *jetzt* zeigen muß. Sie schlingt die Arme fest um den Hals des Mannes und wiegt ihn hin und her.

»Komm runter, Simon, dann wird dir die Rakel noch ein Unglück erzählen. Komm runter jetzt...«

Am Abend kam Simon wirklich in die Küche.

Er ließ sich nach und nach von den Toten erwecken. Nach drei Tassen Kaffee und mehreren belegten Broten fragte er vorsichtig, was für ein Unglück das sei, von dem sie ihm noch erzählen wolle.

»Der Erling liegt mit gebrochenem Fuß im Krankenhaus!«

Sie hörte selbst, wie brutal das klang, aber sie vermochte ihren Mann nicht länger zu schonen.

Sie hatte gewußt, daß der Betrieb schlecht versichert gewesen war, aber sie war nicht darauf vorbereitet, daß da *so* wenig zu holen war.

Sie hatte den Arbeitern unten bei der Fischannahme noch ausbezahlt, was sie ihnen schuldig waren, und nun konnte sie sich nur noch auf ihre eigene kleine Summe in der Schatulle und eine lausige Versicherungsprämie verlassen. Bei der letzteren dauerte es noch dazu lange, bis sie sie bekam. Und sie bettelte bei niemandem um Almosen. Davon konnte überhaupt nicht die Rede sein.

Dann hatte das Lammen begonnen, und Simon mußte sehen, wie er mit sich und dem Brand fertig wurde. Denn hier ging es um neues Leben, neues Essen, neues Geld.
Turid und Anton schauten eines Abends herein und boten ihre Hilfe auf der Brandstätte an. Sie hätte vor Freude weinen können, aber sie tat es nicht. Dazu war gar keine Zeit. Und Simon saß im Dachgeschoß. Das schien ihr genug, um sich die Freudentränen zu sparen.

»Was sagste? Ich hab' keinen Vormann mehr?« Simon wurde möglicherweise noch ein bißchen bleicher. »Aber was soll ich da machen?«
»Da siehste es! Du hast geglaubt, daß es mit dem Unglück hier im Haus genug sei. Aber ich muß dir sagen, wenn du dich nicht auf den Weg zu den Lofoten machst und mitten in dem Elend nicht ein bißchen Geld verdienst, dann kannste das Unglück erleben, daß du auch ohne Frau bist.«
»Ich soll zu den Lofoten? Ich bin seit Jahren nicht mehr auf Fang gewesen... Nicht mehr, seit ich ein junger Kerl war!«
»Da kannste ja noch froh sein, daß du deine Jungfernfahrt aufm eigenen Boot machen kannst!«
Die Worte, die sie über den Tisch schickte, waren wie Rauhreif. Sie war ganz blaß um die Nase, aber die Nase ragte unnachgiebig in den Raum.
»Du wirst das Geschäft auch wieder aufbaun, Simon.« Er lächelte matt. Ein verzweifeltes Lächeln, welches sein starres Gesicht in einer ungewohnten Bewegung aufbrach. Es sah so aus, als ob er die Muskeln zum erstenmal in seinem Leben gebrauchte. Es zitterte schwach um die Mundwinkel.
»Rakel, Rakel, das ist eine Sache, für die die Weiber keinen Verstand haben. Das Geld, Rakel! Woher soll ich das Geld nehmen?«
»Das kannste leihen.«
»Du redest...«
»Du hast dir Geld geliehen, als du den Stall gebaut und die Fenster im ganzen Haus ausgewechselt hast. Da hab' ich nichts davon gehört, daß das nicht ging.«
»Du redst von Sachen, die du nicht verstehst! Man braucht keine Angst zu haben, sich Geld zu leihen, wenn man mit einem ganzen Fischereibetrieb und mit einem goldguten Boot bürgt – und im übrigen schuldenfrei ist. Etwas völlig anderes ist es, Geld zu leihen, wenn man nicht mal den Nagel in der Wand besitzt.«

Die Lampe über dem Tisch legte Schatten auf das zerfurchte Gesicht.
In jedem einzelnen Gesichtszug zeichnete sich die Hilflosigkeit ab.
Rakel war im Begriff aufzugeben. Es brannte hinter den Augenlidern, und der Kopf war wie Blei. Ein merkwürdiges Gefühl der Einsamkeit drohte Besitz von ihr zu ergreifen und sie zum Nachgeben zu bringen.
Aber sie durfte nicht nachgeben. Nicht jetzt, wo er zu ihr in die Küche heruntergekommen war.
»Die Polizei meint, es war Brandstiftung, macht das für die Versicherung nicht einen Unterschied, wenn's bewiesen wird?«
»Tja, das kann schon sein. Ich war ein Dummkopf, daß ich so schlecht versichert hab'.«
»Denkste nie daran, wer's gewesen sein könnte, Simon? Wer das Feuer gelegt hat?«
»Nein, ich glaub' nicht, daß jemand gezündelt hat. Das Haus war alt, es war ein Unwetter, jemand kann unvorsichtig gewesen sein. Aber Feuer legen... nee... das glaub' ich nicht. So sind die Leute nicht.«
Es entstand eine lange Pause. Sie saßen jedenfalls nahe beieinander. Daran dachten beide, mehr als an den Brand.

Simon ging am nächsten Tag nach Vaeret.
Es wurde still, als er in den Laden kam. Er rüstete sich zum Fischfang aus. Machte daraus kein Geheimnis.
Ottar stellte keine Fragen. Packte nur in die Pappschachteln ein und redete über das Wetter.
Er fand, sie hätten genug Schnee in diesem Jahr gehabt.
Da war Ottar sicher. Noch nie hatte jemand soviel Schnee erlebt. Es würden Winter und Frühling und Herbst vergehen, bis er schmolz, meinte Ottar.
Simon antwortete. Aber es knisterte nichts in den Antworten, und die Backen hingen merkwürdig schwer zu jeder Seite des traurigen Mundes herunter.

Kornelius Olsa, der älteste Fischer an Bord der »Bris«, der das Kommando einstweilen übernommen hatte, schüttelte den Kopf, als er Bescheid bekam, daß Simon sich selbst ins Steuerhaus stellen wollte. Aber er sagte kein böses Wort.
Und er war genau die Stütze, die ein Schreibtischfischer brau-

chen konnte. Es geschah mehr als einmal – so erzählten die Männer später –, daß Kornelius Olsa den Südwester schüttelte und dem ungestümen Simon sagte, wie er das Ganze machen würde, wenn er an Bord zu bestimmen hätte. Und Simon senkte den Kopf und machte es ohne zu mucken so, wie der Alte sagte.
Sie fischten leidlich. Es ging besser, wenn Simon es vermied, an das schwarze Loch zu Hause in der Bucht zu denken. Es war alles in Ordnung, solange sie weit genug von zu Hause weg waren und Simon nicht zu Dahls Kai gehen mußte, um den Fang abzuliefern.

Zu Hause auf Bekkejordet fing Rakel allmählich wieder an, im Stall zu singen und ohne Grund zu lachen. Wie in alten Tagen. Sie hatte auch von der Webstube wieder Besitz ergriffen und webte eifrig in jeder freien Minute. Luft um sich herum hatte sie. Platz, um zu klappern, zu wirken und zu lachen.
Rakel verstand jetzt besser, welch tiefer Abgrund das Leben für Ingrid immer gewesen war. Sie machte Spaziergänge zum Tausendheim, um öfter als früher mit ihr reden zu können, und das tat sie nicht nur, weil sie selbst Trost haben wollte.
Henrik ging raus, wenn sie kam.
Das hatte er immer getan. Rakel wußte, daß es viele Gründe haben konnte. Der wichtigste war sicher, daß sie nie einen Hehl daraus gemacht hatte, daß sie Ingrids Ehe mit Henrik für ein Unglück hielt.
Da war etwas mit Henrik, was Rakel nicht ergründen konnte. Sie fühlte sich nicht wohl mit ihm zusammen in einem Raum. Vielleicht war *das* sein Fluch – daß so wenige sich in seiner Gegenwart wohl fühlten. Er strahlte irgend etwas aus, was Widerwillen erregte.
Dennoch mußte sie zugeben, daß die Bewohner von Öya ihn nicht nett behandelt hatten. Er hatte die Schwierigkeiten mit dem Arm und die sonderbare Schwermut, die ihn ab und zu überfiel. Ingrid behauptete, die habe er seit der Zeit, als sein Schiff torpediert wurde und er den Eisensplitter in die Schulter bekam.
Jetzt hatte Rakel gesehen, daß auch Simon an einem »Eisensplitter« zugrunde gehen konnte.
Männer waren wohl nicht so widerstandsfähig wie Frauen.
Aber es war etwas mit Henriks Augen. Daß er gelegentlich betrunken war, das ging ja noch an. Aber es war etwas anderes...

Sie vergaß nie, wie sie ihn einmal hinter dem Stall getroffen hatte. Er hatte keine Erklärung dafür abgegeben. Hatte sie nur angegrinst und war ohne ein Wort dicht an ihr vorbeigestrichen. Wenn er nicht Ingrids Mann gewesen wäre und sie nicht gewußt hätte, daß er sie um Ingrids willen noch gerade so eben hinnahm, dann hätte sie geglaubt, daß er auf das aus war, auf das alle miesen Kerle aus sind.

Simon reiste mit einem heimlichen Vorhaben nach Breiland. Er reiste noch gebeugter und mit einem noch heimlicheren Vorhaben nach Bodö. Er stellte Kalkulationen an und schrieb wichtige Briefe, hatte tiefe Furchen auf der Stirn und krümmte die wunden Fischerhände um den Federhalter. Er nahm sich ein paar Tage dafür, wohl wissend, daß Kornelius Olsa es mit Boot und Netz gut schaffte. Die Ostertage brauchte er auch noch zum Schreiben und Grübeln.
Das Wetter hatte sich so weit gebessert, daß die Fischer ab und zu die Hände aus den Taschen nahmen.
In der Zeitung standen wütende Aufrufe, daß die Art des Fischens mit dem Ringnetz untersucht werden müßte.
Simon hatte keine Zeit, so etwas zu lesen, noch weniger, sich darüber zu ärgern.
Aber Rakel saß abends nach dem Rundgang im Stall häufig allein mit der Zeitung.
Eines Tages las sie, daß ein Kirchenmann sich gegen weibliche Pfarrer ausgesprochen hatte.
Rakel fand es unmöglich, daß erwachsene Geistliche nichts anderes zu tun hatten, als sich um so etwas zu kümmern, wo es doch soviel Elend in der Welt gab. Sie müßten eigentlich vor lauter Umherrennen und Trösten und Helfen ganz atemlos und verschwitzt sein. Jesus hatte niemals ein böses Wort über die Frauen gesagt, auch wenn sie Huren waren, das hatte sie selbst in der Bibel gelesen.
Dann fielen ihre Augen auf die Buchspalte: »Die Frauen sind die Hoffnung«, stand da.
»Der amerikanische Ethnograph Montagu hat ein Buch darüber geschrieben, daß die Frau praktisch der Übermann des Mannes ist. Sie hat mehr Lebensfreude, weniger physische Mängel, weniger Erbkrankheiten, größere Widerstandskraft gegen physische Schmerzen und eine besser entwickelte Intelligenz. Die Frauen sind sogar fähigere Autofahrer. Der Mann weiß um seine Unterlegenheit und entwickelt Herrschereigen-

schaften, um sich zu rächen. Das Muskelsystem ist bei ihm bestens ausgebildet. Deswegen haben wir auch den Krieg – die spezielle Erfüllung des Mannes –, während den Frauen die für den Krieg wichtigen Eigenschaften fehlen. Man muß mit jeder Generation die Welt einen Zollbreit vorwärts bewegen. Die Frauen geben Leben. Versagen die Frauen, ist alle Hoffnung für die Menschheit geschwunden.«
Rakel nickt, während sie liest. So fängt die Welt endlich an, sehend zu werden! Nein, sie wird gewiß nicht versagen!
Aber was ist ein Ethnograph? denkt sie irritiert. Rakel ärgert sich oft über alles, was sie nicht weiß, über Worte, die sie nicht versteht.
Aber daß die Frauen keine für den Krieg wichtigen Eigenschaften mitbringen, das ist ihrer Meinung nach nicht richtig. Rakel spürt, daß sie zum Krieg bereit ist, wenn es sein muß. Es gibt ja so viele Arten von Waffen.
Und von einer Kanzel und auch von einem Altar, da würde sie ganz sicher einen Speer oder zwei ins Ziel werfen.

22

Die Maisonne brannte auf die abgeblätterte Südwand des Tausendheimes, so daß das Heizen an klaren Tagen unnötig wurde. Das war eine Erleichterung, nicht nur für Ingrid.
Sie hatte ihre Schulden bei Ottar zum Teil abgetragen. Und in dem Buch beim Milchverkauf war ihr Name ausgestrichen. Der Frühling schien einen neuen Sinn für sie zu bekommen.
Die Last war noch schwer genug. Aber es war so, als ob man 100 Kilo auf dem Rücken gehabt hätte und 50 davon wären jetzt weg.
Die Schulterriemen des Rucksacks taten nicht mehr so weh. Man konnte sich erinnern, daß es schon schlimmer gewesen war. Das half.

Ingrid hatte sich Muttererde von einer versteckten Stelle hinter den Äckern weggekratzt. Der Schnee war dort zeitig getaut. Die Stelle lag an einem Südhang und war vom Haus oder vom Weg aus nicht einzusehen.
Auf dem alten, schwarzen Fahrrad brachte sie die Erde in einem Korb nach Hause. Ließ ihn schwer und schwanger an der

Lenkstange baumeln, während sie das Fahrrad schob, weil der Korb so groß und schwer war, daß sie nicht fahren konnte.
Dann trug sie ihn die Treppe hinauf, heizte trotz der Sonnenwärme gut ein und schüttete die Erde in eine Brotpfanne. Alles Ungeziefer sollte herausgebacken werden. Es konnte sein, daß sie einige Larven vorher rettete und wieder hinaustrug. Aber es konnte auch sein, daß sie sie übersah. Nach ein paar Stunden im Backofen waren die Larven stocksteif und nicht mehr zu retten, die Armen.
Heute hatte sie keine Zeit, die Erde so genau zu sieben. Mußte in wenigen Stunden zur Arbeit. Und sie mußte fertig sein, bis Henrik kam.
Er haßte Topfpflanzen.
In jedem Frühjahr tauschte sie die Erde in den Töpfen aus. Es war, als ob sie an dem Tag etwas Unerlaubtes machte. Als ob die Jugend und das Feuer für einen einzigen Tag zurückkehrten.
Der Geruch der Erde... Herrgott! Er sank tief in ihr Gemüt, speiste sie mit etwas Lebenswichtigem. Die Erinnerungen... An etwas anderes, etwas Besseres? Wer sich in Frieden erinnern könnte! Wer die Ruhe hätte, sich hinzusetzen und sich zu wärmen und zu freuen bei der Erinnerung an ein liebes Gesicht, an Hände... an etwas, was hätte werden können...

Henrik *war*, und er liebte ihre Topfpflanzen nicht. Er ging seine eigenen Wege. Trotzdem gab sie nicht auf. Und er gab nicht auf. Es war wie mit dem Blasentang bei Ebbe, er saß am nackten Felsen fest, aber ließ sich in Kreisen auseinandertreiben, immerfort.

Sie heizte extra gut ein, um das Rösten der Erde zu beschleunigen.
Das Gesicht glühte von der Hitze, und sie stellte die beiden Fenster schräg. Schaute einen Augenblick auf den schmutzigen Schnee hinter dem Schuppen im Hof. Die Straßen fingen an frei zu werden. Die Kinder spielten meist dort, bis es auch auf den Äckern und Wiesen taute. Sie konnte hören, wie die jüngsten Elisif-Kinder sich stritten. Die armen Würmer.
Ingrid wollte auch Brotteig ansetzen. Das klappte gerade mit der Zeit. Sie mußte die gute Ofenwärme noch zu etwas anderem nutzen als nur zum Erderösten. Sonst wurde es Luxus mit dem Feuern. Fortgeworfene Kohle. Zum Fenster rausge-

schmissen, würde Henrik sagen. Er war im Geschäft bei Dahl. Sollte im Lager helfen. Es schien sich heute alles bestens anzulassen.
Gut, daß sie zwei Brotpfannen hatte, wo jetzt in der einen die Erde war. Tora konnte auf die Brote aufpassen, wenn sie aus der Schule kam. Das schaffte sie.
Nächste Woche sollte sie beim Doktor den Hausputz machen. Das gab einen Extraverdienst zwischen der Fischpackerei. Es war die Rede von Entlassung in allernächster Zeit, da war es gut, noch zu raffen, was man bekommen konnte.
Sie war in letzter Zeit von einer sonderbaren Müdigkeit erfaßt worden. Das quälte sie und machte sie ungeduldig, so daß sie kaum mit anderen Leuten zu reden wagte. Hatte Angst, zu scharf zu werden.
Das hatte keinen Sinn.
Die Magenschmerzen waren in diesem Winter besonders schlimm gewesen. Es hatte Tage gegeben, an denen sie kaum einen Bissen heruntergebracht hatte.
Tora brauchte neue Schuhe und einen neuen Rock. Sie mußte ein neues Kleid für den 17. Mai haben. Konnte nicht mehr gut in dem alten Anorak gehen. Er war außerdem zu eng.
Sie könnte Rakel nach einem Kleidungsstück zum Wenden fragen.
Sie hatten es jetzt wohl selbst nicht so üppig da oben in Bekkejordet, auch wenn sie etwas zuzusetzen hatten. Aber der braune Mantel, den Rakel früher trug, den hatte sie schon lange nicht mehr angezogen. Vielleicht konnte sie ihn entbehren.
Ingrid machte Pläne. Die Hände gingen wie Trommelschlegel, und die Füße trugen sie beschwingt, wohin sie wollte.
Henrik hatte ihnen ein altes Radio beschafft. Es lief von früh bis spät, wenn er zu Hause war. Es brachte Leben ins Haus – immerhin. Das mußte sie zugeben.
Am Anfang hatte sie gemeint, daß nur Unheil davon ausgehen würde, das rührte wohl von der Kriegszeit her...
Henrik wuchs in ihren Augen, als er das Radio reparierte und montierte. Und als er schließlich einen rauschenden Kontakt mit der Welt bekam und es in dem Apparat brauste wie das Meer selbst, verstand sie, daß Henrik etwas *konnte*. Zuletzt kämpfte sich der Ton zu ihnen in die Küche herein. Sie starrten alle drei auf den Kasten auf dem Wandbrett. Es kam Musik heraus. Und das war Henriks Verdienst. Es war ein schöner Abend gewesen.

Die schleppenden Schritte auf der Treppe! Sie kannte sie! Aus! Irgend etwas war schiefgegangen. So kam er also vor der Zeit nach Hause, wenn er überhaupt auf der Arbeit gewesen war. Ingrid wappnete sich gegen das Unumgängliche.
Er war nicht so betrunken, wie sie zuerst geglaubt hatte. Aber streitsüchtig.
»Zum Teufel, du heizt heut ein, wo die Sonne durch die Fenster brennt!«
»Ich muß Brot backen«, antwortete sie und versuchte es im guten.
»Brot! Du machst die verdammten Blumen, die nur im Weg stehn, daß man nicht zum Fenster rausgucken kann!«
»Sei doch still! – Wenn jemand dich hört! War mit der Arbeit schon Schluß bei Dahl?«
»Da scheiß' ich drauf!«
»Wie du redst. Willste was zu essen?«
»Nee!« Er schmiß sich aufs Sofa in der Ecke, und Ingrid hoffte, daß er vielleicht schlafen würde. Aber plötzlich sprang er auf und hin zum Küchenschrank, wo sie stand, und schlug die Faust mit aller Gewalt auf die Platte.
Nun wollte es das Unglück, daß die Pfanne auf der Kante von der ausgezogenen Platte stand. Sie kippte augenblicklich um, und die glühheiße Erde und die noch heißere Pfanne landeten auf seinem Handrücken.
Henrik schrie und fluchte und rannte im Kreis in der Küche herum.
Ingrid drehte den Wasserhahn auf und wollte ihm die Hand drunterhalten. Aber nein!
Gerade da kam Tora die Treppe herauf. Sie hatte früher als gewöhnlich freibekommen. Hörte, daß da drinnen Unfrieden war, und zögerte hineinzugehen. *Sah*, daß irgend etwas Schlimmes los war, sah es an der Art, wie Henrik seine Stiefel hingestellt hatte. Die Jacke hatte er einfach in die Ecke geschleudert. Sie überlegte, ob sie nicht in Vaeret oder am Kai etwas zu erledigen hatte, aber dann fiel ihr ein, daß die Mutter sie sicher gehört hatte. Es wurde ihr warm in dem dicken Pullover. Sie zog ihn draußen auf dem Flur aus. Es roch wieder nach Nelken. Sie war naß unter den Armen.
Die Mutter sah auf, als sie reinkam. Es wirkte wie eingeübt. Sie nickte und tat so, als ob nichts wäre. Tora setzte sich unschlüssig ans Tischende. Henrik stand hinten beim Sofa und schielte böse auf die brennende Hand.

»Der Henrik hat sich verbrannt«, sagte Ingrid erklärend und sandte einen scheuen Blick hinüber zu dem Mann. Tora antwortete nicht.
»Du kommst heut so früh?« versuchte es die Mutter wieder.
»Ja, die Gunn meinte, es wär' so schönes Wetter, sie sagte, wir könnten's gebrauchen, ins gute Wetter und in die Sonne rauszukommen, mehr als drinzusitzen und zu schreiben.«
»Ja, die weiß schon, wie sie sich freie Zeit verschaffen kann, die Schlampe«, unterbrach Henrik sie.
Es war, als ob Tora bei diesen Worten aufwachte. Sie sah! Sah, daß Henrik heimgekommen war und es mißbilligte, daß die Mutter mit den Blumen beschäftigt war, und daß er wütend über irgend etwas war und es nun an der Mutter, an Gunn und an ihr ausließ. Vor Toras Augen erschienen rote Eidotter. Der Sonnenschein verschwand in den Eidottern. Alles verschwand. Es verschwand in der schwarzen Nacht, in der Gefahr, im Widerwillen, im Abscheu. Sie schien ihn jetzt erst als etwas zu sehen, was sich durchaus veränderte.
Auch Henrik war nur ein Mensch. Er schrumpfte ein dort hinten in seiner Boshaftigkeit und war nun im Tageslicht nicht so bedrohlich... Tora sah, daß die Mutter sich bei jedem Wort duckte, das er sagte, während sie gleichzeitig versuchte so zu tun, als ob nichts wäre.
Tora konnte plötzlich ihre Worte nicht länger zurückhalten. Sie wußte nicht, wo sie herkamen, sie dachte auch nicht über das nach, was sie sagte, es kam einfach heraus: »Es gibt auch noch andre – mehr als nur die Gunn, die sich freie Tage gönnen, was?«

Es wurde merkwürdig still im Raum. Die Geräusche von draußen hörten sich an wie Donner. Das Tropfen vom Dach war schrecklich, beinahe wie eine schlimme Warnung. Mama war das Schlimmste – Mama starrte sie mit weit offenen Augen an. Alles wurde unwirklich. Tora vernahm ein schwaches Summen, es kam von innen, aus ihr selbst.
Ingrid stand stocksteif da, beide Hände bis über die Handgelenke in dem grauweißen Teig.
Eine dicke, haarige Fliege flog unter dem Volant der Gardine vorbei. Benommen von der Winterstarre und dem Sonnenschein.

Dann stand er über ihr: »*Was* haste gesagt?«
Das Gesicht war vor Wut verzerrt.
Tora hatte nicht geglaubt, daß er sie anrühren würde. Nicht, wenn die Mutter es sah, nicht so. Der Schock machte ihr Herz zu einem Vogeljungen. Sie vermochte es nicht zu beruhigen. Es flatterte wild da drinnen, und sie wurde feuchtkalt am ganzen Körper.
Nicht der Schmerz war das Schlimmste. Nicht, daß er zudrückte, wie er nur konnte, so daß sie nicht mehr genug Luft bekam und schließlich ganz still einige Zentimeter über dem Boden hing. Nicht, daß er sie auf den Boden schleuderte und mit der gesunden Hand schlug. Nein. Es war auch nicht gefährlich, daß es so seltsam in den Ohren sauste und vor den Augen flimmerte. Es war die große Hand im Nacken. Die Berührung, der Ekel. Der Greuel, daß seine Haut die ihre berührte – während die Mutter zusah.
Sie merkte, daß Ingrid vorsprang und ihn am Arm packte. Der Teig und das Mehl flogen wie ein heftiger Wind in der Küche herum.
Als er Ingrid mit seinen letzten Kräften die Faust um die Ohren schlug, hatte Tora das Gefühl, außerhalb ihres eigenen Körpers zu sein.
Sie vergaß, wer sie war. Sie hatte nicht gewußt, daß sie so fürchterlich schreien konnte. »Schlag die Mama nicht! Machste das, dann bring' ich dich um!«
Aber er hatte bereits geschlagen. Mehrere Male. Das Blut floß frisch und rot aus Ingrids Mund und Nase.
Sie ergriff geistesgegenwärtig ein Küchentuch und hielt es vors Gesicht. Tora holte eines von den dicken, die sie zum Händeabtrocknen benutzten, als es durch den dünnen Stoff durchsickerte.
Die Fliege hatte den Weg hinaus gefunden, und es klopfte ungehalten irgendwo im Haus. Gunda im ersten Stock versuchte wohl, bei diesem Krach ein Mittagsschläfchen zu halten. Henrik stand mit gespreizten Beinen und leicht gebeugtem Oberkörper mitten im Raum. Die Hand etwas geballt. Der Kopf war vorgestreckt wie bei einem Tier, das sich bedroht fühlt.
Er atmete jetzt schwer.
Plötzlich schien sein Gesicht zu bersten. Als ob er anfangen wollte zu weinen. Er sah aus wie ein kleiner Junge, der ein Vogelnest zerstört hatte, ohne es eigentlich zu wollen.
Dann wischte er sich umständlich mit dem Handrücken über

die Nase und verschwand durch die Tür. Er hatte keine von ihnen mehr angesehen.

Ingrid setzte sich auf einen Schemel und trocknete sich das Blut ab.
Tora wrang einen Lappen im kalten Wasser aus und reichte ihn der Mutter.
Es wurde kein Wort gesprochen.
Tora wunderte sich, daß die Mutter nicht weinte. Das tat sie sonst, wenn er sie schlug.
Es geschah nicht oft – alles was recht ist. Und auch nie so hart, daß Blut floß. Das hatte er gemacht, weil Tora die unbedachten Worte plötzlich ihrem Mund entschlüpfen ließ. Immer war sie es – Tora –, die den Unfrieden stiftete.

Ingrid mußte mit geschwollener Backe zur Nachmittagsschicht gehen. Sie betrachtete sich eine Weile im Spiegel über dem Ausguß. Dann seufzte sie und zog die verschlissene Wolljacke an, die sie bei der Arbeit immer unter der weißen Schürze trug, raffte die Sachen zusammen, die sie mitzunehmen pflegte, und war fertig.
Erst als sie mit dem schäbigen Stoffbeutel in der Hand, das Kopftuch fest unter dem Kinn zusammengeknotet, in der Türöffnung stand, berührte sie zaghaft Toras Arm und sagte: »Wenn du für die Brote eingeheizt hast und sie gebacken sind, mußte sie rausnehmen. Und... dann... mußte die Erde aufm Boden aufkehren. Nachher kannste dich mit den Aufgaben beeilen und zur Tante Rakel gehn oder mich an der Rückseite von der Fabrik abholen, ja?«
Tora nickte. Dann war die Mutter fort.

Es würde eine Weile dauern, bis er wiederkam. Das wußte sie. So war es immer, wenn etwas passiert war.
Sie atmete tief aus und machte ein gutes Feuer für die Brote. Sie versuchte die Züge einzustellen, die glühend heiß waren. Sie stocherte mit dem Ofenhaken herum, aber nichts bewegte sich. Sie versuchte es noch einmal. Scheiße, daß sie es nicht schaffte. Aber was sollte es, sie hatte bei der Mutter gesehen, daß sie es oft auch nicht hinkriegte.
Besonders wenn sie müde war.
Tora war nicht müde, dennoch fühlte sie sich so, als ob sie den ganzen Tag bei einem Unwetter draußengewesen wäre. Die

Hände waren gefühllos. Die Füße auch. Komisch. Denn es war doch sehr warm.
Tora legte die blutigen Handtücher in eine Schüssel mit kaltem Wasser, wie die Mutter es mit ihren Hosen machte, wenn sie »ihre Tage« hatte.
Tora hatte ihre Tage noch nicht. Sie hatte auch nicht gerade Sehnsucht danach. Aber Sol hatte sie vorbereitet. Gründlich.
Die Mutter hatte auch so nebenbei davon gesprochen, während sie den Blick auf das Blutwasser richtete – als Tora zufällig einmal dazugekommen war, wie sie das Schlimmste aus ihren weißen Hosen wusch.
Merkwürdigerweise hatte das nichts mit der Gefahr zu tun, obwohl es doch daher kam...
Sicher weil die Mama und Sol und sie davon geflüstert hatten. Sie hatten die Welt ausgeschlossen und ein Geheimnis für sich allein gehabt. Hatten etwas Gemeinsames gehabt. Etwas, was man verstecken mußte, gewiß, und trotzdem.
Es war alltäglich und todernst zugleich.
Sol erzählte, daß sie beim erstenmal geweint hatte, weil sie nicht wußte, was los war.
Damit mußte man leben, fast das ganze Leben, jedenfalls bis man alt wurde.
Es sei ziemlich ekelhaft, meinte Sol, aber man gewöhne sich schnell daran.

Tora stand über die Schüssel gebeugt und sah, daß das Blut seltsame Streifen im Wasser zog. Es färbte das Wasser langsam rosa.
Die größten Flecken waren bereits harte Klumpen und Gerinnsel geworden, die sich nur widerwillig vom Handtuch lösten und auf den Boden sanken. Dort blieben sie liegen und bewegten sich schwach hin und her, wurden immer blasser und färbten das Wasser rundum allmählich rot.
Wenn sie nicht gewußt hätte, daß es Blut war, wäre es schön gewesen! Das Blut roch süß.
Es gab keine großen Unterschiede im Blutgeruch, egal wo es herkam.
Falls es nicht zu alt wurde.
Sie erinnerte sich plötzlich an den Gestank oben bei Elisif im letzten Winter.
Die Mutter ließ das Blut nie alt werden.

Geruch von gebackenem Hefeteig. Er sickerte aus dem riesigen, alten, gußeisernen Ofen.
Tora setzte seitdem immer Brot- und Blutgeruch miteinander in Verbindung, verbrannte Finger und blutige Lappen. Sicherheit und Fluch. Sie richtete sich auf, nachdem sie die Schüssel mit einem Deckel versehen und unter den Ausguß geschoben hatte. Kurz darauf bückte sie sich erneut und guckte vorsichtig in den Backofen, um zu kontrollieren, daß das Brot nicht anbrannte.
Sie setzte es eine Stufe höher im Backofen und legte ein Stück Papier darüber, wie sie es bei der Mutter gesehen hatte, wenn das Brot noch eine Viertelstunde backen mußte. Dann fing Tora an, die Erde aufzukehren.

Ingrid war ein ordnungsliebender Mensch.
Sie machte selten mehrere Dinge auf einmal, ohne daß sie die Kontrolle darüber hatte, wie das bei Tante Rakel manchmal vorkam. Die Mutter beschäftigte sich nur mit einer Sache und räumte anschließend gründlich auf.
Aber heute war alles durcheinandergeraten.
Tora hatte einen ganzen Haufen Erde auf der Schaufel. Sie füllte sie in die leeren Blechbüchsen, die in Reih und Glied auf dem Küchenschrank standen. Ingrid hatte in den Boden jeder Büchse mit einem Nagel sorgfältig vier Löcher geschlagen und kleine Steine darübergelegt, damit die Erde nicht sauer werden sollte. Der Hammer und der Nagel lagen noch auf dem Tisch.
Tora hatte den Hammer nicht bemerkt, bis jetzt. Es überfiel sie ein wilder Drang, draufloszuschlagen. Nur zu schlagen! Die Kräfte zu gebrauchen, um etwas in Stücke zu schlagen.
Nein, übrigens nicht einfach *etwas*. Etwas, was die ganze Zeit zurückweichen mußte. Weichen vor ihrem Hammer! Ihre Hände zitterten, als sie den Hammer ergriff. Sie blieb so stehen, ohne zu wissen, was sie machen sollte. Da sah sie plötzlich, daß ein großer Zweig von Mutters Fleißigem Lieschen geknickt war.
Sie ging mit dem Hammer hinaus in den Flur, wo der Kasten mit dem Werkzeug war. Sie hatte das Gefühl, noch einmal davongekommen zu sein.
Sie mußte den Blumenstengel mit einer Stricknadel stützen.
Neun Büchsen im ganzen. Tora steckte die Hände in die abgekühlte Erde und füllte die Büchsen halb voll. Eine nach der

anderen. Die Erde fühlte sich sauber und gut an, obwohl die Hände schwarz wurden.
Geruch von Erde. Geruch von Sonne zum offenen Fenster herein.
Erde an der Haut. Wurde so ganz innerlich davon. Vergaß den Hammer. Ihn. Vergaß alles.

Fühlte Mama das auch so? fragte sich Tora. Daß sie einfach die Hände in die Erde steckte und das, was unerfreulich war, vergaß? Es war wohl nicht so, daß alles Böse fort war, daß es nicht mehr existierte. Nein, es schmerzte nur nicht ...
Sie sah die Mutter vor sich, mit den Händen in der Erde.
Das blasse Gesicht eingerahmt von dem dichten, dunklen Haar.
Es war wieder gewachsen, dachte Tora triumphierend.
Der Knoten, der im Begriff war, sich aufzulösen. Die Mutter hatte keine Dauerwellen wie die anderen in der Fabrik.
Nun saß sie dort in der kalten Frosterei, mit Cellophanpapier und Fischfilets in den Händen.
Die Hände mußten soviel tun. Das war nicht zu ändern. Besonders nicht für Mutters Hände. Sie kamen niemals zur Ruhe.
Tora setzte die Pflanzen vorsichtig in die neuen Büchsen und drückte die Erde sorgfältig rundherum an, so daß nur noch ein kleiner Rand stehenblieb für das Wasser.
Sie hatte der Mutter schon geholfen, deshalb wußte sie, wie es ging. Und wie sie hier so stand, ganz allein, und keiner sah zu, kam sie sich beinahe tüchtig vor.
Dann prangten die Blumen in den blanken Büchsen und sahen ganz neu aus. Noch waren die häßlichen Leimflecke von dem Papier zu sehen, das einmal um die Büchsen geklebt war.
Tora drehte die Leimflecken zum Fenster hin und legte den Kopf zur Seite, um ihr Werk zu betrachten.
Irgend etwas fehlte noch. Sie suchte die drei Räume von oben bis unten nach Kreppapier ab. Schließlich fand sie die grüne Rolle ganz oben im Küchenschrank.
Mit geübter Hand schnitt sie das Kreppapier in die passende Breite und wand es um jede Büchse. Sie mühte sich erst mit Papierschleifen ab, aber dann kam sie drauf, daß es mit Stecknadeln ebenso gut ging.
Und so sah es auch nicht zu aufgeputzt aus. Die Mama war mit so etwas so genau.

Zum Schluß legte sie um den Rand noch eine hübsche Kante. Keiner konnte sehen, daß nur Blechbüchsen drunter waren! Keiner in der ganzen Welt!
Tora legte den Kopf wieder zur Seite, und die hellrote Zungenspitze ragte ein wenig aus dem rechten Mundwinkel.
Mama würde sich freuen. Sie wollte Kaffee kochen und Pfannkuchenteig machen und auf den Küchenschrank stellen – bevor sie ging, um die Mutter abzuholen. Es könnte schön werden!

Tora hatte die Brote vergessen. Sie hatte sich an den Geruch gewöhnt und nicht darauf geachtet, daß er immer intensiver wurde. Nun roch es angebrannt! Die Brote hatten eine scheußlich dunkle Kruste auf der Oberseite bekommen. Als Tora die Brote aus der Pfanne stürzen wollte, verbrannte sie sich und bekam Blasen an den Händen. Plötzlich weinte sie. Sie hatte geglaubt, daß alles wieder gut war, und nun hatte sie die Brote vergessen!
Immer wenn man glaubte, daß man ein Unglück überwunden hatte, und man wieder auf die Beine kam, dann versuchte irgend etwas einem die Freude aus dem Körper zu reißen. Warum mußte das so sein?
Aber die Mama hatte die Brote auch schon verbrannt. Das hatte Tora deutlich gesehen. Vielleicht nicht *so* stark... Aber sie hatte sie verbrannt!
Vier Brote wurden übrigens in einer Woche gegessen, da mußten nächsten Freitag sowieso vier neue gebacken werden. Schwamm drüber!

23

Tora hatte den Eindruck, daß sie Sol niemals ohne das Jüngste auf dem Rücken sah. Sie schienen eins zu sein.
Torstein hatte Arbeit in der Gemeinde bekommen, so war es jetzt besser bestellt um Schuhe und Brot, aber Sol hatte wenig Freizeit. Es waren mehrere Vorstöße unternommen worden, um die Kinder unterzubringen, einzeln oder alle zusammen.
Das letztere war ein reines Wunschdenken. Die Leute konnten sich die tüchtige Sol wohl in ihrem Haus vorstellen, aber sie

bedankten sich für Wickelkinder, Rotz und Nachtwachen. So blieb alles beim alten.
Vanda unten vom Fluß kam an den Werktagen und sah nach den Kleinen und kümmerte sich um Essen und Kleider, während die Großen in der Schule waren.
Die Leute erzählten sich, daß sie von der Gemeinde etwas für ihre Arbeit bekam.
Aber nachmittags und abends mußte Sol ran. Tora meinte, Sol sei wie ein Ameisenhaufen. Es krabbelte und kroch auf, über und neben ihr. Die ganze Zeit.
Sie schien sich jedoch nicht besonders dadurch stören zu lassen. Sie rückte nur ein bißchen weg, wenn es zu arg wurde.

Die Aufgaben machte sie auf der winzig kleinen Ausziehplatte vom Küchenschrank. Mit verschränkten Beinen und mit gutem Licht vom Fenster in der hellen Jahreszeit. Aber vorher entfernte sie alle Schemel, damit die Kleinen nicht an ihr raufklettern konnten.
Dort saß sie dann, und ihre Gedanken waren hoch über dem Fußboden. Sie schien die Fähigkeit zu haben, die Welt auszuschalten, so wie man ein Radio abstellt.
Nun waren die Elisif-Kinder, was Zank und Streit betraf, nicht die Schlimmsten, und es ging eben, wie es ging. Tag für Tag.
Kinder waren immer die Kinder der Frauen. Wenn Frauen auf irgendeine Art versagten, waren die Kinder die Leidtragenden. Keiner wußte, was er mit ihnen anfangen sollte.
Da konnte es rundum haufenweise arbeitslose Väter geben. Aber das nützte nichts.
Tora hatte manchmal davon geträumt, daß Tante Rakel alle Kinder von Elisif zu sich nehmen würde. Sie malte sich das aus, wenn sie sich hingelegt hatte und die Gefahr auf Abstand halten wollte. Das waren gute Gedanken, mit denen man sich lange beschäftigen konnte, genauso wie mit den Gedanken an Berlin und an die Großmutter. Man brauchte sie auch nicht zu Ende zu denken.
Tora sah alle Kinder auf Bekkejordet vor sich. Soviel Platz! So schön würden sie es da haben! Vielleicht könnte sie selbst auch dort sein. In der Webstube war Platz für alle Betten der Kleinen. Sol und sie könnten in der Kammer mit dem grünen Lampenschirm schlafen.
Aber es war nur etwas, was sie sich ausdachte. Sie wußte es.

Auch wenn die Tante selbst keine Kinder bekommen konnte, so wollte sie doch keine ganze Horde.
Und vor allem jetzt nicht – nach dem Brand.

Eines Nachmittags tauchte eine neue Gestalt im Hof des Tausendheims auf.
Ein magerer, hoch aufgeschossener Junge stand plötzlich neben dem Schuppen und schaute neugierig auf den Haufen Kinder, der vom Kai heraufkam. Der Junge hatte ungewöhnlich lange Glieder, und der Kopf schien viel zu groß und zu schwer für den dünnen Hals zu sein.
Trotzdem waren es die Kleider, die den Kindern am meisten auffielen. Sie saßen tadellos und paßten gut zusammen. Der Pullover war weder gestopft, noch hatte er Löcher. Er war offensichtlich neu und hatte warme, aufeinander abgestimmte Farben in einem schönen Muster, wie ein Mädchenpullover.
»Er stand einfach da, als wir kamen«, flüsterte Sol und schielte verstohlen zu dem Jungen hinüber. Er konnte in ihrem Alter sein.
Sie sahen, daß er mehrmals schluckte. Der Adamsapfel war gleichsam ein paar Nummern zu groß, er flatterte erschreckt rauf und runter. Es sah so aus, als ob seine Mutter mehr Sinn dafür hatte, den Jungen zu kleiden, als der Herrgott gehabt hatte, ihn zu schaffen.
Aber Tausendheim-Kinder hielten sich mit so etwas nicht auf.
»Wo kommste her?«
Jörgen fragte sehr männlich, wohl wissend, daß er die ganze Schar im Rücken hatte. Aber der überlegene Ton gelang ihm nicht so recht, den er bei Ole gehört hatte, wenn ein Neuer sich in ihrem Reich zeigte. Außerdem war er sehr eingenommen davon, daß der Fremde ein richtiger Junge war. Im Tausendheim hatten sie entschieden einen Frauenüberschuß.
Jörgen nahm sich ein altes schwarzes Fahrrad, das an der Schuppenwand lehnte, und fuhr damit um den Schuppen und den Neuen herum. Zog immer engere und engere Kreise. Schließlich war er dicht bei ihm und rief: »Wer biste?«
Aber der Fremde stand nur da.
Jörgen hielt an und wiederholte die Frage.
Da wedelte der Fremde mit den Armen und machte die sonderbarsten Bewegungen, die keiner deuten konnte.
Die Neugier der Kinderschar wurde immer größer. Sie rückten näher und näher, wie von einem Magnet angezogen. Die

Kleinen waren auch dabei. Das Jüngste auf Sols Rücken. Der Junge an der Schuppenwand sah freundlich aus, obwohl die Horde bedrohlich nahe war. Er sah mehr neugierig als ängstlich aus, sagte aber keinen Ton. Stand nur da.
»Kannste nicht reden, oder?«
Jörgen stützte sich auf einen Fuß, um die Balance auf dem Fahrrad zu halten.
Der Fremde schüttelte energisch den Kopf.
Jörgen grinste. Die anderen glotzten.
»Wie heißte, he?«
Jörgen gab nicht auf. Das entsprach auch nicht seiner Art, obwohl er im übrigen seinem Vater ähnelte.
Der Junge öffnete den Mund und schloß ihn wieder.
Dann machte er eine hilflose Bewegung in der Luft und starrte Jörgen direkt ins Gesicht, genau wie vorher auch.
»Biste verrückt, blöde oder was?«
Jörgen stieg ganz vom Fahrrad ab, weil er die Haustür zuschlagen hörte. Er stellte es neben dem Sonderling ab, um ihm dicht auf die Pelle zu rücken.
»Laß ihn in Ruh!«
Das war Sol, die sich durch die Schar hindurchdrängte. Schroff und gebieterisch kamen die Worte, mit einer Autorität, um die jeder Erzieher sie hätte beneiden können.
Sie war es, die das Außergewöhnliche zuerst witterte. Sie hatte die Spürnase dafür, daß nicht alles so war, wie es sein sollte. Natürlich begriff Sol als erste, daß der arme Kerl wirklich stumm war.
Er schien auch nicht zu hören, was sie sagten. Er hielt nicht das Ohr hin, wie er es machen würde, wenn er schwerhörig wäre. Er schaute nur in ihre Gesichter. Wandte den Oberkörper, den Kopf zu dem hin, der mit ihm sprach. Es sah mehr als närrisch aus.
Tora fühlte einen Schmerz von der Brust bis in den Bauch hinunter. Ja, bis ganz unten hin, wo das Unaussprechliche war. Es war wie ein Weinen.
Sie wußte nicht, wieso. Es war, als ob der Frühling, alles Verletzende, alles Schmerzliche, alle Schatten über sie kämen, während sie den stummen Jungen ansah und verstand. Sie fühlte sich hilflos und dumm.
Tora war noch nie einem Menschen begegnet, der nicht sprechen konnte.

24

Frits hatte nicht mehr als die Laute zur Verfügung, die sie zuerst gehört hatten.

Sie stellten nur noch fest, daß er ebenso taub wie stumm war. Einige wußten, daß so etwas oft zusammenkam.

Ja, und dann passierte es, daß er sein Heil in Tränen suchte, der große Junge. Aber das machte Jörgen auch, wenn er nur wütend genug wurde.

Der Vater von Frits war der neue Maschinist bei Dahl.

Es wurde ziemlich übel aufgenommen, daß Dahl einen Fremden auf die Insel geholt hatte. In Ottars Laden standen sie an den Wänden entlang und schworen darauf, daß einige von ihnen diesen Job auch schaffen würden.

Die Kinder entdeckten, daß Frits sogar schneller als Tora lief. Er konnte nicht besonders gut zupacken, aber er war sehr brauchbar bei der Verteidigung gegen die Kinder von Vaeret, einfach weil er stumm war. Er hatte eine gewisse abschreckende Wirkung.

»Da kommt er, der Stumme!« flüsterten die Vaeret-Kinder sich zu und wichen zurück.

Und die Tausendheim-Kinder gaben bei jedem Kriegszug Frits die Fahne. Sie ließen den mageren Jungen mit seinen Kehllauten an der Spitze marschieren. Das genügte, um sich Respekt zu verschaffen.

Frits und seine Eltern wohnten in einer von den leerstehenden Fischerhütten, die einmal zu dem Brinch-Betrieb gehört hatten. Nun verfügte Dahl darüber und benutzte sie als Wohnungen für die Mitarbeiter, die nicht auf der Insel zu Hause waren.

Frits' Mutter hatte auf dem ganzen Kopf Dauerwellenlocken, und sie hieß Randi. Das war eigentlich ein Name für junge Mädchen. Sie war ebenso kurzgliedrig und rundlich, wie der Sohn und der Mann aufgeschossen und groß waren. Randis Augen waren quicklebendig und sahen den Menschen direkt ins Gesicht.

Der Vater sprach leise und lächelnd, wenn er nicht gerade stumm war. Die Kinder mochten ihn.

Randi begnügte sich nicht damit, nur zu lächeln. Sie lachte wie Gunn oder Tante Rakel. Und sie redete wie ein Wasserfall. Menschen, die so lachten, wirkten unendlich frei, meinte Tora. Sie lachten nicht gekünstelt und kränkend wie die Männer

samstags in den Fischerhütten oder wie die Jugendlichen, die am Tausendheim vorbeikamen, wenn sie ins Jugendhaus wollten. Sie waren so voller Güte und Spaß, daß sie das Lachen gar nicht zurückhalten konnten.
Randi hatte ein leises, gurrendes Lachen. Es erinnerte an die Laute der Schneehühner im Frühling.
Die Einrichtung in der Hütte schien Tora mehr als seltsam. Natürlich war es dort genauso spartanisch und praktisch wie in allen Hütten: Tisch, Holzstühle, Küchenschrank, Etagenbetten. Ofen mit der unvermeidlichen Schnur zum Trocknen darüber. Nagel für den Ofenhaken. Nagel für den Henkel von der Waschschüssel. Brett an der Wand für das Radio, falls jemand so glücklich war, eins zu besitzen.
Aber bei Frits lagen Zeitungen auf dem Radiobrett, und das Radio stand in einem schön lackierten Schrank neben dem einen Bett. In dem Schrank war auch ein Plattenspieler!
»Musiktruhe« nannte Randi den Schrank. Er war wie ein Wunder.

Tora machte Augen, als sie ihn zum erstenmal erblickte. Frits war sichtlich stolz auf den Schrank, denn er setzte einen ganzen Plattenstapel in das Stativ über dem Plattenteller, obwohl er selbst nicht hören konnte. Er ließ die Tür offen und verfolgte es genau mit den Augen, wenn eine neue Platte herunterfiel. Ziehharmonika, Violine, Gitarre. Ja, sogar Flöte. Und Gesang! Tora saß auf dem gestrickten Bettüberwurf und lauschte. Gepriesen sei Frits, daß er die kostbaren Minuten nicht fortschwatzte. Das war beinah so, als ob sie einen neuen Dachboden bekommen hätte. Hier war es wärmer und heller.
Trotzdem, der Dachboden war nicht mehr. Wenn etwas passierte, war sie heimatlos wie eine unerwünschte Fliege.
Sie war eine Schnecke mitten in der Wagenspur. Es war nur zu hoffen, daß keiner angefahren kam.
Sie sah oft weit hinauf zu dem verrußten Schornstein, wenn sie in Vaeret war.
Gerade *so* hoch mußte das Dach gereicht haben, nach den Anzeichen zu urteilen. Tora fühlte die Ohnmacht vor dem Unabänderlichen. Der Trotz in ihr welkte dahin. Sie war nach dem Brand eine andere geworden, auch sie, genau wie die Tante und der Onkel.
Die Flammen! Sie konnte sie vor sich sehen. Da flogen ihre Hefte als schwarze, verkohlte Flocken im Wind umher. Sah sie

über dem Meer verschwinden. Als ob sie nie dagewesen wären. Nahmen die gute Einsamkeit mit und alle gesegneten Töne der Flöte.
Sie war in Breiland gewesen, als man sie brauchte, so wie der Vater tot war, während sie ihn brauchte. Er konnte nicht helfen, er auch nicht. So war es eben.
Aber sie hatte etwas anderes dafür bekommen. Etwas, was sie sich nicht einmal erdichten mußte.
Es gab viele Dinge bei Randi und Frits, deretwegen man Augen machen konnte.
Die Regale zum Beispiel. So viele Regale zwischen den Fenstern!
Mehrere Reihen. Es standen nicht etwa Nippes und Blumenvasen darauf wie bei Tante Rakel und Onkel Simon. Nein, da standen dicht an dicht die Bücher. Wie in einer Bibliothek, beinahe. Alle Sorten.
Abgegriffene und neue, dünne und dicke.
Es war gar kein Platz für alle Bücher, deshalb lagen etliche in Pappschachteln unter den Betten.
Tora schlich sich heran, um in die dicken Bücher zu sehen. Schaute verstohlen zu Randi, ob sie es billigen würde, daß sie in die Bücher sah, und ob sie beobachtete, welche sie nahm.
Aber sie war mit ihren Dingen beschäftigt und achtete nicht auf Tora.
Randi hatte eine Strickmaschine, die klapperte, wenn man sie in Bewegung setzte. Und das tat Randi oft.
Sie strickte für die Familie.
Sie machte öfter Kakao, wenn Tora da war. Gewöhnlich hielt sie sich in der Küchenecke auf oder saß an der Strickmaschine. Ab und zu drehte sie den Kopf und sah lächelnd zu Frits und Tora. Und Tora lächelte unsicher und verwundert zurück. Sie begriff, daß noch etwas anderes als nur die Bücher und der Schrank mit Radio und Grammophon so ungewohnt und so auffallend in diesem Heim war: jemanden anzulächeln – nur um zu lächeln! Merkwürdig!
Tora fand ein zerfleddertes Buch ohne ordentlichen Einband. Es handelte von Liebe. Ein junges Mädchen heiratete einen reichen Herrn aus England und zog mit ihm auf sein Schloß. Dort ereigneten sich seltsame und schlimme Dinge. Es war umwerfend. Da war eine Haushälterin, die versuchte, die Heldin wieder rauszuekeln. Und dann war da noch die tote Frau des reichen Mannes, Rebekka. Er konnte sie sicher nicht ver-

gessen. Es war umwerfend. Tora rollte sich auf dem Bettüberwurf zusammen, und auf dem Kakao in der Tasse bildete sich eine Haut. Er wurde langsam kalt, ohne daß jemand sagte, daß sie ihn nun wirklich trinken müsse.

Tora durfte das Buch mit nach Hause nehmen, als sie ging. Sie wußte nicht, was ihr lieber war, das Grammophon oder die Bücher. Oder das Zimmer, in dem nicht der kleinste Schatten einer Gefahr lag! Ab und zu »sprachen« Frits und Randi miteinander. Da benutzten sie eine Zeichensprache. Sie ließen die Finger blitzschnell vor sich her fliegen.

Randi war für Tora leicht zu verstehen, denn sie sagte laut, was sie mit den Fingern zu sagen versuchte. Sie formte den Mund zu einem Trichter. Machte ihn rund, öffnete ihn und ließ alle Laute an den Lippen vorbei, und es war wichtig, auch die kleinen Laute mitzubekommen, die man sonst so leicht verschluckte.

Und Tora verstand, daß Frits an Randis Mund sehen konnte, was sie sagte. Das war eigenartig.

Tora versuchte auch, die Zeichensprache zu lernen. Es ging langsam. Aber es sah nicht so aus, als ob Frits sich dadurch irritieren ließ. Bei Frits zu Hause wurde nie jemand böse oder unsicher. Es war fast unnatürlich.

Sie sprachen miteinander und schämten sich nicht zu zeigen, daß sie sich gern hatten.

Tante Rakel und Onkel Simon hatten sich auch gern, trotzdem schrien sie sich gelegentlich an. Und wenn sie keinen Grund hatten, dann aus Spaß.

Aber in Frits' Familie wäre das undenkbar und ungehörig gewesen. Tora überlegte, ob es vielleicht damit zusammenhing, daß Frits stumm war.

Es kam so weit, daß Tora die Kinder im Tausendheim und Sol immer mehr vernachlässigte, um bei Frits zu sein.

Ihre Augen hatten ein Ziel, wohin sie schauen konnten. Sie brauchte nicht zu fürchten, daß die Augen sie verrieten. Entweder ruhten sie auf den Büchern oder auf dem gestickten Überhandtuch, das über dem Ausguß hing. Darauf war das Bild einer Alm mit Blumen und Ziegen. Und mit einem rotbackigen Mädchen, das den Ziegen etwas gab, was wie ein Schneegestöber aus ihrer Hand kam.

Musik erklang durch den Raum und hob sie hinein in die Stikkerei in dem Handtuch, wo es immer Sommer war.

Wenn sie nach Hause ging, hatte sie oft ein schmerzliches Gefühl wegen Sol. Fühlte, daß sie versagte. Denn Sol konnte nicht mit allen kleinen Geschwistern andere Leute besuchen und Grammophon hören.
Sol war eine Gefangene.
Tora wußte, daß sie versagte. Trotzdem war es beinahe schön, in der seltsamen blauen Luft nach Hause zu gehen und traurig zu sein, weil Sol eine Gefangene war. Es war ja nicht so, daß sie Sol kein besseres Schicksal gegönnt hätte. Es tat nur gut, sich auf eine schöne Art traurig zu fühlen, ohne daß es in einem wühlte.

Eines Abends, als Tora nach Hause gehen wollte, begleitete Randi sie in den großen, kalten Flur hinaus und sagte: »Es ist lieb von dir, Tora, daß du so oft mit dem Frits zusammen bist. Und daß du dir die Mühe machst, die Zeichensprache zu lernen.«
Tora blieb stehen. Die Schamröte schoß ihr ins Gesicht. Dann schüttelte sie unschlüssig den Kopf. Sie hätte so viel zu sagen und zu erklären gehabt und für so vieles danken müssen. Aber das würde zu dumm klingen. Es versank alles zusammen in dem grauen Fußboden im Flur. Blitzartig verstand sie, wie es Frits vielleicht zumute war, wenn sie auf dem Bett saß und Musik hörte oder wenn die Kinder im Hof drauflosschwatzten, ohne Rücksicht darauf zu nehmen, daß er auf ihren Mund sehen mußte, um sie zu verstehen. Und Tora taumelte hinaus in den Frühlingsabend.
Sie ging nicht direkt nach Hause. Sie wollte eine kurze Zeit für sich allein sein. Es war, als ob die Beine den Grusweg nach Bekkejordet von selber fanden. Dort, wo das Birkengestrüpp die Heide ablöste, war sie in gewissem Sinne gerettet. Sie schlich sich in das Gestrüpp hinein, ohne nach einem Pfad oder nach einer Lichtung zu suchen. Der Duft der Birkenknospen kam unerwartet und plötzlich über sie.
Sie hatte das Gefühl, nach einer langen Krankheit genesen zu sein. In dem Geröll unterhalb des Veten hörte sie das Birkhuhn Laut geben.
Tora setzte sich auf einen kleinen Erdhügel unter einem Vogelbeerbaum. Seltsam weich in den Knien. Die Heide und das Moos waren feucht. Der Schnee war hier oben gerade weggeschmolzen. Sie konnte undeutlich erkennen, daß frisches Grün zwischen all dem Braunen, Vertrockneten herausgekommen war.

Nach einer Weile hatte sie sich so weit in der Gewalt, daß sie hinuntergehen konnte.
Sie nahm die Abkürzung durch die Fischgestelle und zog den scharfen, säuerlichen Geruch von den halbgetrockneten Fischen ein, die heruntergefallen waren und begonnen hatten zu verfaulen, und den eigenartigen Geruch von Tang und Meeresluft, der im Frühling überall gegenwärtig war. Er hängte sich an alles und alle.
Die Möwe. Die Möwe war frei und ängstlich zugleich, genau wie sie. Tora schaute sie an. Hörte es an den traurig-durchdringenden Schreien. Tora konnte es sich leisten, mit jemandem Mitleid zu haben, der weniger frei war als sie. Es war wie Samt hinter den Augenlidern, wenn der Wind vorbeistrich.
Die kleinen Vögel waren nicht so frei wie die Möwe und ängstlicher. Es gab nicht viele hier unten in Vaeret. Aber in Bekkejordet hatten sie ihre Nester drinnen im Gebüsch. Man wurde gut davon, wenn man ihnen zusah. Bekam Lust, jeden einzelnen in der hohlen Hand zu halten und zu wärmen. Die winzig kleinen Krallen und die zarten Federn an der Haut zu spüren.
Und sie dachte an Frits, der nie etwas sagte. Der nur lächelte und die Menschen in Ruhe ließ.

25

Äußerlich war der Unterschied zwischen dem Tausendheim und der Fischerhütte von Frits gar nicht so groß.
An beiden war die Farbe abgeblättert.
Da war der gleiche Ausguß. Ja, die blaue Gummikante am Becken war die gleiche. Es stimmte noch vieles überein, einmal abgesehen von den Bücherregalen, dem Grammophon und den Platten.
Aber es lag etwas in der Luft. Zu Hause war es trister. Überall nervöser Seifengeruch und lauernde Gefahr.
Tora wurde es übel, wenn sie daran dachte, denn sie wußte, daß die Mutter sich schrecklich abmühte.
Und *er*. Eine Art Schatten. Eine Abhängigkeit oder eine Bedrohung, an der man nicht vorbeikam.
Tora gewöhnte sich ab, daran zu denken.
Als er im Frühjahr die Mutter geschlagen hatte, da hatte sie sich, was selten genug geschah, daran erinnert, daß *er* ein

Mensch war. Es war verrückt gewesen, ihm Widerstand zu leisten, und es hatte für die Mama alles nur noch schlimmer gemacht.
Tora hatte gesehen, daß er ein Gesicht hatte. Aber sie sah ihn nicht oft an. Es war zu ekelhaft. Und qualvoll.
Toras Zorn war kein gewöhnlicher Zorn. Er machte oft alle Dinge nur noch schlimmer, so schien es ihr.
Einigemal hatte sie gesehen, daß ganz großes Unglück daraus entstanden war.
So war es mit dem Weinen auch. Man konnte sich nachher nicht vor den Leuten sehen lassen. Das Weinen an sich war schon schmachvoll. So völlig unverständlich für den, der die Spuren hinterher sah.
Nachdem Onkel Simons Betrieb abgebrannt war, mußte Tora in den Wald gehen, um allein zu sein. Und selbst da gab es ab und zu einen Hauch von Gefahr, weil nun auch die Nächte anfingen hell zu werden und sie sich nicht im Schutz der Dunkelheit verbergen konnte.
Besonders seit sie *ihn* leise und schnell um den Stall von Tante Rakel und Onkel Simon hatte kommen sehen.
Tora hatte niemals geglaubt, daß er da oben sein würde. Es durchzuckte sie heute noch das Gefühl, daß sie nicht davor sicher sein konnte, ihn auch im Wald zu treffen...

»Du solltest nicht soviel unten bei den Monsens sein. Du belästigst sie nur. Sie haben ja auch nur den einen Raum.«
Ingrid hatte ihre klagende Stimme.
»Sie sind froh, wenn ich mit dem Frits zusammen bin. Die Randi hat's heut nachmittag gesagt. Daß ich lieb bin, daß ich mit ihm zusammen bin.«
»Wieso das denn?«
»Weil er stumm ist.«
»Du mußt nicht mit ihm zusammensein, auch wenn er stumm ist.«
Ingrid lehnte sich müde an die Wand und gähnte, und sie hatte eine Falte zwischen den Augenbrauen.
»Das find' ich ja auch, aber ich bin es nicht, die...«
»Nein, nein, aber du brauchst ihnen trotzdem nicht auf den Wecker zu gehn mit deiner Herumlungerei!« unterbrach Ingrid sie ungehalten. »Es ist Fisch gekommen, ich muß heut abend auf die Arbeit, wenn ich auch noch so müde bin. Du mußt allein fertig werden, Tora. In der Schublade liegt ein gro-

ßes Stück Kochschokolade. Rakel war hier. Wir haben schon ein Stück zum Kaffee gegessen, aber es ist noch viel übrig.«
Tora empfand ihre Worte wie einen Schlag. Sie war ganz sicher gewesen, wenn die Mutter bis jetzt nicht gegangen war – so spät am Nachmittag –, dann brauchte sie heute nicht mehr zur Arbeit.
Sie zog ihre Sachen bei der Tür aus und hängte sie ordentlich auf, um die Mutter zufriedenzustellen.
Sie hatte es bereits im Flur gesehen – seine Stiefel standen nicht da. War so froh gewesen... Mehr brauchte sie nicht, um so froh zu sein.
Dachte sofort daran, daß sie Tee kochen würde für sich und die Mutter. Dann konnten sie Tee trinken und ein Stück Brot essen und schwätzen. Vielleicht konnte sie der Mutter von Randi und Frits erzählen.
Unten ging die Haustür, und Tora fühlte, wie sich der Magen zusammenkrampfte.
War er das? Nein! Die Erleichterung währte nur kurz. Aber es war eine Atempause, ein Aufschub.
Die Nacht vor ihr wurde zu einem ganzen Winter und stand kalt und feucht an der angelehnten Tür. Da führte kein Weg dran vorbei.
Sie wußte, was ihr bevorstehen konnte.
Trotzdem erzählte sie der Mutter allerlei. Tat so, als ob sie gar nicht gehört hätte, daß Ingrid zur Arbeit mußte. Wollte nicht, daß die Mutter sie als einen Klotz am Bein empfand, wenn sie gehen mußte. Sie erinnerte sich noch allzugut daran, wie die Mutter versucht hatte, von der Abendschicht loszukommen, und darüber beinahe den Arbeitsplatz verloren hätte. Nein, die Mutter hatte so viele Sorgen.

»Sie reden über alles mögliche zu Hause beim Frits«, sagte Tora. Sie stand mit dem Rücken zu Ingrid und goß Tee in ihre Tasse.
»Wie meinste das – alles mögliche?« Ingrid war sofort alarmiert.
»Tja, daß sie Angst haben, daß der Vater die Arbeit verliert, und daß der Frits zu Hause bleiben muß, wenn er mit der Taubstummenschule fertig ist. Sie sagen, daß er zu gescheit ist, um seine Gaben zu verschleudern. Und dann sagen sie, daß in Vaeret viel geklatscht wird.«
Sie hielt inne.

Ingrid sah sie aufmerksam an.
»Ja?«
»Findste es nicht komisch, daß sie so reden, wenn ich dabei bin?«
»Was sind das eigentlich für Leute?«
»Der Vater vom Frits ist vorher zur See gefahren, mußte aber an Land, weil die Randi von dem ständigen Alleinsein so schlechte Nerven bekam. Findste das nicht komisch, daß sie das selber sagt?«
»Puh, dann ist die wohl eine Klatschtante. Die nie den Mund halten kann.«
»Sie reden nicht darüber, was andre machen«, erklärte Tora schnell und mit Bedauern, denn sie hatte gemerkt, daß Ingrid ein schiefes Bild von Randi bekommen hatte.
»Wir hören Musik. Die haben so viele Grammophonplatten!«
Tora ereiferte sich, weil sie Angst hatte, die Mutter könnte glauben, sie sitze nur bei Randi herum und würde dummes Zeug reden.
»Das darfste aber nicht über die ganze Insel verbreiten, wenn sie dir Dinge erzählen, die nicht für deine und andrer Leute Ohren bestimmt sind.«
Ingrids Stimme war scharf, nur etwas. Aber genug. Tora fühlte sich wieder leer.
»Ich erzähl's niemand anderm als nur dir, Mama«, sagte sie leise und setzte sich ans Tischende.
Es war oft so, wenn Tora versuchte mit der Mutter zu reden, dann hängte Ingrid einen Vorhang zwischen sie.
Toras Worte kamen nur bis zu dem Vorhang. Gelangten niemals hindurch.
»Die Randi kommt sicher von reichen Leuten in Bodö. Sie hat eine Strickmaschine und ein Grammophon von ihrem Vater gekriegt, obwohl sie erwachsen ist und genauso alt wie du.«
Tora vermochte die Hoffnung an diesem Abend nicht aufzugeben. Redete drauflos, als ob sie Angst hätte, die Mutter würde für immer fortbleiben, wenn sie ging.
»Ja, ja«, antwortete Ingrid und machte sich fertig zum Gehen. Hatte bereits das karierte Stoffnetz in der Hand und gab Tora Ermahnungen wegen Licht und Feuer.
Tora stand da und lauschte, ob jemand die Klinke von der Haustür niederdrückte.
Sie fühlte sich krank und schwindelig, da war etwas, was ganz unten im Bauch kniff. Eine Art Angst. Nein, die Leere nach einer Verletzung. Sie wollte die Mutter nicht gehen lassen!

Konnte nicht! Sie mußte sich irgend etwas ausdenken. Ihr runter in den Hof folgen?
Ja!
Tora sprang die Treppe hinunter. Wollte die Mutter ein Stück Wegs begleiten. Da fiel ihr ein, daß sie dafür nicht angezogen war. Sie konnte ja auch aufs Klo gehen.
Ingrid war bereits an den Torpfosten. Sie drehte sich kurz um, als sie das Mädchen hinter sich hörte. Sie hob die Hand.
Tora blieb unschlüssig stehen. Dann hob auch sie eine kraftlose Hand.

Eine Weile blieb Tora noch stehen und sah der Mutter nach und fühlte, daß der Abend ohne Sinn war.
Dann ging sie langsam zum Klo und verriegelte die Tür. Da war sie mit ihrem Gesicht allein.

Sie entdeckte es sofort, als sie sich abwischte.
Blut!
Zuerst wollte sie es nicht glauben. Ihr erster Gedanke war, der Mutter nachzulaufen, aber dann dämmerte ihr, wie töricht es wäre, die Mutter zu beunruhigen, wenn sie doch gezwungen war, zur Arbeit zu gehen. Das Blut war da. Kein Mensch auf der ganzen Welt konnte etwas daran ändern. Soviel wußte sie jedenfalls. Das Blut war gekommen, um zu bleiben. Sie war plötzlich eine andere Tora geworden.
Eine Tora, die sich selbst nicht kannte.
Sol! Vielleicht konnte sie Sol rufen?
Aber nein. Sol brachte jetzt gerade die Kleinen ins Bett. Sol hatte genug zu tun. Tora hatte ja das Scharren und Poltern da oben gehört, was bedeutete, daß die Abendlawine in Gang gekommen war.
Tora trocknete sich ab. Legte ein Stück Zeitungspapier in die Hose, damit nichts durchgehen sollte, bis sie oben war. Es war so schon schlimm genug. Das Papier scheuerte an der Haut, es war ein fremdes, merkwürdiges Gefühl. Sie bewegte sich steif und langsam über den Hof, die Treppen hinauf und in die Küche hinein.
Während sie noch an etwas schluckte, was ihr die ganze Zeit im Hals hochkommen wollte, machte sie sich Waschwasser. Sie wusch sich schnell und ängstlich und hielt immer wieder die Luft an und lauschte nach Fußtritten auf der Treppe und dem harten Griff an der Türklinke.

Zweimal kam jemand. Da zog sie blitzschnell den Rock runter und sauste in die Kammer. Sie schaffte es nicht, das Herz mitzunehmen. Es schlug nicht, bevor nicht der Betreffende an ihrer Tür vorbeigegangen und die Gefahr vorüber war.

Sie machte sich fertig. Das Zeitungspapier, mit dem sie sich beholfen hatte, wurde im Herd verbrannt. Das war einfach. Schwieriger war es mit der Hose. Sie weichte sie in einer Schüssel ein und legte einen Deckel drüber. Sie holte eine weiche, saubere Makohose. Legte einen Waschlappen in den Schritt und steckte den Lappen mit zwei Sicherheitsnadeln fest, so wie Sol sich in dieser heiklen Lage rettete.
Dann entfernte sie sorgfältig alle Spuren. Es war, als ob sogar das Waschen an sich peinlich war und verborgen werden mußte.
An diesem Abend steckte Tora das Messer nicht in den Türrahmen. Es hatte sich als völlig nutzlos erwiesen. Die einzige Hilfe, die das Messer gab, bestand darin, daß sie Zeit bekam, wach zu werden, sich zu wappnen, sich dem gegenüber gefühllos zu machen, von dem sie wußte, daß es kommen würde, und sich von ihrem Körper wie von einem benutzten Kleidungsstück im Bett zu trennen.
Heute abend ist ihr, als ob sie mit dem allen nicht mehr fertig würde. Alles ist zu groß für sie geworden. Sie weiß nicht, wie es weitergehen soll.
Kräfte, über die sie keine Gewalt hat, veranlassen sie, Mutters großes Fleischmesser zu holen. Das ist lang und spitz. Sicherer als das Kartoffelschälmesser.
Sie legt es unter ihre Decke. In der Kammer. Eiskalt gegen die Haut. Es wird allmählich warm. Glüht.
Fühlt sich an, als ob es im Backofen gelegen hätte.
Der Unterarm brennt, wenn sie dranstößt.
Jedesmal wenn sie einschläft, wacht sie wieder mit einem Ruck auf und ist hellwach. Das Messer!
Sie bemerkt deutlich den Blutgeruch. Ganz frisches Blut.
Aber es ist keiner im Raum außer Tora. Die neue Tora!
Der Mond kommt durch das Fenster herein. Bleich vom Frühlingslicht und dem klaren Himmel starrt er sie an. Fragt nichts. Will nichts wissen, nichts verstehen. Will nicht dabeisein.

Die Gardinen blähen sich in dem Luftzug, der durch das offene Fenster streicht. Der Engel hängt über dem Bett wie ein Schatten, der Angst vor der Dunkelheit hat.

Der Blutgeruch ist die ganze Zeit da.
Tora fröstelt sich durch die Stunden. Kann sich nicht dazu aufraffen, das Fenster zu schließen.
Dann kommt die Mitternachtssonne und wirft ihre Lichtpfeile auf die dünne Haut der Augenlider. Die Müdigkeit und die Kälte haben sich ganz unten im Bauch eingenistet und breiten sich an der Innenseite der Schenkel aus. Sie kann sich nicht selbst berühren, um sich zu wärmen.

Das Messer!
Plötzlich war sie hellwach. Die Tür stand bereits einen Spaltbreit auf. Das Leben war so groß und pechschwarz geworden. Es gab keinen anderen Ausweg.
Das Messer!
Aber die nächtliche Sonne erledigte es für sie.
Als es höchste Zeit war, schien sie direkt auf eine rote Blume auf dem Fußboden. Der Schild war sicher, auch wenn er noch so klein war. Er hatte Mädchen und Frauen schon früher gerettet, ohne daß Tora es wußte.
Eine getrocknete Blutrose. Eine dunkelrote Blume in der blauen Turnhose, die sie sich selbst im Handarbeitsunterricht genäht hatte. Da gehörte ein Leibchen dazu. Aber das benutzte sie nicht.
Hübsche, ordentliche Stiche. Mit der Hand genäht. Die Mutter und Gunn hatten beide gesagt, daß sie es schön gemacht habe. Geheftet und gesäumt. Gleichmäßige, selbstgeschnittene Schrägstreifen.
Sie hatte die Hose direkt vor dem Bett fallen lassen. Im Schritt war eine Rose aus Blut. Sollte sie davor schützen, wovor sie sich selbst nicht schützen konnte. Rauhe Hände, rauhe Gefahr. Die Nacht.

Die schwer gehende Tür knarrte. Dann wurde es für einen Augenblick still, während der Schild Wache hielt und die Sonne das Ihrige tat. Die Tür wurde zugemacht.
Es knarrte nicht mehr, bis sie Mutters Schritte auf der Treppe hörte.
Wasserrauschen in der Küche.

Tora streckte die Beine aus. Fühlte die Wärme unsicher in sich fließen, als ob sie es nicht richtig wagte.
Fühlte den komischen, harten Lappen zwischen den Schenkeln.

Sie hatte ihn bisher nicht spüren wollen.
Sie hörte, wie die Mutter die Tür zur Stube öffnete.

26

Tora wollte nie Mutter werden!
Das hatte sie sich hoch und heilig gelobt. Auch nie fromm werden. Wie Elisif. Sich nie mit einem verheiraten – wie *ihm*.
Sie wollte nicht in feuchten Waschküchen die Strümpfe und die Unterwäsche von irgendeinem rubbeln.
Die Frauen im Tausendheim preisen sich glücklich, daß sie jedenfalls eine Waschküche haben. Sie hat nur dort, wo der Abfluß ist und wo der Schlauch montiert ist, einen Zementboden, aber es ist eine Waschküche. Eine Wohltat im Winter, auch wenn sie nicht warm ist. Dort steht der alte Herd mit dem unzulässigen Rohr, das in den kaputten Schornstein führt. Sie kochen zwei Kessel gleichzeitig, falls es nötig ist. Zieht man sich warm an und hat man dicke, selbstgestrickte Strümpfe in den Stiefeln, leidet man keine allzu große Not. Wohlgemerkt, wenn man nicht faul ist und die Wäsche von einem Monat zusammenkommen läßt und dann mit krummem Rücken einen ganzen Tag lang stehen muß. Aber die sind ja selbst schuld, meint die Kopftuch-Johanna.

Alle Frauen im Tausendheim haben ihren jeweiligen Waschtag. Auch der Einar von der Dachstube.
Aber er wäscht nicht gut, der arme Kerl. Manchmal zieht die Kopftuch-Johanna seine Sachen von der Leine und weicht sie noch einmal ein. Einar wird grob, wenn er es entdeckt. Streckt seinen Kopf ganz weit vor und ruft den Teufel und die Johanna herbei. Aber Johanna ist widerborstige Männer gewohnt und nimmt es gelassen.
»Wir wollen keine dreckigen Ärsche und keine Läusebärte hier aufm Hof haben! Das haben wir nie gehabt! Du mußt dich damit abfinden, daß ich deine Unterbuxen koche, du Scheißkerl, du!«
Aber Gnade der, die die Waschordnung bricht.
Sie wird über das Treppengeländer herunter fürchterlich beschimpft.
Es war äußerst selten, daß es eine probierte. Es geschah meist

nur aus Versehen. Das Tausendheim hatte seine wenigen, aber unverbrüchlichen Gesetze, in Krieg und Frieden. Eines von ihnen war die Waschordnung.
Tora wollte ihr eigenes Haus haben, wenn sie erwachsen war. Wie Tante Rakel. Sie wollte sich nicht von anderen beschimpfen lassen. Tora schwor es, als sie auf der Treppe zu Elisifs Dachwohnung saß und Sol tröstete, weil diese einiges von der Kopftuch-Johanna wegen gestohlener Waschstunden hatte erdulden müssen.
Sie war unten im Keller gewesen und hatte an einem verkehrten Tag Windeln eingeweicht. Und so war der Holzzuber besetzt, als Johanna herunterkam. Sol hatte es in dieser Woche nicht geschafft, die Ordnung einzuhalten. Sie nahm den Mittwoch statt den Donnerstag, weil sie keine Windeln mehr hatte. Das war das ganze Unglück. Sol war nicht verheiratet, sie war nicht einmal Konfirmandin, trotzdem saß sie fest in einem Muster, aus dem herauszukommen sie eine erschreckend geringe Chance hatte.
Aber Sol hatte Träume, an denen sie keinen teilnehmen ließ und die ihr keiner nehmen durfte.
Sie konnte mit gekreuzten Beinen auf der Küchenbank sitzen und durchs Fenster starren, während sie versonnen auf dem gelben Schulbleistift kaute. Starren und starren. In eine Herrlichkeit, die für andere vollständig verborgen war.
Und Mittwoch wurde zu Donnerstag, ohne daß sie wußte, wie es geschah.

Fort! Fort von der Insel! Das war das Ziel für sie beide!
Sol schluchzte ein bißchen und zog an der zipfligen Strickjacke.
Tora war einer Meinung mit Sol, aber sie sagte nicht viel. Nickte nur und drehte beide Zöpfe zu einem steifen Ende unter dem Kinn.

Aber sie wollte nicht gezwungen sein fortzugehen. Tora wollte eines Tages allen, die sie traf, erzählen können, daß sie, Ingrids Tochter, eine Zeitlang verreisen würde.
Sie wollte es nie so weit kommen lassen, daß sie reisen mußte, wie die Mutter es einmal mußte...
Sie wollte auch nicht weggeschickt werden wie Elisif.
Nein, ganz freiwillig und weil sie sich selbst dazu entschlossen hatte, wollte sie reisen.
Sie wollte nicht solche Dinge, für die nur erwachsene Frauen

Worte hatten, über ihr Leben bestimmen lassen. Niemals! Sie wollte auch nicht abhauen wie der Vater von dem Kind der Kiosk-Jenny. Der Herumtreiber!
Nein, sie wollte einen richtigen Grund haben wie Tante Rakel, wenn sie nach Breiland fuhr, um sich ihre Zähne plombieren zu lassen. Ein solcher Grund war ebenso natürlich wie der Frühlingsregen. Denn sie wollte zurückkommen dürfen, ohne daß jemand drohte. Ebenso selbstverständlich würde sie zurückkommen, wenn sie Lust dazu hatte – wie die Maisonne und die Knospen an den Bäumen kamen.
Frits hatte einen solchen Grund. Er sehnte sich einfach nach Hause, wenn er auf seiner Schule war. Und das, obwohl dort alle schrecklich nett zu ihm waren.
Er hatte es ihr in seiner Zeichensprache selbst erzählt. Einfach. Viereckig. Er hatte es auf seine Weise für sie geformt. Tora sah es auch in seinen Augen, in seinem ganzen Gesicht.
Sie konnten stundenlang auf der Strickdecke seines Bettes sitzen, während Tora die Zeichensprache übte.
Es machte Spaß. Aber es ging langsam. Sie brachte den anderen Kindern die einfachsten Zeichen bei. Sie hatten jedoch nicht die Geduld, die Zeichen zu gebrauchen, wenn sie alle zusammen draußen spielten. Tora war den anderen um eine Nasenlänge voraus und war nun sozusagen etwas Besonderes, weil sie die Zeichensprache gelernt hatte. Ein gutes Gefühl.
Gunn hörte davon und sagte, daß das eine nützliche Sache sei. Und Tora erschien es sinnvoller als das Kauderwelsch, das Sol und sie sich beigebracht hatten, als sie noch kleiner waren.
Gunn bat die Kinder, Frits mit auf den »Hof« zu bringen, um mit ihm zusammenzusein, wenn sie Schule hatten.
Tora erzählte es ihm, aber Frits schüttelte den Kopf und wollte nicht.
Im Herbst, im September, müsse Frits zurück, sagte Randi. Und ihre Augen hingen hilflos an dem Sohn, wenn sie es erwähnte.

Tora saß mit Sol auf der Treppe und dachte an dies alles, während Sol sich den Zorn und die Demütigung von der Seele redete.
Es muß trotzdem schön sein, es so wie Frits zu haben. Einen Namen für sein Unglück zu haben. Einen Namen, der die Grundlage für seinen Lebensweg schafft und der bewirkt, daß Menschen sich nach ihm sehnen, wenn er nicht da ist.

27

»Da steht, daß ein deutscher Trawler, Heinrich Kaufmann, innerhalb der Fischereigrenze vor Furuholmen voller Fisch ist!« Ottar las es den Männern laut vor.

Er hatte sich eine kleine Pause gegönnt, obwohl ein paar Kinder darauf warteten, daß sie drankamen. Man sollte ihnen schlechte Gewohnheiten nicht anerziehen. Sie mußten lernen zu warten.

Tora ließ das Kinn herunterfallen. Die Freude darüber, daß die Mutter ihr 85 Kronen mitgegeben hatte, war im Nu verschwunden.

»Man sollte den Teufel abschießen!« sagte Håkon mit mühsam unterdrücktem Zorn. Er schob die Pfeife in den anderen Mundwinkel.

»Hier steht noch mehr.«

Ottar war jetzt in voller Fahrt.

»Sie hatten zehn Tonnen Fisch an Bord. Nu sollen sie vor Gericht in Hammerfest. Tja, das hilft vielleicht. Aber ich denk' an alle die, die nicht geschnappt werden.«

»Ach ja, vielleicht sind es nicht nur Gestapoleute, die Hunde, die drauf aus sind, Fisch zu stehlen!« sagte Einar und sank auf einem freien Stuhl beim Ladentisch nieder.

»Hier steht noch mehr«, fuhr Ottar fort. Er war es, der heute dem einfältigen Einar vom Tausendheim und den anderen die große Welt vorführte. Er liebte diese Rolle und vergaß ganz, die Kinder zu bedienen.

»Die zehnjährige Besetzung von Westdeutschland wird heute aufgehoben! Ja, du wirst sehen, in ein paar Jahren haben wir sie wieder über unseren Köpfen. Mit Bomben und Raketen, was? Daß die Alliierten nicht mehr umgebracht haben, als sie es noch konnten!«

»Ja, ja, es sind auch Menschen«, sagte Einar zögernd. »Nicht alle waren bei dem Abschlachten dabei. Nach dem Krieg haben sie es wohl nicht allzu gut gehabt. Wir sollten daran denken…«

»Bist wohl grade in der Kirche gewesen?« Kornelius wachte plötzlich an der Ladentischkante auf und grinste höhnisch.

»Nein«, schnalzte Einar unwillig, »aber ich glaub' nu einmal, wir müssen neu anfangen und den jungen Leuten, zum Teufel, eine Chance geben.«

»Wie schnell du vergißt!« fauchte Kornelius boshaft. »Vielleicht biste genau wie die, von denen hier in der Zeitung steht – laß mich mal sehen... Doch, hier steht's: ›Zehnjahresfeier für die Befreiung! Zwei Minuten Stille, um zwölf Uhr, dann zehn Minuten Läuten der Kirchenglocken. Der Krieg lehrte uns, Wahrheit, Freiheit und Vaterland zu schätzen und Respekt vor der Menschenwürde zu haben!‹ Ach, leck mich! Zwei Minuten Stille in Würde für fünf Jahre Krieg, was?«

»Ich hab' niemals gemeinsame Sache mit den Großkopfeten machen wollen, weder, was das Gejohle betrifft, noch die zehn Minuten Stille in aller Teufel Würde. Und das weißte wohl. Aber du weißt auch, wer kämpft, wenn Krieg ist. Das sind die kleinen Leute! Solche wie du und ich! Und am meisten ist uns damit gedient, daß die Verrücktheit und der Krieg aufhörn! Begreifste das nicht, du Stock!«

»Nur ruhig, keinen Streit über dieses Thema, das gibt nur Unfrieden«, meinte Ottar, und seine Augen fielen auf Tora.

Er räusperte sich und nickte ihr zu, zum Ladentisch zu kommen. Und Tora glitt langsam in das Blickfeld hinein. Sie spürte, wie es im Nacken brannte, als alle Männer sich daran erinnerten, wer sie war. Trotzdem machte sie sich stark und sah Ottar an, als sie ihm Mutters Zettel und die 85 Kronen ablieferte.

Auf dem Zettel stand: »Gib Tora zwei Kilo Mehl (grob weißes) und ein Paket Streichhölzer und hundert Gramm Hefe. Das Geld kannst du mit den Sachen verrechnen, die ich früher bekommen habe. Ingrid.«

Tora hob das Kinn und richtete den Blick auf das Bündel Malerpinsel, das an dem Regal genau gegenüber hing.

Es wurde plötzlich ganz still im Laden.

Als sie wieder hinaus auf die Straße gekommen war, fühlte sie ein klein wenig Zuneigung zu Einar, der Kinder nicht mochte, aber der sie die ganze Zeit *gesehen* hatte.

Er hatte so gesprochen, daß sie dem Schlimmsten entgangen war.

Und Tora verstand, daß die Menschen nicht immer so sind, wie man es ihnen nachsagt. Sie entschloß sich, nicht mehr ein Wort von dem zu glauben, was man sich in Vaeret erzählte, daß nämlich Einar wie ein Rabe stahl. Denn Einar war ein Mensch, der sah und hörte. Und das war das Wichtigste im Leben.

Sie schubste auf dem ganzen Weg einen kleinen Stein vor sich

her, bis zum Tausendheim, obwohl sie wußte, daß sie das nicht machen sollte. Die Schuhe waren dafür zu schade. Sie waren funkelnagelneu, und sie sollte sie heute nur einlaufen, damit sie am 17. Mai keine Blasen bekam.
Tora fühlte ein mächtiges Brausen in sich. Kam es vom Meer? Oder von dem kleinen Birkenwald, der nicht wußte, ob er es wagen sollte, grün zu werden? Oder waren es nur Flötenklänge in ihr? Das Bewußtsein, daß sie es gewagt hatte, Ottar in die Augen zu sehen, als sie das Geld ablieferte?
Die Wellen! Es war eine solche Stärke in ihnen, eine solche Wahrheit.
Das Meer rauschte wie in einem Riesentritonshorn. Tora wußte, daß sie Töne hörte, die von außen kamen, aus einem größeren Zusammenhang als dem, von dem sie in Ottars Laden reden hörte. Sie wußte, daß es mehr und größere Wahrheiten gab als die, von denen man dort redete.
Aber sie konnte es nicht in Worte umsetzen. Sie fühlte einfach eine gewisse Freude dabei, eine Freude, die sie hervorholen konnte, wenn es dunkel wurde und sie sie brauchte.

28

Zusammengesetzt bildeten die kleinen gestrickten Vierecke ein vielfältiges Muster. Alle Nuancen von Rot aus den verschiedensten Resten waren vertreten.
Randi hatte die Strickmaschine in Bewegung gesetzt. Sie hatte Tora die Flickendecke bereits geschenkt, auch wenn sie noch nicht fertig war.
Tora hatte bei allen Leuten, die sie kannte, rote Wolle zusammengebettelt. Sogar Gunn hatte ihr ein kleines Knäuel gegeben. Nur die Mutter fragte sie nicht.
Die Decke wuchs, und wenn Tora in Vaeret Milch holte, fand sie einen Vorwand und ging zu Frits und Randi, um zu sehen, wie lange es noch dauern würde, bis die Decke fertig war.
Randi wollte immer, daß sie eine Weile blieb.
Es waren schöne Stunden. Tora vergaß sie nicht und freute sich auf die, die noch kommen würden. So hatte sie immer etwas Gutes, woran sie denken konnte.
Ein paarmal kam Sol mit, nachdem sie Jörgen dazu gebracht hatte, auf die Kleinsten aufzupassen.

Und Sol nahm alles, was sie sah, andächtig und mit glänzenden Augen in sich auf. Besonders den Bettüberwurf und die Musiktruhe.
Frits zeigte scherzend auf seinen Überwurf, um ihnen zu verstehen zu geben, daß er ihn schöner als die Truhe fand. Dann lachten sie alle ein wenig.
Er gab die seltsamen Kehllaute von sich, die er benutzte, wenn er mit ihm bekannten Menschen zusammen lachte. Waren Fremde da, dann lachte er lautlos.
An dem Tag, als die Decke fertig war, spielten Tora und die anderen Kinder zwischen den Fischgestellen Räuber und Gendarm, obwohl sie für derlei eigentlich zu groß waren. Sie hatten die Kleinen bei sich und spielten sozusagen mit ihnen.
Da öffnete Randi das Fenster und rief Tora herein.
Tora schien sich vorgestellt zu haben, daß die Decke immer unfertig bleiben würde und etwas wäre, womit sich Randi um ihretwillen beschäftigte – ständig.
Sie stand atemlos in der Tür und hatte noch nicht die Stiefel ausgezogen, da hielt Randi schon die Decke vor ihr in die Höhe. Sie reichte von ihren ausgestreckten Armen bis ganz herunter auf den Boden.
Tora blieb lange stehen und schaute.
Sie vermochte keinen Ton zum Dank herauszubringen.
»Du kannst sie mitnehmen«, sagte Randi freundlich.
»O – nein!« stammelte Tora endlich. Sah Randi erschreckt an.
»Aber selbstverständlich! Das ist deine Decke! Die Wolle hast du ja selbst herbeigeschafft. Bitte schön! Hoffentlich hast du Freude daran!«
Randi lachte und wickelte die Decke in ein großes Stück Packpapier ein. Tora war verlegen und spielte mit der Wolle, die auf dem Küchentisch lag.
»Ja, nimm die Wolle auch mit. Vielleicht mußt du mit der Zeit etwas stopfen.«
Tora schüttelte den Kopf. Dann kam es stoßweise: »Kann sie – kann sie hierbleiben? Die Decke – mein' ich? Es ist gut, wenn ich was zum Ansehen hab' – wenn ich zu Besuch da bin. Ja, ich les' ja hier – mein' ich.«
»Aber *willst* du das wirklich?« Randis Stimme klang enttäuscht. Sie hatte wohl etwas ganz anderes erwartet. Vielleicht, daß Tora sofort nach Hause laufen würde, um die Decke zu zeigen.
Tora verstand. Es war eine Qual, für die sie keine Worte fand.

Aber es gab keinen Ausweg! Sie konnte diese Decke nicht zu Hause auf ihrem Bett ausbreiten. Nie!
Sie konnte den richtigen Worten nicht heraushelfen.
Es wurde nur ein armseliger Dank.

Sie sprachen nicht mehr davon, daß die Decke ins Tausendheim sollte. Sie lag am Fußende von Frits' Bett.
Aber bevor Tora ging, faltete sie die Decke zu einem flauschigen, warmen Viereck schön zusammen.
Randi hatte ihr noch ein anderes Geschenk gemacht. Das nahm sie mit nach Hause. »Velkommen vemod!« hieß es und kostete 12,50.
Auf der Innenseite des Schutzumschlags war das Bild einer jungen Frau mit dem unwahrscheinlichen Namen Françoise Sagan. Tora prägte sich das Bild ein, aber vergaß den Namen schnell.
Je mehr sie las, desto mehr entsetzte sie sich darüber, wie böse die Heldin Cecilie war. Widerwillig mußte sie zugeben, daß es in diesem Buch keine »guten« Menschen gab. Es war beinahe merkwürdig.
Scheußlich! Tora wußte nicht, ob sie das Buch mochte.
Schließlich sah sie ein, daß es, wenn man Bücher über Menschen, die wirklich lebten, schreiben wollte, nicht anders werden konnte als: scheußlich! Und sie dachte an die Großmutter in Berlin, und es schlich sich eine gewisse Unruhe bei ihr ein. Daß ihr Traumbild vielleicht nicht scheußlich genug war, um der Wirklichkeit zu entsprechen.

Wenn Tora las, vergaß sie alles um sich herum. Ähnlich war es, wenn sie ganz weit über Storholmen und die Markierungen hinausruderte. Die Inseln dort draußen glitten gleichsam auf dem breiten, grünen Rücken auf sie zu. Wollten sie haben, sie schlagen, sie mit sich nehmen. Und da war eine ewige Bewegung. Schwer und doch gleichzeitig leicht. Kräftige, flache Wellen, die keinen Anfang und kein Ende hatten, die nur ewig in ihrem eigenen Rhythmus dahinglitten. Immer wieder.

Deshalb ruderte sie mit leichten Schlägen vorwärts.
Alle lachten über sie, weil sie verkehrt herum ruderte.
Aber das störte Tora nicht. Sie mußte *sehen*. Mit offenen Augen mußte sie in »es« hinein. Sie besaß alles, so weit der Horizont reichte. Sie wußte sogar den Weg darüber hinaus. In der

Fantasie konnte sie der Schiffsroute dorthin folgen, wo die Erdkugel sich krümmte und steil herunterstürzte. Eigentlich war es nicht so steil. Das wußte sie ja. Es ging alles nicht so plötzlich.

Sie sah die Berge vom Festland bis in den Himmel ragen, wenn das Licht entsprechend darauffiel. Aber sie wußte ja, daß es sich um eine Spiegelung handelte. Es war, als ob die Berge im Meer lagen.

Für sie war das wahr: Sie lagen im Himmel. Sie waren ein Weg, den man gehen konnte. Später.

In Wirklichkeit dehnten sich die Wege draußen in der Welt endlos. Gewiß! Man mußte sich Zeit nehmen, seinen Weg gehen zu lernen. Man mußte lernen, zu suchen und zu wählen. Es war wie in einem Labyrinth. Man suchte die ganze Zeit, konnte es nicht ändern, daß man sich irrte. Aber man wußte in jedem Fall, daß es noch andere Wege gab. Und man wußte mit Sicherheit, daß ein Weg hinausführte. Man mußte nur die Zeit zu Hilfe nehmen, stumm wie Frits, ohne jemandem etwas zu erklären.

Alle Schritte mußten gegangen werden, alle Gedanken mußten gedacht werden. Man konnte die Gedanken wohl einen Augenblick loslassen, wenn es sein mußte, aber sie kamen wieder. Alle Ruderschläge waren notwendig, sie waren ein Teil des Weges.

So war es auch mit den Büchern. Tora hatte immer etwas zu lesen. Sie lieh sich die Bücher von Gunn oder Randi. Oder sie ging in die Gemeindebaracke und trottete an den verstaubten Regalen der Bibliothek entlang und war mucksmäuschenstill. Sie entdeckte etwas, das sie anschauen konnte, während Dordi ihre Karte stempelte und fragte, ob sie für sich selbst oder für die Mutter ausleihe.

Tora sah krampfhaft auf das Gemälde über Dordis Kopf und sagte leichthin: »Für beide!«

Und der Bauernhof auf dem Gemälde hatte so wehmütige, blasse Farben, die Schafe waren zu schneeweiß und der kleine See am Waldrand zu blau. Und Tora dachte, das Bild sei wohl schön, aber nicht wahr.

Und sie dachte daran, wie es an einem klaren Vormittag im April aussehen konnte, wenn die Sonne durch das Fenster fiel und neugierig unter ihr Bett guckte. Da nützte es gar nichts, daß sie am Tage vorher geputzt hatte. Die Sonne zeigte ihr,

daß da Millionen von Fusseln und Stäubchen tanzten. Die Sonne zeigte ihr, daß das Bett eine Schande war. Weil es Erinnerungen in ihr weckte.
Das war nicht schön. Aber wahr.
Ab und zu mußte sie sich auf dem Weg plötzlich umdrehen. Weil Stimmen von irgendwoher zu ihr drangen – und die Gedanken wegfegten. Oder sie mußte das Boot wenden, weil die Meereswellen zu beängstigend und zu hoch waren, auch bei schönem, ruhigem Wetter.
Trotzdem konnte sie sicher sein, daß es nicht das Ende war. Noch nicht. Denn im Labyrinth ging es immer wieder weiter. Sie wußte das ja.
Es würden immer Tage kommen, da irgend jemand ihr wieder ein Boot lieh. Es gab Millionen von ungelesenen Büchern in der Welt.

Im Geschichtsbuch stand, Berlin sei eine zerbombte Stadt, wo die Menschen noch nicht wieder Freunde sein durften.
Tora sah die verkohlten Leichen, die abgetrennten Gliedmaßen vor sich, sah die Flammen über die Gesichter züngeln, die manchmal ihre Züge trugen. Es war eine Qual, solange es dauerte. Und es machte ihre Gedanken so scheußlich und wirklich, daß sie es sich wohl gönnen konnte, inmitten dieser Wirklichkeit eine strahlend lebendige Großmutter zu haben.

Die Mutter nahm das Gespräch über den Vater nicht mehr auf. Tora verstand, daß *das* zu scheußlich für sie war.
Tora konnte warten, sie konnte die Wege gehen – alleine. Es gab keine andere Möglichkeit.
Und sie zwang sich, auch bei Regen hinauszugehen, zwang sich zu fliehen. Schnell, schnell. Sie nahm alle Gedanken mit auf die Flucht! Tora konnte sich fragen, wie Vaters Bett wohl aussah, dort in Berlin. Oder wie der Eingang aussah.
Der Punkt auf der Karte in ihrem Atlas weitete sich manchmal aus und wuchs in ihren Kopf hinein. Sie sah dann alles zusammen wie in der Glaskugel im Märchen. Und Tora wußte, daß es nicht scheußlich genug war, was sie sah, um ganz wirklich sein zu können. Trotzdem *sah* sie: ein Haus in einem großen Garten. Helle Lichter auf der Seite mit dem breiten Weg und den hohen Eingangspfosten. Wald auf der anderen Seite. Es rauschte in den mächtigen Ästen, und es wuchsen Farne und Blumen zwischen den Bäumen.

Sie sah das Ganze von oben, groß und weit – und während sie es betrachtete, verengte sich das Bild. Und mitten in dem Bild wuchsen Farne. Saftige, kräftige, grüne. Von den Farnen her breitete sich die Landschaft aus. Kirchtürme, Häuser und Gärten auf der einen Seite, Wasser und Wald auf der anderen. Sie sah immer dasselbe Bild. So wurde es wirklich für sie. Gewissermaßen bekannt. Aber sie fand ständig neue Details. Das Haus hatte eine breite Zementtreppe mit einem goldenen Geländer. Das Haus war weiß und hatte zwei Stockwerke, aber nicht so hoch wie bei Dahl. Denn das wirkte nur kalt und hochmütig, meinte Tora.
Nein, Vaters Heim hatte zwei Erker zum Garten hin und Rosenhecken zur Straße hin.
In einem Beet gleich neben der Treppe standen ganz dicht solche blauen Blumen, wie sie sie vorigen Sommer in einem Garten in Breiland gesehen hatte, von denen sie aber den Namen nicht kannte.

Die Großmutter wußte natürlich, daß es nicht schlimm war, Deutsche zu sein. Sie wußte, daß die unheimlichen Stimmen, die sie ab und zu im Radio sendeten, die hart und böse Deutsch sprachen, nur die Leute erschrecken und an den Krieg erinnern sollten, den eigentlich alle vergessen wollten. Die Großmutter wußte, daß Papa keiner von den fürchterlichen deutschen Soldaten gewesen war, wie sie in Zeitungen und Büchern mit Lederstiefeln und Bajonett abgebildet waren. Die Großmutter wußte, daß man sich das alles nur ausgedacht hatte, um Kinder wie Tora zu quälen und den anderen Kindern das Recht zu geben, hinter ihr herzurufen.
Tora nahm manchmal Frits mit nach Berlin. Aber da kam sie nie bis ganz hin. Es war, als ob die Gedanken von Frits störten. Sie mußte alles mit seinen Augen sehen. Und da sah sie plötzlich, daß es nicht scheußlich genug war – um wirklich zu sein. Das konnte einen an sich schönen Tag kaputtmachen.

Frits!
Sie saß öfter auf seinem Bett, die Strickdecke über die Hüften und die Beine gelegt, und las nur zum Schein, indem sie seine langen Finger betrachtete, wenn er umblätterte.
Er hatte so merkwürdig starke Finger und Handflächen. Starke Hände, die um Gnade baten. Wenn sie in der Zeichensprache redeten, konnte es ihr passieren, daß sie den Zusammen-

hang verlor, nur weil sie von seinen Händen durcheinandergebracht wurde.
Und wenn er merkte, daß sie ihm nicht mehr folgte, beugte er sich ganz nah zu ihrem Gesicht, sah sie mit belustigten Augen an und machte alles langsam noch einmal. Oder er nahm ihre Hände und tippte die Zeichen direkt auf ihre Handflächen.
Das war unwahrscheinlich schön. Sie konnte es nicht ändern. Warme Schauer durch den ganzen Körper. Von der Halsgrube bis in die Schenkel hinein. Sie spürte den schwachen Seifenduft von seinem Haar. Er hatte bereits einen leichten Flaum auf der Oberlippe.
Seltsam: Wäre er nicht stumm gewesen, hätte er vielleicht schon angefangen die Stimme zu verändern, wie das bei einigen Jungen in der Schule der Fall war. So daß die Mädchen sich vor Lachen krümmten, wenn die Jungen singen sollten, und Gunn mußte streng zu ihnen hinübersehen.

Wäre Frits nicht stumm gewesen...
Merkwürdig, daß sie sich nie abgestoßen oder verlegen fühlte, wenn sie mit Frits zusammen war. Schämte sich nie deswegen, daß der Pullover sich straffte und über der Brust zu kurz und zu eng wurde, selbst wenn er sie direkt ansah. War es, weil er stumm war?

29

Auf den Inseln hatte sich die Multebeerenblüte beträchtlich verspätet.
Die Leute meinten, es müsse sich um drei bis vier Wochen handeln. Sie warteten auf Ostwind und Wärme.
Aber in Oslo waren sie mehr an Billy Graham interessiert, der sich vorgenommen hatte, die Staatskirche, die Heilsarmee, die Baptisten und die Pfingstfreunde zu einen. Doch das war weit weg und keineswegs so wichtig wie das Blühen der Multebeeren und das Keimen der Kartoffeln.
Eifersucht und Sünde seien die Krankheiten der Seele, meinte der große Prediger. Sein Bild war in der Zeitung. Die Leute nickten in vollem Ernst mit dem Kopf und gingen dann nach Hause und übten sich sowohl in dem einen wie dem anderen. So war es immer auf der Insel gewesen.

Sie kamen nicht zu Tausenden, um sich bekehren zu lassen, so wie in Oslo. Auf der Insel war in diesem Sommer keine Saison für Bekehrungen. Die Leute hatten noch genug von der letzten Erweckungswelle, derjenigen, die Elisif umgeworfen hatte. Alles kam mit mindestens fünf Jahren Rückstand. Graham konnte so lange warten, bis sie ein Jahr mit besserer Multebeerenblüte hatten. Es eilte nicht.
Schlimmer war, daß der Milchpreis um 15 bis 20 Öre pro Liter heraufgesetzt werden sollte. Ein armer Kerl mußte für die Magermilch bluten, wenn er nicht Mittel und Wege fand, selbst eine Kuh zu füttern.
Die Bauern hatten in diesem Frühjahr notschlachten müssen. Es wurde von einem mageren Jahr gesprochen. Der Winter war schon mager gewesen. Der Frühling war wie ein im Keller vergessener Malerpinsel, der nicht saubergemacht worden war. Spreizte sich in einem gesprungenen Glas, trocken und unbrauchbar. Nun fehlten nur noch ein schlechter Fischfang und ein verregneter Herbst, so daß das Heu in Ruhe verfaulte. Dann konnte Billy Graham drunten im Süden erlösen, wen er wollte.

Im Tausendheim hatte Tora nicht jedesmal eine Rose in der blauen Turnhose, wenn Ingrid zur Abendschicht ging. Alles, was sie sich selbst gesagt hatte, daß sie rudern, fliehen, mit dem Wind wegfliegen wollte, alles das ging nicht, wenn es drauf ankam. Auch daß sie geglaubt hatte, die Mutter würde stark genug werden, um sie zu retten, galt in der Wirklichkeit nicht.
Immer wieder wurde der Wille so zitternd und furchtsam im Dunkeln. Sie könnte zu Tante Rakel laufen und ihr alles erzählen, dachte sie manchmal. Aber nein. Mutters traurige Augen. Die Mutter mußte geschont werden. Tora hatte in der ganzen weiten Welt keinen Ort, wo ihr »dreckiger« Körper zur Ruhe kommen konnte.

Knarren der Tür. Finger, die gruben. Sich in sie hineingruben.

Eines Abends knarrte die Tür so plötzlich, daß sie keine Zeit mehr hatte, ihren Körper zu verlassen und die Gedanken frei aus dem Fenster davonlaufen zu lassen. Tora war gezwungen, mitzugehen, alles wahrzunehmen, was mit ihr geschah.
Da fing sie an zu jammern und zu wimmern und sich zu

krümmen. Vermochte nicht stillzuliegen, damit es auch an diesem Abend schnell zu einem Ende kam. Es war ihr völlig unmöglich, sich zu beherrschen.
Das verwirrte ihn, das erregte seinen Haß. Der war sehr nützlich, um das Verlangen zu wecken, um Kraft und Macht zu gebrauchen.
Weich, weich war der Widerstand. Er flehte um Gnade und gab nach.
Dann riß es. Tora fühlte es außerhalb ihrer selbst, wußte nicht, wo es anfing oder endete, es hing nicht mit ihrem eigentlichen Ich zusammen. Trotzdem schmerzte es sehr.
Der Atem und das Blut!
Das Blut kam, ohne daß es an der Zeit war. Es gab ein Muster über das ganze Laken, weil sie es nicht schaffte, ruhig unter ihm liegen zu bleiben. Sie begriff, daß dies die scheußliche Wirklichkeit war, von der in keinem Buch etwas stand, das sie gelesen hatte.

Lieber Gott, wenn er jetzt doch ginge! Sie bekam ihre Hände frei und schlug! Sie flehte ihn an. Half das? Lieber Gott, wenn es doch helfen würde! Er ging.
Die Erleichterung war so groß, daß sie keine Luft mehr bekam. Blieb in gekrümmter Haltung liegen und rang nach Luft, bis sie endlich wieder atmen konnte. Sie hing über dem Fußende des Bettes und war in zwei Teile geteilt. Unterhalb der Mitte war sie eine andere.

Da kam er zurück. Mit einem Strick.
Tora glaubte es nicht, als sie am Bett festgebunden wurde. So scheußlich war die Welt nicht. So etwas gab es nicht!
Da fraß er sich in sie hinein. Blind. Als ob er etwas zu rächen hätte. Fraß und fraß. Hielt das Kopfkissen über ihr Gesicht und ließ seinen grenzenlosen Willen geschehen. Es hatte lange gedauert, bis er zum Ziel kam. Nun war er da.
Alles lief schließlich ab, wie es sollte.
Draußen an der Küchenwand tickte die Uhr in einer anderen Welt.
Hier drinnen war keine, die die Zeit maß.
Die Abendsonne war schön. Golden und freundlich. Sie breitete sich mild über den Mann im Bett aus. Unendlich mild.
Die Sonne sieht gnädig zu – und wärmt jeden beliebigen.

Das Bett hatte endlich aufgehört zu knarren.
Die Nacht war lang und hell. Das Tausendheim hatte seine Geräusche. Manchmal konnte man es nachts weinen hören. Aber wer konnte eine gute Nachtruhe opfern, um den Geräuschen zu folgen. Das ging keinen was an und mußte so sein. Jeder hatte sein eigenes Weinen und seine eigenen Stimmungen.

Und unter dem grellen Licht in Dahls Fischfabrik saß eine dunkelhaarige Frau und hatte eine Unruhe in sich, die sie sich nicht erklären konnte. Aber da war kein Grund, sich zu beunruhigen, sich etwas einzubilden...
Sie war müde, das war das Ganze. Es war spät, und das Tempo war erhöht worden. Es eilte mit dem Packen. Das Schiff war bereits unterwegs, das die Ladung abholen sollte. Und die Fischerboote waren bereits mit dröhnenden Motoren unterwegs, um wieder haufenweise Fisch auf die Tische zu spucken. Sie hatte alle Hände voll zu tun.
Da war wenig Platz für zwei unruhige Mädchenaugen.
Dahl rieb sich die Hände. Es war alles verkauft, bevor es verpackt war. Nur weiter. Der Akkord war mehr als gut. Keiner dachte an die Katzenleiche.
Endlich bewegte sich eine graue Schlange zum Ausgang.
Draußen war schönes Vorsommerwetter, und die Möwen schwelgten in den Ackerrainen.

Tora hatte das Laken gewechselt. Versteckte das andere unter dem Bett. Sie wusch den geschändeten Schritt mit kaltem Wasser. In der Küche. Es spielte jetzt keine Rolle mehr.
Es war, als ob sie eine andere wusch. Sie konnte sich Gedanken darüber machen, ob die andere so fühlte wie sie.

Der rechte Mundwinkel war hochgezogen. Entblößte die Zähne. Ab und zu ging ein Ruck durch den gebückten, unfertigen Körper.
Eine Art Seufzer pflanzte sich in den schiefen Gesichtszügen fort und brachte den Mund zu einem unschönen Grinsen.
Sonst war alles still.

Es wird immer ein Tag danach kommen für den, der überlebt. Es wird immer ein Gesicht für den dasein, der sich selbst anzusehen wagt. Tora wagte es nicht. Sie war ein halbnacktes Menschenknäuel in einem verhaßten Bett.

Sie hatte nichts zu sagen, sie hatte keinen, an den sie sich wenden konnte. Wenn ihr jemand erzählt hätte, daß sie nicht traurig sein solle, denn so etwas sei schon früher in der Welt geschehen, und über alles würde allmählich wieder Gras wachsen, ja – dann würde sie ein ehrliches Gesicht aufgesetzt und gefragt haben: »Was ist los? Was ist passiert?«

Und das Laken war gut versteckt.

30

Der neue Rock hatte die ganze Nacht auf dem Stuhl neben dem Bett gelegen. Er war Zeuge von allem gewesen. Die Mutter hatte ihn rund geschnitten, damit er schön um die Hüften fallen sollte. Und Tora war außer sich vor Freude gewesen. Sie hatte einen grünen Pullover dazu bekommen. Die Mutter hatte das Geld von dem kostbaren Verdienst fürs Putzen genommen, um Tora neu einzukleiden.
Jetzt war es, als ob der Rock sie nichts anginge. Sie würde sich jedesmal übergeben, wenn sie ihn ansah.
Sie vermied es peinlich, nach unten zu schauen, als sie ihn am Morgen anzog. Sie mußte ihn anziehen, denn heute war Schulentlassung.
Frits trieb sich überraschenderweise bei den Fischgestellen herum, als sie vorbeikam. Sie war spät dran, weil die Mutter noch den Rocksaum hatte bügeln müssen, bevor sie ging. Sol und die anderen waren schon gegangen. Sie mußte laufen, um rechtzeitig dazusein.
Tora trug noch den Geruch von dem frisch gedämpften Rock mit sich. Sie blieb vor Frits stehen und versuchte ein möglichst belangloses Gesicht zu machen, damit er nicht sehen sollte...
Bei ihm war das schwieriger als bei der Mutter, denn Frits sah ihr immer direkt ins Gesicht.
Sein Blick hing an ihr, so daß Tora unter den Armen und am Rücken anfing zu schwitzen. Frits kam ganz nah an sie heran und berührte vorsichtig den Rock. Dann machte er die Zeichen für schön und lächelte fragend.
In Tora schien etwas zu zerbrechen.
Er richtete sich auf und lächelte – sein nacktes, verlegenes Lächeln. Tora merkte, daß sie im ganzen Unterleib gefühllos war.

Es war, als ob die Beine sie nicht länger tragen konnten.
Sie wollte sich vorbeidrücken.
Er hatte die Hand gehoben, um auf den Pullover zu zeigen – und die Hand streifte ihre Brust. Tora stürmte los.
Sie hörte, daß er seine Kehllaute benutzte. Aber sie lief. Lief und lief.
Das Weinen saß fest und wollte nicht heraus.
Der Pullover war bald schweißgetränkt.
Erst als sie auf dem Schulhof war, blieb sie stehen und atmete schwer.
Sie steckte die Hände unter den Pulloverärmel und versuchte verzweifelt, den Schweiß abzutrocknen, der nicht aufhören wollte hervorzusickern. Aber es half wenig. Unter jedem Arm war ein großer Fleck. Es roch nach Nelken und Tod.

Später, als sie alle zusammensaßen und Kakao tranken und süße Brötchen aßen, die Gunn für den großen Tag gebacken hatte, da fragte Gunn, als sie Tora einschenkte: »Du warst so spät. Hast du verschlafen?«
Tora hatte das Gefühl, daß Gunns Augen durch sie hindurch sahen, sie konnte nichts dafür, daß sie anfing zu zittern.
»Nein«, murmelte Tora, »die Mama mußte noch den Rocksaum ausbügeln, sie hatte vorher keine Zeit...«
»Das macht nichts, liebe Tora. Ich habe ja nur gefragt. Denn du bist sonst nie zu spät gekommen.«
Bei dem Wort »liebe« fing Tora ernstlich an zu zittern. Sie kam gerade noch aufs Klo, bevor sie pinkeln mußte. Es brannte und schmerzte noch die ganze Zeit, und sie wagte nicht sich abzuwischen. Sie hatte Angst, daß wieder Blut kam, denn sie hatte nichts dabei, womit sie sich hätte behelfen können. Sie hatte mit einemmal das Gefühl, in der Tobiashütte zu stehen und in die Hose zu pinkeln. Sie hörte das derbe Lachen.

In dem alten Klo war es heute still und ruhig. Es trieb sich draußen niemand herum, denn alle saßen in dem großen Klassenraum und aßen Brötchen. Tora richtete sich innerlich auf, Gedanke für Gedanke, Bewegung für Bewegung.

Schließlich war sie soweit, daß sie zu den anderen hineingehen konnte. Als sie in den Flur kam, zog sie eine Strickjacke über den Pullover, um die Schweißflecken unter den Armen zu verstecken. Das half.

31

Die Frauen in der Fischfabrik wurden im Laufe des Sommers entlassen. Es gab nicht mehr viel Fisch, und Dahl ging herum und kaute an seiner Pfeife. Ingrid hatte Glück und konnte putzen gehen.
Sie klagte nicht.

Henrik ging seine eigenen Wege. Er war wieder arbeitslos. Hatte Arbeit auf der Brandstätte bei Simon gehabt, er sollte den Platz für den Wiederaufbau in Ordnung bringen. Aber er hatte sich mit Simon plötzlich überworfen und war am gleichen Tage gegangen.
Ende Juni schlenderte Simon eines Tages hinunter zu den Kais von Dahl. Er sprach mit den Männern und war beinahe ebenso gut gelaunt wie früher. Er heuere Leute an, sagte er. Zum Wiederaufbau.
Er hatte sich für einen großen, modernen Bau entschieden. Er grinste ein wenig schief und verkündete, daß er wohl in Konkurs gehen würde, aber das mache nichts. Er habe nun einmal nicht das Zeug dazu, Schiffer auf dem eigenen Boot zu sein, da baue er lieber ein Haus und könne an Land bleiben.
Die Männer nickten. Ja doch, sie arbeiteten die meiste Zeit als Tagelöhner oder waren wochenlang ohne Arbeit. Sie würden Simon sicherlich helfen können.
Es ging ernstlich auf den Sommer zu, und irgend etwas mußte man ja auch zu essen haben. Sie spuckten ins Meer, standen breitbeinig da und nickten. Ruhig und besonnen wurden die Vereinbarungen getroffen. Ein Händedruck auf dem Kai von Dahl war genauso gut wie in Simons altem, blauem Büro.
Aber sobald Simon verschwunden war, eilten sie nach Hause. Hatten kaum den Atem, um die große Neuigkeit zu erzählen. Sie hatten Arbeit für viele Monate. ARBEIT! Nicht nur Bettelei und Lohn für ein oder zwei Tage.
Der Simon war doch ein Kerl! Er kriegte das hin! Machte gleichzeitig seine Witze darüber, daß er wohl bald in Konkurs gehen würde. Und ob sie die Zeichnungen für den neuen Betrieb gesehen hätten? Nein? Das war ein Ding!
Nein, der Simon! Hatten sie es nicht schon damals gesagt, als die gemeinen Bemerkungen über Simons Aufenthalt auf der Dachstube im Umlauf waren: daß der Simon ein Genie war!

Und Genies durften sich ein paar Wochen hängenlassen, ehe sie wieder in Gang kamen. Hatten sie nicht das Recht dazu?

»Die Mama kommt nächste Woche! Sie ist gesund.«
Sol saß unten bei Ingrid und Tora, sie aßen spät zu Abend, nachdem Ingrid von einem langen Putztag nach Hause gekommen war.
Ingrid lehnte den Oberkörper schwer gegen die Tischplatte. Sie ließ die Worte in sich hineinsinken.
Dann erholte sie sich von der Überraschung und sagte: »Das freut mich.«
»Ich weiß nicht«, sagte Sol einfach.
»Das weißt du nicht?« fragte Ingrid ungläubig.
»Nee... Die Mama ist nicht von dieser Welt.«
Es ging ein Schatten über das Gesicht des halberwachsenen Mädchens.
»Ich wünscht', sie würd' warten, bis die Konfirmation vorüber ist.«
»Was sagste, Mädchen? Gönnste deiner Mutter nicht, daß sie dich als Konfirmandin sieht?«
»Sie ist so fromm.«
Sol legte unerwartet den Kopf auf die Arme und verbarg das Gesicht. Sie glaubten, daß sie weinte. Aber es kam kein Laut.
Und als sie nach kurzer Zeit wieder aufsah, war ihr nichts anzumerken.
»Ich ertrag' das nicht, alle lachen über sie.«
»Sie ist fromm, und das müssen wir hinnehmen. Allesamt. Sie ist nun einmal so, wie sie ist.«
Ingrid sagte das mit einer Falte zwischen den Augenbrauen und hochrotem Kopf.
Tora sah sie an. Daß die Mama so etwas sagen konnte! Wurde böse wegen Elisif, obwohl sie sehr müde war!
»Haste übrigens dein Konfirmationskleid bekommen?«
Ingrid wollte von etwas anderem reden.
»Nein.«
Sol seufzte und zog an den Haarsträhnen, die vor den Ohren herunterhingen. Mit Sols Ohren war es ganz verrückt. Sie standen richtig vom Kopf ab, so daß man es nicht lassen konnte, hinzusehen.
»Aber das macht nichts. Kleider bedeuten nicht viel.«
Das hörte sich an, als ob sie es auswendig gelernt hätte, weil

jemand es so oft vor ihr wiederholt hatte, daß sie es zum Schluß selber glaubte.
»Ich kann ein Kleid bei einer leihen, die die Kopftuch-Johanna kennt. Sie meint zwar, daß es zu groß ist, aber... Es ist hellgelb.«
Sol seufzte.
»Kurz ist es auch«, fügte sie hinzu und atmete tief und verzweifelt.

Als Torstein nach Hause kam, ging Ingrid eine Treppe höher und sprach viel und lange mit ihm.
Am nächsten Tag nahm sie sich bei ihrer Putzstelle ein paar Stunden frei und ging mit 50 Kronen in Ottars Laden, um einen Kleiderstoff für Sol zu kaufen. Sie nahm den weißen Stoff, der am billigsten war. Es war Kunstseide. Richtig schön. Ottar hatte nicht den teuersten Ballen für sie hervorgezogen, denn sie hatte gleich gesagt, daß sie auf der Suche nach einem Stoff für Torsteins Sol war.
Am Abend war es bei Tora und Ingrid beinahe festlich. Ingrid maß und schnitt. Sie hatte sich ein Muster aus Butterbrotpapier gemacht, das sie Sols breitem Körper anpaßte.
Die Sommersonne fiel schräg durch die frisch gewaschenen Gardinen und ließ die Schere aufblitzen, wenn sie sich durch den weißschimmernden Stoff fraß.
Ingrid arbeitete schnell und sicher.
Das war eine Sache, die sie konnte. Sie hielt dem Mädchen jedes zugeschnittene Teil an. Sol stand kerzengerade, während Ingrid sie langsam im Kreise drehte, bis der Stoff den Körper bedeckte. Zuletzt ging Sol in Toras Kammer und probierte die ganze Pracht über der Wäsche an. Das sei das sicherste, meinte Ingrid.
Tora fand, daß Sol einem Engel glich, wie sie dastand mit dem wallenden Stoff um die üppigen Hüften. Sie war mit einemmal so erwachsen, so fremd.
Für Sol erfüllte sich ein Traum: ein langes weißes Kleid, das zudem eigens für sie genäht war!
Sie hielt die großen, groben Arbeitshände über den Kopf, als Ingrid den Rock am Oberteil befestigte. Sie wirkte beinahe graziös. Sie glich der Tänzerin auf einem Bild, das Tora gesehen hatte. Sie war sich selbst so völlig unähnlich, daß Tora genau und gründlich nachdenken mußte, bevor sie fähig war, ihr das zu gönnen.

Noch lange nachdem die Mädchen im Bett waren, saß Ingrid an der Nähmaschine. Sie hatte sich gerade soviel Zeit genommen, Henrik das Abendessen zu richten, als er kam.
Er hatte übrigens einen von seinen guten Abenden. Fluchte nicht über das Nähmaschinendurcheinander wie sonst. Er lobte sogar ihre Arbeit. Ingrid kam sich überrumpelt vor. Es war, als ob sie ein kostbares Geschenk erhalten hätte.
Sonst sagte er nicht viel. War wie ein zugebundener Sack. Den Gedanken und der Dunkelheit ausgeliefert.
Er ging zeitig ins Bett. Sie hörte ihn drinnen im Zimmer rumoren.
Aber er schimpfte nicht und rief nicht nach ihr, wie er es oft machte.
Sie war erleichtert.
Denn sie hatte sich vorgenommen, dieses Kleid für Elisifs Tochter zu nähen. Das hatte sie wirklich! Diese gute Tat konnte sie sich leisten.
Der Morgen kam, als sie gerade das Oberteil fertig hatte. Jetzt brauchte sie nur noch die Volants zu kräuseln und den Reißverschluß an der Seite einzusetzen. Ja, und natürlich noch der Saum.
Sie hatte mit Sol besprochen, eine ziemlich weite Fasson zu wählen, um den kräftigen Oberkörper zu verdecken. Und Sol hatte nachgegeben, obwohl ihr deutlich vorschwebte, wie das Kleid eigentlich aussehen sollte. Aber sie war gescheit. Sie verstand, was Ingrid ihr zu sagen versuchte, ohne daß sie es direkt beim Namen nannte.
Morgen abend konnte sie das Kleid fertignähen. Säumen konnte Sol es sich selbst. Aber vielleicht war es besser, Tora das machen zu lassen. Sie war geschickter mit den Händen.
Ingrid hatte viel Freude an der Arbeit gehabt. Die Müdigkeit schien ihr nichts mehr auszumachen. War es vielleicht Elisifs Gott, der das mit der Arbeitsfreude so regelte?
Ja, was Henrik betraf, da verstand sie schon, daß es so sein mußte.

Als Ingrid von der Nähmaschine aufstand, war draußen vor den Fenstern heller Morgen. Sie fühlte den langen Putztag und die sechs Stunden als Nähmädchen in Schultern und Rücken brennen.
Eine schmerzende Stelle schien in die andere überzugehen.
Sie streckte sich und nahm das weiße Kleid mit zum Fenster.

Das Sonnenlicht flutete über den billigen Seidenstoff aus Ottars Laden. Arme-Leute-Stoff!
Aber Ingrid hielt sich das Kleid triumphierend an und setzte den einen Fuß vor. Drehte sich langsam im Kreis und fühlte den Stoff kühl und schön über die Beine gleiten.
Einen Augenblick sah sie ihr Spiegelbild im Fensterglas. Das weiße Kleid mit dem wallenden Rock!
Ingrid ließ sich innerlich los. Es sang irgendwo in ihr. Sie war sich ihrer nicht bewußt, bis sie mitten im Zimmer stand. Sie drehte sich langsam vor dem Spiegel, das Kleid vor sich haltend. Verharrte eine Weile, nur um zu schauen.
Dann legte sie das Kleid auf den Stuhl bei der Tür und zog ihre Werktagskleider aus. Ein Kleidungsstück nach dem anderen.
Als sie in dem weißen Seidenkleid dastand und sie sich wie eine weiße Säule im Spiegel sah, kamen die Tränen.
Die langen Jahre, die sie so gern vergessen wollte. Die bittere Rolle, verurteilt zu sein, schon bevor man einen Raum betrat. Die demütigende Rolle, niemals das Recht zu haben, ein stolzer Mensch zu sein.
Es brach so unerwartet auf, daß sie die Laute nicht unter Kontrolle halten konnte.
Erst als sie die Augen des Mannes gewahr wurde, nahm sie sich zusammen und hielt inne.
»Was, zum Teufel, machste denn?« fauchte er.
»Ich probier' Sols Kleid an«, bekam sie heraus.
»Was stehste da und heulst mitten in der Nacht? Haste dich verschnitten?«
Sie blieb einfach stehen.
»Es ist übrigens verdammt spät, daß du dir ein weißes Kleid anziehst. Eine weiße Braut ist nichts für einen Deutschen und einen Tagelöhner!«
Die Stimme war verzerrt. Sie erkannte sie wieder.
Ingrid zog das Kleid langsam aus, trug es in die Küche und hängte es an die Wand. Dann wischte sie den Seidenstaub vom Tisch und räumte Nadeln und Fadenreste weg. Als sie sich hinlegte, war sie ganz leer und ruhig.

32

Simon kam mit dem Wiederaufbau gut voran. Der Bau war bereits unter Dach. Er sah gut aus. Die Frauen steckten die Köpfe zusammen, wenn sie einkauften, und wunderten sich darüber, wie schnell es ging. Aber die arbeitslosen Männer, die beim Ottar über der Ladentheke hingen oder in Vaeret herumspazierten und sich durch die langen Vormittagsstunden spuckten, meinten, daß er viel zu groß sei. Simon würde noch im Graben landen. Sie lächelten ein bißchen über den Gedanken.

Diejenigen, die den Hammer schwangen und oben auf den Gerüsten sangen, vertrieben sich die Zeit mit etwas anderem. Sie sahen in Simons Neubau den reinsten Tempel Salomos, der da im Herbstwind stand und durch den der Wind heulte. Es klang wie bei einer heruntergekommenen Orgel.

Die Brandursache wurde nicht geklärt. Der Brand war in Simons Privatbüro ausgebrochen. Da habe jeder x-beliebige aus- und eingehen können, wurde gemunkelt. Aber Simon und Rakel hatten keine solchen Feinde, daß daraus ein Brand entstand, das wußten die Leute.

Von Brandstiftung war Simon freigesprochen worden. Er wurde nicht fett von dem kleinen Betrag, den er für das Gebäude bekam, denn der Betrieb und das Inventar waren nicht versichert gewesen.

Harmlose und gutmütige Flüche erklangen lustig zwischen derben Lachsalven und nach Teer riechenden Balken.

Simon hatte als Bauherr alle Hände voll zu tun. Vielleicht verlor er gar nicht so viel in einer Saison, wie er erst geglaubt hatte. Der Fisch blieb aus, und Dahl mußte Leute entlassen. Das traf besonders die Filet-Mädchen.

Rakel webte. Sie hatte einen Auftrag in Breiland. In Ottars Laden verpackte sie sorgfältig große Rollen gewebter Matten. Somit wußten alle Bescheid.

Sie hatte ihre Schafherde fast verdoppelt. Dieses Jahr hatte sie auch bei der Heuernte mitgeholfen.

Das zeugte von schlechten Zeiten.

Simon hatte Henrik eingestellt, um Rakel einen Gefallen zu tun. Aber er war kein guter Arbeiter. Und nach Simons Meinung war daran mehr die Flasche schuld als der kaputte Arm.

Als er drei Tage der Arbeit ferngeblieben war, ohne Bescheid zu geben, verlor Simon die Geduld und marschierte ins Tausendheim hinauf.
Es war nicht viel aus Henrik herauszubekommen. Aber im Laufe des Nachmittags erschien er unten am Bau und raffte mit unglaublicher Schnelligkeit die Arbeitsschürze und seinen Hammer an sich. Er half mit dem gesunden Arm dem anderen, so daß die Männer nur so staunten, wie schnell er klar Schiff machte. Dann ging er, ohne ein Wort zu sagen.
Simon tat es wegen Ingrid leid. Er selbst bedauerte es nicht, denn bevor es Abend wurde, standen schon drei Männer da und wollten Henriks Arbeitsplatz haben.
Es war etwas tief Verkümmertes in diesem Mann, meinte Simon. Die dünne, gebeugte Gestalt, die nur aufblühte, wenn die Flasche auf dem Tisch stand und er eine Lügengeschichte nach der anderen erzählen konnte. Manchmal blieb er samstags nachts an irgendeinem Tisch in einer Hütte sogar allein sitzen. Redete mit sich selbst, erzählte weitschweifig und johlte und fragte und antwortete.
Simon wunderte sich. Er hatte dieses und jenes über einen anderen Henrik gehört, vor dem Unglück mit der Schulter, vor der Heirat mit Ingrid. Es wurde nicht nur schlecht über ihn gesprochen. Und Simon wußte nicht, ob er glauben sollte, daß Bosheit und Ablehnung allein einen Menschen so verändern können. Eine kaputte Schulter oder ein Brand können vielleicht das gleiche bewirken, dachte Simon. Und er schauderte, wenn er sich der langen Tage und Nächte in der Dachstube erinnerte, als er nicht einmal den Mut hatte, sich einen Strick zu holen.
Aber da gab es eine, die *ihn* an den Haaren gezogen hatte. Ingrid vermochte wohl nicht, andere Menschen an den Haaren zu ziehen. Das war auch mehr, als man von einer Frau verlangen konnte, überlegte er.
Simon hielt sich selbst für eine gutmütige, einfache Seele. Das machte das Leben soviel leichter. Nicht zuviel grübeln. Trotzdem konnte er es nicht lassen, sich über den Haß in Henriks Augen zu wundern. Das quälte ihn von Zeit zu Zeit.

Als er am Abend nach Hause kam, sprach er mit Rakel darüber. Sie verlas Preiselbeeren und sah schnell auf, während sie nach Dreck und Blättern schielte, die an den roten Beeren klebten. Die Schüssel mit den Beeren stand auf einem Hocker neben dem Tisch.

»Er ist nur neidisch! Vielleicht merkt er, daß die Ingrid Grund hat zu denken, daß sie den falschen Mann genommen hat«, scherzte sie.
Simon lachte.
»Ja, du weißt für alles einen Grund.«
Er fing an, ihr beim Beerenverlesen zu helfen, aber das meiste futterte er.
»Schluß jetzt! Du Lümmel! Die sollen nach Breiland, dann kann ich neuen Kettfaden zum Weben kaufen.«
Ein Schatten flog über Simons Gesicht.
»Das ist nicht gut, daß du dich so abrackerst, damit wir zurechtkommen.«
»Unsinn! Sollst nur du dich abrackern? Warum soll ich's nicht auch? Als wir gute Tage hatten, da hab' ich Geld zurückgelegt. Du hast nie gewußt, wieviel. Du warst ja auch nicht so genau mit so was. Ich hatte alles, was ich brauchte. Nu ist die Futterkrippe leer. Ich muß die Halme zusammenkehren, damit wir satt werden. Das sollte nur...«
Sie kam nicht weiter. Simon schlang die langen, starken Arme um sie.
Drückte sie an sich, während sein Mund ihr Gesicht suchte.
Er trank sie wie ein durstiger Mann. Würde den Durst nie löschen.
Würde nie genug haben.

Am nächsten Morgen lagen der Abfall und die Beeren noch auf dem Küchentisch. Simon stand zeitig auf, brachte alles in Ordnung, machte Feuer, holte Brennmaterial, kochte Kaffee und war Rakels Laufbursche. Er schämte sich nicht. Er war so froh, daß er etwas tun mußte. Hätte es aber kaum getan, wenn ganz Vaeret hätte sehen können, wie er aus der Küche raus- und wieder reinflitzte und die Haushaltshilfe für seine eigene Frau war. Dann trug er das Tablett in den Dachstock hinauf und servierte Rakel das Frühstück im Bett, obwohl es mitten in der Woche war.
»Ich hab' mir was überlegt«, sagte Rakel mit dem Mund voller Brot und Käse. »Ich werd' mich mit Tora zusammentun. Wir werden mit Schweinen anfangen.«
Simon war erstaunt, überrascht. Rakel als Schweinezüchter! Er lachte schallend.
Dann sah er ihr Gesicht in dem großen Kommodenspiegel und schloß schnell den Mund.

»Ich ruf' heut an. Ich bestell' und bezahl' zwei kleine Schweine.«
»Quatsch!« sagte sie überlegen. »Jetzt ist nicht die Zeit dafür. Ich sag's dir rechtzeitig. Und ich will vier haben. Außerdem hab' ich selbst genug Geld!«

33

Der Herbst war ebenso klar und kalt, wie der Sommer naß und unfreundlich gewesen war. Der Vogelbeerbaum vor dem Tausendheim klatschte seine roten Büschel gegen die Südwand, wenn der Südwestwind in Böen daherkam, ohne Nebel und fremd, als ob er nicht von dieser Welt wäre.
Die Kartoffelernte schien besser zu werden als der Fischfang. So mußte man eben auf dem Land ernten und sehen, wie weit es reichte.
Tora half Rakel beim Kartoffelausmachen. Sie bekomme einen halben Sack für jeden langen, anstrengenden Tag, sagte Rakel ganz geschäftsmäßig. Außerdem einen Eimer Setzkartoffeln für die eigene Ernte im nächsten Jahr.
Während der Mittagspause saß Tora auf der Torfkiste in der Küche von Bekkejordet und las, während Rakel ihren steifen Rücken auf das Sofa gelegt hatte und ein kleines Nickerchen machte.
»Was lieste denn da?« fragte Rakel und gähnte.
»Viktoria«, kam es verträumt.
»Viktoria? Was ist das für 'n Buch?«
»Weißte das nicht, wo du doch erwachsen bist?« fragte Tora verwundert und sah auf.
Sie schlug das Buch über dem rechten Zeigefinger zusammen.
Rakel lächelte.
»Nein, ich bin nicht viel zum Lesen gekommen – Bücher und so was.«
»Das solltest du aber, Tante«, meinte Tora eifrig. »Du hast ja keine Ahnung. Das Buch ist so traurig und so schön...«
»Wie kann was traurig und schön zugleich sein?«
Rakel rappelte sich mühsam hoch, und während sie versuchte den Rücken zu strecken, schnitt sie eine Grimasse. Dann hinkte sie zum Herd und klatschte drei Schaufeln Kohle in den schwarzen Rachen.

»Ja«, meinte Tora ernst. »Es ist schön. Es hilft ihnen nichts, daß sie sich lieben. Er ist nur der Sohn von einem Müller, und sie ist reich. Die andern wollen, daß sie deswegen verfeindet sind. Es ist gerade so, als ob sie...«
Tora hielt plötzlich inne. Ihr Gesicht wurde feuerrot, und sie wußte sich nicht zu helfen.
Rakel sah sie verwundert quer durch den ganzen Raum an.
»Genau wie dein Vater und deine Mutter?«
»Ja«, flüsterte Tora.
Die tiefstehende Herbstsonne kroch zum Fenster herein, und die Katze rollte sich in ihrem Schein schnurrend auf dem Flikkenteppich zusammen. Sie leckte sich schläfrig mit geschlossenen Augen.
»Denkste viel an deinen Vater, Tora?«
Rakel ging langsam zum Küchenfenster und steckte den Finger der Reihe nach in die Blumentöpfe. Dann holte sie eine Kanne mit Wasser.
Da sie keine Antwort bekam, setzte sie sich neben Tora auf die Torfkiste, die Kanne zerstreut zwischen den Händen, als ob sie vergessen hätte, was sie damit wollte.
Sie war so klein, die Rakel. Baumelte auf der hohen Kiste mit den Beinen wie ein kleines Mädchen.
»Hat deine Mutter dir nicht mehr von ihm erzählt?«
»Nein«, antwortete Tora zögernd. Wußte, daß die Tante böse auf die Mutter war, weil sie nicht über Vater sprechen wollte.
»*Er* ist immer da.«
»Das dürfte nichts ausmachen. Der Henrik weiß das alles ja. Er ist von keinem lebenden Wesen hinters Licht geführt worden. Er nahm deine Mutter, weil er sie haben wollte. Er brachte übrigens nur Unglück über sie. Und es ging schief...«
Rakel starrte aus dem Fenster über die leicht geneigten Äcker hinweg.
Sie schien gar nicht mit Tora zu reden.
»Was meinste?« fragte Tora vorsichtig.
Sie empfand es wie einen Regen nach langer Trockenheit, daß ein erwachsener Mensch mit ihr über Dinge sprach, die sie sonst nur dachte.
»Du weißt doch von deiner kleinen Schwester, die gestorben ist?«
»Genau wie Elisifs Kind?«
»Ja.«
»Wo ist sie? Ich mein', wo ist sie begraben?«

»Oh, sie liegt hier aufm Friedhof. Biste nie dagewesen?«
»Nein.«
Die Katze erhob sich und rieb den langen Hals an Rakels Bein. Rakel nahm sie vom Boden auf und strich geistesabwesend über das glänzende Fell.
»So geht deine Mutter wohl allein dahin?«
Ein merkwürdig leerer Schmerz durchzuckte Tora.
Aber sie wußte, daß es so war. Die Mama hatte noch etwas, was sie nicht mit Tora teilen wollte. Ein kleines Grab. Und sie hatte die Erinnerung an einen Menschen, der Toras Vater hätte sein sollen und von dem sie nie sprach. Es war, als ob Tora draußenbleiben sollte. Plötzlich fühlte sie sich ganz allein.
»Manchmal ist es schwer, eine Frau zu sein«, fuhr Rakel fort. »Es kann sowohl hart sein, ein Kind zu bekommen, wie auch, keins zu bekommen. Aber vielleicht ist mir viel von dem erspart geblieben, was deine Mutter durchmachen mußte, grad weil ich keine Kinder hab'. Ich hab' nur eine Sehnsucht in mir. Die hört nie auf.«
Tora wagte kaum zu atmen. Es war so seltsam, so feierlich. Daß die Tante für ihre Gedanken Worte zu finden vermochte! Und daß sie sie zu einem jungen Mädchen sagte!
Und *das* – wo sie nicht einmal etwas von Viktoria wußte.
Die Mahlzeiten auf Bekkejordet waren ganz anders als zu Hause.
Fröhlicher. Tante und Onkel lachten oft zwischen zwei Bissen. Tora lachte nicht so oft mit ihnen. Sie saß nur mit offenem Mund da, leicht lächelnd, und fühlte sich froh bis in die Fußspitzen. Da war keiner, der Anstoß daran nahm, wenn sie trödelte oder es nicht schaffte, alles aufzuessen. Darüber wurde kein Wort verloren. Merkwürdig war das.
Auf diese Weise herrschte ein solcher Friede bei Tisch, daß man ein ganzes Pferd hätte essen mögen, nur um diesen Frieden zu bewahren.
Sie vergaß beinahe, wie es war, wenn sie die schweren, schleppenden Schritte auf der Treppe hörte, während sie mit dem Essen im Mund dasaß. Vergaß, wie ganz unwahrscheinlich die Zunge hinten im Hals wachsen konnte, wenn er die Türklinke in die Hand nahm.
Der Onkel schlief nachmittags nie auf dem Sofa. Tora fragte ihn, warum. Da antwortete er, daß er das tun würde, wenn er ins Altersheim nach Breiland ginge. Dann hob er sie hoch bis oben an die Decke, das große Mädchen, so daß sie mit dem

Kopf an die Kugellampe stieß, und er streichelte ihr beide Backen, damit sie nicht böse werden sollte, weil er so ungeschickt war. Als ob sie auf Onkel Simon böse werden könnte!

Tora hatte gemerkt, daß sie gleichsam erstarrte, als er sie anfaßte. Sie glaubte, es nicht auszuhalten.
Aber der Ekel kam nicht, wie sie erwartet hatte. Und Tora dachte, daß es mit Onkel Simons Händen anders sein müsse...
Dann angelte er seine Mütze, die auf der Torfkiste lag, und sauste aus der Tür, den Qualm aus seiner Pfeife hinter sich herziehend.
Das Kartoffelausmachen sollte vier Tage dauern. Das hatte Rakel ausgerechnet. Sie wollten sich nicht übereilen, es sei keine Akkordarbeit, meinte sie.
»Wir wollen Zeit haben zum Essen und uns auch vorher saubermachen, und wir müssen ab und zu mal den Rücken strekken und ein bißchen miteinander reden. Das müssen wir uns gönnen.«

Als sie am dritten Tag auf dem Acker waren, kam der alte Jude. Er ließ sich auf einer leeren Kartoffelkiste nieder und bot seine Waren an. Er war lange nicht mehr auf der Insel gewesen.
Rakel lachte und meinte, daß er sich die Mühe hätte sparen können, für sie den Koffer aufzumachen, denn hier draußen seien sie so dreckig, daß sie nicht einmal ein lumpiges Glanzbild in die Hand nehmen könnten.
Der magere, alte Mann saß trotzdem wie festgenagelt auf der Kiste.
Der braune Mantel mit den enormen Aufschlägen und den großen Taschen umgab ihn wie eine Schale.
Es sah so aus, als ob jemand dort oben in dem dicken Loden ganz locker einen Kopf angebracht hätte. Bei schlechtem Wetter stellte er die Aufschläge hoch, so daß sie ihm bis über die Ohren reichten und ein Schutz waren gegen das, was der Herr sandte, ob es sich nun um Regen oder Schnee handelte.
Er zog mit seinem Koffer von Hof zu Hof. Die Erwachsenen kannten ihn schon seit ihrer Kindheit. Er streifte umher, sobald es Frühling wurde. Gegen den Spätherbst war er wie im Meer verschwunden. Keiner wußte, wo er war.
Er war einer von den Letzten aus der alten Zeit. Wußte das meiste, war aber nicht so mitteilsam, daß es etwas ausmachte. Er drängte seine Ware niemandem auf, setzte sich nur hin und

wartete. Wenn er hungrig war, blieb er geduldig sitzen, bis die Leute essen würden, falls er das Glück gehabt hatte, im richtigen Augenblick zur Küchentür hereinzukommen. Kauften sie etwas, viel oder wenig, so zog er es vor, gleich wieder zu gehen. Dann brauchten sie ihm keinen Stuhl und kein Essen anzubieten.

Alle kannten den alten Juden, aber nur wenige wußten seinen Namen. Er war sonderbarerweise unverwundbar. Man konnte ihn davonjagen oder quälen. Er saß einfach da. Oder er erhob sich und ging, als ob nichts wäre.

Einmal hatten ein paar Kinder von der Hauptschule seinen Koffer genommen und waren damit weggelaufen.

Aber der alte Jude, er hieß nicht anders, setzte sich geduldig auf einen Stein am Wegrand und wartete, bis der Spaß für die Plagegeister vorbei war, weil Gunn sie zum Unterricht hereinrief.

Dann ging er unendlich langsam zu dem Steinbruch, wo sie den Koffer versteckt hatten, suchte und fand ihn und zog weiter.

Tora sah ihn vom Fenster aus. Gunn saß auf dem Katheder und wußte von nichts. Das war gut für die Rücken der Sünder, die aufrecht in ihren Bänken saßen.

Tora hatte das sonderbare Gefühl, daß der alte Jude und sie verwandt waren. Sie war sich nicht ganz klar darüber, warum. Es hatte wohl damit zu tun, daß die Leute sich das Recht nahmen, auch den alten Juden einzuschüchtern und zu quälen. Er gehörte auch zu einem schlimmen Volk. Es rieche nach Jude, es rieche nach Geld und Geiz, konnten die Leute grinsend sagen, wenn er vorbeikam.

Es waren die Juden, die Jesus getötet hatten. Das sagte sogar Gunn. Es waren die Deutschen, die die Juden während des Krieges getötet hatten. Das erzählte Gunn auch.

Elisif meinte, das sei Gottes Strafgericht über die Juden, wenn Hitler sie überall gejagt und ihnen das Leben genommen habe.

Tora bekam ganz feuchte Hände bei dem Gedanken, daß Gott so sein könnte. Aber sie hütete sich wohl, zu widersprechen.

Niemand widersprach Elisif.

Die Deutschen hatten den Sohn von Paal Ingebriktsen getötet und außerdem das halbe Norwegen, sicher. Tora hatte viele grausame Geschichten gehört, von Nägeln, die herausgezogen wurden, und von Goldzähnen, die den Leuten aus dem Mund gebrochen wurden.

Für dies alles mußte es einen Schuldigen geben.
Einen, den die Leute fassen konnten.
Tora begriff, daß der alte Jude und sie zu denen gehörten, die nicht davonkamen.

»Ihr schuftet und kriegt Kartoffeln ins Haus, wie ich seh'.«
Der alte Jude saß auf der Kiste, die klauenähnlichen Finger lagen gespreizt auf seiner abgewetzten Hose. Er schob sie vor und zurück, weil er sich wohl wärmen wollte. Der Mantel stand offen und umflog ihn im Wind mit schweren, klatschenden Schlägen. Es sah aus, als ob der Mann ein Riesenvogel wäre, der verlernt hatte zu fliegen.
»Ja, das machen sie jetzt auf allen Höfen. Deshalb ist kein Geschäft zu machen. Die Leute sehen nicht, daß ich schöne Stikkereien bekommen hab'. Weihnachtsmotive. Ich hab' Decken mit Weihnachtsmännern, die im Kreis gesetzt sind. Mäuse und Katzen und Tannenzweige...«
»Ja, mein Lieber. Aber du siehst wohl, was mit unsern Händen los ist. Ich bin so verdreckt, daß ich mich nicht mal schneuzen kann!«
Rakel warf Tora über den Haufen Kartoffelkraut einen lachenden Blick zu.
Aber Tora lächelte nicht zurück.
Sie konnte sich in den alten Mann hineinversetzen. Sie und er wurden gleichsam eins. Sie kroch in den Mantel, unter seine Haut, sie fühlte den ohnmächtigen Schmerz, sich bloßzustellen, sich zu demütigen, um Gnade zu bitten. Für die kleinste Kleinigkeit zu betteln. Allen Stolz wegzuwerfen und sich anzuklammern, an was und an wen auch immer.
Und es scheint nicht mehr länger Tag zu sein. Die Nacht fällt plötzlich über sie herein, da wo sie steht. Die Goldaugen werden zu Blutflecken in der schwarzen Erde. Sie springen auf und nieder und bedrohen sie.
Sie wehrt sich dagegen, indem sie hoch über Rakels Kopf hinwegschaut. Sie hat das Gefühl, in einer Schaukel zu sitzen, die sich allzu schnell bewegt. Auf und nieder, bis es ihr ganz übel wird. Sie hört seine Stimme. Sie kriecht in der Kammer herum. Fleht ihn an, hält sich mit beiden Händen am Bettpfosten fest. Und die Goldaugen starren sie aus der schwarzen Erde an.
Es gibt keinen Kampf. Alles ist von Kräften entschieden, die stärker sind und im guten Recht.
Das Deutschenkind! Der alte Jude!

Tora gräbt in der feuchten Erde. Gräbt und gräbt, bis die Erde den Weg tief unter die Nägel findet. Ganz hinein, bis dort, wo sie an der Haut festsitzen. Noch weiter. Sie fühlt, daß es reißt. Etwas trennt sich. Es tut weh. Aber es ist ein greifbarer Schmerz. Es gibt immer etwas, was enthäutet und am Holzzaun angenagelt werden soll. Man muß sich daran gewöhnen, hindurchzukommen.

NEIN! Es kommt ein Schrei aus ihr heraus. Sie kann nichts dafür. Der Schrei gehört nicht auf den Acker, in die Wirklichkeit, nach Bekkejordet. Es ist ein heiserer, schändlicher Laut. Er ist nicht zu verstehen. Dennoch kommt er aus ihr heraus. Wie aus einem gewaltigen Trotz.

Sie nimmt ein großes Goldauge. Sieht genau auf die kleinen rosa Vertiefungen in der weißgelben Kartoffel. Dann erhebt sie sich, springt hoch, als ob es das Leben gelte. Streckt die rechte Hand mit der Kartoffel nach hinten, den Ellenbogen angewinkelt. Reckt sich auf die Zehen, findet das Gleichgewicht und konzentriert ihre ganze zitternde Spannung.

Dann läßt sie die Kartoffel fliegen. Höher und höher über die aufgerissenen schwarzen Erdfurchen.

Die schmutzige Hand hängt wieder leer herunter. Sie hat noch ein wenig von der zitternden Anspannung zurückbehalten. Dann ist es vorüber.

Die beiden Erwachsenen schauen erstaunt der Kartoffel nach, die irgendwo hinter dem Stall verschwindet. Dann wenden sie gleichzeitig den Kopf und sehen Tora an. Heiße Röte breitet sich über Toras Gesicht und Hals aus. Sie hat eine große, gute Speisekartoffel weit hinein in den kleinen Wald geworfen!

Sie legt sich wieder gehorsam auf alle viere und rafft Kartoffeln, so schnell sie nur kann. Deshalb sieht sie auch nicht den Ausdruck in Rakels Gesicht. Er wechselt von ungläubigem Staunen zu Bewunderung, bis er sich schließlich in einem strahlenden Lächeln entlädt.

»Du, Tora! Du kannst aber gut werfen! So was hab' ich noch nicht gesehen. Du bist genau wie ich, als ich jung war. Ich mußte auch rennen, springen, werfen. Herrgott, wie lang ist das her! Nun machen wir eine Pause. Wie gehn rein und waschen uns den Dreck ab. Und dann backen wir uns Waffeln. – Hast du Lust auf Waffeln?«

Sie wandte sich zu dem Mann auf der Kartoffelkiste.

»Er sagt danke und Dank!« Der alte Mann war schnell auf den Beinen.

Er trat von einem Fuß auf den anderen und hatte seinen Koffer fest in der Hand.

Und Tora lief, um die vollen Eimer zu leeren. Es polterte und hüpfte unten in der Kiste, als sie die Kartoffeln hineinkippte. Die Erde fiel ab, und die kleinen roten Augen kamen zum Vorschein. Sie starrten sie an. Es gab Hunderte von ihnen. Tora deckte die Kiste mit einem Sack zu und ging schnell zum Haus.

Seltsam, daß die Tante den alten Juden einlud. Das tat fast niemand. Konnte die Tante ahnen, daß Tora sich ihm verwandt fühlte? Nein, das schlug sie sich aus dem Kopf.

Aber sie hätte sich das mit der Kartoffel sparen können. Nun lag sie irgendwo hinter dem Stall und hatte keinerlei Nutzen in der Welt.

Rakel mußte den Mann zwingen, sich den Mantel und die Schuhe auszuziehen. Sie setzte ihm eine Waschschüssel mit Wasser hin.

»Wasch dir die Hände!« sagte sie gebieterisch.

Tora sah den alten Mann an. Die Scham ließ sein Gesicht leer erscheinen, denn er hatte sehr schmutzige Hände.

Tora versteckte ihre erdigen Hände hinter dem Rücken, bis sie an der Reihe war.

Der alte Jude breitete die erwähnten Decken auf dem Küchentisch aus. Rakel ging hin und her, drehte und wendete sie alle, hielt sie vor sich in die Höhe und fragte Tora um Rat. Ab und zu war sie hinten beim Herd und goß neuen Teig in das Waffeleisen. Es zischte und duftete und breitete ein gutes Vergessen über das, was sich draußen auf dem Acker ereignet hatte.

»Haben wir Zeit zum Sticken, was glaubste, Tora?« fragte Rakel nachdenklich und hob die eine Augenbraue. Sie hielt ein Überhandtuch hoch und betrachtete es prüfend.

Das Motiv einer Hütte mit Birkenwald und massenweise Blumen. Tora nickte mit vollem Mund. Sie trank Kaffee dazu, sie auch. Sie sah auf die Farben, die Rakel an das Bild hielt, um zu entscheiden, welche am besten zusammenpaßten.

Der Mann lächelte nur mit den Augen. Ein dichtes Netz von Fältchen zog sich um seine Augen und verriet ihn. Aber der Mund war ausdruckslos. Er aß langsam und gründlich und schlürfte den Kaffee nicht aus der Untertasse, wie Tora das

schon bei alten Leuten gesehen hatte. Alles, was er tat, geschah beinahe lautlos.
Es war, als ob er Angst hätte, daß jemand seine Anwesenheit bemerken könnte. Manchmal vergaß er sich und wischte mit dem Handrücken über den Bart. Um sich im nächsten Augenblick dessen bewußt zu werden, daß er in der Küche von besseren Leuten saß. Da zog er verlegen ein nicht ganz sauberes Taschentuch aus der Tiefe seiner Tasche.
Mit einer würdigen Bewegung fuhr er langsam über die Stelle, für die er gerade eben den Handrücken benutzt hatte.
Das war ein ganz anderer alter Jude als der, den Tora in Vaeret gesehen hatte, wenn er sich mit seinem Koffer vorbeischleppte, einen ganzen Schwanz Kinder hinter sich und mit einem im Wind flatternden Mantel.
Dieses hier war gleichsam – ein Mensch.
Der Kuchenteller war leer. Tora begriff nicht, wie jemand so langsam essen konnte, jedenfalls wenn sie hinsah, aber gleichzeitig so viel in so kurzer Zeit.
Der Kauf des Küchensets wurde in bestem Einvernehmen abgeschlossen, und der alte Jude hatte es plötzlich eilig, wegzukommen. Er hatte noch viel vor. Er versuchte nicht, Rakel weitere Sachen zu verkaufen, zögerte nur, den Kofferdeckel zu schließen. Suchte wie zufällig unter den Kleiderstoffen und Bändern und ließ die verkrümmten Finger geistesabwesend über eine breite Spitze gleiten.
Als er gegangen war, hatte er einen seltsamen, würzigen Duft hinterlassen.
Tora sollte die Decke für den Küchenschrank sticken. Rakel sagte, daß sie heute nicht mehr in die Kartoffeln gingen. Jetzt sollte gestickt werden. Und sie machten das große Licht über dem Küchentisch an und nahmen die Arbeit in Angriff.
Am Anfang hatte Tora Schwierigkeiten mit den Fingern. Das Kartoffelbuddeln hatte die Gelenke steif und unbeholfen gemacht. Rakel führte die Nadel mit großem Geschick, und sie zeigte Tora die komplizierteren Stiche, so daß sie die Arbeit mit nach Hause nehmen konnte. Sie sollte 30 Kronen für die Decke bekommen, wenn sie fertig war. Das war unglaublich viel, und es war beinahe beschämend, das anzunehmen. Aber Rakel winkte ab und sagte, als Gegenleistung müsse es auch ordentlich auf der linken Seite aussehen, sonst müsse sie sämtliche Stiche noch mal aufmachen. Und nun müsse sie sich eine Taschenlampe leihen und machen, daß sie nach Hause kom-

me, bevor man sich um sie ängstige. Morgen um acht gehe es mit den Kartoffeln weiter.

Tora zögerte, sich für den Heimweg anzuziehen. Konnte die kleine Decke anscheinend nicht in das große Packpapier einwickeln. Die Decke glitt immer wieder heraus. Schließlich wand Rakel einen Bindfaden drum und händigte Tora das Päckchen lächelnd aus.
»Wenn ich doch hier schlafen könnte!«
Die Worte entfuhren Tora, ohne daß sie wußte, daß sie sie gedacht hatte. Rakel sah sie erstaunt an.
»Haste Angst vor der Dunkelheit, großes Mädchen?«
»Nein, das nicht grade...«
»Du kannst morgen hier schlafen«, entschied Rakel und zog Tora an dem einen Zopf. »Das paßt gut, denn Simon muß nach Bodö. Frag deine Mutter, ob du darfst, gelt?«
»Ja!«

Als Tora den dunklen Grusweg nach Hause trabte, empfand sie den morgigen Tag so, als ob sie ein kleines, weiches, warmes Tier im Schoß hätte. Sie schob den Abend und die Nacht weit von sich weg und ließ das Licht der Taschenlampe munter über den Straßengraben und über die Äcker fegen. Sie schien sie nicht zu brauchen, um den Weg besser sehen zu können. Obwohl der Himmel dunkel war und das Wäldchen mit seinen verkrüppelten Zweigen, die sich nach ihr ausstreckten, dicht am Weg stand.

34

Der Flur lag im Halbdunkel, weil auf ihrem Treppenabsatz die Birne kaputtgegangen war, aber sie sah es sofort, als sie die Treppe heraufkam. Mutters Schuhe und Mantel waren nicht da. *Seine* Schuhe und die Jacke lagen auf einem Haufen unter dem Kleiderhaken.
Tora zögerte an der Tür. Sie vermochte heute abend nicht, die Türklinke herunterzudrücken. Es kamen kratzende Laute von drinnen.

Sie drehte sich um und fand mit der freien Hand das Treppengeländer. Die Taschenlampe und das Päckchen preßte sie mit der anderen dicht an ihren Körper. Wie ein Dieb auf der Flucht.
Sie schloß die Haustür so vorsichtig, wie sie nur konnte, trotzdem wimmerte die Tür ein bißchen. Dann war sie wieder draußen in der scharfen Luft und ließ sich von der Dunkelheit verschlucken.

Heute abend wollte sie nicht durch das hindurch.

Eine gebeugte kleine Gestalt mit einem Päckchen unter dem Arm. Sie mied die Straße. Fand den Pfad hinauf über die Heide und die Moore.
Die Erlenbüsche standen wie erschreckte Gespenster vor ihr. Einmal setzte sie sich atemlos auf einen Stein und fühlte sich erlöst.
Sie war Tora. Sie war unterwegs – nur fort.
Der Steinbruch! Dorthin wollte sie gehen. Dort konnte sie im Windschutz sitzen. Es mußte spät sein. Niemand durfte sie jetzt hier draußen sehen. Denn dann würde es die Mama erfahren und sich schämen, weil die Leute sagen würden, daß Ingrid nicht einmal mit ihrem einzigen Kind fertig wurde, das sich in der dunklen Nacht draußen herumtrieb. Und die Leute würden sich wundern. Tora hatte gelernt, daß man den Leuten keine Gelegenheit zu solchen Schlüssen geben sollte.
Denn aus ihrem Erstaunen machten sie ungemütliche und anklagende Wahrheiten. Je mehr sie sich wunderten, desto abscheulicher wurden die Wahrheiten.
Als sie fast bis zu dem Karrenweg gekommen war, der zu dem Steinbruch führte, tauchten plötzlich zwei Gestalten oben am Hang auf. Sie kamen ihr nicht bekannt vor.
Sie kauerte sich in den Straßengraben und spürte, wie das Wasser, das im Graben stand, von oben in ihre Stiefel hineinsickerte. Kalt und gnadenlos umschloß es ihre Beine, die Knöchel und zum Schluß die Zehen. Trotzdem harrte sie aus, bis die Männer vorbei waren. Der Steinbruch schien nicht mehr sicher zu sein. Sie stand ratlos da und wußte nicht, wohin sie gehen sollte. Wer jetzt einen Dachboden hätte!
Da fiel ihr ein, daß der neue Dachboden schon ein Dach und Wände mit geschützten Ecken hatte. Vielleicht fand sie dort ein Versteck. Wenn sie nur eine Weile dort sitzen konnte, bis

sie sicher war, daß die Mutter ihre Arbeit beendet hatte. Sie konnte sie unten bei Dahl abholen. Sie würde es über sich ergehen lassen, daß die Mutter schimpfte, weil sie um diese Zeit draußen im Dunkeln war. Ja!
Sie schlich über den Weg und fand den Strand, so daß sie ungesehen nach Vaeret gelangen konnte. Es quatschte kalt und trostlos in den kurzen Stiefeln.
Sie hätte die Stickerei zu Hause lassen sollen, dann hätte sie jetzt beide Hände frei und könnte sie in den Taschen wärmen. So mußte sie sie abwechselnd wärmen. Das nützte wenig.

Es wehte ein frischer Wind. Die Zöpfe standen wie Reisigbesen nach hinten ab, und es war unmöglich, die Jacke vorn zusammenzuhalten. Die Kälte schlich sich über die Beine hinauf, und sie bereute es bitter, daß sie nicht ihre »Kartoffelhosen« anbehalten hatte, als sie nach Hause ging. Der Rock war kurz, und die Strümpfe waren dünn. Außerdem war etwas nicht in Ordnung mit dem einen Strumpfhalter, sie mußte öfter stehenbleiben, um den Strumpf wieder festzumachen.

Einmal gab sie nicht acht und wäre beinahe mit dem Kopf in den Steinen gelandet. Sie spürte, daß ein spitzer Stein durch den Strumpf in die Haut eingedrungen war. Sie setzte sich und fuhr mit der Hand über die verletzte Stelle. Es klebte warmes Blut an den Fingern. Der Strumpf war hin. Sie hatte das Päckchen und die Lampe verloren. Aber sie hatte genug Zeit zum Suchen, und es kam ihr nicht in den Sinn, daß sie beides nicht wiederfinden würde. Es war alles zusammen so seltsam fern. Sie hatte das Gefühl, daß sie ihr Leben lang hier am Strand in der Dunkelheit herumkriechen müßte.
Es glitzerte weiß in der Welle, wenn sie sich über den Steinen brach, dann floß sie am Strand hoch und zog sich wieder zurück. Kam und ging. Tora blieb sitzen, ohne sich zu rühren, bis sie kein Gefühl mehr in den Füßen hatte. Die Hände hatte sie zwischen die Oberschenkel gesteckt, so war es mit ihnen erträglich.
Als sie endlich den Kopf hob, sah sie die Lichter von Vaeret. Es war, als ob sie davon erwachte. Kam zitternd auf die Beine und tastete umher, bis sie die Lampe und das Päckchen fand. Sie machte die Taschenlampe nicht an. Die Dunkelheit war gut. Da konnte einen keiner entdecken. Die Dunkelheit war immer ein Versteck für ein junges Mädchen. Nur durften keine

Wände drum herum sein. Es mußte sein wie hier: grenzenlos. Trotzdem kam eine gewisse Angst vor der einsamen Dunkelheit über sie. Sie schien sich in einer toten Welt zu bewegen. Sie war die einzige. Allein mit sich selbst. Sie vergaß willentlich, warum sie hier ging. Sie hatte keinen Grund. Es war nur eine Form des Daseins. Wandern zwischen toten, kalten Steinen in einer Welt, in der nur der Wind, das Meer und sie lebten.

Sie schlich zwischen den Gerüsten durch, suchte in den dunkelsten Ecken im Schatten des Riesenbaus. So aus der Nähe war er sehr furchterregend. Schließlich fand sie eine Leiter, die zu den Arbeitsgerüsten hinaufführte. Sie stieg hinauf, Sprosse für Sprosse, und setzte sich dann mit dem Rücken dicht an die Wand.

Bei jeder Bewegung, die sie machte, schrie es einsam und klagend in den nicht geschmierten Flaschenzügen. Die Wunde am Knie brannte nicht sehr schlimm. Es war auszuhalten.

Sie streifte die nassen Stiefel ab und goß das Wasser aus, zog den Rock um sich, so gut es ging, und versuchte, die Strickjackenärmel über die Handgelenke herunterzuziehen. Sie schwebte hoch über der Erde!

Langsam fing sie an, ihre Füße wieder zu spüren. Bewegte erstaunt die Zehen. Seltsam, seine eigenen Füße so schmerzhaft nah zu fühlen. Die Stiefel und das Päckchen klemmte sie in die Spalten zwischen den Brettern, so daß sie sie in der Dunkelheit nicht verlor. Einen Augenblick wurde es ihr schwindlig, als es ihr aufging, wie hoch sie sein mußte. Sicher genauso hoch wie in dem alten Dachboden.

Sie dachte sich ein Spiel aus, welches darauf hinauslief, daß alles gut werden würde, wenn sie nur die Stiefel bewachte.

Einmal dachte sie an den alten Juden. Es war, als ob sie seine Kälte zusätzlich zu der ihren fühlte.

Es mußte schon spät sein. Aber sie durfte nicht schlafen. Nicht weil sie Angst hatte herunterzufallen, sondern weil niemand sie hier oben finden durfte, wenn es hell wurde. Sie lehnte sich noch fester gegen die Wand und wrang die beiden Strümpfe aus. Das half. Natürlich tat es das!

Sie lehnte auch den Kopf an die Wand und spürte, wie das rauhe, ungehobelte Holz an ihrer Kopfhaut kratzte.

Wenn *er* doch verschwinden würde, dachte sie. Da würden alle Dinge verändert sein. *Er!* Wenn er sterben würde oder wenigstens abhauen! Ja. Der Gedanke wurde übermächtig. Und sie wurde gewahr, daß er salzig und schleimig schmeckte und schwer zu schlucken war.
»Lieber Gott! Glaubst du nicht, daß du den Henrik hier auf Erden entbehren kannst?« betete sie leise. Sie konnte kaum ihre eigene Stimme hören, und sie zwang sich, ihn mit Namen zu nennen, damit vielleicht mehr Kraft in dem Gebet wäre.
Nachdem sie die Worte ein paarmal wiederholt hatte, sah sie Tante Rakel vor sich. Roch ihre Waffeln und das Brot. Tora vergoldete sich die feuchtkalte, graue Nacht mit dem Gedanken an das Schönste, was ihr einfiel.
Zuletzt glaubte sie, daß sie in dem weißen Bett in der kleinen Dachstube auf Bekkejordet lag. Dort stand der Glasschrank mit dem altmodischen Kaffeeservice von der norwegischen Großmutter. Gleichzeitig sah sie, wie der Himmel sich mit einem herrlichen Rot überzog, genau dort, wo es bei der Insel mit dem Leuchtfeuer ins Meer hinausging. Es war wie ein Wunder. Der alte Jude kam mit einem ganzen Arm voll goldäugiger Kartoffeln und beklagte sich, daß das Glanzbild, welches er verkaufen wollte, in den Himmel hinaufgezogen worden war.
Und die Küchenschrankdecke hing an dem rostigen Wäschegestell im Tausendheim-Hof und war ebenso dreckig wie die »Kartoffelausrüstung«, die Tora angehabt hatte.
Tora stieg in die Höhe gleich einem Ballon.
Höher und höher. Das Atmen wurde so leicht. Das Kartoffelkraut wuchs schnell und dicht und kam ihr nach.
Sie war auf einmal ein Goldauge, das sie selbst geworfen hatte. Sie fühlte die Stärke ihres eigenen Wurfs. Er trug so schön. Sie schwebte leicht und mit großer Geschwindigkeit. Hoch über die Wolken trug er sie. Über die Häuser und die Menschen da unten. Keiner konnte sie erreichen. Keiner!

Da sah sie plötzlich, daß *er* zu Hause in der Toreinfahrt stand, die Tür zur Kammer enttäuscht in den Armen.
Sie fing an zu fallen. Fiel und fiel. Versuchte an dem Tor und an der Tür vorbeizusteuern, aber er kam näher und näher. Die Tür war auf einmal ganz nah, Tora konnte sehen, daß sie um die Türklinke herum abgegriffen war und in dem mittleren Feld verkratzt. Er war ohne Gesicht. Da wußte sie, daß nichts

verändert war. Er hatte nur die ekelhaften Worte, die er hervorzustoßen pflegte. Und die harten Finger. Da gab es keinen Ausweg!
Einen Augenblick sah sie, daß Frits versteckt hinter dem Torpfosten stand und ihr etwas erzählen wollte. Aber sie konnte die Zeichen, die er machte, nicht deuten. Er hielt die Arme hoch, und die Finger bildeten viele ungleiche Muster. Sie schaffte es nicht, irgend etwas zu verstehen. Dann war er weg.
Die Tür war so nah, so nah. Sie sah den groben, dunklen Haaransatz des Mannes.
Konnte den scharfen Geruch der Gefahr wahrnehmen und wappnete sich.

Mit einem Ruck setzte sie sich auf, so daß sie das Gefühl hatte, der steife Nacken wäre gebrochen. Es war der Geruch!
Es war hell. Himmlischer Vater, da hatte sie doch geschlafen!
Die Sinne arbeiteten sich aus dem Schlaf heraus, der Körper folgte nur widerwillig nach. Da sah sie es: Es brannte unter dem Gerüst! Nein, unter den Kaiplanken. Es roch bereits streng nach Rauch und Teer. Es zischte ein paarmal, bevor die frisch geteerten Pfosten, die den Speicher trugen, ernstlich zu brennen begannen.
Tora war schon auf der Leiter, ehe sie richtig wußte, wie. Schnell und geschmeidig, um die Wette mit der Angst, die es ihr schwermachte zu atmen.
Sie wußte nicht sicher, ob es ein Traum war oder ob sie wirklich hier kletterte. Aber als sie auf ihre Strümpfe sah und sich daran erinnerte, daß die Stiefel noch dort oben standen, war sie nicht mehr im Zweifel.
Tora war ratlos. Wer war am nächsten, um zu helfen? Denn Onkel Simons Kai mußte gerettet werden. Sie machte einige schnelle Schritte zu der Treppe hin, bei der die kleinen Boote lagen, um zu sehen, wie schlimm es war.
Da sah sie ihn!
Der Mann stand da unten bei den Kaipfosten!
Sie würde die Gestalt, wo auch immer, erkannt haben!

Die Tür! Sie war doch auf die Tür gefallen.
So war es kein Traum, wie sie zuerst geglaubt hatte.
Sie wollte es nicht, sie wurde trotzdem zu der Treppe hingezogen. Er kam ihr mit gesenktem Kopf entgegen, eine Kanne in der Hand. Es prasselte und knisterte da unten. Das Feuer kam

hinter dem Mann her, als ob es etwas zu rächen hätte. Breitete sich immer rascher aus. Als *er* an den Fuß der Treppe kam, wandte er das Gesicht nach oben. Es war weiß gegen den flakkernden roten Hintergrund. Die Flammen lebten und züngelten hinter ihm. Tora stand am Rande der Wirklichkeit. Am Rande eines Alptraums. Stand da in nassen Strümpfen und hatte die Stiefel hoch oben unter dem Himmel vergessen. Sie war vergeblich weggelaufen.

Da kam der Schrei.
Er gellte durch das Knistern und Meeresrauschen, war wie ein Schmerz, der aus ihr herausflog. Mittendurch schnitt er. Durch die Angst und alles.
Der Mann da unten blieb stehen und schwankte. Er hatte den Fuß noch nicht auf die unterste Treppenstufe gesetzt.
Tora sah zu ihrer Verwunderung, daß der Mann plötzlich ein Gesicht hatte. Ein gejagtes und angstvolles Gesicht. Das Entsetzen in jeden Zug eingeritzt.

Und der Schrei fuhr aufs neue aus ihr heraus. Diesmal trug er viel weiter, weil sie sich darüber klar war, daß sie schrie. Der Mann schwankte noch einmal, dann fiel er. Schwer und mit flatternden Armen. Der Körper stieß gegen die Kaipfosten. Es klang, wie wenn das Kohlenauto zu Hause die Säcke auf die Zementtreppe kippte. Weich und hart zugleich.
Dann kam das Klatschen. Aber es wurde schnell übertönt von dem Knistern des riesigen Feuers und dem rhythmischen Klatschen an die Kaipfosten. Die Ölkanne flog landeinwärts auf die Steine und blieb liegen und wurde vom Wind hin- und hergestoßen. Als ob sie der ganzen Welt erzählen wollte, wo sie lag.

Das Feuer leuchtete und funkelte in dem unruhigen Wasser. Es wurde sozusagen lebendig. Es fraß sich nach oben und leckte rund um das trockene neue Holz. Breitete sich aus wie ein Riesenfächer. »Es wärmt«, dachte Tora erstaunt. Es war ein Freund. Es leuchtete für sie.
Seine Hand war goldfarben, als sie für einen Augenblick auftauchte. Dann kam auch der Kopf. Seine Mütze schwamm dort drüben bei Simons Ruderbooten.
Bei Tageslicht hatten die Boote blaue Dollbords, erinnerte sich Tora. Der ganze Hafen war jetzt goldfarben. Und seine Mütze

schwamm ganz allein dort drüben. Vielleicht war sie ein bißchen froh. Wie Tora. Denn er konnte sich bestimmt nicht retten. Froh!

Wenn er dort wäre, wo die Mütze war, könnte er ein Boot erreichen. Aber er war nicht dort! Er war zu weit weg. Und alles brannte. Er würde ertrinken und verbrennen. Ertrinken und verbrennen. In alle Ewigkeit. Amen!

»Komm mit dem Boot, zum Teu...!«
Der Ruf wurde abgewürgt, da der Mann Wasser schluckte und wieder versank. Es flimmerte rot vor Toras Augen. Sie hatte das Gefühl, als ob ein Deckel mit großer Kraft hochgedrückt worden wäre. Es rauschte so sonderbar, sie schien nicht sie selber zu sein. Sie stand abseits von allem. Jedesmal wenn der Mann unterging, wurde sie etwas freier. Schließlich vermochte sie es nicht mehr zurückzuhalten. Es wurde zu mächtig. Das Aufschluchzen kam wie die Vorwarnung zu einem überschäumenden Gelächter. Es strömte aus ihrem Mund, ohne daß sie es wußte. Dann fing sie an zu zittern.
Der rechte Mundwinkel zog sich nach unten und entblößte die Zähne.
Ein zitterndes, unschönes Grinsen stand in dem weißen Gesicht. Das Lachen war nicht aufzuhalten.
Sie konnte ihn nicht erreichen. Sie *sollte* ihn nicht erreichen. Das war so bestimmt.
Zum Schluß gab der Mann keinen Laut mehr von sich, als er nach oben kam.
Bald würde er für immer dort unten im Tang verschwinden. Die Krabben würden sich in ihn hineinschleichen, würden den großen Körper Bissen für Bissen verzehren. Würden ihn an Händen und Füßen binden und ihn in die Schande hinunterziehen. Würden ihn besitzen und wegwerfen. Aber wiederkommen. Immer! Die Kleider würden verrotten, so daß er nichts anderes mehr hatte, um sich dahinter zu verbergen, als das kalte, brausende Meer.
Tora würde nie wieder im Meer baden!
Er würde die ganze Zeit den Mund aufmachen und rufen und flehen dort unten. Aber das würde nichts nützen. Die Sterne würden nichts sehen und hören.
Alle hatten genug mit sich selbst zu tun. In der Kammer würde es still werden.

Am Ende würden Ebbe und Flut ihn hin- und herschaukeln und ihn mit in die Tiefe nehmen, wo nichts mehr eine Spur hinterließ. Und nur noch Strömungen waren.
»O Gott!«
Der Jubel kam aus ihrem Mund wie ein Geheul.

Es knisterte in dem Riesenfeuer.
Das Feuer begann auf die Kaidecke hinaufzuklettern. Leckte mit vielen bereitwilligen Zungen an den Planken. Rundum stand ein schöner goldener Schein, so empfand es Tora. Wie volles Sonnenlicht. Es roch nach Sommer und Teer. Aber das hier war noch besser, es war in Bewegung. Es tanzte!
Dann dachte sie daran, daß es ja Onkel Simons Kai war, der brannte. Jäh sah sie die Grenze zwischen Traum und Wirklichkeit. Sie hatte das Gefühl, daß ihr jemand ins Gesicht schlug. Mußte sie so böse sein, um die Wirklichkeit zu ertragen? Nein! Sie merkte, daß sie im Ruderboot stand. Arbeitete hastig mit toten Händen. Löste die Trosse. Als ob sie nie etwas anderes gemacht hätte. Stieß sich mit dem Ruder ab. Schnell. Es eilte!
Sie hielt ihn gut über Wasser, als die Männer kamen. An den Haaren. Er schwamm erstaunlich leicht, auf dem Rücken. Das Gesicht nach oben. Sie hatte das geschafft wie nichts. Obwohl er eine gewisse Kraft in sich hatte, sich auf den Bauch umzudrehen und das Gesicht nach unten zu halten, hatte sie es verhindern können. Sie hatte ihn an dem eiskalten Kinn gepackt und festgehalten. Die Augen waren weit offen. Dennoch sahen sie nichts. Da war sie ganz sicher. Sie glichen den Augen eines Fisches, den man schnell hochzieht und ausbluten läßt. Aber das war der Unterschied. Sein Körper war schlaff und ruhig.
Die Mütze schwamm immer noch dort drüben. Sie war bis zu dem Boot von Peder Larsa gekommen.
Sorglos wogte sie auf und ab und nahm Kurs mit dem Wind. Als ob sie daran dächte, zu fliegen. Aber dazu war sie zu naß und zu schwer geworden.

Metallklare Stimmen. Befehle. Stahlhart in dem dichten, grauen Morgen. Sie kamen von überallher. Durch den Rauch.
Der ganze Kai war verschwommen und in Rauch gehüllt. Aber der Teergeruch versuchte immer stärker eine versöhnliche Hülle über die Zerstörung zu legen. Die Rollen mit der Dachpappe zischten und brannten. Das Feuer schien sich eine

Akkordarbeit vorgenommen zu haben. Es wütete blindlings und verzehrte alles in wilder Bosheit.

Das kleine Boot schaukelte. Tora fühlte einen keuchenden Atem an ihrem Gesicht und einen großen, warmen Körper dicht neben dem ihren. Große Hände übernahmen das, was sie festgehalten hatte. Ein Herz klopfte. War es Onkel Simons Herz oder ihr eigenes?

Der tote Körper wurde wie eine Riesenkrake über die Reling geworfen. Als ob nur Knorpel und Haut in der Kleiderhülle wären. Seine Haarbüschel! Erst als sie weg waren, fühlte Tora sie an den Händen. Wie verrottete Netze – am Strand vergessen und bei Wind und Wetter herumgetrieben.

Simon Bekkejordet überließ es den anderen, sich mit dem Löschen und mit Henriks leblosem Körper zu beschäftigen. Er trug das Mädchen zur Tobiashütte, wo sie in Sicherheit war.

»Seine Ölkanne liegt unten am Kai«, sagte sie fest.

Er verstand sofort, in ungläubigem Staunen, und fragte nichts. Aber er hielt sie dicht, dicht an sein wild pochendes Herz gedrückt. Und sie weinten beide.

Dann streifte er die Jacke ab und hüllte Tora darin ein, bevor er losstürzte, um eine Tonne zu holen.

Als die Männer mit Henrik Tostes Körper kamen, hatte Simon die Tür von der Tobiashütte aus den Angeln gehoben und auf die Tonne gelegt. Sie betteten den Körper auf die Tür, und Simon fuhr mit seiner Hand tief in Henriks Hals hinein.

Tora saß zusammengekauert auf einer Fischkiste und grübelte darüber nach, wie ein Herz es fertigbrachte, so fürchterlich zu schlagen.

Sie fühlte es bis in die Ohren hinauf. Es war wie eine Maschine. Als die Männer ihn auf der Tür nach hinten wippten, sah sie sein Gesicht.

Plötzlich wuchs es vor ihren Augen und kam auf sie zu. Machte sich los von dem toten Körper und kam!

»Lieber Gott, ich habe nur meine Strümpfe an, wie du weißt. Ich konnte nicht schneller machen! Nicht wahr?«

Sie hatte das Gefühl zu ersticken. Aber mit einemmal war es ihr, als ob sie wieder oben in der Luft wäre und auf dem Weg zu der Tür. Die Tür hatte er jetzt unter sich, aber das war egal. Sie hatte sich erlöst geglaubt, und nun fiel sie, und nichts wurde so, wie sie geglaubt hatte. Nichts wurde so, wie man glaub-

te, denn alles war vorherbestimmt. Er konnte sie erreichen, auch noch als Toter.
Sicher. So war es. Sie würde nie loskommen.
Sie machte eine Bewegung mit der Hand, wollte etwas sagen. Aber niemand beachtete das Mädchen auf der Kiste. Sie mühten sich damit ab, das Erbrochene und das Meerwasser aus dem Mann auf der Wippe herauszubekommen.
Daß der Onkel nicht begriff, daß es zu spät war! Der Mann war doch tot. Aber sie hatten ihn vor der Einsamkeit da unten gerettet. Das mußte genügen.
Endlich sahen die Männer, daß das eingefallene Kinn sich rührte. Henrik erbrach sich langsam und in gleichmäßigen Abständen. Simon drehte ihn blitzschnell zur Seite und führte die Hand noch einmal in den Rachen hinein, um den Prozeß in Gang zu halten. Die Männer stießen ihn sanft, aber bestimmt in den Magen, und das half zusätzlich.

Aller Augen waren auf das bläulichweiße Gesicht auf der Tür gerichtet.
Da kam Leben in die Augenlider, und er versuchte verwirrt, den Blick auf den zu heften, der ihm am nächsten stand. Das grelle Licht vom Kai wetteiferte mit dem flackernden Licht des Feuers. Der Mann blinzelte und sah aus wie ein Junge, der zu zeitig aus dem Schlaf gerissen wird. Ein wenig matt, ein wenig mürrisch.
Nun geschah etwas mit dem Mann, womit niemand gerechnet hatte.
Etwas kämpfte um sein Leben, ohne daß er es wußte. Er krümmte sich plötzlich zusammen und gab einen röchelnden Laut von sich, und dann erbrach er sich über der alten, vergammelten Tür.
Er schien niemals fertig zu werden. Er krümmte und wand sich wie eine Riesenkrabbe.
Tora sah das Ganze. Und ihr fiel ein, daß sie die Stiefel auf dem Gerüst vergessen hatte. Es war ihr gleichgültig. Sie hatte keine Kräfte, sie zu holen.
Sie hatte den Hügel genommen. Der Traum war weg. Sowohl das Gute wie das Schlimme im Traum.
Der Takt der Eimerkette klang herüber. Die Befehle waren verstummt. Alles ging nach Plan.
»Hiev-und-hiev-und-hiev!«
Plötzlich schnitt eine Stimme durch den Rauch. Sie gehörte ei-

nem, den Tora nicht kannte, die Stimme kam sozusagen aus dem Nichts: »Es reicht, es reicht! Stellt das Wasser an, zum Teufel!«

Dann kam der große, befreiende Strahl aus dem Schlauch. Er fauchte und warf sich auf das mächtige Feuer. Wegen des Rauchs und des Dampfs zuckten die Männer am Kai einen Augenblick zurück. Tora hustete, ohne es zu merken.

Sie sah die Eimer von einer Hand zur anderen gleiten. Die Rücken beugten sich im Takt mit den Rufen. Ab und zu schlug ein Eimer gegen die Kaikante, so daß derjenige, der ihn entgegennehmen sollte, die ganze Ladung ins Gesicht bekam. Aber man hörte nicht viele Flüche. Denn alles lief so, wie es sollte, und das Feuer mußte aufgeben.

Taktfest und dröhnend stiegen die Männerstimmen wie ein einstimmiges Brausen nach oben. Es lag ein gewisser Triumph darin.

»Hiev-und-hiev-und-hiev!«

Und hoch über den Männern und den Wassereimern stand der einsame Strahl aus dem Schlauch und überrieselte die ganze Welt.

In dem Wasserstrahl schimmerten ab und zu blitzschnelle Regenbogen. Aber je mehr das Feuer sich verloren gab, desto mehr verschwanden die Farben im Rauch. Der Himmel und das Meer waren weit draußen miteinander vertäut. Da war keine Grenze mehr.

Es wurde Morgen. Der Wind habe Gott sei Dank auch diesmal vom Land gestanden, sagten die Leute.

35

Der Tag lag wie ein Leichentuch über den Mooren, als Nas-Eldar den Lastwagen von Dahl landeinwärts steuerte, den durchnäßten Körper von Henrik Toste, der in eine Plane gehüllt war, auf der Ladefläche.

Auch Tora war auf die Ladefläche hinaufgehoben worden, denn der Sitz neben dem Fahrer war alt und kaputt. Alles, was Ingrid gehörte, saß nun da oben.

Hätte sich jemand auf das Seelenleben eines Kindes verstanden, dann hätte er grobe Bänkelsängerverse oder empfindsame

Poesie über die brutale Zweiseitigkeit des Lebens schreiben können. Aber auf eine solche Idee kam keiner.

Tora hatte die Hände fest um die Knie geschlungen. Sie starrte auf die Straße, die sie hinter sich ließen, und fuhr rückwärts in den neuen Tag hinein.
Sie hatte etwas kraftlos dagegen protestiert, daß sie mit ihm zusammen auf dem Lastwagen sitzen sollte, aber keiner hatte davon Notiz genommen. Das Mädchen hatte von einem Paar Stiefel gesprochen.
»Ihr habt keine Stiefel, weder du noch er. Ihr braucht jetzt auch keine«, antwortete irgendeiner ungeduldig. Damit war der Fall erledigt.
Sie konnte noch so sehr zur Seite schielen, sie sah doch sein Bein, das aus der Plane herausguckte. Deshalb mußte sie auf dem Grusweg die Augen schließen. Das war nicht einfach, wenn es besonders schlimm schwankte.

Man hatte Ingrid Bescheid gesagt. Sie stand auf der Treppe, als sie kamen. Sie hatte die Arme über der Brust gekreuzt und hielt mit beiden Händen den Ausschnitt der Strickjacke fest. Für Tora sah es so aus, als ob man der Mutter beide Augen ausgestochen hätte.

Jetzt gab es nur noch die Uhr, die Mama und Tora.
Sie hatten ihn ins Bett gebracht, Leben in ihn hineingerieben und ihm einen starken Trank eingeflößt. Das letztere machte keine große Mühe.
Ingrid ging mit erloschenen Augen umher und bot Nas-Eldar Kaffee und Brot an. Aber er hatte keine Zeit. Wirklich nicht. Sie nickte nur stumm und vergaß nicht, ihm für die Fahrt zu danken, indem sie seine derbe Hand kräftig drückte.
Ingrid wußte, daß es sich nicht auszahlte, den Dank zu vergessen. Der Alte sah einen Augenblick zu Seite, dann öffnete er die Tür und war draußen im Gang. Seine Tritte gaben in dem schlafenden Haus ein hohles Echo.
Ingrids Augen waren für Tora nicht erreichbar. Es lagen so viele ungesagte Worte zwischen ihnen. So viele Fragen, die die Erwachsene nicht zu stellen vermochte. Nicht jetzt. Vielleicht später. Vielleicht schon morgen. Ingrid trocknete ihre feuchten Hände an der Schürze ab und strich das dunkle Haar hinter die Ohren.

»Iß, Tora! Dann kommst du auch ins Bett!«
Die Stimme war fremd. Tora hatte fast den Eindruck, daß sie die Mutter noch nie hatte sprechen hören. Aber sie konnte nichts dabei empfinden. Statt dessen aß sie drei Bissen, um die Mutter zufriedenzustellen. Aber sie merkte schnell, daß es eine unnötige Mühe war, denn Mutters Augen waren nach innen gewandt und nahmen Tora gar nicht wahr.

Der Engel über dem Bett sah so aus, als ob er die größte Lust hätte, zum Fenster hinauszufliegen und sich den Möwen anzuschließen. Die Gardinen waren nicht zugezogen. Der Wind hatte den Nebel vertrieben, und der Himmel lag seltsam neu und schimmernd in dem dunkelblauen Meer.
Ein Frachtboot tuckerte dort draußen.
Es war so merkwürdig, daß alles weiterging. Nichts war zu Ende.
Tora zog sich in dem grauen Licht aus. Die Pulloverärmel waren bis über die Ellenbogen naß. Von den kaputten Strümpfen hatte die Mutter nichts gemerkt. Einen Augenblick war sie ratlos, als sie sah, daß die Wunde am Knie wieder zu bluten begann, nachdem sie den Strumpf ausgezogen hatte. Sie konnte sich mit so einem Knie nicht in die Bettwäsche legen.
Sie holte ein Taschentuch aus der Kommode und probierte, ob es um das Knie reichte. Es wurde zu stramm, als sie es zusammenknotete. Einen Augenblick schien die Welt unterzugehen, weil es mit dem Taschentuch nicht klappte. Sie glaubte Sand hinter den Augenlidern zu haben.

Der Engel über dem Bett sah ständig so aus, als ob er auf und davon wollte. Da ging in Tora eine Steinlawine nieder. Scharfe Kanten lösten sich. Sie hatte wilde Kräfte in sich, die freikommen wollten. Sie riß einen sauberen Strumpf aus der Schublade und wickelte ihn um das blutige Knie. Das half ein bißchen, aber nicht genug.
Sie kletterte aufs Bett und nahm den Engel von der Wand, öffnete das Fenster und schmiß ihn raus. Er flog quer über den verwilderten Garten und hinter den großen Vogelbeerbaum auf die andere Seite des Steinwalls. Es glänzte lustig in dem Glas, als das Bild den höchsten Punkt erreichte. Tora hatte das Gefühl, daß in ihrer rechten Schulter etwas kaputtgegangen war, weil sie das getan hatte. Noch immer saß eine murrende, zornige Kraft in ihr, die sie mit zusammengebissenen Zähnen festhielt.

Als sie im Bett lag, sah sie, daß da ein dunkles Viereck war, wo das Bild gehangen hatte. Nichts konnte man wegwischen. Keiner konnte seinen Weg gehen, ohne daß er Zeichen hinterließ. So war es eben.
Da plötzlich, als sie sich um die Arme faßte, die eine Gänsehaut hatten und noch feucht vom Seewasser waren, kam die Wärme von Onkel Simons Körper in sie hinein. Sie atmete den Teergeruch und den Rauch, als ob sie noch im Ruderboot stünde.
Onkel Simons Herz! Es hatte bis in ihres hinein geklopft. Er hatte soviel Wärme, der Onkel Simon!
»Mein armes, kleines Mädchen!«
Hatte er das nicht gesagt? Die Stimme kam gleichsam aus seiner Brust heraus. Die Worte drangen schwingend und zitternd aus seinem warmen Körper in ihren.
Merkwürdig.

Tora starrte auf das dunkle Viereck, das das Bild hinterlassen hatte, bis die Sonne hereinschien und behutsam über die rohe Holzwand strich. Die Astlöcher traten deutlich hervor. Traten gleichsam aus der Wand heraus und lebten. Sie hätte etwas in die Landschaft hineindichten können, dann wäre es ein guter Tag geworden, aber sie schaffte es nicht, ihre Gedanken zusammenzuhalten. Sie war wie ein altes, verlassenes Elsternnest. Keine Ordnung in irgend etwas. Trockene Äste staken überall ohne Sinn heraus.
Aber durch alles hindurch fühlte sie das Pochen von Onkel Simons Herz.

Sie holten ihn erst später am Tage. Der Polizist hatte noch einen Mann bei sich.
Es gab keine besondere Aufregung im Haus. Man wußte, daß es Henrik betraf.
Die Fenster, Türen und Treppenabsätze hatten Ohren und Augen.
Auch wenn es auf den Winter zuging, hatten irgendwelche Kräfte beschlossen, ein gestricktes Kleidungsstück, bei dem schon ein Faden gezogen war, so weit aufzuziehen, bis es nicht mehr zu gebrauchen war. Doch man wollte lieber etwas auf dem Körper haben. Es war am sichersten, hinter etwas Handfestem zu stehen und das Ganze nur zu beobachten. Denn eines war klar: Ingrid würde eine Weile frieren.

Man hatte ja wohl das Recht, in aller Vertraulichkeit zu flüstern und sich zu fragen, wie sie das schaffen werde.
Es war nun mal so, Menschen wie sie, die einmal eine große Sünde begangen hatten, konnten sich in bezug auf ihr Schicksal nicht sicher fühlen.

Tora stand auf und zog den zweiten Strumpf an, den Rock und die Bluse von gestern, spürte, daß die Kleider straff und schön saßen. Als ob sie früher niemals richtig gespürt hätte, wie es war, Kleider auf dem Körper zu haben.
Sie wußte, daß es heute nichts mit dem Kartoffellesen auf Bekkejordet werden würde. Sie konnte auch nicht fragen, ob sie heute nacht dort schlafen dürfe. Aber das bedeutete nichts mehr. Es war so fern. Denn Tora hatte die Männer gehört. Die Türen, die zuschlugen, und die Schritte, die sich entfernten. Sie konnte kaum an ihre wilde Freude glauben.

Sie ging in die Küche hinaus und zog die Strumpfhosen an, die vor dem Ofen lagen. Die Mutter hatte die nassen, dreckigen Fetzen von der Nacht entfernt und saubere Strumpfhosen hingelegt.
Es wurde Tora ganz warm, als sie das sah.
Ingrid stand am Küchenschrank mit dem Rücken zu ihr. Die Sonne flutete durch das Fenster herein wie eine große schimmernde Überraschung.
Als Ingrid sich umdrehte, versuchte Tora ein unsicheres Lächeln. Aber sie sah, daß die Mama für sie unerreichbar war.
Sie durfte jetzt nicht aufgeben, dachte Tora. Die Füße waren von selbst ins Boot gesprungen. Dagegen war nichts zu machen. Er war gerettet. Aber die Mama war verloren. Sie mußte nehmen, was kam. Tora hatte dem Onkel fast nichts gesagt, trotzdem war der Lensmann gekommen. Dafür konnte die Mama ihr keine Schuld geben. Das konnte sie nicht! Tora wollte es dem gebeugten Rücken zurufen. Aber es kam kein Ton heraus. Hatte sie doch etwas zu Onkel Simon gesagt, was die Mutter jetzt wußte?
Ingrid hatte sich wieder dem Küchenschrank zugewandt. Die schmalen Schultern waren heruntergesunken. Es lag ein Schatten über der verängstigten Gestalt.
Tora sah es. Einen Augenblick fühlte sie den Schmerz der Mutter, als ob es ihr eigener wäre.

Dann sah sie zur Kammertür. Und es kam eine Sicherheit über sie, die alles andere wegfegte und sie stark machte, stark. Sie hatten ihn mitgenommen!
Sie ging die wenigen Schritte, deren es bedurfte, und stellte sich neben die Mutter. Berührte leicht ihren Blusenärmel und sagte:
»Ich werd' den Fußboden heut aufwischen. Ich hab' ja frei. Sie sagen, es gibt dieses Jahr viel Preiselbeeren oben am Veten. Wollen wir nicht hingehen?«
Die Mutter starrte einen Augenblick aus dem Fenster.
Dann drehte sie sich zu Tora um.

Der stumme Raum

1

Es hämmerte! Hämmerte und hämmerte. Das Herz war ein Ungeheuer, das sie verschlang.
Sie versuchte sich aufzusetzen. Wollte das Kissen hinter den Rücken stopfen, so daß sie aufrecht sitzen konnte. Aber sie fand kein Kissen.
Luft! Sie beugte sich hintenüber gegen das Kopfende des Bettes, um besser atmen zu können.
Sie glaubte, sie läge in der Dachstube von Bekkejordet, bei Tante Rakel und Onkel Simon. In dem weißen Bett. Mit der rosa Nachttischlampe daneben. Bestimmt. Sie erkannte das alles ja wieder. Aber nein...
Sie riß den Mund weit auf. Sie keuchte. Es half ein wenig. Seltsam, wie unruhig die rosa Nachttischlampe heute abend brannte. Sie flatterte wie ein Nordlicht – oder...
Wo war sie jetzt? Das Gesicht und der Hals. Schweiß. Scharfer, stickiger Geruch. Dann war es doch nicht Bekkejordet. Auch nicht die Nachttischlampe. Es war die Kiste. Die Kiste an der Wand von der Tobiashütte. Sie war in die Kiste geglitten. Und dort hinten auf der Tür war *sein* Gesicht. Es wuchs ihr entgegen. Sickerte in ihr klopfendes Herz hinein. Wurde größer und größer. Sie spürte, daß sie nahe daran war aufzugeben. Einfach aufzugeben. Aber nein, das durfte sie nicht.
Dann war *er* also tot? Ja! Sie wippten ihn auf der Tür, die sie aus den Angeln gehoben hatten, auf und nieder und versuchten, ihn ins Leben zurückzuholen. Versuchten, das Salzwasser herauszubekommen.
Aber sie schafften es nicht! Keiner schaffte das. Denn Tora hatte ihn in den Tangbüscheln gelassen. Sie hatte ihn ertrinken lassen. Sie würde niemals mehr im Meer baden. Wenn sie nur Luft bekäme.
»Lieber Gott, ich hatte doch nur die Strümpfe an, wie du dich

vielleicht erinnerst. Es ging so langsam... deshalb konnte ich erst dort sein, als...«

Er hatte ein Gesicht bekommen. Es leuchtete ihr blau entgegen, mit alten, dunklen Bartstoppeln. Die Augen waren geschlossen, und doch offen. Sie sah deutlich die großen weißen Zähne zwischen den halboffenen bläulichen Lippen. Er war also tot! Jetzt stand sie ganz oben auf dem Gerüst von Onkel Simons Bau. Der Wind strich über ihre Haut. Über alles. Und die Stiefel fielen und fielen. Fielen sie wirklich? Nein, sie selbst fiel. Sie fiel in den Regenbogen, in die Flötentöne, in das Feuer. Aber *er* war tot.

War es nicht so, daß die Menschen, wenn sie jemanden sterben sahen, das Böse loswurden, das zwischen ihnen lag?

Dann konnte er doch nicht tot sein!

Endlich vermochte sie sein Gesicht zu sehen, ohne sich abzuwenden. Es war ein gewöhnliches Männergesicht, wie sie es in Vaeret jeden Tag sah. Eines, wie es alle Männer hatten. Ein ganz gewöhnliches – man brauchte sich davor nicht in Sicherheit zu bringen.

Und endlich bekam sie wieder Luft. Langsam beruhigte sich das Herz. Alles verschwand in einer dampfenden, rotierenden Dunkelheit.

Sie kam am Küchenschrank wieder zu sich. Die Mutter hielt ihr einen nassen Lappen ins Gesicht. Die Übelkeit war nicht schlimm. So etwas hatte sie schon früher erlebt. Sie nahm Mutters Hand und hielt sie fest. Sie spürte, daß viele Worte im Raum hingen, die keiner ausgesprochen hatte. Die Dunkelheit stand in dem offenen Fenster wie eine Wand. Es zog wohltuend. Kühl. Frisch.

Die Mutter war blaß, aber nicht ratlos. Es gab etwas für sie zu tun. Sie war schon mit schwierigeren Dingen fertig geworden als mit einer Ohnmacht.

Es war an dem Tag, als sie Henrik Toste abholten und ihn wegen Brandstiftung an Simon Bekkejordets Fischereibetrieb und den Fischerhütten ins Gefängnis überführten. Es war an dem Tag, als Tora zu Ingrid sagte, daß die Preiselbeeren oben am Veten sicher reif seien.

Da war kein Brand, weder in Simons Fischerhütten noch in der Dachstube von Bekkejordet, wohl aber an dem alten Küchenschrank, gegen den Tora sich lehnte. Rund um die Knöpfe

an den Schranktüren sah man kein Farbe mehr. Denn die Mutter fand abgewaschene Farbe und nacktes Holz besser als alten Dreck.
Erst jetzt begriff Tora, was geschehen war. Es hatte die Wirklichkeit gesprengt. Eine halbe Stunde verging, bis sie endlich sprach. Ingrid blieb ganz ruhig und machte sich mit diesem und jenem zu schaffen.
Dreimal holte sie frisches, kaltes Wasser aus der Leitung und gab der Tochter zu trinken, ohne daß diese darum gebeten hatte.
So um sechs Uhr machte sie sich fertig für die Abendschicht in der Fischfabrik. Suchte mit aller Ruhe ihre Sachen zusammen. Die Stimme war wie immer, als sie Tora bat, so lange liegenzubleiben, bis sie zurückkäme. Und Tora nickte. Sie hatte Farbe bekommen. Aber Ingrid beunruhigte diese Farbe. Sie paßte gar nicht zu Tora. Vielleicht sollte sie doch den Doktor holen? Ob sie in der Fabrik Bescheid sagte, daß sie heute abend eine Aushilfe für sie einsetzen sollten? Aber nein. Nicht heute abend. Sie mußte da durch. Da half gar nichts. Tora mußte allein zurechtkommen. Sie war zäh.
»Haste etwa Fieber?«
»Fieber? Wieso das denn?« Toras Stimme war matt, aber wiederum auch nicht so, daß man auf eine ernstliche Erkrankung hätte schließen können.
»Nein, denn sonst bleib' ich lieber zu Hause.«
»Nein, ich hab' kein Fieber.«
Tora verstand.

Elisif, die unter dem Dach wohnte, hatte Sol mit einem Zettel zu Ingrid hinuntergeschickt. Darauf stand, daß Ingrid, falls sie Erbauung brauche, um sechs Uhr am gleichen Abend im Bethaus willkommen sei, das Knie zu beugen. Ingrid antwortete nicht. Und sie ging zur Abendschicht, für die sie eingeteilt war.
Unten in Vaeret beeilte sie sich so sehr, daß ihr der Schweiß ausbrach. Aber es gab keinen anderen Ort, nach dem sie sich weniger gesehnt hätte. Sie band sich die weiße Schürze um und das Kopftuch. Die Hände zitterten ein wenig, als sie sich an den Tisch mit den Schachteln und dem Cellophan setzte. Sowie die drei anderen Frauen auf ihrem Platz saßen, richteten sie ihre Augen auf Ingrid.
Dann kamen die Männer. Sie hatten auch Augen. Ingrid sah

nicht auf. Wartete nur. Starrte hinunter auf die Stahlplatte. Das Gesicht war wie eine Maske.
Hätte sie aufgeschaut – hätte sie vielleicht den einen oder anderen Blick eingefangen, der weder feindlich noch schadenfroh war. Aber Ingrid saß wie in einer Kapsel.
Sie saß vornübergebeugt und wartete. Dann kam der Fisch. Und sie legte ein unglaubliches Tempo vor und war ein Teufel. Bereits in den ersten fünf Minuten fielen gereizte Worte, daß sie das Tempo herunterschrauben solle. Da saß eine Junge, Ungeübte, an Gretes Stelle. Anlaug. Aber Ingrid dachte: Soll sehn, wie sie klarkommt. Soll sich die Zähne ausbeißen. Soll lernen, sich nach den Gesetzen in Vaeret zu richten.

Nach fünf Stunden Schicht holte Ingrid zusammen mit den drei anderen ihren Mantel. Hansine schwankte ein wenig, als sie sich die Gummistiefel anzog. Sie war ganz blaß. »Biste krank?« fragte Anlaug. Ingrid merkte, daß Frieda sie schief ansah. Sie beeilte sich mit ihrer Schürze und drehte mit steifen Fingern den Deckel der Thermosflasche zu. Es lag etwas in der Luft.
»Nein, nicht grad krank. Nur müde.« Hansine lehnte sich gegen die Wand. Dann sah Ingrid, daß Tränen an den grauen Wangen herunterliefen. Es war, als ob sie aufwachte. Es bewegte sich etwas in ihr. Etwas, auf dem sie so lange herumgetrampelt war.
Sie hatte sehr wohl den kleinen, runden Bauch von Hansine gesehen. Vierter, fünfter Monat etwa. Hansine hatte schon drei Kinder. Sie waren dicht hintereinander gekommen. In der Fischfabrik arbeitete sie erst seit einem Jahr. Seit sie das Jüngste nicht mehr stillte. Ingrid erinnerte sich noch, daß sie in der ersten Zeit in den Fünf-Minuten-Pausen Milch abgepumpt hatte. Hansine weinte.
»Komm, ich fahr' dich aufm Fahrrad nach Hause«, sagte Frieda, suchte Hansines Sachen zusammen und stopfte sie in das Netz.
Die harten Blicke trafen Ingrid in den Nacken. Sie spürte, wie sie brannten. Wollte sich umdrehen und sagen, daß sie tatsächlich das Tempo ganz unnötig so hochgeschraubt hatte. Wollte die Hand hinstrecken. Aber sie brachte es nicht fertig. Sie hatte nie richtig zu ihnen gehört. Drängte sich auch nicht auf. Wollte ihnen beweisen, daß sie außerhalb stehen konnte und trotzdem zurechtkam. Dann ging es ihr auf, daß man ihre

kleine Gruppe leicht entzweien konnte. Das taten die, die am Ende an allen Dingen verdienten. Solche wie Dahl.
Sie klappten die Brieftaschen zu, wenn die Schiffe mit so und so viel Tonnen Fischfilets vom Kai ablegten. Es war richtig, was Grete predigte: Man arbeitete für einen Schietlohn, auch wenn man schuftete, bis man umfiel.
Das war der Grund, warum die Freundschaft nicht überlebte in dem engen, verräucherten Eßraum mit dem nüchternen Resopaltisch und dem brandfleckigen Metallaschenbecher, auf dem «Bodö Aktienbrauerei» stand. Das war der Grund, warum keine Zeit für ein freundliches Wort blieb, kein Raum für etwas anderes als die Hetzerei, um das Tempo zu halten! Nein, Ingrid, sagte ihr eine innere Stimme. Ging es denn heute abend darum? Bist du ehrlich? Ist es nicht so, daß du dich in deine eigene prächtige Verbitterung einschließt und es die anderen büßen läßt? Hättest du das Tempo nicht so hochgeschraubt, dann wäre der Fisch vielleicht in den Kühlraum gestellt und auf zwei Schichten verteilt worden, und Hansine wäre nach Hause gegangen, hätte ihre Wäsche gewaschen und hätte hinterher ihren Rücken ausruhen können.
Es war so unwichtig, daß sie das Tempo forcierte. So unwichtig...
Ingrid machte sich auf den Heimweg. Sie sah nicht zurück – wie es mit den drei anderen ging. Sie wußte, daß sie redeten. Mit leisen, rauhen Nachtstimmen, voll müder Ohnmacht. Ein einsilbiges Gespräch. Mit Seitenhieben darin. Härte. Heftiger Abneigung. Gegen sie, Ingrid. Aber sie würde gutes Geld in der Lohntüte haben. Sie konnte die Verantwortung für sich in diesem Monat übernehmen. Mit allem!
Sie würde Rakel den Kleiderstoff bezahlen, den sie damals in Breiland von ihr bekommen hatte.
Die Zahlen in Ottars Laden standen dicht wie ein Heringsschwarm unter ihrem Namen. Sie würde die Schulden bezahlen! Und sie würde noch genug übrig haben, um nach Bodö zu fahren und Henrik zu besuchen, wenn sie nicht in der Nacht, in der sie gezwungen war, unterwegs zu sein, irgendwo schlief.
Ingrid fühlte einen mächtigen Trotz in sich. Dadurch war sie imstande, hocherhobenen Hauptes über die Hügel zu gehen. Es kam ihr nicht in den Sinn, sich darüber zu wundern.
Sie ging schnell. Aber es machte ihr nichts aus. Sie war in ihrer eigenen Schale. Als sie zu Hause die Türklinke in die Hand

nahm, war sie noch genauso blaß wie in der Frosterei, während sie die Schürze zusammenlegte.
Sie schaute bei Tora herein und wechselte ein paar Worte mit ihr.
»Ich bin... müde, ich leg' mich jetzt hin«, sagte sie schließlich. Vor allem, um zu einem Ende zu kommen.
Ingrid ging ins Zimmer zu dem großen, leeren Bett. Sie wußte nicht, ob sie etwas vermißte. Sie war wohl auch zu müde.
Dann zog sie die Gardinen vor und wusch sich mit kaltem Wasser. Um den schlimmsten Fischgeruch wegzukriegen. Glaubte, daß ihr das gelang.
Tora lag in der Kammer und wunderte sich, daß die Mutter kein warmes Wasser aus der Küche mitgenommen hatte. Eine schreckliche Angst um die Mutter überfiel sie. Sie schien heute abend jedoch keine Kräfte für die Angst zu haben. Das Herz drohte, wieder wie wild zu schlagen. Sie drehte sich zur Wand um, versuchte, die Astlöcher von der übrigen glatten Fläche zu trennen. Aber das hatte keinen Sinn.

2

Henrik bekam eine Gefängnisstrafe. Er wurde zweier Brandstiftungen an Simons Kai und den dazugehörigen Gebäuden für schuldig befunden. Die erste Brandstiftung wog schwerer, erzählte man sich. Es war bei den Vernehmungen herausgekommen, daß Henrik wußte, daß sich zu der fraglichen Zeit Menschen in den Fischerhütten befanden und schliefen. Insgesamt hätten sieben Männer den Tod finden können. Als bekannt wurde, daß Rakel für ihren Schwager bestes Zeugnis abgelegt hatte, nachdem es doch gerade Simon gewesen war, der ihn angezeigt hatte, wunderten sich die Leute sehr. Leise und augenzwinkernd unterhielten sie sich darüber.
Für mildernde Umstände war geltend gemacht worden, daß der Brandstifter an langandauernden Depressionen litt, die über einen längeren Zeitraum hinweg auch ausschlaggebend für den Alkoholmißbrauch waren. Und daß er unter Alkoholeinfluß gestanden hatte, als er das Verbrechen beging.
Die Leute auf der Insel murrten und wußten nichts von Henriks Depressionen. Entschuldigungen wurden immer gefunden, wenn es galt, den Abschaum der Menschheit zu retten.

Depressionen! Henrik! Ein Narr und ein Schmarotzer. Das war er. Ein Parasit.
Die Männer standen in Ottars Laden und erinnerten sich daran, wie großspurig Henrik gewesen war, als die Rede darauf kam, daß Simon nach dem Brand in der Webstube saß und jammerte. Die Männer winkten verächtlich ab und bedankten sich für so etwas. Und es war, als ob Ingrid in ihren Augen wuchs, je mehr sie sich über den Faulenzer ausließen, über diesen Henrik – und seine Meriten. Die Geschichten waren lang und verwickelt und wurden in ihrer ganzen breiten Vielfältigkeit aus der Zeit ausgegraben, bevor Henrik und Ingrid zusammenkamen. Einige wußten auch zu berichten, daß es vor *der* Heirat einen gewissen Wechsel gegeben habe. Ob es Simon und Ingrid waren, die zusammenhielten – oder Rakel und Henrik, darüber war man sich nicht einig. Aber ein Wechsel hatte stattgefunden!
Es konnte passieren, daß einer von ihnen ernstlich wütend auf einen anderen wurde, weil der etwas Falsches erzählte. Und die übrigen fuhren dazwischen, und der Vormittag ging vor lauter Diskutieren schnell herum. Über eines waren sich alle einig: Henrik war und blieb ein Taugenichts. Und keiner verstand, wie Ingrid es mit so einem aushielt. Denn was Recht war, mußte Recht bleiben. Auch wenn Ingrid ein Verhältnis mit einem Deutschen gehabt und sich ein Kind angeschafft hatte, so war sie jetzt doch eine ordentliche Frau.
Rakel war schlau. Gutes Zeugnis ablegen für diesen Herumtreiber.
Depressionen! Ja, ja. Nur dem Simon seine Frau konnte mit so feinen Worten aufwarten.

Simon machte sich allerlei Gedanken und wußte nicht, daß er der große Held der Insel war. Er hatte den Eindruck, daß er den letzten Kredit für zu hohe Zinsen aufgenommen hatte. Außerdem war er bekümmert wegen Rakel. Sie war nicht in Ordnung. Er merkte es an vielen Kleinigkeiten. Sie lachte nicht mehr aus vollem Halse. War am liebsten allein. Ging kaum nach Vaeret hinunter. Entschuldigte sich damit, daß sie zu müde sei oder zuviel Arbeit habe.
Simon glaubte, daß es der Prozeß gegen Henrik war. Denn für Rakel war es ebensosehr ein Prozeß gegen Ingrid. Das schmerzte. Simon wußte von dem, was sich zwischen den beiden Frauen abgespielt hatte, nicht mehr, als was er selbst gese-

hen und gehört hatte. Das war nicht viel. Und Tora hatte er nicht mehr gesehen, seit er mit dem zitternden Mädchen im Arm in der Tobiashütte stand, nachdem er den Mann und sie gerettet hatte. Immer noch überkam ihn ein ganz sonderbar weiches Gefühl, wenn er daran dachte, wie fest sie sich an ihn geklammert hatte. Vielleicht lag es daran, daß er selbst keine Kinder hatte.

Es wäre besser gewesen, wenn die Frauen nicht in den Prozeß hineingezogen worden wären. Aber jetzt, wo das Ganze durchgestanden war, mußten sie es nehmen, wie es kam. Rakel hatte also doch recht gehabt, als sie einmal sagte: »Genau so sind die Leute. Daß sie einen Brand legen.«

So war jedenfalls Henrik. Die meisten waren nicht so. Trotzdem war es schlimm genug. Simon hätte gerne etwas für Ingrid und das Mädchen getan. Aber immer stand er vor verschlossener Tür, wenn er mit Ingrid reden wollte.

Er konnte deutlich sehen, daß sie zu Hause war. Und da nützte es wenig, daß er keinerlei Schuld fühlte, weil er Henrik nicht geschont und die Anzeige nicht zurückgenommen hatte. Er konnte und wollte einen solchen Menschen nicht frei herumlaufen lassen.

In der Tiefe seines Herzens verachtete Simon solche Taten und distanzierte sich von ihnen. Er hatte keine Möglichkeit, sie zu verstehen. Der sonst so sanftmütige Simon war unnachgiebig gewesen.

Die Wahrheit sollte an den Tag kommen.

Der Mann hatte sich das selbst zu verdanken. War er nicht mit einer großartigen Frau verheiratet? Konnte er sich nicht anständig benehmen wie andere Leute auch? War das Leben für Henrik so viel schwieriger als für andere? Henrik hatte an Simons Vorstellung gerüttelt, daß es dort, wo Simon war, keine böse Tat geben könne. So etwas existierte für Simon nur irgendwo in weiter Ferne.

Er hatte Rakel einen langen und wütenden Vortrag über diese Dinge gehalten. Nicht gemerkt, daß sie ungewöhnlich still blieb – für ihre Verhältnisse. Er hatte zum Schluß von ihr verlangt, daß sie ihm zustimmte. Aber sie hatte ihn nur angesehen und gesagt; daß es seine Sache sei, was er tue. Dann hatte sie in rasendem Tempo angefangen zu spülen.

Simon war mitten im Raum stehengeblieben. Es war ihm aufgegangen, daß Rakel nicht ganz einverstanden damit war, daß er den Schwager wegen Brandstiftung angezeigt hatte. Und er begriff nicht, daß sie verschiedener Meinung sein konnten. Hatte der Mann sich vielleicht nicht selbst für schuldig erklärt? Sogar mit einem Grinsen um den Mund – im Gerichtssaal! Während Simon und die Richter und der ganze Saal zuhörten. War der Mann nicht ganz abgebrüht gewesen, als er zugab, gewußt zu haben, daß in den Hütten sieben Männer lagen und schliefen? Er wurde aus Rakel nicht klug. Sie hatte ihre eigenen Gesetze und ihre eigene Gerechtigkeit.

Simon hatte den Kopf voll. Er war sich dessen nicht bewußt, daß er ein großer Held auf der Insel war. Daß er der stattliche und ehrgeizige Simon war, der sich in all seiner Majestät erhob und den Schwager ins Gefängnis schickte – weil der Gerechtigkeit genüge getan werden mußte. Er war so einzigartig in den Augen der Leute, daß sie für eine Zeitlang einen Gesprächsstoff hatten und der Herbst nicht so grau und kalt für sie wurde.

Er ging auf den neuen Kai und kontrollierte und kommandierte ein wenig. Vielleicht kam er in der nächsten Saison wieder voll in Gang.

Die Männer hatten ein unbegrenztes Vertrauen, daß er das Unmögliche schaffte.

3

Es mußte richtig gewesen sein, wie sie gehandelt hatte. Mußte es sein! Außerdem hatte Onkel Simon ja begriffen, daß *er* den Brand gelegt hatte, auch wenn sie es ihm nicht gesagt hatte.

Scham? Warum schämte sie sich nicht, daß er im Gefängnis saß? So, wie ihrer Meinung nach, die Mutter es tat? War es, weil sie irgendwo einen Vater hatte? Tot und unter der Erde, bevor sie geboren wurde. Aber trotzdem. Oder empfand sie keine Scham, weil sie so froh war, daß sie sich in der Kammer sicher vor der Gefahr fühlen konnte? *Er* ging sie nichts an.

Tora schlenderte an Ottars neuem, großem Schaufenster vorbei. Er hatte seinen Laden erweitert. Die Straße mußte jetzt einen großen Bogen machen. Die Leute redeten darüber, daß Ottar so protzig geworden war und nur deshalb umgebaut hatte, damit er ein Schaufenster bekam und man seine Waren sehen konnte – und er hatte es so unpraktisch gemacht, daß die Straße einen Bogen machen mußte. Aber sie fanden es eigentlich ganz schön. Waren stolz auf das Fenster, als ob es ihr eigenes wäre. Ottar führte jetzt auch Kleider. Er hatte Baumwollpullover ausgestellt, mit einem hohen Kragen und einem Gürtel um die Taille. Die Pullver waren gestreift, »in delikaten Farben«, wie Ottar sagte.

Ja, und dann waren Teddyjacken eingetroffen. Auf beiden Seiten zu tragen. Ottar brachte seine Haare in Ordnung und drehte die Jacken um, so daß die rote Seite nach innen kam und die graue, flauschige nach außen. Er drückte die Knöpfe auch auf der verkehrten Seite wieder zu – und alles war ein Wunder.

Tora legte die Stirn an die Scheibe und starrte hinein. Wer eine solche Jacke haben könnte!

Sol und sie hatten es eines Tages gewagt, in den Laden zu gehen und eine Jacke anzuprobieren. Sie war wunderschön und warm und roch so gut.

Sol paßte sie nicht, und sie war froh darüber – denn dann brauche sie nicht länger daran zu denken, sagte sie. Aber Tora hatte die wasserblauen Augen gesehen. Sie waren unnatürlich groß gewesen. Ohne Grenzen.

Der plumpe Körper von Sol aus dem Tausendheim. Sie machte sich selbst darüber lustig. Dann ließen es die anderen sein. Alles, was sie mit Putzen verdiente, gab sie zu Hause ab. Tora wußte es, auch wenn Sol es nie erwähnte. Elisif, die eigentlich die Mutter hätte sein sollen, hatte genug damit zu tun, ihren Gott zu verehren, so daß alle Arbeit für Sol liegenblieb.

Tora glaubte, Sols Hand zu sehen, wie sie sich liebevoll mit der Teddyjacke dort drinnen in dem Schaufenster befaßte, so wie sie es an dem Nachmittag getan hatte, als sie anprobierten. Der kräftige, große Daumen wirkte seltsam deplaciert auf dem neuen Kleidungsstück.

Es war dieselbe Hand, die Tora unzählige Male bei der Arbeit gesehen hatte. Sie hatte abgeknabberte Bleistiftstummel festgehalten, wenn Sol mit ihren Aufgaben am Küchenschrank saß – und alle Stühle weggeschoben waren, damit die Kleinen nicht an ihr hochklettern konnten. Deutliche schwarze Ränder unter den Nägeln. Es kam nicht davon, daß Sol unsauber war. Aber bevor sie sich an die Aufgaben setzte, wischte sie meist noch den Boden auf. Um sie herum mußte es ordentlich sein, wenn sie ihre Schularbeiten machte. In dieser Beziehung ähnelt sie der Mama, dachte Tora.

Treppe putzen setzt sich unter die Nägel. Asche ausleeren. Setzt sich auch unter die Nägel. Kohle schaufeln. Heizen.

Alles setzt sich wie ein Trauerrand unter die Nägel von Arbeitshänden. Wie unermüdlich Sol auch an den Nägeln kaute, es waren doch immer Ränder da.
Sie waren noch intensiver rot geworden, die Hände – seitdem Sol die Schule abgeschlossen hatte und den ganzen Tag putzen ging.
Hellbraune Sommersprossen schmückten die Arme oberhalb der Handgelenke. Aber sie waren hier eigentlich fehl am Platz. Die Hände waren trocken und aufgesprungen. Runzelig und zerknittert auf der Oberseite, glatt wie bei vom Meer abgeschliffenen Steinen auf der Unterseite. Hie und da kleine Wunden und Schrammen. Nicht der Rede wert. Nicht groß genug, als daß man einen Lappen oder ein Pflaster hätte drauftun müssen. Sie waren einfach da... Sol trug sie mit sich, wo sie auch hinging.
Und die Jacke paßte nicht. Weder zu dem Körper noch zu den Händen. Tora fühlte plötzlich eine unerklärliche Zärtlichkeit für Mutters und für Sols Hände. Sie ähnelte dem Gefühl, das sie ab und zu hatte, wenn sie einen kleinen Fisch vom Haken losmachte und ein oder zwei Sekunden zögerte, ihn wieder ins Meer zu werfen, weil sie überlegte, ob er wohl zu sehr verletzt sei, um zu überleben. Und der Gedanke beschäftigte sie noch lange danach. Sie meinte den Fisch dort unten zu sehen. In Schräglage, mit unkontrollierten, kraftlosen Schwanzschlägen schwimmend. Sah, daß der Kieferknochen quer abgerissen war. Sah, daß ein Knochensplitter aus der grauen Fischhaut herausstak. Aber es war ein so kleiner Fisch – ein so kleiner Knochen. Dort waren so viele Fische im Meer. So viele Hände. So viele Wunden. Die größer waren.
Auf dem Heimweg ging Tora an der Hütte vorbei, in der Frits und Randi wohnten. Drinnen war alles dunkel. Da waren sie wohl nicht zu Hause.
Er war ihre Wunde, unter der Haut. Frits. Nicht so sehr, weil er taub war und nicht reden konnte. Eher, weil sie immer an die Gefahr dachte, wenn sie ihn sah. An dem Morgen, als sie unter dem Fischgestell von ihm fortgelaufen war, hatte sie ihn verloren. Weil er nicht wußte. Niemals wissen durfte, daß er der erste war, der sie angefaßt hatte, nachdem... *er*...
Später ging sie ungern in die Nähe des Kais und der Hütte, wo Frits wohnte. Den Sommer über hatte sie am Strand auf den Steinen gesessen und über die kleinen Inseln hinweggestarrt, während der feuchtkalte Wind sich ungebeten unter die schä-

bige Strickjacke geschlichen und ihr das Wasser aus den Augen getrieben hatte. Da war irgend etwas, wofür sie keinen Namen finden konnte.
Sie wußte nicht, was sie am meisten vermißte: Randi, die Bücher, die Musik – oder Frits.
Dann ließ sie es bleiben, darüber nachzudenken.
Es war etwas Fremdes in ihre Gedanken gekommen, soweit es ihn betraf. Es war eine Art gefühllose Erwartung. Den ganzen Sommer über hätte sie ihn gern getroffen. Und sie wollte es auch wieder nicht. Sie wollte zu ihm gehen. Dort sitzen mit der roten Decke über den Beinen und lesen. Wollte ihn anschauen – sein Gesicht erforschen, wenn er es nicht merkte. Aber gleichzeitig – wollte sie es nicht. Nun lag Mutters Schande wie ein Deckel über dem Ganzen. *Er* saß im Gefängnis. Tora konnte nicht mehr zu Frits gehen. Würde am liebsten nirgendwo mehr hingehen.
Trotzdem strich sie oft bei Frits vorbei, wenn sie allein war. In der letzten Zeit hatte es sich ergeben, daß sie immer allein war.
Nun war er zu seiner Taubstummenschule abgereist. Frits...
Er kam vor Weihnachten nicht nach Hause. Randi hatte Sol getroffen und nach Tora gefragt. Hatte ihr einen Gruß ausrichten lassen und Bescheid gesagt, daß sie doch herunterkommen solle, bevor Frits abreise. Es würde Kuchen geben – ein Fest. Aber das war an dem Donnerstag gewesen, an dem die Mutter mit dem Linienschiff allein von der Stadt zurückkam, und Tora konnte sich nicht entschließen, zu Frits und Randi zu gehen.
Später war da so viel, womit sie nicht fertig wurde. Kam gleichsam nicht von der Stelle. Drückte sich nur in Vaeret herum und nickte, wenn jemand grüßte. Tora wunderte sich, daß alle sie grüßten. Es ging ihr plötzlich auf, daß es wohl deswegen war, weil sie ihnen leid tat. Und die Ameisen fingen an, ihr über den Rücken und den Hals zu kriechen. Sie konnte glühend rot werden – auch wenn niemand sie ansah.
Und dann war da noch die Mutter. Sie schien es zu mißbilligen, daß Tora zu irgend jemandem ging. Und Tora konnte sich auch nicht vorstellen, nach Bekkejordet zu gehen.
Die Küchendecke, die sie für die Tante sticken sollte, war fertig geworden, während die Mutter auf Arbeit war, aber Tora hatte sie unter der Matratze versteckt und sich nicht aufraffen können, sie nach Bekkejordet zu bringen. Natürlich hätte sie

es tun können, ohne daß die Mutter davon wußte. Aber es waren schon genug Wände zwischen ihnen.

Heute hatte die Mutter sie auf die Post geschickt, um zwei Postanweisungen zu holen, und als Tora zurückkam, hatte die Mutter sich gleich hingesetzt und die eine ausgefüllt. Sie fiel gleichsam über dem Tisch zusammen. Sie sah ganz grau aus. Gebeugt. Dann ging sie zum Ofen und warf die Postanweisung ins Feuer. Machte ein Gesicht, das deutlich jedwede Frage abwehrte. Darauf füllte sie das zweite Formular aus. Schnell, als ob sie Angst hätte, daß sie es sich anders überlegen könnte: »Für den Kleiderstoff. 32 Kr. An Rakel Bekkejordet.« Und Tora ging damit zur Post und senkte den Kopf, als Turid hinter dem Schalter die Postanweisung um- und umdrehte und Tora komisch ansah, bevor sie den Stempel aufdrückte. Sie schien Tante Rakel für alle Zeiten auszustempeln.
Tora schlich davon. Es war schlimmer, als wenn sie bei Ottar Waren anschreiben lassen mußte oder beim Milchverkauf in dem Notizbuch quittieren. Ja, es war viel schlimmer. So, als ob die Leute in die Mutter und sie hineinsehen konnten. Durch Mantel und Kleid hindurchsehen konnten, daß sie schmutzige Wäsche anhatten.
Das Metall, das auf das Papier schlug. Der Stempel, der die Tante aus den Tagen herausschlug, die noch kommen würden.
Toras Schritte klangen hohl auf den Fliesen. Es wurde ihr klar, daß sie sich auf dem Weg nach draußen befand. Es roch nach Leim und Staub und Geld. Dicke, schmierige Bündel zwischen Turids Fingern. Nun lagen Mutters Zehnkronenscheine hinter den Gitterstäben. Und die zwei Kronenstücke waren kalt und tot und blank. In jedem Kronenstück ein Loch.
Als ob jemand Löcher in Tante Rakel gebohrt hätte. Als ob die Mutter es selbst getan hätte. Verstand sie das nicht?
Die Tür dröhnte hinter ihr. Sie hatte eine Scheibe, die von der Meeresgischt und vor lauter Dreck ganz blind war.
Tora schlenderte durch Vaeret und dachte fest daran, daß die Gefahr aus der Kammer herausgefegt war. Da fing die kleine Freude an zu wachsen. Tora überlegte angestrengt. Und Rakel und Simon und die Mama wurden dadurch zu Freunden.
Als sie nach Hause ging, war der Tag schön.
Es waren viele Spatzen in den Pfützen.
Im Hof stand ein rotes Fahrrad mit einem roten Netz und einer glänzenden Lenkstange.

4

Eines Nachmittags, als Sol und Tora zum Milchholen unterwegs waren, tauchten zwei Jungen aus Vaeret hinter ein paar Steinen auf. Sie hatten sich an der einzigen Stelle versteckt, wo es weder Häuser noch Menschen gab. Da konnte kein Fenster geöffnet werden, und keine Mutter konnte den Kopf herausstrecken und Partei ergreifen. Kein Zeuge, alle Möglichkeiten. Ole und Roy. Ole hatte wohl noch nicht die Niederlage in der Schule bei Gunn vergessen, auch wenn es schon lange her war. Sie standen breitbeinig und mit den Händen in den Taschen da. Grinsten forsch. Besonders Ole. Fühlte sich bereits als Sieger. Keiner war da, der petzen konnte.

»Ist das nicht das Goldkind von der Deutschenmutter, das hier rumspaziert und mit der Milchkanne schlenkert, he? Wieviel Brände haste denn heut schon gelegt?«

Ole trippelte wie eine Dame vor Tora her. Sie hatte diese alten Sticheleien schon lange nicht mehr gehört. Sie taten weh. Sie hatte das Gefühl, als ob jemand einen Stein geworfen hätte. An den Kopf. Ins Gesicht. In die Augen. Aber sie kniff den Mund zusammen. Schwieg mit ihrem ganzen Ich.

»Halt's Maul, du Hund!« schrie Sol und ging auf ihn los.

»Was sagste, kommt vom Tausendheim und spielt sich hier auf? Du dicke, fette Nudel. Wie steht's denn mit deiner Mutter, ist nach Hause gekommen und immer noch verrückt?«

Sol sah rot. Sie war ein erwachsenes, konfirmiertes Mädchen mit einem großen, heiligen Zorn. Sie ging mit erhobener Milchkanne auf den Bengel los. Ein Glück, daß die Kanne noch leer war. Sie schlug sie mit voller Wucht auf Oles Kopf, der einen halben Kopf kleiner war als sie. Tora guckte. Sie hatte Sol noch nie handgreiflich werden sehen, wie schlimm es auch gewesen sein mochte. Im Gegenteil, sie war es, die immer bei klarem Verstand blieb und zwischen die Streithähne ging, bevor die Nasen bluteten. Jetzt war sie wie ein wildgewordener Stier. Die kurzgeschnittenen Haare sträubten sich, ähnlich dem Bild von dem Igel, das im Schulflur hing. Sie hatte Schaumflöckchen in den Mundwinkeln.

Nachdem Ole sich von dem Erlebnis mit der Milchkanne soweit erholt hatte, daß er imstande war, die ganze Sache zu registrieren, erfaßte der Wahnsinn auch die Jungen.

Tora erkannte deutlich, daß es schiefgehen würde. Sie waren zu zweit gegen Sol. Starke Übermacht.

Tora rief, daß sie Schluß machen sollten, aber keiner hörte oder sah. Die Jungen hatten Sol jetzt auf dem Grusweg unter sich liegen. Der eine hielt ihre Arme, der andere saß auf ihrem Bauch und boxte sie in die Brüste, so daß sie jammerte.
Nachdem Ole mit diesem Teil der Arbeit fertig war, zog er den dünnen, kurzen Baumwollrock bis über Sols Schultern hinauf und zeigte dem Kameraden die ganze Herrlichkeit.
Tora, die währenddessen am Wegrand gestanden hatte, ohne Mut, irgend etwas zu unternehmen, befand sich plötzlich in einem roten Nebel. Er umgab sie vollständig. Schreiend hob sie ihre Kanne hoch und prügelte drauflos.
Die Kanne war noch eine von der altmodischen, soliden Sorte. Unten mit einer harten Kante.
Dumpfes Stöhnen und rauhe Schluchzer. Tora vertraute darauf, daß die Jungen zuoberst lagen. Ging von einer einfachen Logik aus: je mehr Schläge, desto mehr Schaden. Je schneller sie schlug, desto mehr Schläge.
Sie hatte nicht geahnt, daß es ein so gutes Gefühl war, draufzuschlagen.
Da legte sich eine Hand auf ihre Schulter. Eine starke Faust übernahm das Kommando über die Kanne, und eine gebieterische Stimme sagte: »So, immer mit der Ruhe, immer mit der Ruhe. Und dann wollen wir mal sehen, ob noch jemand am Leben ist... Ist noch jemand am Leben, ja?«
Frits' Vater!
Aber er lächelte ein bißchen! Oder nicht? Er half den Jungen auf die Beine. Ole hatte eine üble Schnittwunde über dem einen Auge. Das andere war zugekleistert. Er weinte bitterlich und rauh. Rotz und Tränen landeten in Monsens Taschentuch.
Roy war es ein wenig besser ergangen. Sol hatte eine häßliche Schramme auf dem einen Knie. Aber der Sieg leuchtete ihr aus den Augen. Sie konnte noch nicht aufhören. Stellte Roy ein Bein, und er fiel der Länge nach hin, während er sich schon gerettet und sicher geglaubt hatte. Er landete auf der Nase. Die sah schlimm aus. Er wollte sich augenblicklich rächen, aber Monsen nahm den Schlingel fest in den Griff, und Sol schrie in blinder Wut: »Komm nur, du Scheißkerl, komm nur, du Hund! Ich werd's dir geben, daß du nicht mehr im Zweifel bist, wer am meisten verrückt ist in Vaeret!! Komm nur, komm nur...« Sie schluchzte verbissen.
Die Jungen schlichen hinauf zu der Häusergruppe oben am Hang. Gingen wie geprügelte Hunde, langsam und bedripst.

Der Kampf war beendet. Monsen nahm die Mädchen mit nach Hause, alle Treppen hinauf und hinein in die Wohnung. Er verband die Wunden und brach mehrmals in Pfui-Rufe aus, als ihm die Geschichte erzählt wurde. Aber als Randi fragte, welche Schimpfwörter die Jungen gebraucht hätten, wurde es still. Trotzdem ergriff Monsen Partei für die Mädchen und sagte, daß die »Lümmel« bekommen hätten, was sie verdienten.
Tora hatte vergessen, daß sie hier bei Frits war. Bis er plötzlich in der Türöffnung stand. Er war in seine Taubstummenschule abgereist. Das wußte sie ja. Dennoch stand er da und starrte sie an.
Und da begriff sie, wie sehr sie ihn vermißt hatte. Daß sie ihn verletzt hatte. Daß der stumme Junge in vieler Hinsicht einsamer war als sie selbst. Sie wurde sich dessen bewußt, daß sie ihn gar nicht als richtigen Menschen angesehen hatte, weil er nicht sprechen konnte. Sie wollte ihn nie mehr verleugnen, die Gefahr sollte ihn nie mehr verjagen. Niemals. Frits war Frits. Und für sie war er viel mehr als nur Frits.
Sie sah es klar und deutlich. Weil er nicht da war. Weil eine große, schmerzliche Leere im Raum war.
Und der Nachmittag kletterte über die Fensterbank, das Fenster stand offen gegen den kühlen, nachdenklichen Herbst. Randi buk gelbe, duftende Pfannkuchen, auf die sie eine Menge Zucker streute. Frits' Vater bekam für Tora und Sol einen Namen. Er hieß Gunnar und spielte so schön Ziehharmonika, daß die undichte und nicht gestrichene Holzdecke sich hob. Und der blutige Verband auf Sols Knie, der so schlecht zu einem großen Mädchen paßte, das konfirmiert war (und vorhatte, am nächsten Samstag tanzen zu gehen, ob Elisif weinte oder nicht), dieser blutige Verband war Anlaß genug, daß sie die Geschichte von der Prügelei immer wieder erzählten.
Randi schlug die Hände zusammen und war ganz entsetzt, lachte und stubste sie an.
Tora machte es nichts aus, daß Sol dabei war. Sie kroch nach alter Gewohnheit auf Frits' Bett. Zog die Strickdecke über die Beine, obwohl es gut warm in dem Raum war.
Sie nahm Frits mit nach Berlin. Die Großmutter stand mit offenen Armen vor ihnen beiden. Die Farne waren saftig grün, und das Tor war auf. Und die Rosen...
»Frag einen, was die Liebe ist, und sie ist nichts anderes als ein Wind, der durch die Rosen säuselt...« Sie hatte das irgendwo gelesen. Es war zu schön, um wirklich zu sein.

Sie dachte daran, wie sie sich früher an jedem Mittwoch in der Welt gefühlt hatte. Da war sie kleiner – ganz klein gewesen, aber konnte schon lesen. Es mußte vor der Gefahr gewesen sein. (Daß sie so denken konnte! Genauso wie die Leute, wenn sie sagten: Vor dem Krieg...)

Also vor der Gefahr: Die Mutter kam jeden Mittwoch mit der Illustrierten »Hjemmet« nach Hause. Da gab es eine Bilderserie von einem kleinen Burschen, der Prikken hieß. Er war so klein, daß er Platz in einer Streichholzschachtel hatte. Und Tora mochte dieses Geschöpf schrecklich gern. Denn es gab nur diesen einen auf der ganzen Welt, der so klein war... Sie wollte ihn immer bei sich haben. Immer. Er war ein Teil der schönen Spannung, die man sich leisten konnte, wenn es Mittwoch war. Und sie fragte die Mutter einmal, als diese unten in der Waschküche mit den Armen tief im Seifenschaum stand – ob sie den Prikken nicht haben könne. Ob die Mutter nicht an »Hjemmet« schreiben und ihn für Tora bekommen könne. Sie bettelte und bat – obwohl sie wußte, daß sie sich genausogut den Mond hätte wünschen können. Sie fühlte bereits den leichten Druck in ihrer Hand. Sie fühlte ein Kitzeln auf der Haut vor lauter Zuneigung und Freude. Das mußte die Liebe sein. Wie ein warmer Wind? Oder Blumen?

Berühren...

Sie hob die Hand und strich Frits schnell über die Wange. Schnell. Und er verstand und vergab ihr und trug ihr nichts nach. Er fragte nicht nach dem Warum. Dann glitt er fort.

Und Randi unterhielt sich mit Sol, die mit dem Rücken zu Tora saß, und Gunnar spielte Ziehharmonika. Es brauste und hob sich. Das ganze Haus hob sich.

Tora war erfüllt von Musik und Liebe für die ganze Welt. Sie hielt das Gefühl mit beiden Händen fest. Als ob sie tief innerlich wußte, daß es nicht von Dauer war.

Sol und Tora waren diesmal spät beim Milchverkauf mit ihren Kannen. Es gab nur noch Magermilch. Aber sie kicherten trotzdem, als sie die Deckel auf die Kannen drückten.

5

Der Morgenkaffee roch bitter und angebrannt. Tora hatte ihn überkochen lassen und wagte kaum, mit der Mutter zu reden. Mutters Nerven waren bis zum Zerreißen gespannt, seit sie die Postanweisung geschrieben hatte. Tora wartete darauf, daß es vorübergehen würde. Sie hatte sich eine besonders große Geduld der Mutter gegenüber angewöhnt. Solange sie ihr nicht im Wege war oder versuchte, die Mutter zum Reden zu zwingen, ging es meist gut.
Sie hatten sich gerade hingesetzt, um den miserablen Kaffee zu trinken, als Rakel plötzlich wie ein kleines Meeresunwetter in der Tür stand. Sie war knallrot im Gesicht und hielt die Postanweisung in der rechten Hand. Als eine böse Drohung.
Ingrid sprang vom Stuhl auf und stand mit geschlossenem Mund und mit geschlossenen Augen da. Die Hände ballten sich unmerklich.

Rakel machte zwei Schritte in den Raum hinein, nachdem sie die Tür gut hinter sich geschlossen hatte. Sie sah nur Ingrid an. Tora schien gar nicht anwesend zu sein. Sie war unsichtbar und verschmolz mit der Wachstuchdecke auf dem Tisch. Es war eine Abrechnung zwischen den beiden Frauen. Die Zeit kroch an Toras Rücken hinauf. Sie war binnen kurzem klatschnaß unter den Armen.
Tora hatte »Herein« gesagt, als es geklopft hatte. Nun standen die zwei Frauen wie festgewurzelt. Keine sagte guten Morgen, keine machte eine Bemerkung über das Wetter. Es regnete draußen in Strömen. Keiner bot Rakel einen Stuhl an. Keiner äußerte sich zu dem durchnäßten Wollmantel und dem Kopftuch, das wie ein nasser Putzlappen um Rakels Kopf lag. Die Worte waren auf eine schlimme Weise von der Erde fortgeflogen. Es war so, wie wenn Frits nicht sagen konnte, was er meinte, und die Leute seine Zeichen nicht verstanden. Nein, dieses hier war etwas ganz anderes. Es vergiftete die Luft.
Im Takt tropfte es von Rakels Mantelsaum. Machte einen unregelmäßigen Kreis um sie. Sie war in dem Kreis. Sie war nicht außerhalb... Alle drei waren in sich selbst eingeschlossen. Der Käse auf dem Tisch war schief abgehobelt, an dem einen Ende hatte er eine Erhöhung, das war wohl sie, Tora, gewesen, die... Komisch, daß die Mutter nichts gesagt hatte.
Rakel stand.

Elisifs Kinder polterten die Treppe herunter, sie waren auf dem Weg zur Schule. Um die Schuhe war es jetzt besser bestellt, seitdem Sol arbeitete. So polterten sie jeden Morgen alle zusammen herunter.
Das Kreppapier um die Blumenbüchsen auf dem Fensterbrett war verblaßt und hatte Ränder. Das Wasser war aus der Untertasse in das Papier gezogen. Es sah armselig aus. Das tat auch die emaillierte Schüssel, die im Ausguß lag. An drei Stellen war die Emaille abgeschlagen. Der Rand war schmutzig und verrostet.
Bei Tante Rakel hatten sie ein Steingutbecken in einem eigenem Raum neben der Küche, in dem man sich richtig waschen konnte.
Tora ergriff Partei, ohne es zu wissen, für die Mutter. Sie machte sich stark. Es war richtig, was die Mama getan hatte. Daß sie das Geld geschickt hatte. Sonst konnte sie das Kleid ja nicht anziehen. Jetzt nicht mehr. Und es war das einzige gute Kleid, das sie besaß.
Richtig! Warum kam Tante Rakel her und sah so böse aus? Sie waren arm, die Mutter und sie. Aber nicht so arm. Sie bezahlten ihre Schulden.

»Was soll das bedeuten – das hier?«
Rakels Stimme war ein heiseres Flüstern. In jedem Mundwinkel lag eine kleine Falte, die das Gesicht fremd und unfreundlich machte.
Aber widerwillig mußte Tora zugeben, daß es so aussah, als ob Rakel weinte. Deshalb stand sie so da. War so.
Die Mutter stand nur da. Sie hatte die Augen geöffnet. Aber sah nach unten. Sah auf die Tischdecke. Auf die gelben und orangen Blumenmotive. Die Stiele gingen in Kreisen ineinander über. Hielten einander...
»Wozu ist das gut, Ingrid?«
Rakels Stimme krächzte noch einmal durch den Raum. Ebenso heiser und weit entfernt. Wie wenn man das Radio anmacht und nicht sauber auf den Sender einstellt.
Ingrid schien jetzt den Absprung zu wagen: »Das schulde ich dir für den Stoff, den du... in Breiland gekauft hast.«
Es war nur geflüstert, trotzdem gab es ein Echo in den Ecken.
»Den Stoff hab' ich dir *geschenkt*, Ingrid. Du hast mir so oft mit so vielen Dingen geholfen... Ich hab' dir den geschenkt! Hör zu, was ich sage!! Und du schickst mir Geld... mit der

Post! Ich glaub', du bist verrückt geworden. Wohnste in Amerika? Oder wohnste hier? Biste meine Schwester? Oder biste nicht meine Schwester? Hörst du?!«
Ingrid stand noch immer am Tisch. Sie hielt die Hände geballt und verbarg sie hinter der Tischplatte. Endlich sah sie auf.
Die Tränen liefen Rakel die Backen hinunter. Sie war feuerrot, und Schweiß und Regen perlten auf der Unterlippe. Perlen.
»Simon hat die Postanweisung vor mir versteckt. Er, als Mann, verstand... Aber du kapierst überhaupt nichts... ich fand sie trotzdem heute morgen – an meinem 35. Geburtstag! Du, die du meine große Schwester die ganzen Jahre hindurch gewesen bist. Die mir immer geholfen hat, als wir klein waren. Du läßt den ganzen Schietkram zwischen uns kommen. Du bist gewillt, alles kaputtzumachen, was ist. Und was haben wir dann, Ingrid? Kannste mir erzählen, was wir dann haben? Wohin sollen wir uns retten, wenn du es zuläßt, daß die Männer, die ihre Rechnung untereinander begleichen, das sichere Wissen zerstören: daß wir Schwestern sind?«
Es kam wie ein Schluchzen. Sie stand unverändert da, weder in ihrem Gesicht noch in ihrem Körper war eine Bewegung.
Die Tante weint, dachte Tora verwundert.
Es war wie damals bei dem Unwetter, auf der Ladeluke, da hatte sie die Mutter für sehr stark gehalten, weil Tante Rakel seekrank gewesen war, und es hatte die Mutter in ihren Augen noch viel größer gemacht, daß sie nicht seekrank gewesen war. Nur ruhig und stark.
Aber diesmal wurde die Mutter nicht stark, weil die Tante schwach war. War es unbedingt notwendig, stark zu sein?
Wer war jetzt stark? War es die Mutter, die mit geballten Fäusten dastand und den Kleiderstoff bezahlt hatte, oder war es Tante Rakel, die mit rotem Gesicht und durchnäßtem Mantel dastand und weinte, so daß die anderen es sahen? Lag mehr Stärke darin, sich abseits zu halten und alles allein zu schaffen, oder lag mehr Stärke darin, zu kommen und daran zu erinnern, daß sie eigentlich Schwestern waren?
»Tora, du mußt in die Schule gehn – sonst kommste zu spät...« Mutters Stimme klang hohl und ohnmächtig.
Heute war keiner stark...
Tora holte den Ranzen aus der Kammer. Sie mußte an Rakel vorbeigehen, um nach draußen zu kommen.
Ihr fiel ein, daß sie die Frühstücksbüchse auf dem Tisch vergessen hatte. Die hatte ein ziemlich mitgenommenes Motiv

von Schneewittchen und den sieben Zwergen. Der kleinste Zwerg stand ganz hinten nahe an der Kante – von ihm war fast nichts mehr übrig.
Ein Meer mußte Tora jetzt wieder überqueren.
Als sie zum zweiten Mal an Rakel vorbeiging, streckte diese einen Arm aus und hielt Tora an. Sie weinte noch immer. Zögernd streifte sie Toras Haar und Gesicht. Es war, als ob sie sie jetzt erst sah. Und als ob sie glaubte, etwas Unerlaubtes zu tun, wenn sie Tora anfaßte. Tora schaute schnell zur Mutter hin. Drehte den Kopf zum Tisch. Blitzschnell. Dann berührte sie Rakels Hand mit der ihren. Nur die Fingerspitzen trafen. Es währte nur eine Sekunde. Trotzdem hatten sie dieses gemeinsam, die Tante und Tora, daß sie etwas Unerlaubtes getan hatten. Sie hatten eine andere verraten. Einer anderen etwas weggenommen. Es schmerzte, aber gleichzeitig tat es auch gut, weil Tora mit ihrem ganzen Sein fühlte, daß da endlich jemand war, der Verständnis hatte, der Brücken bauen wollte. Ohne sich darum zu kümmern, was die Leute machten oder sagten oder bestimmten. Ungeachtet dessen, was geschah. Brücken zwischen ihnen, die zu guter Letzt aus eigener Kraft stark sein mußten. Stark genug!
Rakel wollte nicht allein dastehen und stark sein, wie die Mutter es wollte. Rakel wollte Menschen um sich haben, die sie gern hatte. Gegen all das Schlechte. Auch wenn es schwierig werden könnte, so daß man das eine Mal stark sein und ein anderes Mal weinen mußte.
Menschen, die sie gern hatte? Ja. Aber wollte das die Mutter nicht auch? Hatte sie *ihn*... nicht gern? War das der Grund? War das der Grund für alles? Liebte die Mutter *ihn* mehr, als sie Rakel und Tora liebte?
Ja!
So mußte es sein.
Tora schlich hinaus und nahm den schwarzen Regenmantel, bei dem das unterste Knopfloch ausgerissen war. Sie hatte den Riß mit einem Pflaster zugeklebt. Aber es fiel jedesmal ab, wenn es naß wurde. Und naß wurde es ja.

Tora lieferte dem »Konfirmanden« ihr Aufsatzheft ab. Den Spitznamen hatte der neue, junge Lehrer von Almar bekommen. Er teilte sich seine Erziehertätigkeit und die Kinder mit Gunn. Almar schätze es gar nicht, daß er gekommen war und daß er aus Oslo stammte und so eigenmächtig handelte. Almar

hatte den Eindruck, daß er sich seiner verehrten Gunn-Lehrerin geradezu aufdrängte. Außerdem war er kein richtiger Mann. Farblos – und schmächtig, wie ein Konfirmand. Piepsstimme, bartlos.
Tora hatte einen Aufsatz über das Thema geschrieben, was sie werden wollte, wenn sie erwachsen war. 24 Zeilen hatte sie in einer ganzen Stunde zuwege gebracht. Der Tag war nicht irgendein Tag. Er hatte nichts, woran man sich festhalten konnte.
Tora ging erst spät am Nachmittag nach Hause, sie trödelte in Vaeret herum, bis sie sicher sein konnte, daß die Mutter in die Frosterei gegangen war.
Sie bummelte noch am Strand entlang und war schließlich ganz durchnäßt.
Als sie durch die zwei Eingangspfosten kam, die weder einen Zaun noch ein Tor hatten, sah sie, daß die Lampen im Tausendheim bereits brannten.
In allen Treppenaufgängen roch es nach gebratenem Hering. Die Haustüren standen offen. Drei flatternde Türen im Regen. Geruch nach Hering und Kartoffeln. Da waren die Männer zu Hause. Der Hof war leer. Tora konnte sie alle drinnen im Haus sehen. Ihre Schatten. Vater und Mutter und Kinder. Oder einsame Gebeugte... In Toras Fenster war es dunkel.
Kein Heringsgeruch in der Küche. Aber noch Glut im Ofen und die Wände wohlig warm.
Vom Morgen keinerlei Spur mehr zu sehen.
Sie streifte die Kleider ab und zwang sich zu dem Gedanken, daß sie der glücklichste Mensch von der Welt war, der sich warmes Wasser machen konnte und sich in der Küche vor dem Ofen waschen. Den Nelkengeruch und alles, was schlimm war, entfernen. Es kam keiner. Die Gefahr war nicht da. Da bewältigte sie auch alles andere. Denn sie war Tora – allein mit sich.
Manche vergaßen, die Plane über ihre alten, halbmorschen Boote zu ziehen, andere vergaßen, mit dem Handrücken über den Mund zu fahren, wenn sie gegessen hatten, einige brachten es nicht fertig, ihr wahres Ich hinter dem Gesicht zu verbergen.
Tora war glücklich. Keiner sah sie. Sie saß über ihren Schulbüchern. In braunen Schutzumschlägen aus dem Einwickelpapier von Ottars Laden. Sie hatte das Papier mit Zeichnungen verschönert. Aber das Papier hatte Rillen, die nicht zu ver-

heimlichen waren. Sie verliefen quer durch die Zeichnungen. Es sah aus, als ob man mit den Nägeln darübergekratzt hätte. Sie hatte das Aufsatzheft vom »Konfirmanden« sofort zurückbekommen. Er hatte gesagt, daß er enttäuscht von ihr sei. Ja, sicher. Sie war auch enttäuscht.

Was wollte sie werden, wenn sie erwachsen war?
Sie würde wohl Treppen putzen, in die Frosterei gehen, auf Kinder aufpassen und Milch holen.
Nein! Sie würde Decken sticken, in einem Büro sitzen und einen Mann anlächeln, wenn sie zu Mittag aßen, was die Haushaltshilfe gekocht hatte. Dann würden sie sich mit einer Serviette den Mund abwischen und die ganze Zeit lächeln.
Nein! Sie wollte reich sein! Sie wollte hinaus in die Welt ziehen und eine berühmte Schauspielerin oder Schriftstellerin werden. Königen und Königinnen begegnen und in einem großen Schloß wohnen oder in schönen Hotels, wo es Kronleuchter gab, die von Millionen von Kristallen funkelten. Sie wollte Flöte spielen, vor vollen Sälen mit gepolsterten Wänden und einem roten Licht über der Tür, wie sie es einmal im Kino gesehen hatte. Sie wollte das Klatschen hören, wenn noch die letzten Töne wie eine dünne Haut über den Menschen dort unten in der Dunkelheit lagen. Dann wollte sie lange Briefe und glitzernde Postkarten nach Hause schicken an Mutter, Onkel und Tante, an Gunn und Frits und Sol – und von allem erzählen. Und sie würde ihnen Schallplatten schicken, die sie eingespielt hatte.
Manchmal, wenn der Mond schien, würde sie alle Einladungen ablehnen und allein bleiben. Dann würde sie nur für sich selbst spielen. Oder ganz still dasitzen und Heimweh haben.
Sie wollte hohe Kerzen in goldenen Leuchtern haben, wie in der Kirche, und Sol würde ihr leid tun, weil sie es nie so gut haben würde wie – Tora, obwohl Sol es verdient hätte, sie, die so nett war.
Nur selten würde Tora nach Hause fahren. Die Leute sollten bei Ottar im Laden stehen und für Weihnachten einkaufen und sich fragen, ob Ingrids Tochter zu den Feiertagen wohl nach Hause komme. Und sie sollten darüber reden, wie glücklich Ingrid sei, daß ihre Tochter es so weit in der Welt gebracht hatte. Und sie sollten darüber reden, daß es wohl das beste gewesen sei, daß er im Gefängnis gestorben war.
Aber das alles konnte sie dem »Konfirmanden« nicht im Aufsatz schreiben.

Es zischte in dem Wasserkessel, den Tora warm hielt, bis die Mutter aus der Frosterei kam. Die Frikadellen von gestern lagen bereit. Die vier kalten Kartoffeln, die auch noch da waren, hatte sie in Würfel geschnitten. Die Pfanne stand mit einem Klacks Butter auf dem Küchenschrank und brauchte nur auf das mittlere Herdloch gestellt zu werden.
Sie hatte den Geruch schon in der Nase. Er war weder schlecht noch gut. Aber sie wollte der Mutter sagen, daß sie bereits gegessen habe. Sie wollte in ihrer Kammer bleiben und die Mutter allein lassen, wenn sie sich wusch und aß. Wollte sich abseits halten – damit die Mutter mit ihren Gedanken zur Ruhe kam. Nachher konnte sie den Tisch abräumen, wenn die Mutter sich auf der Couch ausruhte.
Heute wollte sie besonders nett sein, denn sie wußte nicht, was die Mutter für ein Gesicht haben würde, wenn sie heimkam. Das wußte sie sonst immer. Die Mutter war immer die gleiche. Besonders jetzt, wo er fort war. Seit vielen Wochen war es nur ein Gesicht gewesen. Grau, aber wunderbar ruhig. Kein hartes Wort, kein Schatten, kein ängstliches Lauschen nach *seinen* Schritten auf der Treppe.
Aber heute hatte Rakel in der Küche gestanden und geweint. Und es war nicht sicher, daß die Mutter heute die gleiche war. Vielleicht hatte sie ein ganz anderes Gesicht, als Tora sich vorstellen konnte. Vielleicht wurde alles noch viel schlimmer... Oder besser! Sie sah es im Geiste vor sich, wie Tante Rakel die Mutter dazu gebracht hatte, daß sie sich wieder vertrugen. Daß Tora und die Mutter wieder wie früher nach Bekkejordet gingen. Daß sie den Küchenläufer mitnehmen konnte... Sie hatte ihn gewaschen und gebügelt und ihn über das »Hjemmet« gerollt. Damit er schön glatt blieb. Aber der Mutter hatte sie ihn nicht gezeigt. Sie hatte ihn nur gewaschen und gebügelt, so vorsichtig wie möglich, weil sie Angst hatte, daß die Ränder zu sehr ausfransten. Die Tante würde wohl die schöne goldene Borte dransetzen. Sie hatte sie ihr gezeigt und gefragt, ob sie nicht gut passe, und Tora hatte ja gesagt. Das hätte noch gefehlt, daß sie den Läufer verdorben hätte – wo er so schön war.
»Was ich werden will, wenn ich erwachsen bin...«
Tora hatte den Auftrag bekommen, einen neuen, besseren Aufsatz zu schreiben. Sie sah auf die Uhr. Fünf Minuten nach sechs. Dann schrieb sie zwei Seiten, daß sie gerne in einem Büro arbeiten würde. Sie schrieb, daß sie sich ein Haus und ein

Fahrrad kaufen würde. Erwähnte nichts von Flötespielen oder Kronleuchtern, von Bühne oder Glanz. Das wäre zu dumm. Der »Konfirmand« würde es nicht verstehen. Er würde nur wieder enttäuscht sein.
Sie schrieb den Aufsatz mit ihrer schönsten Schrift ein. Schrieb nicht schnell, damit sie genügend Zeit hatte, gründlich nachzudenken, damit jedes Wort richtig geschrieben wurde. Dann brauchte sie nichts zu verbessern.
Als sie fertig war, zeichnete sie eine schöne Dame auf die halbe Seite, die noch frei war, weil sie die Überschrift mit so großen Buchstaben geschrieben hatte, daß der Aufsatz mitten auf der Seite endete. Die Dame hatte eine schmale Taille und gelockte Haare. Der Rock war genau wie der, der in Ottars Fenster hing. Blau, mit einer glatten Passe und mehreren tiefen Falten. Die Schuhe hatten hohe Absätze und sahen verkehrt und blöd aus. Tora konnte keine Füße und keine Schuhe zeichnen. Es war schwierig. Am besten ging es mit den Gesichtern.
Sie zeichnete die Nasen und Stirnen und Münder von der Seite. Sie hatte die Bilder in den Zeitschriften studiert und herausgefunden, wie man es machen mußte.
Alle Damen, die sie zeichnete, waren schön. Sie wußte nicht, warum. Denn sie sah fast nie eine schöne Dame. Jedenfalls nicht in Vaeret. Sie legte den Kopf zur Seite und stattete die Dame noch mit einer Handtasche aus. Speziell für den »Konfirmanden«! Sie würde die Zeichnung Sol zeigen. Da hatten sie was zu lachen.

Aber Sol war nicht da, als sie raufkam. War zusammen mit einem Mädchen aus Vaeret fortgegangen. Mit einer, die viel älter war als Tora.
Elisif sagte, daß es keine göttliche Fügung sei, daß sie sich draußen in der Dunkelheit herumtrieben, wo die Versuchungen überall lauerten – und sie ermahnte Tora zu einem sauberen Leben, und daß sie ihrer Mutter keine Sorgen und schlaflosen Nächte bereiten solle wie Sol.
Tora beeilte sich, mit ihrem Aufsatzheft unter dem Arm wieder nach unten zu kommen. Sie spürte, wie es von der offenen Haustür her zog, und sie hörte die Mutter die Treppe heraufkommen. Mit leichten, langsamen Schritten. Es waren Mutters Schritte.
Tora sah es sofort, als sie die Küche betrat: Das Gesicht war wie immer.

Die Mutter fragte, ob sie mit den Aufgaben fertig sei. Abwesend. Wie gewöhnlich.
Tora sagte: »Ja.«
Wagte nicht, ihre Freude in das kleine Wort zu legen. Noch konnte alles mögliche passieren.
Dann fing sie an, das Essen zu wärmen, und die Mutter zog sich aus und hängte die Kleider auf.
Sie wusch sich mit warmem Wasser drinnen in der Stube. Mit warmem Wasser! Sie blieb ganz lange da drinnen.
Als sie herauskam, hatte sie glatte Wangen, und die Augenbrauen und -wimpern waren noch ganz feucht. Auch die Haare um das Gesicht. Sie hatte sich fein gemacht und einen sauberen Pullover angezogen und den alten guten Rock. Den sie als guten getragen hatte, bevor sie sich das Kleid nähte...
Tora hielt die Luft an.
»Ich hab' gedacht...«, Ingrid schnitt sich vorsichtig ein Stück von der Fischfrikadelle ab. »Ich hab' gedacht, wir könnten heut abend einen Spaziergang nach Bekkejordet machen... Es ist der 27., weißt du... Die Tante hat Geburtstag...«
Die Stimme kam von einem verletzten, aber geborgenen Seevogel.
Tora flog. Wurde kaum gewahr, was sie tat. Sie flog zum Tisch hin und warf sich in Ingrids Schoß, die Arme und Beine weit von sich gestreckt.
Der Teller mit den Frikadellen und den Bratkartoffeln rutschte über die Wachstuchdecke. Das Wasserglas fiel um. Tora merkte, wie es allmählich zwischen dem Pullover und dem Hosenbund naß wurde. Aber gleichzeitig merkte sie es auch nicht.
Ingrid setzte mit der einen Hand das Glas auf und strich mit der anderen Tora über den Rücken. Das Mädchen hatte einen ganz nassen Rücken. Es rieselte und tröpfelte auch in Ingrids Schoß. Aber sie blieb sitzen. Hatte etwas in ihrem Gesicht... etwas Nacktes, Hilfloses. Niemand sah es.
Tora hatte den Kopf an Mutters Brust vergraben. Sie vernahm die seltsame Mischung von Fischgeruch und Seife. Den Geruch kannte sie von klein auf. Konnte sich auf einmal erinnern, daß sie früher auch schon so gesessen hatte. So gesessen, wenn die Mutter ihre Schürfwunden auswusch. Und das Weinen war leiser geworden. Oder wenn sie kein Geld hatten, um etwas Neues für Weihnachten zu kaufen.
Das letzte Mal hatte sie so gesessen, als sie Masern und Fieber gehabt hatte. Das war sicher lange her.

6

Rakel deckte im Wohnzimmer festlich den Tisch. Der schwere Messingleuchter mit sieben roten Kerzen thronte mitten auf der selbstgewebten Decke – und das beste Service hatte sie hervorgeholt.
Sie deckte für vier.
Simon hatte seinen blauen Anzug an und schenkte drei Gläser Schnaps ein, die er auf das blankgeputzte Silbertablett stellte. Er war gut erzogen – Simon. Die Tante, die sich seiner annahm, seit er als Baby bereits seine Mutter verloren hatte, war wohlhabend gewesen.
Simon war trotzdem Simon. Und da sie ein wenig auf die Gäste warten mußten, ging er hinaus in die Küche und fragte, ob das mit dem Jackett unbedingt nötig sei. Es sei doch mitten in der Woche...
»Ich werd' heut 35 Jahre!«
Rakel reckte sich und stemmte die Hände in die Seiten.
»Ich pfeif' auf einen Mann, der an einem solchen Tag nicht die Jacke anbehalten kann, auch wenn's mitten in der Woche ist.«
Simon ließ einen langen Pfiff ertönen und ging ins Wohnzimmer zurück. Er nahm einen gierigen Schluck aus einem Schnapsglas und füllte nach. Sonst war er vorsichtig mit Alkohol.
»Wie hat sie's aufgenommen – eigentlich?«
Er rief es zu Rakel in die Küche hinaus.
»Das hab' ich dir doch gesagt.«
»Du hast gesagt, daß sie kommen soll. Und daß sie versprochen hat zu kommen. Aber ihr habt doch noch mehr geredet...«
Rakel erschien in der Tür, während sie die Schürze auszog. Das kleine Gesicht war ernst, beinahe puppenhaft. Ganz verändert, seit er wegen der Jacke gefragt hatte.
Simon wurde niemals schlau aus Rakels verschiedenen Gesichtern und Reaktionen. Sie war wie ihre vollen Warenbäume, wenn sie schnell über den Fußboden ausgerollt wurden. Die Farben und die Muster wechselten so geschwind, daß man nicht folgen konnte. Er half ihr, so gut er konnte. Setzte vorsichtig rohe Muskelkraft ein. Im übrigen mischte er sich nicht in ihre Arbeit ein, wenn sie ihm nicht Bescheid sagte.
Aber jetzt *wollte* er sich einmischen. Glaubte, daß er erfahren müßte, wie Ingrid es aufgenommen hatte, damit er ihr an der

Tür nicht wie ein Narr entgegenzutreten brauchte und nicht wußte, ob da Freunde oder Feinde kamen.
»Sie hat's wohl sehr schwer gehabt...«
Rakel setzte sich in den Schaukelstuhl, hinten bei dem alten, lackierten Klapptisch. Strich mit schmalen, behutsamen Händen über die Tischplatte. Glättete die Decke – immer wieder, ohne zu wissen, was sie tat.
»Ja, aber das hast du doch auch.«
»Für mich ist das nicht schlimm. Ich hab' doch dich...«
»Nun... das ist ja wahr... aber... Ja, hat sie nichts gesagt?«
»Wir haben geredet... Über vieles, Simon. Wir haben über alles geredet, worüber wir zehn Jahre nicht geredet haben – mindestens. Aber ich kann dir nicht alles sagen. Das mußte verstehn. Es bleibt zwischen uns... uns Frauen..., Simon. Sie hatte Angst, weil sie zwischen uns und Henrik gewählt hat. Sie glaubte, daß wir ihn nie mehr sehn wollten. Sie war ja gezwungen, Partei zu ergreifen. Wir... Das mußte auch verstehen. Sie machte ja nur das, was sie mußte!«
»Würdest du dich mit deiner Schwester überworfen haben, wenn ich Henriks Haus angezündet hätte?« Er sah sie mutig an. Als ob die Frage, die Möglichkeit ihm erst jetzt gekommen wäre. »Würdest du zu einem Brandstifter halten, einem Kriminellen, einem Verbrecher? Ja, beim erstenmal war's ein Wunder, daß niemand umgekommen ist! Ich hatt' ja Leute in der Hütte liegen. Würdest du mir verzeihen? Ich frag' ja nur!«
Rakel ließ ihre Augen über das viereckige Gesicht gleiten, über den sehnigen, elastischen Körper und die wilde Mähne. Dann sagte sie, gar nicht ihrer sonstigen Art entsprechend, ungewöhnlich langsam: »Wenn Ingrid loyal gegenüber einem Mann ist, der so viele Jahre ihr so viel Böses angetan hat und den sie vielleicht nie richtig geliebt hat, dann fürcht' ich schon, daß es keine große Hoffnung für mich gegeben hätte, wenn du es gewesen wärst, der sich als Brandstifter versucht hätte.«
Simon sah sie an, als ob er seinen eigenen Ohren nicht traute. Dann zog er schnell die Jacke aus und hängte sie über eine Stuhllehne.
»Teufel noch eins! Ich meine: Das wär' zu viel. Ich hätt' deine dumme Nase nicht im Gefängnis sehn wollen, während ich dort saß. Hörst du! Ich hätt' dich nicht einmal flüchtig sehn wollen, damit du's nur weißt. Sollen die Weiber so sein? Soll eine ehrliche Frau sich verpflichtet fühlen, einem Verbrecher zur Seite zu stehn, wie? Hat das einen Sinn? Nein, Rakel! Ich

muß dir sagen, daß du so was nicht äußern darfst. Du! Nein, da hättest du mir die Tür weisen müssen. Was soll aus der Welt und uns Männern werden, wenn ihr Weiber euch in alles findet, was wir tun, und ihr euch sogar unsretwegen mit den Geschwistern entzweit? Glaubste, daß es dann in der Welt noch eine Hoffnung gäbe? Was?«
Rakel erhob sich aus dem Schaukelstuhl.
»Ich scheiß' auf die Welt und die Männer. Jetzt geht es um Ingrid.« Aber die Stimme war voller Lachen, ganz Rakel. »Sei friedlich. Zieh die Jacke über und zünd wenigstens die Kerzen an, wenn du schon nichts anderes anzündest. Sie werden bald da sein.«
Simon kam zu ihr in den Flur hinaus. Er gab sich noch nicht geschlagen: »Du kannst das unmöglich meinen, was du gesagt hast?«
»Sei jetzt friedlich...«, fauchte Rakel, während sie die Haustür öffnete. Aber er zog sich die Jacke nicht wieder an.
Tora hatte die Decke für den Küchenschrank mitgebracht. Sie lag draußen im Flur, damit niemand sie finden sollte, bevor Tora wieder gegangen war.
Ingrid schenkte Rakel einen Glaskrug mit einem Deckel drauf. Er war billig und alltäglich. Sie mußte ihn während der Essenspause gekauft haben. Tora sah, daß die Mutter sich schämte und glaubte, daß es allzuwenig wäre...
Sie sagte es auch. Stand unbeholfen an dem festlich gedeckten Tisch und entschuldigte sich, daß es so wenig war. Aber Rakel drückte sie beide an sich. Sie hatte glänzende Augen, und sie schüttelte energisch den Kopf.
Dann stellte sie den Glaskrug auf den Tisch zwischen das kostbare Geschirr, als ob es ein Kristallkrug wäre. Die Kerzen warfen Schatten auf den Krug. Er fing an zu leben, meinte Tora.
»Nein, wie fein du dich gemacht hast... Ich hätt' auch das gute Kleid anziehen sollen... ich hätt' es trotz allem tun sollen. Ich hab' nicht so weit gedacht...«
»Puh, es ist doch egal, was man anhat«, sagte Rakel mit auffallend hoher Stimme und sah auf Simons Jacke, die über der Stuhllehne hing.
Er grinste breit zu den anderen, hinter Rakels Rücken.
»Sie will partout, daß ich mich lächerlich mach' und hier im Haus die Jacke anzieh', nur weil sie 35 wird. Und das auch noch mitten in der Woche. So 'n Unsinn!«
»Simon!«

Rakel drehte sich auf dem Absatz um und drohte ihm mit geballter Faust vor dem Gesicht.
Ingrid lächelte matt.
Tora setzte sich vorsichtig in einen der Sessel. Es ist genau wie früher, dachte sie. Genau wie früher. Wenn dieser Abend doch ewig dauern würde... Sie sah das ganze Leben voll solcher Abende vor sich. Saß in dem Sessel und plazierte Frits und Gunn und Randi und Sol in den Sesseln rundum. Sie hörte die Mutter mit Rakel über harmlose, alltägliche Dinge sprechen. Sie sah, daß Onkel Simon die Schnapsgläser und das Limonadenglas von neuem füllte, während er Grimassen schnitt und Ingrids und Rakels Reden lautlos imitierte und Tora zublinzelte.
Und Tora blinzelte zurück.
Es erschienen Schatten von wunderbarer Sicherheit hinter dem Glimmerfenster im Kamin. Es war alles zusammen genau wie früher. Das andere – das war nur ein nächtlicher Alptraum, ein schrecklicher nächtlicher Traum. Nur ein eingebildetes Geschehen. Und sie nahm all das Schöne mit nach Berlin. Sie schob ganz Bekkejordet und alle zusammen, auch die Katze, in das große weiße Haus der Großmutter hinein.
Rakel hatte Hammelbraten gemacht. Dazu gab es Preiselbeeren und Gemüse. Simon schnitt den Braten auf, und sie setzten sich zu Tisch.
Ingrid hatte hoch oben auf jeder Wange einen kreisrunden roten Fleck. Sie wehrte ab, als Simon das Glas wieder füllen wollte. Aber er nötigte sie. Sie sah froh aus. Tora blickte sie lange an. Hörte dem Gespräch zu. Simon hörte meistens auch nur zu.
Gelegentlich konnte Tora merken, daß die Stimme der Tante sehr hoch und ein klein bißchen schrill war, als ob die Tante Angst hätte, daß Simon oder jemand anders irgend etwas Falsches sagen oder tun könnte.
Ja, Simon sprach übrigens nur einmal von dem Neubau. Aber Ingrid nickte und hörte ihm ruhig zu. Wischte sich mit der Serviette den Mund ab, bevor sie ihm antwortete, daß es wohl nötig gewesen sei.
Tora hatte nicht gewagt, aufmerksam zu verfolgen, was da nötig gewesen sei.
Spät abends gingen sie im Mondschein nach Hause. Der Regen war vorbeigezogen. Alles war schön. Es war bitterkalt in den dünnen Damenstrümpfen. Aber Tora beachtete es kaum.

Sie hakte sich bei der Mutter ein und hörte, daß es unter den Schuhen knirschte.
Über dem Moor stieg dünner, durchschimmernder Nebel langsam ziehend aus dem Nichts auf. Beinahe wie Märchenschleier.
Sie sprachen nicht miteinander. Gingen nur. Einmal gähnte Ingrid. Aber es war nicht das Gähnen, das Tora oft hörte, wenn die Mutter mutlos oder irritiert war oder am liebsten geweint hätte. Nein, es war ein gutes, müdes Gähnen.
Um den Mond hingen ein paar Wolken. Aber er tat so, als ob er sie fortjagte, sobald er hervorkam. Er schien jedenfalls während des ganzen Heimwegs.
Ohne es sich selbst erklären zu können – kam Tora plötzlich auf die Geschichte von der Weihnachtsnacht und dem Jesuskind und dem Stern. Er leuchtete den Hirten durch die Nacht bis hin zu dem Stall.
»Die Tante hat nur uns.«
Das fuhr ihr so heraus. Ein Gedanke gebar einen anderen Gedanken. Der Gedanke wurde ausgesprochen.
»Sie hat ja keine Kinder... meine ich« , fügte sie schnell hinzu.
Ingrid blieb einen Augenblick stehen und sah die Tochter an. Sie war groß geworden in diesem Herbst. Ingrid hatte es bisher gar nicht richtig bemerkt. Wirkte besonders groß und krumm im Mondschein. Es liegt ein sonderbares Licht über dem Kind – dachte Ingrid.
»Nein...«, sagte sie, »sie hat nur uns. Dich.«
Dann gingen sie weiter.
Der Wind wurde stärker, es sah so aus, als ob das schlechte Wetter vom Tage sich fortsetzen würde und nur ein Zwischenspiel eingelegt hätte – eine Atempause.
Das ganze Tausendheim war dunkel. Nur die zwei waren draußen und trieben sich in der Nacht herum, mitten in der Woche.
Sie schlichen die knarrende Treppe hinauf. Lächelten einander an und schnitten Grimassen, wenn sie unversehens auf eine besonders ächzende Stufe traten.
Als die Mutter im Bett lag, schlich Tora wieder in die Küche. Setzte sich ganz leise auf die Torfkiste, nachdem sie die Ofentür geöffnet hatte. Vorsichtig, vorsichtig.
Hielt die bloßen Füße gegen die Glut. Es lag eine ganze Welt von Schatten, Licht und Farben in der Feuerglut. Sie legten immer gut auf, bevor sie ins Bett gingen, dann konnten sie am nächsten Morgen mit der Glut anfeuern.

Sie hatte kein anderes Licht als den Mond, der durch die Fenster schien – und die offene Ofentür.
So sollten die Herbsttage sein! Trocken und voll Ofenwärme und Mondschein. Das Tuckern eines Bootes in der Bucht und sanfter Wind im Vogelbeerbaum. Die roten Büschel schlugen leise gegen das Fenster. Man sollte sie nicht sehen. Nur ganz still auf der Torfkiste sitzen und hören und wissen, daß die Beeren intensiver rot waren denn je. Der Abend sollte lang sein wie ein kostbarer Sommertag, mit dem Mondlicht von oben und der Dunkelheit von unten. Und trocken! Die Füße sollten nackt sein, man sollte das Gefühl haben, daß sie vom übrigen Körper getrennt waren – in der schwachen Wärme des Ofens. So!
Und die weiße Uhr sollte ticken. Am Tage hörte man sie nicht. Durch die Tage schlug sie sich nur aus Trotz. Aber jetzt war sie auf friedliche Laute gestimmt. Rund und schön tickte sie – und band alle Dinge zusammen, so wie es sich gehörte.
Die Insel hatte einen glasigen Schimmer bekommen. Das große Meereslicht lag kalt und entschleiernd über den dunkelgrünen, abgemähten Wiesen. Der Buschwald hielt mit aller Macht die gelben Blätter fest. Nässe und Nachtfrost hielten einander in eiskalter Umarmung.
Grünschimmernd war das Meer, tagaus, tagein. Ohne eine einzige Schaumkrone. Ohne einen einzigen grauen Regenschauer. Der Himmel war das seltsamste. Hoch und hell – als ob es April wäre und die große Außenlampe den ganzen Tag brennen würde. Die Linie zwischen Meer und Himmel leuchtete bis weit in den Abend hinein. Es war, als ob der Herrgott in diesem Jahr den Herbst überspringen wollte.
Trotzdem machte das Schlachten die blutige Runde in den Höfen. Die Schafe hatten wochenlang das Grummet abgeknabbert. Jetzt mußten sie dran glauben. Der Schlachter war ein wohlgelittener Mann. Er hatte eine Frau und sechs Kinder in Sörbygda. Er aß und trank tüchtig. Aber es war meist gut mit dem Frischfleisch bestellt, wo er hinkam.

Rakel gewöhnte sich nie an diesen Teil der Schafzucht. Sie stand über dem dampfenden Blut und hätte sich am liebsten übergeben. Bekam Ablösung und ging hinein, um das Essen zu richten. Frische Fleischsuppe mit viel Kohl und Mohrrüben. Es dampfte überall, hatte Rakel das Gefühl. Eine Art roher Dampf. Auch wenn er warm war. Von Suppe und Blut und

Blutklößchen und Blutpudding. Dampf aus dem Innersten und Gierigsten des Lebens. Urdampf. Mehrmals dachte sie, daß sie die zwei oder drei Tage, die es dauerte, nicht durchhalten würde. Aber sie schaffte es immer, die Rakel. Immer! Und im Dezember fing sie so allmählich an, sonntags Fleisch zu essen wie andere Leute auch. Aber vor und nach dem Schlachten war sie ein Brotesser. Sie kochte das Fleischgericht nur für die Arbeitsleute und Simon. Sie pflegte zu sagen, daß sie schon gegessen habe oder daß sie zu viel zu tun habe, um am Tisch sitzen zu können. Sie eilte raus und rein und war sehr beschäftigt. Es war außerordentlich gemütlich in Bekkejordet während des Schlachtens, das fanden alle, die dorthin kamen. Aber Rakel hatte weder Rast noch Ruh. Sie arbeitete wie ein ungestümer Südwestwind.

Nur Simon wußte Bescheid. Und er berührte sie mit seiner rauhen Hand, wenn er sie zufällig draußen oder drinnen traf. Es war ihm egal, ob es jemand sah. Er fuhr mit derselben Hand über sein Kinn.

Dann schimmerte es in seinen Augen. Von dem weichen, schönen Mund breitete sich etwas wie Zärtlichkeit aus. Das ganze Gesicht leuchtete, wenn er Rakel sah.

Rakel wußte, daß er wußte. Aber er verspottete sie nie deswegen. Es war eine Angelegenheit zwischen ihnen beiden.

Das Fasten machte Rakel gesprächig und aktiv. Und gut. Und Simons von der Arbeit ermüdeter Körper wurde an solchen Spätherbsttagen wieder ganz lebendig. Schmach über ihn, wenn er nichts taugte – da sie so wunderbar warm und wach war. Und das Licht brannte im Schlafzimmer von Bekkejordet. Keiner las im Bett, und es wurde wenig gesprochen. Rakel kompensierte ihren Hunger im Magen mit einem anderen Hunger, und sie wollte gerne sehen, was sie bekam.

Nachher konnte sie noch lange wach liegen und dem fernen Rauschen des Wasserfalls, der vom Hesthammeren herabstürzte, lauschen und dem Atem des Mannes. Sie lag auf dem Rücken, die Arme und Beine in dem breiten Bett weit von sich gestreckt. Sie konnte plötzlich ein Gefühl von Unwirklichkeit haben. Die Sicherheit, die Sättigung waren nur eine Leihgabe. Dieses Gefühl mischte sich mit dem Rauschen dort draußen und wurde immer undeutlicher. Sie glaubte, daß sie nur in diesen Stunden ihre eigentliche Kraft noch einsetzen konnte. Die Arbeit ging ihr nicht mehr von der Hand. Sie lief nur hin und her mit irgend etwas in den Händen.

Es konnte passieren, daß sie morgens liegenblieb. Ohne die Energie aufzustehen. Zuerst hatte sie gemeint, daß die Schlachterei daran schuld sei. Aber es hatte ja schon im Spätsommer angefangen. Eine Müdigkeit, die sie sich nicht erklären konnte, ein Schwindelgefühl, das sie nicht verstand. Das alles nahm den Arbeitstagen die Farbe. Sie wollte eigentlich Simon gegenüber ein paar Worte fallen lassen. Statt dessen klammerte sie sich an ihn mit allem, was sie geben konnte. Auf diese Weise waren jedenfalls die Nächte schön.
Sie war nicht mehr beim Arzt gewesen seit dem unglückseligen Besuch, bei dem sie sich Klarheit darüber verschafft hatte, daß es nicht an ihr lag, daß sie keine Kinder bekam... Bis zu einem gewissen Grad war wohl ihre eigene Fruchtbarkeit in Verbindung mit Simons Mangel ein Grund dafür, daß ihr die Arbeit nicht mehr so leicht fiel. Die Müdigkeit. Die Übelkeit. Sie fürchtete auch, daß – wenn sie über ihre eigene Unpäßlichkeit sprach, dann *alles* ans Licht kommen müßte.
Nein, sie wollte sehen, ob es nicht vorüberginge. Sie gab sich noch eine Woche. Dann würde sie den Doktor aufsuchen. Sie konnte jederzeit nach Vaeret gehen, ohne daß sie Simon Bescheid zu sagen brauchte, was sie vorhatte.
Sie legte die Hand auf seine knochige Hüfte. Er registrierte die leichte Berührung, indem er im Schlaf näher zu ihr rückte. Sie reckte sich über ihn und löschte das Licht. In der Dunkelheit war er ihr ferner. Es half irgendwie nicht, daß sie ihn nahe bei sich fühlte. Es war nicht genug. Sie verstand sich selbst nicht mehr, vermochte dem morgigen Tag nicht entgegenzusehen.

Tora und Rakel saßen in Bekkejordet am Küchentisch und nähten Fleischrollen zu. Es roch nach Zwiebeln und Kräutern. Das Netzgarn und die Nadel glitten immer wieder aus Rakels Hand. Tora sah es mit Verwunderung. Sie sah, daß die Tante bleich und müde war und daß die Bewegungen auf einmal entrückt und passiv waren. Sie redete auch nicht so viel, wie sie es sonst tat.
Tora sah verstohlen auf, während sie weiternähte. Rakel spürte den Blick des Mädchens. Sah sich selbst mit Toras Augen. Sie erhob sich und fing an, hinten am Küchenschrank noch mehr Zwiebeln zu schneiden. Es schien heute alles sehr eilig zu sein. Als ob sie es nicht über sich brächte, mit Tora zu reden. Alles hing fest.
»Ich glaub', ich muß mich ein bißchen hinlegen. Ich bin so

müd. Es ist in letzter Zeit so viel gewesen. Abends wurde es spät und...«

Tora kam es seltsam vor, daß die Tante während der Arbeit auf der Couch lag. Aber sie nähte weiter. Schwieg und nähte. Sie saß mit dem Rücken zur Couch und hatte den Blick auf das Land und die Birkenallee. An der Wand tickte die Uhr. Der Ofen war gut warm. Die Finger arbeiteten schnell und leicht. Trotzdem war es kalt im Raum, weil die Tante so schweigsam war und, anstatt zu arbeiten, auf der Couch lag. Tora wollte sich nicht umdrehen und sehen, ob sie schlief. Sie hörte sie nicht atmen. Sie hatte das Gefühl, daß die Tante auf ihren Rükken schaute. Es war anstrengend und schwierig, die ganze Zeit an die Tante zu denken, so daß Tora sich schließlich erhob, um aufs Klo zu gehen. Erst wusch sie sich die Hände am Ausguß. Der Blick fiel auf Rakel. Sie war blaß! Sie lag mit geschlossenen Augen da. Es war etwas völlig Wehrloses an ihr. Tora schämte sich, daß sie es gesehen hatte, und schlich hinaus. Saß lange draußen in der Kälte und überlegte, daß heute alles anders war auf Bekkejordet.

Als sie wieder hereinkam, war Simon da. Rakel hatte angefangen, die Lake für die Rollen zu kochen. Simon lachte und erzählte vom Geschäft und von Vaeret. Er kniff Tora in die Wange und strich Rakel über die Hüften. Aber es war, als ob irgend etwas in der Luft läge. Es war nichts Gutes.

Vier Tage später ging Rakel nach Vaeret. Saß und wartete, bis sie drankam beim Doktor.

Das Gespräch zog sich wie Sirup zwischen den Körpern auf den Stahlrohrstühlen.

Rakel fühlte sich todmüde, und sie hatte keine Idee, wie sie sich einem Mann verständlich machen sollte – auch wenn er ein Doktor war.

7

Sie hatte den guten Mantel an. Ingrid. Das heißt, den einzigen, in dem sie sich vor den Leuten blicken lassen konnte. Das blau- und grünkarierte Kopftuch war für diese Gelegenheit gewaschen und gebügelt worden. Sie hatte sich auch die Haare gewaschen, die nun für keinen glänzten. Unter der grellen

Lampe am Kai sah das Gesicht kränklich und bläulich aus. Die Männer schielten zu ihr hinüber. Aber sie sagten nichts. Nickten nur, damit sie sich nicht ausgestoßen fühlen sollte.
Tora stand wie ein Schatten hinter der Mutter. Sie trug einen kleinen, braunen Pappkoffer, der leicht zu sein schien.
Dann legte der Küstendampfer am Kai an und spuckte eine Handvoll Leute auf die splittrigen, vom Wasser mitgenommenen Kaiplanken. Die Stimmen, die Kisten und Fässer kreischten behaglich über die Reling, und der schwarze Schiffsrumpf schaukelte still vor sich hin, während alles wie gewohnt ablief.
Der Tag war klar, das Meer ruhig, die Möwe gut gelaunt. Aber die Kälte biß. Der Verladekran jammerte böse, und man hörte von weitem das Knirschen der Füße auf dem Schnee.
Ingrid wollte in die Stadt, und alle wußten, warum.

Als das Schiff die Landzunge umrundete, um in die Bucht hinauszufahren, und in der scharfen Kurve leicht schwankte, stand Tora am Strand und winkte. Aber es war niemand an Deck.
Und als das Schiff mit dem pechschwarzen Rumpf das Aussehen veränderte und als grauschwarzes Gespenst in den Frostdunst hineinglitt und an der Tausendheim-Brücke vorbei um die Halbinsel herumfuhr, stand Tora mit erstarrten Händen und wehend auf dem Hügel hinter dem Tausendheim. Dort lag die alte Fahnenstange am Boden und ließ sich von den Möwen vollkleckern, indes die Farbe abplatzte und das Moos wuchs.
Tora konnte nicht erkennen, ob sich jemand auf dem Deck aufhielt, der Abstand war zu groß.
Sie war so gerannt, daß sie ganz außer Atem war, aber die Kälte biß nicht mehr. Nur innerlich fror sie. Die Mutter hatte ihr zuerst nicht gesagt, was sie in der Stadt wollte. Sie hatte *seinen* Namen nicht erwähnt. Und Tora, die sah, daß die Mutter sich quälte, hatte stundenlang überlegt, wie sie ihr helfen könnte. Schließlich hatte sie gesagt: »Wirst du Kleider für ihn mitnehmen?«
»Nein.«
»Aber vielleicht etwas Brot?«
»Nein.«
»Er bekommt wohl alles, was er braucht?«
»Ja. Gib acht, daß dir nichts passiert, wenn du auf der Abkürzung nach Bekkejordet über die Eisbuckel gehst...«
Auf diese Weise wußte die Mutter Bescheid, daß sie Bescheid

wußte. Kein Wort wurde mehr über Ingrids Vorhaben in der Stadt gesprochen.
Sie wollte am dritten Tag zurückkommen. Schneller war es nicht zu machen. Es paßte gut, weil es in diesen Tagen keine Arbeit in der Frosterei gab.

Der Ofen in der leeren Küche war ausgebrannt. Es war ganz dunkel geworden. Die Geräusche im Haus waren ein gewisser Trost. Elisif kreischte da oben. Sowohl sie als auch die »Mannakörner« auf der Kommonde funktionierten wie in alten Tagen. Elisif hatte eine noch ebenso scharfe Stimme wie früher, aber sie selbst war nicht mehr so tüchtig. Sol war schweigsamer und tüchtiger denn je.
Tora suchte das Nötigste zusammen. Schulranzen und Kleider. Dann lief sie schnellfüßig und fröhlich den Weg hinauf nach Bekkejordet.
Nur einmal – als Simons und Rakels Stimmen zu ihr in die Dachkammer mit dem weißen Bett drangen, überfiel sie eine Art Trauer für die Mutter. Die warmen, vertrauten Stimmen aus dem Schlafzimmer da unten waren wie ein Hohn. Auch für Tora.
Aber es wurde still. Die ganze Welt lag ruhig in der Nacht. Die Kälte knackte im Haus. Ein kleiner, mürrischer schläfriger Laut.

8

Die Luft war zum Schneiden, es roch nach nassen Kleidern, sauren Fellstiefeln und Schweiß. Die harten Holzbänke waren gerammelt voll und noch mehr als das. Der eine oder andere versuchte mit wechselndem Glück, den Nachbarn wegzustoßen, um selbst etwas reichlicher Platz zu haben. Es gab Verwirrung, Unordnung und Schimpfkanonaden großen Stils.
Halbwüchsige Mädchen und Jungen saßen ganz hinten. Eng zusammengedrängt – endlich, und ohne daß ihnen jemand einen Vorwurf machen konnte, saßen sie so dicht, als ob sie auf der ganzen Bankreihe nur ein einziger Mensch wären. Sie hingen in einer mehr oder minder glücklichen Symbiose aufeinander, je nachdem, mit wem sie zusammengedrückt wurden.
»Mai aus Malö« hatte sie zwei Wochen lang von den Plakaten

her angesehen. Jetzt dürsteten sie nach Sinnengenuß und Spannung. Aber der blasse Filmvorführer konnte den Apparat nicht in Gang bringen. Er behauptete, daß er auf dem Transport zu kalt geworden sei. Aber er bekam nur ein vielstimmiges »Uuuuuuuu« zur Antwort. Das bedeutete, daß ihn das Schlimmste erwartete, wenn es ihm nicht gelang, die Dame auf die Leinwand zu bannen.
Tora und Sol, Jörgen und einer von den Jungen aus Vaeret hörten den Spektakel hinter sich. Jörgen schneuzte sich in die Hand und machte anschließend Annäherungsversuche. Aber Sol hielt seine Hand hinten auf dem Rücken fest. Die vier hatten eine Stunde im Wind und im naßkalten Nebel gestanden, bevor sie eingelassen wurden, und hatten sich Plätze in der zweiten Reihe gesichert – genau in der Mitte.
Es war himmlisch. Sie widerstanden dem Druck von beiden Seiten mit zusammengebissenen Zähnen und auf dem Sitz festgeleimtem Hintern. Die Bank sackte gefährlich durch, weil die Stütze in der Mitte abgebrochen war. Aber sie regten sich nicht auf. Sie hatten die Ruhe weg. Die Bank hatte ja bisher gehalten. Jörgen und Sol saßen außen und drückten die beiden anderen zusammen.
Tora spürte den harten Jungenkörper gegen den ihren. Ein menschliches Gatter, das mit Kleidern umhüllt war. Sie war nie einem Menschen so nahe gewesen, soweit sie sich erinnern konnte. Nicht so!
»Verdammt, wie die da hinten sich verprügeln.«
Jörgen war sichtlich irritiert. Nicht zum wenigsten, weil er selbst gern dabei gewesen wäre.
Ein unerwarteter Ellbogen in die Seite hätte ihn beinahe auf den Boden befördert, und er bemühte sich wie ein Verrückter, wieder in voller Breite in die Bank hineinzurutschen. Die Rache lag in gefährlich greifbarer Nähe.
Es gluckerte und rann draußen vor den Fenstern. Die Eiskristalle lagen auf den Scheiben wie eine böse, eiskalte Warnung. Innen waren die Fenster beschlagen. Ab und zu lief es an den Scheiben herunter. Ein einzelner dicker Tropfen hie und da, der am Glas herunterstürzte und den Blick für die Welt da draußen freimachte.
Der Atem stand vor den erwartungsvollen Gesichtern wie Qualm, und die feuchte Luft ging durch Mark und Bein, ob man schon von vorher naß war oder nicht.
Sobald jemand durch die Eingangstür kam, stießen die frische,

nasse Luft und der warme, feuchte Dampf aufeinander – zu einer jähzornig grauen Wolke. Sie machte ein paar Drehungen in der Türöffnung, bevor sie nach draußen in die Dunkelheit verschwand.

Endlich hörte man den Filmapparat surren. Kein Laut war mehr zu vernehmen, außer diesem Surren.

Friede und Eintracht und pustende, halboffene Münder. Das Bild auf der Leinwand sah aus wie fliegende Reiskörner. Dann sammelten sie sich gleichsam zu Feldern, ordneten sich wie durch ein Wunder von selbst. Jemand machte das Licht aus, und man war an einem anderen Ort. Der Traum flimmerte hernieder auf das graue, nasse, vielköpfige Tier. Der Traum von einer anderen Welt, wo alles einen Perlenschimmer hatte und wo Freude und Melancholie herrschten. Wo die wahre Liebe beim Namen genannt wurde und nicht nur eine lichtscheue Affäre war in irgendeinem Gebüsch zur Sommerszeit. In der dampfenden, feuchten Dunkelheit stand der Staub und zitterte nervös in dem Lichtkegel des Apparates.

Wenn der Filmvorführer zwischendurch einmal von seinem braunen Holzstuhl zu dem Apparat ging, knarrten seine Schuhe ein wenig. Die zunächst saßen, hörten es und fauchten leise und murrend: »Pst! Ruhe!« Es klang so, als ob ein Untier, ein Raubtier durch die Zähne schnaubte, bevor es angriff. Sie wollten nicht gestört werden, sie sammelten sich und brauchten ihre volle Konzentration.

Tora vergaß, daß sie in dem ekelhaften Jugendhaus saß, in das die Mutter nie mehr einen Fuß gesetzt hatte seit damals... Sie vergaß alle Weihnachtsfeste und die 17.-Mai-Feiern, an denen sie nicht teilgenommen hatte, weil die Mutter sich immer krank fühlte, wenn in dem »Haus« etwas los war.

Das hier war besser, als Tagebücher auf dem Dachboden zu schreiben. Besser als alles! Es kribbelte leicht auf der Haut, ganz außen. So weit außen, daß sie Angst hatte, der Junge aus Vaeret würde es merken. Es begann dort, wofür es keine Namen gab, außer den häßlichen, die auf die Klowand geschrieben wurden, und breitete sich nach unten über die Schenkel aus. Zog sich so schön im Bauch zusammen. Ganz innen. Wo sie gar nicht wußte, was da war. Der Atem des Jungen aus Vaeret strich an ihrem Ohr vorbei, als er den Kopf ein wenig zur Seite drehte, weil jemand zur Tür ging. Es kitzelte, als ob sie eine Katze an die Halsgrube hielte. Hände und Körper waren völlig klamm.

Sie hatte Rakel gefragt, ob sie zum »Haus« ins Kino gehen dürfe. Eigentlich fühlte sie sich ganz ekelhaft, weil sie erleichtert darüber war, daß die Mutter fort war und sie sie nicht zu fragen brauchte. Rakel gab ihr das Geld fürs Kino, und Tora wußte, daß sie es der Mutter gegenüber nicht erwähnen würde. Sie hatten es nicht abgesprochen. Trotzdem wußte Tora, daß es so war.

»Mai aus Malö« bekam keine Briefe von ihrem Liebsten, der zur See fuhr, weil der Posthalter Mai selbst haben wollte und die Briefe versteckte. Tora wurde so zornig auf das große Gesicht des Posthalters da vorne, daß sie sich in den Arm kniff, und Sol packte den Jungen aus Vaeret am Arm, daß die ganze Bank wakkelte, und sie waren glücklich, und alles war so traurig.

Tora konnte irgendwo in der Dunkelheit einen winzig kleinen, unterdrückten Schluchzer hören. Und sie vernahm rundum ein heißes Keuchen in der schwülen, gespannten Stille. Nur der eine oder andere »Lümmel« scharrte mit den Stiefeln und fühlte sich in der Dunkelheit sicher.

Aber nachher, nach dem hellen Licht und dem Suchen nach Handschuhen und Mützen, nach dem Gedränge am Ausgang, da atmetete der Filmvorführer erleichtert auf und packte das Liebesabenteuer ein, während er eine selbstgedrehte Zigarette rauchte und sich überlegte, ob der Apparat am nächsten Ort auch wieder streiken würde. Er hatte eine zerknitterte, abgewetzte Hose an. Sie war mit ihm die ganze Woche durch dick und dünn gegangen. Er hatte sie in den verschiedenen Unterkünften, mit denen er vorlieb nehmen mußte, unter das Laken gelegt. Trotzdem sah sie traurig aus und hatte unten herum Schmutzflecken. Jede Nacht an einem anderen Ort. Er tröpfelte einige Tropfen Romantik zwischen die Steine am Strand. Er ließ die Rosen im Nebel aufblühen. Selbst im dunkelsten Vorweihnachtswinter war es Sommer. Dort, wo er den Apparat in Tätigkeit setzte.

In einem Ort waren sie einmal auf ihn losgegangen, weil er den Apparat nicht in Gang brachte. Eine Gruppe halbwüchsigen Pöbels. Der Schweiß war ihm ausgebrochen, er hatte sich gewehrt, sogar versprochen, ihnen das Geld zurückzugeben. Aber sie wollten kein Geld – sie wollten Kino. Er hatte in dem modrigen Jugendhaus gestanden und gespürt, wie ihn der Schreck erfaßte. Denn die Tour mußte eingehalten werden, und der Apparat ging nicht.

Aber heute abend... Heute abend war er gegangen.

Der zerfurchte, schmächtige Mann richtete sich auf und legte »Mai aus Malö« ins Futteral. Es war ebenso verbraucht und verknittert wie er selbst. Obwohl er erst knapp 40 war. Aber er brachte dennoch große Geheimnisse, große Erwartungen in die Fjorde hinein. Brachte Schlösser und Parks, die Unsterblichkeit der Liebe und des Menschengeistes Irrgänge in deutlichem Schwarzweiß. Alles zusammen auf die abgenutzten Filme gebannt. Jede einzelne kleine Szene genau abgemessen von hier bis dort, mit winzig kleinen Kerben an den Seiten. Kerben, die die Bewegung erst ermöglichten. Den ganzen Traum. Der die Seelen weit höher hob als irgendein Prophet oder Erweckungsprediger. Denn das Publikum war warmblütig und jung und mittelalterlich und alt – und jeder für sich hatte ein Meer von Träumen unter dem verwaschenen Hemd oder dem gestopften Pullover. Ein kleiner Schubs war alles, was sie brauchten, um durch die Perlenpforte zu schlüpfen. Und der Filmvorführer gab ihnen Manna statt hartem Brot – und er gab ihnen der Erde Herrlichkeit statt gekochtem oder gebratenem Fisch mit Kartoffeln. Er vertauschte die nicht gestrichene Küchenecke und die Hausaufgaben, die Bottiche mit den geköderten Angel-Langleinen und die vereiterten Finger – mit dem Traumwein, von denen er ihnen reichlich zu trinken gab.

Sie trotteten in der Dunkelheit nach Hause – grüppchenweise. Zwei oder drei oder auch mehr. Nur der eine oder andere einsame Wolf spielte die gleiche Rolle wie der verhaßte Posthalter in dem Film und ging allein, während er unnötigerweise seine Stiefel verschliß, indem er alle Steine wegschubste, die auf dem Weg lagen. Denn so ist die Gerechtigkeit hoch oben in den Fjorden im Norden wie auch sonst auf der Erde. Die Einsamkeit ist nie so groß wie dann, wenn der Mensch einen Traum gesehen hat.
Der Vorführmann blieb noch eine Weile mit seiner Pfeife sitzen, nachdem schon alles gepackt und startbereit war.
Dann erhob er sich. Langsam. Und schlich den Weg am Strand entlang zum Tausendheim und zur Tür der Kiosk-Jenny. Dort fand *er* den Traum, den er brauchte. Er bekam frisch gebratene Fischfrikadellen und Kaffee und saß in langen, weißen Unterhosen auf der Couch, weil Jenny den schlimmsten Schmutz von der Hose abrieb und sie dämpfte.
Für einige konnte der Himmel auch im Tausendheim sein.
Die letzten Gardinen wurden vorgezogen. Manch einer sandte

einsame Signale hinaus in die Dunkelheit. Der Regen fiel auf Gerechte und Ungerechte und auf die zu Hause gebliebenen Schafe des Pfarrers. Sie standen dicht gedrängt bei ihrem Stall. Es blinkte plötzlich in einigen Schafsaugen unter der grellen Außenlampe.

9

Tora blieb vor den Holzplanken stehen, die als Brücke vom Weg bis zu der Fischerhütte, in der Randi und Frits wohnten, gelegt waren. An der einen Seite war ein Geländer. Sie stützte sich darauf und erinnerte sich an den Sommer: Sie war an einem der Pfosten, die die Brücke hielten, hochgeklettert und hatte sich das ganze Stück vom Weg bis zur Hauswand an den Planken entlanggehangelt. Es war spannend gewesen, besonders in der Mitte, wo es zwei bis drei Meter in die Tiefe ging, hinunter in das steinige Ufer. Randi war am Fenster erschienen und hatte sie gebeten aufzuhören. Tora hatte sich geschämt, nicht weil sie etwas Gefährliches unternommen hatte, sondern weil es ihr aufging, daß sie eigentlich zu groß für so etwas war. Wenn die Mutter es gesehen hätte, würde sie gesagt haben: »...und du als Mädchen und so!«
Heute abend stand Tora am Geländer und konnte die Tiefe nicht sehen. Hielt sich mit beiden Händen gut fest, und die Füße standen sicher und eben auf der Brücke. Trotzdem sah sie nichts. Die Dunkelheit hatte alle Steine und alles andere verschluckt. Im Sommer hatte sie sich am hellichten Tag mit bloßen Händen entlanggehangelt. Sie hatte die spitzen Steine gesehen, den glitschigen Tang, Papier und Gerümpel, tief unten. Sie hatte aber keine Angst gehabt.
Nun war sie von dem Anblick verschont. Dennoch fühlte sie die Tiefe als etwas Unbehagliches.

Sie wußte nicht, warum sie zurückgeblieben war – hinter den anderen. Plötzlich hatte sie gemerkt, daß Sol mit dem Jungen aus Vaeret lieber allein gehen wollte. Tora hatte seinen harten Körper gegen den ihren gespürt – im Kino. Und eine feuchtkalte Welle von Abscheu brach über sie herein, als sie Sol und ihn sah. Es war ekelhaft, Zeuge von ihren Albernheiten und ihrem Gelächter zu werden. Sie gab vor, daß sie noch etwas für Rakel erledigen müsse, und eilte an der Wegkreuzung davon.

Sie wollte sich gerade losreißen und nach Hause trotten, als Randi in der Dunkelheit vor ihr auftauchte. Sie kam gleichsam aus dem Nichts.

»Ach, du bist's, Tora!«

Ihre Stimme klang ruhig und erfreut. Nicht gespielt freundlich, wie manche jetzt mit ihr redeten.

Tora nickte. Sie standen in dem sparsamen Licht der Außenlampe, und große, nasse Schneeflocken fielen auf sie herab. Tora hatte Angst, daß Randi nicht gesehen hätte, daß sie nickte. Deshalb räusperte sie sich und sagte: »Ich kam grad vorbei, da... Da bist du aufgetaucht...«

»Komm rein! Ich bin so allein, seit der Frits fort ist. Gunnar ist dauernd in der Fischfabrik, weißt du. Er hat so viel zu tun, seit der Bredesen so schlecht mit dem Rücken dran ist...«

Das letzte fügte sie nur flüsternd hinzu, als ob sie fürchtete, daß jemand hören könnte, wie froh sie war, daß Gunnar Überstunden machte, weil ein anderer krank war.

Sie nahm Tora in den Arm, wie sie es früher immer getan hatte. Es fiel Randi gar nicht schwer, andere Leute zu umarmen.

»Komm ein Weilchen rein!«

Sie wollte Tora mit sich die schräge Brücke hinaufziehen.

»Ich weiß nicht... Ich war aufm Weg nach Bekkejordet. Ich hab' nichts davon gesagt, daß es spät werden könnte. Die Mama ist – ist in der Stadt. Ich wohn' so lange...«

»Einen Augenblick nur? Ich will dich nicht aufhalten, das kannste dir doch denken.«

Tora zögerte so lange, daß Randi schließlich sagte: »Nein, nein...«

Da hatte Tora plötzlich Angst vor der Dunkelheit und dem Alleinsein und sagte überstürzt: »Ich komm' kurz rein.«

Der Raum empfing Tora mit seiner ganzen Gemütlichkeit. Es roch leicht nach gebratenem Fisch. Randi machte Licht über dem Tisch und neben dem Fenster. Dann setzte sie einen Topf mit Milch auf die elektrische Kochplatte.

»Nein, ihr habt ja einen elektrischen Herd!«

Tora mußte ihn anschauen. Er war ganz weiß. Beinahe unheimlich.

Er hatte einen Backofen mit Ober- und Unterhitze, ein Wär-

mefach und drei Kochplatten obendrauf. Er war ein Wunder. Noch schöner als Tante Rakels Herd.
Randi zeigte und legte los. Sie war so freundlich und froh! Immer. Selbst wenn sie traurig war, strahlten die Augen. Aber heute abend *war* sie froh.
Es war schön, wieder hier zu sein.
Tora zog den Anorak aus und setzte sich ans Tischende. Sah zu, wie Randi Kakao kochte, mit ihrem Strickmantel an.
Tora brauchte nicht nach Frits zu fragen, denn Randi drehte sich immer wieder vom Herd um und erzählte, während sie Wasser, Zucker und Kakao in einer Tasse anrührte und das Ganze dann in die Milch goß.
Man wolle ihm helfen, damit er im nächsten Herbst weiter zur Schule gehen könne, denn er sei dann mit der Volksschule fertig und habe keinen Anspruch mehr. Sie meinten, er sei zu tüchtig, um im verborgenen zu bleiben. Es sei hier so leer geworden, seitdem er fort sei... Aber es sei ja gut, daß er rauskomme und etwas lerne. Etwas werde. Sie freue sich schon auf den Tag, an dem er einen Beruf habe. Er habe so beschützt gelebt – darin sei sie sich einig mit denen in der Schule. Ja, sie hätten direkt gesagt, daß sie den großen Jungen zu sehr behütet habe. Damit würde sie nun Schluß machen... Sie hätten so recht in allem, was sie sagten, und sie wolle sich bessern. Aber wenn er den größten Teil des Jahres fort sei – dann vergesse sie, wie groß er sei, vergesse, daß er, auch wenn er nicht hören und sprechen könne, doch gut zurechtkomme. Sie habe es ja gesehen, als Frits mit Tora und den anderen Kindern zusammen gewesen sei. Trotzdem... sie verstehe es nicht... Frits bleibe einfach ihr Kind. Und sie sei so traurig gewesen, als sie begriffen habe, daß er nicht richtig hören könne. Habe sich geschworen, daß es ihm niemals an Liebe und Fürsorge fehlen solle. Und dann komme er ab und zu nach Hause und sei jedes Mal etwas verändert... und das sei grausam! Aber sie wolle sich zusammennehmen. Das sei sicher. Wenn er Weihnachten komme, würden sie zu Knutsen oben an der Straße in die erste Etage umgezogen sein. Und da würde er ein eigenes Zimmer bekommen. Und er sollte sein Zimmer jeden Morgen und Abend selbst aufräumen. Ganz bestimmt sollte er das. Sie würde sich an die Strickmaschine setzen, und er müßte es hinnehmen, daß sie so beschäftigt sei.
Tora begriff, daß Randi nicht viele hatte, mit denen sie reden konnte. Sie war immer noch eine Fremde in Vaeret. Sie gehör-

te bestimmt zu denen, die immer fremd blieben. Sie war anders. Sie kleidete sich anders. In selbstgestrickte Gewänder, die weder Mantel noch Jacke noch sonst was waren. Nur eine hübsche, ansprechende Anhäufung von Farben. Tora hatte gehört, daß die Frauen sagten, sie sei eine »Spezielle«. Speziell zu sein war ein Stempel. Es gab so vieles, was in Vaeret einen Stempel trug.
Randi hatte einen Spitznamen bekommen. Sie nannten sie »Strickbündel«. Beschuldigten sie, daß sie sich für belesen und klug halte...
Sie war in ihrer Jugend in der Stadt in die Schule gegangen und hatte im übrigen nicht das geringste getan, dann hatte sie Gunnar geheiratet und schlechte Nerven bekommen, weil er zur See fuhr. Eine Frau mit schlechten Nerven war schlimmer als alles andere. Es war irgendwie unerträglich.
Die Dame sei so sonderbar, wie man nur sein könne, hatten sie mehr als einmal in Ottars Laden gesagt.
Tora kümmerte sich nicht um das Geschwätz. Sie hatte gemerkt, daß die Leute über alles der Reihe nach redeten. Es war nicht so gefährlich, was die Leute sagten, das hatte sie gelernt. Was die Leute *machten*, war viel schlimmer.
Tora spürte die Sicherheit in dem Raum. Verschlang gierig und hungrig die Brotscheiben, den Geruch und den Anblick des Raumes. Sie ließ Randi reden und nickte nur und hörte mit weit offenen Augen zu. Das Gesicht ihr zugewandt – die ganze Zeit. Als ob sie Angst hätte, daß alles verschwinden könnte, wenn sie sich nur einen Augenblick umdrehte.
»Denk' dir, ich bekomm' eine ganz große Küche für mich allein, wenn wir da raufziehn. Sie ist so groß. Das kannste dir nicht vorstellen. Die Strickmaschine hat Platz unterm Fenster. Oh, es wird schön! Du mußt kommen. Du mußt oft zu uns kommen, Tora!«
Sie schwieg einen Augenblick.
Dann sagte sie schmerzlich: »Der Frits glaubt, daß du wegen irgend etwas auf ihn böse bist... weil du nicht mehr gekommen bist. Aber ich hab' ihm gesagt, daß das wegen dem Brand ist. Ja, ich sag's dir grad heraus, Tora. Ich hab' ja verstanden, daß du genug mit dir selbst zu tun hattest. Das war ja eine Aufregung und ein Spektakel. Es hätt' dir erspart bleiben sollen. Kinder sollten vor so was bewahrt bleiben.«
Tora saß wie gelähmt. Die untere Gesichthälfte arbeitete nicht. War für nichts zu gebrauchen. War erstarrt. Und Randi sah ihr

in die Augen, und Tora wagte nicht auszuweichen. Konnte nicht ausweichen. Sie sahen einander an. Tora fühlte, daß ihr Gesicht alle Farbe verlor. Sie erstickte fast.
Randi hatte in eine Eiterbeule gestochen. Sie lief aus. All das Ekelhafte. Denn Randi hatte von dem Brand gesprochen, als ob er ein alltägliches, bedauerliches Ereignis wäre, das zu regeln war und das man schon am nächsten Tag in Ordnung bringen konnte.
Und sie fuhr fort, darüber zu sprechen. Sagte, daß Henrik nicht der erste sei, der im Gefängnis gelandet sei. Tora solle es sich nicht zu Herzen nehmen. Sie solle sich sagen, daß sie nur für sich selbst verantwortlich sei und daß sie nichts mit dem Brand zu tun habe.
Tora hatte das Gefühl, daß Randi ein wahrhaftiger Engel war, fühlte es so intensiv, daß die Augen glänzten und die Zunge im Munde wuchs. Dann fiel das Ganze plötzlich wieder zusammen, denn Randi sagte: »Aber an etwas mußte denken! Du mußt ihn gut aufnehmen, wenn er wieder heimkommt. Er muß von neuem anfangen. Alle müssen neu anfangen, wenn sie ein Unrecht begangen haben. Es war natürlich sehr schlimm. Aber wir haben alle die Verantwortung füreinander. Es gibt so vieles in der Welt, was wir nicht würdig sind zu verstehen.«
Tora saß nur da.
Es war schön warm im Raum, die Brote waren gut, und Randi war eine Freundin. Trotzdem war Tora bei einer Fremden, die nichts wußte und nichts wissen durfte.
Randi und Mama!
Simon und Rakel!
Die ganze Welt würde sie – Tora – verdammen. »Du sollst ihn gut aufnehmen. Du sollst niemanden in Verruf bringen. Du sollst denen Gutes tun, die... du sollst deinen Vater und deine Mutter ehren... du sollst nicht lügen... *Du sollst ihn gut aufnehmen!*«
Die Mutter *sagte* nie etwas. Man konnte es ihr nur vom Gesicht ablesen. Randi sagte es. Gerade heraus. Direkt und heilig wie alle anderen Bibelworte, die sie in der Schule oder bei Elisif gelernt hatte. Aber konnte man mit ihnen *leben*, ohne zu lügen oder zu verschweigen? Tora wußte nicht ein noch aus. War das alles von Leuten erfunden worden, die vor so etwas gefeit waren? Die nichts begriffen? Wußten die Menschen, die Gesetze und Vorschriften machten, wie gräßlich das alles war?

Machten sie nur Gesetze für Dinge, von denen sie selbst nicht berührt wurden? War es so einfach?
Sie fühlte einen kleinen Trotz in sich. Aber sie vermochte ihn nicht in die Höhe zu treiben – so richtig.
Denn Randi war beinahe ein Engel. Und Tora saß mitten in Randis Augen.
So war es immer. Die Mutter war schweigsam und freudlos. Sie war so müde und ernst. Sie hatte gegen so vieles anzukämpfen.
Sie mußte geschont werden.
Mußten alle geschont werden? Gab es keinen, der...?
»Ich hab' noch was, das muß ich dir zeigen, Tora!« sagte Randi plötzlich und schlug die Hände zusammen. Die dichten, hellen Augenwimpern flatterten und warfen Schatten auf die Wangen. »Du meine Güte! Wie konnt' ich das vergessen! Ich bin doch so stolz darauf.«
»Was ist es denn?«
Tora war gespannt und froh – daß von etwas anderem die Rede war.
»Nun kannste raten. Das rätste nie!«
»Ich will's versuchen.«
Tora gab sich dem neuen munteren Spiel hin. Nur mit Randi konnte sie solche Wortspiele und solchen Unsinn machen, ohne daß sie daran zu denken brauchte, daß sie erwachsen war. Nicht einmal mit Tante Rakel konnte sie so gut spielen und Unsinn treiben. Randi war eine große, erwachsene Dame, aber das vergaßen sie alle beide.
Vergaßen es die ganze Zeit. Es sah so aus, als ob Randi glaubte, daß sie ein kleines Mädchen sei.
»Ha – wenn du das rätst, dann biste gut!«
Randi blinzelte verschmitzt.
»Aber ich werd' dir helfen. Es ist etwas, was sich alle wünschen. Ich hab's bekommen.«
»Alle wünschen es sich...«, wiederholte Tora und schaute gleichsam in sich hinein.
»Na ja, nicht alle. Nicht die Männer, die kommen auch ohne das aus, denn sie haben ja uns«, lachte Randi.
Tora wurde noch verwirrter.
»Dann muß es was sein, was du anziehen kannst oder womit du dich schön machst?«
»Nee, du.«
»Ist es was, was du für die Strickmaschine brauchen kannst?«

»Wünschen sich *alle* etwas für die Strickmaschine, du Dummerchen?«
»Neee, dann muß es... laß mich mal überlegen... Du hast mir den elektrischen Herd gezeigt...«
»Es brennt, es brennt!« schrie Randi entzückt.
Aber Tora gab auf. Und Randi zog sie mit sich hinunter in den feuchten Keller, wo sie einen Raum neben der Köderstube hatten. Es roch streng nach Fischabfällen und Schimmel dort unten, obwohl der Raum abgespritzt und aufgeräumt war. In der einen Ecke stand eine Art Tonne. Sie stand auf zwei soliden Klötzen. Dickbauchig und breit. Sie ähnelte einer Wassertonne – in der Art wie Almar sie besaß und die er immer noch aus der Quelle hinter dem Haus auffüllte, weil er im Haus keine Wasserleitung hatte. Obenauf lag die gleiche Art Deckel.
Tora ging näher und schaute sich die Tonne an. Nun sah sie ein Kabel mit einem Stecker und einem Schlauch, der ganz unten befestigt war.
»Was ist das denn?«
Randi lächelte. Dann sagte sie mit Stolz in der Stimme:
»Das ist der Gunnar... Er ist ein Genie mit Maschinen und Schrauben und so was. Er hat mir eine *Waschmaschine* gemacht.«
»Eine Waschmaschine!«
Tora guckte. Randi hob den Deckel hoch und zeigte ihr eine Art Schaufelrad – oder Propeller unten am Boden. Es war alles deutlich selbst geschweißt. Aber blankgeputzt und schön, ohne eine Spur von harten, scharfen Kanten.
»Der Gunnar *ist* ein Genie! Der Dahl kann sich glücklich preisen, daß er einen solchen Chef für die Maschinen hat.«
Tora vergaß zu antworten. Sie steckte den Kopf tief in die Tonne hinein und sah sich alles genau an. So was! Randi hatte eine Waschmaschine bekommen! Tora kannte keinen in Vaeret oder jenseits der Moore, der eine besaß. Sie hatte natürlich schon davon gehört. Wußte, daß man Waschmaschinen kaufen konnte. Aber sie waren fürchterlich teuer und gänzlich unnötig und unterstützten nur das Faulenzerleben der reichen Leute. Und die Pfarrersfrau hatte ja die Kopftuch-Johanna – sie brauchte also auch keine. Und jetzt hatte Gunnar eine für Randi gemacht!
»Du mußt mir zeigen, wie das geht«, sagte Tora schnell.
Und Randi steckte den Stecker ein. Dann schraubte sie den Schlauch an dem Wasserkran fest und drehte ihn auf. Nicht

viel – aber so, daß das Wasser bis über die Schaufel stieg. Randi knipste einen schwarzen Schalter an, den Tora vorher nicht bemerkt hatte, und setzte ein Gespritze und Gepolter sondergleichen in Gang. Schnell warf sie den Deckel auf die Tonne und ließ die Maschine eine Weile laufen und dröhnen. Tora war überwältigt.
»Toll! Hat Gunnar das wirklich gemacht?«
Randi nickte strahlend.
»Aber die Mama sagt, daß das mit den Waschmaschinen Unsinn ist, denn sie mache die ganze Wäsche kaputt und wasche nicht sauber. Ist das wahr?«
»Keineswegs. Jedenfalls nicht die, die Gunnar gemacht hat. Die Bettbezüge und die Laken... die werden wie Neuschnee. Sie kann auch kochen. Unten drin ist ein Heizelement.«
»Heizelement?«
Tora mußte den Deckel noch einmal lüften und hineingucken. Sie bekam einen Spritzer auf die Nase, aber sie merkte es kaum.
Randi konnte wirklich froh sein, daß sie so etwas hatte. Sie brauchte nicht in der feuchten Waschküche vom Tausendheim zu stehen, die nur dort einen Betonboden hatte, wo die Waschzuber standen und wo der Ausguß war. Das übrige war Lehmboden, und es war feucht und kalt in dem Keller.
Im Winter war dort nicht gut sein. Ingrid pflegte die Wäsche oben in der Wohnung zu kochen. Und Tora spülte sie unten im Keller aus. Sie spürte es im Körper, wenn sie nur daran dachte, wie eiskalt solche Nachmittage waren. Man wurde erst am nächsten Tag wieder richtig warm.
Im Sommer war es nicht so schlimm. Da nahmen sie Kaffee und Brote mit und zogen zum Fluß, die große Wäsche in einem Schubkarren oder auf dem Gepäckträger vom Fahrrad. Dann machten sie Feuer in den selbstgemauerten Feuerstellen und setzten die Waschkessel darauf. Wer zuerst kam, hatte die beste Feuerstelle. So war es üblich. Und darüber machten sie nur Witze. Es waren immer viele zusammen, und es war gemütlich. Sie gingen auch nur an Schönwettertagen dorthin. Die Kinder wateten in der Flußmündung, bis die Wäsche kochte. Sie bekamen Kuchen und Brote aus fremden Essensbüchsen und hörten zu, wie die Frauen sich unterhielten. Später halfen sie beim Spülen der Wäsche und wurden ausgeschimpft, wenn sie schluderten.
Aber das... das mußte ja der Himmel auf Erden sein!

Ach, wenn die Mutter und sie auch so eine Waschmaschine hätten! Da würden die Frauen im Tausendheim aber Stielaugen machen.
Als ob Randi ihre Gedanken lesen könnte, sagte sie mit einem verlegenen Lächeln: »Du darfst zu niemand etwas davon sagen...«
»Warum nicht?«
»Ich will nicht, daß die Leute sagen, ich sei faul und eingebildet... Sie reden schon genug.«
Tora nickte. Sie verstand.
»Darf ich's der Mama sagen?«
»Ja, sie gehört wohl nicht zu denen, die von Haus zu Haus ziehn, wie ich mir denken kann.«
Randi sagte es lächelnd. Aber es gab Tora einen Stich.
Wußten *alle*, daß die Mutter seit dem Brand beinahe menschenscheu geworden war? Redeten die Leute so viel, daß es sogar Randi erfahren hatte?

Tora brach dann doch ihr Versprechen und erzählte Rakel alles, als sie abends am Küchentisch saßen. In dem Augenblick, da die ersten Worte gesagt waren, überfiel sie die Scham. Trotzdem mußte sie weitererzählen.
Rakel hörte mit großen Augen zu, und Tora erklärte und zeichnete hinten in ihrer Kladde, damit Rakel das Ganze deutlich vor sich sehen sollte.
Der Abend war so schön. Es war, als ob er sich auf sie, Tora, konzentrierte – sie nach vorne schob und sie zu etwas Großem machte. Rakel lauschte und lauschte. Tora erzählte. So lange, bis es Zeit war, schlafen zu gehen.
Da überfiel sie wieder die Scham. Weil sie nicht vermocht hatte zu schweigen. Weil die Mutter zu Besuch in einem Gefängnis war.

Am nächsten Morgen platzte sie damit heraus, daß Rakel zu niemand etwas über die Waschmaschine sagen sollte.
Und Rakel lächelte nicht einmal. Todernst gelobte sie hoch und heilig, daß es ein Geheimnis bleiben würde, warum die Bettbezüge bei den Monsens so weiß wie Schnee waren.

10

Tora bekam nicht viele Briefe.
Insgesamt waren es überhaupt nicht viele Briefe, die zu den Tausendheimtüren hereinkamen. Es gab dort auch nicht viele Menschen, die sich die Mühe machten, Briefe zur Post zu tragen. Die Worte waren einfach, und man sprach miteinander – oder man schwieg, und das war vieldeutig.
Wenn die Leute ruhig und nicht im Affekt waren, sagten sie gerade so viel, wie sie verantworten konnten – nicht mehr und nicht weniger. Der Rest wurde verschwiegen, bis die Gedanken ihn verdrängt hatten – oder der Mensch sich durch die Worte hindurchgekämpft hatte, schweigend. Jeder für sich.
Eines Tages fand Tora einen weißen Briefumschlag auf dem Küchenschrank.
Die Mutter war zur Nachmittagsschicht gegangen. Das Haus lag träge in der Mittagsruhe da, weil Tora auf dem Schulweg getrödelt hatte. War bei Jenny im Kiosk gewesen und hatte die neuen Illustrierten durchgeblättert. Jenny schimpfte nie mit Tora, weil sie die Zeitschriften nicht kaufte, die sie angesehen hatte. Alle anderen aber schmiß sie raus. Tora hatte lange gebraucht, bis sie sich Einlaß in dem kleinen Kiosk an der Wegkreuzung verschafft hatte. Sie holte für Jenny Waren aus der Expedition. Zog sowohl die Packen mit den Illustrierten als auch Jennys Kind im Handwagen die Hügel hinauf. Eigentlich liebte Tora den kleinen Rotzjungen nicht. Aber sie ließ es sich nicht anmerken. Sie behandelte das Kind mit der gleichen freundlichen Vorsicht wie die Illustriertenbündel.
Tora wußte nicht, ob sie vor dem Umschlag Angst haben sollte. Sie hatte das Gefühl, daß da etwas nicht stimmte.
Name und Adresse standen feierlich auf dem weißen Papier. Einmal hatte sie einen Brieffreund gehabt. Einen, den Randi von ihrem Heimatort her kannte. Aber Ingrid hatte gemeint, daß das viele Porto eine unnötige Ausgabe sei. Sie wurde so trübsinnig – selbst wegen der kleinsten Ausgabe. Tora hatte immer seltener geschrieben.
Dies hier war eine fremde Schrift. Aber doch bekannt. Der Stempel war unleserlich. Der Brief hatte eine norwegische Briefmarke. Das war das erste gewesen, was sie festgestellt hatte.
Manchmal war sie völlig sicher, daß ihr die Großmutter eines schönen Tages schreiben würde.

Sie sah sie vor sich, mit dem geraden Rücken und dem großen, grauen Knoten im Nacken. Knöpfschuhe. Wie die feinen Damen sie in den Märchen oder auf den Bildern in den Illustrierten trugen. Die Haut über den Wangen war ganz glatt.
Aber dieser Brief kam nicht aus Berlin.
Er verursachte trotzdem ein wohliges Kribbeln unter der Haut. Es fing irgendwo am Hals an. Zog sich über den ganzen Körper, so daß sie lächeln mußte, obwohl sie mutterseelenallein war. Stand auf einem Fuß und rieb den anderen an der Ofenkante, weil sie ein Loch in dem einen Stiefel hatte und der Fuß naß geworden war. Aber sie empfand es als nichts Besonderes. Sie rieb einfach, weil sie es immer tat, wenn sie nasse oder kalte Füße hatte.

Der Brief war von Frits.
Sie nahm ihn mit zum Fenster.
Frits erzählte von der Schule und den Lehrern. Daß er die ersten Abende geweint hatte, als er dorthin kam.
Tora hörte Randis Stimme, während sie las.
Und Frits wuchs aus dem Brief heraus. Vor ihren Augen. Sie dichtete ihn um zu einem unglücklichen Helden, sie bildete sich ein, daß sie alles verstand, was er ihr zu übermitteln versuchte mit seiner eckigen Schreibschrift und den knappen, nüchternen Sätzen. Sie ahnte vage, was ein solcher Brief einen wie Frits kostete.
Unten in der Ecke war ein großer Tintenklecks, und Tora konnte sehen, daß er dort ein Herz zu zeichnen versucht hatte. Gott segne ihn...
Sie nahm den großen, roten Buntstift, den sie benutzte, wenn sie für den »Konfirmanden« Karten zeichnen mußte, und zog das Herz nach. Der Tintenfleck floß in seiner getrockneten Unförmigkeit darüber, das war allerdings schon passiert, lange bevor sie etwas ahnte. Aber nun war da eine kräftige rote Linie, die durch den blauen Tintenfleck hindurch ganz deutlich anzeigte, wie das Herz hätte sein sollen.
Tora war so froh. Ganz ausgelassen. Es war ein unbekanntes Gefühl, das sie nicht zügeln konnte. Alles – die ganze Welt bekam eine schöne Farbe. Sie lag grauschimmernd und närrisch dort draußen. Das Meer und der Mond strahlten, und Vaeret lachte in seiner ganzen Armut. Behaglich und verwischt und weich. Große Wolkenballen kamen herangerollt. Der Nachmittag begann seine Geräusche herauszuschleudern. Die Rufe

vom Hof und später von dem Gelände rund um das Haus. Aber sie setzten sich nicht in ihr fest, zogen sie nicht hinaus auf die Straße wie sonst.
Tora saß in Gedanken versunken. Die anderen, die so einfältig und klein waren, taten ihr direkt ein bißchen leid.
Mit einemmal war alles dort draußen ein überwundenes Stadium – über das sie sich hoch erhaben fühlte. Nein, sie hatte wichtigere Dinge zu tun. Einen Brief zu schreiben.
Nas-Eldar fuhr die letzte Kohle für den Winterbrand ringsum in die weißen und blauen und roten Häuser. Es gab viele Bestellungen und viel Arbeit. Und es gab nur einen Lastwagen, den ausgenommen, den Dahl für seine Fischfabrik und die Frosterei besaß. Eldar hatte keinen Konkurrenten und nahm sich Zeit.
Die Leute fluchten nicht wenig, wenn er nicht einmal seinen Kautabak von der einen Seite auf die andere schob, um Bescheid zu sagen, daß er keine Zeit hatte, sondern nur die rechte Autotür wieder zuknallte und hinüberrutschte auf den linken Sitz, weil man die Tür zum Fahrersitz von außen nicht öffnen konnte.
»Das ist die Gicht«, grinste er mit seinem Gesicht voll bläulicher, einen Tag alter Bartstoppeln. »Im Herbst und in der Winterkälte ist er immer so!«
Er – war der Lastwagen, der nach der Meinung des Alten die feinsten Gefühle auf der ganzen Insel hatte.
Nas-Eldar kam, wenn er *kam* – da konnte man sich drauf verlassen.
Eldars Auto fuhr Leichen und Brautleute. Er schmückte die Seitenteile mit Kreppapierstreifen und norwegischen Fähnchen und Laub, falls er Zeit dafür fand. Wenn er schlechte Laune hatte, dann stieß er zwischen den Zähnen hervor: »Könnt selber schmücken!«
Er fuhr geschlachtete Schafe, Kohlen, Trockenfisch und Guano – ohne Schmuck. Er fuhr arme Leute – und feine Leute im Mantel.
Eldars Auto war überall und nirgends aufzutreiben. Da half kein Betteln oder Drohen.
Aber Tora hatte keinen Bedarf an Lastwagen. Merkte nicht, daß die Kohle im Ofen ausbrannte. Trotzdem hörte sie den Krach da draußen und verstand mit einem kleinen, unwesentlichen und irdischen Teil ihrer selbst – was da los war.
Lange schaute sie angestrengt auf ihre eigenen Buchstaben. Da

entdeckte sie die Schatten. Die Dämmerung kam aus allen Ekken gekrochen. Stand schon im Küchenfenster und war da.
Sie machte die Deckenlampe an. Es flutete mächtig und hell auf sie hernieder und warf ihren Schatten an die Wand.
Aber sie sah jetzt.
Sie erzählte und dichtete. Viele Dinge brachen aus ihr heraus, die sie ihm nie hatte begreiflich machen können, während sie einander nahe waren und zusammen spielten oder auf dem Bett mit der Strickdecke saßen. Sie erwähnte vorsichtig, daß sie den ganzen Sommer über mit allen möglichen Dingen sehr beschäftigt gewesen war... Und während sie schrieb, begann ihr Körper zu schweben. Das Leben wurde so leicht.
Toras magere Hand suchte drinnen in der Stube in Ingrids Schublade herum, bis sie fand, was sie suchte: die kleine graue Schachtel mit dem Kleingeld für unvorhergesehene Fälle. Sie zählte das Geld für das Porto genau ab und tilgte alle Spuren.
Sie empfand keinerlei Reue. Zog nur den schwarzen Regenmantel über und sprang in die nicht mehr wasserdichten Stiefel. Sie hatte die Strümpfe nicht gewechselt, und das war gut.
Es quatschte noch dort unten im linken Stiefel.
Turid am Postschalter hielt den Brief einen Augenblick in der Hand. Wog ihn gedankenvoll hin und her.
Dann legte sie ihn energisch auf die abgegriffene Holzplatte auf Toras Seite von der Schranke zurück und sagte: »Zu schwer. Zu wenig Porto.«
Tora war ein nasser und geprügelter Hund, der sich zur Tür hinausschlich.
Aber auf der Treppe richtete sie sich auf, eilte über die Hügel und an den Mooren entlang zum Tausendheim.
Sie zögerte nicht. Sondern wiederholte die Aktion mit der Geldschachtel. Diesmal nahm sie so viel, daß sie sicher sein konnte, daß es reichte.
Dann raste sie die Treppen hinunter, die Wege entlang, die Hügel hinunter und hinein zu Turid am Schalter.
Wie ein Esel. Sie hatte Runzeln zwischen den Augenbrauen. Der Kopf war auf eine seltsam störrische Weise gebeugt, das Maul dicht an der Halsgrube – als ob sie versuchte, sich selbst voranzutreiben.
Turid leckte an der Briefmarke und stempelte sie dann ab.
Tora ging hinaus in den Regen.
Sie blieb einen Augenblick auf der Teppe stehen und wartete, daß der Schweiß längs des Rückgrats sich beruhigte. Fischer-

boote kamen herein. Sie tuckerten wie Herzen. Wie ihr Herz. Da war kein Unterschied. Tuck-tuck-tuck. Im Takt. Ganz selbstverständlich. Lebendig. Trieb sich selbst voran mit einer eigenen Maschine.

11

Eines Tages schnappte Sol große Neuigkeiten in Ottars Laden auf. Nach Neujahr sollte ein Handelsschulkurs beginnen.
Da wollte sie hingehen! Mit der Mutter wollte sie nicht darüber sprechen. Einfach hingehen.
Sol hatte die Erfahrung gemacht, daß man sehr schnell Geld verdienen konnte. Sie hatte es unter der Matratze. Dort lag es sicher. Denn Elisif gehörte nicht zu denen, die die Matratzen zu unpassender Zeit herausrissen, um sie zu lüften. Sol wußte, daß sie die Summe noch beträchtlich vermehren konnte. Alles Geld, das sie fürs Putzen bei Ottar und fürs Packen in der Fischfabrik bekam, gab sie zu Hause ab. Sie sortierte jeden Monat die Rechnungen aus, mit denen es am meisten eilte. Dann traf sie eine Auswahl, und zusammen mit Vaters Geld reichte es für das Allernotwendigste. Aber immer wieder gab es irgendwelche Löcher. Torstein quetschte ein paar Tränen heraus wegen ihrer Zuschüsse und sagte, daß sie ein prima Mädchen sei. Er hätte sagen können, daß bald bessere Zeiten kämen und daß sie dann etwas von dem behalten solle, was sie im nächsten Monat verdiene. Aber das sagte er nicht. Torstein sagte nichts, woran er nicht glaubte. Deshalb war er ein so wortkarger Mann.

Es fing an einem ganz gewöhnlichen Tag nach Ladenschluß an. Sol war draußen im Lager auf die Leiter gestiegen, um ein paar Kartons an ihren Platz zu schieben, weil sie Angst hatte, daß sie ihr auf den Kopf fallen würden. Sie sah, daß Ottar neben der Leiter stand, aber nahm keine Notiz von ihm. Nicht eher, als bis sie seine Hand an ihrer Wade spürte. Sie erstarrte da oben. Mehr vor Erstaunen als aus Abscheu. Er war bestimmt schon über dreißig. Faßte es als eine Ermutigung auf, daß sie stehen blieb. Die Hand bewegte sich erst zögernd. Dann hatte sie ihr Knie erreicht, kam aber nicht weiter, weil sie einfach nicht weiter reichte. Es war keineswegs unange-

nehm. Sol begriff. Da gab es ferne Dinge, an die sie sich erinnerte. Dinge, die in den Treppenaufgängen halbwegs bis zu ihr gedrungen waren. Dinge über Ottar. Dinge über Männer.
Sol stieg vorsichtig eine Stufe tiefer auf der Leiter. Aus Neugierde zuerst. Es war aber auch nicht unangenehm. Sie sah ihn nicht und spürte auch nicht seinen Atem. Spürte nur seine Hand. Sie verschaffte ihm mehr Platz, indem sie das eine Bein eine Stufe höher stellte. Hörte, wie er keuchte, trotzdem ging der Mann sie nichts an.
Sie fühlte sich nicht bedroht. Sie hätte von der Leiter heruntersteigen, sich umdrehen und ihn auslachen können. Sie hätte ihm sogar drohen können. Ja! Denn davor hatte er Angst. Er hatte eine Todesangst.
Und Sol stieg mehrmals in der Woche nach Ladenschluß in dem dunklen Lager auf die Leiter. Manchmal wünschte sie, er wäre mit seinem Betasten schnell fertig, denn sie wußte, daß zu Hause die Wäsche auf sie wartete.
Aber manchmal stand sie auch auf der Leiter und fand es sehr schön, daß jemand sie mit so behutsamen Händen anfaßte. Da war sie beinahe enttäuscht, wenn sie an seinem Atem hörte, daß das Ganze vorüber war und sie herunterklettern konnte.
Er sah sie nicht an, wenn er ihr das Geld gab. Sie bekam alles zusammen in einem Umschlag. Mehr als doppelt soviel, als sie eigentlich hätte haben sollen. Ottar war nett... Sie ging über die Hügel bis hinauf auf die Höhe und wieder hinunter zum Tausendheim mit einem neuentbrannten, aber unausgegorenen Willen in sich – während sie an das Geld dachte und daran, wie nett Ottar war. Sie hatte nicht geknickst, als sie das Geld entgegennahm. Sie war ja jetzt erwachsen. War sich dessen bewußt, daß sie Selbstvertrauen haben konnte. Sie wußte etwas über Ottar. Das machte sie älter als ihn. Davon kam er niemals los. Und Ottar wußte das. Er brachte seine Haare in Ordnung und begab sich nach Ladenschluß in das dunkle Lager. Er war ein Mann, der seine einsamen, verborgenen Wege ging, und er hatte genügend Geld, um seine Spuren zu verwischen.

Eines Abends wurde Sol sich dennoch klar darüber, daß er sie von der Leiter herunter haben wollte. Er hatte auf dem Boden eine Art Lager aus zusammengefalteten Kartons gemacht. Er versuchte, sie in der Dunkelheit auszuziehen, ohne ein Wort zu sagen. Aber Sol zeigte seinen Händen den richtigen Platz

und flüsterte, daß das genüge. Sie war verlegen. Es hätte sich eigentlich erübrigen sollen, daß sie ihn mit Worten zurechtwies, aber es war nötig. Er krümmte sich wie ein Hund. Sie fühlte es mehr, als daß sie es sah. Die Hände waren unsicher. Am nächsten Freitag lagen wieder doppelt so viele Zehnkronenscheine in dem Umschlag, als ihr rechtmäßig zustanden.
Es wurde Routine mit dem Rendezvous auf der Leiter. Sol begriff nicht, daß er der Sache nicht überdrüssig wurde. Nach ein paar Wochen bekam er sie endlich herunter auf die Pappschachteln. Sie grauste sich vor dem, was nun kommen würde. Aber er legte seinen Kittel über ihr Gesicht und arbeitete dann dort unten zwischen ihren soliden Beinen mit kalten Händen und einer Taschenlampe.
Sol nahm es mit Ruhe hin. Es war absolut auszuhalten. Sie erforschte sein Verhaltensmuster, während er sie erforschte. Meist lag sie nur da und dachte an die Handelsschule.
Jedesmal, wenn sie die Beine oder Hüften bewegte, schnappte er nach Luft und wurde noch eifriger. Sie wurde in gewisser Weise von der gleichen Erregung ergriffen. Es war, als ob sie in einen bestimmten Rhythmus käme. Visionen stiegen ihr zu Kopf. Ehe sie wußte, wie ihr geschah, begann sie zu wünschen, daß wirklich etwas geschah. Aber da war nur ein zitternder Lichtstrahl und sein Keuchen.
Von dem ersten Tag abgesehen, wurde kein Wort auf den Pappkartons gesprochen. Gelegentlich wollte er sie von hinten sehen, während sie auf allen vieren stand, mit dem Gesicht gegen die Tür zum Laden. Es sickerte immer etwas Licht durch einen dünnen Spalt an der Türschwelle herein. Immer.
Sol hörte Mutters frommen Gesang bereits von weitem. Sie nahm den Bruder an der Hand und zog ihn am Haarschopf. Er war angesprungen gekommen, als er sie an der Toreinfahrt gesehen hatte. Der Junge blickte sie mit strahlenden Augen an und blieb ganz gehorsam stehen, als sie ihm den Rotz abwischte. Dann ging es die Treppen hinauf.
Irgendwo im Haus zapfte jemand Wasser. Es rieselte hohl durch die alten Rohre, das Rieseln pflanzte sich im Gebälk fort, fand sein eigenes Lied. Es war verschieden von Raum zu Raum, von Etage zu Etage. Begann vielleicht zeitig am Morgen mit einem Rinnen, artete tagsüber aus und rauschte lustig um die Mittagszeit. Das träge Nachrauschen, wenn gespült wurde, verriet, daß Mittagsruhe herrschte. Bei Elisif rauschte es an den Tagen, an denen Sol bei Ottar putzte, nicht, bevor

Sol nach Hause kam. Elisif *wollte* die Arbeit wohl tun, aber es wurde trotzdem nichts daraus. Die Kopftuch-Johanna meinte, es sei eine Sünd und Schande, daß Elisif nichts anderes mache als beten. Sie murmelte es im Treppenhaus und flüsterte es über die Kaffeetasse zu Ingrid und den anderen Frauen, wenn sie bei ihnen saß, um eine Tasse Zucker zu leihen.
Ingrid hatte so wenig zu sagen. Sie hatte sich eine lauschende Abwesenheit angewöhnt. Sie hörte zu, nickte und dachte an alles, was sie noch tun mußte, ehe sie in die Fischfabrik oder zum Putzen ging. Aber sie lächelte. Das war wichtig. Die Leute glaubten, daß man zuhörte, wenn man nur nickte und lächelte.
»Das Mädchen schuftet wie ein Pferd!« schnaubte die Kopftuch-Johanna und schüttelte sich. Sie tat sich einen Haufen Zucker in den Kaffee. Saß unter Elisifs frommem Gesang und hatte den größten Ekel vor ihrer Gottesfürchtigkeit.
»Das Mädchen rackert sich ab, und die Mutter rennt zum Missionsschiff! Es quillt über von Dreck und Fischabfällen. Alles bleibt liegen, bis Sol heimkommt. Ich hör' das Gepolter da oben, wenn sie ihren Mantel aufgehängt hat. Und Elisif singt ›Drüben an dem Fluß‹. So ein Blödsinn!«
Sie knotete die Enden des grellbunten Kopftuches noch fester, so daß die Adern auf der Stirn in dem bläulichen Gesicht anschwollen.
Ingrid war müde. Sie vergaß zu nicken. »Ja, was meinst *du*? Du bist doch auch da oben und siehst es.«
Johanna nahm noch zwei Stücke Zucker, aber da sie eigentlich satt war, ließ sie sie wie zufällig in die Schürzentasche gleiten.
»Ja, ich will ja nicht über die Leute reden. Aber so was kann doch nicht Gottes Wille sein, wie?«
Nein, das glaubte Ingrid auch nicht. Aber es war wohl nicht immer so einfach...
»Die Elisif ist ja auch krank«, fügte sie hinzu.
»Pah, krank. Ja, ja! Haste schon mal gehört, daß kranke Leute den Weg runter zum Missionsschiff rennen und auf den Knien liegen und Zeugnis ablegen, bis sie Holzsplitter in die Knie kriegen, was? Nein, das will ich dir sagen, Ingrid, diese Närrin ist nicht mehr krank als ich. Und mir geht's gut!«
Indessen stiegen Elisifs Gebete herzlich und aufrichtig aus der engen Dachstube über ihnen empor. Sie betete für sie alle.

»Haste die Kartoffeln gewaschen?« rief Sol, als sie ihren Mantel aufhängte.

»Nein, ich hatte keine Zeit«, antwortete Elisif. »Der Herr war heute so gut. Er war mir so nah. Ich sprach mit ihm in aller Unschuld. Er hörte mir zu!«
»Worüber habt ihr denn geredet?« fragte Sol. Sie hatte diese Art Gespräche gelernt. Es ging ihr weniger auf die Nerven mitzumachen, als sich Bergpredigten anzuhören.
»Wir redeten über weltliche Dinge. Ich betete für die armen Koreakinder. Die sind ja zu Tausenden in die Flucht getrieben. Ich betete wegen deines verstockten Herzens, Sol! Ich betete wegen der verstockten Herzen der ganzen Jugend in dieser Welt. Er war so gütig, er sagte, daß er all denen ihre Sünden vergeben werde, die sich heute bekehren. Hörste, Sol? Ist das nicht wunderbar?«
»Ja, Mama, das ist schön. Du wirst sehn, es wird noch alles gut.«
Sol steckte dem kleinen Bruder eine Scheibe Brot zu und deckte für sie alle den Tisch. Sie waren nur acht. Die Leute sagten, man habe mit Elisif im Krankenhaus etwas gemacht. Jedenfalls kamen keine Kinder mehr. Torstein war nicht zu Hause. Er hatte angefangen, Netze zu flicken. Hatte einen festen Verdienst. Das merkte man schon.
Sol glaubte nicht, daß die Mutter alles begriff. Elisif schien keine Vorstellung davon zu haben, daß sie einkaufen mußten und bezahlen und Kleider haben mußten. Sol hatte nicht die Kraft, um herauszufinden, wie schlimm es eigentlich um die Mutter stand. Sie sah nach vorn. Bis Weihnachten. Die Handelsschule begann gleich nach Neujahr. Bis dahin würde sie genug haben für das Schulgeld und alles, was sie brauchte. Sie würde in der Fischfabrik Schluß machen. Ihr wurde schon schlecht, wenn sie nur an die grauen Weibsleute und an die Packhalle dachte. Der Vater mußte mit den Geldproblemen allein fertig werden. Sie würde sich der vernachlässigten Kleinen annehmen und zu Hause bleiben. Und sie würde lernen. Und bei Ottar putzen.
Aber einmal würde sie davon loskommen.
Inzwischen hatte Elisif ihre Gebete beendet und die Bibel von der Kommode genommen. Sie strich liebevoll über die abgegriffenen, weichen Ecken des Einbandes. Er lag wie ein schützender Schild über den weichen Goldrändern. Sie strich über das Kreuz auf der Vorderseite und streckte den runden, runzligen Hals vor. Dann lächelte sie. Sie fühlte, wie durch ihre Finger die Kraft von außen in sie hineinströmte. Das Gesicht

leuchtete einen Augenblick auf. Sie hatte den Blick gegen die fleckige Decke gerichtet. Aber es war nicht die schmutzigweiße Farbe, die sie sah. Ihr Blick drang durch die miserable Dekke hindurch zu Herrlichkeit und Freude empor. Sie feuchtete die Lippen an und öffnete den Mund zu einem Lobgesang. Er erklang laut und ungezwungen und schlicht. Elisif war für mehrere Stunden mit ihrem Gott allein. Hörte ab und zu den Jüngsten unter dem Fenster wimmern. Aber sie war nicht imstande zu verstehen, daß das etwas war, was sie anging. Hatten nicht auch die Jünger alles verlassen, um Ihm zu folgen?
»Jesus«, flüsterte sie und sah zur Decke hinauf.
Elisif zog die Tageslosung aus der Glasschale auf der Kommode, während die Kartoffeln auf dem Herd blubberten.
3. Buch Moses 21,21.: »Wer nun unter Aarons, des Priesters, Nachkommen einen Fehler an sich hat, der soll nicht herzutreten, zu opfern die Feueropfer des Herrn; denn er hat einen Fehler. Darum soll er sich nicht nahen, um die Speise seines Gottes zu opfern.«
3. Buch Moses 21,14.: »Keine Witwe oder Verstoßene oder Entehrte oder Hure, sondern eine Jungfrau soll er zur Frau nehmen.«
Sie flüsterte die Worte über den gefalteten Händen. Das strähnige Haar war gescheitelt und stramm nach hinten gekämmt und endete im Nacken in einem borstigen Knoten. An der Strickjacke fehlten mehrere Knöpfe. Die Bibel lag aufgeschlagen vor ihr auf dem Tisch. Und das Gesicht strahlte vor Freude. Die hauchdünnen, goldumrandeten Bibelseiten vibrierten unmerklich unter ihrem Atem. Die Augenlider zitterten leicht, als sie die Augen schloß und flüsterte: »Der Herr sei gelobt in alle Ewigkeit, Amen.«
Sol ließ die Hand mit dem Messer einen Augenblick sinken, als sie Mutters Stimme drinnen im Zimmer vernahm. Dann schnitt sie schnell und ungeduldig weiter. Und das rotbraune Fleisch mit weißen Feldern darin fügte sich willig in Würfel unter ihrem Willen.

12

Die Männer standen in Ottars Laden und hatten Weihnachtsvorbereitungen zu treffen. Sprachen allwissend und friedlich über die Wasserstoffbombenversuche im Stillen Ozean. Die USA kämpften darum, die Führung zu behalten. Aber die Russen zögen wohl nach, meinten einige. Einar wußte zu berichten, daß noch über 100000 Deutsche in russischen Gefangenenlagern seien. Seine Stimme fuhr wie eine Drohung in den allgemeinen Frieden.
»Ach was, die lügen doch alle zusammen, damit die Leute die Zeitungen kaufen«, meinte Almar. Er erhob sich und bezahlte, was er bekommen hatte.
»Nein, Mann, das will ich dir nur sagen, das machen sie nicht«, antwortete Einar schroff und sah Almar verächtlich an. »Die, welche die Macht haben in der Welt, kennen doch nur eins, daß sie nämlich das Teufelszeug loswerden. Das ist die Wahrheit. Sie sind falsch wie Judas. Sieh dir die Russen an: Sie drohen mit dem Atomkrieg und beschwören den Geist von Genf.«
Die Männer rückten von ihm ab. Sie hatten nicht sehr viel im Sinn mit dem Geist von Genf. Aber es war wohl etwas dran. Der Einar war gar nicht so dumm. Das hatte er schon früher bewiesen, auch wenn Ottar beliebte, ihn wie einen Dummkopf zu behandeln. Und Einar war in Fahrt gekommen, hieb seine Mütze mehrmals auf den Ladentisch und ließ sich darüber aus, daß die Amerikaner bereit seien, eventuelle Angriffe vom Ostblock mit einer schwimmenden Atombombenflotte zu vergelten! Augenblicklich! Es wurde still um ihn herum. Einar schleuderte sein Wissen über viele Dinge ihnen direkt ins Gesicht. Das saß dann. Wie ein wohlgezielter Qualster im Spucknapf. Er brachte die Männer dazu, sich wegen anderer Dinge an ihn zu erinnern als wegen des Gerüchts, das der neue Pfarrer in die Welt gesetzt hatte. Daß Einar ein Dieb sei, den man nicht in Dienst nehmen könne.
Ottar machte nicht viele Worte an diesem Nachmittag. Seine Haare waren in Ordnung, und er hatte ein sauberes Hemd an. Es war Freitag, kurz vor Ladenschluß. Er packte die Waren in Tüten und Schachteln und stapelte sie auf dem Ladentisch auf. Da die Männer nicht gingen, fing er an, die Namen von denen aufzurufen, deren Waren er fertig eingepackt hatte. Er war nervös und geschäftig. Das irritierte die Männer allmählich.

»Was drängelste denn? Du lebst ja schließlich von uns.« Håkon war mit seiner spitzen Zunge vorneweg.
»Hier soll geputzt werden. Die Sol hat heut viel zu putzen.« Ottar versuchte vergeblich, sich Respekt zu verschaffen.
Die Männer hatten das Einar-Joch abgeworfen und waren bereits mitten in einer Erörterung über den Kabeljau bei Senja und den Vesterålen und waren nicht von der Stelle zu bewegen. Sie diskutierten die Garantieordnung für die Fischer in einer Fangbeteiligungsgemeinschaft, während der Pfeifenrauch sich undurchdringlich unter die Decke legte. Sie redeten lang und breit über den Heumangel und den verdammt kalten Sommer, der schuld daran war, daß »die Mandelkartoffeln in diesem Jahr ganz flach sind, weil sie nur drei Zentimeter lokkere Erde über dem gefrorenen Boden hatten«.
Ottar sah keine Möglichkeit, ihren Redefluß zu stoppen. Er trat von einem Bein aufs andere. Rasselte mit den Schlüsseln. Machte sich im Lager zu schaffen und nickte Sol zu, die mit Schwung den Boden fegte.
Er seufzte und sah geistesabwesend auf die Regale, während er verlauten ließ, daß sie einfach anfangen solle, den Laden zu putzen. Er nannte keinen Grund. Das war auch nicht nötig. Es sollte volles Vertrauen zwischen ihnen herrschen. Sol wußte, daß es Ottar nie einfallen würde, sie in das kalte Lager zu bitten, um sie zu betatschen, ehe sie nicht mit der Arbeit fertig war.
Sie stellte den Besen weg und füllte gehorsam den Putzeimer. Wußte, daß sie am ersten Montag nach Neujahr abends in die Handelsschule gehen würde. Sie hatte in der Fischfabrik gekündigt. Das Geld, das sie hatte, reichte gut für das Schulgeld und die Bücher. Ottar hatte ihr versprochen, daß sie weiter bei ihm putzen könne, abends, wenn sie mit der Schule fertig sei. Die Entscheidung war schnell gefallen. Kostete sie nicht viel in Anbetracht dessen, was sie dafür erhielt. Sie hatte die Bedingungen für sie beide vorgeschlagen. Von Worten Gebrauch gemacht. Er hatte ausgesehen, als ob er im Begriff war zu erstikken. Sie hatte am gleichen Abend »den Lohn« bekommen. Es war eine seltsame Vorstellung gewesen. Sol kannte zum Teil die menschliche Unzulänglichkeit. Und sie nahm des erwachsenen Mannes Erbärmlichkeit mit einem dankbaren Herzen und einem unerfahrenen und neugierigen Gemüt hin. Nun wußte sie so viel, und das gab ihr Macht.
Sol merkte, daß sie Ottar nur anzusehen brauchte, dann fiel er

gleichsam vor ihren Augen zusammen. Er folgte ihr mehr und mehr wie ein Schatten. Er half ihr, wenn sie fegte, indem er Tonnen und Kisten für sie wegrückte. Sie verstand es und verstand es auch wieder nicht. Sie sah, daß er sich eine neue Joppe und eine neue Hose angeschafft hatte. Er trug sie beide werktags!

Sol sammelte Erfahrungen und beobachtete menschliches Verhalten, ohne daß sie sich dessen bewußt war. Wenn ihre Arme und Beine sich langsam, aber stetig bei irgendeiner Arbeit bewegten, registrierte sie Ottars Theaterspiel – und daß es alles ihr zu Ehren geschah.

Sie sah der Zukunft heiter entgegen.

Sie wollte es sich erlauben, in den Weihnachtstagen tanzen zu gehen. Konnte sich unten bei Tora umziehen, so daß die Mutter nichts merkte. Dann würde sie vorm Spiegel stehen und wie zufällig ein paar Worte darüber fallenlassen, daß sie an der Handelsschule anfangen wolle. Sie, die eine »Verrückte« zur Mutter hatte, einen Trottel zum Vater, im Tausendheim wohnte und putzen gehen mußte, anstatt weiter die Schule zu besuchen. Was war ein lumpiges 8. Schuljahr gegen eine Handelsschule.

Sol fing unbekümmert an, zwischen den Beinen der Männer den Boden zu putzen.

Erst machten sie widerwillig Platz und redeten unaufhörlich von ihren Angelegenheiten, aber dann zogen sie sich zur Tür zurück und ließen das Elisif-Mädchen in Ruhe wirken. Sie fraß sich immer wieder und geschickt mit dem langstieligen Schrubber zwischen ihren Beinen durch. Sagte nichts. Ließ nur den grauen Putzlumpen über schwarze und braune Fellgamaschen lecken, wenn sie nicht schnell genug auswichen. Es sah beinahe so aus, als ob die Männer sich von einem Feldzug zurückzögen. Die Übermacht war zu groß. Und das Schlimmste, was ihnen passieren konnte, war, daß der Putzlumpen über die Gamaschen fuhr. Das genügte für Niederlage und Verlust. Und bevor sie wußten, wie ihnen geschah, standen sie draußen in dem eiskalten Wind und hörten, wie Ottar zuschloß.

»Zum Teufel, was für 'n Tempo«, knurrte Håkon und griff im Dunkeln nach der Lenkstange.

»Ich möcht' nur wissen, warum der's so eilig hat. Das war doch sonst nicht so. Und wie er sich aufgeputzt hat! Vielleicht geht er irgendwo auf Freiersfüßen.«

Sol trocknete die roten Hände an ihrer Schürze ab und war bereit, die Regale im Lager aufzuräumen. Sie war es nun gewohnt. Sie dachte an andere Dinge, während sie auf der Leiter stand. Es war ein Teil des Jobs, um den sie sich nicht mehr zu kümmern brauchte, als daß sie ihn über sich ergehen ließ. Ottar war heute schnell. Es mußte daran liegen, daß die Prozedur sich hinausgezögert hatte, weil die Männer absolut nicht gehen wollten. Seine Spannung hatte die Vorarbeit für sie geleistet. Er wurde schnell fertig.
Einmal – kurz bevor er anfing nach Luft zu schnappen, hörte sie seine alte Mutter von oben aus dem »Privaten« rufen. Eine nadelspitze Altfrauenstimme. Vor Schreck stöhnte er gleich zweimal.
Sol ertappte sich dabei, daß ihr der Mann leid tat. Es stimmte wohl nicht alles bei ihm. Er machte es immer hinter ihrem Rücken, oder nachdem er etwas über ihren Kopf gelegt hatte. Als ob er es nicht aushielte, daß sie ihn *sah*... obwohl er stets das Licht ausknipste, ehe er sich zu der Leiter tastete, auf der sie stand.

Als sie gehen wollte, kam er angerannt mit einer Tüte, die er ihr in die Hand drückte. Dann war er weg. Sie konnte nicht einmal fragen oder sich bedanken. So tastete sie sich durch den Lagerraum und zur Hintertür hinaus. Draußen stellte sie sich unter die Lampe am Kai und schaute in die große Papiertüte. Sirupkuchen, Dauerwurst, Speck und Eier. Schokolade.
Es kam ein frischer Wind vom Meer her. Die Wellen sprangen zwischen den Kaipfosten hindurch und schäumten gegen die Felsen dort unten. Über ihr stand ein eiskalter Mond und glotzte, während die Wolken in rasender Eile vorbeizogen. Es stank von der nahegelegenen Trankocherei. Plötzlich ging irgend etwas für Sol in die Brüche. Es riß langsam und tief in ihr drin. Tat schrecklich weh. War häßlich mit sich herumzutragen.
Sie beugte den Kopf über die Tüte und weinte. Ohne einen vernünftigen Grund. Sie hatte ja alles, was sie brauchte...
Ottars Stolz, »die Weihnachtsstraße« –, 24 rote Glühbirnen, in ziemlicher Höhe über die Straße gespannt, vom Laden bis zu einem grauschimmernden Laternenpfahl – baumelte hilflos im Wind. Sol hob den Kopf und starrte sie einen Augenblick an.
Dann ging sie mit langsamen, festen Schritten nach Hause.

13

Weihnachten war auch dieses Jahr auf die Insel gekommen. Wie ein langhaariges, warmes Tier, mit leuchtenden Augen, mitten zwischen die Häusergruppen, die aussahen, als ob sie von Skorbut und Ruß heimgesucht worden wären.
Man hatte es sich so schön wie möglich gemacht. Es wurde in Maßen getrunken. Ein paar Schlägereien und ein zufälliger Brand in Vaeret. Der Brand wurde gelöscht, und der Ordnungsdienst im Jugendhaus hatte das Seine getan.
Der Pfarrer hatte das Seine getan. Dahl hatte sich freigenommen. Die Frauen hatten das Ihrige getan. Die Männer hatten ihre Pfeifen angezündet.
Das neue Jahr sei ein gesegnetes, meinte Elisif. Keiner fragte sie näher darüber aus. Alle hatten genug mit ihren Schwierigkeiten zu tun, als der Werktag wieder morgens um sechs Uhr an der Bettkante stand und so einen armen Kerl verschluckte. Dann polterte es allmählich in der Küche und auf den Treppen. Manch einer stand auf, und viele folgten nach. Aber Weihnachten lag ihnen noch wie Blei in den Gliedern. Verzögerte die Arbeit bei Dahl. Simons Leute waren träge und schlapp. Ottars Laden blieb die ganze Woche leer. Die Menschen hatten sich Weihnachten verausgabt. Sie hatten nichts mehr.
Mit einem Nordländer, der Weihnachten feiert, wenn auch maßvoll, ist nicht zu spaßen, nachher. Der Wintermensch blutet die Angst und die Kälte heraus und hat darin Übung seit heidnischen Zeiten. Aber nachher muß er wieder mit Gewalt ins Leben gebracht werden. Zur Haustür hinausgekippt werden, so daß er friert und anfängt, die Arme übereinander zu schlagen. Dann läuft er gewöhnlich wieder zuverlässig wie eine Maschine. Die Kirche war am Weihnachtsabend voll gewesen. Feuchter Dampf stieg aus den Kleidern auf und sank wieder herunter, und die Glorie des Erlösers hing um jede einzelne Kerze des Kronleuchters. Schrille, dünne Winterstimmen hatten unten in Wolljacken und Kopftüchern leise vor sich hin geklagt.
Aber Elisif wartete zu Hause auf den Erlöser. Sie hatte für einen mehr gedeckt. Da sie Sol niemals dazu brachte, hatte sie eben selbst gedeckt.
»Einen mehr? Nein, Mama, das mußt du selbst machen«, antwortete Sol freundlich, aber bestimmt.

Und Elisif hatte gedeckt und gesungen, und das ganze graue Gesicht wurde warm und hell und strahlte eine solche Freude aus, daß man sich nur wundern konnte. Die Grütze war auf den Tisch gekommen.
Torstein hatte sanft für Ordnung und Tischsitten gesorgt. Die Kinder beruhigten sich. Zaghaft las er die Weihnachtsgeschichte mit monotoner, stotternder Stimme vor – weil Elisif ihm befohlen hatte, sein Haus zu bestellen. Er hatte kein anderes Verhältnis zu dem Göttlichen als nur durch seine Frau. Aber das war ernst genug. Torstein war keiner von denen, der den Leuten zur Unzeit auf die Füße trat. Weder den irdischen noch den himmlischen. Er war der friedfertigste Mann im Tausendheim. Er wußte es selbst und schämte sich deswegen sehr. Trotzdem versuchte er nie, seiner eigenen Natur Gewalt anzutun.

Ingrid und Tora hatten Weihnachten bei sich gefeiert. Tora hatte sich danach gesehnt, daß die Mutter sagen würde, sie habe die Einladung von Rakel angenommen. Weihnachten feiern in Bekkejordet! Aber Ingrid sagte nichts. Sie hatte ihre Vorbereitungen getroffen wie üblich.
Tora hatte sich geschämt. Aber daran war sie gewöhnt. Am schlimmsten biß die Enttäuschung, salzig und schmerzhaft, als sie am Kammerfenster stand, nachdem der Abend vorbei war und es nichts mehr zu hoffen gab.
Später war das Bild von Mutters fernem, ernstem Gesicht gekommen und gegangen, als sie versuchte zu schlafen. Aber Tante Rakels Lachen fuhr störend aus den Ecken, und man konnte es nicht vergessen. In Bekkejordet aßen sie am Weihnachtsabend Fleisch. In Bekkejordet wurde bei Tisch gelacht und aus hohen grünen Gläsern mit Stiel getrunken.
Simon hatte wohl seine gute Jacke an und rauchte seine Zigarren, während sich das helle Haar in der Stirn kräuselte, weil kleine, feine Schweißtropfen am Haaransatz hervortrieben. Die Räume in Bekkejordet waren warm und gesättigt vom Weihrauch.
Daran hatte Tora gedacht.
Und auf einmal war sie dort gewesen. Der Onkel hatte sie gegen die Decke gehoben.

14

Tora lag auf dem Grund einer tiefen, gepolsterten Mulde. Genau passend für ihren Körper. Sie lag ausgestreckt, die Hände gelöst an den Seiten. Der Sturm war ein weiches Bett von Tönen. Sie ließ den ganzen Körper in den Windgeräuschen ruhen. Das schwere Brausen glitt langsam in ihr Bewußtsein, als ob es ein Teil ihrer selbst wäre. Es dämmerte ihr, daß sie einmal eine behütete Nacht in einem großen Hotelbett in Breiland verbracht hatte. Zwischen Mama und Tante Rakel. Bei Sturm. Während der Schnee das Fenster zudeckte und der Schatten des Fensterkreuzes ruhig auf dem Fußboden lag.
Es war, als ob der Körper aufhörte zu existieren. Als ob die Dinge keine Grenzen mehr hätten. Es gab keine Grenzen mehr zwischen ihrer Haut und dem, was außerhalb war. Ein seltsam schwereloser Zustand in einer gepolsterten Hülle. Weich, wohlig. Eine Sicherheit, die in allem war, was sie kannte, hatte tiefe Wurzeln in ihr selbst. Und sie wurde so stark, daß sie sich entschloß, lange wach zu bleiben und alle Probleme zu lösen, die sie gewöhnlich nicht bewältigte. Trotzdem wurde nichts daraus. Sie wußte, daß es vergeblich war. Der Morgen würde kommen...
Sie wollte nur liegenbleiben und auf den Sturm lauschen. Ein Gedanke sein, der sich selbst genügte.

Gegenüber dem, was noch kommen sollte, waren die ersten Sturmstöße nicht mehr als ein Hauch.
Der Südwest trieb schon bald mit einigen leeren Tonnen unten an der Tausendheim-Brücke sein zerstörerisches Spiel. Die Wellen klatschten böse gegen die Mole, und der Wind wütete auf dem Veten und dem Hesthammeren in jähen, wilden Stößen. War überall anwesend mit unberechenbaren, unsanften Liebkosungen.
Um drei Uhr nachts mischte sich ein mollgestimmtes, gewaltsames Brausen in die Windböen. Die Menschen warfen sich unter den körperwarmen Bettdecken hin und her. Wer so glücklich war, einen Rücken neben sich zu haben, an den er sich schmiegen konnte, tat es. Andere lagen im Halbschlaf und hörten, wie der Wind sich beträchtlich verstärkte. Alles, was nicht niet- und nagelfest war, bekam Leben. Es klirrte und kratzte, mahlte und krachte. Die Geräusche steigerten sich zu einer drohenden Warnung. Zu einem mehrstimmigen

Chor, der zusammenfloß mit dem Alptraum und dem Schlaf – und dem ewig schäumenden Meer.

Einar war als erster von dem Unwetter betroffen. Das Dachfenster sprang auf. Er bekam einen nassen Schwall direkt ins Bett. Der Wind fing sich in dem Haufen Zeitungspapier neben dem Ofen und peitschte die Zeitungen auf die Feuerstelle, und die Glut stand funkensprühend im Raum. Einar bekam einen mächtigen Schreck. Er sauste aus dem Bett und knallte die Ofentür zu, die von dem Luftdruck aufgegangen war.

»Er will's mir wohl zeigen!« fluchte er zitternd und kletterte auf einen Stuhl, um das Fenster zu retten. Eiskalter Regen stürzte auf ihn hernieder. Eiskalter Januarwind. Die Bosheit des Universums. Er kniff die Augen zusammen und tastete nach dem Fensterhaken. Er war weg! Das Fenster war weg!

Einar sah sich ratlos im Zimmer um. Dann sprang er vom Stuhl und fand den Hammer in der Küchenschublade. Auch Nägel. Mit einem einzigen Ruck riß er den Deckel von der Torfkiste los, daß die Schrauben und Scharniere nur so spritzten. Er bugsierte den Deckel auf seine Schulter und drückte dagegen. Wackelnd und fluchend und mit den Nägeln im Mund hämmerte er drauflos, um die Aussicht in den Himmel zu verschließen.

Das Haus fing auf einmal an zu lauschen. Ohren und Augen strengten sich in der Dunkelheit, im Sturm an.

Torstein kam angeschlichen, um zu sehen, was los war. Als er die Tür zur Dachstube öffnete, wurde der Druck zu groß. Der Druck von oben. Irgend jemand hatte am Abend vorher versäumt, die Haustür ordentlich zu schließen. Alle Türen flogen wie auf Kommando auf. Ein Dämon zerrte Loses und Festes mit sich und tobte damit durch das nächtliche Haus. Keine Gnade. Die Türklinke wurde Torstein aus seiner soliden Arbeitshand gerissen, und die Tür schlug hinter ihm gegen die Wand.

Die beiden Nägel, die Einar eingeschlagen hatte – und die ihn hatten glauben lassen, daß der Sieg in Reichweite läge –, bogen sich wie Strohhalme, so daß ihm der Torfkastendeckel auf den Kopf fiel. Es klang hohl und bösartig. So klang auch sein Stöhnen, als er auf dem Fußboden landete und der Hammer hinter ihm wie ein Echo einen dumpfen Schlag tat.

»Mach die Tür zu, du Rindvieh!« brüllte Einar, und das Blut sickerte über seine Stirn.

Torstein brauchte seinen ganzen schmächtigen Körper, um die

Tür wieder zu schließen. Endlich gelang es ihm. Er half mit, den Deckel an der Dachluke zu befestigen. Draußen waren alle bösen Mächte losgelassen. Töne, Licht, Wasser, Wind. Alles! Der Mensch war weniger als eine Ameise.
Es tröpfelte auf das klatschnasse Bett, auch nachdem das Fenster gut abgedichtet war. Es rieselte gleichmäßig an der schrägen Decke und an der Wand herunter. Aber der Wind war ausgesperrt, sofern man nicht den kalten Luftzug mitrechnete, der am Boden entlangleckte. Einar war Zug gewohnt. Aber der hier war von der schlimmsten Sorte. Die Waschschüssel genügte auch nicht mehr, die er sonst unterstellte, wenn es regnete. Der rostige Kreis auf dem Fußboden zeigte ihm den Platz gratis an. Er holte die Waschbütte vom Flur herein und stellte sie einstweilen unter. Dann ließ er sich von Torstein zu einem Unwetterkaffee einladen.

Die Stimmen durchbrachen die Stille im Haus. Die Menschen schielten ängstlich zu den Fenstern, die sich mit unglaublicher Zähigkeit nach innen drückten. Aber wie lange noch? Die Männer unterhielten sich in dem kalten Flur darüber, ob für den Schornstein an der Südseite Gefahr bestünde. Wackelig war er eigentlich schon lange. Die Menschen scharten sich zusammen und strichen den Schlaf aus den graublauen Gesichtern. Es waren viele und tiefe Schlaffurchen da.
Die täglichen Kümmernisse, die endlose, graue, tägliche Schinderei und die pechschwarzen Ängste schienen sich auf sie herabzusenken, während sie schliefen. Es bedurfte kalten Wassers, damit das Gesicht den vorherigen Tag und die Nacht abhäutete und ein neuer Tag anfangen konnte. Aber niemand dachte jetzt in einer solchen Nacht an kaltes Wasser, um seine Angst und seine Sorgen zu verbergen. Alle gingen rastlos hin und her, ohne einen Gedanken daran zu verschwenden, wie sie aussahen.
Einar machte sich auf den Weg nach oben, um seine Hose zu holen. Er zog sogar den Pullover an. Aber das tat er vor allem wegen der Wärme und nicht wegen des Aussehens. Er hatte immer noch Angst vor Elisifs Mundwerk, seit sie ihn damals aus dem Frauenklo vertrieben hatte, als er gerade im Tausendheim eingezogen war. Aber in dieser Nacht saß eine andere Angst in ihm. Eine Angst, die sie alle gemeinsam hatten. Es hatte damit zu tun, daß die alten Götter zornig waren und Dach und Wände um sie herum züchtigten.

Tora und Ingrid standen mitten in der Küche und starrten einander an. Sie wußten beide nicht, wie sie dahin gekommen waren. Sie hatten das Geräusch von berstendem Glas gehört, irgend etwas, was gegen das Dach klapperte, schwere Schritte durch das knackende Haus. Und als die Türen sich öffneten und der Wind in den Fluren reinen Tisch machte, waren sie plötzlich draußen in der Küche, und die Nachthemden standen wie Segel um sie. Ingrid nahm blitzschnell den Schlüssel von der Wand und preßte den Körper gegen die Tür, während sie zuschloß. Sie ließ den Blick von einem Fenster zum anderen wandern. Regen und Wind wetteiferten, um bei ihnen einzudringen.
Allein das Geräusch war unbehaglich genug. Und Ingrid erfaßte mit einem Blick, was da im Gange war. Sie wußte, daß die Fenster nie erneuert worden waren. Sie hatte das Wasser, das durch die Fenster drang, schon bei besserem Wetter aufgewischt als bei diesem. Sie hörte, wie das alte, undichte Holzhaus mit demütigem Knirschen bei jeder Attake nachgab.
»Zieh dich an und steh nicht da rum und frier!« sagte sie ungehalten. »Ich muß versuchen, die Haustür zu schließen.«
Tora hörte die Unsicherheit in dem gebieterischen Ton. Dann wurde alles weiß um sie herum. Der Blitz war überirdisch. Tora stand mit bloßen Füßen da und zitterte. Sie fühlte, wie sie allmählich eine Gänsehaut bekam. Zuletzt im Nacken und auf der Kopfhaut. Als ob der ganze Raum aufgeladen wäre. Tora hatte das Gefühl, daß sie jedes einzelne Kopfhaar spürte.
Plötzlich war sie nicht Tora. Sie war nichts. Und alles! Eins mit der tosenden und geifernden Natur dort draußen. Das Licht! Wo hatte sie so ein Licht schon erlebt? Befand es sich hinter etwas, von dem sie nichts wußte? Etwas, woran sie sich nicht erinnern konnte?
Und es kam ihr so vor, als umgebe die Ewigkeit sie von allen Seiten. Wollte ihr etwas zeigen, wollte etwas entschleiern, was niemand vorher verstanden hatte. Sie ging wie ein Schlafwandler zum Fenster.
»Geh nicht so nah ans Fenster!« warnte die Mutter. Sie war jetzt ruhig geworden.
Ingrid hatte eine ganz alltägliche Ruhe in solchen Situationen. Situationen, die keine Worte, sondern Handeln erforderten. Und es irritierte sie, daß Tora nicht von selber begriff, daß sie sich vom Fenster fernhalten mußte.
Ein neuer Blitz. Der Hesthammeren stand leuchtend und weiß

in seiner eigenen Welt dort draußen. Er schien vor Toras Augen zu wachsen. Sie bekam eine unbändige Lust, dort oben zu sein. Eine solche Lust bekam sie auch, wenn sie einen Regenbogen sah. In dem Licht sein! In den Farben sein! Da wurde alles andere unwesentlich. Alle Dinge, die existierten, alles, was mit dem Körper geschah, alle Vorhaben – hatten keine Bedeutung mehr. Es gab nur einen unendlich großen Gedanken und ein mächtiges, blendendes Licht.
Die Fensterscheiben standen wie schwere, dunkle Seide in ihren Rahmen. Eine Fläche, gegen die das Licht sprang, wenn es kam. Und es kam! Nicht als Stern oder Mond oder Rakete. Aber als riesige, anstürmende, weiße Wand. Eine Wand von unbeugsamem Willen.
Da wußte sie es. Der Brand. Der Brand... Das Licht! Aber dieses hier flackerte nicht und war nicht gelb. Und *er* war im Gefängnis. War in seiner eigenen Schande. Sie – Tora – stand in einem anderen Licht. *Er* konnte es nicht zerstören. Nie!
Sie ging in die Kammer und suchte sich ihre Kleider zusammen. Die Elisif-Kinder lärmten, und die Erwachsenen redeten in den Fluren. Viele gingen hinunter auf die Veranda und schlossen gewaltsam die Außentür. Sie mußten eigentlich hinaus, um nach allem zu sehen, was nicht fest verankert war. Boote und Netze bergen, einige lumpige Wäschestücke von der Leine. Aber wie hinauskommen, wenn die blöden Kerle, die das Haus gebaut hatten, die Türen so angebracht hatten, daß sie sich nur gegen den Südwest öffnen ließen? Da ging wohl die ganze Pracht flöten, bestimmt.
»Pst, sagt so was nicht!« warnten die Frauen und zogen die Kinder in die Küchenecken. Sie heizten vorsichtig. Die Funken stoben drinnen und draußen. Man konnte nie wissen. Auf dem Flur im Obergeschoß bei Einar hatte der kleine, gesprungene Bootsofen einen Schock bekommen. Er rauchte wie ein mit Tang zugedecktes Johannisfeuer. Sie mußten die Glut löschen und es drauf ankommen lassen.
Die Zeit verging, während sie lauschten, wie ein Dachstein nach dem anderen die Freiheit ausprobierte und herunterfiel.
Die Männer gelangten durch die Kellertür nach draußen. Sie hielten einander fest, als sie über den Hof gingen.
»Der Teufel ist heut nacht nicht gut gelaunt«, meinte Einar und wischte den Regen aus seinen in der Nacht gewachsenen Bartstoppeln.
Elisif dankte Gott, daß das Haus noch stand, als der Schorn-

stein im Südwesten in Trümmer ging. Ziegel und Mauerwerk. Hart und gnadenlos gegen den matschigen Hang. Eine Unmenge von Funken und blauem Licht. Die Frauen verließen den einen Teil des Tausendheimes und zogen in den anderen, dem Wind abgewandten Teil. Infolgedessen waren sehr viele Menschen in dem Treppenaufgang von Ingrid und Elisif. Die kleinen Kinder quengelten. Die Frauen wehrten sich mit Kaffee, bislang versteckten Weihnachtsplätzchen und leisem, sinnlosem Geschwätz. Die Panik war vorüber. Die Räume vibrierten in sonderbarer, ohnmächtiger Gemeinschaft.
Sie waren stundenlang zusammen – ohne daß ein böses Wort fiel oder alte Streitereien erwähnt wurden.
Und es waren Menschen, die sich am Abend vorher gesträubt hätten, dem Nachbarn Kaffee zu leihen.
Elisif konnte in Ruhe beten. Die anderen preßten die Hände zusammen, schwiegen und dachten an ihre Angelegenheiten, während sie betete. Inzwischen kamen die Windstöße so heftig und bedrohlich, daß die Menschen im Raum sich bogen wie das Rohr im Wind, ohne daß sie sich dessen bewußt waren.
Die Kinder und Frauen vom südlichen Aufgang und vom Verandaaufgang waren bei Gunda im Erdgeschoß versammelt. Sie hatte am meisten Platz. Die Kiosk-Jenny mit ihrem Kind war auch da. Es war zu unheimlich, sich jetzt oben im Dachgeschoß aufzuhalten. Alle warteten darauf, daß der Strom ausfallen würde. Die Kopftuch-Johanna war direkt verärgert, daß es nicht schnell genug ging, damit ein armer Mensch wußte, wie er dran war.
Alle waren friedlich in einer solchen Nacht. Man konnte nie wissen, welche Art Hilfe man noch brauchte, bevor der Morgen kam. Mit dem Unfrieden war dort, wo der Herrgott lenkte, Schluß, da hielten die Leute Frieden.
Sie riefen Ingrid, daß sie herunterkommen solle. Aber Tora zögerte. Sie konnte plötzlich nicht mit so vielen Menschen da unten in Gundas Küche zusammensein. Mußte hinaus. In dem weißen Licht sein, wenn es wiederkam. Alles andere wurde unwesentlich. Sie fühlte sich frei. Lebendig! Warm! »Ich komm', wenn ich meine Pantoffeln gefunden hab'«, rief sie fröhlich.
Ingrid bat sie, sich zu beeilen, und ging langsam hinunter zu den anderen.
Tora schlich hinaus in den Flur und nahm die Stiefel und den alten schwarzen Regenmantel.

Das Licht und das Abenteuer! Die waren dort draußen. Es zog sie dorthin. Sie hatte keinen Gedanken für etwas anderes. Ihre Geheimnisse lagen dort draußen und warteten. Nur auf sie.

Tora hatte nicht geahnt, daß es so schwierig sein könnte, aufrecht zu stehen. Sie hielt sich an der Mauer und an der moosbewachsenen Kellertreppe fest. Lag auf allen vieren und lauschte. Es war, als ob sie in einer mächtigen Orgel säße. Sie kroch hinauf und um die Hausecke. Hörte, daß das Unwetter draußen in der Bucht einen gewaltigen, hohlen Klang hatte. Auf die Vorderseite des Hauses wagte sie sich nicht. Sie schlich am Bretterzaun entlang. Klammerte die Finger eisern um die morschen Latten und schluckte den Regen, der sie wie Pfeile ins Gesicht traf. Sie sah zuerst nichts. Wußte nur die Richtung zum Kai. Wandte sich aus alter Gewohnheit dorthin. Das Meer. Das Licht! Da war es. Sie hatte das Gefühl, als ob es das Leben gälte, daß sie zum Kai kam und alles zusammen sehen konnte, wenn das weiße Licht aufleuchtete. Sie spürte die wahnsinnige Anstrengung, obwohl es ganz langsam voranging. Der fade Geschmack des Regens mischte sich mit Salz. Salz von der Meeresbrandung, vom Schweiß und von den Tränen. Sie blieb eine Weile stehen und wartete die Windböen ab und merkte, daß die Füße sie nicht mehr zu tragen brauchten. Sie flog! Sie hielt sich am Zaun des Tausendheims fest, um nicht wegzufliegen! Ob sie es darauf ankommen ließ? War das der Sinn? Das Geheimnis? Lag es darin, daß sie heute nacht von allem wegflog?

»Lieber Gott – richt es so ein, daß ich's wage, denn ich will. Ich will!« schrie sie in das Unwetter hinein und ließ den Zaun los. Der Regenmantel wurde ihr über den Kopf gezerrt. Sie merkte, daß sie die Füße rennen ließ, aber es war ganz unnötig. Sie war ein junger Kormoran auf dem Flug in die Welt hinaus. Einsam mit allen seinen großen Träumen, die wie Federn um ihn stoben. Dicht, dicht. Das Tempo wurde immer schneller. Es war eine ziemlich unsanfte Beförderung zum Strand.

Das Licht kam in dem Augenblick, als sie gegen die Wand der Trankocherei geschleudert wurde. Die Augen explodierten im Licht. Wurden gesprengt. Sie war für mehrere Minuten blind. Dann kam es wieder. Das Licht! Und sie war mitten drin. Wie ein Wunder. Sie war nicht Tora. Sie war ein flatternder Gedanke zwischen Himmel und Meer und Erde.

Das Tausendheim war tot. Der Strom war ausgefallen. Aber

das scharfe weiße Licht hob sie empor aus dem Elend. Sie brauchte nichts.
Sie flog! Schnappte ab und zu nach der Luft, die aus ihr herausgepreßt wurde.
Dann sah sie die riesige Welle! Wie eine schwarze Felswand mit einem weißen Rand. Sie spürte die Erde unter sich dröhnen. Die Welle kam näher und näher. Tora sah, wie sie sich über den Kai hob. Sie sah es! Und dennoch war es ganz unvorstellbar. Die Welle kam und kam und kam. Die Zeit stand still. Immer würde sie das gewaltige Brausen der riesigen Welle hören, die den alten Kai in zwei Teile spaltete und Landungsbrücke und Kran und Fischgestelle samt Fischen mit sich riß. Es quietschte wie in einer großen Geige, als die Vertäuung von Almars Boot dran glauben mußte. Ein merkwürdiges, bösartiges Geräusch.
Sie hätte lachen können. Und sie war mitten drin. Und sie war nicht mehr Tora. Sie klammerte sich am Geländer fest, obwohl sie nicht daran dachte, daß sie sich hätte in Sicherheit bringen sollen. Und das Licht stand über der ganzen Welt. Paßte auf sie auf. Sie war darin. Unangreifbar. Unverwundbar.
Sie krallte sich fest und sah eine neue Welle herankommen. Da war das Licht plötzlich fort, und sie spürte den Atem des Wellenrachens dort in der Dunkelheit.
Aber das Licht sollte kommen! Jetzt!
Es kam nicht. Das Licht war fort. Sie hörte die Männer rufen. Aber sie konnte sie nicht sehen. Die Geräusche waren so unwirklich. Meer und Wind und alle losen Gegenstände bildeten einen unsauberen, hysterischen Chor, der stieg und fiel und die menschlichen Stimmen ertränkte, so daß man sie nur ahnen konnte.
Ein vieltöniges Dröhnen von der Bucht her. Motoren. Tora sah nicht alle Boote, aber sie konnte undeutlich die Mastspitzen erkennen. Sie tauchten ganz willkürlich in unregelmäßigem Rhythmus aus dem Schaum auf.

Einige Boote hatten den Bug in den Wind stellen können. Zwei trieben hilflos gegen die Ufersteine.
Motor und Manneskraft. Kampf. Weg von den Felsen, an denen das Boot zerschellen konnte. Hinaus in die Bucht. Sich dort halten, mit dem Bug gegen das Seegespenst. Den Kurs von dem Todesritt weghalten. So, ja. Es mochten wohl fünf bis sechs Kutter insgesamt sein.

Wie lange konnten sie sich halten, wie lange reichte der Treibstoff, wie lange hielten Körper und Sinne aus? Die Männer an Land standen zur Rettung bereit. Es wäre ein Wunder, wenn nicht einige Boote in die Gewalt der Ufersteine gerieten. Retten, ja. Aber wie? Sie holten Bojen und Taue. Einige gaben Anweisungen, die keiner mitbekam.
Und der Sturm? Wie lange würde er dauern?
Ängstlich suchende Scheinwerfer und nicht weit reichende Laternen strichen über die Wassermassen und das verheerte Land. Sich selbst überlassen, kämpften sie, Mann und Boot. Das Meer war auf die Dauer keine Rettung. Zu landen versuchen wäre der reine Selbstmord. Es blieb nichts anderes übrig, als sich draußen über Wasser zu halten. Die Zeit und die Maschinen arbeiten zu lassen. Die Hände fest am Steuerrad. Den Landstreifen nicht aus den Augen zu verlieren, wo einer zu sehen war. Auszuharren. Die Nordsüdrichtung zu wissen. Auf der Stelle zu bleiben, mit auf vollen Touren laufenden Motoren.

Die Männer johlten und schrien, aber Tora verstand die Worte nicht. Sie saß da mit erfrorenen, sich festkrallenden Fingern und begriff allmählich. Traum? Es war kein Traum. Es war schreckliche Wirklichkeit. Almars Boot, das dort draußen zu Kleinholz gemacht wurde. Die Wellen, die über den Kai stürzten. Die Männer in den Kuttern. Alles war abscheulich und nicht zu fassen. Eine heftige, naßkalte Angst überfiel sie. Von dem Licht hatte sie nichts mehr gesehen. Die große Dunkelheit hatte alles weggenommen. Das einzige, was es an Licht gab, waren die einsamen, schiffbrüchigen Lichter der Boote dort draußen und ein mächtiger Riß im dunklen Himmel.
Tora legte sich flach auf den Boden und konzentrierte sich darauf, sich am Geländer festzuhalten. Da hörte sie plötzlich ein merkwürdiges Geräusch. Sie sah nach oben, als es gerade über ihr war. Sie erkannte undeutlich einen flatternden, schimmernden Rochen, der dahinflog – einen Bogen über dem überschwemmten Kai machte und sich auf der Hüttenwand niederließ, die da draußen schaukelte. »Doi-joi-oj« hatte der Rochen geschrien und drohend geblinzelt, als er aus dem Nichts kam und rasend schnell über Tora hinwegfegte.
Vor Entsetzen fing Tora an zu zittern. Sie wußte nicht, wie ihr geschah, bis es vorüber war.
Als sie an der Wand entlangkroch und auf demselben Weg zu-

rück wollte, den sie gekommen war, fühlte sie immer wieder nasse, glitschige Gegenstände an sich vorbeistreichen. An einer Stelle mußte sie den Weg zu der alten Steinmole überqueren und zwei Schritte gehen, ohne daß sie sich an etwas festhalten konnte. Sie wartete die Windböen ab und schaffte es dann gerade. Aber der schwarze Regenmantel fiel dem Sturm zum Opfer. Sie sah ihn einige Meter über die Mole fliegen. Dann war er spurlos verschwunden. Er war, als ob ihr jemand mit einem gewaltsamen Handgriff den Mantel abgestreift hätte.

Der Scheinwerfer von einem der Kutter fuhr ganz kurz über sie hin, und sie sah, daß sie voller Tang war. Das war nicht in Ordnung. Gott war verrückt geworden. Tang flog wie die Vögel in der Luft herum!

Tora kroch auf allen vieren am Zaun entlang. Sie sah, wie das Fahrrad von der Kiosk-Jenny gegen das Nebenhaus stieß und in die Luft gehen wollte. Da kam ein Windstoß und nahm es in einer anderen Richtung mit. Es flog mit dem Gepäckträger voraus über die Wiese. Schräg und in rasender Eile brauste es in die Dunkelheit hinein.

Tora wagte nicht hinaufzugehen, so wie sie aussah. Sie blieb auf der untersten Stufe vom Kellereingang sitzen. Wartete auf das große Licht. Dachte an den Riesenrochen, der sie hatte mit hinausnehmen wollen. Dachte an Almars Boot. Wo war wohl das Geschirrtuch, das er von Tante Rakel bekommen hatte? Flog es aufs Meer hinaus, oder schwamm es irgendwo in dem Wrack herum? Sie konnte von dem Gedanken an das Küchentuch kaum loskommen.

Die Füße waren unter ihr eingeschlafen. Sie war durchnäßt und kalt. Aber sie wartete verzweifelt auf das Licht. Nur noch einmal!

Tora schrie auf, als sie etwas Weiches, Warmes auf ihrer Hand fühlte. Sie war so sehr unterkühlt, daß sie Wärme und Leben als etwas Bedrohliches empfand. Es miaute kläglich. War naß und zerzaust wie sie selbst. Aber die Katze war entschieden wärmer. Tora nahm sie auf den Schoß und wärmte ihre Hände an dem weichen Fell. Nach einer Weile merkte sie, daß es nützte. Ein verrückter Gedanke kam ihr: Wo waren alle Krähen und die kleinen Vögel bei einem solchen Wetter? Woran klammerten sie sich?

Endlich hörte sie ein paar Männer. Sie hatten aufgeregte Stimmen. Tora wollte nicht gefunden werden und machte vorsichtig die Kellertür auf und schob sich hinein. Im Keller war es absolut dunkel. Sie stieß dauernd gegen etwas an. Hatte nur eine Hand frei, mit der anderen hielt sie die Katze. *Er* hatte auch nur einen Arm...

Als sie die Kellertreppe nach oben fand, merkte sie, wie müde sie war.

Durch und durch kalt. Das Licht hatte sie verlassen. Hier war kalte, dunkle Wirklichkeit. Warm war nur eine Katze. Tora bewegte sich mühsam die Treppe hinauf. Mama hatte sicher Angst und ist böse, dachte sie vage.

Der Riesenrochen hatte ihren Traum verscheucht. Er stak fest in der Hüttenwand, die sich draußen in der Bucht hob und senkte.

15

Am nächsten Tag um die Mittagszeit kehrte wieder Ruhe auf der Insel ein. Inzwischen gab es auch so viel Licht, daß die Leute, die es wagten, sich die »Kriegsverwüstungen« ansehen konnten. Und sie glaubten es nicht. Schielten auf eine Welt, in der das Unterste zuoberst gekehrt war. Es wurde nicht viel gesprochen. Einige Frauen weinten ganz offenkundig. Die Kinder hielten sich erschrocken im Hintergrund.

Daß Präsident Eisenhower nach seiner Krankheit wieder die volle Arbeit im Weißen Haus aufgenommen hatte und daß der Atlantikpakt sich in Auflösung befand, hatte nichts mit der Wirklichkeit zu tun. Das waren Bagatellen. Die Zeitungen kamen an diesem Tage nicht. Und keinem fiel es ein, die Nachrichten im Radio zu hören.

Die Fischgestelle und die Fischerhütten von Dahls Betrieb hatten sich in der Orkannacht hinaus in den Fjord begeben. Keiner sah mehr etwas von den Gestellen und den Fischen. Die Kutter waren weit vom Land entfernt gewesen und davongekommen, bis auf einen armen Kerl, der zu wenig Treibstoff gehabt hatte, um den Motor in Gang zu halten. Der Mann hatte sich wie durch ein Wunder gerettet, als das Boot zerschellte.

Es war ein Glück, daß es mitten in der Woche war, so daß die Männer sich in den Fischerhütten aufgehalten hatten und noch

rechtzeitig an Bord gehen konnten. Aber keiner hatte geglaubt, daß es ein so verheerender Sturm werden würde. Die Trankocherei am Tausendheim-Kai hatte ihre soliden Grundmauern verlassen und sich auf den Weg gemacht.
Tora sah das verbogene Geländer, an das sie sich geklammert hatte. Es hatte also einen Sinn gehabt, daß das Licht nicht mehr kam. Wenn die Welt nicht so dunkel und scheußlich gewesen wäre, dann wäre sie dort liegen geblieben, bis es passierte. Es war ein seltsamer Gedanke.
Wäre nicht der Rochen gekommen und hätte sie aus ihrem Traum verjagt, dann wäre sie wohl mitsamt der Trankocherei im Meer verschwunden.
Der Rochen erwies sich als das Blechschild von Jennys Kiosk, »Petterröes Mischung« stand darauf. Es war durch das Unwetter gestürmt und hatte sich wie eine Axt in der ins Meer gespülten Fischerhütte festgesetzt. Es sah gar nicht so furchterregend aus, wie es so in der Wand stak. Aber der Mann mit der Pfeife war schrecklich malträtiert.
Wie eine Ziehharmonika in schlechtem Zustand.
In der Salzerei bei Dahl lagen drei große Steine mitten auf dem Fußboden. Es bedurfte zweier kräftiger Männer, um sie herauszutragen.
Die Steine hatten den Weg durch die Wand genommen. Die Natur finde ihre eigenen Wege und hebe Lasten nicht mit der Winde, meinte Einar und schüttelte den Kopf.
Auch er hatte an diesem Vormittag nicht auf Neuigkeiten gewartet. *Alle* waren am Hafen und längs der vergewaltigten Strände. Die Augen hatten sich noch nicht an den Anblick gewöhnt. Es fehlte noch viel, bis man erfaßte, daß die Natur, der Teufel und Gott derart miteinander in Streit geraten konnten, daß es nachher auf der armen Erde so aussah.

Unwetter.
Wer hatte sich nicht schon ein- oder zweimal im Jahr geduckt und um Gnade für seine Sünden gebetet und auf den Wind gehorcht, der da draußen riß und zerrte und Verwüstungen anrichtete? Nicht das bösartige Poltern um die Hausecken gehört und den begehrlichen Druck auf die Fenster, wenn der Südwest den Leuten zeigte, wem Macht und Ehre gebührte? Wer hatte nicht schon ein oder zwei Haustüren fest verschlossen – oder war barfuß in die Stiefel gesprungen, um nach den verdammten, machtlosen Ruderbooten zu sehen, die nie auf

den Gedanken kamen, sich selbst in Sicherheit zu bringen? Wer war nicht schon einem oder mehreren Kindern auf dem Schulweg gefolgt, wenn die weißen Stürme den Leuten den Atem benahmen und Weg und Steg begruben? Wer hatte nicht den Kragen hochgeschlagen und sich die Ohren zugehalten? Wer hatte nicht schon die sonderbare eiskalte Einsamkeit erlebt, wenn er bei starkem Wind draußen auf dem Meer war? Wer wußte nicht, daß alles geschehen konnte?
Und dennoch. Wenn alles geschah – dann war es so unfaßbar, daß Elisif nicht mehr beten konnte und Einar mühsam in seinen grauweißen Unterhosen von der Verandadachstube heruntersteig und die scheue Katze der Kopftuch-Johanna zu einer der Kleinsten in dieser Welt in einem Kellereingang kroch. Und die Möwen? Die Möwen hatte man seit 24 Stunden nicht mehr gehört.

Simon stand bis zu den Knien in der neuen Hochwasserlinie. Er verschaffte sich einen Überblick. Er trug keine Kopfbedekkung, der schöne, weiche Mund war halboffen. Die eckigen Schultern richteten sich auf und fielen mehrmals wieder zusammen. Es wirkte so, als ob der Mann sich aufblies, aber nach einer Weile zu atmen vergaß. Die Arme hingen gerade herunter. Die schlanken, langen Finger waren gut in den Fäusten versteckt.
Ein eben erst gekaufter Kutter lag gestern noch in der Vertäuung. Heute schwamm da nur noch der Vordersteven und tunkte in die ruhige, aber gewaltige Dünung. Den Rest des Boots hatte niemand gesehen. Es erwartete auch niemand, daß Dahls Fischgestelle mit den Fischen sich wieder einfinden würden.
Dahls neue Fahnenstange, die er am ersten Weihnachtstag morgens feierlich eingeweiht hatte, um die Allgemeinheit damit zu erfreuen, stand wie ein geknickter Zaunpfahl im Garten. Die Frau des Hauses ging ein und aus und redete mit allen Leuten über dieses Unglück. Aber die Leute beachteten Frau Dahl an einem solchen Tag nicht. Und sie konnte es nicht fassen, bis sie sich den taillierten Mantel und die hohen Schaftstiefel anzog und der Volksmenge hinunter nach Vaeret folgte. Da wurde Frau Dahl blaß. Und sie erwähnte die Fahnenstange mit keinem einzigen Wort mehr. Denn Dahls Betrieb lag skalpiert und rasiert vor ihr, und Dahl war wachsbleich und sah die Leute mit irren Augen an. Das Dach des großen Gebäudes war weggerissen und schwamm in der Bucht. Das tat der älte-

ste Teil des Kais übrigens auch. Schwamm wie ein seltsam überlebtes Gespenst dort draußen zusammen mit Fässern, Brettern, Treibgut und Fischkisten. Ein unglaublicher Anblick. Die Mädchen hatten die Köderhütte vor Weihnachten mit einer alten Gardine geschmückt, um es etwas gemütlicher zu machen, wenn sie da saßen und Köder auffädelten und kalte Füße hatten. Die zerfransten Reste hingen aus dem blinden Fensterauge und wußten sich nicht zu helfen. Flatterten jämmerlich und waren zu nichts mehr nütze.

Die Möwen fanden schnell heraus, daß die neue Schäre in der Bucht ein Segen war – und nahmen sie in Besitz, ohne an die Menschen an Land auch nur einen Gedanken zu verschwenden. Sie flogen kleine Runden und setzten sich mit Besitzermiene und voller Zufriedenheit auf das Dach, auf die Fensterbänke und auf die Treppen. Sie kreischten und schissen und waren lustig. Und keiner jagte sie weg.

Das Dach des Dahlschen Betriebs lag wie ein Floß dort draußen in seiner ganzen elenden Freiheit.

Aus der oberen Etage waren die Einrichtung und lose Gegenstände fortgeblasen worden, wie man wohl zu Recht annehmen konnte.

Dahl hatte die Räume vermietet. Es war eine Extraeinnahme in der Saison.

Simon stand in der neuen Hochwasserlinie. Er hatte da nun lange genug gestanden, so daß die Männer meinten, es sei an der Zeit, daß er heraufkomme und ihnen Anweisungen gebe, wo sie am besten anfangen sollten.

Anfangen? Mit was? Anfangen aufzuräumen nach der Raserei, die sie in Gottes Namen heimgesucht hatte. Und was war am wichtigsten? Wo sollte man zuerst Hand anlegen? Sollte man zu dem armen, hochmütigen Dahl-Teufel gehen und ihm Hilfe anbieten – oder sollte man zuerst an sich denken und eine kalte Freude darüber empfinden, daß es einem selbst diesmal nicht am schlimmsten ergangen war?

Da bog ein schwarzes Fahrrad mit hoher Geschwindigkeit um Simons neuen Betrieb. Von dem Fahrrad – das an der äußersten Kaikante mit einem inbrünstigen Gekreisch anhielt – stieg ein Weibsstück in blauem Regenmantel und mit üppigem, windzerzaustem rotem Haar ohne Kopftuch ab.

Rakel beugte sich atemlos über die Lenkstange und rief in die Runde: »Ist jemand tot?«
Es war, als ob der schlafähnliche, dumpfe Zustand plötzlich barst.
Die Männer wandten ihr Gesicht zögernd vom Meer ab, von dem grotesken, aufgewühlten Hochwasser, wo Tang und Fische und Bretter und alle möglichen kleinen Dinge, von denen niemand den Heimatort kannte – in dem flauen Wind zitterten. Sie drehten widerwillig die schweren grauen Gesichter zum Land hin. Und die Münder öffneten sich langsam wie auf Kommando. Ein Heer von halboffenen Mündern und hängenden Armen. Ein Heer männlicher Ohnmacht. Sie drehten sich zum Land hin und sahen, daß da eine Frau mit einem alten schwarzen Fahrrad an der Kaikante stand und schrie: »Ist jemand tot? Antwortet!«
»Nicht, daß wir wüßten«, sagte einer.
»Habt ihr das noch nicht rausgefunden, ihr Trottel!« schrie Rakel und warf das Fahrrad auf den Kai.
»Wohnte jemand im Betrieb beim Dahl?«
»Nein.«

Aber es war plötzlich Leben in den Fäusten. In den Stiefeln. In dem Ölzeug. Die Kleinen, die Mittelgroßen, die großen Ungelenkigen, die Ruhigen und die Flinken, die, die sich leiten ließen, und die, die das Kommando übernahmen, ohne darüber nachzudenken. Alle. Setzten sich allmählich in Bewegung.
Und das ist das Verwunderliche bei diesem Menschenschlag, der mit Tragödien und Wettergöttern und Stürmen und Hochwasser im Nacken tagtäglich lebt. Sie behalten die Ruhe, wenn die Tragödie sie trifft. Behalten sie. Bis etwas Unerwartetes geschieht. Etwas, worüber man eigentlich grinsen müßte – wie zum Beispiel über eine Frau an der äußersten Kaikante. Das bringt sie in Bewegung. Bringt sie dazu, den Gedanken begierig aufzugreifen: Es hätte viel schlimmer kommen können! Und jetzt sind sie gerettet. Gerettet vor sich selbst. Vor der infamen Freude, daß es Dahl diesmal schlimmer getroffen hat als jeden anderen und daß es wichtiger ist, das eigene beschädigte Heim zuerst in Ordnung zu bringen. Sie sehen, wie unwesentlich es ist, daß da ein neuer Steven ohne das restliche Boot schwimmt. Sie vergessen den grotesken Anblick von einem ins Meer geschwemmten Kai mit Köderhütte und Außen-

klo darauf. Vergessen! Um systematisch in Gang zu kommen und nachzuforschen, ob jemand ums Leben gekommen ist.

Da machte ein kleiner Junge den Mund auf und kam mit der entscheidenden Frage: »Wo ist denn die Hütte vom Almar aus Hestvika?«

Und noch einmal drehten die Männer den Kopf. Sie hatten keine Zeit, sich zu schämen, daß sie Almar in der Menge nicht vermißt hatten und daß ihre Augen nicht registriert hatten, daß die kleine Hütte verschwunden war. Sie hatten wohl gesehen, daß sein Kutter nur noch aus einem Steven bestand. Das war schlimm genug. Es war also nicht nur Dahl, der in Sodom büßen mußte.

Und es erklangen kurze, heisere Befehle. Zielbewußt setzte sich eine kleine Gruppe in großer Eile in Bewegung und löste sich bald auf.

Nas-Eldars Lastwagen hustete das Unwetter aus dem Kühler und kam in Gang. Ein Beiboot fuhr übers Meer und in die Bucht hinein.

Almars Hütte war in der Nacht umgezogen.

Fünfmal drei Meter – plus Vorbau hatten die festen Grundmauern verlassen und sich mit einem unberechenbaren Verführer, der Gewalt angewendet hatte, in die Welt hinaus begeben. Da mußte es kommen, wie es kam. Ja, es hätte noch schlimmer kommen können. Almars Haus wurde Wand an Wand neben seinen Bootsschuppen gesetzt. Er hatte niemals vorgehabt, dort unten an dem steinigen Strand zu wohnen. Aber nun mußte er zugeben, daß die Hütte wohl ins Meer entfleucht wäre, wenn nicht der elende alte Bootsschuppen sie aufgehalten hätte. Und Almar wäre mitgegangen.

Denn er hatte in der Hütte gesessen und versucht, auf der zu Tode erschrockenen Herdflamme Kaffee zu kochen, als der Sturm Haus und Mann überwältigte. Sie 60 Meter durch die Luft beförderte. Zwei Telefonstangen mitnahm, nur um der menschlichen Torheit und Technik ein vernichtendes Beispiel zu geben.

Die Hütte war ziemlich unsanft abgesetzt worden. Almar wußte nicht mehr genau, wie das Ganze vor sich gegangen war. Aber er wärmte die Geschichte von den Telefonstangen immer wieder auf, die wie Streichhölzer vor seinem Haus umgeknickt waren. Und er erinnerte sich später an den überirdi-

schen Klang, als die Drähte rissen. Es war ein scheußlicher Harfenchor gewesen.
Er blutete nicht wenig unter seiner Pelzmütze. Und die Männer dachten im stillen, daß es durchaus nützlich sein konnte, innerhalb der vier Wände eine Mütze aufzuhaben. Nas-Eldar wollte den Almar mit seinem verletzten Schädel zum Doktor bringen, aber Almar lebte richtig auf, als er mitten in seinem Unglück so viel Besuch bekam, und wollte die Aufräumungsarbeiten selbst leiten. Er gab sogar zu, daß er wohl eine Zeitlang »weg gewesen« war. Da war einiges, an das er sich nicht deutlich erinnern konnte. Und einen Augenblick ließ er die vernarbten Hände, in die sich Sonne und Öl schwarz eingefressen hatten, unschlüssig hängen. Denn Almar war nie zuvor ohnmächtig gewesen.
Im Gartenzaun hatte sich eine schwarze Hose verfangen. Ein Kronenstück und zwei Zehnörestücke befanden sich in der Tasche. Da begriff Almar, daß dies sicher das einzige war, was er besaß. Und noch hatte ihm niemand etwas von dem Kutter erzählt.
Die Bergung von Booten und Kai, von Haus und Bootsschuppen, von Netzen und Ausrüstung ging in einer Unmenge von Schweiß, durchnäßten Kleidern, brennenden, tatkräftigen Händen und kurzen Kommandorufen vor sich. Zwölf Stunden ohne Essen.
Simon konnte sich erinnern, daß er seine Stiefel zweimal ausgekippt hatte. Aber Almar mußten sie auf die Couch im nächsten Hof legen.
Allein den Dahl-Kai an Land zu schleppen war eine Heidenarbeit. Der größte Kutter in der Bucht – Simons ganzer Stolz – meisterte dennoch die Schwierigkeiten. Die »Öyfisk« erwies sich als sehr nützlich.
Er hatte sich auch in der Sturmnacht gut gehalten. Einer von den Kuttern war auf Grund gelaufen. Es bestand Hoffnung, ihn zu reparieren, auch wenn er üble Schäden am Ruder und am Schiffsrumpf aufwies.
Stundenlang hatte man die Mole nicht sehen können. Und das 35 Fuß lange Boot stand jetzt hoch und trocken auf dem Land, nachdem das Hochwasser sich zurückgezogen hatte. Volle Ölfässer lagen verstreut über der Mole, zusammen mit allem anderen, was nicht niet- und nagelfest war.
Es sehe aus, als ob ein besoffener Troll Amok gelaufen sei, äußerte einer der Männer – während er ein Ölfaß rollte, so daß

ihm der Schweiß durch die Jacke drang. Er hatte wohl das weihnachtliche Feiern und ähnliches noch in frischer Erinnerung.
Sonst wurde nicht viel gesprochen. Sturheit und Arbeitsfäuste. Von einem kleinen Fischerdorf auf der Insel bekam man Neuigkeiten zu hören – daß die Schafe und Kühe im Hauskeller und im Mistkeller standen, weil der Stall in der Orkannacht ins Meer gespült worden war. Als Teile der Insel wieder Strom bekamen, hörten die Leute im Radio, was sie erlebt hatten. Eine schnarrende, geschäftsmäßige Stimme erzählte, daß die Menschen auf der Insel am Ende seien und Hilfe bräuchten.
Aber sie sagte nicht, daß Almar mit einer blutgetränkten Pelzmütze in einem Zimmer auf der Couch lag und von der Hose und dem Kleingeld redete und von dem Steven, der nur noch lose zusammenhielt, während das restliche Boot nicht aufzutreiben war, um wenigstens Anfeuerholz daraus zu machen.
Dagegen sagten sie etwas über sein Haus. Daß es mit den Küchenhockern und den Fußbodenbrettern nach oben liege und mit dem Schornstein zerschmettert darunter. Und daß die Grundmauern nie so einsam und unbedeckt gewesen seien, seit sie in den 30er Jahren neu aufgemauert worden waren.
In die Telefonzentrale kam die Anfrage, ob sie Wolldecken und warme Sachen für die Bewohner der Insel brauchten. Da platzte dem Josef von der Zentrale in Vaeret, der sonst nie etwas anderes als: »Hallo, hallo!«, »Gespräch beendet?« in seinem nasalen Telefondialekt sagte, der Kragen. Er steckte den Stecker von einem Loch ins andere und sagte mit mühsam unterdrücktem Zorn:
»Wir halten uns warm, weil wir so hart arbeiten, daß wir nicht mal Zeit zum Essen haben. Wir brauchen also – weder Lebensmittel noch Kleider. Aber wenn ihr da aufm Festland einigen Grips im Kopf habt, dann schickt uns Boote und Arbeitskräfte und etwas zum Hochwinden und Transportieren von Häusern und Schafen und Treibholz und Aborten. Dann kriegen wir alles wieder auf seinen Platz, was hier draußen so rumliegt. Außerdem brauchen wir Futter für die Tiere im Innern der Insel. Denn der Herrgott hat alles zurückgeholt, was er gegeben hat, und die Schafe und die Kühe stehn auf einigen Höfen im Mistkeller und brüllen und reißen das Maul auf nach Heu. Wenn ihr also ein paar Heuballen in Breiland habt vorbeifliegen sehn, dann schickt sie per Nachnahme hierher. Die Wolldecken sind uns völlig wurscht. Wir können sowieso

die nächsten vierzehn Tage nicht schlafen. Wir haben gerade den Dahl-Kai vertäut und haben ein Haus aufgespürt und festgestellt, daß alle am Leben sind, bis auf einen Hund, der im Futtergang von einem Stall eingesperrt war, und der Stall landete im Meer. So jubeln wir und arbeiten.«

Es stand in der Zeitung, daß die Springflut bei der Insel vier Meter über normal gewesen war. Und Ottar hatte am eigenen Leibe erfahren, daß das stimmte. Denn alle Mehlsäcke im Lager hatten im Salzwasser geschwommen, und die Heringsleichen waren aus dem Faß herausgekommen und lagen mit dem Bauch nach oben, als er am Morgen das Lager betrat. Ottar ärgerte sich über alles, was in der Zeitung stand. Das machte das Ganze so verdammt *wahr.*

Er konnte die Tür zum Lager nicht einfach zumachen und so tun, als ob das Unglück mit den Waren nicht passiert wäre. Denn es hatte in der Zeitung gestanden!

Der ruhige Ottar bekam ein ganz mürrisches Gesicht. Er schloß nicht einmal den Laden zu, als er sich das Ölzeug und die hohen Stiefel anzog, um sich mit den anderen zusammen ans Aufräumen zu begeben. Brachte es sogar fertig, nicht bei sich anzufangen. Er war fürchterlich böse, der Ottar. Denn er hatte sich nicht versichert. Da war nichts zu holen. Die Bücher auf dem Ladentisch konnten dort mit ihren Zahlen in der tiefsten Dunkelheit liegen, denn er wußte, daß die Insel schweren Zeiten entgegenging. Er würde vielleicht nicht einmal die trockenen Waren verkaufen können. Die Schulden würden ihm jede Nacht Alpträume verursachen. Die Zahlungen würden ihn schon am 20. jeden Monats im voraus wie Kotze im Gesicht hängen. Die Welt war kein guter Aufenthaltsort.

Das hatte er auch gesehen. Die Pappschachteln in der Ecke. Die wunderbaren Pappschachteln mit der schwarzen Lotsenjacke von seinem seligen Vater und darauf die Wolldecke, fein säuberlich zusammengelegt... Er hatte das Gefühl, daß die Mächte in das durchnäßte Lager eingeschlagen hatten. Gute oder böse Mächte? Wie dem auch sei! Sie hatten ihn für irgend etwas bestraft. Ottar fühlte eine gewisse Angst vor der Dunkelheit, als er die durchnäßten Pappkartons entfernte und die Lotsenjacke von T. H. Larsen auf einem rostigen Nagel im Lager aufhängte. Sollte sie da hängen! Bis sie trocken war. Mitten durch die Dunkelheitsangst spürte er einen Kniff im Nacken.

Einen Kniff, dessen sich der Kaufmann T. H. Larsen in der Blüte seiner Jahre bediente, wenn er sein Haus züchtigte.
Ottar war ein denkender Mensch. Da war er auch stolz drauf. Er verließ seinen Kramladen, offen für den Abschaum der Menschheit und die Diebe, und ließ die Salzheringe im Matsch liegen, während er auf die Straße und an den Strand ging, um den Leuten ihr Hab und Gut bergen zu helfen. Das war seine Buße für das Papplager drinnen im Lagerraum...
Am anderen Tag fragte ihn jemand, wie es denn bei ihm aussehe, das Lager liege doch am Kai. Und Ottar nahm die Mütze ab und strich mit der Hand über den dünnen Scheitel und antwortete, daß es noch schwimmen würde – dort auch. Und als die Männer ihm beim Aufräumen halfen und die Frauen überall wuschen und putzten nach dieser Sturmflut, fühlte Ottar sich geläutert und seiner Sünden ledig. Er hatte sein Haus verlassen, hatte Buße getan, und er hatte bereits etliche für einen Kredit notiert. Er konnte eben nicht aus seiner Haut.
Außerdem war da schon wieder ein schöner Gedanke aus der alten, sündigen Zeit. Er hatte gesehen, daß Sol gründlich und ausgiebig mit den anderen Frauen zusammen saubergemacht hatte. Und sie hatte es getan, ohne daß er sie darum gebeten hatte. Er konnte nichts dafür. Das verdorbene Mehl war eigentlich nur eine Bagatelle. Er gab der kreischenden Mutter ein paar gute Worte und hatte seinen Frieden mit sich selbst. Und ganz hinten im Lager hing die Lotsenjacke und trocknete, ohne daß sich jemand darum gekümmert hätte. Er hatte übrigens ein Plaid dort unten hingelegt, und die Mutter würde es sicher nicht merken, daß er es fortgenommen hatte.
So gehen Unwetter mit den Menschen um. Und das neue Jahr hatte es in sich gehabt. Bald war die Orkannacht eine Geschichte, die man hervorholen konnte. Unverbraucht und neu. Jederzeit. Sie bekam immer noch mehr Farben von dem, der sie gerade erzählte. Man konnte sich im Februar darüber wundern, daß es wirklich möglich gewesen war, im Januar, mitten in der Nacht, so viele übernatürliche Kräfte in Bewegung gesehen zu haben. Denn im Januar war es ja dunkler gewesen als jetzt im Februar. Aber keiner äußerte seine Zweifel. Im Gegenteil – sie malten die Geschichte mit vielen Varianten aus. Die vier Kühe, die im Innern der Insel auf dem Zementboden angekettet gestanden hatten, wurden zu acht Kühen – ohne daß jemand das kontrollieren wollte.
Aber wer sich draußen aufgehalten hatte, als es am aller-

schlimmsten war, dem saß noch die eiskalte Angst unter der Haut. Er gab nicht so an wie diejenigen, die alles vom Fenster aus gesehen hatten. Man mußte sich übrigens wundern, daß sie so große und breite Fenster hatten, daß sie das alles hatten sehen können – so ohne weiteres. Aber keiner äußerte Zweifel. Und die Geschichten wurden immer zahlreicher und weitschweifiger. Sie flossen wie reißende Bäche dahin und waren nicht aufzuhalten.
Das Ganze war für die Insel eine Warnung vor dem Jüngsten Gericht gewesen. Die Mole stundenlang unter Wasser. Die Mole! Die wie ein brütender Fels rund um die Boote und Gebäude gelegen hatte, so daß die Menschen sicher vor allem Ungemach schlafen konnten.
Das hatten sie also erlebt. Die Mole hatte aufgeben müssen. Durch das tobende Wasser und den Fallwind hatte die Bucht einen unwahrscheinlichen Strudel gebildet. Es war wohl ein Vorgeschmack auf das Jüngste Gericht. Im Leuchtturm hatte das Licht versagt. Es dauerte eine Woche, bis die Leute es wieder blinken sahen. Das allein war schon ungemütlich genug gewesen.

Elisif dachte sich ihr Teil:
Wer auf der Insel hatte so gesündigt, daß Gott sie alle in diese Verdammnis und Zerstörung warf? Wer hatte den Herrn so herausgefordert, daß er seine Strafe auf Sodom schleuderte? Sie betete inbrünstig für diese Sünder und wartete jeden Tag auf eine Botschaft von Gott, daß die Gerechten fliehen sollten, weil ER die ganze Insel vernichten müsse. Aber die Botschaft kam nicht, obwohl Elisif sich zwang, nachts wach zu bleiben, damit der Herr sie bereit finden sollte. Sie versuchte sich vorzustellen, wer als Salzsäule auf dem Veten stehen würde, weil er es nicht unterlassen konnte, zurückzuschauen. Und sie tippte auf die, die am meisten besaßen. An Gut und Geld. Sie sah Frau Dahl und die Pfarrersfrau – erstarrt und tot dort oben auf dem Gipfel.
Aber die Botschaft kam nicht. Und Elisif verkündete allen im Tausendheim, daß sie ganz beruhigt sein könnten, denn der Herr habe sie verschont.

Tora war im Grenzenlosen gewesen. Wußte, daß der Tod ihr nachgestellt hatte. Sie verstand wenig von dem Rätsel. Dem großen, zufälligen Rätsel. Wer wurde geholt, wer wurde geschont? Und sie war beinahe traurig, als das Schild mit »Petterröes Mischung« entfernt und in der Bucht versenkt wurde, weil kein Staat mehr damit zu machen war. Sie trauerte auch um den »Riesenrochen«. Denn durch ihn hatte sie Dinge gefühlt, die sie nie zuvor gefühlt hatte. Sie hatte die äußerste Grenze in sich gefühlt. Die Grenze zog sie an und machte ihr doch angst. Obwohl – Angst? Nein, die Grenze hatte nichts mit der Gefahr zu tun.

Der Tod. Er würde kommen. Einmal. Für alle.

Sie hatte *ihn* nicht ertrinken lassen. Nein. Aber einmal war auch er dran. Er konnte morgen schon dran sein. Und er mußte da allein hindurch. Er konnte niemals in ihren Tod eindringen. Niemals! Sie gehörte sich selbst im Tod. Sie würde das nie einem anderen erklären können, aber es war so.

Sie hatte einen hartnäckigen Willen, der es für sie entschied: Er war alt. Er würde zuerst sterben.

Bei diesem Gedanken bekam sie Lust, zur Kiosk-Jenny hinunterzulaufen und sie zu fragen, ob sie Hilfe brauche – oder es der Mutter besonders gemütlich zu machen, wenn sie von der Arbeit kam. Der Gedanke ließ die unansehnlichen Winterblumen auf dem Fensterbrett schön und leuchtend grün werden.

Und die Möwen lachten da draußen. Ein durchdringendes, schwatzendes Lachen, das erzählte, daß das Unwetter vorüber war.

16

Vom Wind zerzauste, kleine Journalisten kamen mit dem Linienschiff auf die Insel, sobald für Mensch und Tier wieder schönes, ruhiges Wetter herrschte.

Sie schrieben von Almars Haus, das mit dem Rock nach oben dalag und die Eingeweide vor aller Welt ausgebreitet hatte. Das heißt, das schrieben sie natürlich nicht. Sie machten ein Bild von der niederträchtigen Gewalttat der Wettergötter und setzten darunter: »Dämonisches Unwetter über der Insel. Wellblechplatten sausten wie todbringende Projektile durch die Luft. Telefonmasten brachen wie Streichhölzer. Aber die Leute bauen wieder auf.«

O ja. Sie hielten Almar an, als er angefahren kam, Pfarrers Stute vor den Langschlitten gespannt.
Rot und durchgefroren stand er da. Mit gespreizten Beinen. Er hatte das Wesentliche aufgeladen. Der Kaffeekessel thronte ganz oben. Gleich Einar von der Dachstube hatte er keine Schwierigkeiten, die Spreu vom Weizen zu trennen, wenn er aufbrechen mußte und seine irdischen Güter verlassen. Aber er hing auf eine andere Weise an ihnen als Einar. Hing daran mit ganzem Herzen und konnte sich trotzdem von ihnen lösen – wenn es sein mußte. Keiner zog um mit kaputten Hockern und zerbrochenen Tassen. Selbst wenn er im Tausendheim wohnen sollte. Almar sollte nämlich in die kleine Stube von der Kopftuch-Johanna ziehen. Er fand sich damit ab.
Er hätte es lieber gesehen, wenn er den kleinen Raum in der Schule bekommen hätte. Neben der wunderbaren Lehrerin. Mitten in seinem Elend hatte er davon geträumt und hatte seine Pelzmütze abgenommen, damit sie seinen bandagierten Schädel sehen konnte. Er würde ihr beweisen, daß sie stimmten – alle die Geschichten, die von Almar in Hestvika umgingen, sie sollte sehen, daß Almar ein Mann war, der einen blutigen Kopf hatte und dennoch denken konnte. Er würde sich ein neues Boot beschaffen. Dann konnte mit dem Haus sein, was wollte. Aber das Boot! O ja. Er würde ihr im Juni Seelachs bringen – bevor sie nach Süden fuhr.
Verfroren und breitbeinig stand er auf seinem Schlitten und konnte sich wohl jederzeit unterhalten – mit dem erbärmlichen Zeitungsmenschen, der ein paar Worte in der Zeitung schreiben wollte.
Denn Gunn las Zeitung. Bekam sie mit der Post.
»Es ist abscheulich mit all dem Elend«, konnte sie sagen.
Und Almar legte den Kopf zur Seite und war der gleichen Meinung. Er nickte ihr zu und versuchte unterdessen einen Gedanken zu fassen, was er dazu sagen sollte. Es endete damit, daß er ein oder zwei Worte fand.
Und jetzt hatte er den Sturm. Almar war das Elend persönlich, das war klar. Hatte er nicht eine Schnittwunde am Kopf und trug die Pelzmütze nicht deutliche Spuren von dem Ganzen? War er nicht ein Unglücksrabe, über den alle sprachen? Ja. Und nun sollte er in die Zeitung kommen.
Seine mächtigen Arbeitshände steckten in Fausthandschuhen, und er stand mitten zwischen den wackligen Pappschachteln ganz sicher auf der Fuhre.

Der Zeitungsmensch sprach ihn mit Sie an, obwohl Almar von der Insel stammte und heute ins Tausendheim umzog.
»Es ist schlimm bei Ihnen?« sagte der Journalist ernst. Und hatte den Bleistift gezückt.
Das letztere beunruhigte Almar ein wenig. Aber er wahrte sein Gesicht.
»O ja.«
»Sind Sie versichert?«
»Nein. Ich hatt' genug mit dem Darlehen. Man bekommt nichts umsonst.«
»Aber das Haus kann doch wieder aufgebaut werden?«
»Es ist mir lieber, ich hab' wieder ein Boot.«
»Ja, Sie haben Ihr Boot also auch verloren?«
»Ja.«
»Dann geben Sie also dem Boot die Priorität vor dem Haus?«
»Was?«
Almar stockte und räusperte sich. Er begriff nicht. Der Zeitungskerl gebrauchte Worte, die ganz unverständlich waren.
»Da sehen Sie also schwarz in die Zukunft?« fragte der kleine Graue zu dem Mann im Schlitten hinauf.
»Wer hat das gesagt?«
»Ich dachte, daß...«
»Das geht nicht, nur dasitzen und denken!«
Das letzte hatte Almar gesagt. Und er wußte nicht, daß er einen kleinen Journalisten ganz schön zurechtgewiesen hatte.
»Aber du bekommst doch geholfen?« fragte der Journalist und vergaß sich und sagte du.
»Nee – da kann ich nicht dran denken. Ich betreib' den Fischfang nur im kleinen und nur für mich selbst. Ich hab' ein Zimmer im Tausendheim bekommen, das große Haus da unten am Strand. Ich hab' ein Dach überm Kopf.«
»Bist du nicht verbittert?«
»Verbittert? Nee. Ich bin gesund. Wenn die, die 's Geld verteilen, meinen, daß ich nicht genug Fischfang betreib', dann sollen sie's sein lassen.«
Almar schnalzte, um das Pferd anzutreiben und ohne sich darum zu kümmern, ob der Zeitungsmensch fertig war. Der Mann rannte ihm ein Stück nach und fragte, ob er ein Bild machen könne. Von dem Unglückshaus?
Was sollte da wohl Aufregendes dran sein? An dem Bild von einem abrasierten Haus? Nein, da hätte er lieber ein Bild von dem Haus in seinen besten Tagen machen sollen. Frisch gestri-

chen und gepflegt und mit neuen Fenstern in der Küche und im Vorbau.
Aber als er das Pferd zum Tausendheim hinunterjagte, fuhr er sich mit dem Fausthandschuh über die Stirn. Es war heute so sonderbar leer unter dem Himmel. Es stimmte also: daß er nichts mehr besaß. Almar fuhr mit dem Handschuh noch einmal über die Augen. Den Tropfen an der Nase nahm er in einem mit. Es war so verdammt kalt heute.

Die Leute sagten, daß das Unwetter eine Warnung für die Vergänglichkeit aller Dinge gewesen sei. Und es wurde vielleicht ein besonderes Gewicht darauf gelegt, weil es Dahl diesmal am empfindlichsten getroffen hatte. Es war schon seltsam – man konnte sich dergleichen erlauben, wenn es um Dahl ging. Da war es mit dem armen Almar anders. Seit dem Unwetter war nicht mehr viel mit ihm los. Das mit dem Boot war nicht wiedergutzumachen. Es kam vor, daß er ein wenig naß im Gesicht war, wenn er den Steven zerschlagen und einsam an der Ankerkette hängen sah.
»Das ist die verdammte Schäre. Ich hab' schon immer gesagt, daß noch ein Unglück passiert mit so 'ner Schäre mitten im Hafen!« Und die Männer wandten sich ab.
In der Zeitung und im Radio wurde das Wort Katastrophe gebraucht. Katastrophe! Die Leute auf der Insel benutzten solche Worte nicht. Aus gutem Grund. Welche Worte sollte man benutzen, wenn in einer solchen Situation der Wind einmal von Westen kam? Die Schätzung der Unwetterschäden im Distrikt wurde genannt. Eine vielstellige Zahl. Vier Millionen. Kronen? Ja, ja. Manche rechneten in Kronen. Das war am einfachsten. Ja, je weiter weg einer mit seinem Hab und Gut war, desto einfacher war es, von Kronen zu reden.
Der Naturkatastrophenfonds? Wer war das? Von dort komme Geld, wurde gesagt. ACH? UND DANN WÜRDE ALLES GUT?
Almar verstand viel, aber daß sich jemand finden sollte, der ihm Geld gab, das konnte er nicht glauben. Es half nicht viel, daß im Buch der Bücher stand, daß der Glaube Berge versetzen könne. Almars Glaube war nicht sehr stark. Und natürlich bekam er nichts. Denn das Boot wurde nur auf Hobbybasis benutzt. Hobbybasis? Ja, tatsächlich! Hochschwangere Frauen und abgehauene Finger, schmerzende Zähne und Leute, die weit fortreisen wollten!
Alle waren mit Almars Boot gefahren. Und das Wort *Hobby*

sollte der Teufel holen. Denn das Boot war nicht mehr. Und die Kinder mußten jetzt auf die Welt kommen, die Nabelschnur mehrmals um den Hals gewickelt und mit vielem Schreien, ohne daß Almar sie erlösen konnte. Denn das Boot, das ein Hobby war, weil Almar sich im Sommer damit eine Portion Fische fing – war nicht mehr. Und sein Haus schaukelte noch auf und ab. Er hatte es vertäut. Er wollte es als Anfeuerholz und zum Verschalen verkaufen.

Das Finanzministerium und das Landwirtschaftsministerium und das Wirtschaftsministerium – mit Ministerrat und dergleichen – saßen in Oslo und redeten über Kronen. Dieser Himmelskörper: der Naturkatastrophenfonds hatte sein Geld für Katastrophen bereits aufgebraucht. Lange vor dem Unwetter. Und um ganz sicherzugehen, es gab 4600 Arbeitslose in Nordnorwegen, so daß reichlich freie Arbeitskräfte vorhanden waren, um einen oder zwei Kutter zu bauen. Es gab massenweise kleine Birken und Weiden, Äxte und Sägen und andere Werkzeuge, die der Wind und das Meer nicht erwischt hatten. So würde man schon zurechtkommen.
Die Männer grinsten ein wenig drinnen in Ottars Laden. Dieses dumme Lächeln war von einer ganz besonderen Art. Man mußte sich darin auskennen, um die totale Verachtung zu verstehen, die totale Depression und die Verbitterung, die es umfaßte.
Beschäftigung! ZWEI UND EINE HALBE MILLION. Kronen? Vielleicht... Dieses *Vielleicht* war der Strick, mit dem sie das verzweifelte, verwundete Tier dort oben im Norden anbanden.
Die Erde war ein unbegreiflicher Himmelskörper.
Das Rote Kreuz. Kirchliche Nothilfe.
Neue Atombombenversuche im Stillen Ozean.
Der Atlantikpakt in Auflösung.
Grace Kelly läßt Fürst Rainier Herr in seinem Schloß sein.
Almar vertäut eine Hütte gut am Strand, mit dem Dachfirst zuunterst.
Die Russen geben. Die Russen erinnern sich an die Menschen im Norden. 50000 Rubel aus der Sowjetunion. Und manch einer erinnert sich an die Russen als das große, starke Tier, das mit der vertrauenerweckenden Tatze kam, als die Samtpfoten des Westens zu weich wurden.
Die Schweden hatten auch einen Platz in ihrem Herzen für die Nordnorweger: 50–60 Tonnen Heu wurden über Narvik verfrachtet.

Dann strömten die Heringsschwärme langsam herbei.
Die Leute kamen allein zurecht. Die Fischer von den Vesteralen hatten bereits Ende Januar doppelt so viel gefangen wie im Vorjahr in der ganzen Saison.
Dahl kam wieder auf die Beine, er betrieb ja gewiß kein Hobby, der Bursche. Ein neues Dach wurde aufgesetzt und der Kai solide und gut am Berg verankert. Die Männer arbeiteten Tag und Nacht. Die Frauen waren es gewohnt, um diese Jahreszeit allein zu Hause zu sein. Und der Staat hatte Dahl einen Zuschuß gegeben, Dahl konnte zahlen. Schnell vergaßen sie Almar und sein Boot. Ja, er vergaß sich selbst... Stand meist in Ottars Laden und drehte das Taschenfutter um. Gewiß, er heizte noch tagein, tagaus die Schule, außer an den Sonn- und Feiertagen. Aber sonst war wenig mit ihm los.
Ein Gedanke hatte sich in seinem Kopf festgesetzt. Er schien zu wissen, daß es nicht klappen würde, wenn er jemanden einweihte.
DYNAMIT. Almar hatte sich vorgenommen, die Schäre zu sprengen.

Die Männer, die unten im Dahlschen Betrieb die Köder auffädelten, saßen bei Kerzenschein und arbeiteten mit Hochdruck. Die elektrischen Leitungen waren zerfetzt. Und es fehlten erfahrene Elektriker. Dahl mußte diesmal teuer bezahlen.
Simons fröhliche Stimme und sein lautes Lachen machten dagegen die Arbeit an dem Neubau zu einem Fest. Die Gelegenheitsarbeiter von Dahl kamen abends herüber, um noch ein wenig bei Simon zu arbeiten, weil sie bei Dahl nicht genug verdienten.
Simon hatte Erfolg. Endlich. Er beteiligte sich nicht an den Streitereien, was für den künftigen Fischfang am besten sei: Handangel oder Nylonnetz. Einige der Angelleute gingen von dem »Hamarpilk« und dem »Svenskpilk« zu der guten alten Wurfangel über, und 75 Öre wurden als Mindestpreis für dieses Jahr angedeutet.
Die Fischer mit den Nylonnetzen wurden auf der Insel schief angesehen. Simons Leute betrieben den Fischfang mit Nylon. Aber Simon schaffte es, den Mund zu halten, wenn die anderen loslegten.
Er brachte den Betrieb nach dem Wiederaufbau in Gang. Und er hatte für seine Leute die modernste Unterbringung im gan-

zen Distrikt. Er steckte manchmal die Hände in die Tasche und stellte sich ans Fenster des neuen Büros und dachte nach, der Simon.
Platz für 50 Mann. Er hatte die schmutzige Köderei aus dem Aufenthaltsraum der Männer herausgenommen. Er hatte großzügig gebaut. Einen eigenen Schlafraum für jede Bootsmannschaft und einen eigenen Schrank für jeden Mann. Waschraum! Den Aufgang hatte er von dem Köderraum im Erdgeschoß abgetrennt. Dagegen gab es eine große gemeinsame Küche für alle Mannschaften. Die Männer murrten darüber. Aber hauptsächlich, weil sie es nicht gewohnt waren.
Und Simon hatte Elektriker! Dahl war es, der auf sie wartete. Denn bei Dahl saßen die Leute bei Kerzenlicht und Petroleumfunzeln in der altmodischen, zugigen Köderhütte, die sie aus der Bucht geborgen und an den Kai geschleppt hatten, und füllten die Bottiche mit den geköderten Angelleinen.
Die Leute hörten von dem Luxus, von dem fließenden warmen Wasser in Simons Betrieb, und sie lauerten auf eine Möglichkeit, sich bei Simon einzuschleichen und den Chef zu wechseln. So dachten die müden Schädel über den Köderbottichen bei Dahl. So kam der goldene Teufel des Neides in einfältige, arbeitssame Seelen und machte sie weniger geeignet für das Jenseits.
Und so wurde Simon wieder sicher. Er konnte abends mit dem Fahrrad nach Hause fahren und seine Sicherheit wie warme Wolldecken in Rakels Schoß abladen.

17

Das Tröpfeln vom Dach hatte sich aufgehängt. War vereist und stagnierte. Eine kristallklare Formation über der Klotür. Sie spielte ins Grünliche, wenn man sie am frühen Nachmittag sah und das Meereslicht sich darin widerspiegelte.
Tora hob den Blick, und die Augen fingen durch das kleine Guckloch den Eiszapfen über der Tür ein. Der weiße Gardinenfetzen war mit einem gelben Nahtband zur Seite gebunden. Sowohl die Gardine als auch das Band schienen zu verraten, daß es ein schwieriger Winter gewesen war. Die fleckigen Ränder des Bandes hingen schlaff herunter und sahen aus, als ob sie alles in dieser Welt aufgegeben hätten.

Aber draußen hing also der Eiszapfen. Glitzernd. Vor Licht. Vor Farben. Man konnte sehen, daß er ganz uneben war. Daß er anfing, kleiner zu werden. Darin lag eine Hoffnung. Er roch förmlich nach Wärme, obwohl er unweigerlich ein Eiszapfen war.
Die Gardine kam in den Schatten. Sie existierte gleichsam nicht mehr. Im Winter konnte man die Lampe im Hof durch die Gardine hindurch sehen. Alle Flecken blieben im Dämmerlicht verborgen. Aber nun war ihre Glanzzeit vorüber. Nichts sollte so bleiben, wie es gewesen war.

Sol saß auf dem anderen Loch. Sie sprach von der Handelsschule. Es lag zur Zeit etwas Fremdes und Erregendes über Sol. Eine Reife, die Tora sowohl fürchtete als auch herbeisehnte. Sie hörte zu, während sie den Eiszapfen da draußen betrachtete. Sie konnte deutlich sehen, daß das Licht ständig intensiver wurde. Es war eine magische Stärke darin. Es verzehrte alles und machte gleichzeitig alles deutlicher.
»Man muß viel tun, aber es ist schön. Viele Alte gehn auch hin.« Sol war fertig. Sie brachte ihre Kleider in Ordnung und setzte den Deckel auf das Loch. Dann ließ sie sich in der Ecke nieder, als ob es ein gewöhnlicher Küchenstuhl wäre, schnappte sich eine acht Tage alte Zeitung und wartete. Tora hatte plötzlich den Eindruck, daß ihr diese neue Sol ganz fremd geworden war. Vielleicht lag es an der neuen Strickjacke und dem neuen karierten Rock, den sie sonntags trug.
Tora wunderte sich, daß Sol sich so feine Sachen kaufte. Es war unnatürlich, daß jemand von Elisifs Dachwohnung in einem Plisseerock heruntergerannt kam.
Aber als sie Sols glühendes Gesicht sah, während sie von der fantastischen *Handelsschule* erzählte, gab Tora ganz freiwillig zu, daß sie ein kleinlicher Mensch war, der Sol nicht einmal einen lumpigen Plisseerock gönnte. Sol war ja erwachsen und konfirmiert und kam jeden Samstag zu Tora und Ingrid herunter, um sich umzuziehen und tanzen zu gehen, in direktem Widerspruch zu dem, was Elisif über Erbauung und Selbstzucht anbefahl.
Alles das bedeutete, daß Tora sich damit abfinden mußte, daß Sol vor ihr erwachsen war. Und so sollte es ja auch sein.
Aber man war nun einmal daran gewöhnt, daß oben bei Sol das Geschirr auf zwei Hockern abgewaschen und die Aufgaben am Küchenschrank gemacht wurden. Es gab ein Gesetz in

Vaeret: Alles sollte bleiben, wie es war. Plötzliche Veränderungen waren schlecht. Die Leute liebten keine Veränderungen. Tora begriff, daß sie das mit den Inselbewohnern gemeinsam hatte. Sie mochte auch keine Veränderungen, die ihre eigene Situation nur schlimmer machten, als sie war. Sie begriff, daß die Trostlosigkeit und die Hilflosigkeit der anderen eine gewisse Sicherheit für einen selbst bedeuteten. Es machte die eigene Mühsal viel wertvoller, wenn die der Nachbarn größer war.
Und Tora schämte sich über sich selbst, machte sich auch fertig und guckte auf die Zeitungsseiten, die Sol aufgeblättert hatte. Genau wie in alten Tagen.
Die Kälte war nicht zu übersehen. Sie lag in den Ritzen des alten Holzfußbodens. Aber man brauchte nur den Blick hinauf zu dem Guckloch zu heben und den Deckel hinter sich auf das Loch zu werfen. Da war diese Welt nicht mehr sichtbar. So konnte man seine schäbigen Gedanken auch einfach aussperren. Sie hatten nichts mit dem leuchtenden, tropfenden Eiszapfen zu tun. Sie waren nur etwas, was jeder einzelne Mensch sich selbst verzeihen mußte. Vor aller Welt verbergen.
Sol las laut aus der Zeitung vor, daß die Tagescreme »Tokalon« eine häßliche Frau im Verlauf weniger Tage schön machen sollte. Der Preis betrug 2 Kronen und 90 Öre für eine große Tube! Sol ließ ein paar Worte darüber fallen, daß Ottar diese Creme führte. Und die Worte kamen sehr vielsagend. Tora wunderte sich. Es war etwas Mystisches über Sol. In gewisser Weise etwas Leeres, sehr Einsames. Aber andererseits war es wie ein Ruf; etwas, worauf sie – Tora – lauschen mußte, ob es auch ihr galt. Sollte sie dem Ruf folgen?
Zwischen den alltäglichen Zuschriften, daß Ostern nicht entscheidend sei für das Ende der Lofotfischerei, und den schroffen Angriffen von Jens Steffensens – dem Abgeordneten im Storting – daß die Leute Ostern als ein Nein zum Fischfang betrachteten – stand eine eingerahmte Notiz:

ANNONCE:
»EWIGE BEGIERDE« von N. T. Lord
Liebesszenen, junge Frau, mehrere Männer.
Casanovas Abenteuer und der Decamerone sind dagegen eine Kinderlektüre.
Nicht nur ein Mann, aber EINE FRAU.
Elegant gebunden, 357 Seiten, 16,00 Kronen zuzüglich 2,00 Kronen Porto.

Tora sah Sol an. Ein schneller, schräger Blick. Wollte sehen, ob sie *sah*.
Und Sol sah.
Tora seufzte. Für ein paar Sekunden hatte sie die Freundin zurückbekommen.
Sol grinste sogar. Tora wurde mutig. Sie zeigte auf die Annonce und den Kupon darunter und sagte so nebenbei: »Glaubste, daß jemand solche Bücher bestellt?«
»Ja, das ist doch klar.«
»Du... was meinen die... mit ›Decamerone‹?«
»Weiß ich nicht. Das ist wohl so 'n unanständiges Buch.«
Tora lächelte, ohne den Mund zu verziehen. Es kam ein unendliches, großes Lächeln aus ihr heraus. Es war so voller Lachen, daß sie alles andere vergaß. Den Eiszapfen. Das fieberkranke Sonnenlicht da draußen.
Denn mitten an einem Sonntagvormittag, mitten in dem karierten Plisseerock, mitten in der Handelsschule und allem Geschwätz über Debet und Kredit, mitten in all dem, worüber Sol nicht mehr mit Tora sprach – gab es doch Dinge, über die Sol auch nicht Bescheid wußte.
Und als es mit drei harten, ärgerlichen Schlägen an die Klotür klopfte – da hielten sie sich die Hand vor den Mund und erstickten das Lachen, während sie sich fertig machten.
Gemeinsam schlichen sie sich auf der vereisten, glatten Treppe an der Kopftuch-Johanna vorbei, liefen über den Hof und konnten sich das Lachen kaum verkneifen, bis sie endlich befreit in dem Verandaeingang standen.
Das Licht war so schön an diesem Tag. Es kam kühl und klar und freundlich durch alle Ritzen und Fenster.
Der Traum, von der Insel wegzukommen, wurde breit und mächtig wie der Fluß, der vom Hesthammeren herunterkam und sich mit gewaltiger Kraft in die Bucht ergoß. Breit und herrlich floß er durch alle Moore und durch Wald und Wiesen und Felder.
Aber zuvor gluckerte es und brach auf in den kleinen Bächen oben am Hesthammeren, und es war ein großer Lärm da oben zu hören, wenn man in der Nähe war. Eine unaufhaltsame Kraft. Eine Sturheit, gegen die niemand etwas ausrichten konnte, denn sie floß tagein, tagaus und nahm nie ein Ende.
Das war Toras Traum.
Wenn Sol ihr von der Handelsschule erzählte, bekam Toras Traum viele neue Anregungen. Sie tauchten auf, wenn sie in

der Kammer lag und schlafen wollte, sie drängten sich vor, wenn sie aus der Schule oder von Vaeret kam. Sie besaß sie als ein süßes Geheimnis. Immer. Genauso frisch und unberührt wie die wilden Erdbeeren im Sommer. Sie sammelte alle guten Gedanken und hängte sie an einem langen und kräftigen Strohhalm auf. Manchmal gelang es ihr, die Gedanken in Worte zu fassen. Gelang es ihr, sich innerlich zu sagen: »Wenn *er* zurückkommt – bin ich nicht mehr hier.«

Die Gefahr war jetzt aus ihrer Kammer verschwunden. Sie hatte den Bettüberwurf mit nach Hause genommen. Randi hatte ihn ja eigens für Tora gestrickt. Er lag in der Kammer auf dem Bett. Erst hatte sie nicht gewußt, ob sie es wagen sollte. Aber es war eine Möglichkeit, um sie loszuwerden. Die Gefahr. Als sie die Decke über das Bett gebreitet hatte, begriff sie, daß die Decke die furchtbaren Bilder aus dem Raum fortgenommen hatte. Beinahe alles, womit man nicht leben konnte.

Die Decke war immer auf dem Bett. Auch nachts. Ja, nachts schien es besonders wichtig zu sein. Denn am Tage konnte sie am Fenster sitzen und Aufgaben machen und den Raum und das Bett im Rücken haben. Aber nachts mußte sie ja im Bett liegen.

Die Mutter war eines Morgens hereingekommen und hatte gefragt, ob sie friere – weil die Strickdecke obenauf lag. Und Tora wußte nicht recht, was sie sagen sollte. Aber dann hatten die Farben der Decke sie angeglüht, und sie hatte gesagt, wie es war: daß sie die Decke gerne da haben wollte.

Tora hatte das Licht in sich. Sie erwachte zu ihm. Sie sah ihr Gesicht jeden Morgen überstrahlt. Es war, als ob sie niemals die Ruhe gehabt hätte, es richtig festzuhalten, es zu pflegen, sparsam damit umzugehen – bis jetzt. Das hing damit zusammen, daß die Gefahr so weit weg war. Daß die Dinge gleichsam das Heim hatten, das sie haben sollten.

Auch sie hatte es. Zu den Träumen konnte sie sich bekennen, weil sie sie nicht mehr brauchte. Sie konnten ungehindert hervorkommen und sich in der Kammer niederlassen. Sie mußten sich nicht verstecken, bis alles andere nicht mehr zu ertragen war.

Sicherlich sollte sie nicht so denken. Denn die Mutter war nicht sehr glücklich, gewiß nicht. Es war so leer um ihre Augen, immer wieder.

Eine seltsame Blässe. Unruhe und Sorge um alles. Tora ver-

suchte sie zu entlasten, wo sie nur konnte. Toras ganzes Leben schien davon abzuhängen, daß die Mutter morgens ohne diese leere Miene aufstand.
Aber das kam nicht vor. Und Tora sah, daß die Mutter den Tag am besten bewältigte, wenn keiner etwas sagte oder fragte oder sich über irgend etwas wunderte.

Tora hatte in der Kammer so gründlich geputzt, daß es kein Schnipselchen alten Dreck mehr gab. Trotzdem konnte es passieren, daß sie Schritte hörte. Daß sie schlief und doch wach war. Sie konnte deutlich sehen, wie die Klinke sich bewegte. Und sie wappnete sich und wußte, daß es jetzt kam. Sie lag mit starren Augen und stummem Mund da und wußte!
Erst wenn sie sich daran erinnerte, daß er nicht auf der Insel war, wenn sie es ganz sicher wußte, konnte aus ihrem offenen Mund etwas hervorbrechen, das wie Weinen war. Es faßte sie im Magen und an den Schultern und rüttelte und schüttelte sie. Und wenn sie es auch ganz sicher wußte, so mußte sie doch aus dem Bett. Sich in die Strickdecke einwickeln. Spüren, daß sie wärmte wie nichts anderes. Sich auf den kleinen Tisch beim Fenster setzen. Spüren, wie der Schweiß auf ihrem Körper zu einer dünnen, dünnen Haut von Scham erstarrte. Einer Scham, die sie niemals in einer Blechschüssel würde abwaschen können.
Denn Tora nahm zu an Alter und Weisheit und wußte besser als früher, was Scham aus den Menschen machte. Sie sah, daß sie die Menschen voneinander entfernte. Daß die Wärme verschwand. So war es: Die besonders viel Wärme brauchten, hatten die größte Scham zu tragen.
Sie dachte zuweilen, wie es wohl wäre, wenn sie eine andere wäre.
Wenn sie ein Kind vom Pfarrer oder die Tochter vom Dahl wäre. Aber sie hatte die zwei vom Pfarrer und die zwei vom Dahl gesehen. Und sie war sich klar darüber, daß sie *Tora* war. Und das sollte so sein. Das war seit langem so bestimmt. Da gab es keinen anderen Weg. Und sie würde ihre Verwandten in Berlin finden, und es würde aus ihr etwas werden. Ganz bestimmt!
Je mehr sie darüber nachdachte, desto ferner rückte die Gefahr. Und sie konnte vom Tisch herunterklettern. Sie konnte die Welt draußen so sein lassen wie sie war, weil *er* nicht da war. Und der Bettüberwurf glühte wieder mit seinen warmen roten Farben. Sie konnte Mutters leeren Blick aushalten und

alles in dem großen Licht sehen, das sich den ganzen Februar über vom Fjord her ausgebreitet und sich eine Höhle bei ihr gegraben hatte. Das war erschreckend. Denn sie wußte nicht, ob ein anderer Mensch auch so empfinden konnte. Sich so unverschämt leicht und frei fühlen, weil irgend etwas ihn losgelassen hatte. *Etwas*. Namenloses.
Und das Unwetter schien ihr die eigentliche Ursache zu sein. Da war der Tod zu ihr gekommen und hatte sie in die Seite geknufft. Sehr unsanft, damit sie wußte, daß er da war und daß sie die kleinen Freuden nicht nutzlos vertun sollte.

Es war an einem solch leuchtenden Tag, als Simon, mit den Armen fuchtelnd und die Stiefel noch an den Füßen, in die Küche hereinkam und Ingrid fragte, ob sie Tora für ein paar Tage entbehren könne, solange Rakel verreist sei. Er brauche jemanden, um die Tiere zu füttern und das Haus in Ordnung zu halten. Am meisten für die Tiere natürlich. Ja, er gab zu, daß er von seiner Frau verwöhnt sei, die alles im Haus erledige. Aber das sei nicht das Schlimmste für ihn. Es sei vor allem wegen der Tiere. Außerdem würde Tora ein bißchen was extra verdienen.
Ingrid meinte, das mit dem Geld sei Unsinn. Tora könne Simon zur Hand gehen ohne Bezahlung. Das habe noch gefehlt!
Aber Simon blinzelte Tora zu und sagte, daß sie die Rechnung unter sich ausmachen würden, ohne Einmischung von außen.
Tora sah ihm trotzdem an, daß er heute nicht froh war. Sie fragte nicht, was mit Rakel los sei. Keiner fragte zu viel auf der Insel. Wenn die Leute wollten, daß man Bescheid wußte – dann sagten sie es von selbst.
Simon sagte nichts.
Ingrid kam ihm so weit entgegen, daß sie fragte, ob Rakel sehr viel zu tun gehabt habe. Sie habe sie längere Zeit nicht mehr gesehen.
Simon bejahte es. Rakel habe so viel am Hals gehabt. Und außerdem werde sie von einer seltsamen, langandauernden Müdigkeit geplagt.
Sie habe sich nach dem Unwetter bei den Aufräumungsarbeiten verausgabt. Habe sich nicht geschont. Sei Tag und Nacht auf dem Posten gewesen. Das habe sie offensichtlich nicht vertragen. Eine Reaktion bekommen, oder wie er das nun nennen solle. Sei einige Tage liegengeblieben...
Simon hielt den Blick gesenkt. Mehr sagte er nicht. Er hatte es plötzlich eilig, wieder fortzukommen.

»Das ist schön, daß du nach den Tieren sehn willst. Du verstehst, in einer Landwirtschaft muß man jederzeit da sein. Ich weiß nicht, ob ich abends immer rechtzeitig nach Haus komm'. Aber du hast doch keine Angst – wenn du abends allein bist? Angst vor der Dunkelheit?«
Nein, Tora hatte keine Angst vor der Dunkelheit. Nicht in Bekkejordet. Dort war die beste Dunkelheit der Welt für einen Menschen.

Bereits am gleichen Abend steckte Tora ihre Schulbücher und ein paar Kleidungsstücke zum Wechseln in den Ranzen und ging mit raschen, frohen Schritten hinauf nach Bekkejordet. Die Mutter hatte sie gehen lassen. Sie hatte sogar gesagt – das sei selbstverständlich. Alle Schuld wurde von ihr genommen. Sie genoß den Weg und freute sich gleichzeitig darüber, daß sie bald da war. Rakel war bereits weggefahren. Es roch noch nach ihr in der Küche. Tora wußte nicht, nach was es eigentlich roch. Es war einfach Rakels Geruch. Am stärksten roch es in der Küche und im Flur und in dem kleinen Waschraum. Ja, und auch in Simons und Rakels Schlafzimmer...
Kaum vorstellbar, daß sie nun hier über alles regieren sollte. Zeitig aufstehen und in den Stall gehen. So leben, als ob sie nach Bekkejordet gehörte.
Nachdem sie im Stall gewesen war, saß sie mit ihren Aufgaben unter der großen Kugellampe in der Küche und ließ ihre Augen über die weißrot karierte Wachstuchdecke schweifen – da ging ihr schlagartig auf, daß Simon bald nach Hause kam. Daß sie in dem großen weißen Haus mit ihm allein sein würde. Plötzlich war es ihr, als ob sich jede einzelne Pore ihres Körpers öffnete und sich entleerte. Sie war augenblicklich klatschnaß. Fing an zu zittern. Alle Gedanken verschwanden aus ihrem Kopf. Nur ein klebriges, ekelhaftes Gefühl blieb übrig. Das quälende Gefühl, in eine Falle gegangen zu sein.
Die Gefahr war überall! Auch auf Bekkejordet.

Tora saß fest in einem Trichter. Der war fast bis zu einem Nichts eingeengt. Sie war in der Spitze festgeklemmt. Wußte nicht, wie lange sie am Küchentisch gesessen und den armen Bleistift krampfhaft festgehalten hatte. Vermochte sich nicht zu rühren, als sie hörte, daß Simon sein Fahrrad gegen die Hauswand lehnte und den Vorbau betrat.
Sie starrte in das Buch, ohne etwas zu sehen, während er gut-

mütig und polternd in die Küche hereinkam und die Hände aneinander schlug und sich umschaute und erklärte, daß er seine Handschuhe verloren habe. Oder verlegt.
Dann sah er den kalten schwarzen Ofen und ging mit ein paar langen Schritten hin, um Feuer zu machen. Er verlor kein Wort darüber, daß sie den Ofen hatte ausgehen lassen.
Tora saß nur da. Aber schließlich faßte sie sich so weit, daß sie aufsehen konnte.
Da geschah es: Sein Gesicht glitt weg. Dort, wo es sein sollte, war nur noch eine große weiße Fläche. Körper und Arme und Kopf flossen vor ihren Augen zusammen. Das einzige, was sie sah, waren die großen Füße, die sich auf dem Küchenboden bewegten.
Als er ihr nahe war und die Füße dicht bei ihrem Stuhl standen, hatte sie das Gefühl, daß sich ihr der Magen umdrehte. Langsam fing sich alles an zu drehen. Der Raum. Sie war so tief in den Trichter gekommen, wie es nur ging – jetzt. Die Decke war die Wand. Die Wände waren Fußboden. Immer schneller. Sie wollte den Kopf auf den Tisch legen – weil sie nicht mehr konnte. Aber es kam anders. Die Welt teilte sich in zwei Welten. Eine dunkle und eine helle. Sie spürte, wie die dunkle sie verschlang.

Sie wachte auf der Couch in der Ecke auf. Simon hatte sich zu ihr heruntergebeugt. Er hatte einen Lappen in der Hand. Er murmelte etwas, was sie nicht hören konnte. Denn sie war nicht in seiner Welt. Sah, daß sein Mund sich bewegte. Sah die Uhr an der Wand. Das Pendel. Hin und her. Das Licht, das auf den Tisch herunterfloß. Eine Lichtsäule. So weiß. So unendlich weiß.
Simon hatte wieder ein Gesicht bekommen. Er hatte ihr einen Aufschub gegeben. Wieder nahm die Übelkeit sie mit sich fort. Sie schaffte es nicht mehr. Merkte, daß sie sich übergeben mußte. Aber es war unmöglich, bis zum Ausguß zu kommen. Da richtete Simon sich auf. Sie bekam Abstand zu seinem Gesicht. Er hastete eiligst aus dem Raum. So bekam sie noch einen Aufschub. War am ganzen Körper naß. Schweiß. Sie war gefallen. Er hatte sie hierher getragen! Sie war sehr dankbar, daß sie nichts davon wußte. Nichts! Niemand konnte behaupten, daß sie wußte, was geschehen war, nachdem er sie hierher auf die Couch getragen hatte. Niemand! »Lieber Gott – du weißt, daß ich nichts weiß!?«

Als er sich wieder über sie beugte, standen sie im Ruderboot. Dort hinten loderte der Brand. Es war nur der Ofen! Damit konnte man leben. Aber sie konnte *sehen*, daß sie im Ruderboot standen. Er mußte ihr an Land helfen. Es war nicht die Gefahr. Er mußte...
Und sie fühlte sich plötzlich so müde. Da war etwas mit dem Rochen in der Unglücksnacht. Das Schild. »Petterröes Mischung«. Da war etwas mit dem salzigen Geschmack des Meerwassers. Dem ekelhaften Geschmack des Todes. Wo hatte sie den her? Er glich nichts anderem. Sie hob abwehrend die Hand.
»Tora, biste krank? Liebes – du bist ja ganz außer dir. Haste Angst vor mir? Kennste mich nicht?«
Sie hörte die eindringliche Stimme. Nah an ihrem Ohr. Fühlte seinen Atem. Nah. Und die Verwandlung kam. Unverdient. Es hatte etwas damit zu tun, daß die trockene, warme Hand sich auf ihr Gesicht legte – und sie – Tora – auf die Gefahr wartete. Aber die Gefahr kam nicht. Tora lag, ohne sich zu rühren, und fühlte seine Hand auf ihrem Gesicht. Schließlich streichelte er sie liebevoll und gütig, so wie er eben war.
Es brannte. Im Ofen. Rote, warme Zungen in den Zuglöchern der Ofentür.
Rakels Katze sprang auf die Couch. Sie war geschmeidig und kraftvoll. So lebendig.
Plötzlich sah Tora, daß Simon Augen wie ein kleiner Junge hatte.
Die Gefahr lag nicht darin. Bei Onkel Simon war keine Gefahr. Er war unschuldig.
Dann kam die Scham.
Scham darüber, daß sie Tora war.
Scham darüber, daß sie die Gefahr kannte. Während er – der erwachsene Mann – sie nicht kannte.

18

Es war etwas Eigenes daran, durch die Räume von Bekkejordet zu gehen. Allein. Nicht beschämend oder schlimm. Der Onkel hatte sie ja darum gebeten. Aber sonderbar? Ja!
Hier gab es so viele Dinge. Möbel. Kissen. Regale. Tassen und Gefäße in allen Formen. Nicht nur ein Service sowohl für

werktags als auch für sonntags, wie zu Hause. Nein, aller Art Gedecke für verschiedene Gelegenheiten. Und der Schlüssel steckte im Büfett. Tora konnte alles gut sehen. Rührte nichts an. Schaute nur.

Onkel und Tantes Schlafzimmer. Hinter der Küche. Helle, geblümte Tapete. Weiße Gardinen. Richtige Kommode mit Spiegel und Schubladen. Bürste und Kamm und Flaschen darauf. Alles so ganz anders als zu Hause. Die Mutter hatte nur einen einzigen Schrank, in dem sie die Sachen verstaute. Ja, und einen Koffer oben auf dem Schrank.

Nichts, was nur zur Zierde dalag. Hatte keine Ketten, die einfach auf dem Tisch liegenbleiben konnten und gut aussahen, ohne daß es unaufgeräumt wirkte. Keine vergoldeten Gläser oder Krüge. Keinen Kommodenspiegel, in dessen Rahmen einige Fotografien steckten.

Tora wußte, daß dies alles zu der Distanz beitrug, die sich fast immer in Mutters Augen zeigte, wenn sie von Tante Rakel und Bekkejordet und von allem dort sprach. Es war, als ob diese Dinge die Tante fremd machten. Trotzdem war es wie ein Märchen, von Zimmer zu Zimmer zu gehen und die Türen aufzumachen und zu sehen und zu bewundern.

Ein Hauch von Luxus begleitete Rakel überall. Das war vielleicht auch einer von den Gründen, warum alle Gesichter sich ihr zuwandten, wenn sie einen Raum betrat. Eine zwanghafte Bewegung, der alle unterworfen waren, ob sie wollten oder nicht. Auch die Mama. Und Tora merkte, daß sie eigentlich nicht wollte.

Über dem Doppelbett von Onkel und Tante lag eine königsblaue Plüschdecke. Sie hatten sie von einem Verwandten von Simon erhalten, der aus Amerika zu Besuch gekommen war. Die Decke wirkte dick und mächtig, wie sie da zurückgeschlagen auf Tante Rakels Bett lag. Tora schlich hin und faßte sie an. Ein fremder Geruch stieg aus dem Stoff auf. Simons Bett war nicht gemacht.

Es war nicht Tante Rakels Geruch. Onkel Simons? Eine seltsame Mischung von Schlaf und Kleidern und Körper. Nicht Rakels süßlicher, schwerer Geruch. Dieser hier stammte von Onkel Simons letzter Nacht. Von den Stunden, in denen er allein unter der Bettdecke gelegen hatte, bis der große, goldene Wekker so laut klingelte, daß Tora ihn auch oben bei sich gehört hatte. Dann hatte er die Bettdecke beiseite geschoben und hatte die Kleider mit hinaus in die Küche genommen – vielleicht.

Tora dachte an Onkel Simons Körper an warmen Sommertagen, wenn er beim Heumachen war. Nur in Levi's – mit bloßem Oberkörper. Und sie sah ihn plötzlich vor sich, wie er die Bettdecke zur Seite schob und sich hinaus in den Tag begab. Da hatte sie oben in der Dachstube gelegen und ihren schlaftrunkenen Körper gestreckt und sich unendlich dankbar gefühlt, weil Onkel Simons Augen sie am Abend zuvor angesehen hatten – genau so – und genau da. Sie hatte verstanden. Daß sie sicher sein konnte.

Die Dachstube war das Versteck, das sie brauchte.

Nun war er schon lange in seinen Betrieb gegangen. Sie hatte die Tiere gefüttert. Hatte Tante Rakel vertreten. Aus dieser Erkenntnis wuchs eine einsame, mißgestaltete Freude. Eine grundlose Freude. Die eine große Trauer in sich hatte. Tora beugte sich langsam herunter und strich mit der Hand über die dicke, blaue Amerikadecke.

Dann richtete sie sich auf und ging leise aus dem Zimmer. Ohne Onkel Simons Bett zu machen. Es kam ihr plötzlich in den Sinn, daß sie in seinen intimsten Bereich eingebrochen war. Sie war es, die bei ihm eingebrochen war!

Es geschah am gleichen Tag.

Der »Konfirmand« sprach mit ihnen darüber, daß sie nun das letzte Jahr auf der Volksschule waren und daß sie möglichst fleißig sein sollten. Indessen hatte Tora das Gefühl, daß der Vormittag viel zu lange dauerte. Der Nachmittag war noch weit weg. Die Zukunft war etwas, wonach man sich sehnen konnte. Die Sehnsucht war eine warme Decke.

Aber mit dem Lernen gab sie sich die größte Mühe. Denn für Tora war es ein Mittel, um die Oberhand zu gewinnen. Um ihnen überlegen zu sein. Sie konnte dasitzen und warten, bis alle anderen sich ihre unmöglichen Antworten abgerungen hatten. Sie wußte, daß der »Konfirmand« sich dann an sie wenden würde. Und sie gab die Antwort langsam und leise mit gesenktem Kopf. Damit die anderen nur nicht sagen sollten, daß sie sich etwas einbilde. Eigentlich hatte sie aufstehen wollen. Die dicke, nach Schweiß riechende, staubige Luft einziehen – und dann die richtige Antwort herausschleudern. Direkt in ihre höhnischen Gesichter sehen. Sehen, daß der Ausdruck sich änderte. Sehen, daß ihre Gesichter sich ungläubig verschlossen. Weil Tora Worte kannte, die sie niemals vorher gehört hatten. Sie würde dort stehen und sie ganz unten am Boden sehen.

Trotzdem: Es wurde nie etwas daraus. Es würde sich auch nicht lohnen. Draußen vor der Schule war eine andere Welt. Da kam es kaum darauf an, schöne, seltene und kluge Worte zu wissen. Da herrschte eine knallharte Ordnung, schnelle Fäuste und die starke, spöttische Schulter. Sie hochziehen und dann mit einem einzigen kleinen Stoß ein armes Würstchen zu Boden werfen.
Tora senkte den Kopf.
Sie konnte sich keinen Hochmut leisten.
Sie kannte den Preis.
Sie saßen mit ihren Milch- und Saftflaschen da, mit Butterbrotbüchsen und den fettigen Papiertüten. Sie saßen mit ihren Gedanken da. Der »Konfirmand« war in sein Zimmer gegangen.
Ole löste das Ganze aus: »Ich hab' gehört, die Sol treibt's mit jedem von dem Dahl seinen Tagelöhnern?«
Über derlei stritten sie eigentlich nie, wenn sie aßen. Ole brach mit den Gepflogenheiten. Er bekam auch nicht gleich eine Antwort.
Jörgen guckte argwöhnisch. Das struppige, ungepflegte Haar hing in die picklige Stirn. Er schien gar nicht darauf zu hören, was der Wortführer aus Vaeret sagte. Wollte nicht wahrhaben, daß es eine Bemerkung speziell für ihn war.
Aber dann fingen die Mädchen an zu grinsen. Das gab Ole den Mut, Nägel mit Köpfen zu machen.
»Man sagt, daß sie jeden Sonntagmorgen aus der Fischerhütte vom Dahl herausgerannt kommt. Und daß sie den Rock nur locker sitzen hat. Ha, ha, ha!«
Jörgens Kopf wurde allmählich von einem dunklen Rot überzogen. Das Gesicht, der Hals. Die Ohren.
Tora vergaß, daß es gar nicht ihr galt. Er war zu bösartig. Zu unerwartet.
»Und wo ihr so 'ne fromme Mutter habt, was?« hetzte Ole weiter. Er war absolut überlegen. Er hatte ins Schwarze getroffen.
Es kam zu einer Schlägerei. Und der »Konfirmand« erschien. Aber er wurde nicht klug aus der Sache. Keiner wollte mit der Sprache heraus.
Wie konnte man auch so einem dünnen, grauen Männchen von Lehrer etwas so Unanständiges erklären.
Niemand wollte zugeben, daß er solche Worte überhaupt kannte, geschweige denn, daß er wußte, was sie bedeuteten.

»Den Rock nur locker anhaben.«
Nein!
Gunn wurde auf den Krach aufmerksam. Sie hatte es im Gefühl, wenn da oben etwas passierte. Sie war sich klar darüber, daß er, der die Abgangsklasse führen sollte – nicht immer mit ihr fertig wurde. Es befanden sich manche harte Brocken in der Meute. Sie kannte sie. Sie kannte ihre Widerborstigkeit zur Genüge. Sie scheute sich nicht, deren eigene Tricks anzuwenden.
Und diesmal hatte sie Glück. Sie hatte es schon vorher gehört. Das Gerücht. Sie sah Jörgens Rotz und Tränen und das wütende Gesicht. Und sie sah, daß die Nasen bluteten. Und die Dinge rückten auch alle ins richtige Licht, als sie allmählich begriff, daß da zwei Fronten waren. Eine vom Tausendheim und eine von Vaeret.
Sie stellte sich aufs Katheder und blickte in den Klassenraum. Sah jeden eindringlich an. Ließ kein Auge aus, auch wenn sie wußte, daß der Betreffende unschuldig war.
Sie sah Jörgen an – und sie sah Ole an, aber nicht, bevor sie nicht an der Reihe waren. Sie sagte, daß sie das Wort »verrückt« gehört habe, ehe sie hereingekommen sei.
Die Stille im Raum war vollständig. Alle hatten den Blick gesenkt. Jörgen kämpfte verbissen mit den Tränen. Sie brachen immer wieder hervor. Er nahm seine nicht ganz saubere Faust, um die Tränen von der Backe zu wischen. Der Kopf sank immer tiefer auf das Pult herunter. Dann zerbarst sein Gesicht in den Händen, und man hörte einen Laut, der an das unterdrückte Glucksen bei jedem Schritt im Moor erinnerte. Ein kraftloser Laut, der verwässerten Matsch, Bodenlosigkeit und Ohnmacht verriet.
Tora saß steif in ihrer Bank. Sie sah Jörgen. Gunn. Sie sah Ole. Dann glitt der rote, böse Nebel langsam heran. Er explodierte und riß sie hoch. Am schlimmsten war es mit dem Gesicht. Der eine Mundwinkel zitterte so, daß sie die Lippen nicht zusammenhalten konnte. Jörgen weinte laut und deutlich, die ganze Klasse sah und hörte es. Tora dachte nicht daran, daß sie weniger als ein Nichts war. Es kam ihr nicht in den Sinn, daß sie bei der nächsten Runde dran war. Sie stand auf und richtete ihre Worte an Gunn: »Da hat einer gesagt, daß die Elisif verrückt ist und daß die Sol mit 'nem losen Rock in die Fischerhütte geht. Und das ist gelogen! Gelogen, sag' ich!«
Alle Augen waren jetzt auf Tora gerichtet. Sie hatte das Un-

mögliche ausgesprochen. Sie war ebenso erstaunt wie die anderen und schwieg jäh, während sie auf ihren Platz sank. Sie wartete darauf, daß sie einen Druck verspüren würde und auf den Hof laufen müßte. Aber er kam nicht. Sie spürte nichts. Nur eine Art kalten Triumphes über Ole. Denn sie wußte, daß Gunn ihn um alles in der Welt nicht ungestraft davonkommen lassen würde.
Egal, daß sie, Tora, sich auf Prügel auf dem Schulweg gefaßt machen mußte. Egal. Sie hatte sich schon früher mit Ole geprügelt. Sie empfand plötzlich: Wut. Sie sah Ole an. Schaute und schaute. Damit Gunn nicht im Zweifel sein sollte, wer die Worte gesagt hatte. Er sollte dran glauben. Er sollte in die Knie gehen. Und Tora zog den Mundwinkel so weit hinauf, daß sie es wagte, das Gesicht mit einem schiefen, unschönen Grinsen zu heben. Und sie fühlte eine so herrliche Freude, wie sie sich nicht erinnern konnte, sie jemals zuvor gefühlt zu haben.

Gunn kannte ihre alten Schüler vom vorigen Winter gut genug, um mit ihnen richtig umzugehen. Sie kannte die meisten Irrwege, die sie gegangen waren. Sie wußte, daß einmal die dran waren und einmal jene und daß die Tausendheim-Kinder eine größere Last zu tragen hatten als die meisten anderen. Und sie kannte zum Teil auch den Grund für Oles bösartige Angriffe. Sie hatte seinen Vater getroffen.
Aber diese letzte Missetat sollte ans Licht kommen. So etwas duldete sie nicht. Über Tora wunderte sie sich allerdings. Das schweigsame, mürrische Mädchen war in diesem Schuljahr mutig und sprachgewandt geworden. Gunn hatte sie schon beinahe aufgegeben – im vergangenen Winter. Trotzdem mochte sie die deutlich schadenfrohe Miene nicht, die Tora aufsetzte. Sie mußte ihnen allen klarmachen, daß es besser war, wenn die Übeltäter sich selbst meldeten. Petzen war eine abscheuliche Untugend. Und Tora war sonst eine von denen, die zuletzt dieser Versuchung erlagen. Sie war nur da. Im Hintergrund. Je bedeutsamer der Vorfall war, desto unsichtbarer. Ihr Verhalten stimmte nicht mit ihrer sonstigen Art überein.

Schließlich gestand Ole. Er ging mit in Gunns »Büro«, ihre kleine Teeküche hinter dem Klassenzimmer. Er kam verweint bald wieder heraus. Keiner wußte, was vor sich gegangen war. Keiner fragte. Keiner warf mehr mit Dreck. Jörgen war nicht

der einzige, der geweint hatte. Das war gut so. Da hatte er das Gesicht nicht ganz verloren.
Und Ole war zahm. Er war so geschockt, daß er am nächsten Tag nicht in die Schule kam. Statt dessen kam sein Vater, und sie konnten hören, daß er die Türen zuknallte und daß er drinnen im »Büro« mit Gunn redete. Und sie konnten den ruhigen, überlegenen, leicht südnorwegischen Dialekt von Gunn durch die Wand hindurch hören, auch wenn der »Konfirmand« sie zwang, gerade in diesem Augenblick ein Lied zu singen. »Leben heißt lieben...« schmetterte er mit seinem spitzen Stadtdialekt, während im Hintergrund der Chor in verschiedenen Tonlagen leise krächzte.

Keiner sang frei heraus. Alle machten lange Ohren. Die Körper beugten sich wie zerzaustes, niedriges Birkengestrüpp nach Südwesten; zu der »Bürowand« hin und lauschten ungeniert. »Leben heißt...« wurde eine unwichtige Angelegenheit, eine gleichgültige Szenerie. Sie taten das, was sie tun mußten, halbherzig, murrend und leise.
Oles Vater schritt über den Schulhof. Er hatte einiges über seinen Sprößling erfahren, was er nicht ohne weiteres hinnahm. Er hatte erfahren, daß man etwas vorsichtig mit dem sein sollte, was man beim Mittagstisch zum besten gab, wenn halbwüchsige Jungen zuhörten. Das wollte er sich, verdammt noch mal, verbeten haben. Aber Gunn meinte, daß es da andere gab, die sich etwas verbitten könnten. Und sie würde von dieser Seite auch nichts dulden. Gunn hatte sich also in Vaeret einen Feind geschaffen. Aber sie nahm es nicht allzu schwer. Und das, obwohl der Feind im Schulausschuß saß.

Tora ging voller Unruhe ihres Weges und wartete auf die Rache aus Vaeret. Aber es passierte nichts. Ole kam zur Schule, und alles war wie vorher. Keiner erwähnte mehr das Geschehen.
Jörgen war mehr gefährdet. Er war auf der Hut, wenn er in der Dunkelheit um eine Ecke kam. Jederzeit auf einen Faustkampf vorbereitet. Nicht nur mit Ole – sondern mit der ganzen verhaßten Bande von Vaeret. Jedesmal, wenn er an ihrem Treffpunkt vorbeischlich – ballte er die Fäuste und ließ sie lose vor den Hosentaschen pendeln.
Elisif lebte in glücklicher Unwissenheit über das Schicksal ihrer Kinder. Torstein auch, was das betraf. Es fielen gelegentlich ein paar Worte zwischen Sol und Jörgen. Und Sol begriff,

daß es keinen Wert hatte, den Leuten noch mehr Gelegenheit zu geben, sich zu wundern.
Aber sie warf den Kopf in den Nacken. Sie hatte die Abende in der Handelsschule. Sie saugte Zahlen und Linien und Rubriken wie ein trockener Schwamm in sich auf. Es klappte wunderbar. Die Leiter war keine Bedrohung mehr. Sol sah das alles zusammen als einen Vorhof zu einem besseren Dasein.
Nächsten Winter würde sie fort sein. *Fort!*
Nächsten Winter brauchte sie keinem mehr Rechenschaft zu geben.
Nächsten Winter waren das Tausendheim und Vaeret in einer anderen Welt.
Nächsten Winter gab es keine Leiter und keinen Lagerraum mehr.

An dem Tag, an dem Rakel nach Hause kam, nahm Simon sich die Zeit, sie an der Dampferanlegestelle abzuholen. Er stand an der großen, schweren Tür des Lagerhauses und wartete, während das Schiff anlegte. Es war langsam durch die dunkle Bucht herangeglitten.
Es erschien Simon ganz widernatürlich, daß Rakel in einem Krankenhaus zur Untersuchung gewesen war. Sie! Die immer gesund war. Eine neue und bedrohliche Grenze lag zwischen Rakel und ihm. Etwas war im Begriff, sie zu trennen. Er hatte versucht, es von sich wegzuschieben. Hatte versucht, sich Ingrids Tochter anzunehmen und ihr keine zu große Arbeitslast aufzubürden. War nicht irritiert darüber, daß sie die Arbeit nur halbwegs schaffte. Vermißte Rakel aber ganz schmerzlich. Daß sie mehrere Tage nicht im Hause war, warf eine grenzenlose Leere über alles, was er sich vornahm. Und als Tora am ersten Abend in der Küche bewußtlos wurde, hatte er das Gefühl gehabt, daß die große Hilflosigkeit ihn zu ersticken drohte. Er war nur herumgetappt, ohne zu wissen, was er machen sollte. Und er wußte, daß Rakel mit so etwas im Handumdrehen fertig wurde. Es war, als ob der Herrgott ihn dazu erziehen wollte, daß er auch ohne sie zurechtkam.
Er hatte sie jeden Tag angerufen. Ihre Stimme war wie gewöhnlich gewesen. Er hatte mehr auf die Stimme als auf die Worte gelauscht. Deshalb hatte sie ihre Fragen immer wiederholen müssen, um eine Antwort zu bekommen.
War da nicht etwas sonderbar Fremdes in ihrer Stimme gewesen? Etwas Mutloses? Als ob sie zu einem Kind spräche und

nicht zu einem Mann. Eine große Einsamkeit hatte Simon in diesen Tagen befallen. Er fühlte sich richtig erschöpft davon. Deshalb sprang er wie ein Junge an Bord, um ihren Koffer zu tragen.
Sie berührte nur flüchtig seinen Arm. Eine Bewegung so voller Ohnmacht, daß die Dunkelangst Simon in ihrer ganzen düsteren Breite überfiel.
Sie sagte nicht viel, als sie heimwärts trotteten. Vor allem sprachen sie über das, was mit den Tieren, mit Tora oder den praktischen Dingen zu tun hatte.
Erst als sie beim Abendessen saßen, sah sie ihn durch die gesenkten Augenwimpern an und sagte: »Ich muß mich vielleicht auf eine Operation gefaßt machen, Simon. Jedenfalls auf eine Behandlung... Es ist was mit dem Unterleib nicht in Ordnung. Sie geben mir noch Bescheid. Dann muß ich fahren, sobald ein Platz frei ist. Ich muß in den Süden, um es gemacht zu kriegen.«
Simon saß vor ihr. Rakel war zu Hause. Er hatte sie jetzt bei sich. Er hatte die Katze und die Ofenwärme und alles. Aber er nahm es nicht richtig wahr, so daß er sich darüber freuen konnte. Denn Rakel sollte ja wieder wegfahren. Weit in den Süden des Landes. Er schluckte den Kaffee herunter und strich ein paar Brotkrümel auf den Boden. Er schlürfte den Kaffee sogar. Und Rakel wies ihn nicht zurecht. Ihre Gesichtszüge waren wie ausgelöscht. Er sah es jetzt. Sie mußte von der Reise sehr müde sein.
»Ich nehm' mir die Zeit und fahr' mit dir, Rakel. Wir sehn es als Ferien an.«
Rakels Gesicht war ein bewegungsloses Bild. Wie aus der Zeitung ausgeschnitten.
»Nein, Simon, das werden keine Ferien. Es kann eine Weile dauern, bis ich wieder heimkomm'.«
»Ja, aber, Rakel, wie soll das denn alles gehn – hier zu Hause? Ich mein' – wie soll ich's ohne dich schaffen? Den Stall und das Essen und all das?«
»Simon...«
»Ja, ich weiß nicht, wie ich das hier schaffen soll!«
»Simon...«
»Du kannst mir glauben, ich versteh' schon, daß es sein muß. Aber daß du so *lange* bleibst. Wie lange denn? Mehr als zwei Wochen, wie?«
»Simon!«

Rakels Gesicht war grau. Sie sagte den Namen des Mannes. Sie rief ihn laut. Sie stellte die Tasse hart auf die Untertasse und beugte sich über den Tisch, indem sie aufstand und die Haare über das Gesicht fallen ließ. Es war verborgen. Rakel verbarg sich. Wie ein angeschossenes Tier.

Und der Mann sah sie nicht.

Er sah nur die Rakel, an die er glaubte.

Er sah die Rakel, die er so dringend brauchte.

Er sah die Rakel, die er so liebte.

»Ich werd' vielleicht operiert… Im günstigsten Fall bestrahlt – wegen *Krebs!*«

Es gibt einige Worte, die kann man noch so leise sagen, trotzdem ist es so, als ob sie mit brutaler Kraft herausgerufen würden. Sie haben Angst und unbekannte Faktoren in sich. Sie können das sichere, etwas bekümmerte Gesicht eines Mannes in einer behaglichen, ländlichen Küche so verändern, daß es ein einsames Gesicht im Universum wird. Ständig um unseren Planeten kreisend, ohne Hoffnung, jemals auf die Bahn zu gelangen, die zur Erde zurückführt.

Simon saß da, die Hände zwischen den Knien, und starrte auf Rakels gewaltige Mähne. Er wußte, daß da drinnen irgendwo ihre Augen waren.

»Krebs…«, flüsterte er.

»Ja, Krebs.«

Die Stimme war ohne Klang. Es war nur Luft, die durch zwei Lippen strich.

»Herrgott!«

»Das ist noch kein Todesurteil. Aber es muß raus. Und du wirst ja wohl verstehn, daß ich's nicht in der Fischfabrik vom Dahl machen lassen kann.«

»Rakel, Rakel…«

Es kam jämmerlich und beschämt.

Sie hörte den Mann.

Sie sah ihn.

Und sie erinnerte sich an die Tage und Nächte, die sie am liebsten vergessen wollte. Sie erinnerte sich an den Mann in der Webstube nach dem Brand.

Dann erhob sie sich und ging aus der Küche.

Rakel wußte, daß sie *dieses* wohl besser ertragen hätte, wenn sie allein gewesen wäre. Und sie gestand es sich selbst ein.

Simon blieb noch eine Weile sitzen und grämte sich über seine Treulosigkeit. Aber er begriff nicht, daß die Treulosigkeit nicht für ihn selbst am schlimmsten war. Als sie im Bett lagen, da war es Rakel, die die Arme um ihn schlang und Trost für sie beide ins Haus brachte.
Sogar im Schlaf war Simon ein ängstlicher kleiner Junge, der nicht verstand, daß jemand ein so häßliches Wort sagen konnte. Krebs. In seinem Hause. Und Rakels Körper wurde ihm in gewisser Weise fremd. Er wollte es sich selbst nicht zugeben. Aber es war, als ob jemand Rakel mit Gift eingeschmiert hätte. Als ob man sie nicht anfassen könnte. Trotzdem überwand er sich und kroch zu ihr. Weil er so verzweifelt allein war. Weil er keine Worte hatte für das, was er empfand.
Weil die Welt zu einem flachen Bild an der Wand geworden war, in dem es sich nicht leben ließ.
Sie waren in jedem Fall zwei Körper.

Die Leute auf der Insel hatten ihre Schwierigkeiten. Die Leute in Vaeret hatten einen Teil davon. Ihre Sorgen mit dem Geld und den Kindern und der Arbeit und dem Haus. Sie leckten ihre Wunden nach dem Orkan und der Sturmflut, waren untereinander mißgünstig – und beobachteten genau, ob der Nachbar für seinen Verlust eine Entschädigung erhielt, während sie selbst leer ausgingen. Strichen wie die Katze um den heißen Brei und setzten Bruchstücke von Gesprächen zusammen, um herauszufinden, ob der Nachbar den Schaden vielleicht besser überstand als sie selbst.
Dann kam die Meldung von der »Brenning«. Die Tragödie setzte neue Maßstäbe. Kleinlichkeit und Mißgunst verschwanden. Alle holten das Beste aus sich heraus und gaben zu erkennen, was am wichtigsten war. Das Leben. So einfach. Und so leicht zu vergessen. Sogar für einen Nordnorweger.
Zwölf Mann waren ertrunken. Zwölf Frauen saßen mit erloschenen Augen da und mußten sehen, daß das Leben weiterging. Die Kinder. 21 Kinder! Aber was waren 21 vaterlose Kinder im Vergleich zu einer ganzen Welt voll vaterloser Kinder? Nur, diese waren *hier*. Das war der Unterschied. Der Mensch sah, fühlte, identifizierte sich. Und einige von ihnen hatten genügend Verstand, um zuzugeben: Das Leben ist das wichtigste. Und sie schoben die Gedanken an ihre wirtschaftliche Situation und ihren zerstörten Kai beiseite, sie begriffen es als Bagatelle – daß zum Beispiel der Südwest ihr ganzes Heu

genommen hatte, als er die Scheune nahm, und sie sahen mit anderen Augen auf das Wort Krebs...
Auf einer windgepeitschten Landzunge stand ein Gedenkstein mit 137 Namen bereits. Nun kamen zwölf dazu.
»Herr, höre mein Gebet, laß meinen Ruf zu dir kommen.« Das stand auf dem Stein. So vertrauensvoll ist der Mensch. So ohnmächtig sucht er Trost für unabänderliche Dinge. So groß ist das Vertrauen des Menschen zu dem Universum. Zu den Mächten. Immer wieder läßt er sich zerreißen, schlagen, dem Erdboden gleichmachen. Immer wieder erhebt er sich aus Asche und Blut und Wellen und läßt die, die noch leben, weiterhin Vertrauen haben: »Herr, höre mein Gebet, laß meinen Ruf zu dir kommen.«

Elisif betete zwei Tage und Nächte für die unerlösten Seelen im Meer.
Und sie betete um Brot für die Hinterbliebenen. Sie gab das ganze Geld her, das Sol beim Putzen verdient hatte, als die Sammelliste ins Tausendheim kam. Und sie dachte keinen Augenblick daran, wovon sie leben sollten. Ihre uneigennützige Tat brachte Sol schon dazu, die Stirn zu runzeln. Aber sie sagte nichts. Kein böses Wort. Ging zur Matratze und holte noch ein paar Scheine, die sie dazulegte. Denn im Grunde war Sol die Tochter ihrer Mutter. Nur etwas praktischer und mit beiden Beinen auf dem Boden stehend.
Die Leute im Tausendheim waren nicht die einzigen. Die Menschen begruben für einige Tage ihre Engherzigkeit und ihre Geldgier. Sie gaben. Vielleicht rettete es einigen Spendern das Leben nach diesem Leben. Übrigens rettete es nur ein bißchen von diesem Leben – den Hinterbliebenen der schiffbrüchigen Fischer.
Vor Elisifs ehrlichem Mitleid und vor ihrer Spendefreudigkeit hatte man jedenfalls großen Respekt. Das hatte Auswirkungen bis hinunter nach Vaeret, wo reichlich Geld vorhanden war – das aber um so fester in den Taschen saß oder in den dicken Brieftaschen mit Monogramm darauf. Denn Elisif hatte keine Scheu, den Wohlhabenden zu erzählen, was *sie* von ihrem geringen Einkommen gegeben hatte. Sie machte sogar einen Spaziergang zu Ottars Laden mit der einzigen Absicht, die Leute zum Nachdenken und zum Spenden zu ermahnen. Und sie wies den Pfarrer zurecht, weil es mit dem Einsammeln nicht schnell genug ginge. Und der Pfarrer schämte sich. Denn es

stimmte, was Elisif sagte: Witwen und Kinder brauchten auch Essen, nicht nur trostreiche Worte.
Die Männer sprachen über die Ursache des Schiffsunglücks. Da ging es um handfeste Tatsachen, ohne viel Tränen. Tränen waren lebensgefährlich für einen Mann. Da war es besser, darüber zu reden, daß das Beiboot voller Wasser gewesen war, so daß der Kutter kenterte. Ein einziger hatte überlebt, und eine Leiche war gefunden worden. Und sie wußten, die Männer in Ottars Laden – wie nüchtern sie auch darüber redeten, wie tränenlos und mannhaft es auch in dem undurchdringlichen Pfeifenrauch und in den nassen und schmutzigen Arbeitskleidern dargestellt wurde –, daß dennoch der Gedanke, wer beim nächsten Mal dran war, wie ein tiefer Schnitt in ihrer Brust saß. Alle versuchten zu verbergen, daß die Wunde schmerzte. Schiffbruch hatte es schon früher gegeben. Es würde wieder geschehen. Aber keiner wußte, wen es traf.
»Der Mensch hat keine Macht, den Wind aufzuhalten, und hat keine Macht über den Tag des Todes.«
Elisif las mit großem, wehmütigem Ernst das Buch des Predigers. Die Worte hängten sich schwer und schicksalsschwanger an alles, was im Raum war. Und die Menschen, die sie hörten, nahmen die Worte mit hinaus auf die Wege und hinunter ins Dorf. Keiner konnte diesem Ernst widersprechen oder ihn fortlachen. Wahrheit ist Wahrheit, auch wenn eine »Verrückte« aus dem Tausendheim sie ausspricht.

Der Evangelist, der entlang der Küste gen Norden auf Tournee war, heimste als einziger einen Gewinn von dem grausamen Unglück ein. Er kam mit seinen mahnenden, erlösenden Worten in alle Bethäuser. Erinnerte an die Wahrheit – und war fremd und spannend und neu. Er war nicht die schlampige, alte Elisif aus dem Tausendheim. Hatte geputzte Schuhe, einen ordentlichen Wintermantel und lächelte wie ein Kind. Predigte vor vollen Häusern. Viele knieten nieder und bezeugten ihre Schlechtigkeit und Not, bevor das Licht des Herrn über sie kam und sie stärkte im Kampf gegen Habsucht, Tanz, Alkohol, Hurerei und andere Sünden. Der Evangelist erschien genau im richtigen Augenblick bei den verängstigten Menschen und füllte einen Leerraum aus. Seine Fahrt war ein nicht endender Triumphzug von Bethaus zu Bethaus draußen auf den Inseln. Der Nachwinter und die Not der Tiere waren leichter zu ertragen, nachdem er dagewesen war.

Die Männer waren etwas skeptisch. Aber es waren gar nicht so viele Männer zu Hause. Und die Frauen gingen mit gebeugtem Rücken und waren allein mit den Sorgen und der Mühsal. Es lag ein langer Zeitraum zwischen jedem Brief von einem Lofotfischer. Er war nicht gerade schreibfreudig, der Mann.
In diesen trostlosen Alltag kam der Evangelist mit der frohen Botschaft des Herrn, so daß eine arme Frau zusammen mit einer Gruppe von Schwestern unter dasselbe Dach gehen konnte und die Botschaft empfangen. Kaffeeduft und Kuchenglanz, Bekenntnis und der schöne Prediger glitten über das Frauengemüt wie eine große, ewig blühende Blume im dichten Schneetreiben. Was konnte Schlimmes daran sein? Was war wichtiger? Die Kuh, die brüllte und gemolken werden wollte – oder die Erbauung im Herrn? Hatte nicht Jesus zu Martha und Maria gesagt, daß sie sich wegen des Irdischen nicht von Gottes Wort abhalten lassen sollten?

19

Dann kam der Frühling.
Der Wind packte die kleinen Birken. Zerrte traurig an den knorrigen Zweigen. Das zu zeitig geborene Laub zitterte unsicher in dem Tanz. Die Möwe brütete. Tora schlenderte an den hellen Abenden am Strand entlang und ging nahe an das Nest heran und blickte in die runden, glänzenden Vogelaugen. Fühlte eine jähe Freude darüber, allein zu sein. Etwas zu erleben, was keiner in Worte fassen konnte. Es brachte auch eine Art Verletzlichkeit mit sich – ein gutes Gefühl.
Die Möwe saß im Nest. Wandte Tora den Kopf zu, als sie vorbeiging. *Sah* ihr nach, während das Männchen nervös und warnend über ihrem Kopf schrie. Und Tora drehte sich noch einmal um und hob die Hand.
Diesen Sommer sollte sie konfirmiert werden.
Die Mutter hatte schwer gerechnet. Tora mußte neue Kleider und neue Schuhe haben. Ingrid wollte sich beizeiten über alles im klaren sein, dann konnte sie planen, zuschneiden und in Ruhe nähen.
Für Tora war es eine neue Welt. Daß sie im Mittelpunkt stehen sollte. Daß davon gesprochen wurde, daß sie dieses und jenes haben mußte. Sie war die Hauptperson. Tora und Jörgen.

Aber Jörgen hatte nicht so viele, die seinen Eintritt in die Kirche planten. Er mußte einen Anzug und ein Paar Schuhe haben. Und keiner wußte, wie man das aus dem Ärmel schütteln sollte.
Sol begriff allmählich, daß *sie* es machen mußte. Sie mußte unter die Matratze greifen. Sie putzte und lernte. Verschaffte dem Bruder einen Konfirmandenanzug aus derselben Geldquelle, aus der sie auch zu der Sammlung für Witwen und vaterlose Kinder beigesteuert hatte. Sie hatte hart gearbeitet für dieses Geld. Immer härter. Aber sie dachte mit keinem Gedanken daran, daß es falsch wäre, das Geld für jemanden zu verwenden, der es brauchte. Sie war nur ein bißchen beunruhigt, daß das Kapital sich verminderte, das sie mit hinaus in die Welt nehmen wollte.
Sol betrachtete manchmal ihre einzige Schwester Helene. Kindlich und flach, mit einem mürrischen, abwesenden Ausdruck ging das Mädchen umher, ohne für irgend etwas eine Verantwortung zu fühlen. Sol wies sie mitunter zurecht. Aber das führte nur dazu, daß Elisif weinte und es Unfrieden gab. Allmählich wurde Sol von einem schrecklichen Verdacht ergriffen. Daß Helene niemals in der Lage sein würde, Sols Stelle einzunehmen, wenn sie im Herbst fort wollte.
Aber trotzdem studierte sie die Anzeigen. Büroangestellte gesucht.

Der Aufenthalt in dem kalten Lager löste einen verzehrenden Hunger in Sol aus. Ein glühendes Verlangen nach mehr als dem dunklen, unbefriedigenden Papplager. Sie ging nach Hause mit brennendem Unterleib und so randvoll mit einem Geheimnis, daß sie der Mutter nicht in die Augen sehen konnte. Es wurde immer schwieriger, sich bei Mutters ewigem Erlösungsgerede zu beherrschen.
Sol begriff, daß jetzt, da das Geld für die Handelsschule gesichert war, sie nach etwas anderem verlangte. Eine leidenschaftliche Sehnsucht. Sie wollte so brennend gern das Ganze haben, es war nicht genug, daß Ottar sie in dem Lager betastete.

So kam es, daß Sol an einem Samstagabend nach dem Tanz mit einem von den neuen Dahlschen Arbeitern ging. Ging mit ihm in die nach Pech und Tabak stinkende Fischerhütte, wo die Gelegenheitsarbeiter von Dahl zu wohnen pflegten. Er war nicht ganz nüchtern. Nicht ganz sauber. Hatte dunkle, lockige Haare und eine Schnapsfahne. Aber er war zielbewußt und hart. Sol mochte alles, was er tat. Er nannte einen Gummi einen Gummi und eine Möse eine Möse. Das Licht brannte. Kalt und weiß und grell. Und er hatte sie vor sich, Vorderseite zu Vorderseite, Angesicht zu Angesicht, und er suchte nicht zu verbergen, daß er etwas sabberte, während er sie nahm. Er war jung, hatte seine Niederlagen gehabt und war darauf vorbereitet, weitere Niederlagen zu erleben. Es war ihm scheißegal.

Sol hatte das Gefühl, daß sich ihr eine neue Welt eröffnete. Eine ganz wilde, herrliche Welt mit Licht und Bewegung. Gesicht und Augen spiegelten Genuß und Freude deutlich wider. Kein dunkles Lager aus Pappe, kein niedergeschlagener Blick, kein Jüngstes Gericht. Sünde war es nicht. Sol breitete ihren jungen, gesunden Hunger vor einem fremden, zufälligen Gelegenheitsarbeiter aus, und es gefiel ihr. Sie wußte, daß sie ihn nur für eine Nacht hatte. Und das war ihr recht.

Wenn sie sich später trafen, der Dahl-Arbeiter und sie, blinzelten sie sich zu. Nichts hatten sie einander versprochen. Er hieß Sigurd. Die Mädchen sagten, daß er kein Schamgefühl besitze. Da vibrierte es in Sol – und sie fühlte ihn so inbrünstig. Dicht, dicht.

Und vor allem erinnerte sie sich daran, daß er sie gefragt hatte, ob sie es schön finde. Sie hatte ihm ein Ja ins Ohr gejubelt. Da war er ganz und gar hineingeglitten und mit einem gewaltigen Schrei über ihr zusammengefallen. Sol konnte hören, daß er an ihrem Hals wimmerte. Gleich danach setzte er langsam und zielbewußt seine Bewegungen fort, während er herrliche »schlimme Worte« murmelte, wie gut sie sei. Sie war auf einem schwarzen Pferd fortgeritten. Sie hatte nicht gewußt, daß sie so viele Kräfte in sich hatte. Sie stürzte in den Rhythmus hinein und sprengte auf das Ziel los.

Hinterher hatte er sie gefragt, ob sie schon viele Männer vor ihm gehabt habe. Aber Sol lächelte nur.

»Du wirkst so erfahren« , sagte er schelmisch und begrub die Hände wieder zwischen ihren Schenkeln. »Du bist nicht so sparsam und ängstlich wie andere Mädchen, die ich gehabt habe.«

Und Sol ging mehrere Male mit ihm in seine Fischerhütte. Sie nahm die Schuhe mit hinein. Er war immer der gleiche. Man konnte sich auf ihn verlassen. Hatte die gleiche Absicht wie

sie. Sie besaßen einander in Schluchzen und Stöhnen unter der grellen, weißen Glühbirne. Sie war ebenso nackt wie Gottes Kinder auf dem nicht ganz sauberen Laken. Aber sie spendete kein schönes Licht mehr.
Die wirkliche Schönheit sehen nur wenige. Das ist schade. Sie strahlt in kleinen Kammern oder in illegalen Ecken. Sie leuchtet auf – und erlischt. Wenige haben das Wunder gesehen. Wenige wollen es zugeben, wenn sie manchmal eine andere Schönheit erleben als die, die anerkannt und erhaben ist.
Die falsche Schönheit hat man dort, wo man es wagt, sie mit warmen, behutsamen Händen aufzunehmen. Die Menschen gehen im Kreis auf der Suche nach Symbolen, während ihr Blut austrocknet und die Haut zu Eis gefriert.
Sigurd tanzte den einen oder anderen Tanz mit Sol. Er kümmerte sich wenig um ihr Zuhause und begleitete sie auch nicht bis zur blinden Glasveranda des Tausendheims. Sol konnte es egal sein. Sie war es gewohnt, allein zu gehen. Es paßte ihr sogar ganz gut, daß sie an Ottars Laden ohne Verehrer vorbeiging.
Sie täuschte alle Welt. Blühte auf. Sie stieg auf die Leiter, sie lag auf der Pappe. Jede Woche legte sie neue Scheine unter die alte Strohmatratze, bevor sie tanzen ging. Sie entfachte das Feuer auf Ottars Lager. Und es wurde gelöscht in der Fischerhütte bei Sigurd.
Elisif betete inbrünstig für ihre Tochter und hatte Angst vor dem lasterhaften Umgang im Jugendhaus. Sie wußte über alles im Leben ein bißchen Bescheid, aber sie hatte allem einen frommen Namen gegeben, so daß die Dinge ihr fremd geworden waren. Sie erwähnte niemals die Fischerhütten. Zu derlei konnte sie sich nicht bekennen. Deshalb sprach sie nur vom Trinken und Rauchen und Tanzen, die Elisif. Selten genug auch mal vom Huren. Und dann nur in Verbindung mit der Bibel, wo die Heerführer keine gefallenen Frauen und Witwen oder Ehrlose – oder Dirnen haben wollten. Aber Sol kannte sich besser aus mit den derzeitigen Heerführern. Und sie sah auf ihre Mutter herunter, denn Elisif pflegte immer zu sitzen.
»Schon gut, Mama, es ist einfach amüsant bei uns«, sagte sie und strich der Mutter über den Kopf und fragte, ob sie nicht ein wenig ruhen wolle. Und Elisif seufzte und sah auf die Uhr und seufzte wieder.
Elisif schlief tief und fest, wenn sie erst einmal eingeschlafen war. Es kam vor, daß Torstein sich umdrehte und auf Sols

Schritte lauschte, wenn sie sonntags gegen Morgen nach Hause kam. Aber er forderte keine Rechenschaft von ihr. Er hatte einen gewissen Respekt vor Sol. Sie war immer sehr erwachsen gewesen. Es kam ihm nicht in den Sinn, daß sie nicht über ihre eigenen Nächte verfügen sollte.

20

»Tora Toste? Ich finde dich hier nicht!«

Der Jungpfarrer hob den Blick aus dem Kirchenbuch und sah suchend über die Bankreihen. In den vordersten Bänken saßen Jugendliche.

Die Konfirmanden dieses Sommers. Im übrigen war die Kirche leer.

Der junge Pfarrer hatte den Vorbereitungsunterricht auf der Insel übernommen, weil der Hauptpfarrer krank geworden war und im Bett lag – und kein anderer frei war, um die Aufgabe zu übernehmen.

Aber es entsprach nicht gerade seinen Wünschen – den ganzen Juni über hier auf der Insel zu sitzen.

»Der Name Tora Toste ist in den Kirchenbüchern nicht zu finden«, stellte er fest.

»Hier ist eine Tora. Eine Tora Johansen«, fügte er hinzu. Die scharfe Stimme tönte mächtig unter dem Kirchengewölbe und machte den großen Mann zu einer schlecht gestimmten Orgel.

»Bist du vielleicht diese Tora Johansen?«

Seine Augen fanden Tora, und er nagelte sie mit seinem Blick fest. »Das ist vielleicht – weil die Mama so hieß – bevor...«

Toras Stimme wurde auf den Boden geschleudert und fuhr erschreckt zwischen die Konfirmandenfüße und schmutzigen Schuhe.

»Und warum nennst du dich dann nicht mit deinem richtigen Namen?«

»Ich hab' mich überhaupt nicht genannt. Ich sag' Tora, nur Tora. Toste sagen andre... Ich hab' geglaubt, es sollte...«

»Es gibt viel zuviele, die sich für jemand anderen ausgeben, als sie sind – die sich einen erdichteten Namen zulegen. Das ist eine Unsitte. Das verwirrt und schafft ein Chaos für uns, die wir uns bemühen, Ordnung zu halten. Ich werde einen Brief in dieser Sache an deinen Vater schreiben.«

»Ihr Vater ist nicht zu Haus«, kam es atemlos von Jörgen.
»Warte, bis du gefragt bist, Junge! – Nun, dann werde ich den Brief eben an deine Mutter schicken«, murmelte der Jungpfarrer und sah Tora sehr bestimmt an.
»Sie heißt Toste, deine Mutter?« fragte er.
»Ja, soviel ich weiß.«
Diese Situation gehörte zu den Dingen, vor denen sie sich *nicht* gefürchtet hatte, weil sie sie einfach nicht vorausgesehen hatte. Die Schande verfolgte sie überallhin. Jetzt war es also sein *Name*.
Tora fand einen Punkt in dem Altarbild, von dem sie sich Hilfe holte.
Sie verbarg den Blick in Jesu Auferstehung dort oben und gestand sich ein, daß sie die spitze, harte Stimme des Pfarrers verfluchte. Sie war der Meinung, daß es nicht nötig war, so zu sprechen. Gunn würde es niemals in dieser Weise gemacht haben, sondern sie hätte sie drinnen in ihrem Büro gefragt. Hätte mit einer leisen, guten, menschlichen Stimme gesprochen, die es möglich machte, daß man sie anzusehen wagte, während sie sprach.
»Bist du nicht sicher?« hämmerte er weiter.
»Nein!« schrie Tora, um zu verhindern, daß sie losheulte.
»Warum antwortest du so frech, Mädchen? Weißt du nicht, daß du in des Herrn Haus bist?«
»Der Herr Pfarrer muß nicht glauben, daß ich eine freche Antwort geb', aber die Mama... sie... Sie sollen der Mama keinen Brief schicken wegen des *Scheißnamens*! Mir ist's egal, wie ich heiß'! Ich möcht' nur nicht Toste heißen!«
Manchmal ist die Stille das Wichtigste in einem Raum. Wichtiger als alle Worte, die einmal gesagt worden sind. Wichtiger als die Menschen.
Das Gesicht des Pfarrers blähte sich auf, so daß Tora gezwungen war, ihn anzusehen. Es nützte nichts, hoch oben auf die »Auferstehung« zu schauen. Jemand hatte das bleiche, verweichlichte Gesicht des Pfarrers aufgeblasen zu einem weißen Ballon mit schwarzen Zeichen darauf. Nun tat der Ballon die dreizehn Schritte, die er brauchte, um bis zu Toras Bankreihe zu gelangen.
Sie merkte, daß sie pinkeln mußte.
Sorgsam legte sie das Gesangbuch vor sich auf die Ablage. Klammerte beide Hände fest um die Bank. Drückte verzweifelt die Schenkel zusammen. Der Unterkiefer fiel herunter.

Der eine Mundwinkel entblößte die Zähne zu einem Grinsen, während der andere allein in der Welt war und zitterte. Es sah nicht schön aus.
»Tora Johansen kann ihre Sachen nehmen und gehen! Sie kann morgen wiederkommen, wenn sie ihre Beherrschung zurückgewonnen hat.« Seine Stimme war ein Vulkan kurz vor dem Ausbruch, der sich bemühte, unter der Erdkruste zu bleiben.
Die halbe Bankreihe erhob sich, um Tora vorbeizulassen. Diejenigen, die Tora kannten, waren wie gelähmt über den Ausgang der Dinge. Sie konnten sich nicht erinnern, daß Tora irgendwann einmal auch nur den geringsten Streit mit den Lehrern oder einem anderen Erwachsenen gehabt hatte. Und sie hatten nie gehört, daß sie sich verteidigte. Und nun hatte sie also gesagt: *»Scheißname«* – laut in der Kirche! Es war nicht ausgeschlossen, daß manch einer ihr das gönnte. Mitten in dem Schreck.
Tora spürte, daß das Wasser laufen würde, falls sie sich erhob. Deshalb saß sie wie festgewurzelt. Schenkel und Körper gegen die harte Bank gepreßt. Für sie war das jetzt das Wichtigste. Wichtiger als die Stimme des Pfarrers. Zusammenkneifen und einhalten. Das Zittern im Mundwinkel pflanzte sich über die ganze Kinnpartie fort. Der Pfarrer konnte nicht erkennen, ob es Entsetzen oder Trotz war. Da er bereits genug von der Verstocktheit der Inseljugend mitbekommen hatte – nahm er es für Trotz.
»Geh!«
Der Pfarrer stand schon halbwegs in der Bank, bevor er sich besann.
Er war im Begriff, seine Würde zu verlieren. Und er war sich peinlich klar darüber, daß er eine traurige Figur abgab, als er sich rückwärts wieder aus der Bank zurückzog. Es ging außerdem langsam. Er trat unfreiwillig auf junge Füße. Aber es war kein einziger Schmerzenslaut zu hören. Die Luft war geladen.
»Geh!« donnerte der Mann wieder.
Tora schüttelte den Kopf. Schüttelte und schüttelte und hielt sich an der Bank fest. Sie wünschte sich inständig, daß sie ihm hätte sagen können, was los war. Aber das konnte man nicht in der Kirche sagen, so daß alle es hörten. Außerdem bekam sie kein Wort mehr heraus. Es war ein Alptraum. Sie war mitten in einem Alptraum.
Der Pfarrer knarrte einige Schritte vor zum Altar – dann dreh-

te er sich jäh um und sah die Schar mit gerunzelten, dunklen Augenbrauen an.
»Ihr könnt gehen – alle zusammen! Geht!« schrie er.
Erst war es ganz still. Dann polterte es zögernd von 31 Paar Füßen. Schlurfte ungleichmäßig über den Holzfußboden, weil der rote Läufer entfernt worden war, jetzt wo die Kirche wochenlang für Jugendliche zur Verfügung stand. Aber das 32. Paar Schuhe war auf dem Fußboden festgeleimt.
Tora sah die kniende Maria Magdalena – und saß. Maria an Jesu Kreuz. Die dunklen, samtschimmernden Farben flossen ineinander. Wenn die anderen nur jetzt alle gehen würden. Dann klappte es vielleicht gerade noch. Das Altarbild flimmerte einen Augenblick da vorne in seiner eigenen Pracht.
Und es klappte. Der Pfarrer hatte die solide Eichentür zur Sakristei zugeschlagen. Die Kirche war leer.
Alle waren verschwunden. Auch der Pfarrer. Irgendwo oben in einem der Kronleuchter wogte es ehrerbietig in einem Spinngewebe. Tora dachte krampfhaft darüber nach, ob da oben über ihrem Kopf eine fette Spinne saß. Saß und wartete?
Tora hatte die Beine wieder zusammengekniffen und sich so weit beruhigt, daß sie es darauf ankommen ließ und die zwei Stufen zum Taufbecken hinaufwankte. Es war nicht daran zu denken, bis auf den Hof zu kommen. Bei jedem Schritt preßte sie systematisch die Schenkel zusammen. Es war wie ein Krampf. Sie tat nun das, was sie tun mußte, ohne nachzudenken. Nahm blitzschnell die Taufschüssel, zog die Hose herunter, hockte sich nieder und ließ es laufen.
Die Sonne explodierte in dem Silber, während der wilde Strahl das Metall traf.
In der Sakristei saß der junge Pfarrer gebeugt über etwas, was die Sonntagspredigt werden sollte. Aber seine Gedanken waren woanders. Bei der mißglückten Begegnung mit den Konfirmanden dieses Jahres. Er gestand seinen Jähzorn vor Gott ein. Er hätte es anders anpacken sollen. Sicher. Er versuchte so verzweifelt, ein würdiger und guter Pfarrer zu sein. Und zog nicht in Betracht, daß die Menschen hier draußen auf den Inseln von einem anderen Schlag waren. Störrischer und schroffer in den Worten. Sie hatten wohl Respekt vor Gottes Dienern – aber sie hatten ein so verhärtetes Gemüt...
Hätte der Pfarrer auf seine eigenen Ohren vertraut, dann hätte er vielleicht das Mädchen in seiner menschlichen Unvollkommenheit im Allerheiligsten der Kirche überrascht. Aber er hat-

te weder die Fantasie noch die Ohren, um so etwas zu hören. Und das war gut so.
Tora starrte auf die Sakristeitür. Lauschte voller Panik auf Schritte, während sie lautlos die Hose hochzog.
Dann trug sie vorsichtig die glitzernde, volle Schüssel den Mittelgang hinunter. Die Schritte klangen wie das Jüngste Gericht, obwohl sie sich so klein und leicht machte, wie sie nur konnte. Halbwegs unten in der Kirche – fiel ihr ein, daß einige noch draußen sein könnten. Einige, die auf sie warteten – um sie zu verspotten oder zu trösten. Und wenn sie nicht errieten, was sie in der Schüssel hatte, dann glaubten sie am Ende noch, daß Tora das Kirchensilber stehlen wollte!
Nachdem sie einen raschen Blick auf die Fenster geworfen hatte, die bedauerlich weit oben in den Wänden saßen, balancierte sie die kostbare Schüssel mit dem schamlosen Inhalt – auf die Kanzel hinauf. Kam außer Atem und ganz erledigt oben an, obwohl sie sich wie eine Schnecke bewegt hatte.
Sie lauschte. Die Panik grenzte schon fast an Wahnsinn. Aber nein.
Alles war still in der Sakristei.
So! Das Klappfenster über der Kanzel aufgemacht! Blitzschnell leerte ihre Hand die Schüssel zu dem bleiverglasten Fenster hinaus.
Das Vogelgezwitscher dort draußen in dem alten Baum verstummte für einen Augenblick. Alles blieb still. Dann war es überstanden.
Sie schloß das Fenster wieder vorsichtig, trocknete die Schüssel mit ihrem Unterrock ab und blieb starr stehen und lauschte.
Hoch oben auf der Kanzel stand sie – bereit, sofort unterzutauchen, falls er kam. Der Pfarrer.
Der Samt an der Kante des Buchstativs war fettig und abgegriffen, das konnte sie deutlich sehen. Die Fransen waren verfilzt und staubig. Sie war noch nie auf einer Kanzel gewesen. Da oben sah sie ganz anders aus als von unten. Hier oben war sie kümmerlich, fettig von den Händen des Pfarrers, und das Holz war auf der Innenseite nicht bemalt.
Tora Johansen stand auf der Kanzel von Vaeret und hatte gerade die Taufschüssel mit ihrem Unterrock abgetrocknet! Noch mehr: Sie hatte in die Schüssel gepinkelt! Die Schüssel war ein Geschenk von den bedeutenden Brüdern Brinch vor langer Zeit! Tora hatte eine Todesangst – und gleichzeitig platzte sie beinahe vor Lachen. Wenn nur Sol hier wäre!

Tora saugte die Atmosphäre da oben in sich ein – hoch über den Bankreihen. Sie empfand eine unbeschreibliche Erleichterung, das losgeworden zu sein, was sie fast zerrissen hätte. Und als sie hörte, daß die Außentür von der Sakristei zugemacht wurde und es auf dem Kies knirschte, da steigerte sich die Erleichterung beinahe bis zur Ekstase. Sie atmete aus und spürte eine grenzenlose Dankbarkeit und Freiheit. Tora Johansen war erlöst und unbeschädigt, trotz dessen, daß sie für einen Tag aus dem Gotteshaus ausgewiesen worden war – zusammen mit allen anderen.

Unterhalb des Rockbundes fühlte sie sich leer und gut. Sie setzte behutsam die Schüssel auf den Boden und faltete die Hände um die Buchstütze, ohne daran zu denken, daß es der Pfarrer genauso machte. Dann betete sie mit großem Ernst ein Vaterunser. Leise und deutlich. Hielt nach jeder Bitte an und holte tief Luft. Und das Echo antwortete ihr getreulich von allen Seiten.

Den ganzen Tag trug sie das schöne Gefühl mit sich, das Unglaubliche, das Besondere und das Grausame erlebt zu haben. Es machte sie stark und unverwundbar, auch wenn der Pfarrer böse auf sie war. Sie war in den Kirchenbüchern Tora *Johansen*. Elisifs Gott hatte verstanden, daß sie so sehr bedrängt gewesen war, daß sie in der Kirche pinkeln mußte. Sie *wußte*, daß er das verstanden hatte! Er hatte sie von dem Pfarrer erlöst und von den Augen der anderen. Keiner ahnte etwas.

Tora und Jörgen wurden offiziell in den ersten Tagen im Juli als erwachsene Individuen in die norwegische Staatskirche aufgenommen. Und das, obwohl Tora mit dem Namen Johansen in den Kirchenbüchern stand. Tora war darüber nicht traurig. Für sie war es eine Bestätigung, daß es doch noch Mächte in dieser schwierigen, unbegreiflichen Welt gab, die auf ihrer Seite standen. Sie war den Namen Toste los in alle Ewigkeit, Amen.

Wenn auch die guten Mächte ihr beigestanden hatten, was den Namen betraf, so waren es andere Mächte, die das Wetter am Konfirmationstag schickten. Ein stürmischer Wind mit Hagel und Widerwärtigkeit stürzte sich unfreundlich auf die jungen Leute und ihre Anverwandten.

Den Booten, die von den Inseln ringsum gekommen waren und reihenweise am Kai lagen, war ihr Laubschmuck bereits abgerissen worden, ehe er am Mast oder an der Reling festge-

zurrt werden konnte. Und aus der Wettfahrt war nur wenig geworden, da die meisten genug damit zu tun gehabt hatten, den Kurs zu halten.
Nas-Eldar fuhr mit hochgeklappten Seitenteilen und einer Plane darüber die gluckernden Gruswege entlang und las die Leute auf, die keine Möglichkeit sahen, zu Fuß zur Kirche zu kommen. Manche zogen ihre guten Kleider erst an, wenn sie in die »Kirchenstube« kamen. Aber konfirmiert wurden sie – alle 32.
In Reih und Glied, mit gesenkten Köpfen. Die Jungen sahen wie gerupfte Kormorane aus in ihren dunklen Anzügen mit den langen, mageren Hälsen und den noch unfertigen Gesichtern über den Hemdkragen.
Und der Jungpfarrer hielt eine schöne und unrealistische Predigt über den breiten und den schmalen Weg. Es war ganz widersinnig, daß die einfachen Leute von den Inseln, die kaum etwas anderes kannten als den eigenen schmalen Grusweg, mit Schneematsch im Winter und Gras und Klee und Pferdeäpfeln im Sommer – eine solche Philosophie verstehen sollten. Sie nahmen diese Art Predigten ebenso unbekümmert hin, wie sie damals in dem ABC-Buch, als sie lesen lernten, an dem Bild von dem »ersten Frühlingszeichen«, einem Leberblümchen, vorbeigeblättert hatten.
So etwas konnte gelten für wen es wollte, aber nicht für die Leute hier.

Tora mußte immer wieder ihren schweren, weißen Rock anfassen.
Ingrid hatte sich viel Mühe gegeben. Frau Dahl strich Tora über den Kopf und sagte: »Nein, du hast aber ein schönes Kleid, kleines Fräulein!«
In dem Wind hatte sich der schimmernde Stoff dicht an den schmächtigen Körper geschmiegt, als sie von Eldars Auto bis zur Kirche ging. Drinnen im Vorraum konnte sie deutlich hören, wie feierlich das Kleid raschelte, wenn es über den groben Läufer schleifte. Tora hatte das Gefühl, einen Panzer aus Schönheit und Unnahbarkeit zu tragen. So daß ihr nichts Schlimmes und Unfreundliches widerfahren konnte. Und während der Prüfung stand sie breitbeinig und sicher unter dem langen, weißen Rock, und ihr gehörte alles, was sie sah. Sie sich selbst nicht minder. Ab und zu ließ sie den Blick über die Kanzel mit der samtgepolsterten Brüstung schweifen. Da

konnte sie deutlich spüren, daß alle Dinge hier in der Kirche ihr gut gesonnen waren und sie annahmen. Denn einmal hatte sie das Unmögliche getan, weil sie mußte.
Der Regen peitschte gegen die bleigefaßten Fenster und klatschte das taufrische, junge Laub an das farbige Glas. Und der Gesang stieg und fiel unter dem Gewölbe und unter der Führung des Jungpfarrers.

Rakel stand in einer der vordersten Bankreihen und nahm zusammen mit den anderen den Segen entgegen. Sie lächelte. Und sah Tora an. Im letzten Winter war sie so von ihrer Krankheit in Anspruch genommen worden, daß sie gar nicht gesehen hatte, daß ein junger Schwan mit einer roten Krone in die Familie gekommen war. Es war auch nötig, dachte sie. Sie waren nicht gerade zahlreich. Es gab ihr einen schmerzlichen Stich. Daß sie keine Nachkommen haben würde…

Aber sie lächelte. Rakel war zäh in dieser Hinsicht. Und der Stich, den sie gespürt hatte, rührte vielleicht auch von der Operationsnarbe her.
Sie hatte es herausschneiden lassen, das Übel. Es hatte einiges erfordert, von dem sie das Ende nicht kannte. Der Webstuhl stand dieses Jahr stumm auf der Dachstube.
Aber sie war entschlossen, die Gesundheit zurückzugewinnen.
Dann sollte es mit ihm gehen, wie es wollte, mit ihm, der ein kleiner Junge auf ihrem Schoß geworden war. Sie sah es immer deutlicher. Er konnte sich jäh umdrehen und forschend den Blick auf sie richten. Als ob er Angst hätte, daß sie stehenden Fußes tot vor ihm umfallen würde. Er hatte eine solche Angst, daß er kaum wagte, den Brief mit der Aufforderung zur Kontrolle anzusehen, weil der Name des Krankenhauses auf dem Umschlag stand.
Sie verschonte ihn mit ihrer Angst, die gemessen an seiner dennoch eine Bagatelle war. Rakel ging lieber den Weg zum Tausendheim hinunter. Dort konnte sie seufzen. Ingrid nahm sich ihrer an. Manchmal fiel es Rakel auf, daß Ingrids Rücken gerader und ihre Stimme sicherer wurden, wenn Rakel ihr etwas vorjammerte. Aber sie vergaß es wieder. Es war gut, jemanden zu haben, bei dem man sich das Schlimmste von der Seele reden konnte.

21

Die Heuhaufen waren in ein paar Tagen trocken wie Zunder. Simon ging über die Wiesen. Die Sonne brannte auf seine gebräunten Schultern. Der Mund hatte einen weichen Zug. Manche fanden sicher, daß Simons Mund zu schön war für einen Mann. Er hatte sein warmherziges, leicht verletzliches Gemüt offen vor aller Welt auf den Lippen liegen. Simon stammte nicht von der Insel. Er war von anderer Art. Nicht gewohnt, seine Einstellung in einen Eiskasten zu legen, damit sie sich in jeder Art Wetter halten sollte. Simon war alles in den Schoß gefallen, und er lebte so, wie es ihm gerade einfiel – und trotzdem hatte er Schwierigkeiten, jemandem auf den Fuß zu treten.

Rakel war für ein paar Tage weggefahren. Zur »Kontrolle«. Er schauderte schon bei dem Gedanken an das Wort. Es schien ihm eine Ewigkeit, bis sie wieder zu Hause sein würde. Er wußte wohl, daß er dankbar sein mußte, weil alles so gutgegangen war. Dennoch stieg ein Grauen von der sonnenverbrannten Erde auf, wenn er nur daran dachte.

Es hatte wenig Hoffnung bestanden, daß Rakel schon im Sommer nach Hause kam. Sie hatte es selbst am Telefon gesagt. Sie hatte nicht einmal gejammert. Das war er, der gejammert hatte. Rakel hatte gesagt, er solle die Schafe aufs Fjell bringen und sich im übrigen nicht zu sehr strapazieren. Sie hatte gemeint, es sei besser für die Laune und den Schlaf, wenn er draußen in der frischen Luft sei und für die Schreibarbeit unten im Betrieb Leute einstelle.

Simon – der erwachsene Mann – ging in der Sommerhitze und wischte sich über die Augen und dachte an dies alles.

Er hatte ihren Rat befolgt. War so müde gewesen, daß er abends ins Bett fiel. Wachte in aller Frühe auf, hatte Kopfschmerzen und wenig Lust aufzustehen. Wenn es nicht wegen des großartigen Mädchens gewesen wäre! Sie kochte ihm Kaffee und verwöhnte ihn. Tora hatte viel auf Bekkejordet gearbeitet in diesem Sommer. Schlief in der Dachstube in dem weißen Bett ihrer Großmutter. Die Katze fing auch an, ihr um die Beine zu streichen.

Tora war tüchtig im Haus und stand auch draußen ihren Mann. Aber immer so ruhig. Es müßte mehr Lachen in ihr sein. So wie bei Rakel. Nun ja, es hatte auch für ihn nicht viel zu lachen gegeben in der Zeit, in der Rakel im Radiumhospital

gewesen war. Da war es kaum zu verwundern, daß das Mädchen so still einherging.
Aber Rakel war wohlbehalten wieder nach Hause gekommen. Simon hatte sein Leben damit zurückgewonnen. Er schuftete wie ein Pferd, so daß alles vibrierte, was er anfaßte. Und Rakel hielt ihn vorsichtig und gedankenvoll in den Armen.

Simon trug dreißig Heuhaufen nach Hause und merkte erst an den Mücken und an der Sonne, daß es Abend war.
Tora hatte den ganzen Tag gerecht. Es war jetzt Schluß mit der Heuernte. Sie hatte gemeint, wenn der Onkel die Heuhaufen wegtrüge, dann könne sie rechen, so daß sie die letzten Tage ohne Hilfe auskämen.
Tora sehnte sich nach dem Waschbecken in Bekkejordet, als sie Seite an Seite den Hang hinauf zum Haus gingen. Simon zog sie an den Haaren und sagte, daß sie in diesem Sommer Rakels Schafen das Leben gerettet habe.
»Es ist ja nicht für lange. Nur bis ihr Hunger auf Fleisch kriegt«, sagte sie nachdenklich.
Simon sah sie von der Seite an.
»Biste müde?«
»Etwas...«
»Sollen wir uns ins Heu legen und einfach schlafen, schlafen... ich und du?«
Er sah sie mit seinen sonderbaren blauen Augen an und lachte mit offenem Mund.
Mit einem Male war es ihr, als ob sie bei dem Brand wieder in dem kleinen Boot stünde. Und Henrik würde ertrinken, und Onkel Simons Herz hämmerte, so daß sie glaubte, es wäre ihr eigenes, und ihr Herz hämmerte, so daß sie glaubte, es wäre seines. Er war so voller Wärme, der Onkel Simon. Warm und nah. Und die Gefahr gab es bei ihm nicht.
»Ja«, sagte sie schlicht. »Dann brauchen wir uns nicht zu waschen und nicht zu Abend zu essen.«
Simon blieb stehen.
»Unser kleines, seltsames Mädchen... Komm jetzt, dann werden wir zu Abend essen. Und du schläfst auch besser in Großmutters Bett in der Dachstube.«
Aber Simon sah blitzartig, daß Tora kein kleines Mädchen mehr war. Sie dufteten beide nach Kräutern, Heu, Sonne und frisch gemähter Wiese. Der eine spürte des anderen Duft.
Simon lag wach und horchte, ob es da oben still wurde. Dann

erinnerte er sich, daß Tora auf der abgemähten Wiese gestanden und der eine Zopf sich gelöst hatte und über ihre Schulter geflutet war. Ihre Formen hatten sich in diesem Sommer etwas gerundet. Sie ging über die Wiesen und durch das Haus und ähnelte Rakel in allem. Aber das Lachen fehlte. Simon begrub sein braunes Gesicht in dem Kissen und sah Rakel lachend in der Küchentür stehen, das rote Haar voller Heu.
Er warf sich herum und faltete die Hände hinter dem Nacken. Starrte in die helle Sommernacht und sehnte sich nach Rakels Haar und Lachen. Er wünschte sie so stark herbei, daß er glaubte, sie zu sehen.

Der Spätsommer lag schwer und schwanger zwischen den Bäumen auf der Pferdekoppel von Bekkejordet. Tora spürte wieder den intensiven Kräuterduft, wie in allen Sommern vorher.
Die Blumen wuchsen hoch zwischen den Steinen am Hang und waren ein Versteck. Es war sozusagen etwas Besonderes an diesem Sommer.
Etwas Neues. Es war ein großes Weinen in allem, obwohl alles so sicher und gut war.
Die Gefahr war nicht dort. Und doch war sie da. Irgendwo in der Zukunft war sie. Als etwas, was sie am liebsten von sich weggeschoben hätte, was sich aber trotzdem in die Gedanken vordrängte. Sie hatte eine Frist. Eine kurze Frist vor der Dunkelheit. Noch hatte sie die hellen, langen Sommertage und die weiten, schimmernden Nächte.
Tora holte tief Luft. Es duftete immer noch nach dem trockenen Heu.
Es war jetzt eingefahren. Sie hatten in den ersten Tagen ein Pferd geliehen und einen Mann eingestellt. Dann hatte Simon den Rest auf dem Rücken getragen.
Onkel Simon und sie... Der Gedanke durchflutete sie leicht und schön. Daß es ihn gab!
Ihr war ganz feierlich zumute, und das Sonnenlicht flimmerte durch das Birkenlaub und zwischen den großen grünen Farnblättern.
Tora setzte sich neben den Fußweg und wedelte geistesabwesend die Fliegen fort und fühlte sich satt und froh und gleichsam schwebend. Die Schatten und das Licht tanzten. Sie hätte am liebsten etwas gestreichelt. Eine Katze vielleicht. Sie fest an sich gedrückt und mit ihr geflüstert.

Und während sie dort im Sonnengeflimmer saß, fing es ganz leicht an zu regnen. Dicke Tropfen fielen auf sie herab. Ziemlich tief hing da oben eine einzelne weiße Wolke. Genau über der Pferdekoppel.
Seltsam... dachte sie verwundert. Die Tropfen fallen fast nur auf mein Gesicht. Die Wolke ist nur für mich da.
Und das Sonnenlicht und die Wolken tanzten, ohne den Regen zu beachten. Tora spürte, daß es durch die Blusenöffnung rann. Sickerte herunter bis zum Bauch. Den Nacken herunter. Über das Gesicht und die Hände. Nach einer kurzen Zeit tropfte es von den Zöpfen. Da saß das große Mädchen und ließ sich mit Absicht völlig durchweichen.
Das Linienschiff tutete ohnmächtig und heiser draußen in der Bucht, und es fiel Tora ein, daß sie auf dem Heimweg war. Sie erhob sich langsam und streckte die Hände vor sich her, während sie ging. Dann blieb sie plötzlich stehen und spürte, daß es nur auf den Kopf und die Schultern regnete – aber die Sonne wärmte und trocknete die Hände. Sie machte einen großen Schritt, heraus aus etwas Wunderbarem, Namenlosem, und schlug den Weg hinunter zum Tausendheim ein.
Der salzige, scharfe Ebbegeruch mischte sich bald mit anderen Gerüchen, und alles war beim alten.

Tora hatte immer geglaubt, daß ein Jahr eine Ewigkeit sei. Aber der Sommer nach der Konfirmation war vorübergegangen, und der Herbst neigte sich schon seinem Ende zu, ehe sie sich's versah.
Trotzdem gab es einige Dinge, die feststanden. Unverrückbar. Daß sie in gewisser Weise eine andere geworden war. Es war nicht über Nacht geschehen. Nicht plötzlich, so daß man sagen konnte: *Zu dem* Zeitpunkt hatte sich alles verändert. Oder: *Das* hatte alles verändert.
Vielleicht hatte es schon begonnen, als sie *ihn* von der Insel wegführten. Von da ab jedenfalls wagte sie, an sich selbst zu denken als *jemand*. Vorher war es nur wichtig gewesen, sich zu verstecken, damit niemand sehen konnte, daß man da war.
So hatte das neue Leben begonnen. Ein Wille, überall reinen Tisch zu machen, alles Alte loszuwerden. Die Mama war näher gekommen. Schritt für Schritt. Hatte ab und zu gelächelt. Sie hatten am Küchentisch gesessen und sich über viele Dinge unterhalten – und Mama hatte gelächelt.
Tante Rakel war oft bei ihnen unten gewesen. Tora verstand ih-

re Angst, daß sie bei der Operation nicht alles mit herausgenommen hatten von dem Krebs. Rakel sagte »Krebs« mit einer so alltäglichen Stimme, wie andere Grippe sagten, sogar, wo es sich um sie selbst drehte. Das wunderte Tora. Krebs war ein Wort, das die Leute nicht laut aussprachen. Es war zu schrecklich.

Es saß im Bauch. Tora wollte Tante Rakel fragen, wo genau, aber brachte es nicht über sich. Als sie die Mutter fragte, bekam sie nur unbestimmte und ausweichende Antworten.

In der Zeit, als Rakel krank gewesen war, hatten Ingrid und Tora Simon bei den Tieren geholfen. Er hatte so viel mit seinem Geschäft zu tun, daß er es allein nicht schaffte. Tora freute sich immer, wenn sie in Bekkejordet sein konnte. Es war eine eigene Wärme dort. Sie saß in den Wänden, auch wenn die Tante krank und abwesend war. Sie wußten, daß sie wiederkommen würde. Rakel war für Tora der Inbegriff des Lebens. Daß Rakel gefährlich krank sein könnte, kam ihr niemals in den Sinn. Das war ein ganz unmöglicher Gedanke.

Sol blieb zu Hause. Als sie eine Bürostelle in der Stadt gesucht und auch gefunden hatte – und Elisif die Neuigkeit mitteilte, brach das arme Wesen in Tränen aus. Sie weinte und hielt die Tochter an beiden Händen fest, bis sie vor Ermattung einschlief.

Aus.

Helene war eine lange Latte, die nicht einmal fähig war, für sich selbst zu sorgen. Der Herbst ging wie eine übelriechende Mistfuhre an Sols Sinnen vorbei. Sie war bereits auf dem Weg in die muffige Ohnmacht der Frauen, kaum 17 Jahre alt.

Sie tröstete sich, so gut sie konnte. Sigurd war ein Lichtblick. Dort konnte sie ihr weggeworfenes junges Leben gewissermaßen auferstehen lassen. Aber unmittelbar darauf hieß es wieder Treppe putzen, rotznasige Kinder versorgen und Fischfilets verpacken mit eiskalten Füßen und Händen und geröteten Augen unter dem Neonlicht.

Sie hatte noch den Job bei Ottar. Vergnügte sich damit, ihn gelegentlich zu quälen. Ließ ihn die unglaublichsten Dinge machen, um sie zufriedenzustellen. Manchmal tat sie so, als ob sie nicht wüßte, daß es da etwas gab, was Lager hieß. Ein andermal lachte sie ihn dermaßen aus, daß seine Bewegungen erstarrten und gefroren und der Atem stockte und er nicht fertig wurde.

Sie rächte sich ein wenig an dem allen Dingen innewohnenden Teufelswerk. Ab und zu hatte sie das ungute Gefühl, sich selbst in der Tür zu begegnen. Die Einsamkeit stellte ihr ein Bein, der Alltag zog sie an den Haaren, bis der Unwille wie ein Deckel auf dem Tausendheim lag, wenn sie nach der Putzerei die Hügel heraufkam. Aber an den Samstagen tanzte sie sich von Helenes Kindlichkeit und ihrem eigenen dunklen Geheimnis frei. Und mitunter ließ sie sich wärmen.
Und die Zeit verging.

22

Der Gedanke an Frits tauchte auf wie die kleinen Blumen im Frühling. Tora hatte etwas. Außer dem Traum. Etwas Lebendiges! Irgendwo. Er war im Sommer wenig zu Hause gewesen. Randi und er waren meist in Bodö bei den Großeltern. Tora hatte das ungefähr so empfunden wie barfuß gehen noch spät im Oktober. Und als er endlich kam, war alles ganz anders, als sie geglaubt hatte.
Er war groß geworden und hatte mehr Fleisch auf den Knochen. Solange er in diesen Herbsttagen da war, ging sie zu Randi, sooft sie konnte. Aber es war etwas Neues zwischen Frits und Tora gekommen. Als ob sie jeder in ihrem Schrein lebten und sich nicht voreinander zu öffnen vermochten. Verlegenheit. Sie waren zu groß geworden, um auf die gleiche Weise zusammenzusein wie früher. Tora kroch nicht mehr auf sein Bett. Es gab jetzt Grenzen für das, was man tun konnte und was man nicht tun konnte. Keiner sprach es aus. Es war einfach so.
Was Randi gesagt hatte – daß er sich immer mehr veränderte, das sah Tora auch. Und sie sah noch ein zweites: Dort, wo er die anderen nicht erreichen konnte – die, die hörten, war er allein. Sie begriff erst jetzt, wie unsagbar allein er sein mußte.
Seine Augen waren auf ihren Rücken gerichtet, wenn sie sich von ihm abwandte, um mit Jörgen oder Rita oder Helene – oder wer es sonst sein mochte – zu reden. Die Augen waren auf ihren Rücken gerichtet und baten: Dreh dich um und erkläre mir, wer sie sind und was sie sagen! Und Tora fühlte sich schuldig, daß sie ihn manchmal übersah, so tat, als ob sie seine Augen in ihrem Rücken nicht spürte.

Oft vermochte sie seine Dankbarkeit nicht zu ertragen, wenn sie ihm eine Zeitlang ihre Aufmerksamkeit schenkte. Die Dankbarkeit war zu nah, zu abstoßend, zu unverdient. Trotzdem ging sie hin. In die neue Wohnung. Da war viel Platz. Die Strickmaschine sang, und das Licht flutete durch die Fenster herein. Der Kakao war immer in lustiger Gesellschaft.
Sie entging dem Schlimmsten, wenn Randi auch da war. Randi wurde ein Bindeglied zwischen Frits, der Taubheit und Toras schlechtem Gewissen.

Eines Abends begleitete Frits sie durch Vaeret und noch ein Stück weiter auf dem Weg. Tora hatte plötzlich den Wunsch, daß niemand sie beide sah. Das war etwas ganz Neues. Er stieß sie zuweilen an. Gutmütig. So wie Onkel Simon das machte. Tora fühlte eine glückliche Wärme dabei.
Und als sie auf die Höhe kamen, wo niemand sie sehen konnte, nahm er ihre Hand, und sie blieben auf dem Weg stehen und lächelten einander an. Alles war schön. Sie *wollte*, daß es schön war. Trotzdem erinnerte sie sich daran, daß Frits sie einmal vor langer Zeit mit der Hand gestreift hatte. Und sie erinnerte sich, daß es am Morgen nach der Nacht, in der alles zerbrach, gewesen war. Nach der Nacht, in der der neue Rock auf dem Stuhl gelegen hatte und alles gesehen...
Und deshalb war Frits vor ihren Augen fortgeschwommen. Fortgeschwommen – einfach fort. Weil sie sich gegen die Gefahr wehren mußte, so gut sie konnte.
Sie hätte es so brennend gern gehabt, daß er sie anfaßte. Und sie hatte es nicht ausgehalten! Es war zu schrecklich gewesen. Jetzt, wo er nicht mehr in Vaeret lebte, konnte sie mit Zuneigung an ihn denken. Mit Erwartung. Er war keine Bedrohung mehr. Sie konnte ihn mit nach Berlin nehmen. Er paßte so gut in ihren Traum. Immer besser. Und gleichzeitig war er – wirklich und lebendig.

Tora entdeckte, daß die Welt da draußen näher und näher kam, mit jedem Tag. Früher hatte sie zu der Außenwelt weiter als bis Breiland oder Vestbygda oder bis zu den großen Wellen in der Bucht kein Verhältnis gehabt. Alles andere *existierte* wohl. Aber es war so unendlich weit weg. Es gehörte zu dem Gedanken »später« und konnte friedlich da draußen liegen, ohne daß sie sich darum kümmern mußte. Mit dem, was sie in den Büchern und in den Zeitungen las, war es das gleiche. Es befand

sich innerhalb eines Traumes, den sie hervorholen konnte, wenn sie wollte. Aber sie brauchte keine *Meinung* zu haben oder sich damit herumzuschlagen, wenn sie etwas anderes vorhatte.
Manchmal bekam die Zeitungswelt dadurch Leben, daß sie jemanden laut lesen hörte. Worte, die eine Stimme von der Insel sprach, wurden in einer ganz anderen Weise wirklich. Sie konnten ihr sogar drohen. Auch wenn sie nichts mit ihr selbst zu tun hatten.
Wenn Rakel vorlas, daß eine freiwillige Brustkrebsuntersuchung in der Provinz gestartet werden sollte, so war das nicht nur etwas, was in der Zeitung stand. Es war ein Teil von Rakel. Ein Teil von Toras Wirklichkeit. Sie wunderte sich darüber, daß Rakel gerade das vorlas. Eines Tages las Simon vor, daß die Russen Menschen in Budapest und Ungarn aufhängten und daß die Leichen auf den Brücken zur Schau gestellt wurden. Daß sie Bulgarien überfallen hatten und auf dem Weg zur jugoslawischen Grenze waren und daß sie böse auf die Polen waren, die sich weigerten, die Russen zu unterstützen.
»Waren die Russen nicht auf unserer – ich mein', auf Norwegens Seite während des Kriegs?« fragte Tora.
»O ja«, antwortete Simon.
»Aber gab es keine Einigung über... den Frieden damals?«
»Es gibt sowieso immer wieder Krieg.«
»Aber...«
»Es ist überall derselbe Irrsinn, wo die Großen zuschlagen. Einen Bissen hier und einen Bissen da. Es sind jedenfalls die kleinen Länder, die am meisten bluten müssen.«
»Ist es nicht nur Deutschland, das will... das den Krieg will?« Tora wußte nicht, ob sie es wagen sollte zu fragen, aber sie wagte den Absprung.
»Nein. In Deutschland war *ein* verrückter Mann. Der Hitler. Aber es gibt noch mehr Verrückte, die die Welt zerstören wollen.«
»Ja, es ist so, als ob die Männer keine Macht vertragen«, fügte Rakel hinzu.
»Sie benutzen sie nur, um einzuschüchtern und zu töten und Krieg zu führen. Es ist immer dasselbe, das sich zu allen Zeiten wiederholt«, fuhr sie fort und kniff den Mund zusammen.
Simon legte die Zeitung auf den Tisch und sah sie an, dann lächelte er.
»Du magst die Männer heute nicht, wie ich höre?«

»Puh...«
»Glaubste denn, daß es besser wär', wenn die Frauen Krieg führten? Das Land regierten? Für alles die Verantwortung hätten? Wie?«
»Ja!« sagte Rakel bestimmt.
»Und wie willste das erklären? Und beweisen?«
»Das kann ich weder erklären noch beweisen. Ich weiß nur, daß es die Frauen sind, die das Leben in die Welt setzen. Und die Frauen haben die *Verantwortung* dafür, daß die Kinder aufwachsen. Ich glaub', es gibt nur wenig Frauen, die mit ansehen können, daß Leben vernichtet wird. Die Frauen mühen sich so ab für das Leben. Die Männer fühlen sich weniger verantwortlich, sobald sie auf die Probe gestellt werden und Verantwortung für das Leben übernehmen sollen. Sie sprengen alles kaputt und spielen nur. Wir Frauen sammeln die Leichen auf, gebären neue Soldaten und machen neue Verbände.«
Rakel wehrte sich, indem sie ihre Argumente mit Überlegenheit vorbrachte.
Simons Gesicht verdunkelte sich. Er wollte sich das verbeten haben. Er sagte ihr deutlich Bescheid, daß er sich das verbeten haben wollte, und sauste zur Tür hinaus.
Tora spürte, daß es mehr als eine Diskussion über den Krieg war. Trotzdem fühlte sie sich unbehaglich, weil sie angefangen hatte. Es war das erstemal, daß sie einen scharfen Ton in der Küche von Bekkejordet vernommen hatte. Es war etwas hinter den Worten, was sie nicht verstand. Und sie hatte das Gefühl, daß Simon es auch nicht verstand. Daß er deshalb gegangen war. Weil Rakel zwischen den Worten über Dinge sprach – gegen die er sich nicht verteidigen konnte.
Tora saß da und sah ganz hilflos aus. So hilflos, daß Rakel über das Ganze lachen mußte, sich selbst ein »ruppiges Weib« nannte und Simon zu dem Hackklotz nachging und ihn wieder hereinholte.
Tora sah sie vom Fenster aus und wunderte sich. Später lachte Simon öfter über ihren Streit und sagte, daß er so böse auf Rakel geworden sei, weil sie ihn zum Sündenbock für den Krieg habe machen wollen.
Aber Tora hatte das Gefühl, daß er selbst nicht wußte, warum er so böse geworden war. Es hatte ihn wohl mehr geärgert, daß er sich gegen Rakel nicht verteidigen konnte, als daß er sich über ihre Worte geärgert hatte.

Das brachte Tora dazu, Simon und Rakel als *zwei* Menschen zu sehen.
Aber deshalb mochte sie Simon nicht weniger gut leiden.
Es wurde ihr auch klar, daß die Mutter nie ihre Meinung zu dem sagte, was außerhalb ihrer vier Wände geschah. Sie diskutierte nie.
Weder Ereignisse noch Menschen. Das schien ihr zu gefährlich zu sein. Die Mutter redete auch nicht über das, was sie in den Zeitungen las. Stritt sich mit keinem. Vielleicht weil ihr die Worte fehlten, genau wie Simon? Weil sie *wußte*, daß ihr die Worte fehlten. Sie hatte sich eine knappe, alltägliche Redeweise angewöhnt. Nicht zu viel, nicht zu wenig. Sie konnte die Leute selten mit Worten aufregen.
Rakel indessen warf den Leuten die Worte an den Kopf. Zwang sie dazu, Stellung zu nehmen zu Dingen, von denen sie gar nicht wußten, daß sie eine Meinung dazu hatten. Sie redete mit Tora, sie redete mit Simon, sie redete mit den Männern im Betrieb und mit den Frauen in der Sanitätsvereinigung in der gleichen eindringlichen Weise. Sie hielt sie alle für ebenbürtig. Zwang sie, ihre – Rakels – Worte in sich aufzunehmen. So war sie.

Tora fand noch mehr in der Zeitung in Bekkejordet. Etwas über »Anne Frank«. Ein jüdisches Mädchen, das sich während des Krieges zusammen mit den Eltern versteckt halten mußte, weil die Deutschen die Juden verfolgten. Sie war fünfzehn, als sie entdeckt und in die Gaskammer geschickt wurden. Sie hatte die ganze Zeit Tagebuch geschrieben. Und sie schrieb zuletzt: »Ich glaube trotzdem, trotz allem, daß die Menschen im Innersten gut sind.« Tora verspürte einen richtigen Hunger, das Theaterstück zu sehen oder das Buch über Anne Frank zu lesen. Einen Augenblick vergaß sie sich zu schämen, daß sie Deutsche war. Vielleicht, weil diese Anne so geschrieben hatte, wie sie es in dem Tagebuch getan hatte?
Und dennoch: Tora und Rakel bezweifelten, daß gewisse Menschen im Grunde ihres Herzens gut waren. Während Menschen wie Simon die Fassung verloren und wütend wurden, wenn sie gezwungenermaßen zweifeln mußten.
Simon konnte einfach nicht glauben, daß Henrik den Betrieb angezündet hatte. Aber er hatte ihn doch angezeigt. Und Simon hatte schweigend dagesessen, als Rakel mit ein paar Worten Henrik gegen seine eigenen Taten verteidigte. Tora wußte

es. Hatte Rakel das getan, weil sie sehr klar sah, wie schlecht die Menschen zueinander waren, so daß sie auch verstand, wie sehr man ihnen helfen mußte, wie bitter nötig sie es hatten, daß jemand sie verteidigte? Hatte sie es getan, weil sie sich selbst nicht als einen besonders guten Menschen empfand? So daß ihr nichts fremd war?
Tora grübelte. Sie grübelte auch darüber nach, wieviel von ihr deutsch und wieviel von ihr Rakel oder Ingrid war. Gab es da insgesamt auch etwas, was sie selbst war? Was neu war, was nicht in einem Menschen vor ihr gewesen war?
Wieso war sie Tora Johansen und lebte hier auf der Insel? Wieso fühlte sie sich als einen einzigartigen Menschen auf der Erde? Einzigartig? Ohne irgendeine Entsprechung? Warum empfand sie das so, obwohl sie wußte, daß sie nur eine winzig kleine Figur in der großen, weiten Welt war? Und außerhalb der Welt war das Universum. Alles war unendlich und nicht zu begreifen. Es entstand aus sich selbst, entwickelte sich aus sich selbst, starb aus sich selbst – und erstand wieder aufs neue.
Und als ob es nicht schon genug zu ergründen gab, so war der Mensch auch noch frei zu entscheiden, was richtig und was falsch war. Das Böse und das Gute schwirrten in allen Menschen herum.
Und unter denen, die es am schlimmsten hatten, die verfolgt und in ihrem Leben bedroht waren – war eine, die sagen konnte: »Das gibt es. Das Gute gibt es in allen Menschen.«

Aber Tora sah sich selbst, wie sie Henrik an den schwarzen Haaren festhielt. Sie fühlte, daß die Berührung ekelhaft war und ihr die Übelkeit im Halse hochstieg. Sie wußte, wie nahe Henrik am Rande des Todes gewesen war. Und es stand ihr auch ganz deutlich vor Augen, daß sie ihn nicht über Wasser gehalten hatte, weil sie ein so guter Mensch war. Es war das Entsetzen. Das Entsetzen vor den Tagen und Nächten, die kommen würden. Die Angst, sich aus allen Zusammenhängen herauszulösen. Das hatte ihn gerettet. Daß Tora es nicht schaffte, sich selbst ebenso abscheulich zu begegnen, wie sie zum Teil anderen in der Wirklichkeit begegnet war.
Trotzdem entschloß sie sich, das Buch über Anne Frank in der Bibliothek auszuleihen.
Sie wollte sich zwingen, es zu lesen, auch wenn darin stand, wie tierisch und grausam die Deutschen waren.

23

Sie hörte es deutlich, während sie den Deckel von der Milchkanne abnahm. Die Milchverkäuferin versuchte die Frauen zum Schweigen zu bringen, die hinten in einer Ecke schwatzten. Aber das Unglück war bereits geschehen:
»Ich hab' gehört, daß der Henrik Toste Urlaub vom Gefängnis kriegt und daß er nach Haus kommt.«
Nachher stand sie auf der gefrorenen Straße. Wo die Wagen fuhren, kam der Grus schon zum Vorschein. Vor Weihnachten waren ein paar Schneeflocken gefallen. Dann hatte der Südwest mit ihnen Weihnachten gefeiert. Ordentlich und ohne Gnade, wie er es zu tun pflegte.
Oben auf der Höhe wurde ihr klar, daß sie ohne Milch auf dem Heimweg war, und so lief sie schnell wieder nach Vaeret zurück.
Einige dicke Fliegen hatten in der grauen Bude, die zum Milchverkauf diente, nach dem Sommer noch überlebt. Nun lagen sie als Leichen in der Kugellampe unter der Decke. Tora schluckte eine Menge Spucke hinunter, von der sie gar nicht wußte, daß sie sie hatte, und sagte:
»Zwei Liter.«
Die Fliegenleichen lagen ruhig oben in ihrem Glassarg.
Die Milchverkäuferin sah sie an. Neugierig. Ein grapschender Finger unter Toras Haut. Das Mädchen war doch tatsächlich ohne Milch zur Tür hinausgerannt. Hatte gehört, was gesagt worden war. Die Milchverkäuferin merkte sich die Reaktionen. Es passierte so wenig in Vaeret. Eine Reaktion auf ein Gespräch konnte später zu schönen Minuten führen. Um mit den Kunden darüber zu sprechen: »Der Tora ist das sehr nahegegangen...«, könnte sie zu der Doktorsfrau sagen, wenn die kam. »Ja, ich hab' versucht, die Frauen zum Schweigen zu bringen... aber... das Mädchen hat's gehört.« Sie könnte ein ganz mitleidiges Gesicht machen. Sie könnte sich über die Stirn streichen.
Sie könnte ein paar Worte darüber fallenlassen, daß sie es nicht verstand, daß Ingrid es mit dem Faulenzer aushielt. Und dann! Würde die ganze Lawine dieses schönen Gesprächs in Gang kommen. Die Frauen würden über den klappernden Milchkannen überkochen vor lauter Meinungen. Die Geschichten würden sich wie ein warmer Umschlag auf die bleichen Winterwangen legen. Es würde schwanken und wogen vor lauter

Stimmen unter der blau-weißen Decke, wo man noch die Fingerabdrücke rund um die Kugellampe sah, seitdem eine schmutzige Hand die Birne ausgewechselt hatte.
Die Milchverkäuferin *sah* Tora an... Dann räusperte sie sich.
»Der Henrik kommt nach Haus...?«
Tora setzte die Milchkanne vor sich auf den Ladentisch. Der Griff schepperte unnötig laut, und der Deckel wollte nicht abgehen. Sie bekam kein Wort heraus. Sie schob die Kanne unsanft gegen den üppigen Busen auf der anderen Seite. So unsanft, daß es innen in der grauweißen Schürze einen Seufzer gab. Das Geräusch setzte sich in Tora fort als eine kurze, kalte Freude.

Sie hätte am liebsten ihre Fäuste genommen, um alle Worte zu stoppen. Merkte, daß sie aufs Klo mußte. Die Milchverkäuferin trödelte mit dem Milcheinfüllen und sah mürrisch drein.
Tora saß auf dem Ruhestein in der Kurve oberhalb des Tausendheims. Sah die Kammerfenster von hier aus nicht. Sie wurde langsam so kalt, daß sie keine Angst zu haben brauchte, daß die Mutter sich wunderte, wenn sie so stark zitterte. Sie blieb eine Weile mit den Händen im Schoß sitzen. Jetzt zitterte der ganze Körper, und die Zähne klapperten ein einsames, ängstliches Geräusch. Sie hatte das Gefühl, sich selbst von außen zu sehen. Sie saß auf dem Stein neben sich selbst und legte tröstend die eine Hand auf die andere. Na ja.
War etwas Besonderes mit dem heutigen Tag? Er war voll schweren Rauchs. Eine nebelhafte, unwirkliche Bewegung in allen Dingen. Die Wolken, die Bäume – ja sogar die Häuser hatten eine widerwillige Bewegung in sich. Einen drohenden Protest gegen etwas, von dem nur sie wußte, was es war.
Rauhfrost. Heraufziehend vom Meer. Es rauschte mächtig in großen Wellen dort draußen. Sie konnte die Wellen nicht sehen. Aber sie rollten ihre endlose, gewaltige Kraft in ihr Ohr hinein. Es war nicht so bedrohlich, wenn sie sich sagte, daß es nur Rauhfrost und Meereswellen waren. Daß es nur Kälte war.
Trotzdem blieb sie sitzen. Die Gerüste fielen brennend über ihr zusammen, die Tür wippte auf und nieder. Sein Gesicht, das sich mit großer Geschwindigkeit in einem Trichter drehte, kam auf sie zu. Auf sie zu! Und Tora beugte sich vornüber und faltete die Hände zwischen den Knien und sagte Gebete, die sie nie gelernt hatte. Und die für den lieben Gott viel zu häß-

lich waren, weil sie zur Wirklichkeit gehörten. Sie zwang die Worte aus sich heraus. Brauchte sie als ein magisches Geräusch gegen ihr hämmerndes Herz.
Allmählich gab sich das Rauschen. Die Landschaft stand still. Der Rauhfrost war nur die Kälte, die vom Meer kam. Zum Schluß hatte sie ihn ganz herausgezwungen. Abstand gewonnen. Als sie zu Hause die Hand auf die Türklinke legte – und das hauswarme Messing an der Haut fühlte, hatte sie einen Plan. Es war etwas, was sie tun mußte.
Es graute ihr davor.

Die Mutter saß an der Nähmaschine und sah mit einem kleinen Lächeln auf und nickte. Die Behaglichkeit im Raum, der Lichtschimmer aus den offenen Schlitzen der Ofentür und das Licht über dem Tisch, der Stoff in Mutters Händen – das alles machte es ihr schwer, ihr Vorhaben auszuführen. Trotzdem ging sie zur Mutter hin, ohne ihren Mantel auszuziehen. Sie lehnte sich über den Tisch, beide Hände auf die Tischplatte gestützt. Es war seltsam, so zu stehen und in Mutters verlegene Augen zu schauen. Sie schienen zu ahnen, was jetzt kam. Ein weicher Strich zeichnete sich langsam an jedem Mundwinkel ab. Ein entschuldigendes Lächeln. Eine unbeholfene, unmerkliche Bewegung.
»Ich hab' beim Milchverkauf gehört, daß du den Henrik zu Haus erwartest.«
Ingrid ließ den Stoff mitsamt den Händen in den Schoß sinken. Sie schien gar nicht mehr zu wissen, daß sie den Stoff in den Händen hielt. Die Gesichtszüge verloren allmählich jeden Ausdruck. Eine leere weiße Fläche, umkränzt von dem schönen dunklen Haar.
»Ja, es ist wahr. Ich glaub', ich hab' vergessen, es zu erwähnen...«, sagte sie langsam, während sie nach den richtigen Worten suchte.
»Vergessen?«
Tora beugte sich ganz dicht zu Ingrids Gesicht. Der eine. Mundwinkel war zu einem Grinsen hochgezogen. Ingrid sah erschrocken zu ihr auf.
»Ja, vergessen!«
Tora sah Tante Rakel vor sich. Sie hörte *ihre* Stimme, als sie herausschrie: »Wenn du dich nur einmal daran erinnern würdest, daß ich auch noch da bin, jedenfalls so viel, daß du mir das sagst, was ich unbedingt wissen muß. Hab' ich nicht recht?«

»Was ist denn so schlimm daran, daß der Henrik heimkommt?«
»Ich hab's nicht gewußt. Nicht, bis ich's in Vaeret gehört hab'. Mama, verstehste das nicht?«
Ingrid erhob sich. Stand ratlos mit dem großgeblümten Stoff auf den Füßen da. Es war Frau Dahls neues Abendkleid, das hier eine so unfreundliche Behandlung erfuhr, ohne daß jemand darauf achtete.
»Ich hab's vergessen, hörst du. Du kannst nicht so mit mir reden, Tora! Das paßt gar nicht zu dir. Es ist nicht unsere Art, so miteinander zu reden.«
Ingrid gewann eine gewisse Würde zurück. Sah Tora streng an und hob das halbfertige Kleid auf.
»So was vergißt man nicht, Mama!« sagte Tora leise und mit vorgestrecktem Kopf. Es klang in Ingrids Ohren wie eine Warnung.
»Man *vergißt* so was einfach nicht«, wiederholte Tora mit einer Sturheit, die beinahe schon an Frechheit grenzte.
Ingrid sah die Tochter an. Als ob sie sie zum erstenmal sähe. Sie war im letzten Jahr nicht viel gewachsen. Aber der Körper hatte sich verändert. War mehr entwickelt. Das Gesicht war verschlossen. Die große Nase hatte sich mehr in die Gesichtszüge eingefügt und wirkte harmonischer als früher. Aber Tora hatte schon immer dieses Mürrische, Frühreife an sich gehabt – wie Ingrid sich erinnern konnte. Und die Nase hatte ihr ganzes Gesicht spitz gemacht. Hatte den kantigen, mageren Körper noch betont. Jetzt sah Ingrid, daß alles sich zu Toras Vorteil ausgeglichen hatte. Das Mädchen war im Begriff, erwachsen zu werden, ohne daß Ingrid es gemerkt hatte. Sie versuchte eine gewisse Scham zu überwinden, daß sie Tora unterschätzt hatte. Daß sie an ihr vorbeigegangen war, anstatt, wie es richtig gewesen wäre, sie einzuweihen.
Sie richtete sich auf und legte die rechte Hand auf den Rücken, um ihn zu stützen. Eine Bewegung, die sie unbewußt machte, die aber Tora erkennen ließ, daß die Mutter wieder Rückenschmerzen hatte.
»Nein, man vergißt es vielleicht nicht...«, sagte Ingrid leise.
Tora hatte nicht erwartet, daß die Mutter das zugeben würde. Sie wurde unsicher. Wartete darauf, was nun geschehen würde. Aber es geschah nichts. Tora begriff, daß ihr die Aufgabe zufiel, das zu sagen, was gesagt werden mußte. Trotzdem war sie erleichtert, daß sie so gehandelt hatte, wie sie es sich aufer-

legt hatte, als sie draußen im Flur stand, die Türklinke in der Hand.
Sie hatte Mitleid mit der Mutter. Ein abscheuliches Gefühl. Jedesmal wenn sie irgendwelche Dinge über die Mutter hörte oder sie in Situationen sah, in denen sie ihr leid tat, verlor sie ein Stück ihrer selbst.
»Ist es so, daß wir uns beide davor fürchten, daß er zurückkommt?«
Tora sah der Mutter in die Augen. Zwang sie, Tora anzusehen.
»Ich weiß nicht«, antwortete Ingrid müde. Sie sank auf den Stuhl vor der Nähmaschine, legte den Kopf in die Hände und versteckte sich.
»*Muß* er kommen?«
»Es ist doch sein Zuhause.«
»Willste ihn denn haben, Mama?«
Es wurde so nackt zwischen ihnen. Unerträglich nackt. Tora hatte das Gefühl, ihrer Mutter die Haut abzureißen. Aber es war nötig. Sie ertrug es nicht mehr, noch länger auf diese Weise allein zu sein. War sich klar darüber, daß sie sich schon seit geraumer Zeit eine Gelegenheit gewünscht hatte, die Mutter zu zwingen, ihr wahres Gesicht zu zeigen. Zu *sehen*, ein Zeichen zu geben, daß sie Tora gesehen hatte. Aber es war so erschreckend. Niemand wußte, wie es hinterher werden würde. Morgen. Alle mußten daran denken, daß das, was sie heute taten, den morgigen Tag gestaltete.
»Ich muß. Er ist mein Mann. Dies ist sein Heim. Unser Heim. Wir machen alle schlimme Fehler... Wir brauchen alle einen Ort...«
Die Worte kamen leise und bestimmt, als ob sie sie im voraus genau überlegt hätte. Tora erkannte, daß die Mutter den Prozeß gegen Henrik auch gegen sich selbst geführt hatte, schon vor langer Zeit. Und sie sah ein, daß Henrik gewonnen hatte und daß sie – Tora – hier keinen Platz mehr hatte.
Es zerbrach etwas in ihr. Sie hatte der Mutter ihren Haß gezeigt. Haß? Fühlte sie Haß? Ja, ja! Der Haß war größer als die Furcht. Jetzt, da sie wußte, wie alles war, wenn er fort war. Jetzt, da er sie wieder bedrohte.
»Ich will ihn nicht hier haben!«
»Das kannste doch nicht im Ernst meinen, Tora.«
»Es ist genau das, was ich meine.«
»Das darfste ihn nie merken lassen, wenn er kommt.«
»Denn dann schlägt er uns – oder läßt sich vollaufen?«

Tora fauchte. Es hörte sich so an, als ob sie die Mutter beschuldigte.
»Henrik hat sich geändert. Sie haben ihn in den höchsten Tönen gelobt, wie gut er sich aufführt... dort.« Ingrid brachte es nicht über sich, das Wort Gefängnis auszusprechen.
»Ich will nicht hier sein, wenn er kommt! Hörst du, Mama! Ich will nicht.«
»Liebe Tora, wir müssen ihn aufnehmen, wenn er kommt, er braucht uns.«
Ingrid sah ihre Tochter entsetzt an. Tora führte sich unglaublich auf. Sie war ganz anders als sonst.
»Wir müssen uns wegen Henrik nicht schämen. Wir werden ihm helfen«, sagte sie ruhig und fest.
»Ich will nicht, daß er kommt. Ich will ihm nicht helfen! Hörst du, Mama? Und du schämst dich doch selbst! Glaubste, ich hab' das nicht gesehn? Wie du dich schämst, wenn er voll ist. Wie du Angst hast, daß er dich schlägt und beschimpft. Du... du... Ich hab' auch Angst!«
Tora fühlte, daß nun alles zusammenkam. Daß sie sagen müßte, warum sie solche Angst hatte. Sie müßte auf Mamas Schoß kriechen und alles sagen. Alles! Aber das war unmöglich. Das schaffte sie nicht.
Sie sank zu Boden, dort wo sie stand. Wie ein Ball aus verschiedenem Stoff. Ein gebrauchter, verblichener Stoffball.
Ingrid hörte eine Art Heulen. Mehr ein Aufbegehren als ein Weinen. Sie setzte sich neben das Mädchen auf den Boden. Die Hände strichen mechanisch über die struppigen Zöpfe, während sie eine ganz gewöhnliche Erleichterung empfand, daß Tora weinte.
Das Mädchen war nicht mehr furchterregend. Tora stand nicht mehr am Tischende über ihr und beherrschte sie nicht mehr. Das hier konnte Ingrid in Ordnung bringen. Mit einem Mädchen, das am Boden lag und weinte, hatte die Welt eine lange Erfahrung. Durch alle Generationen. Derlei hatte Ingrid wortlos überliefert bekommen.

Eisblumen auf den miserablen Fenstern im Klassenzimmer. Almar heizte bereits ab sechs Uhr morgens, aber es war nicht mehr als ein bißchen angewärmt, wenn die Kinder um neun Uhr kamen. Tora wußte nie, ob es an der Kälte lag oder nur an ihren eiskalten Gedanken, daß die Füße immer wie abgestorben waren.

Sie zwang sich in die Bücher hinein. Schloß sozusagen die Buchdeckel um sich. Versteckte sich vor allen und allem.
Die Eiterbeule, die Tora am Küchentisch aufgestochen hatte, als sie der Mutter sagte, daß sie *ihn* nicht zu Hause haben wollte, schmerzte noch. Es war nicht alles herausgekommen. Tora wußte, daß es viele Worte gab, die nie ausgesprochen werden konnten. Nie. Denn da würde die Zeit stehenbleiben und alle Dinge würden zerschlagen werden.
Daran dachte sie manchmal mehr als an das, woran sie denken sollte, wenn sie vor dem Katheder beim »Konfirmanden« saß. Aber sie hielt immer die Augen auf ihn gerichtet. Keiner konnte ahnen, daß ihre Gedanken nur sie selbst betrafen.
Seit Sol erwachsen und sehr beschäftigt war, hatte Tora niemanden mehr. Es fiel ihr auf, daß von allen Menschen, die in Vaeret oder auf der Insel herumliefen, kein einziger für sie da war. Tante Rakel war seit der Operation und der Zeit, die sie im Krankenhaus verbracht hatte, so sonderbar fern. Es kam vor, daß Tora ohne besonderen Auftrag nach Bekkejordet ging. Sie mußte einfach nachsehen, ob die Küche noch genauso war wie früher. Ob die Gerüche noch die gleichen waren.
Manchmal dachte sie an Berlin. Daran, daß sie einmal dorthin kommen würde. Aber sie glaubte nicht mehr daran, daß es ganz automatisch geschehen würde. Sie wußte, daß es zu den Dingen gehörte, die man selbst in die Hand nehmen mußte. In gewisser Weise hatte sie noch ein kindliches Vertrauen zu Tante Rakel, daß sie es schon arrangieren würde, daß Tora nach Berlin kam. Aber gleichzeitig wußte sie, daß es der Teil ihrer selbst war, von dem sie sich freimachen mußte. Er paßte nicht zu ihrem erwachsenen Körper. Sie konnte nicht erwarten, daß Tante Rakel lachte und sich ein paarmal umdrehte – und Tora war in Berlin bei der Großmutter. Das entsprach der Wirklichkeit nicht.
Sie mußte die schönen Stunden sammeln, solange sie sie hatte. Denn sie wußte, daß sie einmal großen Hunger nach solchen Stunden haben würde.
Der Knoten im Magen war verschwunden gewesen – lange. Sie hatte geglaubt, daß er niemals wiederkommen würde. Aber nun war er wieder da, steinhart und qualvoll.
Wenn die Bücher nicht so waren, wie sie sie haben wollte, dann konnte sie ganz still in der Dunkelheit in ihrem Bett liegen und sie in ihren Gedanken umformen. Sie konnte das so

gründlich machen, daß sie zum Schluß nicht mehr genau wußte, was sie gelesen und was sie sich ausgedacht hatte.
So war es im Leben nicht. So war es nicht, wenn man Tora war.
Er würde kommen. Es war großartig von der Mama gewesen, daß sie es so gut aufgenommen hatte, als Tora ihr sagte, daß sie ihn nicht haben wolle. Tora begriff nicht, daß die Mutter ihr keine Ohrfeige gegeben hatte. Sie hatte die Mutter wohl zu plötzlich überfallen. Sie fühlte einen ungewohnten Trotz mitten in allem: daß sie *gesagt* hatte, daß sie ihn nicht haben wollte!
Sie wappnete sich und versuchte sich auszurechnen, ob die Aussicht bestand, daß die Mutter zur Abendschicht mußte, wenn *er* zu Hause war. Sie plante schon, was sie unternehmen könnte, um gegebenenfalls das Weite zu suchen.
Sie wollte nie mehr durch das hindurch!
Sie suchte sich gute Gedanken. Wärmte sich an dem Besten, das sie kannte: die Geborgenheit in Bekkejordet. Der schwache Geruch nach den Haustieren im Vorbau. Der beruhigende, gute Duft nach Essen, gebratenem Fleisch im ganzen Haus. Der Weihrauch auf dem Ofen. Rakels anschmiegsame Katze. Rakels Lachen über dem Tisch. Simon...
Bekkejordet veränderte alle, die dorthin kamen. Ihre Gesichtszüge wurden ganz weich. Ungeachtet dessen, wer sie waren oder was sie zu erledigen hatten. Sie waren dem guten Gesetz der Verwandlung unterworfen. Mitten in allem, was abscheulich in dieser Welt war, standen die weißen Hauswände und nahmen auch noch den letzten guten Gedanken weit draußen im Meer in ihre Obhut. War es nicht so? Tora wußte es nicht. Sie wußte nur, daß sie sich brennend nach Bekkejordet wünschte – für immer. Die Wärme. Die Geräusche.
Treppen, die von Güte und von weichen Socken knarrten. Licht, das friedlich brannte, um das Lächeln, das Lachen zu offenbaren. Die weiße Tischdecke, die man beschmutzen konnte. Die gastfreundliche Torfkiste, wenn die anderen mittags schliefen. Mit dem Buch. Im Schein einer Lampe über dem Ofen.
Aber Tora machte diesen hoffnungslosen Traum dem Erdboden gleich. Daran durfte sie nicht denken. Sie hatte noch einiges zu lernen. Denn sie würden am nächsten Tag in Erdkunde geprüft. Tora mußte die besten Noten haben. Sie sollte nach Breiland auf die Realschule. Das hatte Simon gesagt. Im Som-

mer bei der Heuernte. Er hatte gesagt, daß sie in jedem Fall auf die Schule sollte, auch wenn er sterben würde. Aber Simon starb nicht, dachte sie zuversichtlich. Onkel Simon war der lebendigste Mensch – nach Tante Rakel.
Es gab nur eines, woran sie zu denken hatte: die Zukunft. Alles andere mußte seinen Weg gehen. Und wenn *er* plötzlich nach Hause kam, dann mußte sie sich eben damit abfinden.

Tora bekam gute Noten. Immer.
Und Ingrid warf einen Blick darauf. Lobte Tora geistesabwesend sanft. Als ob Tora zu einem falschen Zeitpunkt gekommen wäre, um ihr die Noten zu zeigen, ohne daß Ingrid deshalb böse wurde. Das machte Tora auf der Stelle zu einem kleinen, vom Meer verzauberten Stein.
Sie sah die Mutter von der Seite an. Plötzlich sah sie, daß sie genauso vergrämt aussah wie in früheren Zeiten. Bevor *er* fort war.
Ingrids Backenknochen traten bläulich aus dem Gesicht hervor, und die Sehnen am Hals waren stramm und mager unter der weißen Haut.
Tora hätte sich am liebsten versteckt. Alles würde wieder werden wie vorher. *Er* war bereits ins Tausendheim zurückgekehrt. Sie fühlte schon seinen Atem über sich. Den heftigen Atem. Sie wußte, daß seine Kleider bereits auf einem Haufen im Flur lagen.
Sie riß Ingrid den Prüfungsbogen aus der Hand und stürmte in ihre Kammer. Hörte Mutters Stimme. Bittend. Aber es galt gar nicht ihr. Es galt *ihm*. Die Mutter würde immer um Gnade für *ihn* bitten.
Tora knüllte den Bogen in der Hand zusammen und zerrte sich die Kleider vom Leib. Es war ja Abend.
Die Mutter schaute zur Tür herein.
»Warum biste so ungestüm?« Die Stimme hatte den alten, wehleidigen Ton. Es war nicht auszuhalten.
»Ich bin nicht ungestüm. Es war nur, weil du das gar nicht angesehen hast, was ich dir gezeigt hab'.«
»Tora!« Ingrids Stimme wurde scharf. So wie seinerzeit, als Tora noch klein war.
Aber diese Stimme war jetzt ungültig. Tora merkte, daß sie keine Angst mehr davor hatte. Sie hatte sicher nie Angst davor gehabt. Eher Mitleid. Deshalb hatte sie sich danach gerichtet. Sie wußte, daß die Mutter ihrerseits eine andere Stimme im-

mer fürchtete. Sie benutzte die böse Stimme gegen Tora nur, weil sie auch Angst hatte.
Tora spürte einen starken Widerwillen. Sie sah Mutters Gesicht im Lichtkreis der Nachttischlampe. Das gleiche Mitleid. Das gleiche Gefühl, barfuß über spitze Steine zu gehen. Die Sehnsucht, zu entrinnen. Sich in sich selbst zu verstecken. Sich in einem Raum zu verstecken, hinter einer verschlossenen Tür. Wo es keine Stimmen gab. Niemanden. Nur sie. Tora. Und sie konnte sich selbst gehören. Denn keiner sah sie.
Ingrid war ganz nah ans Bett gekommen. Die Luft um sie herum war undurchdringlich. Tora kam nicht hindurch. Sie wandte sich ab.
»Du bist so schroff geworden, Tora. Du sollst dich mir gegenüber nicht so aufführen.«
»Nein.«
»Du könntest wenigstens sagen, was los ist...«
Die Geräusche im Haus waren aufdringlich. Wie im Gefängnis. Elisifs Füße waren so schwer. Es wurde so viel geschlurft. Tora konnte nicht klar denken.
»ICH WILL NICHT, DASS ER KOMMT!«
Die Mutter sank auf die Bettkante. Jemand hatte Striche in ihrem Gesicht gezogen. Häßliche, tiefe, grobe. Tora wußte. Das war sie – Tora. Sie sah es von der Seite. Das verbissene, verschlossene Gesicht.
Verstehen! Verstehen! Lieber Gott, laß die Mama doch verstehen!
Nein, nein! Laß sie nichts begreifen.
Tora richtete sich im Bett auf und schlang die Arme um die Mutter. Einen Augenblick saßen sie so. Dicht umschlungen.
»Es war nur, weil du nicht richtig hingeschaut hast, was ich für Noten bekommen hab'...«
Tora flüsterte. Und die Mutter hielt sie fest. Das war wenigstens *etwas*. Aber es führte nicht weiter.
»Ich bin gespannt, wie das gehn soll – das hier – ich auch«, sagte die Mutter endlich. »Wie die Leute es aufnehmen...« setzte sie zögernd hinzu.
Damit hatte sie so viel gesagt, daß Tora die Luft anhielt. Es war so zerbrechlich. Streckte sich über die Bettdecke zu ihr. Mutters Worte waren ein hilfloser Vogelbeerbaum im Wind. Widerstandsfähig, aber er zitterte. Mit den Wurzeln in der Erde streckte er die Zweige aus, um das Ziel zu erreichen.
»Die Leute haben damit nichts zu tun«, sagte Tora hart.

Sie hörte selbst, daß Rakel das gesagt haben könnte. Es war, als ob die Tante ihr die Worte in den Mund gelegt hätte, auch wenn sie nicht da war.
»Das ist wohl so... Ich hab' geglaubt, daß du daran gedacht hast. Daß du – daß du dich geschämt hast... gewissermaßen.«
»Nein.«
Tora faßte einen Entschluß. Dieses Gespräch durfte nicht stattfinden. Es war so gefährlich wie eine alte Eisscholle in der Bucht im April.
»Ich mein', daß er immer so mürrisch ist. Daß er nur Unfrieden stiftet, der Henrik.«
Sie hatte seinen Namen gesagt. Sie hatte das noch einmal geschafft.
»Er hat sich geändert«, sagte Ingrid verschämt.
Als ob sie den Mann verriete, wenn sie während seiner Abwesenheit über ihn sprach.
»Wie?«
»Er trinkt nicht mehr. Er hat gelernt, mehr auf sich selbst zu achten, glaub' ich. Du sollst keine Angst vor diesen Tagen haben, Tora. Die werden wir schon bewältigen. Und so können die Leute sich wieder an ihn gewöhnen. Bis er endgültig rauskommt...«
Sie stockte. Sie hielt Tora von sich weg und sah sie hilflos an – bis diese den Kopf senkte, damit die Mutter ihre Augen nicht sah.
Ingrid ging aus der Kammer und schloß die Tür mit einem Seufzer der Erleichterung.
Tora kroch in der Dunkelheit in sich zusammen.
Deutschenkind.
Deutschenteufel.
Bankert.
Die Katze am Zaun. Sie war nicht tot. Noch nicht. Sie kratzte und biß.

24

Es kann geschehen, daß der Menschen Gebet erhört wird.
An dem eiskalten Märztag, an dem Henrik in Vaeret an Land gehen sollte, kamen zwei Stapel Waren und einige wenige Säkke Zement zum Vorschein. Die Landungsbrücke lag da und streckte sich. Es war, als ob sie wartete – auch sie.

Aber es passierte nichts.
Tora stand an eine Wand gelehnt, zusammen mit ihrer Mutter, und hatte das Gefühl, daß sich die Haut vor lauter Widerwillen unter den Kleidern umstülpte.
Und dann kam er nicht.
Die Erleichterung war so groß, daß sie eiligst hinter die Kisten gehen und ihren Atem beruhigen mußte, bevor sie der Mutter in die Augen sehen konnte.
Ingrid ging hinauf in Simons Büro, um anzurufen. Und sie bekam Bescheid. Er hatte es sich anders überlegt. Er wollte nicht.
Ingrid war womöglich noch blasser als sonst. Die Hände spielten mit dem Griff der Handtasche. Sie wollte sich nicht setzen. Sie hatte keine Lust auf Kaffee. Sie wollte endlich das Telefongespräch bezahlen. Sie starrte oberhalb von Simons Kopf auf einen Punkt – der wichtiger war als der übrige Raum.
Tora stand an der Tür und strahlte. Sie konnte es nicht verbergen. Die Freude war zu groß. Simon sah es. Er setzte sich in seinen Drehstuhl und sprach leise und vertraulich mit Ingrid – die absolut nicht bleiben wollte.
»Er meint sicher, daß es schwierig ist, so nach Haus zu kommen – für ein paar Tage nur...«
»Ja, die Leute machen es einem nicht leicht – hier auf der Insel.«
Ingrid sagte es ohne Zorn. Ohne Spitze und ohne Bitterkeit.
»Es ist wohl so...«
Simon antwortete zögernd. Er wollte abwarten, worauf das Gespräch hinauslief.
»Da kommt er also nicht, bevor – bevor er für immer kommt?«
»Das haben sie gesagt«, erwiderte Simon und wand sich ein wenig. Er hatte das Gespräch anmelden, sich erkundigen müssen und Ingrid Bescheid sagen. Er hatte plötzlich eine unbändige Wut auf diesen Mann, der so viel zerstörte. Der nie die Verantwortung für etwas übernehmen wollte und der nie das tat, was er tun sollte. Er ließ die Augen über Tora gleiten, blinzelte ihr zu wie einer Mitverschworenen, indes Ingrid sich umdrehte, um zu gehen.
Da explodierte die Freude in Tora. Sie mußte sie loswerden. Mußte irgend etwas unternehmen.
»Es macht nichts«, sagte sie fest und laut. Die Stimme plät-

scherte wie ein Bach, der einen steilen Hang herunterfließt. Es tummelte sich so viel Freude darin. Freude, die ein ganzes Haus hätte füllen können.

»Du kannst ihn ja besuchen«, fügte sie hinzu.

Ingrid blieb wie angewurzelt auf derselben Stelle stehen. Sie hatte den Unterton in der Stimme des Mädchens gehört.

Dann richtete sie sich hoch auf und ging hinaus. Tora folgte ihr auf den Fersen.

Tora wußte nicht, warum sie das getan hatte. Es wäre nicht nötig gewesen, daß sie etwas sagte. Sie hätte die Erleichterung in der Tiefe ihres Herzens bewahren können. Sie hervorholen, wenn sie allein war. Die Mutter hatte genug. Es wäre nicht nötig gewesen, Simon zu zeigen, daß sie *ihn* nicht zu Hause haben wollte. Das hätte sie der Mutter ersparen können.

Dennoch. Ein herrlicher Trotz. Eine Art Rache, weil die Mutter sich immer für ihn entschied. Und weil sie die strenge Stimme angenommen und Tora gezwungen hatte, mit zum Kai zu gehen. Obwohl die Mutter wußte, daß es für Tora eine Qual war. Daß sie da wie ein kleines Mädchen stehen sollte und auf den warten, den sie am meisten haßte. Diese Gedanken mahlten in ihr – den ganzen Tag. Und mittendrin war eine Wunde, die nicht verheilen wollte. Denn die Mutter ging umher und sah keinen.

Schließlich floh Tora hinaus auf die Straße. Trieb sich am Kai herum. Schlich um Randis Haus, ohne daß sie hineingehen konnte. Lief den Weg hinauf nach Bekkejordet, aber kehrte um, als sie am Tor war.

Sie ballte die Hände in den Fausthandschuhen und fachte die Erleichterung und die Freude aufs neue an. Steckte die kleinen Zweige Hoffnung und Optimismus in die zarte Flamme. So ging sie dahin. Es wurde ihr ganz warm.

Aber die Mutter war nirgends. Und Berlin war ein kindlicher Gedanke geworden, der keinen Sinn hatte.

Da blieb ihr nur noch die Realschule! Und das Zimmer in Breiland. Natürlich kam sie dorthin! Bitten und betteln, jawohl. Aber hin mußte sie.

Manchmal schnappte es nach ihr. Das hatte sie gemerkt. Als Sol zu Hause bleiben mußte. Aber das war wegen Elisif und der kleinen Kinder... Mit ihr, Tora, war es etwas anderes. Onkel Simon hatte es gesagt. Daß sie auf die Realschule gehen sollte. Sie, mit dem klügsten Mädchenkopf in Vaeret! Jawohl!

Aber sie fühlte sich trotzdem eingesperrt in einem kalten, feuchten Keller. Wo nicht einmal die Katzen Schutz suchten. Mit einem Fußboden so voller Frost, daß keiner sich dort aufhalten konnte. Mit mehreren Rissen in den Wänden und eingewachsenem, erstarrtem Haß.
Tora hatte gelesen, daß Berlin die Stadt der einsamen Frauen geworden war. Im Westsektor lebten 1 200 000 Frauen und nur 900 000 Männer. Und der Nazismus erhob wieder sein Haupt in Westdeutschland. Hitlers Hakenkreuzfahne war in einem Park in Nürnberg gehißt worden.
Es ist, als ob *er* sich auf diese Weise an ihr rächt. Rächt, weil sie so froh war, daß er nicht kam, und er macht Berlin zu einer Stadt ohne Licht und Schutz.
Zum Schluß denkt sie klar und einfach, daß er tot sein soll. Sie ist Tora. Sie ist Deutsche. Sie wünscht, daß Menschen sterben. Das ist sicher.

Im Tausendheim gingen die Tage dahin. Es taute sowohl außen als innen. Die Sonne zwang die Haut ins Licht.
Es hatte keine direkte Frage über Toras Schicksal nach dem 8. Schuljahr gegeben.
Ingrid zögerte die Entscheidung hinaus, solange sie konnte. Sie wußte, wovon Tora träumte. Sie hatte einige Berechnungen am Rand von Papiertüten angestellt. Die Berechnungen bekamen nie einen Schlußstrich. Denn Ingrid wußte nie, was sie verdienen würde. Sie hatte es bis jetzt einigermaßen hingekriegt – stand nicht sehr tief in der Kreide.
Tora auf die Realschule nach Breiland zu schicken war ein Unternehmen, das sie nicht schaffen konnte. Allein die Miete für das billigste Zimmer war eine so große Ausgabe, daß alles andere über den Haufen geworfen wurde.
Sie hatte Sols Hände gesehen. Hatte die Siebzehnjährige wie eine uralte Frau die Treppe hinaufgehen sehen. Sie selbst hatte Schwierigkeiten mit dem Rücken und den Handgelenken. Trotzdem war das nicht *das* Schlimmste. Es waren vielmehr die verschlossenen Türen.
Die Hoffnungslosigkeit. Die Jahre rannen dahin wie Sand durch rote, verletzte Finger.
Und Ingrid wußte, daß sie schuften mußte, bis es richtig weh tat, wenn sie Tora das alles ersparen wollte.
Manchmal sah Ingrid ihre eigene Situation. Von außen. Sie wuchs wie ein schwarzes Meer und schlug über ihrem Haupt

zusammen. Während sie selbst zusah, ohne etwas machen zu können.
Nachts hörte sie die Gefängnistore auf- und zuschlagen. Es nahm kein Ende.
Schließlich stapfte sie den Weg hinauf nach Bekkejordet, um Simon zu bitten, für einen Bankkredit zu bürgen. Sie mußte mit der Rechnerei zu einem Ende kommen. Der Bankdirektor war wie aus Stahl und Eisen gewesen. Aber er gab nach, als sie versprach, einen Bürgen zu stellen.
Sie saß eine Stunde am Kaffeetisch in Bekkejordet, mit Sandpapier unter den Augenlidern und Händen gleich aufgeschreckten Vögeln, ehe sie auf ihr eigentliches Anliegen zu sprechen kam. Vermochte zunächst nichts zu sagen. Feuchtete nur die Lippen an und zog umständlich den Schuldschein aus dem großen Umschlag heraus.
Rakel hatte es erwartet. Simon hatte es erwartet. Schon als Ingrid zur Tür hereinkam. Denn sie hatte die schwarze Lacktasche mit nach Bekkejordet genommen. Die Tasche war unmodern, groß und schäbig. Der eine Griff war mit umständlichen, kleinen Stichen aus starkem schwarzem Garn repariert.
Simon kratzte sich wohlwollend am Kinn. Dann sagte er nachdenklich, während er zu Rakel hinüberschielte: »Ich würd' ja gern meinen Namen druntersetzen. Aber ich bin bei der Bank so verschuldet, daß ich nicht weiß, ob sie mich als Bürgen anerkennen... Ich sag' grad heraus, wie's ist... Aber ich kann dir Geld leihen. So bleibt es zwischen uns. Ich gönn' der Bank und der Allgemeinheit nicht noch mehr Zinsen, will ich dir nur sagen.«
Rakel nickte bedächtig. Sie bemühte sich zu verbergen, daß diese Abmachung schon lange getroffen worden war, bevor Ingrid mit dem Schuldschein kam.
Ingrid wehrte sich. Sie habe genug, um die Zinsen zu bezahlen, meinte sie. Aber Simon lachte und sagte, daß das Geld, das ein junges Mädchen auf der Realschule brauche – ein Klacks sei gegen das, was das Geschäft verschlinge.
Als Ingrid mit dem überflüssigen Schuldschein in der Tasche nach Hause ging, verstand sie sich selbst nicht mehr. Denn über der Freude und Erleichterung lag eine dicke Schlackenschicht. Wieder einmal mußte sie jemandem danken. Wieder einmal mußte sie untertänige Dankbarkeit bezeugen.
Würde damit niemals Schluß sein? Konnte ein Mensch sich niemals erheben und die Erlaubnis bekommen, aufrecht zu

stehen? Sie sah Rakels sanftes, freundliches Puppengesicht in dem tiefen Sessel vor sich. Und der Widerwille klammerte sich fest. Eisern.
Sie gestattete es sich nicht, sich darüber zu wundern, daß ihr Widerwille nicht auch Simon mit einschloß.

So kam es, daß Tora mit Gunns Hilfe ein Gesuch an die Kommunale Realschule in Breiland richtete, die am 27. August beginnen sollte. Gunn schickte ein persönliches Gutachten über die Schülerin Tora Johansen mit und ersuchte um Stipendium und Freiplatz.
Tora saß in dem kleinen Zimmer hinter dem Klassenraum und hörte Platten, während Gunn schrieb.
»Don't be cruel«, sang Elvis. Er war heute wie Samt in ihren Ohren.
Und die Farben im Raum waren heute so fürchterlich klar. Gunns Gesicht war so schön, wie es da über das Formular gebeugt war. Der Aufprall von Ritas Ball gegen die Wand war so voll guter Laune.
Tora spürte den schwachen Geruch von Gunns Zigaretten. Blue Master, ein blaues Pferd auf der Packung!
Später saß sie am Strand und verschnaufte. Lange. Sie war mit dem großen, ernsten Brief auf der Post gewesen. Dem Freiheitsbrief! Das Sonnengeflimmer drang durch die Augenlider. Geruch nach Ebbe. Der Geruch von dem breiten Uferstreifen prickelte in den Nasenlöchern wie ein guter Geruch.
Konnte es jemanden geben, der eine größere, verrücktere Freude in seinem kleinen Körper festzuhalten hatte?
Sie erhob sich und sprang mit langen, flinken Sätzen über die Steine am Strand. Einmal fiel sie hin und schlug sich den Ellbogen blutig.
Da nahm sie sich zusammen. Zog sich eine fröhliche Würde an. Steckte die Hände in die Ärmel der braunen Strickjacke. Ging mit den über den Rücken baumelnden Zöpfen wie ein kleiner Chinese, der zum Maßhalten erzogen ist – auch in der Freude. Aber sie pfiff laut und durchdringend.
Die Fähre kam aus der Bläue herausgeglitten. Aus dem lichtblauen Himmel kam sie über das leichtgekräuselte Meer. Mit Streifen von der Strömung und dem Schiff und dem Licht. Gleitend rnitten in einem Wolkenschatten. Ein großer Wal mit weißem Rücken. Ein zielbewußtes, technisches Tier mitten im Meer.

Ein ausgelassener Sonnenstrahl traf die Fenster auf der Brücke der Fähre und tat einen Satz direkt in das Gesicht des Mädchens am Strand.

25

»Was haben die Frauen bloß gemacht, bevor der Büstenhalter erfunden war?« seufzte Ingrid.
»Gingen ohne« , antwortete Rakel trocken.
»Gingen die wirklich mit allem herunterhängend?«
»Hängen hin, hängen her. Es gibt so vieles, was hängt – auch bei den Männern, wie ich weiß. Es ist nur Gewohnheit. Ich geh' ohne, bis ich morgens im Stall gewesen bin. Und ich fühl' mich unglaublich wohl, wenn ich mich nicht so einzwäng'. Ich mag eigentlich auch keinen Straps und den ganzen Kram. Der Simon übrigens auch nicht, haha.«
Ingrid seufzte noch einmal. Zog langsam das neue Kleid über den Kopf. Es war aus neuem Stoff genäht. Blau und leicht fiel es über ihre mageren Hüften. Die kleinen Brüste zeichneten sich zierlich auf jeder Seite des knochigen Brustkastens ab. Fett setzte Ingrid nicht an. Sie war zäh und sehnig wie ein junger Bursche.
Und sie war froh, daß sie die Brüste in dem weißen Büstenhalter aus Nylon verstecken konnte. Sie war froh über alles, was sie verstecken konnte, die Ingrid. Der neue Büstenhalter gab ihr ein fremdes und gutes Gefühl von Luxus. Sie hatte es mit ihrem letzten Lohn geschafft, die Kleiderstoffe und die Unterwäsche für Tora und sich selbst zu kaufen. Sie war sich während des Nähens ziemlich verrucht vorgekommen. Eine aufgeregte Stimmung. Ein Gefühl, etwas Unerlaubtes zu tun. Bevor er nach Hause kam. Sie schaute heimlich zu der Schwester hinüber. Sah Rakel nicht recht mitgenommen aus? Bei dieser Entdeckung wurde sie sich klar über ihre eigene Magerkeit. Wenn sie sie beide jetzt im Spiegel sah, stellte sie fest, daß die Schwester nicht mehr so weich und rund und rotbackig war wie früher.
Tora sah auch. Hörte. Durch die halboffene Kammertür. Sie sah auch die Veränderung von Tante Rakel. In einer gewissen Weise machte es den Tag unsicher. Natürlich, die Tante war krank gewesen, aber... sie war doch jetzt wieder gesund?

»Man sollte immer jung bleiben. Jung und mit schönen, neuen Kleidern.«
Ingrid strich an dem neuen Kleid entlang. Richtete sich auf und drehte und wendete sich vor dem großen Spiegel. Traum in den müden Augen. Sie schien einen Augenblick vergessen zu haben, wer sie war.
»Guten Tag, guten Tag, alte Mutter«, grinste Rakel und nahm sie in die Arme.
Ingrid wandte sich zu ihr um und lächelte ein klein wenig.
Tora saß in der Küche und war fertig. Sie sollte mitkommen. Sie wollten zum Tanz. Nicht ins Jugendhaus. Nein, in Simons Betrieb. Er war schon vorausgegangen, um nach dem Rechten zu sehen. Er hatte selbst Kreppapier zu Girlanden gewunden und Birkenlaub für die Tische geschnitten.
Er hatte tagelang gesungen, der Simon. Er würde den Betrieb voller Menschen haben. Hatte sogar Dahl und seine Familie eingeladen. Die Arbeiter und die Arbeitgeber. Die Lehrer und den Doktor. Hatte reichlich bezahlt für Labskausfleisch und Küchenhilfe. Endlich sollte das neue Gebäude gefeiert werden. Rakel sollte gefeiert werden! Der Sommer war so plötzlich und mit solcher Macht an dem Tag gekommen, an dem das Linienschiff ihm Rakel zurückgebracht hatte, daß es ihm schwergefallen war, die Füße unten auf dem Grusweg zu halten, einen nach dem anderen – wenn er ging. Er war überglücklich und wie neugeboren gewesen. Und er konnte sich keine bessere Welt denken. Nie. Jetzt war für ihn schon über ein Jahr lang Sommer.
Und nun hatte er sich zu einem Fest entschlossen. Für alle.
Ingrid sollte dabeisein. Sie hatten sie überredet. Viel Zeit und viele Worte dafür gebraucht. Aber bei keinem Wort hatte es sich um Haarabschneiden und Jugendhaus gehandelt. Endlich hatte sie ja gesagt. Mit einer glühenden, hilflosen Freude über sich selbst.

Sie waren fertig. Die Frauen. Gingen hinaus in den Juliabend und den warmen Ostwind. Mit klarem Wetter und Sonne im Schoß und in den Haaren. Der Ostwind war eine Leihgabe von einem anderen Land. Wo alles warm und kalt war mit sehr großen Gegensätzen. Der Wind zog über die Gebirge und war ein Gnadengeschenk.
Tora sollte mit zum Tanz kommen! Sie war den ganzen Tag herumgegangen mit einer Art naßkalter Unruhe zwischen

Haut und Kleidern. Die Unruhe war nicht schlimm, nur wie ein Hunger nach etwas.
Das einzige, was sie von den Tanzfesten im Jugendhaus wußte, war daß die Leute gelegentlich voll waren. Und es konnte auch zu Schlägereien kommen.
Ja, und dann tanzten sie. Tora hatte im übrigen keine ganz klaren Vorstellungen, wie das alles war. Natürlich hatte Sol erzählt. Mit träumenden, abgewandten Augen oder kichernden, schmalen Schlitzen und feuchtem, halboffenem Mund – wo die Lachsalven aus der Tiefe heraufblubberten. Aber Tora war nie richtig klug daraus geworden. Das war nicht ihre Welt. Sie hätte der Mutter nie sagen können, daß sie tanzen gehen wollte. Nie! Nicht ins Jugendhaus!
Sie war zur Kinovorstellung dort gewesen. Ja, sicher. Sie war zu Weihnachtsfeiern, die die Schule arrangierte, dort gewesen. Die Mutter hatte sie immer zu diesen Festen feingemacht. Sie hatte ihre rote, magere Arbeitshand auf Tora gelegt und hatte sie gehen lassen. Aber sie ging nie mit. Tora war eine von den Kleinsten, die mit eigenem Antrieb und ferngesteuertem Segen kamen und gingen. Die Töchter vom Pfarrer saßen zwischen Vater und Mutter und waren unangreifbar. Tora hatte mehr als einmal einen stillen Kampf gekämpft, um ihren Mantel in dem großen Haufen auf den alten Pulten neben der Tür zu finden. Hatte geduldig gewartet, bis die Erwachsenen ihre Sachen und die ihrer Angehörigen herausgesucht hatten. Und sie hatte nie richtig darüber nachgedacht. Daß es etwas Besonderes war. Sie hatte es nur wie einen schmerzhaften Riß empfunden. Den sie vergaß. Es war nun einmal so.
Aber jetzt – lange danach, fühlte sie ein heftiges Mitleid mit sich selbst. Sie ging an diesem Sommerabend zwischen Rakel und Ingrid und erinnerte sich. Und plötzlich bekam sie Lust, ihre Schritte um die Bucht zu lenken. Zum Jugendhaus. Sie dorthin zu führen. Alle drei. Die Leute in Vaeret sollten sie *sehen*.
Sol kam ihnen nachgelaufen. Atemlos und rot. Ob sie meinten, daß sie mitgehen könne.
Sie stand robust und sicher da. Sol! Hatte sich losgeeist und brauchte in diesen Abendstunden niemandem zur Hand zu gehen. Hatte den Kampf schon hinter sich. Es hatte ihr kräftig um die Ohren geblasen, bevor sie ging. Aber sie hatte sich heil und unerlöst durchgeschlagen. Trotz Elisifs Gebeten und Torsteins Nachgiebigkeit.

Die großen, soliden Arbeitshände waren in jedem Fall davon geprägt, daß sie schon viel getan hatten. Die kleinen hellblauen klugen Augen verrieten ihren unbeirrbaren Appetit auf das Leben und ihren Trotz gegen alles, was dem im Wege stand.
Sol hatte auch ein neues Kleid. Sie wirkte darin wie verkleidet, und es paßte nicht zu ihr. Ein grünes Taftkleid mit Volants am Hals und an den Ärmeln. Tora blickte an ihrem eigenen Baumwollkleid herunter. Es war ein Wunder gewesen, als es in der Kammer an der Wand hing. Schwarzweiß kariert und mit Spitze. Und jetzt stand sie neben Sol und war weniger als ein Nichts. Sol, die noch in die hoffnungslosesten Dinge ein bißchen Wärme hineinmanövriert hatte – früher, war zu einer Bedrohung von Toras Selbstbildnis geworden. War schuld daran, daß sie einen so kindlichen Eindruck machte. Sogar mit dem neuen Kleid.
Sol ging mit einer Handtasche! Tora ertappte sich dabei, daß sie sich einredete, es sähe dumm aus. Sol sollte nicht in einem grünen Taftkleid und mit Handtasche daherkommen. Das wirkte zu städtisch und aufgetakelt! Und die Schuhe waren auch viel zu hochhackig und erwachsen für Sol. So viel älter als Tora war sie auch wieder nicht!
Tora starrte auf den Weg und schubste mit den Füßen kleine Steine vor sich her und hörte, daß Ingrid und Rakel mit Sol wie mit einem erwachsenen Frauenzimmer redeten. Es schnürte ihr innerlich alles zusammen. Als ob sie eine eingeschlossene Welt mit sich herumschleppte – die vor allen verborgen werden mußte. Das machte das ganze Fest grau. Die schöne Stimmung war weg. Der Abend war unbedeutend geworden. Es lagen heute abend Pferdeäpfel auf dem Weg, wie an anderen Abenden. Nie würde sie eine wirklich schöne Zeit haben, die auch andauerte. Nie! Denn sie war Tora. Alles, was sie hatte, war kleiner und schlechter als das, was die anderen hatten. Immer. Sogar schlechter als das, was die Elisif-Kinder hatten.
Sie dachte diesen Gedanken. Ließ ihn sich ausbreiten. Wog ihn. Und als er ihr Bewußtsein erreichte, wußte sie, daß sie das gedacht hatte, was alle Leute dachten: daß die Elisif-Kinder von einer mindereren Qualität waren als sogar Tora. Sie hatte sich alle häßlichen Worte, die sie gehört hatte, zu eigen gemacht. Das hatte sie wirklich.
Tora beugte den Kopf noch tiefer, aber hörte auf, Steinchen zu schubsen. Sie versteckte die Arme vor der Brust in der Strick-

jacke. Der Wind wehte unterschiedlich. Er war nicht immer warm. Es ging auf 9 Uhr zu, es war Abend – auch im Sommer wurde es abends kühler.
Tora wußte, wie der Raum aussah. Sie hatte Simon beim Ausschmücken geholfen. Wußte, wer kommen sollte und was es zu essen gab.
War mit dabei gewesen, die kalten Resopaltische mit rotem Krepppapier zu überziehen. Und grünem Laub.
Trotzdem. Sie hatte die Geräusche nicht bedacht. Die Musik. Die Stimmen. Den warmen Dunst von fröhlichen, erwartungsvollen und unruhig erregten Menschen. Die Fenster hoch oben an der Wand ließen den hellen Sommerabend nicht herein. Die grellen Deckenlampen waren nicht an. Auf einigen Tischen flackerten Kerzen im Luftzug. Es war wenig von dem übrig, was den großen, hohen Raum zu einem Fischereibetrieb machte. Die weißen Wände, die sonst Flecken von Fischblut und Akkordarbeit hatten, waren für diesen Anlaß sauber abgewaschen worden. Bis spät in den Nachmittag hinein hatte es nach Schmierseife gerochen. Jetzt war von dem Geruch kaum noch etwas zu spüren. Die beiden Türflügel der enorm großen Tür standen offen gegen Möwen und Meer. Es hingen noch tausend andere Düfte und Dämpfe in der Luft. Die Schatten lagen unruhig in den Ecken und wußten nicht, wo sie bleiben sollten. Die Leute kamen langsam in Bewegung. Ziehharmonika und Gitarre waren von Breiland hierher befördert worden. Zwei Männern ging der Ruf voraus, daß sie gute Musiker waren. Simon bezahlte ziemlich viel. Dafür sollten sie spielen und für das Kleingeld, das sie bis zwei Uhr in die Mütze bekamen. Und das war großartig. Es war lang bis zwei Uhr.
Tora blieb Rakel dicht auf den Fersen. Sol verschwand in der Menschenmenge, ohne daß sie ein Wort zu Tora gesagt hatte. Das tat weh. Trotzdem half es ihr ein wenig, Abstand von Sol zu gewinnen. Sie sah sie umringt von jungen grinsenden Burschen aus Vaeret, mit denen ein Wort zu wechseln Tora sich bisher nicht herabgelassen hatte.
Tora entdeckte einen, den sie nicht beim Tanz zu sehen erwartet hatte. Ottar. Er schien nicht ganz in das Muster hineinzupassen. In schwarzem Anzug mit Schlips. Mit dem untadelig gekämmten Haar und einem einfältigen Lächeln. Er wog hier kein Mehl und keine Margarine ab, und er hatte kein marmoriertes Buch, um Namen und Kredit zu notieren. War nicht mehr als ein Mann in mittleren Jahren, der noch keine Frau

bekommen hatte. Hier galten andere Gesetze als in Ottars Laden. Er stand an der Wand und wußte das wohl auch.
Aber Simon war Herr in seinem Reich. Tora sah, wie er Rakel zu fassen bekam, sobald er sie erblickt hatte. Sie sah, wie er sie hoch in die Luft hob. Konnte nicht verstehen, was er sagte. Sah nur den Mund.
Das breite Lächeln. Wie konnte ein Mann nur einen solchen Mund haben?
Tora glitt auf die Bank neben der Tür.
Ingrid sollte in der provisorischen Küche helfen. Sie hatten Kochplatten aufgestellt. Trugen aus den Räumen für die Fischer herunter, was sie brauchten. Und das übrige machten sie oben. Die Frauen fanden keine Worte für die neuen Räume. So großartig war alles. Sie zogen weiße, mit Volants besetzte Servierschürzen an, die sie sonst im Missionsverein benutzten oder wenn sie eine Zusammenkunft im Frauenverein hatten, und begaben sich ans Bedienen. Das war eine Bedienung, die unter Gelächter und guter Laune vor sich ging.

Tora saß auf der Bank und vergaß sich selbst. Sie sah die Leute das Tanzbein schwingen, ein Paar nach dem anderen. Zwei große Augen in einem blassen Gesicht über einem karierten Baumwollkleid. Saß da und schaute – ohne selbst gesehen zu werden. Ein unansehnliches graues Möwenkind auf einem mächtigen, imponierenden Vogelfelsen. Die Seeleute hatten ihre verarbeiteten Hände gründlich gesäubert. Sie hatten die großen, stillen Sorgen über Gegenwart und Zukunft zu Hause gelassen. Die nagende Angst vor Kündigung und Arbeitslosigkeit. Die gefrierende Ohnmacht vor dem, was über den Kopf von so einem armen Kerl hinweg entschieden wurde. Alles, was in den engen Räumen bei jedem einzelnen lag. Verlassen und in den Schatten gestellt. Stumm und verborgen – für einen Abend und eine Nacht.
Flaschen klirrten überall. Herrlich unsichtbar, illegal. Aber dennoch überall anwesend.
Glühender, durchsichtiger Nordlandsommer. Hinter den Fischkästen. Gluckern in engen Flaschenhälsen und in schüchternen Mädchenkehlen.

Simon tanzte. Die Jacke hatte er abgeworfen. Er warf die Weste ab. Er umfaßte den abgemagerten Körper Rakels mit beiden Händen und sah nur sie. An die umfangreiche Rechnung für viele Kilo Labskausfleisch verschwendete er keinen Gedanken. Das helle, lockige Haar hing ihm bereits feucht in die Stirn. Und der kompakte, breite Oberkörper beugte sich schützend über die Frau. In der umschließenden Bewegung und dem gebeugten Nacken lag die Angst vieler Monate, sie zu verlieren.

Ein Mann, der den Rücken beschützend über eine Frau beugt: ältestes Zeichen der Menschheit.

Tora sah, daß Onkel Simon den anderen Männern ganz unähnlich war. Sie hatte es schon vorher gewußt. Wie selbstverständlich. Aber jetzt *sah* sie es. Auf Abstand. Beim Tanz. Herumwirbelnd. Sonderbar. Schön.

Und sie stand im Ruderboot. Beim Brand. Spürte Simons Atem auf ihrem Gesicht. Spürte die wilden Herzschläge sich in ihrem eigenen Körper fortpflanzen. Aber es gab da etwas anderes. Etwas, was sie selbst betraf. Eine Veränderung aller Dinge. Etwas, was die Zeit betraf. Das Versprechen, daß er ihr mit der Schule weiterhelfen wolle.

Seine Augen, als die Tante krank und abwesend war. Wie bei einem kleinen Jungen.

Tora holte sich Onkel Simon mit den Augen dort auf der Tanzfläche. Sie wärmte sich an seiner Freude. Bohrte die dünnen Finger in sein helles Haar hinein. Fühlte, daß es verschwitzt und voll warmen und duftenden Heustaubs war.

Sie waren auf der Heuwiese. Sie sah, daß er das Hemd in der sengenden Sonne abwarf. Der bloße Oberkörper vor ihr. Wie ein schwerer Stoß gegen den Unterleib. Die Gefahr blieb dabei aus. Hatte keine Macht.

Sie setzte Simon wieder auf den Boden. Er hörte plötzlich auf zu schweben. War ein gewöhnlicher und unzugänglicher Körper. Wie jeder x-beliebige Körper dort auf der Tanzfläche. Denn Tora hatte gesehen. Und die Scham brannte wie Feuer in ihrem Gesicht. Sie erhob sich jäh und ging zu den Frauen.

Ingrid blickte auf, als sie kam. Froh. Tora half ihr ein wenig. Aber sie hatte einen Unwillen gegen alles. Fühlte sich wie ausgelöscht. An Tante Rakel hatte sie mit keinem Gedanken gedacht. Toras Bild umschloß etwas. Tante Rakel war aber nicht in dem Bild. Im vorigen Jahr. Da hatte sie die Tiere auf Bekkejordet versorgt, da hatte sie Simon *gesehen*. Aber nach Tante Rakel hatte sie sich *gesehnt*. Die Küche war ohne sie kalt gewesen.

Der Pfeifenrauch und der Talkumstaub stiegen zur Decke. Eine wirbelnde, schwebende Kraft von Staub und Wasserdampf und Rauch. Die Männer hatten zwei große Tüten Talkum über dem Fußboden ausgeleert, um die Tanzlöwen zufriedenzustellen. Die Frauen kreischten beim Walzer. Es ging wie geschmiert.

Sol stand plötzlich neben Tora und hatte an jedem Arm einen von den jungen Männern, die bei Dahl arbeiteten. Sie lachte unbeschwert. Sie hatte draußen einen kleinen Spaziergang gemacht, und das grüne Taftkleid sah etwas zerknittert aus.

Nun wollte sie, daß Tora mit einem von den Männern tanzte. Er hatte einen dunklen, struppigen Schopf und große, dunkle Augen. Er war weiter nördlich zu Hause. Tora hatte ihn seine Lebensfreude herausfluchen hören, als sie ein paar Mal an den Gerüsten vorbeigegangen war. Hatte auch laut und fürchterlich falsch dort oben unter dem Himmel gepfiffen. Einmal hatte er ihr seine Mütze nachgeworfen.

Nun stand er da und lachte und wollte tanzen. Sol sagte, sie müsse dafür sorgen, daß die Jugend einander finde, sonst könne es auf der Insel nie etwas Vernünftiges werden.

Tora hatte Schwierigkeiten mit ihren Händen. Es kam ihr unwahrscheinlich weit bis zur Tanzfläche vor. Glatt war es auch geworden. Die Gesichter wurden dort sehr schnell herumgewirbelt. Der Bursche mit dem schwarzen Schopf wuchs zu einem großen Berg vor ihr auf. Sie sprachen kein Wort. Er zog sie zur Tanzfläche hin. Tora versuchte sich zu erinnern, welche Schritte Sol ihr beigebracht hatte.

Sol und sie hatten Walzer getanzt und sich gedreht, bis bei Tora alles rund ging und ihr die Übelkeit schon oben im Mund saß. Sie erinnerte sich nur, daß es unerträglich warm, stickig – und lustig gewesen war. An die Schritte konnte sie sich nicht mehr erinnern. Es war unmöglich.

Der Bursche, er hieß Åge, hielt sie krampfhaft fest. Sein Atem war die ganze Zeit über ihr. Sie hätte sich am liebsten in ein Mauseloch verkrochen. Seine Hände an ihrer Haut ließen sie erstarren. Sie wünschte inständig, daß es vorüber wäre. Alles wurde so scheußlich.

Er hatte sich Mut angetrunken und lehnte sich ab und zu schwer an sie, um sie im nächsten Augenblick hart und unsicher herumzuschwingen.

Jörgen stand irgendwo an der Wand und grinste. Er hatte ein paar von seiner Clique aus der Schule bei sich.

Tora wurde es siedendheiß vor lauter Scham. Daß Sol so eine war! Ihr diesen Burschen anzudrehen! Sie riß sich plötzlich los und stürzte zur Tür hinaus.
Er kam nach. Atmete heftig, mit einem verdutzten, blöden Gesichtsausdruck.
»Warum rennste denn weg?«
»Ich will nicht mehr...«
»Warum biste so hochnäsig?«
»Du hast getrunken...«
»Na und? Das haben doch alle Männer hier.«
Jetzt, wo sie einen sicheren Abstand zum Tanz hatte, bekam Tora Mut.
»Da scheiß' ich drauf. Ich will mit Besoffenen nichts zu tun haben!« Da war es raus.
Er packte sie hart am Arm. War stark. Die Augen schossen Blitze. Sie hatte ihn gereizt.
»Laß mich los!« sagte sie.
»Nee«, sagte er schroff, »nicht bevor du nicht wieder reinkommst zum Tanzen. Denn so besoffen bin ich nicht. Das werd' ich dir zeigen.«
»Such dir 'ne andre.«
»Nee!« Er schwankte leicht, dann fuhr er sich mit der freien Hand über die Nase. Tora versuchte ständig, von ihm loszukommen.
Plötzlich stand Simon vor ihnen.
»Haste Zeit, dich auch mit 'nem alten Mann im Tanz zu drehen?« sagte er gutmütig.
Des erwachsenen Mannes selbstverständliche Autorität? Das unwillige Mädchen? Die der Welt innewohnende Tollheit und unzählige Schnäpse? Wer weiß es. Åge fühlte sich auf einmal sehr stark. Und seine Faust schwang sich von allein nach oben. Sie traf gut. Besser, als er erwartet hatte. Simons Nase wurde unter des Grünschnabels nicht ganz sauberer Faust zusammengequetscht. Das Blut spritzte auf die weiße Wand hinter ihnen. Es tropfte auch schön und rot auf Simons weißes, frischgebügeltes Hemd. Ein paar Sekunden lang.
Dann war der Griff in den Nacken unabwendbar. Dieser Åge aus dem hohen Norden, der noch nicht richtig trocken hinter den flatternden Ohren war, wußte in seiner Dummheit und in seinem Rausch nicht, an wem er sich vergriffen hatte.
Denn Simon hatte eine Reizschwelle. Eine Grenze, die er selbst zu vergessen pflegte, weil sie selten ausprobiert wurde.

Der große, fröhliche Simon konnte so wütend werden, daß er nicht wußte, was er tat. Sein Glaube an die Menschen, seine naive Einstellung, daß das Gute in seinem Teil der Welt allmächtig war und das Böse nur eine Parodie, waren so stark, daß seine Wirklichkeit in Schutt und Asche fiel – falls jemand daran rüttelte. Und das konnte er nur ertragen, indem er einen Zorn aufleben ließ, der alles auslöschte. Denn Simon war es nicht gewohnt, daß ihm die Leute grollten.
Jetzt hatte die Faust des jungen Burschen ihm gezeigt, daß da noch ein Prozent Boshaftigkeit für ihn saß.
Deshalb vernichtete er den Rausch des Jungen in einer großen Spülwanne, die draußen am Kai an Ketten hing. Er blieb in der schaukelnden Wanne liegen. Lange. Es waren wenige, die ihn vermißten. Ein Fremder hat niemandes Sympathie.
Die »Schaukel« hatte gewaltig ausgeschlagen, als sie eine so schwere Last bekam. Dann blieb sie ruhig hängen. Die Leute kümmerten sich nicht um den jungen Kerl, der an einem solchen Abend einen Streit anzettelte. Und gegen einen solchen Mann! Denn die Leute wußten, wer das Labskaus bezahlte und den modernsten Fischereibetrieb im ganzen Inselreich besaß.
Er, der das nicht wußte, lag in der weißen Wanne am Kai, mit dem Himmel über sich und den klagenden Nachtrufen der zahmen Möwen um die Ohren. Die Jacke hatte einen zerrissenen Ärmel, und die Oberlippe war blau bis unter die Nase. Er sah häßlich aus. Aber keiner bemerkte es, und niemand interessierte sich dafür. Irgendeinen psychologischen Gedanken – oder eine Vorstellung von dem Debüt eines jungen Festlöwen im Ballsaal oder dem Fluch des Alkohols für junge, nicht gefestigte Seelen, das hatte keiner.
Denn Simon hatte Blutflecken auf dem Hemd, und unzählige willige Hände mit kaltem Wasser und Küchentüchern waren ihm behilflich.

Tora fand sich auf dem Klo wieder. Das war der einzig mögliche Ort. Es brannte hinter den Augenlidern. Sie hielt die Scham zurück, so gut sie konnte. Mußte es immer so sein? Warum gerade heute abend? Mußte denn alles, was sie erlebte, beschmutzt werden? Sie hörte draußen Rakels Stimme. Klopfen an die Tür.
»Tora?«
Es kam leise, zögernd.

»Tora, mach auf, ich bin's! Die Tante.«
Tora schloß auf. Lehnte sich an den Türrahmen. Sah zu Boden.
»Es ist doch nicht deine Schuld, daß die Männer verrückt sind, Liebes. Komm jetzt raus. Komm und tanz wieder. Dem Simon tut's leid, daß er sich eingemischt hat. Er hat geglaubt, der Bursche belästigt dich... Hat er das nicht getan?«
»Er hat getrunken...«
»Ja, ja. Vergiß es. Simon soll mit dir tanzen. Komm jetzt. Du sollst dir nicht alles kaputtmachen lassen, wo du zum erstenmal auf einem Fest bist.«

Drinnen im Halbdunkel. Kerzenlicht. Goldene Sonnen über den Tischen schwebend. Durch nichts angezündet. Ohne Himmel. Ohne Jahreszeit. Zwischen den weißen Wänden, die für etwas anderes bestimmt waren als für Tanzfeste.
Menschen in Bewegung. Dauernd. Eine taumelnde Masse von Körpern, Armen und Beinen. Fahle Gesichter. Hände, die nach Händen griffen.
Simon hielt sie leicht von sich ab. Tora achtete auf die Hand, die sie um die Taille faßte. Sie war eine Art Pfand für etwas. Bedeutete Sicherheit gegen etwas. Gegen alles. Nun lachte er über seine fleckige Hemdenbrust. Hielt Tora behutsam – als ob es gälte, ihnen beiden das Leben zu retten. Die Hand, die sie umfaßte, war warm und trocken wie ein prickelnder Teil ihrer eigenen Haut.
Sie fühlte mit ihrem ganzen Körper. Er roch nach Bekkejordet. Würzig und süß. Heu und Luft und Sonne. Sie fühlte, daß etwas sie losließ. Etwas, was sich immer verschloß, wenn jemand versuchte, sie anzufassen. Es machte sie schwach, ruhig und schwer. Aber gleichzeitig hellwach und ließ sie zittern vor etwas, was sie nicht verstand. Eine fremde, grundlose Freude.
»Du solltest die Haare immer so tragen, Tora.«
Sie sah zu dem Mann auf. Sah, daß es zwischen ihnen brannte. Einen Augenblick nur. Dann versteckte er seine Augen hinter dem Lächeln und der sicheren Miene: Ein Erwachsener sprach zu einem jungen Mädchen.
Aber Simon hatte gesehen. Es machte ihn verwirrt. Er erlaubte sich nicht, darüber nachzudenken. Hielt nur das Mädchen von sich ab. Und lobte ihr Kleid und daß sie so gut tanzen konnte. Aber irgendwie vermochte er sich nicht einzugestehen, daß Rakel deutlich eine ihrer Lehrmeisterinnen gewesen war. Rakels Name war ein Ruf in eine andere Zeit.

Tora bemerkte Sol, die mit Ottar tanzte. Es sah nicht besonders lustig aus. Der schwarzgekleidete, steife Ottar und die üppige, glühende Sol. Es war etwas Merkwürdiges dabei. Tora verstand nicht, was Sol mit Ottar zu tun hatte. Wie der Tanz zustande gekommen war. Aber sie gönnte es Sol! Vor allem jetzt. Sie, die den ekelhaften Tagelöhner vom Dahl angeschleppt hatte. Sol, die eine Dame geworden war – fremd und unnahbar.

Viele widerstreitende Gefühle tauchten auf. In dem Kerzenlicht und der verzauberten Welt der Musik war alles enthalten. Gut wurde böse – und böse wurde gut. Es war, wie wenn der Filmvorführer den Film so oft abgerissen hatte, daß er nur noch schneiden und wieder neu zusammenkleben konnte – und der Zusammenhang für die Zuschauer verlorenging. Man saß auf der Bank und fragte sich, was in dem Leerraum zwischen den beiden Filmenden eigentlich geschehen war...

»Ich hab' übrigens ein Zimmer für dich in Breiland bekommen«, sagte Simon. Es war ihm plötzlich ganz wichtig, etwas zu sagen.

»Wo denn? Bei wem?« Toras kleine Stimme verschwand da unten.

Simon hielt sein Ohr dicht an ihren Mund, um sie zu verstehen. Die Welt explodierte in einem schwindelnden Augenblick unverdienter Nähe.

»Es ist bei einer alten Dame, die allein in einem großen Haus wohnt. Du kannst im Dachgeschoß wohnen. Sie wirkte nett am Telefon. Wir werden das mit der Miete regeln, sie und ich. Sie will 60 Kronen im Monat haben – denn das Zimmer ist sehr groß. Wir werden später ausführlich drüber reden. Sie hat heute angerufen. Da sind wir diese Sorge los.«

Sorge? Los? Tora kannte in der ganzen Welt keine Sorgen. Sie ging nach draußen, wo man eine Cafeteria aufgebaut hatte, und holte sich einen Teller Labskaus. Sie ließ sich mit Rita und Jörgen und einigen anderen von der Schule zusammen nieder. Alle sahen sie plötzlich an. Tora lächelte. Sie hatten das Lächeln nie vermißt. Weil da nichts zu vermissen gewesen war. Aber jetzt sahen sie den Unterschied. Tora lächelte! Die roten Haare, die immer in zwei struppigen Zöpfen zusammengehalten wurden und deshalb sehr kraus waren – standen um ihren Kopf wie eine Wolke. Eine der Serviererinnen bemerkte zu Ingrid, daß das Mädchen seiner Tante jetzt unheimlich ähnlich sehe.

Ingrid schaute Tora einen Augenblick an. Dann nickte sie langsam.
Es wurde ihr richtig warm. Sie konnte nichts dafür. Es lag gar nicht daran, daß Tora Rakel so ähnlich war. Sie sah etwas, was sonst niemand sah: eine kleine Bewegung um den Mund. Die große, gebogene Nase. Und die Augen. Das alles stammte von woanders her... Sie freute sich darüber. Immer. Schwieg, aber freute sich.
Frits kam an den Tisch, wo die Jugendlichen saßen. Den ganzen Abend hatte er sich bei seinen Eltern aufgehalten. Er tanzte nicht und hatte keine Freunde, zu denen er gehörte. Da sah er Tora. Sie hatten sich noch nicht getroffen, seit er heimgekommen war. Er war noch größer geworden. Hatte einen richtigen Anzug aus Gabardin an, wie ein Mann. Es war kein ausgedienter Konfirmandenanzug. Frits war erwachsen und fremd geworden – genau wie Sol.
Tora fühlte sich unsicher, aber sie machte ihm auf der Bank Platz. Jörgen bot ihm sehr männlich eine Zigarette an, die er jedoch ablehnte. Tora sah auf seine Hände. Die knochigen, großen Hände. Er hatte sie auf die rote Kreppapierdecke gelegt. Lichtschein und Röte rund um die langen, dünnen Finger und die großen, hervorstehenden Knochen. Tora erinnerte sich, daß sie auf dem Bettüberwurf gesessen und die Hände betrachtet hatte... Und so getan, als ob sie läse.
Das war eine Ewigkeit her. Und auf einmal sah sie Simons Hände, wie er die Drähte der Heureuter bog, als ob es gar nichts wäre. Starke braune Hände. Männerhände. Die nicht drohten. Sie sah sie mit der Eisenstange hantieren, wenn die Pfähle von den Heureutern in die Erde sollten. Sie fühlte die Hände beim Tanzen auf ihrem Körper. Und Frits Hände verschwanden, schrumpften ein – waren eine schöne Erinnerung an eine Zeit, als die Gefahr noch nicht alles zerstört hatte und der Raum noch nicht blutig und ohne Tür war. Frits gehörte in die Zeit, als sie noch nicht wußte, wie schrecklich alles sein konnte. In die Zeit vor dem Brand und dem wild klopfenden Herzen des Mannes im Ruderboot.
Und Tora hatte das Gefühl, bei einem flügellahmen Vogel zu sitzen. Fühlte so viel Zuneigung zu dem Jungen und seiner stummen Welt. Beugte sich zu ihm und hieß ihn zu Hause willkommen. Er lächelte und verstand, was sie sagen wollte. Sie unterhielten sich eine Weile in der Zeichensprache und waren für niemand anderen erreichbar.

Hinten an der Tür stand eine Mutter. Randi. Ihre Augen hingen an den zwei jungen Leuten dort drinnen in der Cafeteria. Für den Rest des Abends ruhte ihr Blick voller Zärtlichkeit auf dem Mädchen mit dem üppigen roten Haar.
Tora tanzte mit dem ungeschickten, ungelenken Jörgen und dem Angeber Ole, der seine Schirmmütze während des Tanzens aufbehielt. Randis Augen, die Tora anschauten, waren ein Segen, eine zwingende, gute Kraft.

Sie gingen nach Hause. Eine ganze Schar. Junge und Alte. Einige hatten tüchtig getrunken und grölten und sangen. Andere gingen Arm in Arm, und die übrigen existierten nicht für sie. Eine dritte Gruppe schwätzte, hörte zu und stimmte ein mit Gelächter oder Worten, je nachdem.
In der letzten Gruppe waren Ingrid und Tora, Rakel und Simon. Er hielt Rakel und Ingrid umschlungen. Ging zwischen den Schwestern und lächelte und sagte nichts. Er überließ den anderen das Reden. Sie waren zehn, zwölf, die von Vaeret aus über die Hügel gingen.
Tora ging ganz außen am Straßenrand und sog alles in sich hinein. Sie hatte den schwarzhaarigen Burschen gesehen, der in der Wanne am Kai schlief. Er tat ihr ein bißchen leid, so wie die Dinge nun einmal standen. Weil er draußen war. Ausgestoßen. Aber sie war im Kreis der Menschen. Und dort ging Simon. Er war da. Sie sollte auf die Schule. Sie besaß alles. Die Tür war endlich offen. Sie – Tora – hatte die Schande vertrieben, die nun keine Macht mehr hatte in der Nacht.
Das Licht war glasklar und scharf über den Gesichtern. Nachtlicht. Die Fackel des Wahnsinns. Der nördlichen Bewohner jährlich wiederkehrende Lebensversicherung. Tora sah, daß Himmel und Meer in einem schimmernden Dunst ineinander übergingen und daß die Sonnenscheibe mächtig dort draußen rollte. Ein niedriger weißer Schimmer stand einen Augenblick und zitterte, bevor er sich in das irdische Bild eingliederte. Die Sonne war bereits im Meer gewesen und war wieder auf dem Weg zum Himmel. Alles deutete auf einen schönen Sonntag.
Simon war zufrieden mit sich und der Welt. Das Fest war ein einziger großer Triumph. Von dem ersten bescheidenen Ziehharmonikaton bis zu dem starken Schnaps, den er seinen besiegten Gegnern spendiert hatte. Ottar und Dahl. Er hatte sie hinauf in sein Büro gebeten. Sie hatten auf den harten Holz-

stühlen gesessen, die zu Simons einfacher Möblierung gehörten. Er hatte eine ganze Flasche Brandy Spezial herausgeholt und reichlich in die Gläser eingeschenkt. Obenauf kamen noch ein paar Tropfen kalten Wassers.
Simon war König. Er besaß des Volkes Wohlwollen. Von ihm würden die Frauen beim Vormittagskaffee reden. Simon mit dem breiten, gütigen Lächeln und der naiven, gutmütigen Art. Der Labskausfleisch für ganz Vaeret und die übrigen Ortschaften stiftete. Er konnte es sich leisten, die anderen über eine solche Nacht reden zu lassen. Und er hielt Rakel fest umschlungen und ging mit langen, langsamen Schritten auf einem Grusweg, zwischen dessen deutlichen Fahrspuren Gras wuchs. Löwenzahn und Glockenblumen. Simon hatte sich die Bucht und den Hafen untertan gemacht. Den Fischereibetrieb und die Hütten. Alle Herrlichkeit der Erde gehörte ihm. Und doch hatte er keinen Schaden an seiner Seele genommen.
Er erlaubte es sich einmal, sich umzudrehen. Es war am Ruhestein. Er wußte, daß er von da seinen ganzen Betrieb sehen konnte. Der Kai mit den alten und neuen Gebäuden. Alles. Er warf nur ein wenig den Kopf in den Nacken. Sog den Anblick in sich hinein. Obwohl er ihn noch gut von vorher in Erinnerung hatte. Aber er sagte nichts.

Elisifs älteste Tochter kam der Gruppe über die Hügel nachgelaufen. Sie glättete ihr Taftkleid und zog die Jacke fest um sich zusammen, als sie sie erreichte. Das helle, zerzauste Haar mit den Dauerwellen war ziemlich in Unordnung geraten. Die Wangen waren trotz der Anstrengung blaß. Die Nacht war wohl etwas plötzlich für sie gekommen nach dem vielen Tanzen. Oder hatte es Elisifs Sol einiges gekostet, hinter dem Birkengestrüpp zu stehen und Ottar mit dem Kreditbuch zu erklären, daß sie es sich leisten konnte, heute abend den anderen zu folgen und zum Tausendheim zu gehen, ohne sich den Kredit zu sichern? Sie lebte ihr eigenes Leben. Sol. Konnte es sich erlauben, den Alltag zu verachten. Und sie wußte genug über einzelne Leute, um sie für alle Ewigkeit zum Schweigen zu bringen. Dennoch: Da war irgendwo eine Leere. Ein bitteres Wissen, daß sie hier auf der Insel einen Stempel trug. Ein unsichtbares Zeichen.
Aber sie würde es ihnen schon zeigen.

26

Der zweite Samstag im August.
Tora war in Bekkejordet gewesen und hatte Rakel beim Hausputz geholfen. Sie zögerte den Heimweg so lange hinaus, daß Rakel und Simon Blicke wechselten.
Als sie im Tausendheim die Küchentür öffnete, saß *er* direkt ihr gegenüber auf der Couch.
Sie hatte gewußt, daß er kommen sollte. Aber sie hatte es nicht fertiggebracht, dieser Tatsache ins Auge zu sehen. Hatte lange gehofft, daß er erst kommen würde, wenn sie bereits nach Breiland abgereist war.
Er war für sie ganz unwirklich geworden, seit sie den Bescheid erhalten hatte, daß sie an der Realschule angenommen worden war. Sie hatte gewissermaßen Abstand zu ihm gewonnen. Hatte ihn willentlich vergessen.
Nun saß er da.
Tora hatte einen ganz trockenen Mund. Wie im Fieber. Hatte keine Angst. War nur entsetzlich müde. Ohne zu wissen, was sie jetzt tun sollte. Hatte vergessen, wie er war. Immer erraten müssen, wie man sich am besten benahm, damit es möglichst wenig Krach gab.
Er sah nicht gut aus. Sie wußte nicht, was sie erwartet hatte. Er war der gleiche. Und doch ein anderer. War eine lebende Erinnerung an einen schrecklichen Gedanken, den sie mit niemandem teilen konnte.
Die Mutter stand mit dem Rücken zu ihr. Am Küchenschrank. Sie richtete das Abendessen. Tora war sich dessen nicht bewußt, daß sie auf der Türschwelle verharrte und schwer atmete, als ob sie den ganzen Weg gerannt wäre, und daß sie dort bereits so lange stand, daß es Anlaß für einen Wutausbruch sein konnte.
»Da stehste und glotzt.«
Henrik grinste ein wenig. Er erhob sich.
»Guten Tag, Tora!«
Lag da etwas in seiner Stimme? Eine Drohung? Eine Warnung?
Tora wollte ihm wenigstens guten Tag sagen. Das konnte nicht schaden. Aber sie vermochte es nicht. Glaubte einen Augenblick, daß sie es gesagt hätte. Aber sie sah an seinem Gesicht, daß sie nichts gesagt hatte.
Sie *sah* sein Gesicht. Die Züge waren schärfer geworden. Er

war dünner. Hatte sich einen Bart zugelegt. Niemand in Vaeret ging mit Bart. Die schneeweißen, kräftigen Zähne zeichneten sich wie ein Tiergebiß gegen den dunklen Bart und die tagealten Bartstoppeln ab. Er hatte bläuliche Ringe unter den Augen. Der Pullover und die Hosen waren dieselben wie in der Brandnacht. Als ob er unlängst aus dem Meer gestiegen wäre. Tot – bis jetzt. Tora hatte den Eindruck, daß es ein böser und langsamer Traum war. Er hörte nie auf. Er sollte ewig dauern – ganz bestimmt.
»Also gut. Da redste eben nicht. Das macht mir nichts aus.«
Henrik ging langsam in das Zimmer und rumorte dort drinnen. Dann kam er mit einem Päckchen wieder raus. Schritt durch die Küche und legte es vor Ingrid auf den Schrank.
»Bitte. Ein Mitbringsel aus der Stadt.«
Der Sommer war wunderschön gewesen. Die Fenster standen bis spät am Abend auf. Die Möwe und der kleine Seelachs hatten Farbtupfer auf alles gesetzt. Die Sonne hatte nicht daran gedacht unterzugehen.
Weiche Spätsommergeräusche drangen in die Küche. Es steckte noch ein guter, schwerer Duft nach Heu, Gras und Blumen in Toras Nase. Die Welt war nicht hier. Das Leben war nicht hier. Es konnte nicht wahr sein, daß er zurückgekommen war. Aber er stand da. Er übergab der Mutter ein Päckchen, das sie langsam und schweigend öffnete. Sie trocknete die Hände sorgfältig ab, bevor sie den Inhalt herausnahm. Ein weißes Sommerkleid! Es floß aus dem Papier heraus wie ein Wunder. Floß zwischen Henrik und der Mama.
Tora starrte. Sie war noch nicht richtig in den Raum hereingekommen. Sie sah, wie die Mama dankte. Ihm die Hand gab. Als ob man zwei Fremde im Stummfilm sah. Abgehackte, lächerliche Bewegungen. Der Mund, der sich bewegte. Sinnlos.
Ingrid hielt sich das Kleid an und betrachtete es mit gesenktem Blick.
»Es ist unwahrscheinlich schön... und muß viel gekostet haben...«
»Nicht der Rede wert.«
Er stand vor Ingrid. Einen Augenblick sah es so aus, als ob er nach ihr greifen wollte. Aber er ließ die Arme sinken. Endlich begriff Tora, was so sonderbar war. Es war nicht das Päckchen. Nicht, daß er nüchtern war. Nicht, daß er guten Tag sagte und keine Ohrfeigen gab. Es war die Stimme. Sie war sicher und froh. Tora fühlte, wie das Unbehagen sie packte. Es

war so widersinnig. Sie konnte es nicht fassen. Der Mann schien noch gefährlicher zu sein, weil seine Stimme – wie Onkel Simons Stimme geworden war...
Er sprach leise mit der Mutter über den Tisch hinweg, während sie aßen. Tora wagte nicht zu sagen, daß sie schon in Bekkejordet gegessen hatte. Die Scheibe Brot blieb auf dem Teller liegen – lange. Aber keiner äußerte sich dazu. Die Geräusche von Elisifs Anhang waren heute abend unwirklich und dumpf. Irgendwo draußen auf der Straße fuhr jemand mit einem quietschenden Fahrrad davon. Einmal hörte sie Jörgen unten am Kai rufen. Tora hörte den Geräuschen an, wo sie herkamen. Wußte auf einmal, daß Jörgens Ruf von der Grenze zwischen dem Betonkai und dem Holzkai kam. Sie kannte das ganze Tausendheim. Kannte den ganzen Strand. Alle Geräusche. Die Stimmen.
Und dann war es trotzdem geschehen, daß *er* hierhergekommen war mit einer Stimme, die zu nichts paßte.
»Du bist groß und erwachsen geworden.«
Der Schweiß brach ihr aus allen Poren, als sie spürte, wie seine Augen sie musterten. Die alte Übelkeit. Sie mußte auf den Hof – auch wenn sie beim Essen saßen.
Sie wußte nicht, wie sie aufstehen sollte. Denn dann würde er ja ihre ganze Gestalt sehen. Sie hatte das Gefühl, daß es lebenswichtig war, so viel wie möglich vor seinem Blick zu verbergen.
Sie duckte sich. Fiel gleichsam über der Tischplatte zusammen.
Noch hatte sie nicht ein einziges Wort gesprochen.
Ingrids Hände spielten nervös mit der Tischdecke. Hilflos sah sie Tora an. Es lag eine Bitte in ihrem Blick. Einen Moment trafen sich ihre Augen.
Dann richtete Tora sich plötzlich auf und sagte: »Ja.«
Henrik zuckte bei ihrer Stimme zusammen. Aber er ließ sich sonst nichts anmerken. In ihren Gedanken keimte ein Samenkorn, eine Hoffnung – daß mit dem Mann ein Wunder geschehen war. Daß alles, was gewesen war, nur in ihrer Fantasie existierte. Ja, einen Augenblick war sie bereit, zu vergessen. Wenn er nur ein anderer geworden war. Wenn er nur sein ganzes Denken und Handeln geändert hatte.
Aber Tora hatte so manchen Gesinnungswandel erlebt, so manchen Hinterhalt gespürt, so viele Worte von Menschen gehört, von denen sie eine bessere Meinung gehabt hatte, daß sie

sich schnell ausrechnete, daß diese Veränderung nicht dauern konnte. Deshalb saß sie mit zusammengepreßten Schenkeln da. Die Scheibe Brot ließ sie liegen.
Als er ein zweites Mal ins Zimmer ging und mit einem Päckchen wiederkam, das er vor Tora hinlegte, vermochte sie kaum einen Dank herauszubringen. Vermochte das Papier nicht anzufassen. Die Übelkeit war das einzig Wirkliche.
Ingrid packte ein Holzkästchen aus. Eine Brosche aus roten Glasperlen lag darin.

Henrik war nüchtern. Er blieb zu Hause bis Montag morgen. Dann ging er zu Dahl, um ihn um Arbeit zu bitten.
Ingrid hatte kaum zu atmen gewagt, solange er im Hause war. Es war zu schön, um wahr zu sein. Dahl war anderer Meinung. Er empfing zwar Ingrid Tostes Mann. Aber er machte ihm klar, daß er keine feste Arbeit bekommen könne. Da waren viele vor ihm an der Reihe.
Leute, denen er schon seit langem etwas versprochen hatte.
Henrik wurde eine Spur dunkler. Er klemmte seine Mütze unter den Arm und ging ohne Umschweife. Dahl seufzte. So war dieser Parasit auf die Insel zurückgekommen.
Na gut. Man mußte auf alles, was brennbar war, achtgeben.
Henrik wußte etwas Besseres, als in Ottars Laden zu gehen. Und er ging an Simons Fischereibetrieb vorbei. Er machte statt dessen einen Spaziergang auf den Veten. Die Leute konnten sehen, daß er den Weg schnell hinaufstieg. Da fehlte Henriks Füßen gar nichts, wenn er nüchtern war. Und er war nüchtern. Es war kaum zu glauben. Er trug den Kopf hoch. Etwas zu hoch, meinten die meisten. Er grüßte alle, so daß sie genötigt waren, zurückzunicken.
Als er schon eine ganze Woche zu Hause war und noch nicht in die Tobiashütte hineingeschaut hatte, mußten die Männer ein bißchen grinsen. Er hatte sicher noch die Nacht in guter Erinnerung, in der die Tür der Tobiashütte Seewasser und Kotze abbekommen und ihn wieder ins Leben geschüttelt hatte. Dieser Kerl glaubte wohl, daß im Gefängnis zu sitzen eine Art Amerikareise war – von der man zurückkommen konnte und hochmütig und stolz sein.

Es wurde nun so, daß er am Tischende in der Küche im Tausendheim saß und selbstgedrehte Zigaretten rauchte und alte Zeitungen las. Ihm schien das zu gefallen. Aber es gab nicht

viele, die Henrik Toste ansehen konnten, was in seinem Schädel vor sich ging.
Und Ingrid spürte die Faust im Nacken. Sie fühlte sich sehr unfrei. Hatte vergessen, wie es ist, einen rauchenden – qualmenden Mann am Tisch sitzen zu haben. Er lähmte ihre ganze Energie. Sie wußte nicht, wie sie das Notwendigste zuwege bringen sollte unter des Mannes forschendem Blick. Es war, als ob sie sich das alte Leben zurückwünschte. Das Leben ohne ihn... Und das, obwohl er nüchtern war. Sie schämte sich. Schämte sich fürchterlich. Jetzt, wo sie nicht ihre ganze Klugheit gebrauchen mußte, damit er sie nicht schlug, damit er nüchtern war, damit er arbeiten ging – jetzt schien sie nichts anderes mehr zu haben, was das Zusammenleben mit dem Mann betraf. Sie hatte nur eine große, rastlose Leere. Und sie war froh, daß in der Fischfabrik die Arbeit bald wieder aufgenommen werden sollte. Ihr graute davor, und sie war gleichzeitig froh, daß Tora demnächst nach Breiland fuhr.
Der Widerwille des Mädchens gegen den Mann war nicht auszuhalten. Jeden Tag fürchtete sie, daß Henriks Geduld am Ende sei und es zu einem Ausbruch kommen würde. Sie wußte nicht, ob sie es wagen sollte, ihm zu erzählen, daß sie sich mit Rakel und Simon schon vor langer Zeit versöhnt hatte. Über das, was gewesen war, sprachen sie nicht – miteinander. Und sie wußte nicht, wie lange sie ihn noch hinhalten durfte. Hatte ihm nicht einmal erzählt, daß Tora auf Simons Kosten die Realschule besuchen würde. Aber das konnte sie nicht mehr aufschieben.

Schließlich war es Tora selbst, die es ihm sagte.
Sie wollte eines Tages ihre Sachen in einen großen Karton einpacken – ohne daß die Mutter und sie darüber gesprochen hatten, wann und was gepackt werden sollte.
Henrik saß wie gewöhnlich am Küchentisch und rauchte. Das Radio war an. Es krächzte Musik in den verräucherten Raum hinein. Tora kam mit einem Pappkarton durch die Küche getrottet und wollte damit in die Kammer.
»Was willste denn mit dem großen Karton – willste umziehn?«
Er grinste sie ein bißchen an und nickte zu dem Karton hin.
»Ja. Ich soll nächste Woche nach Breiland.«
»Ach! Was machste denn da?«
Die Stimme war noch ruhig.

»Ich soll auf die Realschule.«
Tora verstand selbst nicht, daß sie es schaffte, ihm zu antworten. Aber sie war nicht auf sein kaltes Lachen vorbereitet. Nur auf den Wutanfall und die Ohrfeige. Nur darauf, daß er toben würde und nach Vaeret hinunterrennen und sich um Sinn und Verstand trinken.
Das Lachen war überlegen. Sicher. Schlimmer als alles andere.
»Habt ihr geerbt – deine Mutter und du? Weißte überhaupt, was das kostet, sich in Breiland ein Zimmer zu nehmen und auf die Realschule zu gehn?«
»Ja, Onkel Simon hat's für uns ausgerechnet.«
Tora ließ sich nicht beeindrucken. Stand dem Mann halbwegs zugewandt. Zwang sich dazu, ihm in die Augen zu sehen. Sah, daß etwas mit ihm vor sich ging. Daß er näher kam. Das ganze Gesicht. Der ganze Mann. Bis er dicht vor ihr stand. Und die Mutter machte so viele Schritte, wie erforderlich waren, um ihr nötigenfalls zu Hilfe zu kommen.
»Und das macht *uns* reicher, daß der Simon das ausgerechnet hat?«
Tora wartete auf den Schlag. Sie hielt den Arm bereit. Aber der Schlag kam nicht.
»Der Onkel wird für mich bezahlen.«
Die Stimme kam aus einer großen Tiefe. Zwischen Steinwänden herausgeschleudert. Sie war nur für ihn bestimmt.
Es versetzte dem Mann einen Stoß. Er wich zurück und sah Ingrid und Tora nacheinander an.
»Ach so«, sagte er nach einer Weile. Dann ging er ruhig zum Küchentisch und setzte sich, um sich eine neue Zigarette zu drehen.
Eine rote Stille lag über dem ganzen Raum. Vibrierend und gefährlich. Kurz bevor das Fürchterliche losbrach. Tora war schweißgebadet. Der Karton rutschte ihr aus den Händen. Dadurch kam sie zu sich. Raffte den Karton schnell auf und verschwand in der Kammer.
Nachdem sie die Tür gut geschlossen hatte, kam das Zittern. Sie setzte sich einen Augenblick auf das Bett. Dann wurde ihr klar, wo sie saß. Sie erhob sich und fing langsam und systematisch an, die wenigen Kleidungsstücke, die sie in der Kommode und im Schrank hatte, einzupacken. Sie hätte nie geglaubt, daß sie es machen würde, ohne sich vorher mit der Mutter besprochen zu haben. Aber nun war alles Beratschlagen unmöglich geworden. Und es war dringend erforderlich zu packen. JETZT!

Es zog sich in die Länge mit Henriks Arbeitslosigkeit.
Ingrid hatte alle Reserven aufgebraucht. Ottar hatte schon mehrmals die notwendigsten Dinge anschreiben müssen. Es sah so aus, als ob es erst in ein paar Wochen wieder Arbeit in der Fischfabrik geben würde.
Henrik saß am Tischende und rauchte. Er war noch nüchtern. Darüber konnte man froh sein, dachte Ingrid.
Tora war in Bekkejordet. Sie hatten nach ihr geschickt. Rakel wollte sie wohl ein wenig feiern, bevor sie jetzt nach Breiland ging.
Ingrid wußte nicht mehr ein noch aus. Sie hatte nicht genug Geld und konnte Simon doch nicht fragen. Es genügte wahrhaftig, daß er das Zimmer und die Bücher und die Schule bezahlte, da sollte er nicht auch noch für die Reise und das Essen aufkommen. Ingrid saß gebeugt über ihrer Arbeit, sie nähte den Saum von dem guten Kleid für die Lensmannsfrau mit der Hand. Sie würde sie bitten, ihr das Geld gleich zu geben. Sie würde heute abend das Kleid hinbringen.
Trotzdem würde es weder für Toras noch für ihre Auslagen reichen.
Wenn sie nur eine extra Putzstelle kriegen könnte – oder lieber etwas zu nähen! Und wenn nur die Frosterei wieder in Gang käme. Sie stach sich in den Finger, so daß sie das Blut abwaschen mußte und warten, bis der Finger aufhörte zu bluten.
Ihr Blick fiel auf den Mann am Tischende. Es dämmerte ihr, daß sie eine Klärung herbeiführen mußte. Er konnte nicht für den Rest seines Lebens da sitzen. Dann würde er doch nur wieder anfangen zu trinken.
»Haste noch Geld, Henrik?« fragte sie ihn plötzlich.
Es waren nur die zwei im Raum. Sie waren eigentlich Eheleute und sollten gute und böse Tage miteinander teilen. Es sollte eine Selbstverständlichkeit sein, daß die Frau den Mann um Geld fragte.
Henrik lachte höhnisch.
»Du kannst ja den Simon fragen, ob er noch was für dich hat!«
Ingrid wußte, daß sie jetzt schweigen mußte. Aber sie fuhr fort.
»Es ist wohl grade genug, daß der Simon Zimmer und Schule für das Mädchen bezahlt.«
»Ach so, das ist genug?«
»Wir zwei sollten vielleicht auch etwas...«
»Oh!«

Ingrid konnte sich gegen diese höhnische Ruhe nicht wehren. Sie war ungewohnt. Es graute ihr vor dem Schlag, der aber nicht kam. Das nahm ihr alle Energie – so daß sie nicht mehr klar denken konnte.
»Mußt du so sein? Kannste nicht versuchen, etwas zu bekommen? Biste überall gewesen und hast nach Arbeit gefragt?«
»Ja!«
Die Antwort war wie ein Peitschenhieb. Ein Abschluß des Gesprächs.
Und Ingrid verstand. Schwieg.
Die Stille stand um sie wie eine Wand. Ingrid fing wieder an zu nähen.
»Du hättest besser den Simon genommen. Ist's nicht so?«
Ingrid sah erstaunt zu dem Mann auf.
»Was meinste?«
»Ich mein' nur, daß es schad ist, daß du den Simon nicht festgehalten hast. Das warst doch du, die ihn sich zuerst geschnappt hat. Damals, als er auf die Insel kam. Das warst doch du, mit der er getanzt hat und mit der er nach Hause gegangen ist – damals. Hättste dir vom Simon 'nen dicken Bauch machen lassen, da wärste jetzt die Sorgen los.«
Ingrid saß ungläubig da und starrte ihn nur an.
»Mein Lieber – was redste da? Es ist nie etwas zwischen mir und dem Simon gewesen. Für den Simon existierte immer nur die Rakel.«
»Deshalb biste zum Simon raufgerannt, während ich gesessen hab'. Deshalb hat er dich so gut getröstet, während die Rakel im Krankenhaus lag, was? Glaubste denn, ich weiß nicht, daß ihr die meiste Zeit da oben *gewohnt* habt? Und die Bezahlung war gut, nicht wahr? Für die Tora und für dich auch?«
Ingrid konzentrierte sich auf die unsichtbaren Stiche im Kleid. Kreuzstiche. Sie zog die Nadel immer unter zwei Stoffäden durch. Kontrollierte jeden Stich auf der rechten Seite. Sah man ihn? Nein.
So saß sie, bis sie fertig war. Es wurde nicht mehr über Geld gesprochen. Auch nicht über Simon. Ingrid begriff, daß sie es so haben sollte, wie sie es hatte – oder sie mußte etwas unternehmen, um aus dem Ganzen herauszukommen. Es lähmte jeden Gedanken und schloß die Freude aus allen Tagen aus. Die Nächte, die vor ihr lagen, waren lang und unfreundlich und ohne Wärme.

Dann waren es doch Simon und Rakel, die es mit dem Reisegeld und dem Geld für das Essen in der ersten Zeit in Breiland regelten.
Rakel, Simon und Tora saßen in der Dämmerung am Wohnzimmertisch und tranken Kaffee, als ob Tora ganz erwachsen wäre und es an nichts fehlte. Das Geld lag in einem Umschlag. Diskret. Wie ein Geschenk – ein Brief. Unansehnlich. Mit einem unbegreiflich großen Inhalt. Sie konnte ihn nicht öffnen, solange die beiden zusahen. Dankbarkeit konnte man zeigen. Aber die nackte, demütige Freude des Armen über das Almosen konnte man verbergen. Denn man brauchte nicht zu wissen, was in dem Umschlag war. Man sollte danken – und nicht wissen, für wieviel man dankte. Das war so üblich in Bekkejordet.
Tora fühlte sich reich und sicher, da wo sie saß. Den Pappkarton hatte sie schon verschnürt. Sie mußte nur noch die letzten notwendigsten Sachen in Mutters altem Koffer verstauen, dann war sie fertig. Es war nur noch ein Tag.
Elisifs Gott hatte sie von der Nachtschicht in der Dahl-Fabrik erlöst. Die Mutter war immer zu Hause. Tora hatte angefangen zu glauben, daß es trotz allem ein Entrinnen gab. Wußte ja, daß er in der Küche am Tisch saß. Aber es war nicht so quälend. Nicht so bedrohlich. Binnen kurzem würde sie ruhig zur Tür hinausgehen.
Die Augustdämmerung drängte hinter den hellen Gardinen. Blau.
Gelobte ihr etwas. War ein Erlebnis für sich. Und mitten darin saß Onkel Simon und hatte weiche Schatten auf dem Gesicht. Er saß in einem kurzärmligen Hemd da.
Wenn er den Kopf drehte, sah sie, wie seine Halsmuskeln sich bewegten. Schatten wechselten. Wenn die Arme und Hände sich mit diesem und jenem zu schaffen machten, wurde die Haut in dem Grenzland zwischen Licht und Schatten lebendig.

Ingrid hatte an diesem Abend etwas zu erledigen. Sie verließ den Mann im Tausendheim und ging mit dem Kleid zur Lensmannsfrau. Und sie hatte noch ein anderes Kleid mit. Henriks Geschenk. Sie bot der reservierten, überlegenen Dame das Kleid an. Bot es für 100 Kronen an. Für 80. Für 60. Und die Lensmannsfrau zuckte zum Schluß die Achseln und nahm es für 60 Kronen – auch wenn die »Saison« zu Ende war.

Sie standen einen Augenblick mit dem weißschimmernden, leichten Kleid zwischen sich da. Dann gab Ingrid dem weißen Kleid einen Schubs, ergriff das Geld und ging.
Ja. Es stimmte. Die Saison für weiße Kleider war zu Ende. Für sie, Ingrid, war nie Saison gewesen.
Sie ging direkt nach Hause und richtete für den Mann am Tischende das Essen. Es lag eine energische Falte zwischen ihren Augenbrauen. Sie war so außergewöhnlich, daß sie auch den Mann zum Schweigen brachte. Sie kauten und aßen. Und schwiegen.
Indessen hüllte der Herbstabend die Insel ein. Brachte einen goldenen Schein von Westen mit. Ließ es in den alten Bäumen rund um das Tausendheim flimmern. Sandte das letzte goldene Licht durch die Fenster hinein zu den beiden am Abendbrottisch. Aber das nützte wenig. Keiner von ihnen sah es. Die Luft war übersättigt von zurückgehaltenem Haß. Und das war nichts Neues. Das Neue war nur, daß sie es diesmal stärker empfand als er. So waren sie quitt.
Sie hatte nur für sich selbst zu sorgen. Endlich begriff Ingrid, daß sie künftig nur noch sich selbst hatte. Tora ging fort.
Sie hatte es von sich weggeschoben – bis heute. Aber in dem Augenblick, in dem das Kleid den Besitzer wechselte, war sie hellsichtig geworden. Auf dem Heimweg ließ sie alles an ihrem inneren Auge vorüberziehen. Ihr ganzes Leben. Und sie wußte, daß sie nichts mehr zu verlieren hatte. Tora war auf dem Weg nach draußen.
Schließlich ging er noch fort. Schritt zielbewußt nach Bekkejordet hinauf. Hielt sich abseits des Weges. Traf keinen. War schnell an dem Drahtzaun der Koppel. Die Abkürzung und der Pfad hinauf zum Haus. Augustdunkle Bäume. Blinde Schatten.
War ein Gedanke in dem dunklen Kopf schon lange vorher geboren worden?
Ist es Zufall, wer an den Zaun genagelt werden soll?
Wer dem Haß in den Weg läuft? Den Trieben?
Oder gibt es da ein Muster?
Einen vorgegebenen Weg im Labyrinth?
Einen Weg, der ein für allemal bestimmt ist? Und die Menschen zwingt, ihn zu gehen – genau so? Sind wir einander ein Werkzeug in unserem Leben und ein Teil unseres wechselseitigen Weges?

Tora stand mitten in der Koppel etwas südlich von Bekkejordet.
Der Abend wurde durch das dichte Laub gesiebt. Grünes Geflimmer über saftigem Farnkraut. Der Waldboden versteckte sich. Heimlichkeiten in grüner Dunkelheit. Erdgeruch und leise Gedanken. Zwischen den Steinen.
Tiere und Menschen waren den Pfad gegangen. Heidekraut und Grashalme hingen halb über den schmalen Steig. Wurzeln ragten heraus. Standen hart über.
Wem nützt es, gut zu Fuß zu sein, wenn Wurzeln im Wege sind? Was nützt ein Ruf in dem halbdunklen Abend, dort, wo die Idylle alle Spuren verbirgt?
Zuerst glaubte sie es nicht. Er mußte lange auf dem Stein gesessen haben. Wie ein Tier auf der Lauer. Wohl wissend, daß das Opfer vorbeikommen würde. Saß verborgen vor Gott und den Menschen. Allein, alle Sinne geschärft. Lauschend auf Tritte auf dem Pfad. Leichte Tritte, die keinerlei Unruhe in sich hatten.
Sie wandte sich jäh um und lief. Stolperte. Fiel.
Es konnte nicht günstiger sein. Der Mann war geschickt und schnell. Und stark. Besaß die beste von allen männlichen Eigenschaften: Stärke.
Ein Fall in den dichten Farnenwald. Zwischen die Steine. So schön ist ein Lager im Grünen. Mit so vielen von des Spätsommers verzaubernden und prickelnden Düften. So viele dichte Baumkronen von der heiligen Erde waren willens, das, was da geschah, vor Elisifs Gott zu verbergen.
Das Mädchen Tora war weniger als eine Ameise unter dem Absatz der Ewigkeit. Weniger als ein Samenkorn in des Himmels Würzgarten.
Er knuffte sie ein paarmal mit der gesunden Hand und packte sie um den Hals. Dann lag sie still. Hatte es geschafft, auch diesmal ihren verhaßten Körper zu verlassen. Trotzdem spürte sie alles zusammen.
Die Sinne befanden sich außerhalb ihres Körpers und verbluteten, während die Augen blind in den hellen Himmel starrten. Sie tröstete sich, jammervoll genug, mit dem Gedanken, daß es bald vorüber sein würde, wenn sie nur ruhig liegenblieb.
Es schmerzte fürchterlich in ihrem ganzen Ich von einer dröhnenden, grauenhaften Stille. Die Baumkronen fielen über ihr zusammen und bohrten die Zweige in ihr Fleisch, weit hinein

in ihr Innerstes. Wuchsen rund um sie und waren lebendig. Schnürten sich um ihren Hals. Hatten Haut und Gewicht.
Es kamen einige erstickte Laute von dem Farnlager. Die kleinen Birken standen dicht und saftiggrün am Pfad. Im übrigen waren die Dunkelheit und die Schatten die Bundesgenossen des Stärkeren. Schweigend und ohne Spur.
Eine Sekunde durchzuckte es sie. Dinge, die sie verstanden hatte. Gelesen. Dinge, die sie hier und da aufgeschnappt hatte: daß so etwas wie das hier ein Vergnügen sein sollte.
Ohne es zu wissen, hatte sie die Hände um das Heidekraut zu beiden Seiten ihres Körpers gekrallt. Ganz fest. Es war unmöglich, den Griff zu lösen.
Ihr Gesicht lag verzerrt auf der Seite. Die Augen weit geöffnet – ohne Blick. Sie mußte nichts sehen. Denn das war noch nie geschehen! Eine Weile wie tot sein. Dann würde es vorüber sein, und sie konnte sich auf dem Pfad aufraffen. Sich wieder in die Kleider einschließen. Zu den Menschen hinausgehen. Zu dem Licht und zu denen, die so viel mehr Sicherheit gaben. Sie mußte sich einfach aufraffen. Zuerst. Sich besinnen. Und sich vergeben, daß sie existierte.

Als es vorüber war, ließ er sie los, und sie kam auf die Knie. Die Übelkeit war wie eine Wand. Sie erbrach sich in langem, gequältem Stöhnen.
Der Mann warf sich im letzten Moment zur Seite. Ordnete seine Kleider und verschnaufte.
Irgendwo in der Nähe zitterten die Blätter einer großen Espe. Er sah ein paarmal auf die Gestalt, die zusammengekauert vor ihm hockte. Dann reichte er ihr sein Taschentuch. Eine einfache, unerwartete Geste. Als ob er das Mädchen zufällig im Wald überrascht hätte und es ihm leid täte, daß sie sich übergeben mußte.
Und Tora nahm das Taschentuch. Sie hielt es zwischen den erdigen Fingern. Es tat gut, etwas festzuhalten, fest gegen die Augen, so daß sie nicht zu sehen brauchte.
Erst als er die Hand auf ihr Haar legte, erstarrte sie wieder. Fühlte roten, lebendigen Haß sich aufs neue da innen wälzen. Die Gefühle kamen an ihren Platz.
Sie *fühlte*, daß sie sich das Knie aufgeschunden hatte. *Fühlte*, daß der Rock zur Hälfte zerrissen war. *Fühlte*, daß es an ihr herunterrann. *Fühlte*, daß es schmerzte und brannte, als ob sie mit dem Messer geschabt worden wäre.

Ein unbändiger Zorn ergriff sie. Ein Zorn, der größer war als alles andere.
Größer als die Angst. Größer als die Scham. Größer als die Erleichterung. Größer als die Erniedrigung.
Sie stand auf. Schwankte. Zwang sich zu sehen. Gut zu sehen. Sie hörte das knirschende Geräusch, als sie ihn mit der Schuhspitze traf. Der Kopf lag wie eine Kugel im Gras.
Es knirschte süß in ihrem Innern.
Sie lief sofort nach Hause – ohne zurückzusehen. Sie wusch sich in der Waschküche mit dem eiskalten Wasser. Versuchte sich soweit in Ordnung zu bringen, daß sie vor Mutters Augen treten konnte. Aber es war niemand in der Küche, als sie hereinkam. Sie war so erleichtert, daß es ihr schwindlig wurde. Sie hielt sich eine Weile am Bettpfosten fest. Dann zog sie sich aus und kroch in ihr Bett.
Der Tritt hatte sie richtig gewärmt. Jetzt, da sie in ihrem Schlupfwinkel war, hatte sie keinen Platz für etwas anderes als den Tritt. Das Geräusch, als *er* kaputtgegangen war!
Alles andere war leer. Sie würde hier liegenbleiben, bis sie Bescheid bekam, daß sein Kopf zerborsten war. Zerborsten! Zerquetscht dort oben auf dem Pfad – so daß nichts mehr gefunden wurde.
Kaputt.
Endlich!

Henrik Toste sei besoffen gewesen, habe sich die Oberlippe gespalten und einen Zahn ausgeschlagen – sagten die Leute.

27

Zwei Reihen Fenster. Die Glasveranda mit dem verwahrlosten Aussehen. Der Vogelbeerbaum, der sich für den Herbst bereit machte. Die eingesunkenen Dächer der Nebengebäude. Der Grusplatz rund um das Haus, wo in den gelben Grasbüscheln die Reste von einem grünen Park wie eine gespaltene Ahnung lagen. Die drei Schornsteine. Der im Südwesten war neu und sah vollkommen lächerlich aus. Ein spitzer Zeigefinger aus Beton, der sich unmöglich neben den narbigen Ziegelschornsteinen ausnahm, die ein langjähriges Gewohnheitsrecht sowohl für die Krähen als auch für die Aussicht hatten. Das alte

steinbeschwerte Dach verzerrte sich hier und da aus purer Mißbilligung – über die neue Zeit.
In dem leeren Gebäude am Kai, das seit alters her zum Tausendheim gehörte, gab es dicken Staub und Spinnweben, und an dunklen Herbstabenden hörte man Geräusche von Gespenstern und Schiffbrüchigen in den leeren Räumen. Es brauste immer stark dort unten. Als ob die Meereswellen direkt im Haus säßen – und die Stürme dort wohnten, während sie sich für den nächsten Kampf ausruhten. Dort waren Kräne, von denen rostiges Wasser tropfte, Klappfenster, die nicht schlossen, Treppen, denen Stufen fehlten, Kisten, die sich bis zur Auflösung langweilten, indes die Jahre dahingingen. Alte, morsche Fischernetze hingen als Netzwände von den Balken herunter. Sie bewegten sich mächtig und langsam, wenn jemand die Tür offenstehen ließ. Da verschob sich die eine oder andere Masche unmerklich. Wechselte die Lage, so daß andere Maschen auch aus der Ordnung gerieten und neue Knoten suchten, an denen sie sich festhängen konnten. Und der Staub wirbelte langsam auf und stand einen Augenblick lose in der Luft, bevor er sich wieder dort niederließ, wohin er fallen mußte.
Die neue Zeit wurde hier zuschanden gemacht. Die alte auch. Nach Teer riechendes Tauwerk lag überall auf dem Boden herum und lauerte nach Einbruch der Dunkelheit auf ein bedauernswertes Opfer. Sah man sich nicht vor, konnte man plötzlich kopfüber hinstürzen. Oder an Taue stoßen, die von der Decke herunterhingen, und einen Augenblick glauben, daß Krieg zwischen Indianern und Weißen herrsche und daß die Rothäute einen mit dem Lasso gefangen hätten – und der einzige Weg zu dem ungemütlichen Ende am Totempfahl führe.
Die Kinder hatten ihn dort stehen. Einen alten Treppenpfosten, festgekeilt in einem Loch im Fußboden. Die großen Wellen schmatzten und brausten direkt darunter. Es schmeckte nicht sehr nach Prärie, aber das war egal – denn das alte Gebäude war gut abgeschirmt gegen die Augen und Ohren der Erwachsenen und diente deshalb als Folterkammer und Hinrichtungsstätte.
Es kam auch vor, daß der eine oder andere einen Spaziergang dorthin machte. Mutterseelenallein. Im Tausendheim war kein Platz für die ganz große Meditation und nicht genügend Einsamkeit, um ein nacktes Antlitz zu verbergen.

Tora fand Sol am Totempfahl. Sie versuchte, ihr Gesicht zu verbergen, indem sie sich abwandte, als sie Toras Schritte vernahm.
Es war halbdunkel und düster. Tora zuckte zusammen. Sie hatte nicht erwartet, hier jemanden zu finden. Wollte nur an allen Orten noch einmal hereinschauen, die sie jetzt verlassen würde. Ein dummes, unnötiges Unterfangen. Trotzdem... Und da saß also Sol, das erwachsene Mädchen, und ließ den Kopf hängen.
»Du sitzt hier?«
»Ja, das siehste doch. Biste noch nicht weg, übrigens?«
»Morgen...«
»Hm...«
»Biste böse auf deine Mutter?«
»Nee, warum denn?«
»Weil du hier sitzt – allein.«
»Das nützt nicht viel, auf sie böse zu sein!«
»Nee, nützt... Aber deswegen kannste doch böse sein?«
»Nein.«
Die blonden Dauerwellen gingen mit, wenn sie den Kopf schüttelte. Wie bei einem Schaf, das die Nässe aus dem Fell schüttelt. Zwei Augenschlitze blinzelten zu Tora hinauf. Scheuer, schräger Blick mit einer trotzigen, abweisenden Miene, um sich zu schützen.
»Du hast Glück, daß du nach Breiland kannst«, murmelte sie. Es kam undeutlich und leise. Tora verstand, was es sie kostete.
»Ja«, sagte sie einfach.
Es hatte keinen Wert, sich froh zu zeigen. Tora verstand, daß Sol ans Tausendheim fest angebunden war. Fest. Alle wußten es. Aber keiner tat etwas. Was sollten sie auch tun?
»Die Helene ist ein Drecksmensch!« zischte es aus Sol heraus, und sie ballte die Hände im Schoß.
»Wieso?«
»Sie tut zu Hause überhaupt nichts. Alles bleibt an mir hängen. Ich muß mich um die Mama kümmern, um die Kinder, um die Arbeitshandschuhe vom Papa, die Windeln, die schmutzigen Tassen – um alles!!«
»Der Jörgen ist doch älter als die Helene. Kann der nicht helfen?«
»Der ist doch nur ein Junge.«
Sol schleuderte die traurige Identität des Bruders mit einem so großen Abscheu heraus, daß Tora stutzte.

»Er war doch vorher ganz tüchtig«, sagte sie matt.
»Ja, aber jetzt ist er erwachsen, da hat er Angst, es könnt' jemand sehn, daß er was andres als Männerarbeit macht. Der Blödmann!«
»Kann deine Mutter der Helene nicht sagen, daß sie was tun soll?«
»Herrgott, daß du das überhaupt erwähnst! Du weißt genausogut wie ich, daß die Mama nicht so ist wie andre Leute. *Alle* wissen das!«
»Aber warum denkste an all das grade heut?«
»Weil du auf die Realschule gehst! Und *ich* muß beim Ottar putzen! Und ich muß noch die Scheißwäsche waschen, wenn ich nach Haus komm'.«
Sie schrie es heraus. Tora wich zurück. Das war eine Sol, die sie nicht kannte.
»Ich hab' mich um drei Bürostellen beworben und alle drei bekommen! Aber die Mama flennt, und der Papa läuft in Vaeret rum, und die Kinder prügeln sich.«
Sol streckte den kräftigen Oberkörper vor und brach in Tränen aus. Der Rücken bebte, und es kamen erstickte, zerrissene Laute.
Tora kroch zu ihr hinunter.
Alles, was sie in letzter Zeit über Sol gedacht hatte, alles, was die Leute ihr erzählt hatten, daß Sol sich nämlich mit den Arbeitern von Dahl abgab, wurde plötzlich unwesentlich. Daß Sol versuchte erwachsen zu sein und daß sie lieber zu den großen Mädchen ging, mit denen sie zusammen arbeitete, als zu Tora zu kommen, das alles war nicht mehr als ein Regenschauer am Nachmittag. Denn Tora fühlte Sols Verzweiflung wie ihre eigene Brandwunde.
Sie legte den Arm um sie. Streichelte sie mit ihrer ganzen ungeschickten Wärme.
Sie konnte sich in diesem Augenblick vorstellen, was Rakel in der Situation gemacht hätte. Es half ihnen beiden – für eine Weile.
»Du mußt nicht so schwarzsehn«, murmelte sie sehr erwachsen. »Du mußt dir sagen, so oft wie möglich, daß du weggehn wirst. Und dann gehst du auch! Du kannst nicht dein ganzes Leben lang auf andrer Leut' Kinder aufpassen.«
»Was meinste mit andrer Leut' Kinder?«
»Na ja, es sind ja die Kinder deiner Mutter«, sagte Tora unsicher.

»Aber die Mama ist doch verrückt und fromm und alles und... und die Kinder können nichts dafür!!«
Sol sah wütend zu Tora auf.
»Aber *du* mußt nicht das ganze Leben Mutter für sie sein«, sagte Tora entschieden.
»Du hast gut reden. Du kannst froh sein, daß deine Schwester gestorben ist«, fügte sie hinzu.
Verbissen, mit einem Mund, der nur ein kleiner roter Strich mitten in dem aufgelösten Gesicht war, saß sie da und starrte in das Loch, in dem der Totempfahl steckte.
Die Wellen schäumten wie ein Wasserfall dort unten. Schwere See. Die Bucht war voll drohender, mächtiger Bewegung, die mehrere Minuten brauchte, um vorzurollen und sich wieder zurückzuziehen.
»Sol...«
»Ja.«
»Ich werd' dir schreiben...«
»Das ist schön.«
Es war kaum zu hören. Sie hatte sich beruhigt. Schämte sich über ihre Worte. Wollte sie am liebsten wieder wie Garn aufwickeln. Sie ungesagt machen.
So saßen sie da. Dicht beieinander.
»Ich hab's nicht so gemeint, was ich von deiner Schwester gesagt hab'«, flüsterte Sol bedauernd.
»Das weiß ich...«
»Biste jetzt böse auf mich?«
»Nein. Ich werd' versuchen, mit... der Mama... oder mit der Gunn über dich zu reden, willste das?«
»Nein. Deine Mutter kann nichts machen. Und Gunn ist ja nicht mehr da.«
»Die Mama hat dein Konfirmationskleid genäht, weißte das noch? Da...«
»Ja, aber das ist was andres. Das hier ist hoffnungslos. Da ist nichts zu machen.«
»Sag das nicht!« schrie Tora.
Ihr Zorn erstaunte sie selbst. Sol sah sie mit halboffenem Mund an.
Einen kurzen Augenblick. Dann breitete sich ein Grinsen über dem verweinten Gesicht aus. Und es kam ein harter, gepreßter Hieb von einem Lachen. So, wie man es überall hört, wo Menschen sich bis zum äußersten zusammennehmen und lachen *wollen*.

»Nein, ich werd' das nicht sagen!« schrie sie und knallte die soliden Arme um Tora.
»Ich werd' gehen! Werde gehen! Werde ge-e-hen!« psalmodierte sie auf die Melodie der Nationalhymne »Ja, wir lieben dieses Land«.
Tora hörte eine Weile zu. Dann fiel sie ein. Eine durchdringende, hohe Mädchenstimme und eine undeutliche, gequetschte Frauenstimme sangen ihre eigene Nationalhymne hinaus in den zum Tode verurteilten Raum.
Der eintönige, wilde Gesang stieg und fiel. Fand ein Echo in den versteckten Ecken, stieg unter das Dach, schwächte sich ab in den Tauen und den Ketten, mit denen die Netze zusammengebunden waren – erhob sich mit erneuter Stärke und fuhr trotzig zu den zersprungenen Fenstern hinaus.
Manchmal mußten sie, um den richtigen Rhythmus in den Text zu bekommen, singen »Werd', werd', werde gehen von den tausend Heimen«.
Zum Schluß waren sie ganz leer. Saßen in einem lachenden Durcheinander unter dem Totempfahl. Der Ernst und die Hoffnungslosigkeit waren gedemütigt worden. Sol hatte sogar noch ein unanständiges Lied angestimmt. Um sich an Elisifs Frömmigkeit zu rächen.
Tora hatte Verständnis dafür. Und sie stimmte ein, denn sie wollte Sol aus ihrem Elend heraushelfen: »In Bergen sie weilte, sieh an, sieh an – die Lust sie ereilte, sieh an, sieh an – sie bumste mit einem Manne, sieh an, sieh an – der stand auf einer Wanne, sieh an, sieh an.«
Diesen Text hatte Tora noch nie gehört. Aber sie sang schnell mit. Eigentlich gefiel ihr Sols Version besser als das, was sie die Jungen auf der Straße hatte grölen hören.
Sie sangen, daß es schallte und der Totempfahl zitterte. Tora schaute Sol an, während sie sang. Es lag ein abgrundtiefer Haß in der großen Sangesfreude. Ein Haß, den Tora nicht wahrzunehmen wagte. Denn sie konnte keine unanständigen Lieder singen, um ihn loszuwerden.
Sol hatte keine Gefahr. Keine solche. Deshalb erfand sie unanständige Lieder, die ihr Mut machen konnten.
»Wenn ich hier wegkomm', dann werd' ich mit den Männern nicht einmal mehr reden. Und um Kinder werd' ich 'nen großen Bogen machen, damit ich sie nicht sehn muß!« stieß Sol mit mühsam unterdrücktem Zorn hervor.
Sie waren wieder die alten Freundinnen, plötzlich. Und Sol

war nicht einen Tag älter als Tora. Im Gegenteil, Tora war jetzt erwachsen, denn sie sollte ja von der Insel fort.
Fort!
Sie sah Sol bei dem Fest im Sommer vor sich. Da hatte sie mit allen Burschen herumgealbert. Unbeschwert gelacht. Getanzt. Immer wilder. Aber das war es nicht, wovon Sol träumte. Das war es nicht, was sie sich am meisten wünschte. Es war nur ein Fußtritt. Ein Fußtritt und ein Zeitvertreib.
Sol hatte auch ihre *Fußtritte*.

Als sie hinaus auf den Kai gingen, rief die Kopftuch-Johanna ihnen zu, daß nun Schluß sein müsse mit den dreckigen Liedern. Sie half Einar, vergessene Kartoffelsäcke auszuspülen und sie über das Geländer an der Mole zu hängen.
Einar indessen brauchte nicht so fromm zu sein. Keiner erwartete Frömmigkeit von ihm. Er grinste ein wenig und murmelte etwas von »frechen Liedern«.
Die Mädchen schämten sich. Aber da war nichts mehr zu machen. Die Kopftuch-Johanna drohte ihnen nicht, es herumzuerzählen. Sie rechnete mit den Leuten sofort ab.
Die Mädchen schlichen beschämt ins Haus. Eine kleine und eine große. Eine erlöste und eine unerlöste, weil die eine weggehen durfte – und die andere bleiben mußte.

Sie kochten oben bei Elisif Kaffee. Buken Pfannkuchen, die sich im Fett wölbten. Goldgelb. Mit zwei großen Eiern im Teig. Der Zucker knirschte, wenn sie aßen. Die Kleinen hielten Ruhe. Sie kauten und wischten sich den Rotz an den Ärmeln ab. Leckten die Finger ab und machten Flecken auf die schäbige Wachstuchdecke. Tora und Sol führten lange Erwachsenengespräche. Sol schubste die Kleinen weg oder nahm sie geistesabwesend auf den Schoß, bis sie keine Lust mehr hatten und wieder auf den Boden heruntterglitten.
Es roch im ganzen Treppenhaus nach Pfannkuchen.
Jörgen und Helene waren zum Abwaschen verdonnert. Jörgen guckte böse wie ein gejagter Hund. Aber er hatte bereits Bescheid bekommen: Kein Abwasch? Keine Pfannkuchen! Sol war eine geplagte Hündin mit vielen kleinen Kuckucksvögelchen im Schoß. Sie schnauzte sie an. Kurz, bestimmt.
Das war eine sichere Methode, um Jörgen und Helene aus dem Haus zu bekommen, wenn sie fertig waren, so daß Sol und Tora noch ungestört miteinander reden konnten.

Die Zeit war knapp. Elisif war nicht den ganzen Abend bei ihrer Zusammenkunft. Und am nächsten Tag würde Tora fort sein...

28

Das Linienschiff war an diesem Augusttag genauso schwarz wie immer.
Aber Tora stand an Deck! Sah den Kai und die dazugehörigen Häuser hinter der Landspitze verschwinden, und das Tausendheim mit seiner abgeblätterten Farbe lehnte sich schwer an die flimmernde Luft. Aus den Schornsteinen stieg kein Rauch auf. Einige Fenster nach Süden zu waren geöffnet. Gestalten bewegten sich an Land.
Sie schwamm von ihnen weg. Es tuckerte taktfest innen im Schiff.
Sie war zur Tür hinausgegangen. Hatte selbst den Koffer und den Pappkarton auf den Schubkarren gestellt, den sie von Einar geliehen hatten. Die Mutter war ihr stumm gefolgt. Schritt für Schritt. Hatte die beschwerlichen Hügel hinauf schieben geholfen und mit den starken, abgehärteten Händen gebremst, als es zur Bucht hinunterging. Sie hatte mit Tora zusammen den Pappkarton über die Landungsbrücke getragen. Hatte mit denselben Arbeitshänden Toras Schulter ganz schnell gestreift, als sie wieder an Land gehen mußte, weil die Männer die Landungsbrücke einziehen wollten.
Tora wußte, daß es ein Spiel war. Ein wichtiges Spiel. Keine Tränen, nichts, was auffiel. Nur Ruhe. Würde.
Sie winkten lächelnd einander zu. Todernstes Lächeln kreuzte über trübem Wasser und pfeilschnell sich bewegenden kleinen Rotaugen. Es schwamm auch allerlei Dreck auf der ruhigen Wasseroberfläche. Tora hatte einen Augenblick den Eindruck, daß er ihr entgegenwuchs. Der Dreck. Das Wichtigste wurde. Bis die Mutter ganz aus ihrem Blickfeld verschwand.
Tora konnte nicht sehen, daß sie den Schubkarren nach Hause schob.
Nicht mit den Augen. Dennoch folgte sie in Gedanken ihren langsamen, müden Bewegungen.
Dann kam der Meereswind, und das Blinklicht flog vorbei. Das gewaltige Meeresrauschen erfüllte ihren Kopf.

Eine neue Art und Weise zu gehen. Eine neue Art und Weise sich zu setzen. Die Kleider gehörten ihr auf eine andere Art und Weise als bisher. Sie hatte sich um zwei Dinge zu sorgen: den Koffer und den Pappkarton. Und beide standen sicher bei dem schönen Wetter unter der Plane.
Sie sprach mit niemandem. Aber fühlte sich nicht allein. War sich völlig sicher, daß sie jede Faser von den Tagen, die nun kamen, besaß.

Sie war früher schon in Breiland gewesen. Wußte sogar etwas von dem Haus, in dem sie wohnen sollte. Wußte, wo die Schule war. Sie mußte nur jemanden finden, der ihr den Karton zu dem Haus beförderte, dann würde sie selbst...
Sie setzte sich an Deck auf einen Kasten und versuchte sich auszumalen, wie das Zimmer wohl aussah, das sie nun ihr eigen nennen sollte. Es sei genau das, was sie brauche, hatte Simon gesagt. Sie solle nichts anderes als nur das Bettzeug mitnehmen. Ingrid war so froh über alles gewesen.
In diesem Jahr war Tora die einzige von der Insel, die auf die Realschule ging. Insgesamt durfte nicht jedes Jahr jemand auf die Schule nach Breiland.
Tora fühlte sich plötzlich sehr stolz. Von außen war das dem blassen Mädchen mit den üppigen roten Haaren nicht anzusehen. Das Gesicht war ganz ausdruckslos. Mürrisch. Lud keineswegs zu irgendeinem Kontakt ein. Die Augen waren groß, glänzend und scheu. Sie glitten weg, wenn man sie einzufangen versuchte. Der Mantel war deutlich vererbt und umgeändert. Aber sauber, in Ordnung und frisch gebügelt. Die Zöpfe waren fest und dick. Sie sei eigentlich zu groß, um mit solchen Zöpfen zu gehen, könnte ein Außenstehender sagen. Aber die Leute auf der Insel wußten, daß Ingrids Tochter Zöpfe hatte. Die hatte sie immer gehabt. Keiner wunderte sich darüber.
Wenn jemand sie unverhofft ansprach, sanken die Schultern jäh nach vorn, und der Kopf fiel nach unten. Sonst ging sie schnell und frei, das Gesicht leicht nach oben gewandt. Als ob sie sich nach etwas streckte. Jederzeit. Die Hände waren unruhig. Fanden stets etwas, um sich damit zu beschäftigen. Es zu ordnen. Oder sie hielt sie ineinander verschlungen, und sie schienen sich gegenseitig zu trösten und Sicherheit zu geben.
Sie sah nicht um einen Tag älter aus als sie war – körperlich. Aber das Gesicht und die Augen konnten einen glauben machen, daß sie 18 war – oder mehr.

So ging Tora zur Tür hinaus und in eine andere Wirklichkeit hinein als die, welche sie bis jetzt gekannt hatte. So versuchte sie blindlings von sich abzuschütteln, wer sie gewesen war.

Die große, graue und redselige Dame in der hellblauen Kittelschürze zeigte ihr den Weg die breite Treppe hinauf. Die Wand unten am Treppenaufgang hatte einen riesigen Spiegel in einem schwarzlackierten Rahmen. Wer die Treppe hinuntergeht, kommt zu sich selbst, dachte Tora verwundert. Mußte sich ganz schnell umdrehen. Ihr eigenes Gesicht sehen. Blaß, aber mit roten Flecken hoch oben auf jeder Backe. Sie sah, daß der Rock unter dem Mantel hervorschaute, und sie fragte sich, ob er das wohl auf der ganzen Reise gemacht hatte.
Der obere Flur hatte mehrere Türen. Einen Schrank. Und ein kleines Schränkchen mit einem Ausguß daneben. Das erinnerte sie ans Tausendheim. Die Flure aller großen Häuser ähnelten einander – und die hohen Fenster mit den soliden Fensterkreuzen, um das Licht oder die Dunkelheit auszusperren. Und die Freude draußen zu lassen und die Verzweiflung drinnen.
Als Frau Karlsen die Tür zu dem Zimmer öffnete, flutete die niedrige Herbstsonne durch zwei große Fenster ihr entgegen. Die Wände hatten eine schwere, ziegelrote Seidentapete, die sie an die Zimmer im Pfarrhaus erinnerte. Unter dem einen Fenster stand ein Tisch. Er sah verlassen und nackt unter der kühlen Fensterfläche aus. An der einen Wand stand ein schmales Bett. Merkwürdig schlecht plaziert und allen Bettzeugs beraubt, bis auf die fleckige, grünliche Matratze.
Zwei alte Lehnstühle kämpften zusammen um den Platz mit einem schweren, runden Tisch mit Veloursdecke, die früher sicher bessere Tage gesehen hatte. Nun trug die Decke deutliche Spuren von Zigarettenglut und Budenmahlzeiten. Die Topfbank an der gegenüberliegenden Seite des Zimmers hatte eine neue Wachstuchdecke. Eine grelle, großgeblümte Fläche.
Frau Karlsen sprach lange über die neue Wachstuchdecke. Sie hatte fast 15 Kronen gekostet und mußte die alte ersetzen – die der vorige Mieter total zerschnitten hatte, weil er nie ein Brettchen benutzte. Deshalb wollte sie es jetzt einmal mit einem jungen Mädchen als Untermieterin versuchen. Weil Mädchen nicht alles kaputtmachten und ihre Zerstörungswut austobten und weil sie es verstanden, das Zimmer sauberzuhalten. Das hatte sie von anderen gehört, die auch Zimmer vermieteten.

Das einzige war die Sache mit dem Besuch spät abends auf dem Zimmer. Tora wurde über die Mieterin im Nachbarhaus informiert. Sie habe ihren Freund Tag und Nacht bei sich. Es sei nicht besonders schön, an solche zu vermieten, das müsse Tora wohl einsehen.
Ja, Tora verstand. Ging zögernd hinter der Wirtin in das Zimmer hinein und legte die Hand auf die kalte Kochplatte. Sie warf einen zögernden Blick auf das Bild über dem Bett. Es stellte ein Segelschiff im Sturm dar. Aber es war nicht alles ganz richtig.
Frau Karlsen zeigte ihr den Kleiderschrank, in dem sich auch ein Gestell für das Geschirr befand. Sie ermahnte sie, wegen der Brandgefahr aufzupassen und nichts Nasses herumliegen zu lassen, weil es sonst modrig riechen würde. Und Tora nickte und war mit jeder kleinen Ermahnung einverstanden.
Als sie unten in Frau Karlsens Wohnzimmer saßen und frische Brötchen mit Erdbeeren aßen und guten, starken Kaffee tranken, bekam Tora die Schlüssel. Zwei altmodische Schlüssel. Schwer wie Blei. Mit einer Schnur zusammengebunden. Unmöglich, sie aus den Augen zu verlieren. Ein Schlüssel für die Haustür, der andere für das Zimmer.
»Ich möchte, daß du abschließt, das ist am sichersten. Aber denk an die Brandgefahr. Es ist schon vorgekommen, daß die Leute hinter verschlossenen Türen verbrannt sind! Ich habe auch an einen jungen Mann vermietet. Aber er fährt auf einem Frachtschiff und ist fast nie hier. Das heißt jedoch nicht, daß du mit offener Tür schlafen sollst. Besonders nicht, wenn ich manchmal bis spät in die Nacht im Altersheim bin. Wenn mein Mann einen Anfall hat. Herrgott ja, das ist wohl nun alles. Du hast doch nicht etwa Angst, allein im Haus zu sein?«
Nein, Tora hatte keine Angst. Sie drückte die großen Hausschlüssel gegen die Handflächen, bis es schmerzte. Der Schmerz von dem Metall war eigentlich ganz gut. Tora hatte Lust, hinaus auf die Straße zu laufen und zu singen. Laufen! Fliegen!
Als sie ihr Bett gerichtet hatte und zum Schluß noch mit der Hand über Randis Strickdecke fuhr, fühlte sie tief innerlich, was für ein großartiges Zimmer das war. Sie zog die gelblichen Rollos herunter, und ihr ganzes Dasein und sie selbst gehörten ihr. Es machte ihr Spaß, jedesmal die Tür zuzuschließen, wenn sie auf dem Flur gewesen war, und sie lachte leise, ohne es zu wissen.

Sie saß mit untergeschlagenen Beinen auf dem Bett und dachte sich durch den Abend. Sie hörte Frau Karlsen zuschließen und ins Bett gehen. Und der Lärm von der Straße wurde immer gedämpfter.
Die Menschen hatten aufgehört zu existieren. Sie waren Schatten aus einer anderen Welt.
Sie stellte die wenigen Bücher, die sie mitgenommen hatte, in das Regal und zog sich langsam aus. Draußen in dem dunklen Flur, der nur von einem verstaubten Wandleuchter hoch oben an der Wand erhellt wurde, fand sie die Tür zu dem kleinen Klo. Wasserklosett! Nur für sie allein. Ein ganz großer Flur – nur für sie allein.
Allein.

Und sie saß im Ruderboot in der Bucht, weit draußen, fuhr auf die große Welle zu. Es glitzerte in dem grünen Wasser. Glitzerte und lockte. Sie vergaß, daß der Tod im Wasser lauerte. Sie glitt hinunter. Es war so herrlich weich. Sie bewegte sich, schwamm. Sie ließ sich an die Wasseroberfläche tragen und wurde eins mit dem Sonnenglanz über dem Wasser. Das Boot schaukelte dort drinnen in dem Brand. Aber Onkel Simon war nicht da. Sie hatte trotzdem keine Angst. Denn es war *niemand* da.
Nur eine nebelhafte Wahrnehmung von Geräuschen, die nichts mit der Kammer zu Hause zu tun hatten. Neue Gerüche, die sie an nichts erinnerten.
Und es dröhnte und gluckste von der großen Welle. Ein warmes Licht brach durch die Augenlider. Zeitweise war sie bei der großen Welle – ließ sich in den ruhigen, großen Bewegungen treiben. Zeitweise schwamm sie im Licht und sah herunter auf der Großmutter Haus in Berlin.
Einmal war sie hellwach und wußte es ganz genau: daß sie endlich frei war.
Das Nachthemd hatte sich unter dem Rücken zusammengeknäult. Es wollte sie wohl daran erinnern, wie gut alle Dinge heute nacht waren – indem es ein kleines, undefinierbares Unbehagen schickte.

Am ersten Schultag zog Tora den schwarz und braun melierten Tweedrock an, den sie von Tante Rakel bekommen hatte. Die Haare hatte sie naß gemacht, damit die Zöpfe ordentlich lagen, und die Schuhe waren geputzt. Sie trug das Mäppchen,

den Stundenplan und die Bücherliste in einem schwarzen Nylonnetz.
Da es ein wenig regnete, hätte sie eigentlich den Regenmantel anziehen müssen. Aber sie nahm den grünen Mantel, den sie zur Konfirmation bekommen hatte. Bestimmte solche Dinge selbst. Die Mutter war nicht da. Tora war am Morgen aufgestanden und hatte sich gewaschen und angezogen, gefrühstückt, aufgeräumt – ohne daß die Mutter ihr sagte, was sie machen sollte. Keine leisen Ermahnungen, keine müden Blikke, keine Anordnungen mit mutloser Stimme. Tora empfand die schöne Einsamkeit wie einen warmen Wind im Gesicht. Sie hatte den Weg im Labyrinth gefunden. Hatte keine Angst mehr vor der Nacht. War zu ihrem eigenen Denken erwacht. Sie hatte sich auf der Kochplatte warmes Wasser gemacht und es über den Körper rieseln lassen, während sie sich über die rote Plastikschüssel beugte.
Die Bücher. Die Strickdecke. Hinter Rollos. Alles gehörte ihr. Nichts, wovor sie sich fürchten mußte. Und wenn sie morgens die Rollos hochzog, sah sie die Häuser auf der gegenüberliegenden Seite der Straße wie eine sichere Wand. Sie vermißte das Meer oder den Himmel nicht. Wußte ja, daß sie da waren. Auf dem Schulweg würden sie zum Vorschein kommen. Würden immer irgendwo da sein. Hier brauchte sie nichts anderes als den großen, altmodischen Schlüssel. Die große, alte Eichentür. Die warme Teetasse.
Sie lehnte sich an sich selbst. Das gab Freiheit.

In Breiland hausten die Krähen. Nicht die Möwen.
Hier herrschte ein anderes Gesetz, wurde mit einem anderen Maß gemessen.
Tora erfaßte das erst allmählich. Sie ging zögernd und unsicher durch das Schultor. Ein wenig gepflegter Schulhof mit den Mülltonnen direkt im Blickfeld. Rissige, graue Hauswände. Zwei Reihen Fenster. Übereinander. Drei Vogelbeerbäume, mühsam neben dem groben Maschendrahtzaun gepflanzt. Sie trugen keine Beeren. Leuchteten gelb und gold in der scharfen Herbstsonne. Nackt und brutal grinste der Weisheit Haus sie an.
Aber das *sah* sie gar nicht. Sie blieb einen Augenblick im Tor stehen und holte tief Luft, bevor sie durch die Gruppen der Jugendlichen ging. Sie kannte keinen. Und das war ja wohl ganz natürlich.

Sie war vorbereitet. Vorbereitet auf – alles. Aber nicht auf die Augen.
Die stummen Blicke, die ihr bis zur Treppe folgten. Augen ohne Beschimpfungen oder Wissen. Nur mit einer schlecht verhohlenen Neugierde. Ein prüfendes, abmessendes Interesse, das jeden Weg nehmen konnte.
Tora duckte sich, ohne daß sie es merkte. Sie wartete auf die Worte, die ihr den Platz zuwiesen, den sie verdiente. Mädchen aus dem Tausendheim, Deutschenkind. Aber die Worte kamen nie.
Sie war im Land der Krähen. Hier hatten sie andere Maßstäbe.

Im Klassenzimmer wartete sie, bis alle den Platz gefunden hatten, den sie haben wollten, bevor sie sich setzte. Sie merkte, daß die Augen nicht nur ihr galten – wie sie zuerst geglaubt hatte. Sie galten auch anderen. Alle, die neu und nicht in Breiland zu Hause waren, wurden genau unter die Lupe genommen. Es betraf das große Mädchen mit dem dünnen, kurzgeschnittenen Haar, das am Fenster saß. Sie hieß Gunnlaug. Sagte ihren Namen mit leiser, unsicherer Stimme, die Augen auf den Pultdeckel gerichtet. Es betraf den kleinen, dunklen Jungen ganz hinten am Schrank, der sich feierlich umsah, allen zunickte und mit hoher, bedeutungsvoller Stimme sagte, daß er Erik heiße. Es betraf ein hübsches, frühreifes Mädchen mit leuchtend blauen Augen und braunen Locken, das Anne hieß und das es wagte, den Blicken zu begegnen, die auf sie gerichtet waren. Sie hatte einen schwarzweiß karierten, weitabstehenden Rock an und ein weißes Twinset. Der Busen zeichnete sich frech unter dem Pullover ab und wogte ein wenig, wenn sie sich auf ihrer Bank bewegte. Die Augen der Jugen hingen an ihr vom ersten Augenblick an.
Die sich von früher kannten, fanden sich in der ersten Pause zusammen. Aber ihre Augen richteten sich auf die Neuen. Verstohlene, schräge und abwägende Blicke.
Sie gingen in die erste Realschulklasse. Waren bedeutend. Gespannt und unsicher verbargen sie sich hinter einem glatten, ausdruckslosen Gesicht. Aber durch plötzliche, linkische Bewegungen verrieten sie sich und wurden damit auf den richtigen Platz in der Schulhierarchie verwiesen. Suchend stiegen die Stimmen vom Schulhof auf und hingen als ein beziehungsloser, mißtönender Sprechchor in der klaren Luft. Das Geräusch breitete sich aus, erreichte den Nebenmann. Die Ge-

sichter näherten sich einander in einer verlegenen, aber anziehenden Bewegung.
Als ob ein verborgener Magnet irgendwo zwischen ihnen wäre.
Bevor Tora wußte, wie es zugegangen war, hörte sie ihre eigene Stimme zwischen denen der anderen. Jemand hatte sie etwas gefragt.
Die Freude drohte die Worte, die sie sagen mußte, zu töten. Die Freude war so groß, daß sie stammelte, rot wurde, dumm und unbeholfen antwortete. Aber es machte nichts. Sie sog die Gesichter, ihren Ausdruck, ihre Bewegungen ein. Ein großes und vollständig unbekanntes Gefühl von totaler Freiheit bemächtigte sich ihrer wie eine allmächtige Hand, die ihr wohlgesonnen war. Stärker jetzt im Tageslicht, zusammen mit all den Menschen, als in der Nacht. Weil es nicht nur ein Traum war.
Die älteren Schüler kamen mit lustigen Geschichten über die Lehrer. Erzählten, welche Lehrer brauchbar waren – mit welchen man seinen Spaß haben konnte – mit welchen nicht zu spaßen war. Sie erzählten von anderen Schülern, die in die zweite und dritte Klasse gingen. Sie bekamen eine frische Gesichtsfarbe und klare, zutrauliche Stimmen. Und vergaßen, sich voreinander zu verstecken.
Tora trank das alles zusammen wie nach einer langen Wanderung ohne Wasser. Sie wandte das Gesicht jeweils dorthin, von wo die Stimme kam. Sie merkte sich, was die Betreffenden sagten, wie sie aussahen, wie sie hießen. Und der Tag war für sie ein leuchtendes Buch mit schönen Bildern.
Nach der Schule strebten sie gruppenweise zur Buchhandlung hinunter, um Bücher zu kaufen. Einige Schüler versuchten, an gebrauchte Bücher zu kommen, und verhandelten über den Preis. Andere seufzten und taten einen tiefen Griff in ihr monatliches Budget.
Tora mußte neue Bücher kaufen. Sie kannte ja niemanden. Aber sie wollte heute nur die allernotwendigsten kaufen. Die sie am nächsten Tag brauchte. Sie ahnte nicht, daß sie noch oft in die Buchhandlung gehen würde – denn sie genoß es. Glaubte, daß sie Geld sparen würde, wenn sie mit dem Kauf der restlichen Bücher noch ein paar Tage wartete. Liebevoll fuhr sie mit der Hand über die neuen Bücher, bevor sie sie auf den Ladentisch legte. Es roch hier nicht so wie zu Hause in der Bibliothek. Trotzdem roch es nach Büchern. Nach Leim und Papier und Stärke.

Tora wußte nicht, daß sie lächelte. Das Mädchen von der Insel hatte das Erscheinungsbild verlassen, das alle erwarteten, wenn sie sie in Vaeret sahen: die graue, traurige Gestalt des Deutschenkindes aus dem Tausendheim. Sie hatte sich einen ganzen Tag selbst vergessen und hatte sich geöffnet wie eine späte, aber glühende Ringelblume im Herbst. Das rote Haar war in Unordnung geraten, die Zöpfe waren im Begriff, sich aufzulösen. Die ernsten, graugrünen Augen hatten ein schimmerndes Häutchen von unbeschützter Freude. Der Mund stand halboffen und rot mitten in der Welt. Sie saugte alles ein. Atmete vorsichtig und tief – als ob der Tag nur geliehen wäre. Als ob die ganze Herrlichkeit ihr genommen würde, wenn sie nicht auf jede Sekunde aufpaßte.
Sie lieferte die Geldscheine am Ladentisch ab, stand mit leeren Händen da und fühlte sich reich.
Es war voll in der Buchhandlung. Einige Schüler gingen in die zweite und dritte Klasse. Die aus der zweiten Klasse waren normal. Fielen nicht besonders auf. Aber die aus der dritten Klasse drückten sich bedeutend, weltgewandt aus und sprachen meist nur untereinander. Mit Ausnahme von ein paar Jungen, die Anne inmitten der Gruppe der neuen Schüler entdeckt hatten und sich von jeder Seite an sie heranmachten.
Anne hatte sich Tora auserwählt. Vielleicht, weil sie sah, daß das Mädchen von der Insel in den hausgemachten Kleidern und mit den unsicheren Augen einen passenden Hintergrund für sie bildete. Oder weil sie sah, daß sie zu einer loyalen Freundin taugen konnte.
Und Tora verstand ihre neue Rolle nicht. Wußte nicht, was sie von ihr forderte. Sie genoß das Ganze einfach. Sie kannte so wenig dauerhafte Freuden und noch weniger die Sicherheit in einer Gruppe, daß sie es sich zur Gewohnheit gemacht hatte, das zu nehmen, was sie bekam, und für eine kurze Zeit froh zu sein.

Jon. Tora hatte ihn bereits auf dem Schulhof bemerkt.
Er stand da und flirtete mit Anne. Er wollte ihr seine alten Bücher aus der ersten Klasse verkaufen. Er hatte einen kurzen blauen Popelinmantel an, hatte unruhige Hände und lud Anne gerade ins Kino ein.
Anne maß ihn mit einem raschen und freundlichen Blick und erklärte, daß sie die neuen Bücher schon gekauft habe und daß

sie ins Kino *ginge* – zusammen mit Tora. Aber sie war keineswegs abweisend.
Jon biß an. Ein schnelles, eifriges Gespräch. Ein heftiges Überreden. Und dann war alles klar. Sie würden zusammen gehen. Alle drei.
Tora stand im Hintergrund und wagte nicht zu sagen, daß sie seine alten Bücher gern gekauft hätte. Starrte nur auf den erwachsenen Jungen im Popelinmantel. Sah, daß die Nackenhaut unter dem dunklen Haar ganz weiß war. Sah, daß er einen großen Mund hatte und daß er immer mit der Zungenspitze die Lippen anfeuchtete, bevor er anfing zu reden. Auf dem einen Nasenflügel hatte er einen Pickel, den er wahrscheinlich auszudrücken versucht hatte. Er leuchtete rötlich. Jon strich sich dauernd über seine dichte Mähne.
Ein wärmender Gedanke umschloß Tora. Plötzlich. Gab ihr einen Mut, den sie sich nicht erklären konnte, als sie sagte:
»Ich möchte deine Bücher gern kaufen. Die neuen sind so teuer.«
Und er wandte sich um und entdeckte sie. Steckte beide Hände in die Manteltaschen und sah sie an. Dann lächelte er.
Tora konnte sich nicht erinnern, daß jemand sie früher angelächelt hatte. Und sie wußte nicht, was dann noch geschah.
Eine Haut aus zarter Luft hüllte ihn ein. Sie deckte den Pickel auf der Nase vollständig zu und den allzu großen Mund. Sie holte unbekannte Harmonien hervor.
So wurde der junge Mann in Toras hungriges Lebensbild hineingehoben.

Viel später, als sie am Nachmittag in ihr Zimmer gekommen war, hörte sie noch die Stimmen vom Schulhof und spürte den Geruch des Klassenzimmers und der Korridore. Alles lebte in ihr weiter als Geruch – und Klang. Stieg und sank. Hob sie empor aus dem alten Zusammenhang, heraus aus dem tristen Bild, das sie von sich selbst hatte. So daß sie schwerelos im Raum schwebte.
Sie setzte sich an den Tisch und holte die neuen Bücher aus dem Nylonnetz. Knipste die Lampe über dem Tisch an. Nahm die Schere und die Rolle mit dem Einbandpapier, das sie für die Bücher gekauft hatte. Es war eine einfache, große Freude, zu schneiden und jedes einzelne Buch einzubinden und die Bücher dann in das Bücherregal zu stellen – die Freude hielt sie meilenweit von Hunger und Durst entfernt. Und

verborgen unter allem lag eine fantastische Erwartung: der Abend. Das Kino. Der Junge mit dem Popelinmantel.

29

Er hatte eine ungewöhnlich deftige Hinterpartie. Die Gesäßtaschen beulten sich sozusagen seitlich über die Hüften, auch wenn man ihn von vorne sah. Hatte er sich zur Tafel umgedreht, konnte man die Augen nicht von ihm wenden. Die Taschen waren voller Bleistifte, Kugelschreiber und einer reichen Sammlung gebrauchter Papiertaschentücher. Jedesmal, wenn er besonderes Gewicht auf ein Wort legte, spannte er die Muskeln in seinen Hinterbacken, so daß der ganze Unterleib auf- und niederhüpfte.

Die Bleistifte vibrierten verwirrt, halb aus den verzerrten Taschen herausschauend, und bildeten eine Art stumme, rastlose Gemeinde. Buchstäblich weggestoßen von einem, dem ihre Existenz egal war und der sich nie erinnerte, in welcher Tasche er sie hatte. Aber sie zottelten mit. Krallten sich in dem Taschenfutter fest und bewegten sich treu im Takt mit ihres Herrn gewaltigem Hintern. Waren bei allen seinen Unternehmungen dabei und schüttelten sich höflich, wenn er den Körper in Bewegung setzte. Er unterrichtete Deutsch und hatte ein zischendes Lachen, das er gleichsam mit einer Entschuldigung aus seinen innersten Organen hervorpreßte. Es klang, wie wenn jemand Fischfrikadellen in reichlich warmem Fett wendet.

Tora erfaßte schnell, daß Villy Vilhelmsen jr. einer von den Lehrern war, mit denen man machen konnte, was man wollte. Er hatte immer einen roten Kopf, der so aussah, als ob er gleich platzen würde.

Tora hatte seinetwegen ein ekelhaftes, beschämendes Gefühl. Aber sie konnte ja nichts dagegen tun, daß die Schüler ihn zum Narren hielten und sich über ihn lustig machten. Sie beschäftigte sich immer mit irgend etwas, wenn die Klasse hinter Villy Vilhelmsens rückwärtiger Partie Unfug trieb. Und vermied es, den hilflosen Augen zu begegnen, wenn er sich umdrehte und das Ganze entdeckte.

Es konnte sein, daß sie in der hintersten Bank saß und unterwegs nach Berlin war. Aber es war ein unnötiger Traum ge-

worden. Sie konnte ihn weglegen und wieder hervorholen, ganz nach Wunsch. Deshalb war er nicht mehr so wichtig. Immer seltener bedurfte sie seiner. Es gab so viel anderes. Sie fühlte jeden Morgen eine große Neugierde neben sich in dem schmalen Bett erwachen. Ein gutes Gefühl, daß der Tag ihr gehörte und daß sie nicht wieder nackt dastehen mußte.
Sie hatte sich die wichtigsten Bücher, die sie bis Weihnachten brauchte, gekauft. Jon hatte ihr seine alten Bücher billig überlassen. Sie hatte die kleine Topfbank in ihrem Zimmer mit Kaffee und Tee und Margarine und braunem Käse ausgestattet. Ab und zu leistete sie sich auch eine Flasche Milch. Die stellte sie zwischen die Doppelfenster. Sie zog die Schuhe ganz unten im Flur aus und benutzte Brettchen auf der Wachstuchdecke – um Frau Karlsen nicht zu irritieren.
Es war, als ob Frau Karlsen es sehen könnte, falls sie das Brot auf der bloßen Wachstuchdecke schnitt. Frau Karlsen arbeitete in der Breiland Sparkasse und machte jeden Morgen noch einen Spaziergang, bevor sie zur Arbeit ging. Punkt acht verließ sie das Haus und besuchte ihren alten, kranken Mann im Altersheim. Er war 17 Jahre älter als sie und schwächlich und verrückt, vertraute sie Tora an.
Tora erfuhr allerlei über die meisten Nachbarn in der Gegend. Frau Karlsen erzählte und kommentierte die traurigen Schicksale und Ereignisse, als ob es eine ganz gewöhnliche Kost wäre. Sie erzählte bis in die Details, wie der Nachbarsohn sich auf dem Motorrad zu Tode gefahren hatte, und fragte im gleichen Atemzug, ob Tora noch ein Stück Kuchen haben wolle. Und Tora lauschte hingerissen diesem Menschenkind, das ein so großes Wissen hatte und einen so enormen Hunger nach menschlichen Tragödien, daß diese ein Teil der Mahlzeiten, ein Teil des Lebensmusters wurden.
Frau Karlsen machte sich viele Gedanken darum, daß Tora auch genug aß, daß sie in der Dachstube nicht fror, daß ihre Bettwäsche gewaschen wurde usw. Es war rührend. Eine Art gleichgültiger Fürsorge für Toras Wohl und Wehe, die nicht so aussah, als ob sie Frau Karlsen die geringste Mühe machte. Es war eine Selbstverständlichkeit, eine Lebensweise – genauso wie die Tatsache, daß sie jeden Tag ihren alten Mann besuchte, ob er sie erkannte oder nicht. Das erzählte sie so im Vorbeigehen, als ein erklärendes Detail, um einen Grund für ihre Betriebsamkeit zu haben, während der wahre Grund eigentlich der Schlaganfall der Nachbarin war und der fatale Zufall, daß

sie, Frau Karlsen, nicht anwesend war, als der Doktor kam, und sie somit nicht genau Bescheid wußte, um Tora besser unterrichten zu können.
Tora entschloß sich, diese ältliche Zimmerwirtin zu mögen. Es war ein einfacher Entschluß. Sie konnte ihren Nutzen davon haben. Sie durchschaute intuitiv den zerstreuten und anmaßenden Wortstrom und sah, daß die Dame ebenso allein war wie sie selbst. Aber das würde sie nie zugeben. Sie redete ständig von allen Häusern, wo sie eingeladen war, und von allen ihren Freunden. Aber nie kam jemand.
Frau Karlsen nannte die Leute immer mit dem Nachnamen und mit Titel und mit der Anrede Herr oder Frau. Sie sprach die Namen in einer Art und Weise aus, die Tora faszinierte. Sie kräuselte den einen Mundwinkel. Ein besonderes Zucken. Dann kam der Name. Und je mehr Gekräusel, desto bedeutender und angesehener die Person, von der sie sprach. Manchmal beugte sie sich ganz dicht zu Tora, so daß diese den schwachen Duft von Haut und Haaren spüren konnte, und flüsterte den Namen mit vornehm verzerrten Mundwinkeln.
Tora hatte noch nie einen Menschen getroffen, der auch nur im entferntesten Frau Karlsen ähnelte. Und sie begriff, daß die Leute in Breiland aus purer Höflichkeit und guter Nachbarschaft gegenseitig ihre Vornamen vergaßen.
Die Vornehmheit in Vaeret und auf der Insel kannte solche Anrede nicht. Sie wurde auf andere Art sichtbar gemacht. Wenn jemand den Abstand verdeutlichen und einen Fremden nicht kränken wollte, dann sagte er einfach die Anrede mit dem Nachnamen oder mit dem Titel. So wenn man von Frau Dahl sprach oder von der Lensmanns- oder der Pfarrersfrau. Sie waren Fremde auf der Insel und wurden in Ruhe gelassen – mit ihren stummen Vornamen. Keiner kümmerte sich darum.
In Breiland hatten erwachsene Menschen offensichtlich keine Vornamen. Die Lehrer bildeten da keine Ausnahme. Man konnte mit den Lehrern nicht so reden, als ob sie Menschen wären. Nicht hier. Sie waren entweder Wesen, die mit der Mappe unter dem Arm zum Katheder hin- und von da wieder zurückgingen und vor denen man Respekt und größte Ehrfurcht hatte und die alle Gespräche zum Verstummen brachten, wenn sie sich im Flur nur zeigten, oder sie waren Wesen, denen man keine menschlichen Gefühle zuschrieb und die einen nur herumkommandierten und plagten, ohne daß jemand eingriff.

Tora war zwei Tage lang stumm, bis sie merkte, daß es ganz falsch war, auf der Kommunalen Realschule in Breiland zu schweigen.
Sie lief herum und wartete darauf, gefragt zu werden, wer sie war, und wollte es hinter sich bringen. Sie zitterte vor den flotten, selbstbewußten Mädchen mit Dauerwellen und hautengen Levi's und strammsitzenden Pullovern. Sie machte Umwege, um nicht mit den herausfordernden Blicken der Jungen konfrontiert zu werden. Lange Kerle mit Pomadenhaaren, die selbstgedrehte Zigaretten hinter dem Schultor rauchten. Gleichzeitig genoß sie jede einzelne Minute.
Jon war der erste, der ihr zu verstehen gab, daß die anderen sich wunderten, warum sie so still war.
Es war ihr erster Samstag in Breiland. Sie hatten Deutsch bei Villy Vilhelmsen jr. gehabt, und die Mädchen standen im Flur und krümmten sich noch vor Lachen.
Tora konnte nicht darüber lachen. Sie hatte den Kopf über die englischen Vokabeln gebeugt und tat, als ob sie nichts hörte. Die Quälereien, denen Villy Vilhelmsen durch die Klasse ausgesetzt war, verursachten ihr Übelkeit. Tora verfluchte ihn, weil er ihr den ganzen Tag verdarb.
»Du stehst da und liest und paukst und bist stumm und unausstehlich wie ein Schlagholz.«
Tora sah auf in Jons graue Augen und errötete heftig. Sie versuchte verzweifelt, den Hohn zu überhören. War es überhaupt Hohn?
Bevor sie es verhindern konnte, hatte er den einen Zopf gelöst, und das rote Haar flutete über die Schulter. Er hielt sie an dem anderen Zopf fest. Dicht am Haaransatz, so daß sie den Kopf nicht bewegen konnte, ohne daß es ziepte.
»Sieh mal an« , sagte er herausfordernd.
Es wurde still hinten bei den Mädchen. Eine abwartende Stille. Tora glaubte, sie würden nun auf sie losgehen. Das gleiche beklommene Gefühl, das sie gehabt hatte, wenn die Bande von Vaeret herunter zum Strand gestürmt war, um die Tausendheim-Kinder zu verprügeln, überkam sie jetzt. Das gleiche panikartige Gefühl, von Körpern und feindlichen Augen gequält zu werden. Der gleiche Drang, einfach wegzurennen. Nichts wie weg.
»Du hast viel zu schönes Haar« , sagte er. »Du solltest es nicht so einzwängen!«
Und er löste auch den anderen Zopf und fuhr mit den Fingern

durch die ein wenig verfilzten Haare. Er angelte einen roten Kamm aus seiner Gesäßtasche und fing an, Tora zu kämmen. Tora stand ganz ruhig und steif da und ließ die Arme herunterhängen. Sie spürte seine Hand ein paarmal an ihrem Nacken und erstarrte. Einmal streifte er ihre Wange.
Der Schweiß brach aus allen Poren. Sie stand da und konnte nicht entwischen. Sie hatte das Gefühl, daß der Schweißgeruch noch ganz hinten im Flur wahrgenommen werden müßte. Die Oberlippe war naß.
Sie verabscheute sich selbst.
»Haste Angst vor mir?«
Eine ungläubige, halb scherzhafte Bemerkung. Eine Art Entschuldigung. Eine leise, vertrauliche Annäherung.
»Nein«, bekam sie heraus.
Wie ein Schluchzer. Eine verzweifelte Warnung.
»Du sagst nichts. Warum kommste abends nicht raus? Biste eingebildet?«
Er versuchte ein Lachen und kämmte immer noch ihre Haare.
»Ich wußte nicht... Ich kenn' euch doch nicht... Es ist... einfach so, daß...«
Sie stockte.
Soviel verstand sie.
Sie wollten, daß sie zu ihnen gehörte. Jon wollte das. Stand mit seiner Stärke auf ihrer Seite. Der dunkle, triste Korridor wurde zu einer warmen Wolldecke, in die man sich einwickeln konnte.

Und Tora ging an diesem Samstag mit unsicheren Schritten hinunter zu dem Café, wo die Jugendlichen sich trafen. Sie war auf dem Weg in eine neue Welt. Die sie herausforderte. Die Waffen, an die sie sich zu Hause auf der Insel gewöhnt hatte, waren hier ganz ungebräuchlich. Hier gebrauchte man andere Waffen, als jemanden Deutschenkind zu schelten.
Hier sollte man nicht mit Zöpfen in die Realschule gehen. Hier sollte man nicht in halblangen, unmodernen Röcken bis zu den Waden herumlaufen – wenn andere enge Levi's mit karierten Aufschlägen trugen und den Namen des Freundes mit rotem Kuli auf den Oberschenkel geschrieben hatten.
Hier mußte man selbst herausfinden, was einem fehlte. Keiner sagte etwas. Sie schauten nur. Schauten! Mit abwägenden Blikken und schlecht verborgenem Grinsen. Aber nie ganz offen. Das machte man nicht, wenn man so gut wie erwachsen war.

Man fror die Leute einfach aus der Gemeinschaft aus. Da konnten sie in ihrem grauen Alltag mit sich selber reden.

Toras Rettung war eines jungen Mannes Verliebtheit in ihr üppiges rotes Haar. Es war das uralte Spiel. Für das sie keinerlei Voraussetzung hatte, um es zu verstehen oder um zu widerstehen. Das wollte sie auch nicht. Gleichzeitig wehrte sie sich, wenn er ihr zu nahe kam.

Er wollte sie in den Arm nehmen, sie ein bißchen drücken. Sie schien dann zu einem lebenden Zementblock in ihren Kleidern zu erstarren.

Sie fühlte. Und war dennoch tot. Außerstande, sich zu rühren.

Aber etwas änderte sich in diesen ersten Wochen. Tora sah ihr eigenes Bild deutlich vor sich. Und sie begriff, daß es anders werden mußte.

Um Geld zu sparen, verzichtete sie nach der Schule auf Blutwurst und Labskaus in dem Café. Sie ging in ein Konfektionsgeschäft und schaffte sich das wichtigste Merkmal für die Anerkennung an: Levi's Jeans.

Die vielen Haare bändigte sie hoch oben am Kopf in einem schweren und mächtigen Pferdeschwanz. Dann stand sie lange auf der Treppe und betrachtete sich im Spiegel, nachdem Frau Karlsen ins Altersheim gegangen war.

Sie schuldete für die Hose noch 20 Kronen. Aber die Verkäuferin hinter dem Ladentisch hatte gelächelt und gesagt, daß es schon in Ordnung gehe. Der steife Stoff roch süß und neu. Sie schaute und schaute. Holte den kleinen Spiegel aus ihrem Zimmer, damit sie sich auch von hinten sehen konnte. Stand auf der Treppe und fühlte sich wie neugeboren. Ein herrliches Gefühl, sich mit anderen messen zu können. Endlich so zu sein wie die anderen.

Sie bewegte sich mehrmals die Treppe rauf und runter, und ein ungewohnter Triumph durchrieselte sie.

Mutters Brief am nächsten Tag brachte ihr das Geschehen in der Koppel in ihr Zimmer hinein. Zerstörte die ganze Freude an der neuen Hose, die sie erst einen Tag und ein paar Stunden besaß – und die sich noch steif und sonderbar auf der Haut anfühlte.

In dem Augenblick, als sie den Brief in den Händen hielt, glitt die graue, mutlose Scham zu den hohen Fenstern herein. Der ganze Raum wurde von Widerwillen erfüllt. Und die Scham

war doppelt so groß, weil Tora merkte, wie ungerecht es gegenüber der Mutter war, daß sie es so empfand.
Die Freude war also noch nichts Sicheres. Sie mußte sie gewissermaßen einzäunen. Sie war so verletzlich – gerade hier, wo Tora sich sicher fühlte.
Aus Anstand las sie den Brief. Fühlte Mutters Augen auf ihren Händen ruhen, während sie am Tisch stand und las. Dann faltete sie den Brief fein säuberlich zusammen und steckte ihn hinter die Schulbücher im Regal.
Als sie später ein Buch holen mußte, das sie für die Aufgaben brauchte, fiel er heraus. Sie legte ihn in den kalten Ofen.
Dann fuhr es ihr durch den Kopf, daß sie ihn wohl sehen würde, wenn sie eines Tages den Ofen heizen mußte. Sie fand nicht sogleich Streichhölzer, aber stopfte statt dessen etwas Papier über den Brief. Für den Rest des Tages sah sie nicht dorthin, wo der Ofen war.
Sein Name hatte in dem Brief gestanden.
Sie antwortete am gleichen Abend – um das lähmende Gefühl aus dem Zimmer herauszubekommen. Trotzdem half es nicht ganz.
Am nächsten Tag stibitzte sie eine Schachtel Streichhölzer unten in der Küche und zündete das Papier im Ofen an.
So wehrte sie sich – diesmal.
Es war nötig.
Sich immer zu wehren.

Die Nacht.
Tora erwachte in dem Zimmer mit der verschlossenen Tür. Hände von allen Seiten. Sie wollten ihr etwas. Jons Hände. Frits' Hände. Onkel Simons Hände. ER! *Eine* Hand. Mit schwarzen, dichten Haaren auf dem Handrücken. Flossen ineinander. Haut und Hände und Arme. Dunkel. Sie starrte aus den großen Fenstern zur Straße hin. Sie konnte die Hände nicht unterscheiden. Vermochte es nicht zu begreifen, welche Hände ihr Böses und welche ihr Gutes tun wollten. Sie blickte mit reglosen Augen auf die sparsame Nachtbeleuchtung vor den Fenstern. Es mußte einen Ausweg geben. Sie mußte den Unterschied sehen. Aber es war alles zusammengewebt. Ineinander verfilzt. Als es völlig unmöglich war, kam der Gedanke. Der gute Gedanke: Simons hämmerndes Herz dicht, dicht an dem ihren – in ihr. Das Boot und der Brand.
Sie hielt den Gedanken ganz fest.

Langsam lockerte der Alptraum den Griff. Das Tageslicht kündigte sich an. Es zerschnitt die Nacht in scharfe blaugraue Schatten. Ein Skalpell, es brachte die kranke Haut dazu, frisch zu bluten.

30

Alles war besser geworden, stellte sie fest. Alles. Aber die Mutter schrieb und fragte, wann sie zum Wochenendbesuch nach Hause komme. Tora antwortete mit einer Lüge über den Busfahrplan. Daß zu Hause so wenig Zeit bleibe. So teuer. Und sie schob den Gedanken an die Weihnachtsferien von sich weg. Wenn der Widerwille vor der Heimreise kam, suchte sie nach Bildern von Bekkejordet: Onkel Simons Gesicht über ihr, als sie mit ihren Büchern am Tisch gesessen hatte. Als er damals auf dem Fest mit ihr getanzt hatte. Eine so große Sicherheit, daß sie weh tat. Und trotzdem: eine schwelende Scham, eine Lust, zu der sie sich nicht bekannte.
Jon und sie würden sich vor dem Schulfest an der Wegkreuzung treffen. Sie wollte nicht, daß Frau Karlsen ihn sah. Tora nahm niemanden mit hinauf in ihr Zimmer. Der Raum war begrenzt. War zugeschlossen. Es mußte so sein. Das Zimmer war zu einer Übereinkunft zwischen Frau Karlsen und ihr geworden. Zwischen der neuen Wachstuchdecke und ihr. Tora trat leise auf, wenn Frau Karlsen zu Hause war. Als ob sie auf Tod und Leben Frau Karlsen zufriedenstellen müßte, indem sie, Tora, ein Teil des Zimmers war, wenn sie sich darin aufhielt. Ein Teil von Frau Karlsens Dachgeschoß. Und dort durfte kein anderer zu Hause sein.
Jon verstand es. Und verstand es auch wieder nicht. Er wohnte daheim. Es kam vor, daß er Tora mitnehmen wollte. Aber sie weigerte sich. Es war ein Verrat... an etwas, was sie sich nicht erklären konnte – falls sie dorthin ging. Sie hatte nicht etwa Angst vor Jons Eltern oder vor seinen jüngeren Geschwistern. Vielmehr weigerte sie sich, weil sie sich in gewisser Weise mehr selbst gehörte, solange sie nichts von Jons Familie wußte, nicht wie er wohnte, wie er sich zu Hause gab. Manchmal sah sie Frits' stumme Gestalt vor sich, wenn Jon sie zu überreden versuchte.
Jon erzählte von allen Platten, die er besaß. Und sie hörte die

Schlagermelodien von Randis Grammophon wie eine Ermahnung. Der Kopf war ganz voll davon. Sie konnte nicht hinauf zu dem Haus mit dem großen Garten gehen. Dem Haus, das ebenso viele Fenster hatte wie das Pfarrhaus auf der Insel.

Tora ging unter Jons Arm. Er hatte eine ausgefranste Zigarette in der Hand, dicht an ihrer Backe. Er hatte es nicht fertiggebracht, sie anzuzünden. Er rauchte nicht. Eigentlich. Aber er hatte die Zigarette den ganzen Weg zwischen Zeige- und Langfinger gehalten. In gleichmäßigen Abständen drückte er Tora an sich, so daß sie seine harte Hüfte an ihrer spürte.
Die Jugendlichen waren unterwegs zu den Baracken oben am Waldrand.
Die sogenannten privilegierten Jugendlichen, die in Breilands Kommunale Realschule gingen, sammelten sich in Gruppen und schlenderten auf den gefrorenen Wegen hinauf. In ihrem eigenen Zigarettenrauch und mit Taschen und Netzen, die zwischen ihnen baumelten. Einige in neutralen Gruppen, andere paarweise. Die Dunkelheit war schön und erregend. Es gab überall Hände und Hüften. Sie hatten ihre ganze Welt bei sich. Grammophonplatten. Zigaretten und Tabak. Rock 'n' Roll- Schuhe. Gut verstecktes Bier. Und einander.
Die Erwartung war hochgeschraubt. Meist saß sie im Magen. Man konnte die Gesichtszüge nicht erkennen, aber sie spiegelten sich trotzdem in den Stimmen und in dem Gelächter wider. In den Körperbewegungen. Unruhige, geschmeidige Schatten unter der sparsamen Straßenbeleuchtung längs des Weges.
Sie ließen sich fröhlich in das schiefe, niedrige Lokal da oben verbannen. Hinterbliebene des Krieges. Die Baracken. Mit ihren dünnen Wänden und Türen, die sich so aufführten, als ob sie keine Türrahmen hätten, sondern nur lose in der Luft befestigt wären. Schlug sie jemand heftiger zu als nötig, fiel die Kreide von der Ablage unter der Tafel herunter, und die Fenster klirrten irritiert. Ein Festsaal und eine Ausweichklasse. Aber vor allem: ein Freiraum. Eine herrliche Fläche zum Tanzen, wenn man alle Schulbänke auf den Flur stellte. Die Schüler der Realschule durften hier Feste feiern – mit Maßen.
Bier und Schnaps waren streng verboten. Und die Erlaubnis für das Fest mußte man beim Rektor einholen. Aber damit konnte man leben. Der Rektor war selbst nie anwesend. Und die Flaschen kamen selten ans Licht. Sie lebten ihr eigenes Le-

ben in dem dunklen Gang oder draußen im Birkengestrüpp. Nur ein paarmal war es passiert, daß irgendein Teufel von Lehrer seine Situation nicht richtig eingeschätzt und verdächtige Dinge gemeldet hatte.
Aber es zahlte sich nicht aus, ein dienstbeflissener Lehrer zu sein. Die Jungen wuchsen heran – sie fingen auf dem Gymnasium an. Sie bekamen Muskeln unter der Haut. Die Rache konnte jahrelang vorbereitet werden. Alter Groll und alte Schuld an einer Verweisung von der Schule oder einer mangelhaften Betragensnote wurden in dem Maße gerächt, wie gut der betreffende Schüler angesehen war, so daß die Gruppe die Mühe auf sich nahm.
Es ging die Geschichte um von einem Lehrer, der nur ein Jahr an der Realschule in Breiland geblieben war. Sie hatten ihn am 17. Mai im Meer gebadet. Das war verdammt früh für ein Bad im Meer. Man erzählte sich auch, daß nie herausgekommen war, wer die Rache ausgeführt hatte.

Jons harter Griff um ihre Schultern drückte Tora gleichsam aus sich selbst heraus. Es war, als ob sie unter dem Griff aufhörte zu existieren. Er machte sie zu einer schlenkernden Puppe in seinen Armen. Trotzdem hielt sie aus. Er war ihre Sicherheit, ihre Pforte in eine Gemeinschaft hinein, die ungewohnt und großzügig war. Jon war Herr über eine Welt, die sie ernstlich brauchte. Deshalb hielt sie ihn um die Taille und lachte so etwas wie ein Lachen gegen seinen Popelinmantel.
So einfach war das. So wenig bedurfte es. Sie war dadurch mitten in einer Gemeinschaft.
Wenn er sie küssen wollte, überstand sie auch das. Beim erstenmal war sie tatsächlich vor ihm weggelaufen. Er hatte es mit Fassung hingenommen. War ihr auf der dunklen Straße nachgelaufen und hatte sie gebeten, stehenzubleiben.
»Das wollte ich doch nicht!« hatte er ihr nachgerufen.
Und es knackte in den gefrorenen Pfützen. Etwas ergriff sie. Ein zögerndes Zutrauen. So viel, daß sie stehenblieb.
»Herrgott, ich werd's nicht mehr probieren, wenn du nicht willst. Du bist so schön.« Das letzte hatte er hinzugefügt, als er bei ihr anlangte. Linkisch. Unsicher.
Und zu ihrer Verwunderung verstand Tora, daß der Junge vielleicht Angst vor ihr hatte. Angst vor ihrer Zurückweisung. Ebensoviel Angst hatte wie sie vor seiner drängenden Nähe. Und keiner durfte dem anderen erzählen. Nichts durfte gesagt

werden. Und dann hatte sie sich trotzdem küssen lassen. Es war sozusagen die einzige Möglichkeit gewesen.
Sein Mund war warm und naß. Erinnerte an den Hund vom Doktor auf der Insel. Hatte etwas Draufgängerisches. Ein ungeschicktes Suchen nach etwas, was sie ihm nicht geben konnte.
Tora stand auf der dunklen Straße und ließ sich küssen. Als es vorüber war, seufzte er.
»Du magst es nicht... oder?« fragte er, nach Worten suchend.
»Do-o-ch.«
Tora mußte lügen. Es ging nicht anders.
Er hing an ihr. Wie ein Schatten. Hatte den Stolz vergessen und daß er ein erwachsener Junge in der dritten Realschulklasse war. Sah nur das rothaarige Mädchen von der Insel. Beschützte sie. Das uralte Muster der Menschheit. Zu schützen – beschützt zu werden.
Für Tora war es eine ganz neue Art und Weise, einem Menschen zu begegnen. Sie klammerte sich daran. An Jon. Sie hielt seine Nähe aus, um der Gemeinsamkeit mit ihm teilhaftig zu werden. Sie wollte es und wollte es auch nicht. Wenn sie die schlecht verborgene Mißgunst in den Augen der anderen Mädchen sah, kam das alte Entsetzen über sie. Daß sie sich in den Vordergrund geschoben hatte. Sie. Das Deutschenkind aus dem Tausendheim. Und daß es sich später noch rächen würde. Aber dann erfaßte sie ein harter Triumph, das gute Gefühl, ein Stück Arbeit besser geschafft zu haben als die anderen.
In der Schule konnte sie es bewerkstelligen, daß sie im Flur unter der grellen Lampe hinter ihm stand, so daß sie seine weiße Nackenhaut unter dem schwarzen Haar betrachten konnte. Widerstand dem Verlangen, ihn anzufassen. Wollte einfach hinter ihm sein. So daß er ihre Augen nicht sehen konnte. Das Verlangen, die Hand nach ihm auszustrecken, war ein schönes Gefühl. Schön, weil sie wußte, daß sie es nicht tun würde.
Falls sie die Hand nur ein bißchen hob, würden die kalten Lichtröhren an der Decke verraten, daß es nicht Jons Nacken war. Es wäre *sein* Nacken. *Seine* Haut hatte sich über alle Menschen gelegt. Es passierte ihr, daß sie seine Haut auch auf sich selbst wahrnahm. Wenn sie unvorhergesehen sich selbst berührte – dann war *er* da. Wie ein eingekapselter Brechreiz. Ein totales Nein.
Nachher kam die Einsamkeit geglitten. Ein Urteil, über das sie keine Macht hatte, es zu ändern.

Tora machte es sich zur Gewohnheit, das dichte rote Haar nach hinten zu werfen und zu lachen. Niemand reagierte besonders darauf. Hier wußte keiner, daß Tora zu Hause nie laut lachte. Sie rettete die Tage und Nächte mit diesem Neuen, das sie bei sich selbst entdeckt hatte. Daß sie imstande war, sich zu verbergen. Imstande war, Freude zu zeigen.

Ein formelles Festkomitee hatte die Verantwortung für das Aufräumen hinterher und für die Schlüssel, es waren immer einige aus der dritten Klasse. Jon gehörte zu den Auserwählten. Das Festkomitee mußte vom Rektor genehmigt werden. Es kam vor, daß er Namen aus der Liste strich. Und er diskutierte nie mit den Schülern, warum er das tat.

Jon stellte den Plattenspieler auf ein Pult in der Ecke – auf eine Steppdecke, weil das ganze Haus buchstäblich mittanzte, wenn Bewegung in die Bude kam. Die Steppdecke gehörte zum festen Inventar.

Ein paar Mädchen fingen an zu tanzen, als Jon eine Elvis-Platte auflegte. Die flachen Schuhe mit glatter Ledersohle, weichem Oberleder und Riemchen an den Seiten wirbelten den Staub von dem gelackten Holzfußboden auf. Schlanke, junge Fesseln und Waden. Wenn die Mädchen sich herumschwangen, standen die Petticoats weit ab und entblößten die nylonbestrumpften Beine bis hinauf zu den Kanten der Schlüpfer.

Die steifen Unterröcke besaßen sie alle. Aber Tora hatte sich noch keinen leisten können. Sie waren so schrecklich teuer. Über 30 Kronen. Anne hatte ihr einen alten geliehen. Die Spitzenkante war vom eifrigen Gebrauch ein bißchen grau, aber Tora fand den Rock märchenhaft. Anne war großzügig und gutherzig. Sie lieh dem Mädchen von der Insel auch einen Strickgürtel.

Tora war die Treppe zum Dachgeschoß rauf- und runtergegangen und hatte sich in dem großen Spiegel betrachtet. Während die Stunden im Schneckentempo dahinschlichen, sah sie dem Abend mit ängstlicher Erwartung entgegen. Das Fest.

Die Woche war zu Ende. Endlich. Es lag Freiheit und Ekstase in den Staubwolken, den wirbelnden Röcken, den Füßen, den flatternden Haaren, den Händen, die Hände umfaßten. Rock! Rock – Rock!! Hart. Weich. Wie Schläge gegen das Trommelfell. Blinder Rhythmus. Sinnenfreudige Macht und Unterwerfung. Randvoll von schwerer sinnlicher Wahrnehmung. Krepppapier um die Kugellampen. Rotes Kreppapier. Billig. Die Sinne taumelten unter billigem roten Papier und waren jung.

Jung in einer alten deutschen Baracke. Besaßen die Welt. Von jetzt an und in Ewigkeit. Amen.
Der Rhythmus war zu hören und zu sehen. Durch den Zigarettenrauch und die Staubwolken.
»Don't be cruel...« Elvis, Elvis, Elvis! Die braungetönte Hautcreme der Mädchen perlte lustig aus den weitoffenen Poren.
»Only you!« Eine vibrierende, unmittelbare Stunde mit The Platters.
Die Körper so nah, so nah. Hatte es einmal einen Krieg gegeben?
Nicht zu fassen. Wo? War Krieg- jetzt? Ach so. War es möglich? Mit so jungen Körpern. So vielen. So nah. So verdammt nahe. Daß man den Ofen nicht mehr zu heizen brauchte. Wer war so alt, daß er den Krieg brauchte, um sich zu rächen, zu wärmen, Ehre zu holen?
Hatten sie auf Tab Hunters »Young love« gelauscht, diese kriegerischen Alten, die junge Götter als Kanonenfutter hinausschickten? Hatten sie jemals gespürt, wie warm Haut sein konnte?
Die Deutschen-Baracke stampfte den Takt. Eine gewagte Bewegung für ein so altes Machwerk. Aber welche Freude hatte sie nicht unter ihrem Dach? Konnte etwas von Gott oder den Menschen Geschaffenes vollkommen ruhig dastehen und einem solchen Auftrieb an sensuellem Rhythmus zusehen? Jedenfalls nicht die Baracke des Herrenvolks. Sie wiegte in ihren Armen die Nachkommen Jössings für andere Nachkommen. Es machte keinen Unterschied. Sie schaukelte mit und sang. Eine Art Segen. Nicht nur für die Auserwählten. Nein, nicht nur für sie. Für sie alle. Gott – was für ein Fest!
Die Welt zog sich an den Haaren hoch. Wie lange? Eine Nacht? So lange, wie sie eine Jugend hat, die sich weigert, sich zu erinnern? Die nacheinander Hände und Körper nimmt? Die Raum für Rhythmus und Leben hat?
Ja.

Tora sah Jons offenen Mund. Die weißen Zähne schimmerten, während Tora herumwirbelte. Das Licht fiel auf sein Gesicht. Die Pickel auf der Nase waren in dem roten Licht verborgen. Das schwere Profil schwamm ein oder zwei Sekunden lang im Dunkel. Seine halbgeschlossenen Augen! Was war mit ihnen? Warum spürte sie es so?

Sein Hals. Mit der dunklen Halsgrube über dem offenen Hemd. Seine Hüfte war so fern und so nah. Hart wie ein wilder Druck. Ein Sog. Der ebenso auch von ihr selbst kam. Es war ein Wunsch zwischen ihnen. Schlüpfte zwischen den Staubwirbeln durch und vermochte sich nicht zu verstecken. Wie ein scheuer, neugieriger Vogel.
Es lief an den Fenstern herunter. Wasserdampf von lebenden Körpern. Düstere, trübe Glasflächen, die langsam gesättigt wurden. Das Leben war hier drinnen. Jetzt. Die Scheiben klirrten zum Dank.
Elvis! Rock!
Der Boden bog sich. Ergab sich. Im Wahnsinn.
Dann kam der Lehrer aus dem Nebenzimmer und erklärte, daß jetzt Schluß sei.
Er trug sein grünes, schläfriges Gesicht und seine feuchte, kalte Pfeife auf eine so erbärmliche Weise, daß man ihn hätte bedauern können.
Wenn nicht die Ankündigung gewesen wäre.
Die Hosen waren an den Knien ausgebeult, das Hemd stand offen.
Das Haar erschien besonders spärlich unter dem roten Krepppapierlicht. Keine Hüften. Die Hosenträger saßen schief und waren vorne mit Metallklips befestigt, deren Mechanismus ausgeleiert war. Er hatte den einen Klip schräg auf den umgeschlagenen Hosenbund geklemmt. Es lastete sichtlich schwer auf der ganzen Erscheinung, daß er der Judas des Systems war. Er war nicht erwünscht, und er war sich klar darüber. Aber er hatte einen ganzen Stoß deutsche Nacherzählungen korrigiert, während es um ihn herum gedröhnt und geklirrt hatte, und er war sozusagen zufrieden.
Er wußte, daß sie den Schlußpfiff mit Fassung hinnehmen würden. Es blieb ihnen auch gar nichts anderes übrig. Er war fast der einzige, der es über sich brachte, an den Samstagabenden in dem Nebenzimmer zu sitzen. Sie wußten es…
Es knurrte trotzdem zornig in dem überlasteten Grammophon, als die Nadel quer über »Red sails in the sunset« fuhr.

In der Dunkelheit unter Jons Arm wurde Tora mutig. Sie redete. Ganz lange Sätze, die sie sich nicht im voraus überlegt hatte. Die Worte sprudelten wie eine plötzliche Quelle in einem ausgedörrten Land. Sie hatte Meinungen. Sie wagte zu sagen, was sie meinte. Über die Lehrer. Die Schule. Über Breiland.

Hatte eine Meinung über ein paar Bücher, die sie gelesen hatte. Sie mußte das schon die ganze Zeit gemeint haben, ohne es selbst zu wissen. Tora ging unter Jons Arm und entdeckte sich selbst.

Jon hatte den Schlüssel zur Baracke. Er blieb unterwegs stehen. Preßte seinen warmen Körper an ihren und schlug den Mantel um sie. Sie standen allein auf der dunklen Straße. Der Birkenwald raschelte mit seinen letzten Blättern. Leise. Eine Mahnung, daß der nächste Tag auch ein Gesicht hat. Jons Bewegungen waren behutsam, überlegt, trotz allen Sturms, gegen den er innerlich ankämpfen mußte – er begriff, daß er bei ihr nur mit Geduld etwas erreichen konnte. Er war ein junger Taktiker, klug genug, um seine Triebe so lange zu zügeln. Es war erst zwölf Uhr. Die Nacht fragte nicht nach ihnen.

Er drehte sie langsam um, und sie gingen zu der Baracke mit den schwarzen Fenstern zurück. Geruch nach Staub, Zigaretten und Ausdünstung von den warmen Körpern schlug ihnen freundlich entgegen. Von hier waren sie ja gekommen.

Tora fühlte sich an der Hand genommen und in eine Landschaft geführt, die sie nicht kannte. Der Tanz. Die Musik. Die Freude. Die Freiheit. Das Gefühl, angenommen zu sein. Alles das hatte sie Jon zu verdanken. Sie wußte nicht, wie sie es ihm vergelten sollte.

Sie schlang den Arm um ihn, ohne daß sie erst den Ekel überwinden mußte. Er knöpfte ihren Mantel und ihre Bluse auf. Er tastete sich über die kleinen Brüste und gebrauchte alle Künste, die er gelernt hatte. Einen bebenden Augenblick lang spürte sie eine fremde, dunkle Zuneigung in sich. Sie breitete sich unter der Haut in ihrem ganzen Körper aus. War eine dumpfe, ziehende Lust irgendwo. Sie streckte ihre Arme aus, ihr Mund suchte sein Gesicht, die Nase registrierte den guten Duft seines Haares wie eine aufreizende Welle.

Sie tappten durch den dunklen Gang. Hin zu den Bänken in der Ecke. Er zog sie an seine Seite. Sie lagen dicht beieinander auf den harten Schulbänken. Waren ein vertrauensvoll zitterndes Bündel von Körpern und Gliedern. Die Dunkelheit umschloß sie.

Ein paarmal zuckte eine Warnung durch ihr Gehirn. Aber er legte seinen Mund auf ihre Brüste. Machte sie glauben, daß sie es mochte. Er wurde mutig und eifrig. Flüsterte ihr winzige Worte zu. Worte, die sie vorher nie gehört hatte. Es war eine große Stille um sie. Und in der Stille hörte sie die Worte. Fühl-

te, daß der Klang sich im Brustkorb fortsetzte. Sie fühlte und hörte die Worte. Die Lust war da wie eine Wand. Schloß alles andere aus. Sie gab sich geschlagen.
Bis seine Hände den Weg zwischen Annes steifem Unterrock und ihrer Haut gefunden hatten. Keuchend hatte er den Weg gefunden. Wollte ihr nur wohl. Wollte ihr nichts antun. Sie nur halten. Verstand sie das nicht?

Sie lag zwischen dem Farnkraut. Gegen das harte, feuchte Lager gedrückt. Sie fühlte, daß sie zerbrach. Fühlte, daß sie Widerstand leistete und daß es wenig nützte. Der Körper, die Quellen in ihr leisteten Widerstand. Und es war nutzlos.

Als sie schrie, lief es dem Jungen kalt den Rücken herunter. Sie wälzte ihn weg.
Er hatte nicht gesehen, was sie gesehen hatte. Hatte es nicht gefühlt! Hinter der Scham und dem Schmerz. Hinter dem Ekel und dem Widerwillen war etwas. Ein roter Fleck von schamloser Lust. Ein Lager für alles das, wozu sie sich nicht bekennen konnte.
Und seine Scham wurde auch deutlich sichtbar. Er hatte kein Glück gehabt. Sie hatte ihn weggestoßen.
»Verdammt!« Er fluchte laut. Setzte sich auf und starrte in die Dunkelheit.
Ihr Weinen machte ihn ganz klein. Er war nicht imstande zu verstehen. Wie konnte er auch? War der falsche Mann am falschen Ort.
Wußte nicht, wie er aus der Sache herauskommen sollte.
»Du magst das nicht...?«
Toras Weinen war mehr ein Jammern.
»Hör auf zu heulen, ich hab' dir nichts getan!«
Sie verstummte. Als ob er auf einen Knopf gedrückt hätte.
»Komm«, sagte er schließlich. »Komm, wir gehn!«
Er wußte nicht, ob er es über sich brachte, sie an der Hand zu nehmen. Sie hatte nur Theater vor ihm gespielt. Ihn zum Narren gehalten. Sie gingen nebeneinander die Hügel hinunter. Er trat gegen ein paar Steine, die in dem Grus festgefroren waren, und sah sie von der Seite an. Hatte das Gefühl, daß er etwas sagen müßte.
Die Dunkelheit verschluckte ihr geneigtes Profil.
»Was war denn so schlimm?« fragte er schließlich.
»Nichts.«

»Warum haste denn plötzlich geschrien und wolltest nicht...? Du hättest mir ja vorher Bescheid sagen können!«
»Ja.«
»Willst du... willst du nicht mehr mit mir gehn?«
Der Herbst war ein eiskalter, bläulicher Schatten zwischen den beiden Menschen auf dem Weg. Es schien kein Mond. Tora hatte keine Worte. Sie war im Lande der Krähen, wo man für alles Worte hatte. Das hatte Tora nie gelernt. Von allen, die Tora auf der Insel kannte, gebrauchte nur Rakel Worte.
»Du magst mich nicht – eigentlich?«
Er ließ nicht locker. Hatte eine natürliche Stärke.
»Doch.« Sie sagte es laut. Blieb stehen. Sah ihn an. Die Dunkelheit verbarg ihre Augen. Trotzdem genügte es ihm.
»Okay.«
Er sagte es einfach. Kurz. Erleichtert. Dann machte er eine unbeholfene Bewegung mit dem Arm und nahm sie an der Hand.
Der Tanz in der Baracke war zu Ende. Irgend jemand hatte die beiden in des Lebens Westentasche vergessen. Sie besaßen einen Zipfel ihrer gegenseitigen Niederlage. Hielten ihn fest. Sorgsam.

Sie kam gerade noch bis hinauf in Frau Karlsens Dachgeschoß. Da beugte sie sich über die Toilette und übergab sich. Als sie sich gewaschen und die Zähne geputzt hatte, betrachtete sie ihr Gesicht im Spiegel, wunderte sich über ihr Aussehen. Sie konnte sich nicht erinnern, wann sie das letzte Mal geweint hatte ... Bei diesem Gedanken fühlte sie sich ein wenig erleichtert.
Und Jons Gesicht riß sich los aus dem ekelhaften Zusammenhang. Riß sich los von dem Geschehen in der Baracke, von den Händen, die plötzlich nach ihr gegrapscht hatten. Es waren nicht Jons Hände gewesen. Jons Hand hatte ihre Hand auf dem Heimweg gehalten. Jons Stimme hatte gesagt: Okay. Er war ein Freund gewesen. Er hatte nichts mit der Koppel zu tun. Nichts mit dem Farnkraut und dem keuchenden Atem. Nichts!
Und als sie im Bett lag und nicht wagte zu schlafen, weil *er* ein quälender, naher Gedanke war, wärmte sie sich an Jons Gesicht. So wie sie es auf dem Schulhof und im Café gesehen hatte. Sie sah, daß er hoch oben auf den Backen Fältchen bekam, wenn er lächelte. Und kein anderer hatte solche Grübchen, wenn er lächelte.
Er war so lieb gewesen. Auf dem Heimweg. So lieb.

31

Das Zimmer gehörte noch ihr. Keiner war dagewesen außer Frau Karlsen.
Tora lag in ihrem Bett, hatte das Licht gelöscht und ließ die Hand über die alte Seidentapete gleiten. Die Blumenranken des Musters hoben sich ein wenig von der glatten Fläche ab und fühlten sich wie Samt an. Tora sah im Geiste alle die vor sich, die schon hier gewohnt hatten.
Bis jetzt hatte sie nur von dem erfahren, der die Wachstuchdecke kaputtgeschnitten hatte. Sie war noch da. Tora hatte die neue Decke hochgehoben, um die Schnitte zu sehen.
Schemenhaft glitten sie, die in dem Zimmer gewohnt hatten, zwischen dem Bett und den großen Fenstern hin und her. Wollten raus, aber blieben drin. Sie schienen alle ein gemeinsames Schicksal zu haben. Unruhig gingen sie hin und her, um eine Öffnung zu finden, aber es gelang ihnen nicht.
Deswegen war Tora nicht ganz allein.
Am nächsten Tag ging sie nirgends hin. Lag nur still auf ihrer Strickdecke. Die Bücher waren tot! Das Zimmer war tot! Sie war nicht imstande, den Weg nach Berlin zu finden.

Am Montag morgen war ihr schlecht, schon bevor sie aufstand. Sie hatte das Gefühl, daß sie den Kopf nicht vom Kissen heben konnte, ohne daß es ihr schwindlig wurde und sie sich übergeben mußte.
Sie hörte irgendwo Mutters Stimme im Zimmer. Die Stimme ermahnte sie, mehr an die frische Luft zu gehen und besser zu essen. Sie hörte sich wehleidig und ängstlich an. Schimpfte wegen der teuren Hose. Die Mutter war unangreifbar. Weil sie Tora wohlgesonnen war.
Mitten in der gelben Übelkeit sah sie Mutters Gesicht vor sich. Das bleiche, schmale Gesicht, eingerahmt von den dunklen, glatten Haaren. Harte Gesichtszüge mit Falten zwischen den Augen und um den Mund.
Weil ihr so schlecht war, blieb Tora noch liegen, auch wenn sie nicht mehr sehr viel Zeit hatte. Der Wecker hatte längst geklingelt.
Sie stand mühsam auf. Wußte, daß sie die Zeit, die noch blieb, brauchte. Die Welt drehte sich. Preßte jetzt. Den Magen. Auf der Stirn brach der Schweiß aus. Der Brechreiz war ein dreckiger Sack. Sie schwankte hinaus zur Toilette und übergab sich.

Da war sie also krank! Das war wohl ziemlich sicher. Sie trank gierig aus dem Wasserkran und wusch Gesicht und Oberkörper unter dem laufenden, eiskalten Wasser. Sie hatte keine Lust, sich auf der Kochplatte warmes Wasser zu machen, wie sie es sonst tat. Beugte sich tief über den Ausguß, um zu sich zu kommen, und richtete sich langsam wieder auf. Ja, jetzt beruhigte sich der Magen. Es ging vorüber, bestimmt.
Langsam zog sie sich an und ergriff den Beutel mit dem Turnzeug und die Bücher. Während sie versuchte, die Minuten auf dem Weg über die Hügel aufzuholen, fühlte sie, wie ein schwarzer Fleck sich in ihrem Kopf ausbreitete. Eine fließende, schwere Masse, die das Denken blockierte und die Bewegungen verlangsamte, so daß sie sich aufs äußerste anstrengen mußte.
Sie wußte nicht, wie sie es schaffen sollte, sich vor der Turnstunde umzuziehen. Sie hatte heute solche Mühe mit dem Anziehen gehabt.
Die Turnlehrerin war groß und mager und hatte eine scharfe Stimme.
Bei ihr gab es kein Mitleid und kein Schwänzen.
Tora sparte sich deshalb die Worte. Sagte nicht, daß sie sich nicht wohl fühlte. Nach dem Aufwärmen – auf dem Weg zur Sprossenwand hin – verschwanden Menschen, Decke und Wände in einem Trichter.
Das erste, was sie vernahm, nachdem die große Dunkelheit sie wieder losließ, waren die Stimmen. Verschwommen und weit weg wie Rufe im Gebirge bei Nebel.
Sie wurde für den Rest der Stunde auf eine giftgrüne Matte am Ende der Turnhalle gelegt. Die Lehrerin kam ab und zu und fragte, wie es gehe. Tora nickte. Ja. Es gehe gut.
Sie streckte sich aus und gab den Versuch auf, etwas zu verstehen oder zu hören. Sie schämte sich, daß sie so daliegen mußte. Eine Plage für alle. Jedesmal wenn sie die Augen öffnete, sah sie die Decke über sich. Sie drohte, auf sie zu fallen. Sie plattzudrücken.
Die Mädchen halfen ihr auf die Beine und zogen sie an und nahmen sie mit hinaus auf die Treppe. Es ging ein schwacher Wind. Die Luft sickerte gleichsam durch Tora hindurch.
Plötzlich hatte sie das Bedürfnis zu weinen, sie war entsetzlich traurig und konnte sich nicht erklären warum. Es hatte etwas mit den gelb werdenden Bäumen zu tun, dem einsamen, heftigen Luftzug vom Meer her und den besorgten Gesichtern der

Mädchen ringsum. Es war doch so? Einige Mädchen trösteten sie und wollten sie nach Hause begleiten.
Aber nein, Tora wollte nicht nach Hause. Es würde wohl gut gehen. Sie fühle sich bereits besser. Das sollten sie ihr schon glauben.
Sie hatte gewiß von Anfang an die Mädchen in der Klasse nicht richtig eingeschätzt. Sie hatte sich zurückgezogen. Die Mädchen waren so fern, so unnahbar, so schlagfertig und so zahlreich. Sie hatten sich so viel zu erzählen, wenn sie in dichten Klumpen zusammenstanden und sich einander Blicke zuwarfen, die von allerlei geheimnisvollem Wissen zeugten, über Dinge, bei denen Tora nicht mithalten konnte. Sie hatten hübsche Kleider, waren so sicher und bestimmt, wenn sie ihre Dauerwellen oder Pferdeschwänze schüttelten oder sich zwischen den Bankreihen bewegten. Hoben müde und lässig den Arm, um etwas an die Tafel zu schreiben oder die Haare in Ordnung zu bringen. Tora war in der hintersten Bank zusammengekrochen und hatte sich bei sich selbst versteckt, oder sie hatte sich in Jons Anbetung gesonnt.
Das letzte hatte Tora auch von den anderen getrennt. Es war, als ob sie es mißbilligten, daß sie mit ihm sprach. Tora begriff vage, daß sie sich selbst so leicht verwundbar gemacht hatte. *Dieses* Spiel war älter als jede einzelne von ihnen.
Deshalb war sie verwirrt über ihre Fürsorge.
Anne ging neben Tora. Hielt sie umfaßt, während sie die Hügel hinuntergingen. Fragte mütterlich, ob sie öfters ohnmächtig werde, ob sie gegessen habe, ob sie Heimweh habe. Tora antwortete ihr mit ja oder nein. Eine bemitleidenswerte Stimme aus einem grauen Gesicht weit unten in dem großen Schal.
»Hast du deine Tage – oder?« fuhr Anne fort.
Tora konnte nicht verstehen, daß jemand so etwas ohne weiteres fragte.
Aber die Frage tauchte in ihrem Innern wie ein flügellahmer Kormoran auf. Sie hatte nachgerechnet. Die Periode war bereits verspätet. Sie war zweimal ausgeblieben. Das ist der Ortswechsel – hatte sie gedacht. Aber jetzt, wo Anne davon sprach, schnappten die Gedanken nach ihr.
Ein mächtiges Brausen fuhr durch ihren Kopf. Der Schweiß brach aus.
Sie ging zwischen den Mädchen und klammerte sich daran: So etwas gab es nicht. Schluckte Übelkeit und Schwindel herunter. Richtete sich auf. Ging mit festeren Schritten. Machte ih-

nen klar, daß jetzt alles vorüber war, sie brauchte nicht mehr gestützt zu werden. Zwang sich ein kleines Lachen ab, wie dumm das Ganze doch gewesen war. Entschied, daß alles in Ordnung war. Schloß andere Gedanken aus.
Ihre Augen hingen für den Rest des Tages an den Lehrern. Sie schrieb so schön und deutlich, wie sie nur konnte. Sie legte die Bücher nach jeder Stunde fein ordentlich in die Tasche. Machte sich Notizen. Strengte sich an, um dem Unterricht zu folgen und richtig zu antworten, wenn sie gefragt wurde. So erlöste sie sich selbst für einige Stunden.
Die Mädchen hatten für sie ein Gesicht bekommen. Es war nichts so schlimm, als daß man nicht etwas dabei gewinnen konnte. Tora gab sich viel Mühe, ihnen etwas Nettes zu sagen. Tone. Grete. Anne. Britt. Und sie umringten das Mädchen von der Insel, das nach Breiland gekommen war und mit Zöpfen und einem selbstgenähten Mantel und derben, plumpen braunen Schuhen ausgesehen hatte wie ein Gotteswort. Sie hatten sich entschlossen, sie in ihren Kreis aufzunehmen. Dieses Mädchen hatte eine interessante Art. Sie konnte ohnmächtig werden – richtig. Es war etwas mit ihr verknüpft, was ein Appell war. Sie hingen an Toras Armen und meinten, daß sie doch ganz annehmbar sei. Und dann war da noch Jon.

Tora gewöhnte sich an, langsam aufzuwachen. Die Freude war am Morgen aus dem Zimmer verschwunden. Abends fand sie eine Art gespenstige Freude. Wenn sie den Tag hinter sich gebracht hatte und die fleckigen, vergilbten Rollos herunterzog. Wenn die Aufgaben gemacht waren und sie auf die Strickdecke auf ihrem Bett kroch und sie sich über einem Buch vergessen konnte.
Es kam auch vor, daß sie mit Jon zusammen ins Kino ging. Oder sie ging ins Café unten an der Bushaltestelle oder in das Café, in dem sich meist alle trafen. Sie teilte manchmal eine Flasche Limonade mit irgend jemand. Es tat gut, jemanden zu haben. Aber wenn sie allein war, empfand sie die Gemeinschaft wie den stechenden Frostschmerz in den Fingerspitzen. Sie holte Kohle und Anfeuerholz aus Frau Karlsens Schuppen herauf und heizte den Ofen, um Wärme zu fühlen und um zu sehen, daß in den großen Zuglöchern Leben war. Der Ofen stand da, rund und hoch und schwarz – und glänzte von Fett und Ofenlack. Es lag ein gewisser Trost darin.
Die Worte waren für sie verschwunden. Sie mußte sich zusam-

mennehmen, um etwas zu finden, worüber sie mit den anderen reden konnte. Sie saß nur da – meistens. Lächelte. Lauschte aufmerksam ihren Liebesaffären, ihren Streitereien, ihren Träumen, ihrer Abneigung gegen Lehrer und Eltern. Indessen verbluteten alle Gefühle. Sie hatte nur *einen* Gedanken.
Sie zog die Fehlschläge und Dummheit der anderen auf sich. Bekam eine Art Status als Klagemauer und Seelsorger. Das schweigsame Mädchen von der Insel war neutral und bedrohte niemandes Position, jetzt da Jon ihrer müde geworden war. Sie war sogar tüchtig in der Schule, so daß sie zum Abschreiben der Aufgaben taugte.
Und Tora teilte das, was sie hatte, weil sie glaubte, daß ihr eigentliches Wesen dabei vergessen und verborgen würde. Es war auch zwingend notwendig, daß sie sich selbst vergaß. Sonst konnte sie nicht leben. Trotzdem war irgendwo ein Funke, der sie dazu brachte, so etwas wie Verachtung für den Egoismus der anderen zu mobilisieren, für deren naive Lebensfreude, deren unglückliche Liebessehnsüchte und den oberflächlichen Drang, sich schön zu machen und beliebt zu sein. Sie vermochte nicht einmal Worte dafür zu finden. Aber sie dachte manchmal daran, um sich selbst zu vergessen.
Das Mädchen Tora hatte die Jugend hinter sich gelassen. Ohne daß sie je eine gehabt hatte. Sie lebte nur an *einem* Ort. Zusammen mit der roten Strickdecke und den Büchern.
Eines Tages entdeckte sie, daß eine fahle Flüssigkeit aus den unfertigen Brüsten sickerte.

32

Einmal vor langer Zeit hatten sich die Moore endlos weit ausgedehnt, von der Hochwasserlinie bis zum Fuß des Berges. Dann hatten einige Leute angefangen, in dem fetten, schimmernden Moorboden zu graben, um das Wasser abzuleiten. Entlang der jahrhundertealten und ständig sinkenden Hochwasserlinie war guter, fruchtbarer Kalksand angeschwemmt worden. Der Boden war wie geschaffen für Kartoffeln und Gras. Sommer für Sommer hatten Kartoffelkraut und Gras einem schwarzen Regenschauer nach dem anderen getrotzt und waren zu ihrem eigenen und der Menschen Vorteil grün und üppig geworden. An klaren Tagen war auch der Fjord bis weit

hinaus ganz grün. Die Sandstrände. Das tiefe Wasser. Der Himmel. Golden und blau. Insgesamt eine glitzernde, lockende grüne Fläche, die unter mehreren Metern kalten, klaren Salzwassers lag.
Dann waren der Konsum, die Post und die Bank gekommen. Das heißt: Zuerst war die Plattenfabrik da.
Allmählich fielen einem die offenen schwarzen Entwässerungsgräben, die das Wasser aus den Wiesen, den Äckern, den Kellern und Gärten ableiteten, nicht mehr so schnell ins Auge. Einfach weil entweder ein Haus oder eine Scheune einem die Aussicht nahm. Aber sie waren da. Die Moorgräben. Mit ihrem ölartigen, trägen schwarzen Wasser. Ein langsames Sikkern. So langsam, daß man die Richtung nicht erkennen konnte, auch wenn man wußte, wo das Fjell anfing und wo das Meer toste. Aber die Schafe und die Kartoffeläcker verschwanden. Die Bank und das Geschäft blieben im Staub und Krach der Fabrik am Leben.
Hier waren keine Fischereibetriebe an den Kais. Nur Lagerhäuser für das Geschäft und die Schiffsexpedition. Wohl nahmen sie am Strand viel Platz ein und waren weiß gestrichen und mit schläfrigen, kleinen Fenstern ausgestattet, die träge und scheeläugig in alle Richtungen blinzelten. Aber es wurde kein Fisch ausgeladen. Da gab es weder Fangleinen noch ein schwarzes Meer. Keine zwangsläufigen Liegezeiten oder weiße, an Ketten hängende, überschwappende Wannen. Keine großen Flügeltüren, die die Fischkästen, die Eisbarren und die Leute schluckten. Keine Rufe der Schiffer aus dem Steuerhaus oder von Deck, kein Lachen, das laut und fröhlich nach einem guten Fang am Ende der Saison über dem Laderaum erschallte. Nicht einmal den simpelsten Fluch. Der Mangel war offenbar. Hier gab es keine Saison! Alles lief dahin in endlosen, einförmigen Tagen. Und die Leute waren schläfrig und gingen ihren Geschäften nach und reagierten nicht darauf, daß ihnen etwas fehlte.
Im Lande der Krähen reagierte keiner, bevor nicht jemand von draußen mit einer anderen Sprache kam, mit anderen Sitten, einem anderen Traum – als dem, welcher den Ort prägte.
Das stinkende Lokalboot tuckerte hin und her und kannte es nicht anders. Sogar daß der Schnelldampfer zweimal am Tag anlegte, bedeutete nichts, wenn man das pulsierende Leben bei den Fischereibetrieben der Insel damit verglich. Tora hatte den Eindruck, daß die Gerüche muffig und listig waren. Aber

alles, was recht ist: Es roch nicht so scharf wie zu Hause. Es gab eine geteerte Würze, die den Gestank vom Hafenbassin und von dem einen oder anderen Kasten mit verdorbenem Inhalt dämpfte. Nur selten wurden Blut und Fischmägen über die Kaiplanken geschüttet. Und hier gab es nicht die Spur von vergessenen Tranfässern hinter den Lagerhäusern.
Zweimal am Tag glitt die Welt in den Hafen des Krähenlandes hinein. Einmal von Süden – einmal von Norden. Einige gingen an Land. Andere an Bord. Es wurden Säcke und Kisten und Container ausgeladen. Stapelweise Kartons. Auch dann und wann etwas Lebendiges. Ein Pferd. Eine Kuh. Eine Kiste mit quiekenden Schweinen. Es war auch schon vorgekommen, daß ein Auto an Land geschafft worden war. Und als ob die Leute das alles im voraus wußten, waren immer einige Neugierige am Kai, wenn der Schnelldampfer kam.
Es war leicht zu erkennen, wer nach Breiland gehörte – und wer fremd war. Die Fremden tauchten zögernd auf dem Landungssteg auf und wurden nicht in Empfang genommen, falls sie nicht jemanden besuchen wollten oder von früher her bekannt waren. Sie hatten ein enttäuschtes, suchendes Gesicht, wenn sie über den Ladungssteg stelzten. Selten genug kamen sie, um zu bleiben. Das waren dann diejenigen, die ein festes Einkommen und eine enorme Ausbildung hatten und Dialekte sprachen, die viel weiter nach Süden in dem langgestreckten Land gehörten. Meist Leute aus anderen Landesteilen, die nicht wußten, wie fremd sie eigentlich waren... Sie kamen oft aus Gegenden, wo der Südwestwind keine Macht hatte. Aber wo die Bürokratie unumschränkt herrschte, wie auch über die windgepeitschte Landschaft im Norden, die auf manche exotisch anziehend wirkte. Der Schnelldampfer brachte sie mit und ließ die verwirrten Kuckuckskinder auf den breiten, rissigen Kaiplanken frei.
Die Menschen an dem Kai im Land der Krähen sahen in den ersten Minuten gewöhnlich mit Mißtrauen auf solche Fremdlinge. Genauso lange, wie sie ihre Neugierde zu zügeln vermochten. Das gehörte zum guten Brauch hier. Ein verschlossenes, mißtrauisches Gesicht auf das schwarze Loch zu richten, das dunkle Gestalten auf den Landungssteg spuckte. Aber das Mißtrauen währte nicht lange. Und war absolut nicht böse gemeint. Nur um Takt und zugeknöpfte Ehrerbietung zu erweisen. Nun ja, selbstverständlich war es das abwartende Grauen unseres Jahrhunderts vor irgendeinem Beamten, der

in Gottes und des Königs Namen geschickt wurde. Beamte waren wie Kartoffelschälmesser. Einige waren ungeheuer effektiv und scharf. Andere stumpf und träge. Aber alle schnitten unbarmherzig und tief genug, um das gute vitaminreiche Fleisch unterhalb der Schale mitzunehmen.
Die alten Zeiten standen immer noch am Kai und empfingen die Fremden. Die Hartnäckigkeit der alten Zeiten wird immer wieder an den Kais stehen.
Für Tora war der Schnelldampfer ein Märchen aus Licht, Bewegungen und Stimmen. Sie spürte einen trotzigen Neid, wenn sie sah, daß jemand seinen Koffer nehmen konnte und ihn den Landungssteg hinauftragen.
Die Jugend versammelte sich an der Anlegestelle des Schnelldampfers. Mit Fahrrädern, Zigaretten – und dem Spätsommer noch im Blut. Im Winter – nachdem der Spätherbst sie in die schöne Dunkelheit eingeschlossen hatte und Hände hatte einander finden und junge Hüften dicht und rhythmisch die Straßen entlanggehen lassen – da standen sie am Kai, gut zugepackt mit Schals und Lastexhosen und Anoraks. Einige in den neuen Teddyjacken, die sie im A/S Konfektionsgeschäft in aussortierten Farben gekauft hatten. Die Levi's waren alle gleich. Und kühl.
War es richtig kalt, dann mußten über den langen, wollenen Unterhosen die dunkelblauen Gabardinhosen angezogen werden. So wanderte ein munterer Zug zum Kai hinunter. Ein lachender, Zärtlichkeit suchender Zug. Ein Zwei-und-zwei-Zug, voll unerprobten Lebensmutes und offener, lachender Gesichter.
Ab und zu waren da auch einige, die sich in die Schatten begaben. Menschengewürm mit warmen Mündern und klopfenden, ängstlichen Herzen. Schatten sind gut – auch im Winter.

Tora war dabei, um den nach Süden abgehenden Schnelldampfer zweimal in der Woche auf die Reise zu schicken. Mittwochs und samstags. Ein Treffpunkt. Eine Zeitlang war dort auch noch ein Platz für sie. Aber die Erwartung war tot. Die Erwartung, die bereits in der Schule begonnen hatte – und sich bei den sparsamen Mittagsmahlzeiten und den Hausaufgaben fortgesetzt hatte. Die Erwartung, die in den ersten Wochen wie ein warmer Fleck auf der Stirn gelegen hatte. Toras neues Leben war Herrlichkeit und Freude gewesen. Sie hatte auf je-

den neuen Morgen wie auf ein spannendes Paket unter dem Weihnachtsbaum gewartet.
Der Pferdeschwanz war an seiner stolzen Befestigung hoch oben am Kopf hin- und hergehüpft. Sie war so froh gewesen. Die ganze Zeit. Alle Menschen hatten sie umgeben und waren Statisten in einem Film, in dem die Bilder ineinanderflossen über weichen grünen Wiesen mit dem ewig blauen Himmel darüber.
Immer warme Füße. Es hatte in den Fingerspitzen geprickelt und gejuckt vor lauter unverrichteter Dinge und sicherer, guter Wärme.
Keiner hatte ihr auch nur ein einziges Mal gesagt, wer sie war. Tora hatte sich zum ersten Mal, soweit sie sich erinnern konnte, vollständig sicher gefühlt.
Deshalb war sie leicht zu Fall zu bringen. *Er* hatte den Tritt gerächt.

Es gab Tage und Nächte, da war der Fjord eine einzige schaumweiße Gischt, und alles war ein eiskaltes Brodeln um Kaipfosten und Bug. In solchen Stunden waren die Berge in der Gischt nicht sichtbar, und die Menschen schlossen sich mit ihren Gedanken ein und ließen die süd- und nordwärts gehenden Schnelldampfer an der Küste entlangstampfen, ohne sie abfahren zu sehen. Da gingen die Männer in schweren Seemannsstiefeln und mit ganz steifen Gliedern in ihrem Ölzeug auf den Kais umher und taten ihre Arbeit. Nur die Schiffssirenen und der Wind waren zu hören. Und einige wetterfühlige Möwen. Zeitweise schickten die Kräne ihre kreischenden Klagen in die Köpfe von denen, die versuchten, die gestapelten Lasten zu steuern. Im übrigen wüteten Wind und Regen und besaßen die Welt.
An solchen Tagen und Nächten feuerten sie rund um die Uhr und kochten Kaffee mitten in der Nacht, im Lande der Krähen. Die Wetterhähne zeigten alle in die gleiche Richtung, und es stiegen gleichmäßige Rauchschwaden aus den Schornsteinen auf. Ein stummes, wachsames Heer thronte auf den zugeschneiten oder regenschwarzen Dächern und sandte seine stillen Rauchsignale mit teuflischer Beharrlichkeit in die Nacht und zu dem tobenden Meer. Wenn der Rauch bis zu der Landzunge mit dem Friedhof gekommen war, hatte er sich mit frischer, salziger Meeresluft vermischt und gereichte keinem mehr zum Schaden oder zur Freude.

Die Rituale waren dort.
Aber es passierte doch immer wieder etwas Neues.
Bei Sturm wurden überall bleiche, trockene Kerzen angezündet. Es kam vor, daß sie gelegentlich einen Gottesdienst absagen mußten und daß die Leichen nicht an dem Tag in die Erde kamen, der in der »Breilandsposten« angezeigt worden war.
Das machte nichts.
Alle wußten, daß viele Boote kommen würden.
Später.
Die Menschen hatten genug Verstand, um die Luft anzuhalten.

Im Spätherbst froren die Moorgräben zu. Waren schmale schwarze Striche und zerstückelten das Land. Wenn viel Schnee fiel, wehten sie zu und waren so versteckt, daß die Leute sie vergaßen. Bis das Tauwetter kam und den Schnee brüchig werden ließ, so daß ein armer Mensch einbrach, wenn er versuchte, die Gräben zu überqueren. Da stand das Moorwasser über den Stiefelkanten, bevor man sich retten konnte, mit dem Geruch allzu früher Geburt und eingeschlossener Verwesung.
Tora bewegte sich in zwei Welten.
Beide waren gleich unwirklich. Sie entschloß sich, nicht DARAN zu denken, wenn sie mit den Schulkameraden zusammen war. Die Schule und was sich dort ereignete, das Café und das Kino – das war eine Welt, die jeden Tag wie eine rettende Planke an ihr vorbeischwamm. Sie hielt sich an ihr für einige Stunden über Wasser. Die Gemeinschaft in der Schule wurde lebensnotwendig.
Sie gab sich große Mühe, fröhlich und hilfsbereit zu sein. Lauschte den vertraulichen Mitteilungen und dem Klatsch. Ging sonntags ins Kino. Aber wenn sie abends in ihr Zimmer kam, floß alles zusammen in einen schwarzen Schlamm. Konnte an nichts anderes denken, als daß sie ihren Körper vor den Menschen verbergen mußte. Bald würde er sich verraten. Er würde anschwellen zu seiner ganzen Häßlichkeit und die Schande in alle Welt hinausposaunen. Manchmal war sie so mutig, daß sie versuchte, sich vorzustellen, wie es werden würde. Aber die Gedanken reichten nicht so weit. Es war unmöglich.
Nachts – wenn sie nach den Alpträumen, die immer noch in dem Bettzeug und den Fensterkreuzen hingen, nicht wagte, wieder einzuschlafen – brachte sie es manchmal fertig, das

Bild der Großmutter zu beschwören. Aber es war nie so wie früher. Auch die Großmutter mußte den dicker werdenden Bauch sehen. Auch die Großmutter würde fragen, wo der herkam. Wer... Auch die Großmutter würde sie verachten. *Alle mußten das.*
Es geschah, daß sie aufwachte und *ihn* in der Tür stehen sah. Wußte, daß er kam, um den Tritt zu rächen. Sie bereitete sich vor. Kroch aus sich selbst heraus. Verbarg sich in der pechschwarzen Nacht. Bis sie begriff, daß sie noch einmal einen Aufschub bekommen hatte. Da kroch sie wieder zitternd in sich hinein. Wärmte sich, indem sie die dünnen Arme um sich schlang.
Sie bewachte ihren Körper. Betrachtete sich in dem großen Spiegel im Treppenhaus, wenn Frau Karlsen ins Altersheim gegangen war. Schlug sich ständig mit der Übelkeit herum. Sie ließ den Wecker in aller Herrgottsfrühe klingeln, um genügend Zeit zu haben, mit der Übelkeit fertig zu werden, bevor sie in die Schule ging. Das klappte bis zu einem gewissen Grad. Ein paarmal hatte sie in der ersten Stunde darum bitten müssen, auf die Toilette gehen zu dürfen.
Das Zimmer hatte eine drohende Zweiseitigkeit. Zwang sie in beide Wirklichkeiten hinein. Die schöne und die zerstörte Wirklichkeit.
Die schöne: hinter der verschlossenen Tür. Wo der Augenblick sicher und warm war, mit einer Unzahl von alltäglichen Details. Kostbare Augenblicke, in denen sie vergaß, daß die Schande sie einholen würde. Daß es nur eine Frage der Zeit war, eine Frage von Wochen. Wenn sie Glück hatte – von Monaten.
Der Unterschied von Leben – und Leben. Tora sammelte jeden winzig kleinen Hauch von Wärme, die sie viel intensiver verspürte als früher. Eine Tasse Kakao. Die Strickjacke gut zuknöpfen und die Füße vor die offene Ofentür setzen. Die plötzlichen freundlichen Blicke von Menschen, die sie zufällig traf. Noch wußten sie nicht... Noch durfte sie die Wärme sammeln, die sie bekam. Überall. Und sie tat es. In dem hungrigen Bewußtsein, daß ihr die Zeit zugemessen war, um Wärme zu sammeln, damit sie sich später daran erinnern konnte, wie Wärme war.
Der schlimme Zustand: nach den Alpträumen in dem verschwitzten Bettzeug. Sie hatte sich gewissermaßen daran gewöhnt. Wußte, daß es sich immer gab, wenn sie sich nur eine

Weile wach hielt, bis der Traum ganz verschwunden war. Sie konnte auf die Toilette gehen und dort sitzen und die Wirklichkeit unter die Kleider frieren – dann verstand sie, daß das Ganze ein Traum war. Sie konnte die Strickdecke über sich legen, sich vor die Heizsonne setzen und lesen, bis sie glaubte, daß sie das Ganze vergessen hätte, und konnte sich hinlegen und sich zu einem kurzen Schlaf überlisten.

33

Sputnik 2 hatte 154mal die Erde umkreist. Die Hündin Laika mußte sterben. Man hatte nicht erwartet, daß sie so lange leben würde.

Tora hatte dabeigestanden, wenn die anderen in der Klasse das Schicksal des Hundes in den Pausen diskutierten. Ein blasser, unwirklicher Gedanke hatte sie sozusagen einfühlsam gemacht. Es war nur ein Hund. Trotzdem hatte Tora das Hundeherz in sich schlagen fühlen. Es hatte einen verzweifelten Kampf gegen einen geschlossenen Raum geführt, der sich in schwindelerregendem Tempo immer rundum im Weltraum drehte. Das Tier hatte keine Chance zu überleben.

Zum Schluß lag es ausgestreckt mit steifen Gliedmaßen und gebrochenem Blick vor allen Instrumenten im Sputnik. Es war genau dazu geboren worden. Tora wußte, daß es so war. Und trotzdem hatte das Tier mit seinem ganzen Sein dagegen angekämpft. Einige existierten nur, um eingezäunt zu werden. Bis sie nicht mehr konnten.

Sie stand in dem halbdunklen Flur und sah ängstlich in den großen Spiegel im Treppenhaus. Dann fuhr sie mit zitternden Händen über den Leib. Es drängte heraus. Ein Weinen? Eine Leere? Sie war gefangen. Und hielt etwas gefangen. Eine Rache war in sie hineingepflanzt, die sie ganz verzehren würde. Nie aufhören würde.

Trotzdem war der kleine Flügel selbst ein Opfer. Aber sie durfte sich keine Gedanken darüber erlauben.

Und Tora vergaß willentlich, was sie über Recht und Unrecht gelernt hatte. Sie setzte sich über das hinweg, wovor ihr Elisifs Gott angst gemacht hatte. Es wurde ihr langsam klar, daß es keinen anderen Ausweg gab, als daß sie alles selbst ordnete. Wußte, daß sie alles zu verlieren hatte.

Einen Tag, nachdem Laika für tot erklärt worden war – und sie war nur ein Hund, trotz allem –, kaufte Tora in der Wollstube an der Straßenkreuzung graue Wolle in zwei Schattierungen. Sie nahm reichlich Maschen auf und strickte einen 5 cm hohen Rand. Wußte, daß sie bald ein Versteck für ihren verhaßten Körper brauchte. Sie hatte sich entschlossen, die Leute schon jetzt an den Anblick zu gewöhnen, auch wenn sie noch nichts zu verbergen hatte. Sie brauchte ihren ganzen Scharfsinn, um herauszufinden, wie sie sich vor den Augen der Leute retten konnte, und legte das Geld, das sie von der Mutter per Postanweisung erhielt, zusammen mit dem gesparten Essensgeld beiseite. Sie konnte es nehmen, um zwei weite Hemden zu kaufen. Die würde sie nötig haben.
Zunächst würde es in der Turnstunde schwierig werden. Tora hatte böse Träume gerade deswegen. Die Augen der Freundinnen, wenn sie alle unter der Dusche standen. Sie träumte, daß sie nackt ausgezogen wurde und im ganzen Schulhof herumgehen mußte, während die anderen zuschauten. Keiner sagte etwas – sie schauten nur.
Es war ihr vollkommen klar, daß sie irgend etwas erfinden mußte, um den Turnstunden zu entgehen, wenn es soweit war. Sie könnte die Treppe hinunterfallen! Aber sie hatte keine Garantie, wie sehr sie sich dabei verletzte. Sie könnte in einen Reißbrettstift treten! Nein, das wäre in einer Woche geheilt.
Noch einen Monat bis zu den Weihnachtsferien. Das war auch so ein Alptraum und ein Grund für schlaflose Nächte. Sie mußte nach Hause auf die Insel. Tora fühlte zeitweise ihre Ohnmacht. Dann tröstete sie sich irgendwie. Suchte sich etwas zu lesen. Konzentrierte sich auf die Schularbeiten. Vergaß sich selbst auf diese Weise. Sie verstand, daß sie von einem Tag zum anderen leben mußte. Sagte sich, daß die Veränderung mit dem Körper nicht über Nacht geschah. Das träumte sie nur, wenn die Alpträume sie quälten. Dann konnte es passieren, daß sie aufstand, das Licht anmachte, sich in den Flur hinausschlich, das Nachthemd hochhob und sich betrachtete, um sich zu vergewissern, daß der Leib nicht angeschwollen war wie in dem verhaßten Traum.
So gering waren die Freuden, so jämmerlich war es mit der Sicherheit des jungen Mädchens Tora bestellt, daß sie das Gefühl hatte, für alle Zeit erlöst zu sein – wenn sie sich damit beruhigte, daß sie noch genauso aussah wie bisher. Und sie konnte

wieder in das ausgekühlte Bett kriechen und in einen lindernden Schlaf fallen. Sie hatte noch Zeit...
Aber in dem Schlaf lag trotzdem Verzweiflung.
Die Gewißheit, daß die Hündin Laika niemals eine Chance zum Überleben gehabt hatte. Und sie begriff, daß für das Wesen, das in ihr wuchs, das gleiche galt oder für sie beide.
Aber sie wußte nicht genau, wie.

Während sie früh und spät an dem Pullover strickte, hatte sie nie Ruhe vor den Augen, die sie ansahen. Sie schienen von allen Seiten zu starren. Die schwarzen Bäume, die nackt in der Novemberdunkelheit standen, hatten Augen auf den kahlen Zweigen. Sie glaubte, die Mädchen sähen sie heimlich an, wenn sie sich vor der Turnstunde umzog. Hatte das Gefühl, die Augen hingen an ihr, wenn sie an die Tafel geschickt wurde, um eine englische oder deutsche Übersetzung anzuschreiben.
Als der Pullover fertig war, kam sie etwas zur Ruhe. Sie nähte ihn zusammen, dämpfte ihn gut. Legte ihn abends ordentlich auf dem Stuhl zusammen, bevor sie ins Bett ging.
Dann kam der Schlaf. Traumlos. Erschöpft wie nach anstrengenden Tagen bei der Heuernte. Aber ohne den Duft von Sommer und Heu in der Nase. Statt dessen den Geruch von nasser Wolle und nassem Bügeltuch im ganzen Zimmer. Sie atmete ihn ein, als ob er eine Rettung vor allem Bösen wäre.

Die Mutter schrieb regelmäßig. Tora verbrannte die Briefe in dem großen schwarzen Ofen in der Ecke, sobald sie sie gelesen hatte. Antwortete sofort. Auf diese Weise bekam sie die Verpflichtung gegenüber der Mutter aus dem Zimmer heraus. Den Verrat. Die Schande. Die Gefahr. Alles. Sie klebte den Umschlag zu, um ihn gleich wegzubringen. Zog das Nötigste über und ging zum Briefkasten an der Bushaltestelle.
Immer das gleiche Geräusch, wenn der Deckel des Briefkastens herunterfiel. Ein verlassenes Geräusch. So als ob die Mutter an Land stünde und sie selbst im Meer läge. Sie sahen einander nicht. Wußten nicht voneinander. Tora mußte allein schwimmen. Sie hatte nie die Worte gelernt, die den Ruf hätten an Land tragen können. Sie hatte nichts anderes als die Schande gelernt.
In der Sturmnacht war sie gewarnt worden. Der Riesenrochen hatte sie verfehlt. Aber sie wußte, daß er wiederkommen würde.

Es kam auch vor, daß sie abends zu den anderen ging. Setzte sich mitten unter sie und ließ sich von der gesättigten Atmosphäre einfangen. Essensgeruch, Geruch nach Kleidern und Schuhen, frischer Kaffeeduft, Geruch von erwartungsvollen Körpern.
Tora erwärmte sich an der Gemeinschaft. Sie lachte, wenn die anderen lachten. Das Gesicht bekam hoch oben auf den blassen Wangen rote Flecke. Einmal saß sie dicht neben Jon. Er lehnte sich an sie und legte einen Arm um ihre Taille. Panik ergriff sie, und sie wand sich aus seiner Umarmung. Er zog den Arm zurück.
Trotzdem mußte es sein. Denn er durfte ihr niemals so nahe kommen, daß sie sich vor ihm verriet.
Sie versteckte sich in dem grauen Pullover und bewerkstelligte es, daß sie möglichst oft durch den Tisch getrennt waren. Solange sie ihren Körper verbarg, konnte sie ihm in die Augen sehen und ein bißchen Wärme zwischen ihnen dulden. Aber sie achtete immer darauf, daß jemand zwischen ihnen war, wenn sie zusammen gingen. Oder sie verzog sich auf die Toilette und trödelte so lange, bis er aufgab und verschwand.
Am nächsten Tag hatte sie Schwierigkeiten, seinem Blick zu begegnen. Seine Augen waren nackt und fragend, und sie hatte keine Antwort. In solchen Augenblicken floß er zusammen mit Frits. Sie sah Frits' weit offene Augen vor sich. Spürte noch den kleinen Schock, als er sie berührt hatte, damals vor langer Zeit, und sie war fortgerannt.
Dann war sie da – die ekelhafte, unwirkliche Last auf ihr, zwischen dem Farnkraut in der Koppel. Scham und Schuld wurden zu einem Gewirr verwoben. Sie wußte nicht mehr, was gut und was böse war. Sie konnte nicht mehr Jons Nacken ansehen und sich darüber freuen, so wie sie es in der ersten Zeit in Breiland gekonnt hatte, als sie eng umschlungen spazieren gingen. Sein Nacken wurde genauso ekelhaft wie alles andere. Das geschah so plötzlich, daß sie nicht damit fertig wurde. Sie hatte keine Meinung mehr von Jon.

Eines Abends stand er in ihrem Zimmer.
Jon.
Nichts mehr von dem flotten Auftreten. Er stand stumm und etwas unschlüssig auf der Türschwelle, ohne die Tür hinter sich zu schließen.
Tora spürte, wie ihr Herz hämmerte. Es war das einzige, was

sie wahrnahm. Sie hatte sich halbwegs vom Stuhl erhoben. Sie saß gerade an ihren Aufgaben.

Der erste Gedanke, nachdem sie sich gefaßt hatte, war: Ein Glück, daß ich den Pullover anhabe.

»Hei« , sagte er endlich. Es kam wie ein tiefer Seufzer.

»Hei«, sagte sie.

»Ich hab' zu Frau Karlsen gesagt, daß wir eine Arbeit machen müssen – eine Gruppenarbeit.«

»So?«

»Ja, falls sie nicht mag, daß du Besuch hast. Du hast mal gesagt... daß sie streng ist – damit.«

»Ja?«

»Ich muß mit dir reden.«

»Ja?«

»Du hältst mich zum Narren.«

»Wie meinste das?«

»Du... du bist manchmal so, daß ich glaube, du magst mich, und dann biste plötzlich wie ein Stück Holz. Daß du mich nicht mal mehr anguckst. Warum?«

Das hatte Tora von ihm nicht erwartet. Das war ein anderes Muster, als es auf der Insel gebräuchlich war. Jon überrumpelte sie. Wurde zu einer Bedrohung. Er konnte sie noch soweit bringen, daß sie sich verriet. Alles verriet. Sie dahin bringen, daß sie sich schwach fühlte und womöglich anfing zu weinen. Das war gefährlich. Sie hatte ein jähes Verlangen, ihn an sich zu ziehen. Ganz dicht. Seinen festen, warmen Körper zu spüren. Eine Zweisamkeit. Einen Schutz. Gegen die ganze gräßliche Welt.

Aber das war unmöglich. Sie nahm sich zusammen. Sah auf die Wand über seinem Kopf und sagte, ohne daß sie richtig wußte, wo sie die Worte herholte: »Ich mag dich, aber...«

»Was ist es dann?«

»Nichts. Aber ich hab' so viel zu tun. Aufgaben und...«

»Ich mach' im Frühjahr mein Examen. Und hab' Zeit!«

»Ich kenn' dich nicht...«

»Du kennst mich nicht? Wir sind doch zusammen gegangen... Haste das alles vergessen?«

Nein, sie hatte es nicht vergessen.

Es wurde sehr still im Zimmer. Er war bemüht, die Würde zu wahren. Hatte seinen ganzen Stolz für diese Aussprache mobilisiert. Und das Mädchen von der Insel saß da und glotzte die Wand an. Aus Wut und Enttäuschung schloß er unsanft die

Tür und kam ins Zimmer herein. Bis an den Schreibtisch. Nah an sie heran. Beugte sich über sie.
Da sah er es. Daß sie zitterte. Es zuckte schwach in dem ganzen Gesicht. Der eine Mundwinkel war heruntergezogen, so daß die Zähne wie in einem Grinsen sichtbar wurden.
Er wich vor dem Anblick zurück.
»Möchtest du, daß ich geh'?« fragte er endlich.
»Ja.«

Tora ließ den Ofen ausbrennen. An diesem Abend hatte sie nicht den Mut, den Pullover auszuziehen und ins Bett zu gehen. Sie wußte, daß *er* ins Zimmer kommen würde. Sie ging zwischen den Fenstern und dem Bett so lange hin und her, wie sie es wegen Frau Karlsens Nachtruhe wagte. Dann hängte sie sich die Strickdecke über und setzte sich in einen Sessel. Die Augen starrten. Sie sahen nichts.
So gegen drei Uhr fiel ihr ein, daß sie die deutsche Übersetzung nicht gemacht hatte. Sie zwang sich zur Arbeit. Allmählich kamen die Gedanken. Sie schrieb alles sauber und ordentlich in das gelbe Heft, ohne daß sie einen Sinn darin sah. Brauchte lange. Am Morgen war sie steif und kalt, und die Augen brannten wie Wunden. Sie ging über die Hügel zur Schule. Neben sich selbst her. Sie konnte deutlich sehen, wie ein kleiner Bauch sich ausbeulte. Sie beugte sich vornüber, um sich vor allen zu schützen, die sie traf. Und als sie über den Schulhof ging, hatte sie einen Entschluß gefaßt. Sie wollte aufgeben. Sie wollte nicht mehr kämpfen.
Während der Pause sah sie Jon. Er stand in einer Gruppe Mädchen und lachte. Sie fühlte nichts dabei. Er lebte in einer anderen Welt. Einer Welt, die nicht für sie bestimmt war.
Dann neigte sie den Kopf und ging vorbei. Ganz dicht bei der Gruppe. Aber vorbei. Über den Hof. Zu den breiten Flügeltüren hinein und die Treppen hinauf. Die Füße verweigerten ihren Dienst. Trotzdem zwang sie sich vorwärts. Die Müdigkeit war ein alter Freund, den sie seit langem verraten und vergessen hatte.
An der Tür zum Klassenzimmer standen Anne und Gunn und diskutierten über ein Päckchen Nylonstrümpfe. Französische Kreppnylonstrümpfe zu 12,50. Tora schlich vorbei und begab sich auf ihren Platz. Blitzartig hatte sie Annes schmale Taille gesehen. Betont durch einen goldenen Metallgürtel.

Nach der Schule zog sie den alten, selbstgenähten Anorak an, der mit dem Pullover darunter viel zu eng war. Dann stieg sie den Berg hinauf, der hinter dem Friedhof steil emporragte. Als sie oben anlangte, dampfte sie.
An einer Stelle fiel der Berg direkt ins Meer ab. Ein paar hundert Meter in die Tiefe. Eine Weile stand sie da und sah in die tobende Gischt hinunter. Sie würde unten im Geröll zerschmettert werden, bevor sie hinausgeschwemmt wurde, dachte sie kalt. Es war, als ob eine andere als sie dort oben stünde. Es war nicht so gefährlich, denn es betraf sie gar nicht. Sie stand jetzt an der äußersten Kante. Die Bilder kamen in den Fjord hereingesegelt. Bilder von der Bucht zu Hause, von dem Zimmer in der Fischerhütte bei Randi und Frits. Bilder von Bekkejordet. Bilder vom Hesthammeren – damals als sie klein war und *er* sie am Rande des Abgrunds festhielt und sein Lachen unten im Geröll widerhallen ließ. Aber *er* war nicht in den Bildern. Sie ließ das nicht zu. Er war ein ausgestoßener Gedanke, der über dem Ganzen hing.
Dann! Wieder stand sie im Ruderboot bei Simons Betrieb. Sie stand in den Flammen. Sie wurde gehalten und geschützt. Sie fühlte Simons klopfendes Herz. Und sie vergaß, daß ihr Körper das Abscheulichste war. Das Schlimmste. Denn es war der Körper, den Simon geschützt hatte. Sie war es, für die er das viele Geld für die Realschule ausgab. Sie war es, Tora. Und sie behielt das Bild von Simons Gesicht in ihrem Herzen. Weil sie es so sehr brauchte.
Sie hatte nichts anderes.

Und so geschah es, daß sie doch wieder herunter zu den dichten Häusergruppen kam. Zu den Menschen. Zu der Nachmittagsdämmerung.
Die Häuser standen so dicht. Die Menschen sahen sie nicht an, waren wie eine Mauer und schlossen sie aus. Aber es machte nichts. Sie wehrte sich. Selbst. Ohne es zu wissen, ballte sie in den Handschuhen die Fäuste, bis sie glühten. Dann kroch die Wärme in die Arme und hielt den rauhen Wind ab.
Tora ging langsam nach Hause. Wäre gern ins Café gegangen. Hätte so schrecklich gern jemanden *gesehen*. Aber sie hatte so viel Geistesgegenwart, um zu begreifen, daß sie es nicht schaffen würde.
Als sie zu dem spitzgiebligen Haus mit den hohen Fenstern an der Straßenseite kam, hatte sie das Zittern überwunden.

Eines Tages nahm sie ihren ganzen Mut zusammen und ging in die Bibliothek. Suchte in den Regalen ein Buch über Schwangerschaft. Las alles, was sie brauchte, um sich Gewißheit zu verschaffen. Saß zwischen den Regalen auf einem schiefen Stuhl und las, während ihr die Buchstaben manchmal vor den Augen verschwammen. Zum Schluß hatte sie keinerlei Zweifel mehr. Sie hatte es ja gewußt – schon lange.
Es war ein ungewöhnlich klarer Tag. Aber die Sonne war gerade im Begriff unterzugehen, als sie hinaus auf die Steintreppe trat. Dunkelzeit. Der Himmel war im Westen rot gefärbt. Blutig. Mit einem kalten violetten Ring. Die Bäume standen schwarz und vergessen da. Schnee war noch nicht gefallen. Der Boden vor ihr war gefroren und voll tiefer Risse. Kein Nebel über dem Meer. Kein gedämpftes, heiseres Nebelhorn auf dem Fjord. Der Tag war ein Messer. Er stand noch da und drohte dem Winter ins Gesicht.
Sie konnte sich nicht erinnern, ob sie das Buch ins Regal zurückgestellt hatte. Einen Augenblick ergriff sie Panik. Dann entschied sie, daß es keine Rolle spielte.

34

Agnar Mykle wurde freigesprochen.
Die Schüler der Kommunalen Realschule Breiland hatten wichtige Meinungen über »Das Lied des roten Rubin«. Die meisten sympathisierten mit dem jungen Verfasser. Sie schimpften über die alten, verstaubten Greise, die die Moral bewachten und sich heimlich selbst befriedigten. Sie hielten lange, feurige Schmähreden über diejenigen, die bestimmten, was richtig und was falsch war.
Einige Mädchen erklärten dagegen, daß das Ganze eine Schweinerei sei. Das Buch sei von vorne bis hinten eine Schweinerei. Sie wurden beschuldigt, das Buch nur dort aufgeschlagen zu haben, wo es sich von selbst aufschlug, weil die Leute nur die Seiten lasen, wo es stand. Und die von Schweinerei gesprochen hatten, setzten eine beleidigte Miene auf und gingen Arm in Arm um die Schule herum und steckten die Köpfe zusammen.
Jon war derjenige, der am lautesten über die im Gesetz verankerte Vergreisung in diesem verdammten provinziellen Land

redete. Er schnitt Bilder und Texte aus den Zeitungen aus und sammelte sie in einem großen gelben Umschlag.
Tora hatte das Buch noch nicht gelesen. Hatte nicht den Mut gehabt, in der Bibliothek danach zu fragen. Sie hielt sich zurück. Sah Jon an, wenn er loslegte. Es wagte, Meinungen zu haben. Erwachsene Meinungen. Sie war stolz auf ihn, und der Stolz übertrug sich auf sie – dabei. Es schien ohne Bedeutung, daß sie keine Meinung hatte – wenn er eine hatte. Bis sie plötzlich Tante Rakels eifriges Gesicht vor sich sah. Sie hätte bestimmt eine Meinung gehabt. Sie hätte nicht einfach auf das gehört, was Simon über ein Buch äußerte, sondern herauszufinden versucht, ob er recht hatte.
Aber Tora hatte keinen Platz für so etwas. Das war eine Wirklichkeit, die sie nicht betraf. Sie stand vermutlich außerhalb allem, was eine Meinung hatte. Ging ihren eigenen Weg im Labyrinth.
Sie fühlte sich müde – immer. Der Morgen war wie ein betrunkener Mann, dem man gut zureden mußte, damit er sich beruhigte. Sie bewegte sich langsam und freudlos. Trotzdem mußte sie Freude *vorweisen*. Essen konnte sie nichts. Es kam ihr alles hoch. Sie mußte mehrere Minuten auf der Toilette sitzen, bevor sie sich aufrichten konnte, ohne sich zu übergeben. Das Bett machte sie erst nach der Schule.
Wenn sie morgens in die frische Luft gekommen war, ging es meist gut. Die Schule erforderte, daß sie eine Rolle spielte. Sie fühlte sich etwas sicherer in der Rolle. Besonders seit sie den Pullover fertiggestrickt hatte. Sie hielt sich von allem fern, bis sie ihre Hausaufgaben gemacht hatte. Da war es dann, als ob die Verzweiflung aus einem Sack herausgelassen würde. Sie hatte ihre ganze Stärke für das unerläßliche Spiel gebraucht. Das Spiel auf Leben und Tod. Das Spiel, daß sie eine Tora war, die auf die Realschule in Breiland ging und an nichts anderes zu denken hatte als nur an das.
Das Spiel war lebensnotwendig. An dem Tag, an dem es nichts mehr nützte, sich von dem Körper wegzuspielen, und alle Augen sie erfaßten, da war Schluß.
Es war nur eine Frage der Zeit.
Trotzdem schob sie sie von sich weg.
Das Leben wurde so kostbar. Die Stunden in der Schule, wo sie anerkannt war. Sie sog sie in sich ein. Versuchte verzweifelt, sie in der Erinnerung festzuhalten. Die Gesichter, die Worte, die Arbeitsfreude, das neue Gefühl, zu einer Clique zu gehö-

ren, selbstverständlicher Teil einer Gruppe zu sein. Das waren alles die Dinge, von denen sie geträumt hatte, daß sie geschehen würden, wenn sie nur rauskam – fort von der Insel und den Schatten dort, wo es passiert war. Und sie kämpfte darum, die Schatten von all dem Schönen fernzuhalten. Sie wurde sich der kleinen Freuden des Lebens bewußt – wie ein zum Tode Verurteilter umfaßte sie die warme Teetasse, wärmte abends die Füße am Ofen, nahm die Eindrücke vom Schulhof in sich auf. Die Dunkelheit würde so groß werden – nachher. Es war alles nur geliehen.
Manchmal dachte sie bewußt daran, wie das Ende kommen würde, und sie fühlte sich stark genug, sich auszumalen, daß sie auch das noch in die Hand nehmen mußte. Der Gedanke trieb ihr den kalten Schweiß über den Rücken. Und die Mundwinkel fielen kraftlos herunter. Das Zittern. Das Entsetzen.
Ab und zu tauchte Rakels Gesicht auf. Was würde sie machen? Aber das konnte Tora sich nicht vorstellen. Die Tante hatte keine Schande. Sie hatte unbekümmerte, stolze Augen. Offene.
Tora hängte ihre Verzweiflung gelegentlich an den wahnsinnigen Gedanken, daß sie auf die Insel fahren sollte und nach Bekkejordet hinaufrennen und sich in Tante Rakels Schoß verbergen. Aber das war unmöglich.
Toras Leben war zu häßlich. Sie konnte sich nirgendwo verstecken, außer bei sich selbst.
Hin und wieder ließ sie *ihn* in das Zimmer herein. Versuchte den Haß heraufzubeschwören. Um sich daran zu wärmen. Aber der Haß kam nicht. Er löste sich auf in dem Wunsch, die Schande und den Abscheu zu ertränken. Der Haß bekam keine Chance, weil sie *ihn* als Menschen denken mußte. Und sie wußte, daß sie in dem Augenblick, in dem sie ihn als Menschen hereinließ, verloren war.
Der Sturm! Warum hatte das große Blechschild sie damals nicht getroffen? Der Riesenrochen hatte sie verschont. Warum? Um sie langsam zu Tode zu quälen? Um zu sehen, was sie für eine war? War es Elisifs Gott, der alles so lenkte?
Mitten in dem allen bekam sie einen Brief, daß sie eine Freistelle in der Schule erhalten hatte. Das bedeutete, daß sie reich war. 60 Kronen wurden ihr zurückvergütet, die sie bereits bezahlt hatte. Einen ganzen Tag hielt sie sich an dieser Neuigkeit fest. Sie ging ins Konfektionsgeschäft und kaufte für Ingrid einen Kleiderstoff, beinahe für das ganze Geld. Königsblau, leichte Wolle.

Sie packte das Paket mehrmals aus, als sie nach Hause kam. Ließ die Hände über den weichen Stoff gleiten. Und es war, als ob sie sich Ablaß und Vergebung bei der Mutter damit erkaufte. Sie verstand es selbst nicht richtig, aber es machte den Tag heller.
Tora kroch in ihrem weiten Pullover in sich zusammen und hatte einen Aufschub für alles bekommen.

Auf Bekkejordet saß Rakel und las, daß die Liebe den Krebs besiegen könne. Ein berühmter englischer Forscher hatte mehrere Artikel über etwas geschrieben, was er »Wunderheilung« nannte. Er behauptete, daß ein totaler Stimmungsumschwung der menschlichen Psyche entscheidend für das Krankheitsbild sein könne. Große Sorgen, Eifersucht – seien gefährliche Krankheitserreger, während Freude, Zufriedenheit, glückliche Liebe Antikrebsmittel seien.
Rakel ließ die Zeitung sinken. Seufzte. Die Müdigkeit hatte sie in dieser Woche wieder überfallen. Ließ sie nicht los. Sie hatte sogar Simon abgewiesen...
So mußte sie sich wohl etwas Liebe erlauben! Sie war ja wieder gesund – soweit. Sie hatten es ihr bei der letzten Kontrolle gesagt.
Aber der zündende Funke war trotzdem weg. Sie schien nicht einmal die Kraft zu haben, wenigstens für die Katze Weihnachten vorzubereiten – in diesem Jahr. Sie konnte sich nicht darüber freuen, daß sie gesund geworden war... Als ob sie ihr damals etwas Wesentliches aus dem Körper herausgeschnitten hätten, als ob ein wichtiges Kraftzentrum nicht mehr da wäre. Rakel fragte sich zum erstenmal in ihrem Leben nach dem Sinn des Lebens. War es nur das Diesseitige?
Sie vermißte Tora. Erst als Tora nach Breiland abfuhr, wurde ihr klar, was sie ihr bedeutete. Sie hatte sich für dieses schweigsame, schüchterne Mädchen in Wirklichkeit verantwortlich gefühlt, sie war ihre Freude.
Sie entschloß sich, mit Tora über ihre Krankheit zu sprechen, wenn sie Weihnachten nach Hause kam. Sie würde mit ihr wie mit einer Erwachsenen sprechen. Nicht um nett zu sein, sondern weil Rakel zu der Erkenntnis gelangt war, daß sie niemanden hatte. Das hatte die Krankheit sie gelehrt. Einsamkeit.
Nicht einmal Simon begriff. Er war ein lebendiges, aktives Muskelpaket. Er würde nie verstehen, wie es war, abgebro-

chen zu werden. Simon lebte so, als ob er ewig leben würde. Er betrachtete seinen zähen, kräftigen Körper als eine Selbstverständlichkeit. Wenn ihm etwas gegen den Strich ging, faßte er es als eine persönliche Beleidigung auf.
Sie hatte unten gesessen und ihn damals nach dem Brand in der Webstube hin- und hergehen gehört. Hatte den harten, scharfen Angriff gegen die innigste Liebe gespürt – den Angriff, der Verachtung hieß. Hatte es nicht vergessen. Aber sie erinnerte sich daran nur, wenn es nötig war. Sie sah in Simon ihren großen Jungen, ein Kind, das getröstet werden mußte, weil seine geliebte Mutter krank war und ihn verlassen sollte.

Eines Abends, spät im November, stürmte das rauhe Wetter gegen die Hauswände, und der Schnee fiel hernieder auf das Land der Krähen.
Weit draußen auf der windgepeitschten Landzunge, zur Schiffsroute und zum Meer hin, lagen einige Dekar eingezäunte Erde. Kleine Schneewehen versperrten die Straße und den Eingang. Die düsteren Eisenkreuze ragten hoch empor, da draußen auf der Landzunge. An der äußersten Spitze standen zwischen den prächtigen Grabsteinen drei Holzkreuze. Sie waren einmal weiß gewesen. Hatten hinauf in den freien Himmel gezeigt. Das war vor langer Zeit.
Die Grabhügel waren seit vielen Jahren eingesunken. Sie fielen in der ungepflegten Umgebung fast nicht mehr auf. Aber um diese Jahreszeit gab es sowieso keinen Unterschied zwischen den Gräbern. Diejenigen, die treu gepflegt wurden, waren ebenso weiß wie die vergessenen Hügel mit den schiefen Kreuzen. Ebenso kalt. Es blies ein durch und durch gehender Wind vom Meer her. Die kleinen Schneehügel mit ihren Holzkreuzen, die wie zufällig angeschwemmtes Treibholz aussahen, hielten die schlimmsten Windstöße ab und dirigierten den Schnee unmittelbar hinter den prunkvollen Grabstein des Bischofs. Es sah so aus, als ob die Großen sich hinter den Kleinen versteckten, wie auch im Leben.
Tora war unterwegs. Eine Art Bußgang für Zukünftiges. Sie hatte eine Idee und glaubte, es würde alles leichter für sie werden, wenn sie sich um die kleinsten Kinder Gottes kümmerte. Hatte die niedrigen, dem Wind ausgesetzten Grabhügel bereits gesehen, bevor der Schnee kam.
Sie stapfte allein durch die Schneewehen und kletterte über das Tor. Spürte ihren eigenen Herzschlag. Kroch in sich zusam-

men, während sie am Zaun entlangging. Da die Lichtkegel sie jetzt nicht mehr erreichen konnten, nahm sie den frischen Seegeruch und alles, was ihr entgegentrieb, wahr, und sie wußte, daß sie allein war.
Sie kniete der Reihe nach an den kleinen Gräbern nieder. Fegte den Schnee von den morschen Holzkreuzen und lag noch ein oder zwei Augenblicke ruhig da. Bis die Herzschläge in dem Dröhnen der Meereswellen untergingen, die Knie erstarrten und die Hände von selbst den Weg in die kalten Taschen fanden.
Draußen im Fjord glitt langsam ein Schiff mit erleuchteten Laternen heran. Die Maschinen arbeiteten in gleichmäßigem Takt. Ein schweres Stampfen, das sich in die ewige Jagd des Windes über alle Dinge und über die Welle, die sich brach und wieder zurückzog, mischte. Immer.
Wie ein verzweifeltes Gebet zu Elisifs Gott klopfte ihr Herz.
»Laß mich das alles schaffen! Alles zusammen…«
Sie spürte, daß sich etwas in ihr bewegte. Ein Flügel. Ein kleiner Stoß. Eine Mahnung. Ein Hammer aus Scham und Erniedrigung! Und sie verbarg sich bei den Kleinen mit den schiefen, verwitterten Kreuzen, draußen auf der Landzunge, weil sie es nicht aushielt, allein zu sein. Mußte irgendwo Trost suchen.
Das Mädchen Tora machte Pläne, von denen sie nichts wußte. Sie hatte sich geweigert zu planen und sich selbst gesagt, daß es nicht mehr ihre Sache war, aus dem Labyrinth herauszufinden. Sie konnte nicht allein kämpfen. Sie wußte, daß es nur Angst war.
Sie hatte den Weg gesehen, den sie gehen mußte.
Und sie hatte nicht genügend Energie für die Angst.
Die Zeit war genau bemessen. Es würde sie zuletzt in Stücke sprengen.
Es lag eine dichte, wellige Haut aus gerade gefrorenem Neuschnee über den Steinen am Strand und an der Hochwasserlinie. Das Meer stieg und nahm alles behutsam auf in seinen zwingenden Rhythmus.
Tora ging in ihrer eigenen Spur zurück. Sie würde binnen kurzem zugedeckt sein.
Elisifs Gott hatte viele Kleine, die nichts anderes als die Elemente und den tobenden Himmel kannten.
Sie war nicht allein.

35

Tora hatte vergessen, daß die Gerüche auf der Insel so deutlich waren. Die Geräusche so klar. Die Menschen waren auf eine andere Weise aktiv als in Breiland.
Sie spürte, wie eine ganze Welle von Leben sich über die Reling hob, als sie an Deck stand und darauf wartete, daß das Schiff anlegte. Sie spürte die Stimmen vom Kai schon, ehe sie die Gesichter erkennen konnte. Die herzlichen Flüche. Die Möwen, die in Scharen über den Fischereibetrieben hingen, erzählten, daß die Boote mit dem Fang hereingekommen seien. Es war jetzt die Zeit. So allmählich. Sie sah die Tobiashütte, die sich an die neuen Häuser anlehnte. Die Farbe abgeblättert und schief auf den Grundmauern sitzend. Ottar stand da in seiner guten Hose, im weißen Hemd und im Kittel, dessen Schöße im Wind flatterten – und machte sich lächerlich. Und niemand auf dem Kai reagierte, indem er den Mund auch nur zu einem Lächeln verzog. Sie sah, daß die Kinder ungepflegt, rotznasig und schmutzig waren, wie sie da so über der Trosse hingen und sich aneinanderlehnten, während sie ungeniert glotzten.
Sie hatte erwartet, daß das Wiedersehen mit der Insel, mit Vaeret eine schmerzliche Erinnerung an alles sein würde. Die alte und die neue Schande. Und da stand sie nun und fühlte sich etwas klüger, etwas besser, etwas wertvoller als die anderen. Sie schauderte, als ihr das klar wurde. Hochmut würde Elisif das nennen. Hochmut – kommt vor dem Fall.
Trotzdem. Es war ein schönes Gefühl. Und keiner konnte schon etwas sehen. Weihnachten würde sie schaffen. Sie hatte den Reißverschluß von der Levi's gewaltsam zugezogen, und der Pullover reichte bis über den Hintern. Sie war insgesamt ein bißchen dicker geworden, gewiß. Konnte jetzt auch das Essen bei sich behalten. Alle neckten sie damit, daß das Budenleben sie rundlicher, kräftiger gemacht hatte. Und sie hatte ihre Aufgabe gelernt: lächeln und eine frohe Miene aufsetzen und sich etwas recken, wenn man lächelte. Es bedeutete auch Sicherheit, die Betreffenden anzusehen, die gerade etwas sagten. Munter. Sorglos. Ein wenig zu erröten, ging an. Falls man es fertig brachte, alles andere zu verbergen.
Sie hatte einen stärkeren Brustumfang bekommen. In die alten Blusen paßte sie nicht mehr. Hatte sich eine karierte Bluse gekauft und sich eine ähnliche genäht. Hatte sich Frau Karlsens

alte Nähmaschine geliehen und sich sehr geplagt und war dem Weinen nahe gewesen. Aber sie bekam die Bluse fertig, bevor sie der Mutter unter die Augen treten mußte. Sie wußte, daß es eine Feuerprobe werden würde. Hatte bei diesem Gedanken immer unter den Armen geschwitzt. Nicht einmal die guten Noten zu Weihnachten konnten sie vergessen lassen, daß sie nach Hause mußte. Die Tatsache, daß auch *er* da war, vermochte sie nicht in sich aufzunehmen. Das war zu viel. Sollte es gehen, wie es wollte.
Und nun war sie da. War die Übelkeit los. Ölgeruch und Seegang. Hatte den Kleiderstoff für die Mutter mit. Den Passierschein zu Mutters Liebe. Zu ihren Worten, damit sie Tora ansehen sollte. Mit ihr sprechen sollte. Ihr alles vergeben, was sie nicht wußte und was sie nicht wissen durfte. Alles übermannte Tora in dem Augenblick, als sie Ingrid an der Lagerwand unter dem Schild stehen sah:

A/S KOLONIAL/SCHIFFSHANDEL
ALLE ART TAUE
TONNEN UND SALZ

Es fiel ihr plötzlich auf. Als ob sie diese Frau nie zuvor gesehen hätte. Das bleiche Gesicht über dem bekannten, abgetragenen Mantel. Die Gesichtszüge kamen ihr langsam entgegengeglitten. Waren sie wirklich so hart? Mit so vielen Furchen? Oder war die Mama in diesen Monaten alt geworden?
Tora ging hinein in die vertraute, aber unwirkliche Welt und gab der Mutter steif die Hand. Irgendwo weinte die Mutter sicher? Die Worte waren wie weggeflogen. Es war für Tora ein Schock, daß Mutters Gesicht so hart war. So verschlossen. Auch wenn Ingrid lächelte.
Einen Augenblick hatte Tora den Eindruck, daß die Mutter sehen konnte, wie es um sie stand. Alles durch die Kleider hindurch sehen konnte. Aber dann beruhigte sie sich – und fiel in das angelernte Spiel: nicht entspannen, immer auf der Hut sein. Bewegungen, Worte, Mienenspiel.
Sah die Mama trotzdem etwas?

Sie lag in dem dreckigen Schnee auf dem Kai. Direkt unter der grellen Lampe. Sie lag in Fischabfällen und Tabakqualstern. Nackend. Ausgebreitet vor aller Augen. Sie wollte etwas sagen, um Gnade bitten – aber brachte es nicht fertig. Es war

Winter, und dennoch legte das Farnkraut sich dicht an ihre erfrorene Haut.
Mamas Gesicht wirbelte in einem ungleichmäßigen Kreis herum.

Aber Tora stand. Aufrecht. Sie schaffte es gerade noch.
Ingrid wollte einkaufen – wenn sie schon einmal in Vaeret war und den Schubkarren geliehen hatte, weil sie glaubte, Tora würde ebensoviel bei sich haben wie bei der Abreise. Tora hatte ein Netz und den alten Koffer. Das war so wenig, daß sie es gut tragen konnte. Der Koffer war nicht schwer. Toras Garderobe war noch leichter auszuwählen gewesen als damals, da sie von zu Hause wegging. Sie hatte nur zwei, drei Möglichkeiten zum Wechseln für den neuen Körper.
In Ottars Laden war alles wie früher – und trotzdem war es anders. Tora vernahm nur schwach das alte Gefühl der Unterlegenheit – den Drang, sich unsichtbar zu machen. Das wunderte sie.
Der Laden war so klein geworden. Die Gerüche waren die gleichen. Die Waren hingen an der Decke, nach alter Manier. Oder waren in den Regalen verstaut. Alles bunt durcheinander wie Kraut und Rüben. Und Menschen, die sicherlich keinen Gedanken zu Ende dachten.
Trotzdem wußte Tora, daß sie die Macht hatten, sie auf den Grund zu stoßen. Sie hatten Macht über den anderen. Hatten wenige, aber treffende Worte. Giftig genug. Verrieten genau die Mitwisserschaft. Unter den Blechkannen und Malerpinseln. Ein selbstverständliches Recht, einander zu überfahren.
Aber es war ein Unterschied zwischen früher und jetzt – für Tora. Daß sie nämlich fortgegangen und auf die Schule gekommen war. Das verschaffte ihr eine Art Respekt. Man konnte Leute, die wegzogen, zum Narren halten. Man konnte sie des Hochmuts und der Faulheit bezichtigen. Aber dennoch: Respekt. Es verwirrte außerdem doppelt, daß Ingrids Kind von der Insel fortgekommen war.
Das Gespräch verstummte, als die Männer dem mit einer Levi's bekleideten jungen Mädchen von der Tür bis zum Ladentisch mit den Augen folgten. Die Männer begutachteten sie ohne ein Wort, nickten nur stumm zu Ingrid hinüber. Man brauchte ein junges Mädchen nicht zu grüßen, auch wenn es in Breiland auf die Schule ging. Das war übrigens nicht in Ordnung. Großmannssucht. Ein Kind aus dem Tausendheim! Ja,

wenn es noch dem Pfarrer oder dem Dahl sein Kind gewesen wäre.
Ja, ja, man wußte ja, wer die ganzen Kosten dafür trug. Simon war es. Er wollte wohl wiedergutmachen, daß er seinen Schwager wegen Brandstiftung beim Lensmann angezeigt hatte. Er tat, was er konnte... Rakel steckte sicher auch dahinter! Sie war hochgestochen genug, um darauf zu bestehen, daß Ingrids uneheliches Kind nach Breiland auf die Schule kam.
Und die Männer verloren das Interesse. Sie wandten sich einander zu und nahmen das Thema wieder auf, das gerade dran war, bevor die Frauen den Laden betreten hatten. Sie verbargen ihre Gedanken, und ihre Blicke streiften Toras großen roten Pferdeschwanz, der an ihrem Kopf baumelte. Die Blicke wurden dorthingezogen, ob sie es wollten oder nicht. Es war einfach so. Aber das Gespräch ging gleichmäßig weiter. Zwang sich durch den Tabakrauch wie eine stumpf mahlende Kaffeemühle. Die Worte summten und klapperten durch einen gleichförmigen, monotonen Vorweihnachtsnachmittag. Sie setzten sich in den Bewegungen fort, legten sich auf die Wände und die Decke wie unsichtbare Tiere. Immer anwesend. Immer da. Das Gespräch war ein träger, selbstverständlicher Klang, voll alltäglicher, sich selbstbehauptender Männlichkeit.
Nur Ottar redete mit Tora. Er verbeugte sich wie vor einer Erwachsenen. Fragte mit dem Bleistift hinter dem Ohr und einer schwungvollen Handbewegung über die Haare und den kahlen Seitenscheitel, wie es ihr gehe und wie es ihr in Breiland gefalle. Und Tora antwortete, daß es gut gehe.
Zum erstenmal sah Tora, daß Ottar auch einer von denen war. Einer, der nicht auf die Insel gehörte – eigentlich. Er hatte nicht die gleichen Bewegungen, hob sich von den anderen ab. Versuchte verzweifelt zu zeigen, daß er der Kaufmann Ottar Larsen war. Und fiel durch. Einfach, weil er weder Dahl noch der Pfarrer noch der Doktor war. Wurde verachtet, weil er versuchte, sich zu behaupten, ohne die Stärke zu besitzen, daß er von draußen kam. Aus einer Welt, von der niemand etwas wußte. Er war einer von ihnen – aber wollte es nicht sein. Auf dieser einfachen Tatsache beruhte ihr Recht, ihn zu verachten. Tora sah Ottar so, wie sie ihn vorher noch nie gesehen hatte.
Das gelbweiße Licht über dem Ladentisch. Die mannigfaltigen Gerüche, die ihr sofort entgegenströmten, als sie die Ladentür geöffnet hatte. Die leeren Gesichter mit einem schwachen

Funken von neugierigem Interesse, als sie die Mutter und Tora erblickten. Ihre stumme, enge Art. Alles! Es stand vor ihr als Rest eines Alptraums, den sie vor langer Zeit gehabt hatte. Aber es machte ihr nichts mehr aus. Nie mehr!
Ohne es zu merken, richtete sie sich auf. Sie trug den Kopf in einer Weise, die die Umstehenden provozierte. Das Mädchen führte sich auf, als ob es jemand wäre.
Und noch wußten sie nicht...

Er saß nicht am Tischende, wie sie erwartet hatte.
Tora ging in ihre Kammer. Ingrid hatte es dort drinnen hübsch gemacht. Erzählte, daß sie dort mit der Nähmaschine zu sitzen pflege. Da habe sie nicht die Unordnung in der Küche. Sie habe im Herbst mit Nähen ganz gut verdient. Sie habe einen entzündeten Finger, weswegen sie nicht im Akkord in der Fischfabrik habe arbeiten können... Nein, sie habe davon nichts geschrieben, es sei ja auch nichts...
Ingrids Augen hingen die ganze Zeit an der Tochter. Ein Schatten von Zärtlichkeit huschte ab und zu über ihr Gesicht. Wenn niemand es sah.

Sie saßen in der Küche und aßen, als *er* kam. Nüchtern. Tora war gerade in die Kammer gegangen wegen eines Buches, das sie der Mutter zeigen wollte. Stand in der Tür und begegnete seinem Blick. Verfolgte seinen Blick, als er ihrem Blick auswich. Fühlte etwas wie Stärke. Wußte es selbst kaum. Schlimmer konnte es nicht mehr werden. Noch weiter nach unten konnte sie nicht mehr sinken.
Woher bekommen die Menschen ihre Stärke?
Diejenigen, die sich ihr ganzes Leben der Stärke anderer unterworfen haben?
Wie kann es sein, daß sie sich plötzlich erheben, wenn sie geschlagen sein sollten und dem Erdboden gleichgemacht?
Ist es die Fähigkeit der Schwachen, aufzuspeichern – alles Unglück, alle Faustschläge, alle Erniedrigungen, allen Hohn – bis zum Schluß eine selbstentzündende Kraft daraus wird, die Funken von Haß und Rache sprüht? Die tatsächlich alles entzünden kann? Alles?
Tora hatte alles zusammen versteckt. Es gut versteckt. Hinter der Angst.
Sie stand in der verhaßten Kammertür, mit zerstörtem Selbstgefühl, und unter ihrem Herzen war die Manneskraft einge-

pflanzt wie ein zum Tode verurteilter Parasit. Trotzdem sah sie den Mann an, bis sein Blick auswich. Eine sonderbare kalte Freude breitete sich da in ihr aus. Sie dachte böse Gedanken. Schlimme Gedanken. Die unsäglich wohl taten.
Sie benahm sich, wie es sich gehörte – Ingrids wegen. Aber entfachte einen Funken reinen, schönen Hasses, als sie die Lücke in seinem Mund sah. Ein Zahn im Oberkiefer fehlte. Plötzlich brauchte sie das Scheußliche nicht in Träumen zu verstecken und die guten Gedanken zu beschwören. Sie gönnte sich nichts anderes als ein gutes Gefühl. Sie hatte getroffen. Einmal hatte sie ihn offensichtlich getroffen! Er trägt ein Zeichen mitten im Gesicht, dachte sie froh.
Als sie abends allein in der Kammer lag, kam dennoch die Angst. Hatte er gesehen, was sie dachte? Ob er trotzdem kam? Dann konnte es auch nicht schlimmer werden!

Und sie war wieder zwischen dem Farnkraut. Sie trat und trat gegen etwas, was gewesen war, etwas Weiches, Blutendes. Es wuchs aus dem Grün heraus. Dehnte sich aus. Eine fürchterliche Menge Fleisch und Blut – und sie fühlte nichts anderes, als daß sie trat und trat. Auch nachdem es zusammengeschrumpft war zu einem kleinen Bündel, das wie ein Neugeborenes weinte – trat sie. Sie hatte gewaltige Kräfte. Sie war so stark, daß das Lachen überall aus ihr herausblubberte. Das gab einen großen, guten Widerhall in der ganzen Welt. Eine schrecklich große Freude.
Ein paarmal fühlte sie Großmutters Atem in ihrem Gesicht, aber sie schob sie fort.
Am nächsten Tag ging Tora in Simons Betrieb. Es war so wichtig, Simon zu sehen, bevor sie Rakel sah. Ihn allein zu sehen. Oder hatte sie Angst vor den flinken Augen der Tante? Angst, daß Rakel das sah, was kein anderer sah?
Tora nahm ein paar von Mutters Weihnachtsplätzchen und einen Kerzenstumpf mit. Sie wollte ein Fest im Büro feiern und für Simon Kaffee kochen.
Auf dem ganzen Weg nach Vaeret wärmte sie sich an dem Gedanken. Das würde eine Überraschung werden! Plötzlich fiel ihr ein, daß er sie vielleicht bis an die Decke schwingen würde. Sie um die Taille fassen. Wie in alten Tagen... Nein, das mußte sie verhindern! Sie konnte wegspringen. So! Sie machte einen Satz zur Seite, daß es gefährlich in der Plätzchenbüchse rappelte, die sie in einem Netz hatte. Gerollte Waffeln!

Den Rest des Weges ging sie wie ein erwachsenes Mädchen. Simon war bereits in der Kaffeestube. Die Männer, die für die Feiertage nicht freigenommen hatten, waren dort zu Kaffee und einem Schwatz versammelt.
Almar aus Hestvika war fest angestellter Netzflicker geworden, seit er bei dem Sturm Boot und Haus verloren hatte. Er kränkelte und hatte auch seine gute Laune verloren. Lief meistens als verbissener und sonderbarer Trottel zwischen den anderen herum. Sie ertrugen ihn gerade noch, falls sie die erforderlichen Nerven dazu hatten.
Simon ließ sich ab und zu auf ein Gespräch mit ihm ein, über das Wetter oder die kaputten Netze. Zwang sich zu dem Gespräch und sorgte dafür, daß er mit dem alten Griesgram nicht allein war. Da war es leichter, wieder loszukommen.
Seitdem die nette Lehrerin aus dem Süden fortgegangen war, hatte Almar keine Lust mehr für den Job als Schulheizer und Hausmeister. Er drohte den Kindern und war so unfreundlich, daß die Leute fanden, es sei eine Schande. Alt war er ja noch nicht. Trotzdem kamen nur Streit und Spucke und Schimpfworte aus dem Körper des Mannes heraus. Und dann das törichte Gerede, daß er die Schäre in die Luft sprengen wolle. Ein lästerlicher Gedanke. Bei einem Unwetter nützte es sowieso wenig. Eine Schäre war eine Schäre. Konnte der Mann sich über seinen Verlust nicht beruhigen? Was weg war, war weg! Man mußte eben neu anfangen. Er konnte sich doch ein anderes Boot kaufen? Geld aufnehmen? Warum hielt er nicht wenigstens den Mund, so daß man friedlich seine Pfeife rauchen konnte?
Aber nein! Almar war ein sonderbarer, alter Netzflicker geworden, der keine Kompromisse einging – weder mit Gott noch mit dem Teufel. Und schon gar nicht mit den Leuten. Er legte das verhaßte Nylonnetz mit leisen, deutlichen Flüchen über die Knie. Fädelte die Finger durch jedes Obersim. Nicht schnell, aber beständig und im Takt – wie ein alter, zu starker Motor. Das Nylongarn war hart und glatt und verdammt schlecht in den Griff zu bekommen. Immer wieder glitten die Zugmaschen aus den Knoten und liefen kreuz und quer durch das ganze Netz.
Almar spuckte Tabak darauf, und dann hielten vielleicht ein oder zwei Knoten. Aber das Teufelsgebilde hatte über 20 000 Knoten! Da konnte man ja eine Wüste davon im Mund bekommen.

Almar spürte, daß die Gicht im Anzug war. Es war bald Weihnachten mit all dem Elend, und das Biest, die Kopftuch-Johanna, hatte in ganz Vaeret ausposaunt, daß Almar zwei Bündel Dynamitpatronen unter dem Bett liegen habe! So sei er eine Bedrohung für jegliche gute Nachbarschaft. Ja, sogar für den Weltfrieden.

Als ob es nicht trocken genug für zwei dicke, einsame Dynamitbündel unter dem Bett wäre! Bis zum Jüngsten Gericht, wenn es sein müßte.

Simon setzte sich hin und guckte die anderen Männer hinter Almars Rücken an. Das Lachen lag wie Niespulver in der Luft und drohte sie zu verraten.

»Es kommen bessere Zeiten, Almar«, sagte er munter.

»Pah, bessere Zeiten? Boote kosten eine Million und Kabeljaunetze beinah 10 000 Kronen, und Dynamit ist verboten. Sind das bessere Zeiten? Die Fischer haben Lakaien an Land, solche wie mich, die ihnen die Netze flicken, damit sie sich nicht bequemen müssen, es selber zu machen – aber bei den Weibern liegen, sobald sie an Land gehn, das können sie. Öl! Kostet auch Geld! Die Kajüte wird mit Öl geheizt. Und selbst, wenn du das Geld hast, ein Boot zu kaufen, dann haste kein Geld, um es zu benutzen. Man muß anfangen, den Fisch über die Reling zu *schwatzen*, sag' ich! Und die Jungen sind nur noch Herumtreiber und Diebe – und wollen auch noch dafür bezahlt werden, daß sie während der Arbeitszeit essen! Und jetzt wollen sie auch noch Geld haben, wenn sie krank sind. Und dafür, daß sie *Ferien* haben!«

Simon konnte nur grinsen. Er gab es auf. Bei dem Mann war eine Schraube locker. Er trank Kaffee und überhörte den Wortschwall, so gut er konnte.

»Nu machen die Frauen auch noch mit in dem Heulchor. Ist's nicht so, daß die Rakel in diesem Jahr einen zum Schafscheren hatte? Wie? Sie war sich doch sonst nicht zu fein, die Beine über den Schafen zu spreizen und die Zotteln herunterzuscheren?«

Simon bekam einen harten Zug um den Mund, als Rakel in das Ganze mit hineingezogen wurde. Er dachte daran, daß sie seit dem Krankenhausaufenthalt kränklich und mager war und daß sie einen Mann für die Schafschur gehabt hatten. Er vergaß das nicht, o nein! Er wollte gerade dem Mann ein Schloß vor sein Mundwerk setzen – da ging die Tür auf, und Tora stand da.

Er war nicht darauf vorbereitet.
Sie hatte das üppige Haar lose um den Kopf hängen. Ein Feuer in dem grauen Dezemberraum. Die Kälte hatte ihr Gesicht gerötet. Sie hielt ein schüchternes Lächeln kaum zurück.
Und die junge Rakel stand leibhaftig vor ihm. Der Schock war ein Peitschenschlag in sein Gesicht. Er bückte sich vor dem Schlag und faßte sich. Dann barst sein Gesicht, und er lief zu ihr hin. Die Waffeln rappelten ungehindert in der Büchse. Sie wehrte sich nicht, als er sie um die Taille packte und in die Höhe hob. Sie hatte das Gefühl, daß er sie zwischen den Männern direkt in den Himmel schickte. Sie sah seinen weichen roten Mund unter sich. Die leuchtenden Augen. Sie spürte, daß er die ganze Kraft seiner Arme brauchte, so daß sie zitterten. Da hing sie nun. Vergaß, daß sie nur noch eine kurz bemessene Zeitspanne hatte. Daß sie um die Taille herum nicht mehr allein war. Daß sie kein Leben und keine Zukunft hatte. Vergaß alles. Und sie brannte sein Gesicht in sich ein. Dort wollte sie es haben. Immer.
Der Augenblick war so groß.

Die Männer grinsten ein bißchen. Aber auf eine andere Weise als kurz vorher.
Sie setzten sich wieder an den Kaffeetisch. Tora kam mit den zerbrochenen Waffeln. Als die Büchse einmal die Runde gemacht hatte – waren noch zwei Waffeln da und ein paar Bruchstücke. Tora bekam plötzlich einen richtig guten Appetit. Sie nahm sich eine Waffel und setzte sich neben Simon auf die Bank.
Und Simon verwickelte sie in ein Gespräch. Fragte nach allem. Nach der Schule, dem Zimmer, den Aufgaben. Sie glühte. Knöpfte den Mantel auf und antwortete mit raschen, sicheren Sätzen. Die Männer wurden mitgerissen. Sie vergaßen sich. Vergaßen die träge Würde, sie fragten und kommentierten. Sprachen mit Tora, als ob sie erwachsen wäre und eine von ihnen. Almar taute auf, auch er. Wurde richtig mitteilsam, als Tora erwähnte, daß sie auf der Realschule in Breiland keine solchen Lehrer hätten wie Gunn. Die wunderbare Gunn und ihr ganzes Verhalten. Sie war und blieb ein liebenswerter Mensch. Und nun war sie fortgegangen…
»Aus euch hätte ein Paar werden sollen«, meinte einer der Männer.
Simon schickte einen warnenden Blick über den Tisch, und

Tora griff ein anderes Thema auf.
Almar schaute argwöhnisch drein und fing wieder vom Netzeflicken an.
»Nein, daß du in den wenigen Monaten so erwachsen geworden bist«, wunderte sich Simon, als sie allein oben in seinem Büro waren.
»Es geht dir gut?« fragte er mit immer noch strahlenden Augen.
Da überfiel Tora die Schande wie eine große Trauer.
Simon hatte so viel Geld für sie ausgegeben. Und zu keinerlei Nutzen.
Den Hang hinauf, über die Heide – wiederholte sie dennoch einen dunklen, eiskalten Gedanken immer und immer wieder: Entweder *es* oder sie.

36

Tora saß auf der Torfkiste in Bekkejordet. Wieder. Das Leben war all die schwarzen Tage und Nächte wert.
Rakel hatte nur gute Augen für Tora. Sie dachte wohl, daß das Mädchen ziemlich an Umfang zugenommen hatte, zart gebaut wie sie war. Aber sie sagte nichts. Rakel hatte eine klare Vorstellung davon, daß man die Menschen nicht mit Dingen belästigen sollte, die doch zu nichts führten. Aber sie wunderte sich, daß der Kinderspeck sich jetzt auf Toras Körper gesetzt hatte und sie so kräftig über der Brust und dem Rücken machte. Aber das war sicher ihr Weg, erwachsen zu werden. Das Fett erst, nachdem sie aufgehört hatte zu wachsen. Mit der Zeit würde sich das allmählich ausgleichen. Rakel konnte sich erinnern, daß es ihr auch so gegangen war. Aber sie sagte nichts dazu.
Statt dessen sagte sie, daß es Tora gut stehe, die Haare lose zu tragen. Sie erzählte, was sich auf der Insel alles ereignet hatte, in der Zeit, in der Tora fortgewesen war. Sie erklärte, warum der Kerl, der Almar, so sonderbar geworden sei. Rakel glaubte nämlich, daß die Pelzmütze in der unglückseligen Sturmnacht nicht den ganzen Stoß abgefangen hatte.
Sie erzählte, daß Sol sich nach Oslo abgesetzt habe. Dort im Süden habe sie Arbeit in einem Büro bekommen. Sol habe die Härte und Energie, die man brauche. Gott möge wissen woher, frage sich Rakel.

»Von Elisif – vielleicht«, fügte sie mit einem Lächeln hinzu.
Tora war nicht so sicher. Aber Oslo? Das waren ja große Ereignisse. Daß sie das wagte? Ganz allein?
Tora erinnerte sich an Simons Fest. Sol in dem ungewohnten, neuen Kleid. Sol, als sie an dem Totempfahl saß und unanständige Verse dichtete aus lauter Wut, daß sie nicht von zu Hause wegkam.
Tora konnte plötzlich alle Augen verstehen, die ihr unterwegs begegnet waren, als sie nach Hause kam. Ritas Augen. Jörgens. Die Augen der anderen. Etwas verlegen hatten sie Tora gegrüßt. Als ob sie nie zusammen gespielt oder sich geprügelt hätten. Nie Schlagball gespielt hätten oder ins Kino gegangen wären. Zusammen.
Lag es daran: daß sie die Insel verlassen hatten? Auf die Schule nach Breiland ging? Eine andere geworden war? Und damit unnahbar und fremd?
Rakel erzählte, daß Randi und Frits nach Bodö gezogen seien. Tora senkte schnell den Blick – und fühlte eine tiefe Erleichterung darüber, daß sie die beiden nicht sehen würde. Gleichzeitig eine brennende und schmerzliche Sehnsucht nach der Musik, den Büchern, dem Kakao. Randis Geplauder. Frits vollständiger Stummheit. Nach seinen Händen auf der Strickdecke in dem Etagenbett...
Das Mädchen sackte zusammen. Nicht viel, aber man konnte es gerade noch bemerken. Sie war so jung und hatte ihr ganzes Leben aufgebraucht.
»Biste gesund gewesen?« fragte Tora vorsichtig.
»Sowohl als auch. Ich hab' einen Knacks bekommen. Aber das krieg' ich wieder hin. Außerdem... glauben die Leute, daß ich aussätzig bin. Krebs... Die Leute sind wie die Kinder. Alles, was sie nicht verstehn, ist ansteckend und gefährlich. Es ist, als ob sie mich bis zu einem gewissen Grad meiden... Und der Simon...«
Sie hielt inne. Da war Rakels Grenze. Sie warf Tora einen schnellen Blick zu. Dann lachte sie. Beinahe das gleiche Lachen wie früher.
Aber Rakel wunderte sich, daß Tora fragte. Noch im August hatte sie die Krankheit nicht einmal erwähnt. Die Jugend war lernfähig, dachte Rakel. Darin lag eine Hoffnung. Die Jugendlichen konnten zu Menschlichkeit und Offenheit erzogen werden. Aber daß Tora fragte! Rakels Gesicht wurde für einen Augenblick mit Röte übergossen, und die Tränen standen ihr

in den Augen – so daß sie sich umdrehen und sich mit irgend etwas im Wohnzimmer zu schaffen machen mußte.
Als sie mit zwei geblümten guten Tassen und Plätzchen zum Kaffee zurückkam, sprach sie von ihrer Kindheit. Erzählte vom Krankenhaus. Von der Erleichterung nach der Operation. Der Müdigkeit. Der bedrückenden Isolation. Aber Simon erwähnte sie nicht.
Der gute, kräftige Geruch nach Brot, Schmierseife, Haustieren und Rakel. Die Küche in Bekkejordet war das, was sie am meisten vermißt hatte, dachte Tora.
»Wie geht's bei euch?« Rakel schnitt noch mehr Scheiben Brot und legte reichlich Schafsrolle darauf. Rote Beete. Es lief ein wenig von der Lake über. Färbte das Fleisch purpurrot. Die Übelkeit stieg Tora bis in den Hals hinauf. Plötzlich. Aber sie nahm sich zusammen.
»Was meinste?« fragte sie unsicher.
»Ich mein' den Henrik.«
»Ach, es geht – einigermaßen. Er ist ziemlich friedlich.«
»Er ist den ganzen Herbst still gewesen. So still, daß ich da unten öfter nach deiner Mutter schauen mußte. Ich werd' ganz unruhig, wenn die Leute plötzlich so still werden. Man kann sich nicht darauf verlassen, daß dann alles in Ordnung ist.« Rakel seufzte.
»Ja, ja. Das ist ein Kampf mit allem, weißte. Deiner Mutter ging's sicher besser, als er im Gefängnis saß. Obwohl es auch hart für sie war.«
Tora sah sie mit weit offenen Augen an.
Rakel sagte lauter Dinge, die die Leute sonst nie sagten. Nur dachten. All die beschämenden Dinge hörten sich wie alltägliche Selbstverständlichkeiten an und wurden ins rechte Licht gerückt – wenn Rakel sie aussprach.
»Aber sie klagt ja nicht, auch wenn man sie zu Tode quält – deine Mutter. So ist sie schon immer gewesen. Sie steht mit beiden Beinen im Leben und ist zäh wie eine Weide. Sie hat sich mit keinem ausgesprochen. Nicht einmal mit mir.«
»Glaubste, daß er sie zu Tode quält?«
Tora war wieder ein ängstliches, kleines Mädchen. Es war schön, ein ängstliches Mädchen in Bekkejordet zu sein, sie fühlte sich wie in einem warmen Schoß.
»Es ist immer ein Kampf in uns Frauen gewesen. Du bist so erwachsen, daß du das schon verstehst. Es ist sicher eine Art Fluch. Ein Kampf, um alles zu bewahren. Damit es überlebt.

Ein Kampf für das Wohl der andern. Ich werd' ganz fuchsteufelswild, wenn ich an die vielen Kämpfe denk', die ich im Meer versenken und dort liegen lassen mußte – weil ich nicht alles geschafft hab'. Du, Tora – bist sicher solch ein ertrunkener Kampf. Das – das kannste glauben. Du bist kein kleines Kind mehr...«

Etwas in Rakels Augen sprang ihr entgegen. Der kleine gelbe Punkt in der Pupille. Einer in jedem Auge. Wie ein trotziges, kleines Haltetau, das sie beide verknüpfte. Band ihre Gedanken in einer Vertrautheit zusammen, die Tora für keinen anderen Menschen empfand. Es war beinahe, als ob man allein saß. Nur daß dieser Augenblick schön war und sie zu zweit waren.

Rakel hatte einen »seekranken« Tag gehabt. Nun war sie auf dem Weg der Besserung. Niemand auf der ganzen Insel konnte dickköpfiger sein als Rakel, wenn sie nach einer Seekrankheit wieder gesund wurde. Tora wußte das.

Und die Tante trug Toras Kampf. Obwohl es vergeblich war. Rakel würde Verständnis haben. Sie würde nicht am Wegrand stehen und mit verdammenden Augen starren. Rakel war ein Mensch, der anderer Menschen Schmerzen fühlen konnte. Wie wenige solche Menschen gab es? Tora glaubte, daß es schrecklich wenig sein müßten. Die Tante hatte gesehen, daß sie Toras Kampf tragen mußte, weil die Mutter *seinen* trug. Rakel war der einzige Mensch, mit dem sie über die Mutter reden konnte, ohne daß sie das Gefühl hatte, die Mutter zu verraten.

»Wenn er nur irgendwo anders eine Arbeit bekommen hätte – danach.«

Rakel sagte es nachdenklich, als ob sie bereits an eine bestimmte Arbeit an einem bestimmten Ort gedacht hätte.

»Er ist jetzt immer nüchtern, glaub' ich.«

»Na ja, es geht auf und ab, nach dem, was ich so hör'.« Rakel sah Tora kurz an und schenkte noch mal Kaffee in die Tasse, die Tora bei sich auf der Torfkiste hatte. Rakel saß in der Ecke auf der Couch, mit der Tasse im Schoß. Sie saßen nie am Tisch, wenn sie beide allein waren. Darüber brauchte nicht diskutiert zu werden. Es war eine Gewohnheit, die Bekkejordet zu einem – Zuhause werden ließ.

»Er hätt' sein sollen wie – der Onkel.«

Die Worte fielen Tora heraus. Sie biß sich auf die Lippen und wollte Rakel nicht ansehen.

Aber Rakel lachte und meinte, daß *ein* Simon auf der Insel genug sei.

Es war etwas in der Stimme. War es etwas Hartes? Was wollte sie damit sagen? Wo war der gelbe Fleck in jedem Auge? Rakel hatte die Augen auf die Katze gerichtet, die auf ihren Schoß gesprungen war.

Tora spürte einen gefährlichen Drang, alles zu erzählen, eine ohnmächtige Sehnsucht, den Kopf in Rakels Schoß zu legen und alles von sich abzustreifen. Das Entsetzliche. Nicht-Auszuhaltende.

Auf dem Heimweg trat sie in eine zugefrorene Pfütze. Es knirschte und klirrte. Ein spröder Ton, der unten auf dem Weg in eine Art Gesang überging. Lange. Die dünnen Eisplättchen glitten über den gefrorenen Weg und blieben irgendwo liegen und spiegelten sich in der Dunkelheit. Der Mond ließ die zerbrechlichen Eisstückchen aufblitzen. Tora nahm Licht und Ton in sich auf, und sie verschmolzen mit der Stimmung in der Küche von Bekkejordet. Der Ton bekam Verstärkung. Er breitete sich immer mehr nach innen aus. Ins Unendliche.
Die großen Bäume am Zaun des Pfarrgartens hängten ihr verzweigtes schwarzes Muster gegen den Himmel. Je mehr Tora sich dem großen, schmutziggrauen Haus am Strand und den klammen, unwirklichen Nächten näherte, desto schwächer wurde der Ton. Und als sie die Hand auf das dunkelbraune Geländer unter der nackten Glühbirne im Flur legte, war es nur noch ein schwaches Säuseln. Ein kleiner Trost.
Sie erinnerte sich plötzlich an die alte Fischerhütte. Vor dem Brand. Dort war sie allein gewesen. Frei und unsichtbar. Hatte sich selbst besessen. Ihren eigenen Körper besessen. Es war schon lange her, daß sie den zerbrechlichen Flötenton innerlich gehört hatte. Sie erinnerte sich, daß sie ihn hatte heraufbeschwören können aus dem Anblick des Himmels und des Meeres – die eins wurden. Sie hatte oben auf dem leeren Dachboden Musik gehört. Musik, die von irgendwoher kam. Ein spröder, leicht erschrockener Ton, der sofort verschwand, wenn sie sich von der alten Wolldecke und dem Segeltuch erhob, wenn sie ihre Papiere zusammen mit dem Kopierstift unter die Heringskiste legte und die steile Leiter hinunterkletterte.

Es war bitter kalt.
Als Tora in die Küche kam, hatte die Mutter gerade einen Topf mit heißem Wasser vom Herdloch genommen. Sie hatte ein

paar Küchentücher gekocht und schüttete nun kaltes Wasser dazu, damit sie die Hände hineinstecken und die Tücher waschen konnte.
Der Dampf lag auf den Fensterscheiben und den verwohnten Flächen in der Küche. Auf Wänden und Türen. Der Spiegel über dem Ausguß weinte drei kleine Tropfen, die ungleichmäßig herunterliefen und sich eine wellige Spur in der feuchten Haut erzwangen.
Tora steckte beide Hände in den Topf. Fühlte die wohltuende Linderung, als sie die Finger in dem warmen Wasser spreizte. Ohne ein Wort zu verlieren, wusch sie die Küchentücher. Stand noch im Mantel hinten beim Herd. Drückte den verschlissenen Baumwollstoff. Atmete den säuerlichen Geruch von Waschpulver und Dampf ein.

Tora hatte das Kleid anprobiert, das sie Weihnachten anziehen mußte. Das einzige, das sie für den Winter besaß. Sie hatte hier nicht Frau Karlsens großen Spiegel. Aber sie konnte trotzdem feststellen, daß es ging. Sie war rundum dicker geworden, seitdem sie sich morgens nicht mehr übergeben mußte. Sie sah so aus, als ob sie sich gut herausgemacht hätte. Die Erleichterung war so enorm, daß sie die Holztreppe von der dritten Etage bis herunter zur Glasveranda in Angriff genommen hatte. Unten gefror der Boden sofort, als sie versuchte ihn zu putzen, so daß Ingrid alle warnte, die die Treppe hinuntergingen oder von draußen hereinkamen.
Das Kleid war im vergangenen Winter genäht worden. Um hineinzuwachsen, wie Ingrid gesagt hatte. Es rettete eine Verlorene – bis auf weiteres.

Henrik Toste wurde von Elisifs Gott oder dem »Teufel« am Weihnachtsabend eingeholt. Er war unten in der Tobiashütte gewesen, zusammen mit Gleichgesinnten, die es auch nicht eilig hatten, Weihnachten mit Frau und Kindern zu feiern. Er hatte Schuhe mit glatten Ledersohlen an und kam in dem Augenblick zur Haustür herein, als Elisif und Torstein und die Kinder Weihnachten einsangen. Ein mehrstimmiger Lobgesang erschallte durch das Treppenhaus. Die Decke hob sich feierlich dort oben in dem Dachgeschoß. Und es hallte fromm von allen Decken und Wänden wider, deshalb hörte Ingrid nicht, daß die Haustür ging. Konnte nicht rechtzeitig warnen.

Henrik Toste brach sich den Fuß, der in Gips gelegt werden mußte.
Später saß er nüchtern und wütend am Küchentisch und schuf sich seine eigene Weihnachtsstimmung. Für Ingrid war es qualvoll. Sie konnte nicht ein Wort mit Tora reden, ohne daß er hörte, was sie sagte. Alle Gespräche, die sie sich ausgedacht hatte, alle Vertraulichkeiten unter Erwachsenen, die sie sich entschlossen hatte zu wagen – jetzt, wo Tora endlich für ein paar Tage nach Hause gekommen war, waren zerstört.
Aber Tora blühte auf. Sie erfand ein neues Spiel. Ein Spiel, für das sie ihre ganze Klugheit einsetzte, um es zu entwickeln. Es fing damit an, daß sie die Kaffeetasse so weit entfernt von ihm hinstellte, daß er sie nicht erreichen konnte, wenn er einen Schluck trinken wollte. Er mußte sie bitten, ihm behilflich zu sein.
Sie weigerte sich. Schnitt Sirupkuchen auf, ohne ihm ein Stück anzubieten. Während sie ihn ansah. Die Stärke kam direkt aus der Kommunalen Realschule Breiland. Direkt von der Clique. Eine Stärke, von der sie nichts wußte, weil sie sie auf der Insel nicht gehabt hatte. Sie kam über zwei Fjorde herüber und auf einem holprigen Weg bis hier herein zu ihr. Kam aus einer Welt, die nur ihr gehörte. Sie setzte sich auf ihre Schulter und sagte ihr, was sie machen solle. Und Henrik mußte auf alles warten, worum er sie bat. Er brüllte. Er bat. Er drohte. Aber Tora schwieg, so daß das Schweigen stärker war als der Haß, und sie machte zuerst das fertig, was sie gerade vorhatte, ehe sie ihm half.
Eines Tages wollte er aufs Klo. Alle Treppen hinunter. Es war zwischen den Jahren und sehr kalt. Ingrid war nicht da. Er mußte Tora bitten. Da lachte sie schallend. Sie fror selbst, als sie es hörte:
»Hilf dir selbst! Ich mach's nicht! Scheiß in die Hose!«
Der Mann starrte sie an. Vergaß zu fluchen. Vergaß, wer er war. Für einen kurzen Augenblick. Dann brach es los, so daß die Kopftuch-Johanna ihm eine Warnung klopfte.
Aber Tora stand an der Tür und lachte. Sie lachte so sehr, daß sie fühlte, wie das Weinen dahinter alles zusammendrückte. Sie war auf dem Sprung, falls er versuchen würde, mit dem gebrochenen Fuß zu gehen und sich auf sie zu werfen. Aber das konnte er noch nicht. Sie hatte noch Zeit...
Sie betrachtete ihn, wie er da saß und mit dem schwarzen Loch im Mund vor Wut schäumte. Wußte selbst nicht, daß sie

solche Kräfte in sich hatte. Sie kamen wie aus einem Sack herausgeschlüpft.
»Du Krüppel, du Krüppel! Hilf dir selbst! Bleib sitzen in deinem eigenen Schiet, bis du stirbst: hörst du! *Hörst du, was ich sage!*«
Sie war bereits die Treppe hinuntergegangen, da hörte sie, daß er hinfiel und brüllte, weil er versucht hatte zu gehen.
Endlich hatte sie es geschafft, alles ans Tageslicht zu bringen und aus dem Schweigen herauszukommen. Sie hatte es in Worte gefaßt und ihn die Worte hören lassen. Sie wollte, daß er es wußte, als eine Drohung empfand. Es sollte ihn immer verfolgen – wenn alles vorüber war. Sie wollte ihn zu der Einsicht bringen, daß Toras Haß viel, viel größer war als sein eigener.
Trotzdem fand sie sich im Keller wieder, kniend vor der Kartoffelkiste, zitternd und außerstande, sich zu rühren. Ein Glück, daß es schon so spät am Tage war, da brauchte keiner mehr Kartoffeln zu holen.
Sie preßte die Hände gegen den Magen und spürte ihre Körperwärme.
Ein Menschenbündel unter dem großen Haus mit all den dumpfen Geräuschen. Die dicken Granitwände umgaben sie mit ihren Schatten und ihren Rissen, in denen uralter Staub lag und Spinnweben hingen. Sie hatte das Gefühl, sie müßte sich durch das meterdicke Gestein einen Durchbruch schaffen, um hinaus in Freie zu gelangen.
»Sieben Tage bin ich noch hier. Nur noch sieben Tage und Nächte.«
Daran dachte sie.
Nach und nach sah sie alles, was sich dort unten befand. Die Tonnen. Die Böcke mit den dicken Eichenplatten darüber, die man benutzte, wenn die geschlachteten Tiere zerteilt wurden. Die Kästen und die vollen Kartoffelkisten. All die roten Vertiefungen in den weißgelben Kartoffeln. Unter der grellen Glühbirne. Sie schwankte leicht. Ein leuchtendes Pendel in dem Dunkel des Kellers.

Solange sie zu Hause war, blieb er am Küchentisch sitzen.
Ingrid vermittelte zwischen Toras bedeutungsvollen Blicken und den Wutausbrüchen des Mannes.
Tora verfeinerte das Spiel. Sie blieb da, wenn die Mutter wegging. Stand an der Tür und lachte den Mann boshaft aus. Ohne etwas zu sagen.

Wie ein zum Tode Verurteilter, der nichts anderes mehr auszuleben hat als seinen Haß gegen den Henker – so stand sie da und verspottete ihn.
Sie sandte manchmal ein schnelles Gebet zu Elisifs Gott, daß sie ihren Körper verlassen dürfe. Aber das war ja unmöglich. Sie mußte sich selbst helfen.
Sie hatte nur wenig Zeit, um sich zu rächen, Tora. Und sie hatte genausowenig Zeit für Elisifs Gott, wie er in all den Jahren für sie gehabt hatte.

37

Es krachte!
Ein lauter und deutlicher Knall erschütterte ganz Vaeret. Es war am letzten Tag im Jahr. Doch dafür war der Knall zu gewaltig.
Ein Regen von Steinen und Tang und Meerwasser ergoß sich wie eine Warnung vor dem Jüngsten Gericht über die Wellblechdächer der Gebäude am Kai. Ein großer Stein bahnte sich den Weg in eine Köderhütte und zerschmetterte drei Fässer mit fertig geköderten Leinen bis zu einer unkenntlichen Masse von Heringsstücken, Kleinholz, Angelhaken und Tauen.
Es war während der Mittagsruhe, und die Leute liebten solche Streiche nicht um diese Tageszeit. Es dauerte eine Weile, bis das Geschrei der Kinder sie darauf brachte, daß es sich nicht um eine vorzeitig abgeschossene Rakete handeln konnte.
Die Rufe kamen vereinzelt und klangen verwirrt. Sie wurden allmählich lauter und näherten sich. Zum Schluß waren sie schon fast im Haus. Es lag Unglück und Angst darin. Die Leute hatten solche Rufe schon früher gehört. Bei Schiffbruch und Unwetter. Bei Brand und Arbeitsunfällen.
So kamen sie auf die Beine. Die Männer. Die Frauen. Sie warfen sich das Allernötigste über und eilten hinaus in den dunklen Nachmittag.
Der letzte Nachmittag des Jahres.
Sie fanden sie zwischen den Steinen am Strand. Eine Lebende und einen Toten. Sie erkannten den Toten nur an den Kleidern. Keiner in Vaeret hatte bisher eine solche Leiche gesehen. Er hatte sich selbst für alle Zeit in die Ewigkeit gesprengt. Die

Pelzmütze hatte nicht viel genutzt – diesmal. Noch nie hatte jemand einen Menschen so übel zugerichtet gesehen. Es stieg Dampf und Zerstörung von dem noch warmen Fleischbündel auf.
Tora hatte einen Spaziergang gemacht. War ganz in der Nähe gewesen, als es knallte. Sie hatte geglaubt, daß sie wieder im Sturm wäre.
Der Rochen kam angeflogen. Drohte sie in zwei Teile zu zerspalten. Aber statt dessen landete er direkt vor ihr und war ein zerrissener, rot bespritzter Körper. Hatte keine Ähnlichkeit mit irgend etwas, was sie bisher gesehen hatte.
Dann verschwand alles zusammen.
Sie kam auf einem Stein wieder zu sich. Niemand hatte Zeit für sie. Ein unerträglicher Schmerz im Rücken. Als ob er mitten durchgebrochen wäre. In dem Augenblick, da sie erwachte, wußte sie, wo sie war. Sie hatte das Gefühl, daß Almars zerfetzter Körper ihr eigener war. Sie konnte den Kopf zur Seite drehen und sehen, daß die Leute sich um das Bündel versammelt hatten. Hörte die fürchterliche Stille und den Atem von denen, die ihr am nächsten standen. Mühsam richtete sie sich auf dem vereisten Stein auf, gegen den sie gefallen war. Etwas hatte sich in ihr gelöst. Sie spürte es jetzt.
Jemand half ihr auf die Beine und stützte sie. Es war eines der Mädchen aus der Fischfabrik, wie sie sehen konnte. Sie wollte mit ihr reden, aber sie vermochte kein Wort herauszubringen. Die andere schien sie zu verstehen. Es ging in Simons Fischerhütte. Dort waren keine Leute. Die Türen standen auf. Sie warf sich auf ein Bett. Dann war das Mädchen fort. Ein zitterndes, kaltes Licht kam durch das zugeschneite Fenster herein. Tora lag ruhig auf dem Rücken und fühlte, daß etwas in ihr arbeitete, ein scharfer, reißender Schmerz. Dann schwanden ihr die Sinne. Sie erwachte von einem neuen Schmerzanfall. Kalter Schweiß brach aus. Dann verlor sie wieder das Bewußtsein.
Jemand bewegte sich im Raum. Jemand faßte sie an. Sie wollte sich wehren. Schlug mit den Armen.
»Bleib ruhig liegen!«
Das war Mutters Stimme, eine besorgte, bekümmerte Stimme. Voller Angst.
»Herrgott!« hörte sie die Mutter sagen. »Herrgott! Daß ausgerechnet Tora ihn finden mußte. Herrgott, Herrgott! Was ist das für eine Welt?«

»Nimm's nicht so tragisch. Sei froh, daß sie nicht mitgegangen ist.«
Rakels Stimme krächzte ein wenig. Tora merkte, daß etwas über sie gelegt wurde. Ein seltsamer Geruch nach Tabakrauch und Schweiß ging von der groben Wolldecke aus. Dann glitt sie wieder weg. Diesmal kämpfte sie nicht dagegen an.

Sie lag außerhalb ihrer selbst. Auf dem Stein. Und sah direkt in Almars gebrochene Augen. Da nickte er mit dem Kopf und lächelte ihr zu. Genau wie damals, als er die Schule heizte und mit viel Krach und mit den schweren Kohlenkästen in Gunns Stunden hereinkam und sich an dem Ofen zu schaffen machte. Eine kindliche Freude im Gesicht. Eine schüchterne, unbeholfene Bewegung mit der Hand. Ein Versuch, der Held zu sein, der er nicht war. Dann wandte sie den Kopf, um ihn mit seinen verdrehten, toten Augen in Frieden zu lassen. Sie sah sich selbst dort. Es war ihr Körper, der an dem steinigen Strand zerschlagen worden war. In Almars Lederhose und Pullover. Er war ihr Fleisch und Blut. Da war gar nichts mehr zu machen. Es war vorüber. Alles war zu Ende. Sie hatte nicht gewußt, daß es so grauenhaft sein würde. So sinnlos.

Spät abends ging sie nach Hause. Zwischen Simon, Rakel und der Mutter. Sie sprachen nicht von dem, was geschehen war. Sie sprachen vom Essen. Und ob es nach Schnee aussah. Ein seltsam banales Gespräch, nur ihretwegen.
Der Silvesterabend war ebenso schweigsam wie jeder verdammte andere Abend auch. Es fing in dichten Flocken an zu schneien. Der Blutmatsch zwischen den Steinen, wo Almars Körper gelandet war, bekam eine weiße Schicht, die durchsikkerte und das Ganze rosa färbte. Dann gefror es. Langsam. Als ob der Herrgott meinte, jetzt müsse Schluß sein. Das Meer flutete drüber und verbarg alles. Die eine oder andere Spur, die die Tragbahre auf dem Weg hinterlassen hatte, bekam auch eine weiße Schicht. Schonend und einfach verbarg die Natur Almars letzte Spur.
Rakel blieb einen Augenblick am Vorbau ihres Hauses stehen und weinte hemmungslos, als Simon und sie in Bekkejordet angekommen waren. Dann schlug sie mit der Faust gegen die Tür und schrie in die schneeschwangere Nacht hinaus:
»Der Teufel soll den Wahnsinn holen!«
Simon nahm sie in beide Arme und legte sein Gesicht an ihren

Kopf. Er weinte. So standen sie eng umschlungen zusammen und weinten.
Almar hatte es ja immer wieder gesagt: Die Schäre mußte fort! Sie war zu einem Symbol für Sturm und Zerstörung und Ohnmacht geworden. Mit dem Haus war es nicht so gefährlich. Das war nur ein Haus – wie alle anderen Häuser. Aber das Boot... Das geliebte... Alle hatten gelächelt und den Kopf geschüttelt. Almar hatte in der Sturmnacht einen Knacks gekriegt – ganz klar. Keiner hatte etwas getan, um ihm zu einem neuen Boot zu verhelfen. Simon hatte ihm Arbeit gegeben. Die Leute hatten heimlich über ihn gelacht. Ein selbstgefälliges Lachen.
Ins Tausendheim war er als eine besondere Plage gekommen. Er bedeutete einen Einbruch in das normale Leben. Mit allen seinen Rachegeschichten. Seiner Sauertöpfigkeit. Seinen Klagen. Er hatte der Kopftuch-Johanna einen Raum weggenommen und alle Leute mit der Geschichte von dem Dynamit unter dem Bett erschreckt.
Und Rakel schlug die Fäuste an die Eingangstür und verstand nicht, wieso Menschen wie sie, wie Simon so herzlos sein konnten.
Elisif saß im Dachgeschoß und betete für Almars unsterbliche Seele. Er könne es wohl brauchen, meinte sie. Betete, während die Stille das neue Jahr einläutete. Die Kopftuch-Johanna wartete eine Woche, ehe sie in das Zimmer wieder einzog. Sie fühlte sich gekränkt, daß er gerade dort gewohnt hatte. Aber das gab sich allmählich.

Tora lag im Bett, ohne daran zu denken, daß irgendeine Gefahr für sie bestehen könnte. Es war mit einemmal alles so unwesentlich geworden. Sie schleppte eine Menge Worte mit sich – die sie nicht herausbekam. Sie faßte manchmal nach der Mutter. Suchte ihre Hand, wenn sie hereinkam. Die anderen sprachen schließlich davon, daß sie den Doktor holen wollten. Sie hörte sogar, daß *er* dort draußen am Küchentisch vom Doktor sprach. Sie stand auf. Sie blutete. Viel. Durch alles hindurch. Stand in dem kalten Klo und wunderte sich. Daß sie blutete. Sie machte sich zurecht, so gut sie konnte, bevor sie wieder hineinging. Es wurde jedoch mit der Zeit besser.
Die Schmerzen im Rücken gaben sich.
Aber das Bild von Almars verstümmelter Leiche hatte sich über alles gelegt, was sie ansah.

An dem Tag, an dem sie an Deck stand und die Kais hinten in der Bucht kleiner und kleiner werden sah – sah sie es:
Die Schäre war weg.
Und nachdem sie in ihr Zimmer zurückgekommen war, stand das Bild deutlich vor ihr. Nicht das grausame. Nicht das blutige Bündel am Strand, sondern das fantastische: daß – die Schäre weg war!

Im übrigen war die Dunkelheit total.
Sie dachte bewußt nicht mehr an das, war ihr bevorstand. Sie hatte feste Rituale, die sie sich Tag und Nacht auferlegte. Sogar den Schlaf versuchte sie zu kontrollieren. Hatte es schon lange getan. Bevor sie Weihnachten nach Hause auf die Insel fuhr. Bevor Almar...
Sie saß oft im Pullover am Ofen. Aber sie öffnete die Ofentür nicht. Das war nicht nötig.
Sie ging nicht mehr ins Café oder ins Kino. Mit Unlust verzehrte sie zwei Mahlzeiten über der neuen Wachstuchdecke. Ab und zu rief Frau Karlsen die Treppe hinauf, daß sie zum Essen herunterkommen solle. Es gebe frisches Brot und Kaffee. Sie ging gehorsam hinunter. Immer in einem von den beiden großen Pullovern.
Saß immer leicht vornübergebeugt und hatte die Augen auf die Bilder an der Wand oder zum Fenster hinaus oder auf die gestickte Kaffeedecke gerichtet.
Und Frau Karlsen schwatzte über Dinge, die in der kleinen Stadt am Meer passiert waren.
Krähengeschwätz sogar innerhalb des Hauses. Hier in Breiland gab es keinen Fischgeruch und keine Fischgestelle, keine Filetfabrik, keinen Ottar-Laden, nichts dergleichen wie das Tausendheim. Nur ein paar Baracken von den Deutschen. Und zur Zeit ein Deutschenkind, von dem niemand besonders viel merkte.
Sie lernte Deutsch und Englisch parallel zu Norwegisch. Sie brachte es fertig, völlig abzuschalten. Allein, über den Hausaufgaben oder auf der Strickdecke in dem schmalen Bett. So schaffte sie es. Auch ohne den Traum von der Großmutter. Ohne das Haus und die Straßen in Berlin. Und mit einem unsicheren Willen, durchzukommen.

An einem Dienstag abend kam sie mit einem Haufen Bücher in dem schwarzen Nylonnetz nach Hause. Sie zog eine frische

Bluse an, nachdem sie sich gewaschen hatte. Sie legte im Ofen auf und schrieb eine deutsche Übersetzung, ehe sie zu den Büchern griff. Ruhig. In die Bibliothek zu gehen – andere Menschen zu treffen als die, vor denen sie sich gewöhnlich verstekken mußte, verursachte ihr Schweißausbrüche und eine Art klamme Angst, die anhielt, bis sie wieder hinauf in ihr Zimmer gekommen war, den Schlüssel umgedreht und sich gewaschen und zurechtgemacht hatte. Sie wußte, daß ihr das bevorstand, trotzdem ging sie in die Bibliothek, ins Geschäft, auf die Post, in den Buchladen. Mobilisierte ihre ganzen Kräfte. Wußte, daß dies nur eine Vorübung war, ehe alles über sie hereinbrach. Sie wollte vorbereitet sein.

Glücklicherweise hatte sie jetzt aufgehört zu bluten. Einmal hatte sie den Flügel da innen gespürt. Sie saß am Schreibtisch und zwang sich, nicht darauf zu reagieren. Eine Disziplin, die ihr immer weniger Mühe bereitete.

Sie war nicht mehr die Hauptperson in ihrem Dasein, sie war ein Medium für ihren Wissensdurst. Die Schule war ihre einzige Wirklichkeit. So wurde die Illusion wirklicher, wichtiger für das Mädchen Tora als ihr eigenes Leben.

Nachdem sie alles getan hatte, was zu tun war, kroch sie auf ihre Strickdecke und nahm das Buch mit, das einiges verändern sollte, den Vorhang zur Seite reißen, Dinge aufdecken, die ihr bis jetzt niemand gezeigt hatte. Niemand hatte Tora erzählt, daß der Krieg zumindest zwei Wahrheiten hat. Dann fing sie an, das kleine, dünne Buch von etwa 200 Seiten zu lesen. »Unter einem härteren Himmel« von Jens Björneboe.

Tora wußte nichts von ihrer eigenen Unschuld. Hatte keine Ahnung davon, daß jeden Tag in allen Himmelsrichtungen Recht und Unrecht durcheinandergebracht werden. Daß Recht einfach deshalb Recht ist, weil es zum Recht des Stärkeren erklärt wird. Und daß es sich ebenso schnell ändert wie die Jahreszeiten oder wenigstens: ebenso schnell, wie die Generäle und die Parteiführer wechseln. Das Recht ist stets auf der Seite des Stärkeren. Was auch geschehen mag.

Aber sie hatte ja immer gewußt, daß es wichtig war, der Stärkere zu sein.

Während das Haus in den Nachtstunden allmählich ins Dunkel tauchte, las sie noch über sich selbst. Über die Mutter. Über die Wahl der falschen Seite. Sie fand Rakels Wort bekräftigt: Der Krieg und die Leiden waren nicht die Schande der Frauen. Nicht weniger verstand sie, daß es eine Freude war zu leben. Aber sie verstand auch: die Rache. Einige mußten dran glauben. Sie verstand, warum die Mutter im Jugendhaus ihre Haare verloren hatte und nichts mit den anderen, außer der Tante und den Arbeiterinnen in der Fischfabrik, zu tun haben wollte. Verstand, daß die Mutter ihren eigenen kümmerlichen Stolz bewahren mußte und daß sie nie mit ihr – Tora – über diese Dinge sprach. Die Sprache auf der Insel hatte keine Worte für alles das, was die Mutter hätte sagen müssen, wenn sie anfinge zu reden.

Und Tora sehnte sich nach Rakel mehr denn je. Denn die Tante fand für das meiste Worte. Oder sie vereinfachte die Worte, so daß die Leute sie verstanden. Die Tante gehörte nicht mit in den stummen Raum. War außerhalb aller Räume. Tora fragte sich, ob das wohl immer so gewesen war. Daß die Tante außerhalb der Rache, des Hasses und des Verschweigens gestanden hatte. Plötzlich, zwischen den Zeilen, mitten in der Erzählung über Franziska, die in einem deutschen Krankenhaus die Verwundeten pflegte, sah sie Rakels rötliches Gesicht vor sich. Die Tante würde wohl zur falschen Seite übergehen – wenn sie meinte, daß es nötig war. Sie würde für Onkel Simon sicher Haare und Ehre geopfert haben... Und die Mutter bekam in Toras Gedanken eine Genugtuung.

Sie legte vorsichtig zwei Schaufeln Kohle in den Ofen. Sie mußte Frau Karlsen nicht beunruhigen. Es war ein Uhr. Nachts. Dann stellte sie sich ans Fenster und starrte auf ihren Schatten auf dem Rollo. Wandte den Blick und sah zum anderen Fenster. Dort war ein schräger, gebrochener Schatten auf dem Rollo. Sie hatte zwei Schatten. Einen gebrochenen und einen ganzen.

Tora starrte so lange, bis die Bilder sie nicht mehr erschreckten und das Herz sich wieder in seinem gewohnten Rhythmus beruhigte. Dann zog sie sich langsam aus und nahm das Buch mit dem harten Himmel mit ins Bett.

Der Nazismus, Franziska im Gefangenenlager, die verurteilten Frauen nach der Befreiung – die Mutter stiegen zu ihr ins Bett. Frierend und kahlgeschoren trug die Mutter Tora unter der straffen Bauchdecke. Tora sah das Jugendhaus und die starrenden Gesichter, während das Ganze vor sich ging: Die Hände, die nach der Mutter griffen und sie unter der Schere zwangen, stillzusitzen. Tora sah das alles. Ein langsam vorgeführter Film.

Und sie fühlte eine mächtige Wut in sich hochsteigen und sie

ganz erfüllen. Es nutzte nichts, daß sie vor einer halben Stunde die Rache verstanden hatte. Daß sie sehen konnte, warum die Menschen so reagierten, wie sie es taten. Sie schaffte es nicht, von Mutters Gesicht und dem gebeugten Nacken loszukommen. In all den Jahren ein gebeugter Nacken. Während die Hände sich wie Trommelschlegel bewegten, um alle möglichen Arbeiten für die auszuführen, die nicht gezwungen worden waren, eine Seite zu wählen.
Die Mama! Die zu Fuß von Trondheim nach Bodö gegangen war, mit ihr, Tora, unter dem Herzen! Allein. Ohne Zukunft. Ohne den Willen oder den Mut, Schluß zu machen.
Tora wollte es nicht so haben. Niemals! Sie würde sich retten. Als sie das Buch zu Ende gelesen hatte, fiel ihr nichts anderes ein, als daß es für sie geschrieben war. Sie kümmerte sich nicht um das politische System, das der Verfasser zu enthüllen und zu erklären versucht hatte. Oder um die unaufhörlichen Kettenreaktionen des Krieges. Kümmerte sich nur um das, was sie als ihr eigenes Problem und das der Mutter wiedererkannte.
Endlich schloß sie das Buch und schlief tief und fest, bis der Wecker hämmerte und klingelte und den Morgen ankündigte.

Sie hatte inzwischen das Ganze durchdacht. Sich überlegt, wie es werden würde. Sie studierte einige Bücher, in denen sie sich gründlich über die Geburt informieren konnte. In aller Heimlichkeit stahl sie sie aus den Regalen in der Bibliothek und setzte sie heimlich wieder an ihren Platz.
Verborgen hinter den Regalen las sie Wort für Wort. Hatte mehrere andere Bücher im Schoß, so daß sie das Buch, das sie gerade las, schnell zuunterst stecken konnte – falls jemand überraschend kam.
Der Mut reichte eben noch. So konnte sie planen, was sie machen mußte. Eine messerscharfe Nüchternheit: das Entsetzen ersticken. Die Einsamkeit. Die stumme Scham. Alles einsetzen, um es hinter sich zu bringen. Sie würde sich selbst die Hand halten. Sie würde nachher für die Kameraden dieselbe sein. Es war wichtig, dieselbe zu sein. Nichts außerhalb des gewöhnlichen Verhaltensmusters. Ruhig. Tüchtig und wach. Zuhören. Im Café. Mit im Gespräch sein. Dabeisein. Nicht mit den Gefühlen. Nicht mit Freude oder Zorn. Nur ruhig. Ohne die Farbe im Gesicht zu wechseln. Ohne zu verletzen oder zu verärgern. Neutral. Unangreifbar.
Nachher! O Gott!

Sie schaffte es trotzdem nicht, sich alles vorzustellen. Wußte nur, daß *nachher* – die Freude alle Poren durchbohren würde und als ein großes, gutes Lachen zum Fenster und zur Tür hereinkommen und den ganzen Raum erfüllen würde. Sie würde tanzen! Und lachen. Und dann würde sie im Regen und in der Sonne herumlaufen, und es würde Frühling sein und Luft und Wind.
Tora sehnte sich so sehr nach der vollkommenen Freude. Wie sie nur Rakel zeigen konnte. Die Freude, die aus einer Sicherheit kam, die größer war als das Urteil und das Gesetz und die Macht der Menschen. Die Freude...
Sie träumte, daß sie über die Moore ging. Das Gras überwucherte das Heidekraut. Schob sich hoch zwischen den Heidekrautbüscheln. Dunkelgrün und weich für die Füße, wenn man drauftrat. Das Licht war wie ein guter Gedanke. Nichts, wovor man Angst haben mußte. Und sie fühlte, daß ihr Arme und Beine am Körper befestigt wurden, bis sie zuletzt ein anderer Mensch war. Und im Bauch kam alles wieder auf seinen alten Platz. Alles heilte. Und sie trug das Küchenset, das Tante Rakel und sie zusammen gestickt hatten, mit sich herum. Sie ging alle Treppen hinauf, und sie ging alle Treppen im Tausendheim hinunter. Mehrmals. Und ständig war sie auf den Mooren. Ständig ging sie im Gras. Die Farben waren im Licht – nicht in den Dingen. Die Natur war durchsichtig. Flimmerte und lebte im Licht. Und sie besaß das alles zusammen. Sie ging da hindurch und fühlte, daß sie gesund und rein war und daß die Finger sich um den weichen Stoff krümmten. Sie spürte das Haar in dem warmen Wind herumwirbeln. Sie besaß die Luft, durch die sie ging. Sie besaß sich selbst. Und nichts war scheußlich oder gefährlich oder bedrohlich. Denn sie war allein.

Tora war wie erlöst, als die Turnlehrerin für mehrere Wochen krank wurde. Ein Ersatz war nicht aufzutreiben. Die Mädchen machten in den Turnstunden Bergwanderungen. Oder sie saßen in den Schneewehen auf der Straße zum Friedhof hin und verspeisten ihr Frühstück und lachten in die Sonne. Sie waren zu neunt. Sie hatten Spaß. Die Sonne, die den Schnee schon im Januar zum Schmelzen brachte, war eine Wohltat.
Niemand hatte Mitleid mit ihr, die im Krankenhaus lag. Sie gingen im Sonnenschein oder bei trübem Wetter spazieren und unterhielten sich über die Samstagabende und die Liebe und das Leben.

Tora wusch den stärker werdenden Körper in aller Zurückgezogenheit. In der großen Plastikschüssel in ihrem Zimmer. Sie war nach und nach gleichmäßig rund geworden. Ein gleichmäßig tarnender Speck legte sich schützend über den unfertigen Körper. Deckte den wachsenden Bauch, indem er die Arme und die Schenkel und den ganzen Körper rundete. Die Levi's war zu eng geworden. Tora mußte an ihrem Essensgeld sparen und eine neue Hose kaufen. Keiner fand das seltsam. Keiner kommentierte es. Die Mädchen nickten nur und sahen sie von der Seite an. Die Hose war schön. Hatte schöne karierte Aufschläge. Nieten an den Taschen. Tora war so geschickt im Musterstricken! Der Pullover war schön! Ob Tora ihnen nicht beim Pulloverstricken helfen wolle? Und Tora lächelte freundlich. Vielleicht. Wenn sie nicht zu viel Aufgaben habe.
Sie wich Jon so oft aus, daß es nicht mehr weh tat. Das war nötig. Sie nahm die Chance nicht wahr, einen Menschen in ihrer Nähe zu haben.

Eines Tages im März rief Frau Karlsen sie zu sich herein, als sie aus der Schule kam.
Sie sah anders aus als sonst. Tora verspürte eine schreckliche Angst. Wußte sie etwas? Hatte sie einen Verdacht geschöpft?
Aber nein. Frau Karlsen erzählte, daß ihr Mann gestorben sei. Genauso unbewegt, wie sie von den Schwächen und dem Unglück der Nachbarn erzählte. Sie servierte Tora Rosinenteilchen mit Erdbeermarmelade. Erzählte bis ins Detail von den letzten Tagen. Daß Herr Karlsen mächtig geschwitzt habe. Daß er bewußtlos geworden sei und alles habe unter sich gehen lassen. Daß er Zuckungen im Gesicht gehabt habe und Schwierigkeiten mit dem Atmen. Daß sie nicht eine einzige Stunde von seiner Seite gewichen sei von gestern abend sechs Uhr bis zu seinem Tod um vier Uhr in der Nacht. Sie hätte Ablösung bekommen können, wenn sie gewollt hätte. Aber sie habe nicht gewollt. Sie sei heute morgen in die Bank gegangen. Jedoch der Chef, Herr Kristoffersen, habe sie nach Hause geschickt. Resolut. Der Chef sei ein guter Mensch. Und so ein tüchtiger Bankdirektor. Ein ordnungsliebender Mensch. Schade, daß er nicht besser reden könne, der arme Mann. Daß er etwas ängstlich sei. Er habe so eine zänkische Frau. Ja, nicht daß sie, Frau Karlsen, sich zum Richter über jemanden machen wolle – am allerwenigsten über die Frau Bankdirektor

Kristoffersen. Aber daß sie in die Bank hereingefegt komme und ihren Mann zurechtweise – das könne ein Bankdirektor doch nicht hinnehmen. Genug davon: Er sei ein guter Mensch!
Tora fielen beinahe die Augen aus dem Kopf, als Frau Karlsens Geschichte nach und nach über die schmalen Lippen strömte. Sie sah, daß Frau Karlsen mitten in der Trauer die runzligen Mundwinkel verzog, während sie erzählte. Unverändert. Immer dieselbe. Sie hatte bei ihrem sterbenden Mann gewacht. Sie hatte einen Menschen sterben sehen. Und konnte sich über die unmögliche Frau Bankdirektor auslassen!
Tora aß das Teilchen nicht auf, das sie sich genommen hatte. Sie versuchte, in das Innere dieses Menschen zu sehen, und sie vermochte es nicht. Gleichzeitig ging es ihr auf: In einiger Zeit mußte sie selbst so sein. Ja, so mußte sie sein – schon jetzt. Sie hatte sich versteckt, als Almar starb. Ihr Blut versteckt.

Nach außen trug Tora einen Panzer, wie die Leute es von ihr erwarteten. Eine Schnecke, die gezwungen war, langsam mitten in einer Wagenspur zu kriechen.
Ging es Frau Karlsen auch so? Versuchte sie die ganze Zeit, sich hinter einem Wortschwall zu verstecken? War sie eine Wortmaschine, die die Leute so stark beeindruckte, daß sie ihre Einsamkeit nicht sahen?
Und Tora wurde unvorsichtig. Vergaß sich und setzte die Tasse behutsam auf die Untertasse, während sie sagte: »Sie Ärmste.«
Einen Augenblick war es still im Raum. Die grünen Veloursvorhänge hingen wachsam da und hüteten den Winterstaub. Die Uhr hatte noch ein wenig Zeit, bis sie wieder schlug. Sie tickte nur traurig an der Wand zwischen dem Bücherregal und der Tür. Der Nachmittag war schläfrig unter der kalten Deckenlampe. Hinter den Fensterscheiben lag ein schöner blauer Schimmer.
Frau Karlsen warf einen schnellen Blick auf das Realschulmädchen. Sie war unterbrochen worden in einer langen Einleitung zu der beabsichtigten Mitteilung, daß sie nach dem Tode ihres Mannes eine gute Pension bekommen würde, aber daß sie ihre Arbeit fortsetzen würde, weil sie sich noch jung und arbeitsfähig fühle. Das sei doch selbstverständlich.
Und Frau Karlsen verbiß sich in Toras demütigender Bemerkung und schloß ihren Mund zu einem Strich. Antwortete

nicht. Tat so, als ob sie nicht gehört hätte. Erhob sich schnell und sagte, daß sie noch ein paar Telefongespräche führen müsse. Es müßten noch tausend Dinge geregelt werden. Die Beerdigung. Die Verwandten. Ja, natürlich komme der Zollmeister Karlsen aus dem Süden. Zur Beerdigung. Er sei zwar ein lästiger Gast. Aber was mache man nicht alles durch. Es sei nicht nur die Trauer. Nein. Es sei all das andere, was mit der Beerdigung zusammenhänge. Alle Papiere. Ja, ja.
Als Tora gerade zur Tür hinaus in den Flur ging, schien Frau Karlsen sie plötzlich zu *sehen*. Einen Augenblick zitterte es leicht um ihren Mund. Dann nahm sie sich zusammen:
»Du mußt an dem Tag aber auch herunterkommen und mit uns essen. Es kommen wohl viele. Mein Mann... war sehr beliebt.«
Tora schloß die Tür mit einem harten Klick. Es war ziemlich dunkel im Flur. Sie fühlte, wie sich plötzlich eine unheilvolle Stimmung über das ganze Haus legte. Alle starben jetzt...
Sie heizte den Ofen und zündete alle Kerzen an. Aber es half nicht. Es war Samstag. Sie mußte raus. Mußte plötzlich jung sein. Frisch und gesund. Mit anderen zusammen. Zusammen! Das war ein magisches Wort. Stark genug, um alles andere auszuschließen.

Sie ging zu Anne und fand eine verschlossene Tür. Sie ging ins Café, und keiner war da. Da fiel ihr ein, daß sie Klassenfest hatten und daß sie gelogen hatte, sie würde Besuch bekommen – von zu Hause, deshalb könne sie nicht mitfeiern. Sie schlich sich wie ein Dieb nach Hause und ging so leise durch die Türen und die Treppe hinauf, wie sie nur konnte. Als sie oben war, drehte sie sich um und sah ihr eigenes Spiegelbild.
Eine alte, zartgebaute Frau, die auf leisen Sohlen die Treppe hinaufgestiegen war. Die Stufe für Stufe geschlichen war, damit die Menschen nicht sehen oder hören konnten, daß sie da war.
Die ganze Nacht hatte sie Angst vor der Dunkelheit und hielt sich wach, weil sie sich vor den Träumen fürchtete und vor den Flügelschlägen in ihrem Bauch, von denen sie nicht geweckt werden wollte. Sie konnte sie ertragen, wenn sie wach und darauf vorbereitet war. Sie konnte sie ertragen, wenn sie an ihrem Pult in der Schule saß. Selbst wenn sie die Hausaufgaben abgefragt wurde.
Jetzt war es schon lange still da drinnen gewesen.

Sie hatte Bilder von Embryos in den Büchern gesehen – kleine, tierähnliche Wesen. Aber sie zwang sich dazu, das kleine Wesen, das sie trug, sich nicht so vorzustellen. Es war niemals etwas anderes als ein Flügel. Ein wachsendes, forderndes Gewächs, mit dem sie sich abfinden mußte, bis die Zeit gekommen war. Sie hatte *entschieden*, daß es so war. Konnte nicht zulassen, daß die Träume ihre Vorstellung veränderten.
Der Totengräber von Breiland hatte Probleme.
Zugegeben, daß die Friedhofserde fast frostfrei war und der Winter milde. Zugegeben, daß der Friedhof nach Südwesten und zum salzigen Fjord hin lag – ganz draußen auf der Herren Außenposten, mit einem niedergebrochenen, alten Maschendrahtzaun, der in zwei prächtigen, schmiedeeisernen Torpfosten zu beiden Seiten des Eingangs endete. Zugegeben! Aber es *war* teuflisch, da zu stehen und in der steinharten Erde ein Grab auszuheben.
Eines Abends war er zufällig vorbeigegangen und hatte deutlich etwas *gesehen*. Er hatte nicht vorgehabt, in den Friedhof hineinzugehen. Es herrschte dichtes Schneetreiben, gleichzeitig segelte der Mond in einer aufgerissenen Wolke und warf sein kaltes Licht über die blauschwarzen Gräber und die schwarzen Tannenkränze, die alle Nadeln verloren hatten und ebenso tot waren wie die, für die sie ein Schmuck sein sollten. Weihnachten hatten die Leute sich so etwas wie Mitleid mit den Toten übergehängt und waren mit brennenden Kerzen und Tannenkränzen und Wachsblumen und Tränen in den Augen gekommen. Das letzte zum Teil auf Grund des Südwestwindes, der über den Fjord fegte und alle Wärme aus den Leuten herausriß und in der langen, trägen Dunkelheit den Gesichtern eine verblasene, wässerige Haut bescherte.
Jetzt dachte niemand mehr an die Gräber. Die Sonne war gekommen, und Weihnachten war ein farbiges Gespenst, das längst die Macht über das Gefühlsleben der Leute verloren hatte. Und die durchweichten Wachsblumen hingen wie alte Huren über Grabmälern und Urnen, und die Tannennadeln lagen wie Mäusedreck in allen Vertiefungen, während der Draht die nackten gebogenen Tannenzweige noch in seinem zwingenden Eisengriff hielt.
Hier hatte also der Totengräber eines Abends spät vor seinem müden Gesicht leibhaftig eine kleine, gebückte Gestalt zwischen den Gräbern gesehen. Es sah so aus, als ob sie direkt aus einem der kleinen Kindergräber ganz unten am Strand herauf-

geklettert kam. Hätte er es nicht selbst gesehen, würde er gesagt haben, daß es dummes Zeug sei. Aber er *hatte* es gesehen. Und er hatte es einigen wenigen Auserwählten mit leiser, eindringlicher Stimme erzählt. Allerdings hatte er bemerkt, daß sie sich Blicke zuwarfen. Er wußte, daß man von ihm, dem Totengräber in Breiland, behauptete, daß er Angst vor der Dunkelheit habe. Aber er hatte das Ganze so gut beschrieben, daß sie zugehört hatten. Sie wußten sozusagen nicht, was sie glauben sollten.

Im Land der Krähen sagte man einem anderen nicht ins Gesicht, daß er log. Und die Lügen der Leute konnten nur zu Lügen erklärt werden, wenn der Lügner selbst nicht anwesend war. So höflich war man.

Er entschloß sich, in Zukunft über das zu schweigen, was er sah. Die Leute waren nicht würdig oder nicht reif genug für Parapsychologie und Spuk.

Er stieß einen Fluch aus, spuckte in die Hände und war soweit, daß er aus dem verhaßten Loch heraufsteigen konnte. Er war schnell fertig geworden.

Alles war vollbracht für den Plattendirektor und seine jahrelange Senilität.

38

Zuerst ein dumpfer, schwelender Schmerz durch den Schoß. Dann spürte sie den Griff. Es war nicht so, wie sie es sich vorgestellt hatte: Krallen. Eisenharken. Große Angelhaken. Sie hatte nicht gewußt, daß es so plötzlich beginnen würde. Man mußte durch Zeit und Raum, um es zu überstehen. Es kam darauf an, daß niemand fragte, daß niemand sich wunderte. Es konnte keine Rede mehr davon sein, an diesem Tage noch englische Vokabeln zu pauken. Sie fand einen armseligen Trost darin, daß sie zu Hause war.

Sie hatte den Schlüssel innen stecken. Drehte ihn um. Sie erinnerte sich an Elisifs Schrei, wenn es dem Ende zuging. Aber sie erlaubte sich nicht, weiter daran zu denken. Schreien war ein Luxus, den ein von Gott und den Menschen verlassener Mensch sich nicht leisten durfte.

Sie hatte alles zu verlieren, nichts zu gewinnen. Alles war bestimmt von Kräften, die größer waren, als man sich vorstellen

konnte. Und sie wußte, daß es mühsam genug werden würde, sich am Leben zu erhalten – denn es war zu früh, und sie hatte so lange geblutet.
Die kleine Menschenfrau. Die fruchtbare. Sie richtete ein Lager aus einer alten, wattierten Decke auf dem harten Fußboden. Breitete Frau Karlsens alte Wachstuchdecke darüber. Sie hatte Elisifs Matratze nach dem totgeborenen Kind gesehen. Sie konnte nicht ein ganzes Bett riskieren. Sie hatte eine winzig kleine Hoffnung, daß noch weitere Nächte kommen würden. Nächte zum Schlafen – mit großer Dunkelheit, um einen geschundenen, gereinigten Körper zu verbergen. Das Bett wollte sie schonen.
Dann wanderte sie umher, vom Bett zum Fenster.
Vom Fenster zum Bett.
Einmal hörte sie Frau Karlsens Wohnzimmeruhr schlagen.
Einmal war der Kopf voll von alter, schweißnasser Angst.
Sie ging schnell zur Tür.
Mußte hinaus.
Aber ein Schmerzanfall rettete sie.
Und die Wachstuchdecke war kalt und klebte an den Unterarmen, als sie auf die Decke niedersank.

Später wußte sie nicht mehr, wie oft sie die Wohnzimmeruhr hatte schlagen hören. Oder wie oft die Haustür zugeschlagen worden war. Die Stunden waren ein nebelhafter Ring um ihr Lager. Das Fenster. Die Gardinen. Wurden immer grauer. Bis es vor ihren Augen blutrot explodierte. Dieser Schmerz war nicht wirklich. Er war von einer anderen Art. Sprengte sie innerlich. Rohe Gewalt. Sprengte heraus. Gewaltige Kräfte. Hörten nicht auf. Würden nie aufhören. Es gab nur eins: nicht aufgeben. Ums Leben kämpfen.
Unwirklich? Daß alles Unwirkliche so wirklich empfunden werden konnte! War dies das Ende?
Indessen wußte sie nicht einmal, ob sie das Leben überhaupt wollte.
Plötzlich: Geruch von trockenem Heu.
Ein anderes Mal war sie im Sturm. Sie sah den Riesenrochen vorbeisausen. Aber er machte kein Geräusch.
Sie sah ihn in der Hüttenwand stecken, auf dem abgerissenen Kai dort draußen in der Bucht.
Dann kamen die Gesichter hervor.
Reihenweise Gesichter. Die Augen glitten übereinander.

Sie spiegelten einen großen Ekel wider.
Tante Rakel sah Tora da auf der Wachstuchdecke. Sie hatte sie gesehen!
»Lieber Gott, du solltest doch wohl nicht zulassen, daß die Tante mich sieht... Wie konntest du?«
Mutters Gesicht. War eins mit ihrem eigenen Schmerz. Es glitt schnell fort und kam schnell wieder hervor – zusammen mit den anderen Gesichtern und über ihnen.
Mitten in alldem war die Sehnsucht nach irgendeinem! Einem Menschen, der in dem Raum atmete, der nur da saß – oder stand. Das war auch ein Schmerz. Konnte es nicht einen Menschen geben, der nicht nur die Schande sah?
Dann hatte sie genug damit zu tun, den Körper zusammenzuhalten. Sie hielt zurück. Hielt krampfhaft zusammen. *Wollte* es herauspressen. *Wollte* es überstanden haben. Aber wagte nicht nachzugeben, bis es schließlich Kräfte waren, die alles niederrissen, was sie besaß, und die Haut und Körper zersplitterten und herausglitten als ein schweres, glattes Bündel. Tora spürte, wie die Schwere des Bündels ihren Körper verließ. Sie würde es immer wieder spüren. Immer! Den dumpfen Laut, ein schwaches Klatschen auf die Wachstuchdecke, ein Bündel auf dem Weg hinaus in das tote Leben. Ohne darum gebeten zu haben.
Mit zwei Wehen hatte sie die letzte große Hürde genommen. Und sie wußte, daß sie nun wieder ihren Körper besaß. Vorläufig.
Sie blieb lange liegen und keuchte in unregelmäßigen, zerrissenen Stößen.
Das Licht über dem Bett! Aber sie wagte nicht, daran zu glauben.
Die Geräusche im Raum waren so weit weg. Das waren keine Geräusche. Das war nur ein endloser Strom von verbrauchter Luft. Luft, die man nicht bei sich behalten konnte. Einmal hörte sie ein Schnaufen von da unten. Aber es dauerte nicht lange.
Sie sah IHN wie einen Schatten an der Tür vorbeischleichen. Mit dem Rücken zu ihr. Stand in der Türecke. Sah sie bestimmt. Aber sie konnte ihn nicht sehen. Sie drehte den Kopf in eine andere Richtung und lag ganz still. Er mußte wohl gehen. Verstand wohl, daß da kein Platz war. Für mehr hatte sie keinen Raum. Sie konnte von mehr als diesem einen nicht erlöst werden. Sie war frei von ihm. Das war vorüber.

Bald würde sie vom Boden aufstehen und sich reinigen.
Bald würde sie in die Wirklichkeit der anderen zurückkehren.
Aber jetzt noch nicht.
Mit einemmal spürte sie, daß die Kälte in ihrem Gesicht und an den Teilen ihres Körpers, die nackt waren, brannte. Der Ofen mußte schon vor langem ausgegangen sein. Ein naßkalter Dunst stieg von ihr auf. Ein schwerer, mächtiger, bedrängender Geruch von Blut und Schweiß.
Dann kamen plötzlich mehrere Schmerzanfälle hintereinander, ohne daß sie eigentlich darauf achtete. Und die letzte Verbindung zwischen *ihm* und ihr war zerrissen. Sie zwang sich, daran zu denken. Obwohl dann alles zu einem nicht ausgemisteten Stall wurde und nicht auszuhalten war.

Noch hatte sie nicht ein einziges Mal nach unten gesehen. Hatte das nicht getan, wovor ihr graute: den Körper aufrichten und nach unten auf das Bündel sehen. Noch mußte sie sich ausruhen.
Aber die Ruhe kam nicht. Nur viele Leute kamen, die sie anstarrten. Sie gingen an ihr vorbei. Sie blieben stehen, bevor sie sich voller Abscheu abwandten. Sie sahen sie an, als ob sie die Katze am Bretterzaun wäre.
Lieber Gott. Laß mich nicht am Bretterzaun sterben.
Und sie schob alle Gesichter von sich fort. Fuchtelte mit den Armen in der Luft.
Schob und schob. Kniff die Augen und die Lippen zusammen. Verwehrte den Leuten den Einblick. Warum war die Wirklichkeit so scheußlich? War das nötig?
»Gott! Nimm es jetzt weg – *alles!*«
Waren da Stimmen im Flur? Waren es Stimmen auf der Straße? Plötzlich brach deren Welt in ihre Welt ein, die Stunden rannen wie in einem gleichförmigen Ritual dahin, und keiner war ganz allein auf einer blutigen Wachstuchdecke in einem Zimmer, dessen Tür man zuschließen konnte.
Und eine gewisse Leere bedrückte sie.
Sie lag ganz ruhig und dachte an nichts. Spürte die Kälte. Spürte den trocknenden Schweiß. Ihr eigener Geruch war scharf und nah. Aber das ging sie nichts an. Nach dem Licht streckte sie sich nicht mehr. Das war für andere da. Für die mit den Stimmen und Geräuschen. Für die, welche es wagten, ihr Gesicht dort draußen auf den Straßen in der sicheren Märzdämmerung zu zeigen. Es mußte jetzt Abend sein.

Die Wirklichkeit tauchte auf und weckte sie allmählich, aber sie schloß die Augen und lag ganz ruhig. Wollte so gerne weinen. Hatte jedoch keine Luft mehr. Also ließ sie es sein. Konnte einfach nicht weinen.
Einmal drehte sie den Kopf. Jemand hatte direkt neben ihrem Gesicht gebrochen. Das war doch so...
Ein anderes Mal streckte sie ein Bein aus. Der Schenkel stieß gegen etwas. Nach dieser Bewegung kannte sie den Unterschied zwischen lebender und toter Haut. Es war ihr klar, daß sie die lebende Haut hatte.
Sie stützte sich auf die zitternden Arme – und sah an sich herunter.
Und völlig unerwartet überfiel sie eine große Trauer. Sie kroch in ihrem zerschlagenen Körper herum. Tora versuchte, sie vom Kopf fernzuhalten. Aber sie war bereits dort. Sie saß in der Kehle wie eine würgende, glitschige Masse. Trauer. Und Tora wußte nicht, um was.
Sie hatte die Tür verschlossen.
Die Menschenfrau, die sich selbst verleugnen mußte.
Sie hatte eine Trauer, die zu groß war, als daß sie sie ganz hätte erfassen können.

Nachher wußte sie nicht mehr genau, was sie gesehen hatte. Ein bläuliches, kleines, zusammengekrümmtes Hautbündel. Es hatte verklebte Augen. Ähnelte einem frisch geschlüpften Vogeljungen. Der gewundene, schleimige Nabelstrang, der irgendwo innen drin festsaß, endete gut verzweigt in dem blutigen, losgerissenen Mutterkuchen.
Das Bündel glich einer knorrigen Wurzel. Bestand aus lauter Haut. Es war nicht so entsetzlich, wie sie gefürchtet hatte. War nicht häßlich. Nur sonderbar. Es war – ein kleiner Teil von ihr... Das getrocknete Blut... Altes Blut war immer häßlich anzusehen.
Als sie sich auf die Knie kauerte, kam die Sonne zu ihr herein, ein Zeichen aus einer Welt, zu der sie nicht mehr gehörte. Die Sonnenstrahlen legten sich über das Bündel auf der Wachstuchdecke. Sie sah die feinen Äderchen auf der Stirn. Die kleinen Hände, die in einem ohnmächtigen Faustschlag erstarrt waren gegen eine Welt, die für es, das kleine Bündel, auch keinen Platz hatte. Fäuste, die niemals andere schlagen würden, die nur sie geschlagen hatten, die ihnen das Leben gab.

Denn so weise ist alles eingerichtet. Wer geschlagen wird, der wird in alle Ewigkeit geschlagen – immer wieder. Und die frei umhergehen sollen das Recht haben, frei zu sein. Die Gerechtigkeit ist eine Utopie, für die keiner es sich leisten kann, etwas zu opfern. Es kommt nur darauf an, weiterzustürmen.
Für einen Augenblick schloß Tora die Hand um den kleinen kalten Rücken. Sie legte beide Hände auf das Menschenbündel. Wollte es zum Leben erwärmen. Sie legte ihre Hände auf andere Stellen des Körpers. Streichelte und streichelte. Wilde, gierige Bewegungen. Die Wärme mußte kommen. Das wußte sie doch. Guter Gott! Sie mußte diese schreckliche Kälte aus dem kleinen Körper herauskriegen.
Mußte! *Mußte!* Sonne! *Wärme!*
Sie wagte nicht, die Gardine zur Seite zu ziehen. Jemand könnte hereinsehen. Aber sie bekam einen Zipfel von der Strickdecke auf dem Bett zu fassen und zog sie zu sich auf den Boden. Hüllte das Kleine darin ein und drückte das Bündel an sich.
Sie hatte vergessen, daß sie das Bett und alles, war darin war, schonen wollte.
Aber jetzt war es zu spät. Es war schon lange zu spät gewesen. Die Welt hatte einen neuen Tag begonnen. Tora hatte es nicht geschafft, bei der Hetzerei mitzuhalten. Sie war bei dem Lauf zurückgefallen. Aber die Menschenfrau war bei dem Marathon um ihr Leben gelaufen.
Schließlich schob sie das Bündel mitsamt der Strickdecke unter das Bett. Dann zog sie den Flickenteppich über sich und entfernte sich von dem Blut, so weit es ging.
Sie fror fürchterlich. Lag zitternd da und wünschte, der Ofen wäre warm. Aber die Zuglöcher waren kalt. Es lagen nur kleine Kohlenstücke auf dem Fußboden. Der Staub stand im Morgenlicht und verhöhnte sie da unten. Sie schloß die Augen. Hatte einen seltsamen, toten Geschmack im Mund. Da begriff sie, daß sie Durst hatte.

Viel später – als die Geräusche von unten ihr erzählten, daß Frau Karlsen fortging und das Haus nun leer war, erhob sie sich mühsam und wankte hinaus in den Flur zum Ausguß. Trank unter dem laufenden Wasserkran. Sie wollte sich Wasser warm machen. Würde alle Spuren beseitigen. Langsam. Gründlich. Sie hatte das Gefühl, sie würde Jahre dafür brauchen. Sie half sich mit zwei Binden, um mit dem frischen Blut

die Kleider nicht zu beschmutzen. Sie machte den Ofen an. Es ging alles so langsam. Sie wußte nicht, ob sie jemals fertig werden würde.
Sie schnitt die Wachstuchdecke in entsprechend kleine Stücke, so daß sie in den Ofen hineingingen. Verbrannte und verbrannte. Sie hatte zuerst gar keinen Überblick, was alles verbrannt werden mußte – bekam ihn erst allmählich. Sie ging wacklig im Zimmer umher. Sah sich um. Die Augen wollten nicht gehorchen.
Dann nahm sie die Strickdecke mit dem Menschenbündel und legte sie in den Kleiderschrank, um eine bessere Sicht für andere Dinge zu haben. Das nützte. Es machte ihr auch ein bißchen Mut. Und sie tat die Arbeit, so wie man eine sinnlose Pflicht erledigt. Sie wunderte sich, daß sie nicht wußte, wann sie gebrochen hatte. Immer wieder sank sie auf den Boden. Auf die Beine war noch kein Verlaß.
Zum Schluß holte sie die große Plastikwanne, die sie zum Wäschewaschen benutzte – und wusch sich. Unendlich langsam. Das warme Seifenwasser tat gut. Aber es war sozusagen unwirklich. Sie wußte nicht, ob das, was sie jetzt an der Haut fühlte, eine Erinnerung an früher war, wenn sie sich gewaschen hatte, oder ob sie es *jetzt* fühlte.
Sie glitt in einen ziemlich stumpfen Zustand hinein, der weder schrecklich noch schön war. Das Bullern des Ofens. Das Blut, das fort war. Sie hatte alles verbrannt, was Blutflecken aufwies. Der Raum trug offensichtlich keine Spuren mehr von dem, was geschehen war. Die Schmerzen im Unterleib waren nicht schlimmer als die, die sie schon früher gehabt hatte. Es kam ihr der Gedanke, daß sie später immer in der Situation sein würde, schon schlimmere Schmerzen verspürt zu haben…
Sie würde nie davon loskommen. Würde es nie vergessen. Es würde ein unsichtbares Zeichen sein, das sie hatte.
Zwischendurch sank sie auf das schmale Bett. Es hatte keine Strickdecke mehr, die Bettwäsche leuchtete bläulich weiß in dem blendenden Morgenlicht. Ein kleiner Sonnenstreifen hatte den Weg zwischen den Gardinen hindurch gefunden. War auf den Tisch neben dem Bett geklettert. Lag sicher und selbstverständlich auf den Buchdeckeln und dem Papier.
Und Tora erinnerte sich plötzlich, daß sie durch das Ganze hindurchgekommen war.

War jemand dagewesen und hatte geklopft? War das gestern? Heute morgen? Hatten sie etwas gehört? Nein, das schloß sie aus. Das Haus war nicht so hellhörig, daß man sie keuchen hören konnte. Aber wenn sie nicht einmal wußte, daß sie gebrochen hatte? Konnte sie da sicher sein, daß sie nicht geschrien hatte? Die Schmerzen... Sicher hatte sie geschrien!
Nein! Sie hatte nicht geschrien. Sie wollte nicht daran denken. Sie entschied, daß sie nicht geschrien und nicht gejammert hatte. Und die Schuhe hatte sie hereingenommen. Auch den Mantel. Sie war einfach nicht dagewesen.
Aber wo war sie gewesen? Was sollte sie sagen, wenn Frau Karlsen fragte? Ob sie krank gewesen sei? Krank! Ja, sie war krank gewesen. Sie war die ganze Zeit zu Hause gewesen.
Hatte sie geschlafen, so daß sie niemanden hatte klopfen hören? Ja.
Hatte sie so fest geschlafen? *Ja. Ja. Ja!*
Sie hörte sich selbst ab, bis sie anfing zu schwitzen.
Sie starrte auf das Sonnenlicht, das einen Wärmedunst über die Bücher legte.
Sie spürte, wie die Wärme von dem schwarzen Ofen in der Ekke in die Haut und in den Körper eindrang. Der Kopf glühte. Der Unterleib brannte. Brannte er? Ja, er brannte.
Sie schloß die Tür auf, schwankte hinaus in den Gang und lehnte sich über das Treppengeländer. Hielt sich an dem rotbraunen Geländer krampfhaft fest. Sah sich selbst in dem hohen Spiegel da unten. Die irren Augen, das weiße Gesicht. Das Haar, das in verschwitzten Strähnen an den Stäben des Geländers herunterhing. Sie sah sich verkehrt herum, mit dem Kopf nach unten. Dem Kopf nach unten. Die Katze an dem Bretterzaun. Fest. *Fest!*
Nein! Sie hatte es geschafft, soweit. Es geschafft. Sie war allein. Keiner wußte. Nichts sollte ans Licht kommen. Die Sonne konnte scheinen, so viel sie wollte, die Gesichter, die sie in der Nacht angesehen hatten, waren reine Fantasie. Nur etwas, was sie sich eingebildet hatte – als alles so schrecklich war. Keiner – wußte. *Keiner – sollte jemals – etwas – erfahren!*
Sie atmete tief aus. Der eine Mundwinkel hing herunter und verriet sie. Im Spiegel. Der verzerrte Mundwinkel. Sie hatte ihn schon früher beobachtet. Aber nie hatte er so häßlich ausgesehen wie jetzt. Das verkehrte Spiegelbild, es blieb an ihr hängen. Etwas war ein für allemal abgerissen. Ein Strang, der ihr nacktes Leben beschützen sollte, war zu hart gespannt gewesen.

Aber sie sollten sie nie bekommen. *Die anderen!*
Vielleicht konnte sie hinunter ins Bad gehen und sich ordentlich waschen? Die Haare?
Nein, sie wagte es nicht. Es war am besten, wieder hineinzugehen und die Tür zuzuschließen.
Sie fand eine Bürste und versuchte die Haare in Ordnung zu bringen. Unsichere Bewegungen.
Sie hatte den Kampf gekämpft! Alles überstanden. Bis auf das Bündel im Schrank.
Zögernd ging sie zur Schranktür. Öffnete. Da lag die Strickdecke. Rote und gelbe Farben glühten aus dem Schrankdunkel hervor. Glühten Löcher in ihre Augen. Es war, als ob sie am äußersten Rand eines Abgrunds stand und wollte... aber es nicht wagte. Tausend Pferde, die durch das müde Hirn galoppierten. Wie das letzte schaffen?
Sie legte das Bündel besser zurecht, nachdem sie die Schuhe herausgenommen hatte, die dort standen. Dann überlegte sie, daß sie einen anderen Ort finden müßte, wo sie es hinlegen könnte. Solange sie es noch vermochte.
Was dachte sie da? Vermochte! Sollte sie es nicht vermögen? Wer war sie? Die so dachte? Lebte sie da nicht mehr? Eine alte Angst überfiel sie, aber stärker denn je. Vielleicht lebte sie nur dafür. Immer wieder durchzukommen? Sich immer wieder herauszukämpfen? Gab es da nichts anderes?
Der Karton, in dem sie Plätzchen von zu Hause bekommen hatte, stand noch hinten in der Ecke. Sie holte ihn zögernd. Machte ein kleines Lager.
Sie war das kleine Mädchen Tora, das einen toten Vogel begraben wollte, den sie gefunden hatte. So kam Ordnung in das Dachzimmer in Breiland: Tod.
Ein Lager aus einem kaputten Kopfkissenbezug und einem Handtuch. Sie sollte den Vogel eigentlich waschen. Aber das war ihr unmöglich.
Oval, schön geformt. Schwarzes Haar. Dicht am – Kopf. Es lag noch eine bläuliche Haut darüber. Als ob die Haut nie daran gedacht hätte, hinaus in die Welt zu kommen. Uraltes, runzliges Gesicht. Das Bild eines unfertigen Vogels. Tot. In einem Karton.

Einmal wurde es auch Abend. Der Frühling blaute draußen im Fjord.
Schimmerte blau von einem Schwarm von Eisschollen, auf

dem Weg hinaus in das offene, gewaltige Meer. Dort sollten sie geopfert und für den neuen Sommer unsichtbar gemacht werden.
Unsichtbar! So scheußlich war die Wirklichkeit. Langsam mußte man schmale, gerade Wege bis zur nächsten Kreuzung gehen. Und alle Spuren verwischen. Allein.
Sie nahm den kleinen Rucksack, den sie benutzte, wenn sie in die Berge ging. In dem sie gewöhnlich Proviant und eine Thermosflasche hatte. Einen Pullover. Sie wußte nicht, ob ihre Füße sie überhaupt die Treppe hinuntertragen würden. Aber sie hatte den Willen. So versuchte sie es.
Es war so leicht – das Würmchen. Das Vögelchen. So leicht, so leicht. Sie hatte es gut in die Stoffteile eingebettet, damit es in dem Karton nicht herumgeworfen wurde und in Unordnung geriet, wenn sie es trug.

Schritt für Schritt. Sie hatte nicht zurückgeblickt. Denn sie hatte alles bei sich. Alles.
Unterwegs traf sie niemanden.
Der Wind. Ins Gesicht. Seltsam, daß die Welt noch bestand. Erinnerte sich, daß sie die kalte, zarte Haut an ihrem Schenkel gespürt hatte. Kalter, erstarrter Schleim, mit But vermischt. War es lange her?
Salzluft trieb vom Meer heran. Sie war jetzt nahe am Strand. Konnte keine Häuser mehr sehen. Wußte nicht, wie lange sie gegangen war. Aber das Leuchtfeuer war in der Nähe. Gleich um die Bucht herum. Sie war tüchtig gewesen. War bald am Friedhof. Sie hatte plötzlich die Idee gehabt, dorthin zu gehen.
»Lieber Gott, du weißt, daß ich das tun muß. Weißt du es? Daß ich muß? Du sollst mir helfen! Hörst du, lieber Gott? Um mehr bitte ich dich nicht. Aber das hier werd' ich tun!«
Sie betete mit blutlosen Lippen und ohne Stimme. Und sie glaubte, daß sie laut riefe. Sie drohte, daß ihr der Schweiß aus allen Poren drang. Er sollte dabeisein. Gott. Er sollte ihr helfen. Denn es war so schwer. Hatte er es schon selbst probiert? Zu leben?
Auf dem letzten Stück des Weges hielt sie den Rucksack vor sich. Dicht am Körper. Als ob es so besser ginge.
Es gibt Augenblicke, in denen das Leben mit nichts anderem tröstet als mit toten Vogelkindern, die man an die Brust drückt.

Dann stieg sie über den Drahtzaun und war da.
Sie fand das frisch ausgehobene Grab. Wußte selbst nicht, daß sie vorgehabt hatte, es zu finden.
Die kurze, solide Leiter stand gleich neben der Pforte bei der weißgestrichenen Gerätekiste.
Sie blieb einen Moment stehen und verschnaufte. Versuchte, in sich selbst hineinzukriechen und ein Nichts zwischen den Gräbern zu werden. Wollte schon die Leiter ergreifen, um sie zu dem leeren Grab zu ziehen, als sie merkte, daß sie im Begriff war zu versagen. Tief innerlich wußte sie, daß sie nicht stark genug war. Sie würde es nicht fertigbringen, mit dem Pappkarton in das dunkle Loch hinunterzusteigen und auf dem Grund ein kleines Loch mit dem Holzlöffel zu graben, den sie mitgenommen hatte.
Die Wellen brachen sich an Eis und Stein – in der Hochwasserlinie. Ein brausendes, drohendes Geräusch. Alles war losgelöst. In Bewegung. Hart. Kalt. Feindlich. Kante wurde an Kante gewetzt. Schonungslos. Der Wind hielt den Atem an – um sich an Tora heranzuschleichen. Sie zu packen, wenn sie es am wenigsten vermutete. Sie in das schwarze Grab hinabzustoßen. Allein mit dem toten Vogel. Die großen, ausladenden Grabmale der Bischöfe auf sie zu stürzen. Alle Löcher mit schwerem Schnee und zerbrochenen Kreuzen zu füllen. Sie zu einer Gefangenen da unten zu machen. So daß sie immer sehen mußte: den Himmel und die Kreuze. Immer.
Sie stand am Rand.
Und sie wich zurück.
Sie hatte auf dem Berg gestanden – über dem Abgrund damals. Ganz nah am Rand. Eine einzige kleine Bewegung hätte genügt.
Und sie war zurückgewichen.
Sie ließ die Leiter, die sie mit sich gezogen hatte, langsam in das schwarze Loch hinuntergleiten. Versuchte sich zu bewegen. Fort! Trotzdem verfolgte sie der schwarze Erdrachen. Sie wagte nicht, ihm den Rücken zuzuwenden, konnte nicht rennen und wagte auch nicht, sich langsam zu bewegen.
Als sie ans Tor kam, drehte sie sich blitzschnell um und versuchte zu rennen. Aber die Binde im Schritt erinnerte sie daran, wer sie war. Sie spürte abwechselnd die harte, getrocknete Blutkruste – und das warme, tröpfelnde Blut.
Sie hatte sich selbst im Stich gelassen.
Es wäre so leicht gewesen. In dem Grab ein Loch zu graben.

Tief unten. Die Leiter wieder an den Platz zu stellen. Sie würden kommen und Frau Karlsens Mann begraben. Dann wäre es verborgen gewesen.
Aber erst mußte sie da hinunter.
Und das schaffte sie nicht.

Sie ging langsam weiter. Am Strand entlang. Ging auf verharschtem Schnee. Brach ein. Schleppte die Füße über trockenes gelbes Gras vom vorigen Jahr. Und über Steine. Erschreckte, kleine Steine flüchteten leise klirrend unter ihren Füßen und drohten, sie hinfallen zu lassen.
Sie konnte den Karton dem Meer übergeben. Das Meer war groß. Aber sie wußte, während sie den Gedanken dachte, daß das nicht ging. Sie sah all das Gerümpel, das in der Dämmerung vor ihr auftauchte. Alles, was die Menschen verloren oder abgestoßen hatten. Plastikkanister, Tauenden, Flaschen, Kisten, Bretter, Korken – und Kartons. Aufgeweichte und auseinandergegangene Kartons. Die nicht imstande waren, etwas zu verbergen.
Auf einem dicken Tanghaufen – zwischen zwei großen Steinen lag der traurige Rest einer Zelluloidpuppe.
Sie lag genau in ihrem Blickfeld wie ein Gespenst. Der Kopf war halb abgerissen, und sie hatte weder Arme noch Beine. Tora sank auf die Knie und versuchte das wild schlagende Herz zu beruhigen. Begriff, daß sie in ihrem eigenen Entsetzen gefangen war. Daß es *das* war, was sie zur Strecke bringen würde. Alles andere hatte sie geschafft.
Aber sie schaffte es nicht, in ein Erdloch für die Toten zu steigen und die Schande und die Angst in einer Pappschachtel dort abzuliefern.
Der Puppenkörper leuchtete weiß-rosa, das Gesicht war weggewaschen. Gut, daß es gerade jetzt dämmerig war.
Sie kauerte nieder und schloß die Augen vor dem Anblick. Aber er drang durch die Augenlider hindurch.

Der Puppenkörper kam in der blauschimmernden Luft langsam auf sie zu. Er hob ihr das flache Gesicht entgegen. Wuchs vor ihr. Faltete sich auf, und das konturlose Gesicht war mittendrin. Das Gesicht wurde ein großes weißes Auge mit einer schwachen Rötung. Als ob es eine Art zitterndes Leben wäre, das sich vorwärts kämpfte. Ein blutarmer, kleiner Rochen. Er kreiste um sie herum.

Sie lag mit verrenktem Kopf da und starrte durch die zusammengekniffenen Augenlider. Je mehr sie die Augen zusammenkniff, desto schneller schwirrte der Rochen um sie. Machte kleine Sturzflüge zu ihr herab. Starrte ihr ins Gesicht. Sie konnte seinen Atem spüren. Dort war Leben. Die rosa Farbe ging allmählich in Rot über. Es blutete! Sie sah das Blut fließen. Sich in kleinen, sickernden Stößen herauspressen. Der Rochen zerriß. Er war nicht mehr aus Zelluloid. Er war ein blutiger, zerschlagener Körper auf den Strandsteinen der Insel. In Fetzen gesprengt. Alles quoll heraus. Alles. Die ganze Welt wurde blutrot und pumpte. Im Takt. In Stößen. In sie hinein. Sie widersetzte sich. Aber sie wurde in einen warmen Dampf hineingedrückt.

Dort war sie lange.

Sie spürte die harte Kante des Kartons am Knie und an der Brust.

Die Sonne hatte angefangen, an diesen blauen, durchsichtigen Abenden das Licht über den Bergen aufleben zu lassen. Es roch nach Frost, kaltem Niedrigwasser und vereistem Tang.

Allmählich sah Tora wieder alles so, wie es war. Sie konnte mit dem Karton nicht nach Hause gehen. Entweder sie oder der Karton. Aber das hatte sie schon seit langem entschieden. Deshalb hatte sie sich durch alles hindurchgekämpft. Verstand Elisifs Gott das nicht?

Sie setzte sich auf. Er konnte sie jetzt sehen! Er hatte noch Zeit. Das Blut fing an, durch die Binden durchzusickern. Es lief zuerst warm. Aber dann gefror es an den Schenkeln zu eiskalten Nadeln. Sie hockte sich nieder. Nahm den Schal und legte ihn auch zwischen die Beine.

Sollte sie nach Hause gehen? In dem Dachzimmer war es warm. Dort könnte sie ausruhen. Nachdenken. Einen Ausweg finden.

Nein!

Sie erhob sich und schleppte sich über den Strand zu der Heide. Bis an den Rand des Gerölls. Die Steinlawine: breit und zum Teil mit Moos bewachsen. Fing ganz oben unter dem Bergüberhang an. Leuchtete grau in der Dämmerung.

Dort sollte es bleiben!

Tora zwang sich noch ein Stück – hinauf, zwischen den großen Steinen, die schon vor langer Zeit heruntergestürzt waren. Ein paar einsame Krähen kreisten um sie und trieben ihr mit ihren Schreien den Schweiß aus dem Körper.

Dann war sie endlich an einem verborgenen Winkel angelangt und konnte beginnen. Sie wälzte ein paar Steine weg. Merkte, daß es bei der Anstrengung auch durch den Schal lief. Aber sie konnte jetzt nicht aufhören. Stellte mit einem kurzen Blick fest, daß sie es schaffen würde.

Sie stand auf dem Hesthammeren und sah, daß *er* sie über den Rand des Abgrunds hinausgeführt hatte. Sah sich selbst in dem Steingeröll liegen. Vollständig zerschmettert. Aber sie sah es mit Abstand. Denn sie stand dort oben. Hoch, hoch. Sie hatte sich gerettet. Selbst. Keiner wußte, daß sie dort in dem Geröll lag. Keiner.

Diese Gewißheit machte den hellen Rand am Horizont zu einem einsamen, zitternden Strich zwischen ihr und den anderen.

Dieser Gedanke gab ihr Kraft. Sie richtete sich immer wieder von den Steinen auf. Mit den Handschuhen konnte sie nicht graben. Der Holzlöffel war für die rechte Hand eine brauchbare Hilfe. Die linke mühte sich ab, so gut es ging. Die Nägel hielten eine Weile stand.

Sie kniete nieder und ruhte sich ein wenig aus, die Stirn gegen das gefrorene Moos gedrückt. Es roch salzig. Schmeckte salzig.

Endlich war das Loch groß genug, der Karton glitt an seinen Platz.

Erde. Moos. Steine. Geröll.

Sie hatte Elisifs Gott vergessen.

Er war nicht da.

Lange saß sie zwischen den großen, stummen Steinen. Bis sie die Kälte nicht mehr fühlte. Spürte einen Eisgriff gegen den Unterleib, als sie einen Augenblick ungeschützt dastand, weil sie die Hose öffnete und die Mütze in den Schritt legte. Dann drückte sie die Knie zusammen, so fest wie möglich.

Schwankend. In der eigenen Spur zurück. Es war jetzt fast ganz dunkel. So dunkel kann es werden, wenn die gesamte Natur auf das große Licht wartet.

Es fing an zu schneien. Dicke, saubere Flocken. Legten sich ruhig auf die ausgefranste Spur. Deckten schnell den brüchigen Harsch zu.

Da ging eine kleine Vogelmutter ohne Flügel in ihren eigenen Fußstapfen, nur jetzt umgekehrt. Die Wangen leuchteten

bläulich zwischen dem üppigen roten Haar. Der Neuschnee lag bald wie ein weißer Schleier auf Haar und Schultern. Die Wollmütze war rot und von totem Leben getränkt. Unsichtbar.
Die Boote glitten aus dem Fjord. Immer fuhren Boote irgendwohin.
Bevor Tora in den Lichtkreis der am nächsten gelegenen Häuser trat, blieb sie einen schwerelosen Augenblick stehen. Atmete tief und zitternd.
Das war das letzte, was sie tat, ehe sie hinaus zu den Menschen ging.

Gefühlloser Himmel

I

Es schneite in Breiland. Große, flauschige Flocken blieben wie frischgeschorene, nasse Wolle überall liegen. Es war unbedingt notwendig, ein paar wackelige Fußspuren von dem steinigen Hang bis zu den ersten Häusern zu verstecken. Sie vor Elisifs Gott zu verbergen. In seinem fernen Kopf hatte er sich mit so vielem herumzuschlagen, und früher hatte er kein besonderes Interesse für Fußspuren gezeigt, aber man konnte nie wissen. Deshalb – und nur deshalb schneite es stark und anhaltend. Weiche, dichte Flocken, die auf dem warmen Gesicht zergingen. Ein mildes, dampfendes Tauwetter umgab sie und ließ die Eiszapfen in dem roten Haar schmelzen, drehte feuchte Haarlocken um einen unsichtbaren Finger.
Irgendwo glitt sie in die Knie, um auszuruhen. Die Hände steckten rot und geschwollen in dem Schneehaufen. Sie hatte sie vorher nicht gesehen. Eine dunkle Erinnerung sagte ihr, daß sie die Handschuhe auf dem Hang vergessen hatte. Oder auf dem Weg verloren? Sie beruhigte sich, so wie es Tante Rakel machte, wenn etwas los war: »Das ist nicht schlimm, Tora. Keiner weiß, daß es deine Handschuhe sind!«
In dem leeren Rucksack rumorte der hölzerne Schöpflöffel im Takt, sobald sie wieder anfing zu gehen. Er jammerte immer wieder. Daß er nie Steine und Erde gegraben hätte, und er leugnete, daß er ihr jemals geholfen hätte. Und Tora bat ihn stumm, sich ruhig zu verhalten. Es könnte doch jemand hören, was er gemacht hatte.
»Es schneit. Alles ist jetzt vorbei.«
Trotzdem verstärkte sich das Geräusch des Holzes gegen das Segeltuch, bis von überall her ein Echo kam. Sie kniete abermals nieder, damit es Frieden gab. Schloß die Augen und war in sich selbst versunken.
Als sie wieder aufschaute – war das Moor voller Margeriten.

Mit gelben Köpfen in der Mitte. Staubgefäße in dem schwachen Wind. Das Moor wogte. Das Licht aus den Häusern lag ruhig über dem Ganzen. Sie spürte, daß sich etwas im Mund und in den Nasenlöchern sammelte. Aber es wollte nicht heraus. Der Löffel war jetzt still. Eine gewisse Freude stach ein Loch nach dem anderen in sie hinein. Alles war vorüber. Und sie lebte noch!

Während sie durch ein Meer von Margeriten wanderte, begriff sie, daß sie nicht in ihrem Körper war. Sie hörte keinen Laut, spürte nicht, daß die Füße auf der Straße gingen. Der Himmel wölbte sich mächtig und weiß über ihr. Der Rauch aus den Schornsteinen malte grobe Zeichen in das viele Weiß.

Bald standen die Torpfosten zu beiden Seiten der Straße. Ein paarmal sah sie menschliche Gestalten weiter vorn. Sie verschwanden, ehe sie sie erreichte. Sie wäre am liebsten losgerannt. Aber sie hatte viele blutverkrustete Einlagen zwischen den Beinen, auch wenn sie nichts davon merkte. Hatte gelernt, daß Dinge eben *da* sind, auch wenn man sie nicht spürt.

Sie bog automatisch ein, als sie zu Frau Karlsens Haus kam. Sie war auf das Schlimmste gefaßt: Frau Karlsen stand auf der Treppe, schloß die Haustür ab und drehte ihr in dem braunen Mantel den Rücken zu. Sie ließ die Arme entsetzlich langsam am Körper heruntersinken, die braune Handtasche in der rechten Hand. Die Tasche baumelte wie ein Pendel, während sie sich zu Tora umwandte.

Ein überraschtes Lächeln wurde in dem blutleeren Gesicht entzündet, als sie Tora erblickte.

»Ach, du warst fort? Ja, ich hab' wohl gemerkt, daß du nicht da warst, weil du auf mein Klopfen nicht geantwortet hast. Wollte dich zu Tee und Teilchen einladen. Ich hab' den Eindruck, daß du's mit dem Essen nicht so genau nimmst. Du gehst ohne Mütze? Bei dem Wetter! Meine Liebe, du mußt ein bißchen mehr auf dich aufpassen. Na ja, es geht mich ja eigentlich nichts an.«

Sie machte eine Handbewegung zu dem Schneewetter hin und seufzte tief, beinahe entzückt. Dann zog sie langsam ihre Handschuhe an.

»Alles ist fertig für die Beerdigung. Es wird eine schöne Beerdigung, davon bin ich überzeugt. Eine richtige Feierstunde für uns alle. Du mußt auf jeden Fall runterkommen.«

Sie bürstete ein wenig Schnee von dem Mantelsaum ab, der an

dem verschneiten Treppengeländer vorbeigestrichen war. Dann floß sie unendlich langsam durch Tora hindurch und verschwand in der Blumenwiese. Tora hatte das Gefühl, als wenn eine Tür geöffnet würde und der Blumenduft zu ihr hereinströmte, indes Frau Karlsen hindurcheilte.
Sie hatte Frau Karlsen bestimmt noch nie vorher gesehen. Sie bekam direkt Lust, ihr hinterherzulaufen und sich ein bißchen zu wärmen. Aber sie rettete sich in ihr eigenes Elend und lief nirgendwohin. Mühsam stieg sie die Treppen hoch. Sie wußte, daß der Spiegel da hing und ihr alles enthüllen würde, falls sie sich umdrehte.
Während sie in der Tasche nach dem Schlüssel suchte, verschwand alles, was gewesen war. Die Menschen, die Blumenwiese, das Bündel in dem Geröllhang, der Löffel. Es blieb bei der Tür stehen und kam nicht weiter.
Weil sie es nicht mitnehmen wollte.
Es war ineinander verstrickt. Alles. Verschmähte sie das eine, verschmähte sie auch das andere. Sie konnte nicht einfach das Schlimmste abwählen.
Der Hahn über dem Ausguß im Flur tropfte stetig. Sie wankte dorthin. Die solide Brandmauer, an der man den Ausguß befestigt hatte, war warm. Sie legte beide Hände und die Stirn dagegen. Blieb vornübergebeugt stehen. Dann trank sie langsam von dem herben Wasser. Sah, wie es durch die Löcher verschwand. Das moorhaltige Wasser hatte ekelhafte braune Flekken in dem emaillierten Becken hinterlassen. Ein ewiger Schlund nach unten. Der alles, was sie nicht schlucken konnte, hinaus ins Meer schickte.
Als sie den Hahn zudrehte, floß sie fort. Hielt sich an der widerlichen Gummikante des Beckens fest. Aber das nützte nichts. Sie wurde in den Schlund gezogen. Dicke schwarze Tropfen trafen sie in den Nacken und drückten sie hinunter. Schließlich lag sie am Rand eines der Löcher und konnte sich nicht mehr festhalten. Die Rohre waren viel weiter, als sie gedacht hatte. Sie fiel und fiel. Schwerelos wie eine Schneeflokke. Es war feucht und warm in der Kloake. Beinahe sicher. Sie ließ sich los. War gewiß auf dem Weg zum Meer. Es spielte irgendwie keine Rolle mehr. Sie fiel und floß.

Der Raum zeichnete sich ab, als sie in der Türöffnung stand. Die Fensterkreuze teilten den Fußboden in acht graue Vierekke, obwohl die Vorhänge zugezogen waren. Es war fast dunkel hier drinnen. Nur die Lichter von der Straße drangen durch die verschneiten Fenster. Sie öffnete die Ofentür, bevor sie das Licht anmachte. Es war noch Glut im Ofen. Keine Spur von der blutigen Wachstuchdecke.

Tora begriff, daß sie sich mit den Dingen befreunden mußte, um alles zuzudecken. Sie hatte sich bei dem Ausguß mit einem Geschmack nach Blei und Kloake im Mund wiedergefunden. Es war noch nicht Schluß.

Sie tastete nach dem Schalter neben der Tür. Das Licht flammte kalt auf. Wie ein Urteil. Blutflecken auf dem Boden? Sie hatte doch geputzt, ehe sie wegging. Warum hatte sie sie nicht gesehen? Sie kamen ihr entgegen. Direkt vom Boden herauf. Saugten sich fest in den Augen, so daß sie wie geblendet war. Sie fand draußen im Gang einen Putzlappen und wischte die Flecken weg. Spülte den Putzlappen in dem eiskalten Wasser im Ausguß gut aus und hängte ihn wieder auf. Niemand sollte merken, daß sie ihn benutzt hatte.

Dann zog sie vorsichtig die Rollos herunter. Der Raum wurde gelb, wie gewöhnlich. Es war jedesmal so, wenn sie die Rollos herunterzog. Jetzt fand sie einen gewissen Trost darin.

Sie schloß die Tür zu und zog sich langsam aus. Die Mütze und der Schal, die sie in den Schritt gelegt hatte, zeigten alle nur möglichen Schattierungen in Rot. Sie stand zögernd damit vor der offenen Ofentür. Dann legte sie sie schnell in die Flammen. Das Feuer kam gleichsam aus dem Ofen heraus und über sie. Brannte ihr im Gesicht, wurde in ihren Kopf hineingesogen. Der Kopf weitete sich zu einem Ballon und schwamm im Zimmer herum, mit allem in sich.

Und alles war in dem gelben Licht. Das sich immer im Kreis bewegte.

Tora legte sich ins Bett und dachte an Frau Karlsens Mann, der tot war. Er lag steif und still in dem Altersheim, in dem er mehrere Jahre gewohnt hatte. Er hätte der alte Vater von Frau Karlsen sein können, dachte Tora. Oder – vielleicht war es das offene Grab, das sie so erschreckt hatte, daß sie nicht wagte, die Leiter hinunterzusteigen und das kleine Loch zu graben, um das Bündel zu verstecken?

Das Bündel? Das Vogeljunge? Das aus ihr herausgeglitten war, als sie auf der Wachstuchdecke vor dem Bett lag und sich in Stücke reißen ließ. Aber das Bett hatte sie gerettet. Es war genauso sauber und ordentlich, wie es immer gewesen war. Und die alte Wachstuchdecke existierte nicht mehr. Die Flammen

hatten sie aufgegessen. Sie hatte da drinnen in dem Ofenbauch gejammert, lange.
Das Grab – oder Frau Karlsens Mann hatte sie gezwungen, das kleine Bündel in die Geröllhalde zu legen und Steine darüber zu rollen. Und sie hatte vergessen, die Leiter wieder auf den Platz zu hängen! Hatte solche Angst vor dem offenen Grab gehabt.

Der Totengräber von Breiland watete bis zu den Waden im nassen Schnee und sah so aus, als ob er wenig von des Herren Sommerplänen begriffe. Vermutlich hatte er Regen erwartet, denn er hatte das frisch ausgehobene Direktoren-Grab nicht zugedeckt. Und jetzt konnte man sich gut vorstellen, daß der Schnee da unten in der Tiefe einen ruhigen Platz gefunden hatte. Ansonsten hatten sich die Leute angestrengt, an diesem verflixt kalten Ende eines langen Winters am Leben zu bleiben.
So eine Idee konnte auch nur ein Totengräber an einem solchen Außenposten haben, daß nämlich der Frühling zeitig kommen würde. Aber das Leben war nicht immer einfach. Er blieb stehen und betrachtete die alten Haken an der weißen Wand des Geräteschuppens. Leer. Die Leiter war weg! So weit entfernt von Haus und Hof konnte doch kein Mensch eine Leiter gebrauchen?
Der Totengräber sah auf den Neuschnee, als ob er glaubte, daß die Leiter über den Boden geflogen wäre, ohne eine Spur zu hinterlassen. Er war kein ängstlicher Mann – bei Tageslicht. Und so viel wußten alle: daß es einer Leiter unmöglich war, sich von allein zu bewegen! Er wischte sich übers Kinn und schüttelte seinen wuchtigen, windgepeitschten Körper. Eine Bewegung, die eine Art verwirrte Einsamkeit widerspiegelte.
Dann ließ er den Blick über den Friedhof schweifen. Als ob er den Wind der Entführung verdächtigte. Blinzelnde Augen in dem leicht nebligen Licht. Zögernd ging er zu dem offenen Grab, als sein Fuß auf einmal gegen etwas Hartes und Unfreundliches stieß, das ihn beinahe zu Fall gebracht hätte. Er heftete schließlich den Blick auf die quadratischen Erhöhungen in dem Neuschnee unter ihm. Die Leiter. Er trat dagegen, so daß die Eiskruste abfiel und das weiße Holz zum Vorschein kam. Während er sie auf die Schulter nahm, schielte er mit gerunzelten Brauen verstohlen in das Grab, als ob er zu sich selbst sagte: »Dieser Bursche geht da nicht hinunter, und

wenn es bis zum Rand hinauf schneit. Es bleibt allemal Platz für einen abgemagerten Alten und seinen Sarg.«
Der Totengräber hängte die Leiter an ihren Platz und nahm einen Priem. Dann trottete er zum Gemeindehaus und in die Kaffeestube. Die Männer bekamen die Geschichte von der Leiter erzählt. Sie wechselten Blicke und sagten nichts. Sie hatten früher schon Gespenstergeschichten von dem Totengräber gehört. Wußten, wie sehr sie ihn durch höhnische Worte verletzen konnten, deshalb schwiegen sie. Es war nicht der richtige Zeitpunkt, um einen windschiefen, alten Totengräber zu demütigen. Zwei Zwangsauktionen standen bevor, außerdem waren Milch und Butter teurer geworden. 10 Öre pro Liter und 1 Krone und 25 Öre pro Kilo.
Künftig mußte er sich das Brot ohne Butter und Milch kaufen, bei dem Lohn, den so ein armer Kerl bekam. Die Gespenstergeschichte reichte ihm wohl.

2

Die Geräusche kamen durch Schichten von Wirklichkeit zu ihr. Ein Klopfgeräusch? Der Schmerz einer verrenkten Schulter. Schaler Geschmack von altem Durst. Ein Gefühl, daß jemand sie anfaßte. Oder die Tür?
Tora schlug die Augen auf. Die Türklinke bewegte sich langsam nach unten und wieder rauf. Dann stand sie still, und ein vorsichtiges Klopfen erfüllte ihren Kopf mit einem ohrenbetäubenden Lärm.
Sie versuchte sich umzusehen. Die offene Ofentür, aus der keine Wärme mehr kam. Der muffige Geruch. Die Steppdecke halb unter dem Bett. Der Flickenteppich. Wo war der Flickenteppich?
»Biste zu Haus, Tora?«
Die Stimme war deutlich. Als ob sie aus ihr selbst käme. Sie holte tief Luft, während sie versuchte, die Zunge zu bewegen und das Gehirn zum Funktionieren zu bringen. Aber es ging nicht. Die Stille lag wie eine Mauer zwischen der Tür und ihr.
»Ich hab' dir was zu essen gemacht, falls du's nicht verschmähst.«
Frau Karlsens Stimme pflanzte sich wie ein vorwurfsvolles Echo in allen Ecken fort.

»Es geht mir nicht gut, wissen Sie...«
Die Stimme trug. Erstaunlich. Sie kroch über den Boden und legte sich Frau Karlsen zu Füßen. Demütig.
Die Klinke bewegte sich wieder nach unten.
»Willste nicht aufschließen, damit ich nach dir sehen kann? Haste Fieber?«
»Nein, ich möcht' nur ein kleines bißchen ausruhn.«
»Ja, aber willste nicht, daß ich dir was zu essen bringe?«
»Nein, ich hab' keinen Hunger... Vielen Dank!«
»Na gut.«
Die Stimme auf dem Flur wurde verschlossen und mürrisch. Aber sie nahm die ganze Frau Karlsen die Treppe mit hinunter.
Die Stille tat so gut. So gut.
Sie öffnete mit Mühe das vereiste Fenster und atmete den Abend in langen Zügen ein.
Die Bewegungen waren langsam und lautlos.

Am nächsten Morgen ließ sie Frau Karlsen zu sich herein.
Sie stand mit dem Tablett in den Händen in der offenen Tür und war ein Mensch. Nicht mehr und nicht weniger.
»Du bist krank«, stellte Frau Karlsen, ohne zu zögern, fest. Die Stimme war trocken und sicher und ohne Mißtrauen. Tora konnte aufatmen. Kaffeeduft und Frühstück. Frau Karlsen hatte den Kaffeekessel unten aus der Küche mitgenommen und ließ ihn auf einem dicken schwarz-rot-karierten Topflappen neben dem Bett stehen. Sie hätte gerne mit Tora zusammen Kaffee getrunken, aber es war so viel zu tun.
Außerdem hatte sie ein wenig Angst, sich anzustecken. Ja, Tora solle das nicht mißverstehen, aber sie könne sich bei der Beerdigung doch nicht krank ins Bett legen.
»Du hast 'nen Brief bekommen. Und ich hab' auch die Zeitung mitgebracht«, sagte sie und las mit feierlicher Stimme vor: »Mordtragödie in Hollywood. Die 14jährige Cheryl erstach den Gangster, der das Leben ihrer Mutter Lana Turner bedrohte! Fürchterlich, was die Jugend in Hollywood alles anstellt. Ja, sie ist nicht viel jünger als du. Du kannst froh sein, daß du in friedlicheren Verhältnissen lebst. Das muß ich schon sagen.«
Am Rand des Tabletts lag Ingrids Brief.
»Haste Fieber? Das kommt davon, daß du immer halbnackt gehst. Auch wenn man jung ist, kann man doch nicht nackt draußen rumlaufen. Es ist noch nicht Frühling, das weißte

doch. Es ist eiskalt. Bleib nur ruhig liegen! Du gehst heut auch nicht in die Schule! Ich werd' anrufen und sagen, daß du krank bist!« erklärte sie schon in der Tür – und war weg.
Ingrid lag in dem Brief. Tora konnte heute ihre Worte nicht ertragen.
Mit jedem Mundvoll Brot und Käse wurde eine zarte Freude in ihr entfacht. Die eine kam zur anderen, bis sie auf das Kissen sank und es wagte, sie selbst zu sein.
Im Laufe des Vormittags mußte sie mehrmals aus dem Bett, weil ihre Brüste zu zerspringen drohten. Sie flossen über, so daß sie ein Handtuch auflegen mußte. Einmal sah sie sich in dem Spiegel im Treppenhaus: eine unbeholfene, lächerliche Gestalt mit ausgestopfter Brust unter dem Nachthemd. Sie ähnelte Ole in Vaeret, als er sich beim Schulabschluß in irgendeinem Sketch in dem großgeblümten Kleid seiner Mutter als Frau ausgestopft hatte. Sie hätte sich liebend gern gewünscht, daß sie es nicht sei, die da stand, damit sie hätte lachen können. Lachen – viel und laut.
Einmal war sie auf der Toilette und glaubte zu weinen. Die Brüste waren wie Wunden. Sie versuchte, selbst zu saugen. Aber sie kam nicht dran. Sie drückte vorsichtig, damit die Milch herauslaufen sollte. Manchmal hatte sie das Bild des kleinen Wesens vor Augen.
Es war fast nicht auszuhalten.
Bei Frau Karlsen unten klappten ab und zu die Türen. Sie stellten sicher Möbel um. Einmal rief sie zu ihr herauf, wie es gehe. Und Tora blies sich auf und antwortete. Es gehe gut.
Frau Karlsen kam nicht oft. Trotzdem war es eine Erleichterung, als Tora endlich das bekannte Geräusch vernahm, das ihr sagte, daß Frau Karlsen die Haustür abschloß und zu Bett ging.
Da erst konnte Tora den Schlaf zu sich hereinlassen. Ihr Kopf war den ganzen Nachmittag eine schmerzende Eiterbeule gewesen. Sie hatte sich mit Mühe durch das Zimmer geschleppt, um alle Details nachzuprüfen, das Ganze mit den Augen zu ordnen – bis Frau Karlsen das nächstemal erschien. Sie überlegte, ob sie nachts die Tür zuschließen sollte. Was würde Frau Karlsen sagen, wenn sie mit dem Frühstückstablett kam, ehe sie zur Bank ging?
Aber sie mußte. Ertrug es nicht, daß die Leute einfach auftauchten und sie sahen. Die Decke konnte heruntergerutscht sein, so daß die Milchflecken von der überquellenden Brust

sichtbar wurden. Sie könnte ein Detail übersehen haben, das Frau Karlsen sah.
Nachts nähten Randi und sie die Lappen des Bettüberwurfs zusammen, den Randi ihr geschenkt hatte. Alle Nähte waren aufgegangen. Randi tröstete sie und meinte, sie würden es schon wieder hinkriegen, aber Tora war so beschämt, daß sie Randi kaum anzusehen wagte. Und während sie so saßen, kam Onkel Simon mit einem dicken Tau, band sie zusammen und lachte gutmütig. Trotzdem stimmte etwas nicht, und als sie an sich heruntersah, war das Tau aus gedrehter Haut gemacht und fühlte sich kalt und tot an den Armen an. Ein Netz von Blutadern wuchs aus dem Tau in ihren Kopf hinein. Aber die anderen merkten nichts. Schließlich konnte sie keinen einzigen Lappen mehr annähen. Die Arme waren wie gelähmt.
Tora wurde wach und machte Licht an.
Sie schlug die Decke zur Seite und sah an sich herunter.
Es war vier Uhr.
Sie zwang die Füße, bis zum Schrank zu gehen, und holte die Strickdecke heraus. Die Blutflecke waren wie getrocknete dunkle Schollen in dem vielen Rot. Als ob die Decke schon immer dazu bestimmt gewesen wäre, ein schmuddeliges Vogeljunges einzuhüllen. Tora wickelte sich in die Decke. Steckte die Füße in die Filzpantoffeln und setzte sich an den Tisch. Die Hand fuhr mechanisch zum Schalter und knipste die Schreibtischlampe an. Ein Buch nach dem anderen landete auf der Tischplatte.
Dann fing sie an, englische Vokabeln zu lernen.
Die Beerdigungsgäste brachten eine unwahrscheinliche Habgier ins Haus. Die laute, gellende Stimme von Frau Karlsen versuchte gleichsam, die Gäste daran zu hindern, ganz in Frau Karlsens Seele einzudringen. Aber es nutzte wenig. Sie hatte bestimmt genausoviel Angst vor der Familie ihres Mannes wie Ingrid vor den Rechnungen, die mit der Post kamen. Tora ertappte sich dabei, daß ihr Frau Karlsen leid tat.
Aber die Gäste wurden auch zu einer Bedrohung für Tora. Sie konnten irgendwann im oberen Flur und auf der Toilette auftauchen. Es war besonders eine Frau, die sich wie ein Gespenst bewegte. Lautlos.
Das Knirschen ihrer Schritte hörte man erst ein paar Minuten, nachdem sie vorbeigegangen war. Sie öffnete die Schränke auf dem Dachgeschoß, wenn Frau Karlsen zum Einkaufen fort war. Tora hörte, wie sie an den Türen entlangstrich bis zu ih-

rem Zimmer. Dann wurde es still. Sie sah ihr leuchtendes, bösartiges Auge durch das Schlüsselloch bis zu ihrem Bett.

Zum erstenmal in ihrem Leben wurde ihr bewußt, wie wenig sie die Menschen mochte. Das Dachgeschoß hatte ihr allein gehört, außer wenn der Mann, der auf dem Frachtschiff fuhr, für ein oder zwei Tage nach Hause kam. Jetzt wurde es von raschelnden, schwatzenden, murmelnden Wesen in Beschlag genommen – die nur eine Sache im Auge hatten: den alten Karlsen unter die Erde zu bringen und herauszufinden, was er in den Schränken und Schubladen hinterlassen hatte. Die Gespräche hörten sich an, als ob sie gedächten, auch Frau Karlsen zu beerdigen. Die Worte strömten durch die Wände direkt in Toras Ohr. Sie hatte das schreckliche Gefühl, daß sie einen Mord planten.

Einer von den Männern redete ununterbrochen davon, daß das Haus keinen Pfifferling wert sei, aber das Grundstück eine Goldgrube. Er hatte eine Stimme wie das auflaufende Wasser unter dem Plumpsklo im Tausendheim. Sie leckte mit großen, schlabbernden Bissen durch die Wände, so daß Tora sie auf dem Gesicht spürte, während sie mit geschlossenen Augen dalag. Sie war die ganze Zeit vor lauter Angst in Schweiß gebadet.

Die Geräusche ihrer Körper auf den knackenden Matratzen, das Wasser, das in die Waschschüsseln lief, die Stimmen, die quer durch die Wände bis zu ihr drangen, worüber sie sich nicht klar waren, das Schnarchen, Atmen – alles war ihr so widerlich, daß sie es am liebsten mit Frau Karlsen geteilt hätte, als sie abends heraufkam und fragte, wie es mit ihrer Grippe stehe.

Aber natürlich sagte sie nichts davon. Sie verkündete statt dessen mit bleichem Lächeln, daß sie am nächsten Tag in die Schule ginge. Ob Frau Karlsen ihr eine Entschuldigung schreiben könne?

Tora segnete die spitzen Ellenbogen, die aus den schwarzen Kleiderärmeln herausstachen, und den schmalen Mund in dem gequälten Gesicht, als Frau Karlsen eine gehaltvolle Entschuldigung schrieb, die sie ausführlich mit Fieber und Halsschmerzen und Grippe begründete. Und darunter: Stella Karlsen, Zimmerwirtin.

Stella! Was für ein sonderbarer Name. Für jemanden wie Frau Karlsen! Stella! War das nicht der Name eines Sterns? Oder eines Schiffs? Das Pferd vom Pfarrer auf der Insel hieß auch Stella.

»Es ist besser, du gehst morgen nicht mit auf den Friedhof!« Frau Karlsens Stimme wurde von den Wänden aufgesaugt, und das Gesicht wuchs und wuchs. Tora schüttelte den Kopf und schluckte. Hätte so gerne etwas gesagt – etwas Nettes. Aber es war nicht möglich.
»Es ist zu kalt für dich, wo du gerade krank warst. Aber komm zum Kaffee runter. Um vier!«

Tora schloß die Tür hinter ihr zu und suchte ihre Kleider für den nächsten Tag zusammen. Zögernd zog sie die Jeans an. Der Reißverschluß ging wieder zu! Merkwürdig, daß ein Körper wieder so wurde wie vorher. Sie stand mitten im Zimmer und sah an sich herunter. Wagte sich nicht auf den Flur, um sich im Spiegel zu betrachten. Es konnte jemand kommen. Noch zitterte sie ein wenig, wenn sie länger stand. Aber morgen würde es besser sein. Viel besser! Sie versuchte, sich in dem kleinen Spiegel zu betrachten, den sie an der Wand hängen hatte, fühlte sich schwindlig und elend. Aber die Neugierde war zu groß. Sie kletterte unsicher auf einen Stuhl und hielt sich an der Wand fest. Der Hose war deutlich anzumerken, daß ein anderer Körper sie zuletzt getragen hatte. Sie schien von einem geliehen zu sein, der ein paar Nummern größer trug.
Während sie sich so musterte, ging es ihr auf, daß sie – abgesehen von den laufenden und schmerzenden Brüsten und den Blutungen – durchgekommen war.
Wagte sie daran zu glauben? Sie drehte sich ein bißchen, um die eingefallene Hosenlinie auch von der Seite sehen zu können. Sie kletterte vom Stuhl herunter und sank mit den Jeans ins Bett. Die Augen liefen über. Ein Strom der Erleichterung. Aber das kalte, tote Bündel im Geröll?
»Was für ein Bündel?«
Weit draußen im Fjord glitt das Tauwetter heran. Naßkalt und lauernd und ohne eine andere Hoffnung, als daß es ein fremder Frühling aus dem Süden war.

3

Tora ging nach der Schule in den Supermarkt und kaufte zwei Pakete Binden. Sie steckte sie schnell in das Plastiknetz zu den Schulbüchern. Erst als sie auf dem Weg nach draußen war, fiel ihr ein, daß sie sich etwas zu essen hätte kaufen sollen. Aber es war ihr unmöglich, wieder hineinzugehen. Es roch so stark nach Fleisch da drinnen.

Den ganzen Tag hatte sie durch die Menschen hindurchgesehen. Sie lösten sich vor ihr auf.

Jeder hatte seinen Lichtschimmer. Meistens in bläulichen Nuancen. Aber auch in roten und gelben. Besonders um die Köpfe. Das machte sie unnahbar und unwirklich. Tora hielt sie von sich fern. Einmal strich Jon im Korridor an ihr vorbei. Er hatte ein weißes Licht um sich. Sie fühlte sich verschwitzt und schmutzig. Er hob eine Hand, als ob er sie anfassen wollte. Sie floh hinter die Toilettentür.

Sie fühlte wieder so etwas wie Einsamkeit. Saß dort, bis es zur Stunde schellte.

Alle standen in Gruppen oder zu zweit. Ein paarmal streifte sie der Gedanke – daß sie nur in irgendeinen Kreis hineinzugehen brauchte und so zu tun, als ob sie dazugehörte. Aber es wurde nichts daraus.

In den beiden ersten Stunden war es ganz gut gegangen. Sie hatte die Entschuldigung abgeliefert. Die Pausen waren schlimmer. Meistens hielt sie sich auf dem Klo auf. Hoffte, der aufsichtführende Lehrer würde es nicht merken, daß sie immer aus der Toilette kam, wenn es klingelte.

Frau Ring, die sie in Englisch hatten, kommentierte laut, daß sie noch nicht gesund aussehe. Ob sie nicht zu früh aufgestanden sei? Und das Licht um Frau Rings Kopf explodierte. Frau Ring fragte vorsichtig, ob sie Aufgaben gemacht habe, ob jemand mit den Aufgaben bei ihr gewesen sei.

Tora räusperte sich und sagte, daß sie ab den Aufgaben für Samstag drei Seiten weiter gelernt habe. Sie wurde starke Verben abgefragt. Konnte antworten. War froh, daß sie irgendwie mit dabei war.

»Danke!« sagte Frau Ring und machte hinter Toras Namen ein Zeichen.

Die Wände beugten sich über Tora. Lange. Als sie aufsah, war sie nicht mehr im Kreis. Ihre Minute war vorüber. Alle

Blicke hatten sich dem nächsten zugewandt, der abgefragt wurde.
Da entdeckte sie es: daß die Telefondrähte, die von der Hauswand zu dem Pfosten bei der Eingangspforte führten, voller Spatzen waren. Spatzen! Winzig kleine Vögel, die zurückgekommen waren. Warum? Wozu kamen sie? Wußten sie nicht, wie es heutzutage um Vogelkinder stand? Und das Licht um Frau Rings Kopf wurde zu einem kleinen roten Nest aus Handtüchern mit einem bläulichen Vögelchen darin. Es pfiff ein bißchen heiser. Als ob es nicht genug Luft bekäme.
Tora dachte nicht an die englischen Verben.
Die Stimmen kamen und gingen, sie sah die Münder sich wie in einer Welle bewegen. Sie fing bei Frau Ring an und pflanzte sich durch die ganze Klasse fort. Aber sie konnte nicht hören, was gesagt wurde. Sie dachte an Frits. Er hörte auch nichts. Zum erstenmal verstand sie, wie das war. Die Kugellampen schwankten leicht über ihrem Kopf. Im Takt, als ob jemand sie in Bewegung gesetzt hätte. Anne drehte sich zu ihr um, öffnete den Mund, und es wogte und wogte. Und es war nicht für sie. Sie hatten alle ihr Licht, ihre Wellen.
Es war die letzte Stunde. Die Augen: Sandpapier auf einer Wunde. Sie trödelte lange, nachdem es geklingelt hatte. Wartete, bis alle gegangen waren. Als sie nach draußen an die Luft kam, hatte sie das Gefühl, tagelang die Treppen im Tausendheim geputzt zu haben, während die Haustür zu dem eiskalten Schnee hin offenstand, und hinter jeder Schmutzspur, die sie weggeputzt hatte, wurde neuer Schmutz gemacht.

Sie war in ihr Zimmer gekommen, hatte sich mit den Kleidern hingelegt und war eingeschlafen. Um vier Uhr kam Frau Karlsen in einem neuen schwarzen Kleid herauf und lud sie zum Kaffee ein. Tora hatte die Tür nicht abgeschlossen. Sie schaute schnell an sich herunter, wie es ihr zur Gewohnheit geworden war, bevor sie Frau Karlsen bat, hereinzukommen.
Ob sie noch nicht gesund sei? Frau Karlsens Stimme war zerstreut teilnahmsvoll. Ob sie ein paar Sandwiches nach oben haben wolle? Tora zwang sich, zu antworten. Sie setzte sich auf und klagte, daß sie sich noch recht elend fühle. Ob Frau Karlsen entschuldigen würde, aber sie könne nicht nach unten kommen...
Eine fremde Dame mit einem harten, spähenden Blick kam mit einem Tablett. Sie war in Schwarz, wie Frau Karlsen, und

hatte schwere Armbänder um beide Handgelenke. Sie sagte »Bitte« und »Laß dir's gut schmecken« und versuchte ein paar Worte mit Tora zu wechseln, während ihre Augen wie Motten umherschwirrten – Tora erkannte ihre Stimme wieder. Sie hatte sie durch die Wand gehört. Sie glich einer der bösen Gestalten aus »Alice im Wunderland«. Oder war sie eine der Figuren von der Rückseite der Spielkarten?

Tora aß.

Noch hatte sie Ingrids Brief nicht geöffnet. Sie faßte den Entschluß, nie mehr auf die Insel zurückzukehren. Kaute die feinen Brote und dachte es immer wieder.

Dann setzte sie sich an den Tisch und holte die Bücher hervor. Brauchte viel Zeit. Es flimmerte und barst vor ihren Augen. Ingrids Brief wuchs aus der Tischschublade und klebte sich an alles, was sie in die Hand nahm. Schließlich zog sie ihn langsam heraus und schlitzte ihn mit einer Stricknadel auf.

Ingrid schrieb vom Wetter. Vom Ausbleiben der Fische, so daß sie ohne Verdienst sei und Tora ein wenig auf das Geld warten müsse, das sie zum Leben brauche. Eine Woche? Die Buchstaben kamen ihr entgegen wie einsame blaue Spuren im Schnee. Kreisten um ihre Arme. Sie baten Tora zu sparen, so daß sie jedenfalls Ostern nach Hause kommen könne. Die Buchstaben schwebten um ihre schmerzenden Schultern, die sie bis zu den Ohren hinaufgezogen hatte. Sie mußte den Kopf schützen. Warum las sie diesen Brief? Er hatte nichts mit ihr zu tun. Sie konnte und wollte diese Ingrid nicht erreichen.

Tora wechselte die Binde und lernte Geschichte.

Gegen Abend stiegen sie in Grüppchen die Treppe herauf, klappten die Kofferdeckel auf und zu und raschelten mit irgendwelchen Sachen in ihren Zimmern. Sie war sich nicht ganz sicher, ob Frau Karlsen klargekommen war. Sie hörte sie nicht, zunächst. Ein ungutes Gefühl beschlich Tora. Trugen sie nicht schwere Gegenstände durch die Halle? Schleppten sie nicht etwas hinter sich her? Überall war Durcheinander, und endlich hörte Tora Frau Karlsens erregte Stimme, die »Gute Fahrt« wünschte. Dann fiel die Haustür ins Schloß, und die letzten Gäste verschwanden wie unwillige Krabben die Treppe hinunter und hinein in die Autos. Kurz darauf hörte sie jemanden pfeifen, *Love me tender, love me true*. Es war Frau Karlsen.

Sie stand auf dem Gipfel des Veten und stürzte den Berg hinunter. Sie sah sich selbst in der Geröllhalde liegen. Nein, es war Almar! Ganz zerschlagen. Sie näherte sich ihm sehr schnell, und gerade als sie auf die großen grauen Steine stieß, sah sie das Vogeljunge. Jemand hatte es ausgegraben.
Sie kämpfte eine Weile mit der Decke, ehe sie ganz wach wurde. Dann ging sie zum Fenster, das nur einen Spaltbreit offen war, und öffnete es weit gegen die dunkle Nacht. Die Luft kam wie ein Schmerz auf sie zu. Eine Erinnerung an etwas, das sie früher empfunden hatte.
Allmählich wurde sie ruhig. Und die Margeritenwiese wuchs vertrauensvoll bis hinauf an das Fensterbrett der ersten Etage. Sie nahm deutlich den Geruch wahr. Es tropfte gleichmäßig aus der Dachrinne.
Als sie sich wieder zum Raum umdrehte, sah sie direkt auf die Wand über dem Bett. Das abscheuliche Gemälde von dem Schiff im Sturm. Düstere Farben. Häßlich mit der polierten, verschönernden Gischt. Sie war augenblicklich beim Bett, nahm das Bild von der Wand, hielt es einen Moment vor dem Fenster hoch, bereit, es hinauszuwerfen. Sie stand ratlos vor dem offenen Fenster, das Gemälde über den Kopf haltend.
Es wurde ihr schwindlig vor Anstrengung. Die Arme sanken herunter.
Sie stellte das Bild, mit der Vorderseite zur Wand, draußen im Gang neben die Tür.
Sie hätte nach dem Vogeljungen in der Geröllhalde sehen sollen, aber es ging nicht. Denn da hätte sie alle Blumen niedertreten müssen. Daß jemand das kleine Grab gefunden hatte, war wohl unmöglich. Der Löffel hatte gründliche Arbeit geleistet. Jedesmal, wenn sie auf den Löffel schaute, der in der Schublade lag, war sie ihrer Sache sicher. Das Vogeljunge war gut verborgen. Niemand sollte es schänden. Jedesmal wenn sie mit hoher Geschwindigkeit durch den Himmel fiel und das offene kleine Grab sah, gelang es ihr, sich zu wecken, ehe es zu spät war.
Der Himmel war überall so offen. Das liebte sie nicht. Die Luft war so klar. Alles war durchsichtig und lag wie ein Druck auf ihr. Jede Nacht toste sie durch den Himmel und herunter auf die Geröllhalde. Jede Nacht endete sie vor dem offenen Fenster. Der Abfluß war so groß. Während sie dahinraste, spürte sie den Wind auf der Haut. Im Gesicht. War leer wie ein flatterndes Kopfkissen auf der Leine im Wind.

Sie stand in Frau Karlsens Badewanne. Das Wasser strömte an ihr herunter. Warmes Wasser. Ihr schwindelte in endlosen Augenblicken.
Langsam seifte sie sich ein. Die Haare. Den Körper. Spülte sich ab und seifte sich erneut ein. Es war schon lange her, daß sie etwas – als so wohltuend empfunden hatte. Man konnte sich darin ausruhen. Die Muskeln und die Haut bekamen wieder Leben. Unter dem Wasserstrahl. Sie wärmte sich. Erfrischte sich. Sie war sie selbst, so wie sie es vorher nie gewesen war. Ein paarmal spürte sie den Boden unter sich weichen, wenn sie in das Loch sah, durch welches das Seifenwasser mächtig schäumend und ruckweise in den Abfluß gesaugt wurde. Rosa. Sie vermochte sich nicht an das viele Blut zu gewöhnen. Einmal mußte doch Schluß sein. Sie sollte sich doch wohl nicht zu Tode bluten.
Seifengeruch. Sie spülte die Haare, die sich spröde und sauber anfühlten, wenn sie mit den Fingern durchfuhr. Der Dampf stand wie eine Wolke vor dem kleinen halboffenen Fenster hoch oben an der Wand. Der Plastikvorhang mit seinen grellen violetten Blumen hing steif herunter. Alles war fremd, aber schön. Sie schien es vorher nie gesehen zu haben.
Sie trocknete sich sorgfältig ab. Zog frische Wäsche an. Ließ das weite Hemd über den Jeans hängen. Hatte eine richtige Binde im Schritt, als ob es sich um ihre Tage handelte.
Sie machte das Fenster wegen des Dampfes ganz auf, wagte aber nicht, die Tür zur Küche zu öffnen. Frau Karlsen war nur einkaufen gegangen, sie konnte jederzeit zurückkommen. Tora hatte die Erlaubnis zu baden. Trotzdem ging es nicht an, daß Frau Karlsen sie im Bad sah. Es nützte auch nichts, daß sie angezogen war. Die Spuren könnten sie verraten. Unerwartet. Katastrophal. Nur ein winzig kleines Detail.

Das Mädchen von der Insel spürte die Blicke im Nacken – auf dem Schulhof, in den Fluren oder auf der Straße. Sie war nie gesprächig gewesen. Aber jetzt schien sie jede Sprachfähigkeit verloren zu haben. Nur wenn sie die Aufgaben abgefragt wurde, kam eine Art nach innen gerichtetes Säuseln von ihr. Eine Stimme, die so wenig benutzt wurde, daß sie sich jedesmal daran gewöhnen mußte, zu tragen. Die Sätze kamen direkt aus dem Bauch, durch das Mädchen hindurch und in den Raum. Es war, als ob ein Tonbandgerät in ihrem Magen säße. Aber im übrigen konnte man von ihr nichts hören.

Vor allem Anne versuchte, Kontakt zu ihr zu bekommen. Ob sie ins Kino gehen wollten? Ins Café? Tora hatte tausend Entschuldigungen. Man kam nicht an sie heran. Seit sie damals im Herbst ohnmächtig wurde, war in den Augen der anderen etwas Mystisches an ihr hängengeblieben. Sie sprach nie über sich selbst. Die anderen wußten kaum, wo sie wohnte. Sie war glatt wie ein Aal. Saß an ihrem Pult. Ging in den Pausen hinaus. Erhob sich auf Kommando wie ein Soldat und leierte ihre Aufgaben herunter. Schrieb, was man ihr diktierte. Alles mit dem gleichen roboterartigen Ausdruck.

4

Ingrid wartete auf Post von Tora. Schließlich wußte sie sich keinen anderen Rat mehr, als nach Bekkejordet zu gehen und Simon und Rakel zu bitten, daß sie telefonieren dürfe.
Nach Worten suchend, erklärte sie, daß sie Ingrid Toste sei. Toras Mutter. Ob Tora krank sei, weil sie nicht schreibe.
Frau Karlsen zeigte freundliche Teilnahme. Ja, Tora habe eine unangenehme Grippe gehabt und im Bett gelegen, aber das sei schon eine Woche her. Die Schulaufgaben hätten sie wohl am Schreiben gehindert. Sie sei immer zu Hause, immer ruhig und ordentlich. Ja, die beste Untermieterin, die sie je gehabt habe. Es sei schön, einen Menschen im Haus zu haben, wenn man Witwe geworden sei. Sie habe ja viele Jahre allein gelebt, natürlich, weil der Mann krank und bettlägerig gewesen sei und im Altersheim. Und das sei gutgegangen. Aber es sei doch etwas anderes, wenn man *wüßte*, daß man allein sei. Ingrid machte vorsichtig, aber entschieden Schluß und legte auf.
»Was hat sie gesagt?« fragte Rakel und sah die Schwester fragend an.
»Daß sie Witwe geworden ist.«
»Witwe?«
»Ja, Frau Karlsen. Aber die Tora war nicht da. Sie lernt sicher so viel, daß sie keine Zeit zum Schreiben hat... Sie hat die Grippe gehabt...«
»Aber hat sie dir nicht gesagt, wann die Tora nach Haus kommt?«
»Ich hab' vergessen zu fragen. Sie hat so viel geredet. Ich hab' direkt Kopfweh davon.«

Rakel lachte und schenkte noch mehr Kaffee ein.
»Ja, ja, nun kommt sie Ostern wohl, du wirst schon sehn.«
Ingrid schaute auf die Tischdecke.
»Ich glaub' fast, daß sie nicht kommt!«
»Warum sollte sie denn nicht kommen?«
»Sie ist seit Weihnachten nicht mehr zu Haus gewesen. Ja, sie hat natürlich auch nicht genug Geld, um zu fahren. Geld hat sie von mir nicht grad viel bekommen.«
»Liebe Ingrid, da hätt' sie ja wohl schreiben können, wenn sie blank ist.«
»Nein, die Tora nicht.«
»Möchteste, daß ich ihr 'n paar Kronen schick'?«
»Nein, ich hab' ihr Geld geschickt, damit sie bis Ostern zu leben hat.«
Rakel faßte Ingrid am Arm.
»Aber da haste doch getan, was du konntest. Und wenn sie nur Geld bis Ostern hat, dann *muß* sie ja nach Haus kommen.«
»Sie schreibt ja auch nicht.«
»Vielleicht hat sie sich verliebt.«
»Die Wirtin hat gesagt, daß sie nie fortgeht. Ich bin ganz unruhig deswegen. Ich denk' überhaupt an nichts andres mehr, als was die Tora macht.«
»Das versteh' ich gut.«
Wie so oft, wenn sie zusammensaßen und schwätzten, hielt Ingrid den Blick gesenkt. Es irritierte Rakel auch diesmal. Aber sie ließ es sich nicht anmerken. Ingrid hatte ihre Gründe.
Und Rakels Kümmernisse wurden dagegen zu einer Bagatelle. Nichts, um damit anzugeben. Das Geschäft blühte in dieser Saison wie noch nie. Den Schafen ging es gut im Stall, und der Frühling und die Bergweide standen bereits vor der Tür.
Rakel hatte weniger Schmerzen. Sie wußte wohl, daß das Übel noch da saß. Aber die Ärzte hatten ihr Leben und Gesundheit beinahe versprochen. Sie reiste ständig nach Oslo zur Behandlung. Hatte sich direkt ans Reisen gewöhnt.
Sie spielte, daß es eine Ferientour war. Versuchte, nicht daran zu denken, daß sie ins Krankenhaus mußte, zur Bestrahlung, zu Untersuchungen, Proben. Übernachtete in Bodö im Hotel, bevor sie das Flugzeug nach Süden nahm. Ging in Geschäfte. Ins Kino. Hatte eine versiegelte Büchse in sich, in der sie alles versteckte, was ekelhaft und krank war. Aber jedesmal, wenn

sie in den breiten Türen des Krankenhauses stand, war die Gerichtsverhandlung im Gange.
Auf dem Heimweg graute ihr bereits vor der nächsten Tour. Die Sehnsucht nach Simon war ein Garten voller Früchte, von denen sie nicht zu essen wagte. Sie schien sich einzubilden, daß sie dafür bestraft würde. Deshalb kaufte sie sich Kleinigkeiten zum Anziehen, anstatt ihre Gefühle auszuleben. Blüschen aus Satin. Moderne Faltenröcke mit einem glatten Hüftteil. Alle möglichen Schuhe. Je mehr Warnungen sie über die Krankheit bekam, desto mehr tröstete sie sich mit derlei Unsinn. Sie war sich selbst klar darüber. Lächelte bitter über das eigene Verhalten.
Aber wenn sie Ingrids Sorgen sah, ihre Plackerei, damit es vorne und hinten reichte, wurden ihre eigenen Kümmernisse so klein.
Sie wünschte, sich ausweinen zu können in Ingrids Schoß und Erleichterung zu finden. Aber es war unmöglich. Ingrid würde auch das noch auf sich nehmen und Rakels Krebs der langen Kette von Schicksalsschlägen hinzufügen, die sie jeden Tag im Tausendheim in sich verschloß. Hätte Ingrid doch etwas mehr Fähigkeit zur Freude gehabt!
»Soll ich mal nachfragen, wie es ihr geht? In der Schule anrufen?« fragte sie vorsichtig.
»Nein«, sagte Ingrid müde.
»Ich find', du solltest das hier nicht so schwer nehmen. Du wirst schon sehn, da ist irgendein Grund. Mach dir doch nicht solche Sorgen. Davon wird's auch nicht besser.«
»Du hast leicht reden«, murmelte Ingrid. Sie zog sich den verschlissenen Mantel an. »Du hast kein Kind, an das du denken mußt.«
»Nein, da haste recht, Ingrid«, sagte Rakel mit flammenden Wangen.
Es erstaunte sie jedesmal, wenn Ingrid sie verletzte. Es war jedesmal der gleiche Schock. Sie glaubte immer, es sei unmöglich, so etwas von Ingrid gesagt zu bekommen. Aber sie vermochte ihr nicht zu widersprechen. Vermochte es deshalb nicht, weil sie überzeugt war, daß die andere gar nicht ahnte, was sie Schlimmes gesagt hatte. Manche Menschen merkten nie, daß sie eine tödliche Lawine auslösen konnten.
Und Rakel, die sonst über alles ungeniert redete, sank in sich zusammen und verbarg ihre Wunden vor der einzigen Schwester.

Rakel tat den Napfkuchen auf einen geblümten Teller mit gebogenem Rand. Sie hielt den Teller gegen das Licht und betrachtete ihn einen Augenblick. Als ob sie ihn auf Katzenhaare oder eine andere Unreinlichkeit hin inspizieren wollte. Dann setzte sie ihn entschlossen ab.
»Der Henrik sagt, daß das der Dank dafür ist, daß ich sie auf die Schule nach Breiland schick'. Es steigt ihr in den Kopf. Zu Haus ist ihr nichts mehr gut genug. Er meint, daß sie schon Weihnachten bockig und aufmüpfig war«, murmelte Ingrid.
»Ach so, der Henrik sagt das.«
Rakel grinste nicht einmal.
Ingrid verstand trotzdem die Spitze und senkte den Kopf. Hatte gelernt, den Kopf zu beugen. Das konnte sie am besten.
»Ja, ich weiß, was du von dem Henrik hältst. Er trägt für alle Zeit einen Stempel. Aber du kannst ihm ja wohl gönnen, eine Meinung über die Sache zu haben.«
»Ich gönn' dem Henrik alles Gute, meine Liebe. Und ich hab' den Henrik bis zum Gehtnichtmehr verteidigt, ob das nun bei dem Gerichtsverfahren war oder zu Haus, wenn ich mit dem Simon gestritten hab'. Jetzt will ich davon nichts mehr hören. Aber ich hab' nie gesehn, daß der Henrik sich bemüht hätte, anderen das Leben zu erleichtern. Das muß ich doch mal sagen, wenn wir schon dabei sind.«
»Wie meinste das?«
»Stell dich nicht so an! Hat er jemals einen kleinen Finger gerührt, um für dich oder Tora nur das Geringste zu tun? Das weißte wohl. Wie ihr miteinander auskommt, wenn ihr allein seid, das geht mich nichts an... Ich mein' nur, du solltest dich von ihm scheiden lassen!«
Sie hatte es ausgesprochen. Ohne Einleitung. Hart. Ohne Umschweife. Der Nachklang war das Schlimmste.
Von Ingrid kam kein Laut.
»Ja! Liebste ihn denn etwa?«
Rakel schrie es heraus wie eine Anklage. Stand da, die Hände in die Seiten gestemmt. Mit halboffenem Mund. Bereit, den nächsten Satz herauszuschleudern. Bereit, Ingrid fertigzumachen, wenn sie sich verteidigte. Sie zu überzeugen. Sie von sich selbst zu erlösen. Zum erstenmal störte sie die schnurrende Katze auf der Torfkiste.
Ingrid legte den Kopf auf den Tisch, schützte ihn mit ihren dünnen Armen, so gut sie konnte.
Rakel betrachtete sich selbst. Sie fühlte sich nicht wohl in ihrer

Haut. Sie schämte sich so, daß ihre Wangen brannten. Wußte nicht, was schwerwiegender war: ihr eigener Hochmut – oder daß sie ihn dazu benutzt hatte, einen gedankenlosen Satz über ihre Kinderlosigkeit zu rächen. Es ging ihr auf, daß es vielleicht nur wenige gab, die bereit waren, Mensch für andere Menschen zu sein. Daß sie da keine Ausnahme bildete. Aber sie war nicht fähig, den Arm auszustrecken und Ingrid zu berühren. Es war, als ob etwas sie festhielte.
Sie ging zögernd durch den Raum und wischte die Krümel vom Küchenschrank, um Zeit zu gewinnen.
»Kümmer dich nicht um das, was ich sag', Ingrid.«
»Ich weiß nicht, was mit mir los ist, daß ich so wenig aushalte...«
Ingrid hielt die Tränen zurück und holte ein Taschentuch hervor.
»Du hast es nicht gut, Ingrid. Du hast zuviel Verantwortung, zuviel Schinderei. Du solltest einen Mann haben, der 'n bißchen auf dich aufpaßt, nicht einen, der kritisiert, daß die Tora auf die Schule geht, und der dir das Leben sauer macht.«
»Der Henrik hat's auch nicht so leicht ...«
Rakel überkommt das ekelhafte Gefühl, sich zu langweilen. Sie weiß, daß sie ein paar tröstende Worte finden müßte. Ablenken von Toras Fernsein und Henriks Sauertöpfigkeit – bis irgend etwas Ingrids Tage wieder erhellte. Aber sie steht einfach da und langweilt sich. Hat das Gefühl, daß sie mit Ingrid nicht wie mit einer Ebenbürtigen reden kann. Weiß nicht, warum sie sich doppelt so alt fühlt, obwohl Ingrid älter ist und viel, viel mehr erlebt hat. Sie hat immer mit Erstaunen festgestellt, daß Ingrid nie etwas aus all dem lernt, durch das sie hindurch muß. Wurde immer nur tüchtiger in ihrer Arbeit. Hatte keinen Drang zur Auflehnung, keinen Trotz, schluckte Haß und Groll herunter – und ließ sich immer wieder schlagen.
Ingrid raffte den alten Mantel um sich, stand auf und war bei der Tür.
Sie sah Rakel mit einem seltsamen Blick an.
»Nein, ich muß jetzt machen, daß ich wegkomm', es ist schon spät ...«
Die Stimme war wie gewöhnlich.
Rakel blieb stehen.
Sie sah, wie Ingrid die Gartentüre öffnete und wieder schloß, ohne ein Auge auf das Haus oder das Küchenfenster zu wer-

fen. Sah sie die Hügel hinuntergehen. Langsam. Stetig. Alles war gesagt.
Nichts war gesagt. Nichts war entschieden.
Kurz bevor Ingrid in dem Wäldchen verschwand, kam Rakel zu sich. Sie riß die Tür zum Windfang auf und ergriff das erste beste, was sie da draußen fand. Simons Stalljacke. Schlüpfte in ein paar abgeschnittene Stiefel und stürmte Ingrid taumelnd auf dem matschigen Weg nach. Erreichte sie schnell. Sprang sie von hinten an und hielt sie fest.
»Ich bin ein schreckliches Mädchen, Ingrid!«
Ingrid fuhr mit steifen Händen über ihr Gesicht.
»Du willst doch nur in allem Ordnung haben. Ordnung...«
Rakel begleitete Ingrid die Hügel hinunter bis zu den ersten Häusern. Da kehrte sie um, weil sie nur die Stalljacke und die abgeschnittenen Stiefel anhatte. Sie zeigte an sich herunter und lachte. Sie lachten beide ein wenig.
»Ich versuch', mehr über Tora zu erfahren, dann komm' ich zu dir runter.«
Ingrid nickte.
»Ich bin's ja nur, die sich aufregt. Du hast ja recht. Es gibt hier auf der Insel nicht so viel Interessantes für Tora. Ich bin auch mal von hier geflohn... Danach war's zu spät. Es ist, als ob alles mich erstickt hätte und es mir ermöglichte, zu leben, ohne zu atmen.«
Sie hob die Hand zum Gruß. Eine schwerelose Bewegung. Ein heimliches Verstehen. Wie damals, als sie junge Mädchen gewesen waren und sich stritten, aber genötigt waren, wieder Freunde zu werden, weil sie nur sich hatten. Gemeinsamen Kummer. Gemeinsame Geheimnisse. Gemeinsame Schürfwunden und Träume.
Der Schnee war trotz allem zusammengeschrumpft auf den Wiesen und Äckern. Er schmolz am Waldrand und in den Gräben. Aber der Frost biß Rakel in die Ohren.

5

Jeden Tag brach sie eine Scheibe Brot in Stücke und legte sie auf die Fensterbank. Winzig kleine Bissen. Dann setzte sie sich auf einen Hocker und wartete. Die schwarze Krähe. Die schimmernde, glänzende Elster. Sie kamen. Drehten jäh im

Flug ab, wenn sie sie sahen. Verstanden, daß sie Wache hielt. Daß die Bröckchen nicht für sie waren. Es war nicht deren Junges, das sie in die Geröllhalde gelegt hatte.
O nein, wirklich nicht. Sie wußten sicher, mit wem sie die Bröckchen teilen wollte.
Sie nahm langsam den Gummi von ihrem Pferdeschwanz und schüttelte die Haare. Sie lüftete sie, während sie dasaß. Sie wartete wohl auf ein Rotkehlchen. Oder einen Fink. Einen Wintervogel. Einen, der nicht vor dem Winter flüchtete.
Sie aß ihr eigenes Brot und trank Milch. Die Nachmittagssonne zitterte und lebte wie ein offenes Feuer. Rollte das Licht zu ihr hin und machte sie schwindlig. Der Himmel war eine Feuerglut. Die Abende wurden so hell. Waren nichts, um sich darin zu verstecken. Sie balancierte das Glas auf einen Hocker neben sich. Das Brot hielt sie in der Hand. Es krümelte gleichmäßig auf ihren Pullover. Sie konnte den schwachen Wollgeruch wahrnehmen, der sich mit dem Geschmack von Brot und Käse und Milch mischte.
Zeitweise vergaß sie sich und vergaß, warum sie da saß. Kaute nur. Aber jedesmal wenn sie anfing zu frieren, erinnerte sie sich an den Vogel. Holte er sich nicht bald sein Essen? Auch heute nicht?
Sie nahm die Bröckchen genau zehn Minuten nach vier von der Fensterbank und schloß das Fenster. Gleich darauf hörte sie immer, daß Frau Karlsen die Haustür aufschloß.
Gelegentlich erinnerte sie sich an Ingrid. Oder an Onkel Simon und Tante Rakel. Frau Karlsen hatte erzählt, daß Ingrid angerufen habe. Daß sie einen Brief von Tora vermisse. Sie hatte das ganz streng gesagt, so wie der Pfarrer auf der Insel, als sie in den Konfirmandenunterricht ging. Frau Karlsen war zur Stiefmutter in dem Märchen vom Schneewittchen geworden. Sie schwatzte Tora Ermahnungen auf, die ebenso rot und giftig waren wie der Apfel, den Schneewittchen aß, bevor sie umfiel.
Den erhobenen Zeigefinger hin- und herbewegend, sagte Frau Karlsen: »Man darf nie vergessen, seiner Mutter zu schreiben.«
Und Tora blendete das Geräusch ihrer Stimme aus.

Die anderen hatten die Osterprüfungen an den Tagen gehabt, an denen sie krank zu Hause war. Der Oberlehrer ließ etwas von einem ärztlichen Attest verlauten. Sie hatten ihn in Mathe-

matik. Tora saß mit geradem Rücken und blassen Wangen da. Der Pullover lag um ihre Hüften. Schützte sie jetzt noch immer, obwohl sie nichts mehr zu verbergen hatte. Auch das war gefährlich.
Er sah vom Klassenbuch auf und versuchte, dem Blick des Mädchens zu begegnen. Aber Tora hatte bereits Blickkontakt mit der Weltkarte über der Tafel.
Es war Anne, die das Ganze in die Hand nahm: »Tora hat eine Entschuldigung abgegeben. Von der Wirtin. Liegt sie nicht im Klassenbuch?«
»Ja, aber sie hat mehr als drei Tage gefehlt«, bemerkte der Oberlehrer trocken.
»Das ist doch nie so genau genommen worden. Hauptsache, die Zimmerwirtin oder die Eltern haben unterschrieben. Sie kann doch jetzt nicht mehr zum Doktor gehen wegen eines Attests. Sie ist doch wieder gesund.«
Verhaltenes Kichern. Eine altbekannte Übelkeit stieg in Tora hoch. Sie sah die blauen Adern um die Nasenflügel des Oberlehrers. Die kalten Augen ohne Ausdruck. Angst breitete sich langsam aus. Sie ging in eine Wut über, die sie nicht mehr beherrschen konnte. Sie spürte, daß die Schenkel unter dem Pult zitterten. Ein sonderbar sprödes Läuten war in ihrem Kopf. Wie ein Sausen. Ein Zustand wie nach einem Fieberanfall. Warme Wollbüschel flogen vor ihren Augen vorbei. Sie griff nach dem Pult, um das Zittern unter Kontrolle zu bekommen. Registrierte, daß der Mundwinkel sich ihrer Kontrolle entzogen hatte. Wußte, wie sie jetzt aussah. Das ließ sie noch wütender werden.
»Da konnt' ich nicht dran denken. Mir war schlecht. Außerdem hatte ich kein Geld von zu Haus ... Ich glaub' nicht, daß der Doktor in Breiland was umsonst macht.«
Alle Gesichter wandten sich in erstauntem Respekt Tora zu. So eine lange Rede hatten sie bisher kaum von ihr vernommen. Das Mädchen sah ganz wild aus. Das Gesicht war beinahe entstellt. Irgend etwas stimmte nicht mit dem Mund. Sicher eine Art Lähmung.
Der Oberlehrer sah verlegen ins Klassenbuch. Das hatte er nicht erwartet. Wollte nur den starken Mann markieren.
Er hatte ein solches Bedürfnis nach Ordnung gerade an diesem Tag. Und da endete es damit, daß er echte Verzweiflung sah. Er war beleidigt deswegen und prüfte nicht einmal mehr die Anwesenheitsliste. Merkte nicht, daß Gunlaug nicht auf ihrem

Platz saß, weil sie mit ihren Aufgaben nicht fertig geworden war.

Aber als er ins Lehrerzimmer kam, ließ er ein paar Bemerkungen fallen, daß ihm die Klasse etwas undiszipliniert vorkomme. Es gebe da einige undisziplinierte Elemente. Die anderen Lehrer sahen kaum auf. Antworteten nicht. Die Kaffeetassen waren halb leer, der Kaffee nur noch lauwarm. Es war schon lange her, daß die Tassen Freude gemacht hatten.

Der Klassenlehrer war nicht anwesend. Keiner fühlte sich verpflichtet, dem Oberlehrer zu antworten. Der konzentrierte Geruch nach Achselschweiß und Pfeifentabak mischte sich mit dem von Staub, Tinte und kaltem Kaffee. Jeder hatte mit sich zu tun. Undiszipliniertheit war ein Teil ihrer Lebensaufgabe, für jeden von ihnen. Der eigentliche Lebensprozeß. Es war beinahe Blasphemie, das Wort auszusprechen. Es hatte so etwas wie eine heilige Schwäche in sich.

Tora wurde nicht mehr nach dem Attest gefragt. Aber sie bekam ein paar Hausaufgaben, damit man hieb- und stichfeste Noten für das Osterzeugnis machen konnte. Das war nicht schlimm. Sie nahm die Aufgaben mit in ihr Zimmer und ließ sich Zeit.

Alle Aufgaben, die ein normales Wissen verlangten, waren einfach. Sie hatte viel Platz in ihrem Kopf. Als ob Hausputz und großes Aufräumen gewesen wäre. Was sie aus den Büchern lernen konnte, saß beinahe schon, ehe sie den Text fertig durchgelesen hatte. Aber bei allem, wo sie eigene Gedanken entwickeln mußte und was nicht in den Büchern stand – war es hoffnungslos, etwas Vernünftiges zustande zu bringen. Sie hatte das eigene Denken verloren. Konnte nur mechanisch lernen. Von hier bis da. Wie ein Roboter. Mathematikaufgaben nach bestimmten Regeln lösen. Verben konjugieren. Historische Fragen nach Namen und Zahlen beantworten. Zahlen! Sie waren magisch und gut.

Aber das nützte ihr nichts, wenn sie einen Aufsatz schreiben mußte. Viele Seiten voller Gedanken, die nur aus ihr selbst kommen sollten. Vielleicht schrieb sie etwas, was zu Fragen nach dem Attest führte.

Die Worte waren so gefährlich.

Sie bekam schreckliche Kopfschmerzen, wenn sie die Worte durchsiebte. Mißtrauisch setzte sie sie in Reih und Glied auf eine Linie. Wußte, daß sie hinter ihr her waren. Es kostete sie viele Stunden, einen Aufsatz über ihre Begegnung mit der

Kommunalen Realschule in Breiland zu schreiben. Ihre Gedanken waren voller Brüche, wie die Gletscher im Frühling. Bodenlos, wie die Moore rund um das Jugendhaus auf der Insel.
Sie brachte den Aufsatz einigermaßen zuwege. Drei Seiten. Nicht mehr und nicht weniger. Sie versuchte nicht einmal, das Ganze durch Abschnitte und Zwischenräume in die Länge zu ziehen. Ließ es sein. Am letzten Schultag vor Ostern bekam sie ihn zurück. Mit der Note »ausreichend +«. Sie starrte ungläubig auf die Note. Der Kommentar des Norwegischlehrers war scharf. Aber ohne einen Beiklang von Mißtrauen wegen ihres Fehlens während der Osterprüfungen. Tora verbesserte die Rechtschreibefehler und lieferte den Aufsatz wieder ab.
Die Norwegischnote war »befriedigend«. Sonst sah das Zeugnis gut aus. Sie kam glimpflich davon. Keine Rüge oder Mitteilung an die Eltern.
Da mußte sie auch nicht nach Hause fahren. Sie hatte sich bereits entschlossen. In der Nacht vor Schulschluß. Während sie im Bett lag und sich ausstreckte und spürte, daß der Schlaf sich immer mehr zurückzog, und das Tageslicht sich immer deutlicher an den Vorhängen abzeichnete und die Konturen der Möbel und Dinge im Zimmer sichtbarer werden ließ.
Sie fühlte sich beinahe glücklich. So leicht war es, eigentlich. Sich zu entschließen. Für eine lange Zeit nicht mehr auf die Insel. Vielleicht nie mehr. *Ihn* nie mehr sehen! Nie mehr die steilen Treppen zu den Räumen im Tausendheim hinaufgehen. Nie mehr den merkwürdigen Geruch im Treppenhaus wahrnehmen. Nie mehr gezwungen sein, mit *ihm* an einem Tisch zu sitzen.
Sie würde Ingrid schreiben. Sagen, daß sie Ostern woandershin wollte. Auf eine Hütte. Zusammen mit Freunden. Mädchen. Sonst würde man es ihr wohl nicht erlauben. Die Idee war ihr in der Schule gekommen. Viele wollten auf eine Hütte. Und sie wollten alle zu Hause sagen, daß sie mit Mädchen gingen. Machten aus, sich gegenseitig zu decken, falls gefragt wurde. Kicherten nervös und fühlten sich sehr erwachsen.
Der Brief wurde kurz. Ohne Schnickschnack. Bat nicht um Geld. Sie brachte ihn sofort zur Post.
Die Erleichterung machte sie schwindlig. Sie saß lange auf einem Stahlrohrstuhl in der Post, nachdem sie den Brief abgeliefert hatte. Der Postbeamte sah sie ganz seltsam an, und sie be-

kam Angst, daß er fragen würde, ob sie krank sei. Diese Frage ertrug sie nicht.
Dann ging sie in die Bibliothek. Lieh sich ein Netz voll Bücher aus. Sie kaufte Brot, Kaffee, braunen Käse und vier Eier. Trug alles zusammen hinauf in ihr Zimmer und setzte sich vor das offene Fenster, um den Vogel zu füttern. Sie hatte keinem Menschen erzählt, daß sie Ostern in Breiland blieb. Alle hielten es für selbstverständlich, daß sie nach Hause fuhr.
In Sicherheit! Viele Stunden konnte sie hier mutterseelenallein sitzen, ohne daß jemand zu wissen brauchte, wo sie war.
Zehn Minuten nach vier schloß sie das Fenster, weil Frau Karlsen zu erwarten war. Die Vogelmutter kam nicht. Tora reckte sich nach allen Seiten, bevor sie das Fenster heranzog und die Haken einhängte. Die Bröckchen hatte sie hinaus in den Schnee gefegt. Sie waren gelbe Flecken da unten in all dem Weiß. Jeden Morgen waren sie fort. Sie hörte das Geschrei und Gekrächze der Krähen. Es war nur eine Frage der Zeit, wann Frau Karlsen entdeckte, warum sich so gierige Vögel in der Nähe ihres Hauses aufhielten.
Tora schob den Gedanken von sich. Sie mußte Kontakt mit der kleinen Vogelmutter bekommen. Erzählen, wohin sie das Junge gelegt hatte.

6

Rakel entschloß sich, nach Breiland zu fahren. Das komme so plötzlich, meinte Simon. Sie erklärte, daß sie Menschen sehen müsse, sonst würde sie ersticken. Alles sei so klein auf der Insel...
Ob das seine Schuld sei? Nein, versicherte sie ihm. Aber so leicht war er nicht zu überzeugen.
Schließlich mußte sie mit der Sprache herausrücken, daß nämlich Ingrid ganz verzweifelt war, weil sie einen kurzen, kalten Brief von Tora bekommen hatte, in dem sie ihr mitteilte, daß sie Ostern nicht komme, weil sie mit Freundinnen auf eine Hütte wolle.
Simon meinte, daß es prima sei, daß das Mädchen Freunde habe. Es sei doch wohl nicht schlimm, wenn sie Ostern nicht nach Hause komme. Rakel seufzte und gab ihm recht, aber sie bestand trotzdem darauf, nach Breiland zu fahren. Da könne

sie nach Tora sehen. Ein bißchen allein sein. Ins Kino gehen. Der Magen quäle sie, fügte sie hinzu. Da duckte er sich und sagte nichts mehr.
Rakel mußte handeln, wenn die Gedanken sie plagten. Immer mußte sie etwas *tun*. Sie war nun mal so.
Sie dachte darüber nach, was wohl der Grund für Toras Brief sein könnte. Ein Freund, von dem sie der Mutter nichts zu erzählen wagte? Nein, da hätte sie versucht, mit vielen Details, vielen Entschuldigungen eine Erklärung zu finden. Da hätte sie wahrscheinlich einen netten Brief mit überzeugenden Lügen geschrieben.
Simon brachte Rakel in dem kleinen Motorboot über den Fjord. Sie versprach, gleich nach ihrer Ankunft anzurufen. Stand da in ihrem neuen blauen Wollmantel, den sie in Oslo gekauft hatte, als sie zuletzt dort war. Er war ein Schild gegen neugierige Augen, damit die Leute nicht ihren abgemagerten, kranken Körper sehen sollten, wenn sie in Vaeret spazierenging. Sie sollten nur nicken und sagen: Rakel Bekkejordet war in der Hauptstadt und hat sich einen neuen Mantel angeschafft...
Keiner sollte sehen, daß es eine Entschädigung für Schmerzen war.
Aber Simon wurde ganz weich bei ihrem Anblick. Er fuhr allein über den Fjord zurück und spürte immer noch ihren Duft. Mitten durch die salzige Gischt. Er drehte den Motor voll auf und stellte fest, daß er gut lief.

Der Bus fuhr durch Millionen von Kurven und hielt ununterbrochen, so schien es Rakel. Sie hatte sich bereits überlegt, wie sie sich verhalten sollte, wenn sie nach Breiland kam. Sie wollte Frau Karlsen anrufen und nach Tora fragen. Dann wollte sie zu dem Haus gehen. Machte keiner auf, dann würde sie ein Hotelzimmer nehmen und das Weitere überdenken.
Es war grau in Breiland. Rakel hatte sich ein für allemal eine Meinung darüber gebildet. Seit sie erfahren hatte, daß sie zu Tests und Untersuchungen nach Breiland mußte. Das war schon lange her. Trotzdem war der Grauton da. Ein für allemal. Sie brachte es nicht über sich, diesen Eindruck zu revidieren.
Der Ton im Telefon war auch grau. Es klingelte in einem Raum, den sie nicht sehen konnte. Niemand hob ab. Sie hatte es im voraus gewußt. Sie knöpfte den Mantel zu, nahm die

Reisetasche vom Boden auf und dankte der Verkäuferin, daß sie das Telefon hatte benutzen dürfen.
Ging geradewegs hinaus in den bleigrauen Tag.
Das Haus fand sie leicht. Wußte ungefähr, wo es war. Es brannte Licht im Flur und in der ersten Etage. Ein gelber, ängstlicher Schein, der über alten Schnee floß. Da oben waren die Rollgardinen heruntergezogen. Ein Schild über der Messingklingel. Herrschaftlich. Trotz aller Kümmernisse konnte Rakel sich ein solches Schild in Bekkejordet vorstellen. An der Haustür: Simon und Rakel Bekkejordet. Nur um zu irritieren und zu verwirren. Und weil es ihr gefiel. Aber es müßte einfacher sein. Und in jedem Fall mit einem Klingelknopf. Sie mußte beinahe lachen.
Niemand öffnete. Sie zog einen Handschuh aus und benutzte den nackten Zeigefinger. Als ob das helfen würde. Ein Ritual, um die Menschen herbeizuzaubern. Sie spürte, wie das Geräusch sich von ihrer Fingerkuppe bis in das Haus fortpflanzte. Bis zu dem Zimmer, in dem Tora war. Ein Ruf, eine Ankündigung, daß sie, Rakel, gekommen war. Aber das Haus antwortete mit beleidigter Stille. Verzaubert und abweisend.
Eine Bewegung da oben? Sie war sich nicht sicher. Sie klopfte laut an die Tür. Tat kund, daß sie sich nicht ohne weiteres zufriedengeben würde. Aber es geschah nichts. Sie überlegte, daß Tora vielleicht eine gewisse Zeit brauchte, um sich vorzubereiten. Nahm einen Bleistift aus der Handtasche und riß eine Seite aus dem Notizbuch heraus. Dann schrieb sie, daß sie dagewesen sei und wiederkommen werde. Klemmte den Zettel in die Türspalte und wandte sich zum Gehen.
Als sie ein letztes Mal hinaufsah, bemerkte sie einen Schatten am Fenster. Das Rollo schnellte hoch. Sie glaubte, den scharfen Knall zu hören.
Tora stand wie ein gekreuzigter Schatten da. Die Sprossen im Fenster waren echt genug. Ein Kreuz. Rakel hob die Hand. Versuchte zu lächeln. Das Fenster wurde langsam nach außen aufgestoßen. Toras rotes Haar erschien in der Fensteröffnung. Rakel wußte nicht, was sie erwartet hatte.
Vielleicht ein Lächeln? Eine Entschuldigung? Ein kleines Hei! Aber nichts von alledem. Es war, als ob Tora sie nie gesehen hätte. Als ob sie einen zufälligen Hausierer betrachtete und wünschte, daß er sein Begehren nennen würde und gehen.
»Hallo! Ich hab' schon geglaubt, daß niemand zu Haus ist. Kann ich raufkommen?«

Es war immer noch kein Laut aus dem offenen Fenster zu vernehmen.
Der Kopf verschwand, das Fenster wurde zugemacht. Einen Augenblick stand Rakel mit einer verwirrenden Lawine von Gedanken da. Einer davon war, daß Tora ihr wohl nicht öffnen würde. Aber kurz darauf hörte sie von drinnen Schritte, und der Schlüssel wurde umgedreht.
Der Mensch in der Tür war Tora. Und war nicht Tora. Rakel blieb auf der Treppe stehen. Ihre Augen fuhren blitzartig über das junge Mädchen. Dann blickte sie verlegen zur Seite. Hatte das Gefühl, durch ein Schlüsselloch geschaut zu haben.
Das dichte Haar hing in Strähnen über die Schultern. Das Gesicht wirkte verlebt und war entsetzlich bleich. Die Augen sahen sie an, ohne zu sehen. Derselbe graue Pullover, den sie schon Weihnachten angehabt hatte. Aber der Kinderspeck, die runden Formen, die Frische – waren verschwunden. Sie konnte dieses Menschenkind nicht anders definieren als mit abgrundtiefem Unglück.
Natürlich. Dieses Menschenkind hatte den Brief an Ingrid geschrieben.
Rakel wartete nicht länger, daß Tora etwas sagen würde, sie folgte ihr einfach die Treppe hinauf in ihr Zimmer. Blieb an der Tür stehen. Schweigend. Betrachtete eingehend die triste, schwere Tapete, das schmale, altmodische Bett, die dunklen Vorhänge, das Licht der Straßenlaternen, das frech durch die hohen, kahlen Fenster hereinbrach. Den Flecken an der Wand, wo einmal ein Bild gehangen hatte, die Wachstuchdecke mit den grellen Blumen. Die großen, alten Sessel und die Plüschdecke auf dem runden Tisch. Alles hatte bessere Tage gesehen, lange bevor Tora geboren wurde.
Rakel hängte ihren Mantel in den Gang, schlüpfte aus den Stiefeln, rieb sich die Hände, während sie zum Ofen ging.
»Es ist schön warm hier«, sagte sie und verschwand fast in einem der Sessel. Tora setzte sich auf die äußerste Kante des Schreibtischstuhls.
Auf dem Schreibtisch lagen Bücher. Tora hatte sicher gerade für die Schule gearbeitet. Auf dem Bett lagen verstreut zehn, zwölf Bücher mit Bibliothekseinband. Sonst war alles blitzsauber. Aufgeräumt bis ins kleinste Detail.
»Du lernst und lernst«, sagte Rakel lächelnd und fuhr mit den Fingern durch die Haare, um sie ein wenig in Ordnung zu bringen.

Tora nickte.
»Biste allein hier?« fragte Rakel vorsichtig.
»Ja. Frau Karlsen ist über Ostern bei Verwandten.«
Endlich konnte man ihre Stimme hören. Ganz konkret.
»Und du? Du willst nicht nach Haus, hab' ich gehört?«
»Hat die Mama dich geschickt?«
»Nein, keineswegs! Ich hab' in Breiland was zu erledigen. Ich hab' mich selbst geschickt. Aber ich mußte auch nach dir sehn.«
Plötzlich faßte Rakel einen Entschluß. Ehrlich sein. Wenn sie durch diese Schale durchdringen wollte.
»Aber ich hab' den Brief gesehn, den du nach Haus geschrieben hast. Du gehst also nicht auf irgendeine Tour – eine Hüttentour, nicht wahr?«
Tora starrte Rakel an. Das Gesicht, der Körper, aber vor allem die Augen spiegelten genau den Ausdruck wider, den Rakel bei Tieren gesehen hatte, wenn sie geschlachtet werden sollten. Sie schluckte.
»Was *ist los*, Tora?«
»Nichts! Ich kann nur nicht. Es ist teuer und ... Möchteste Kaffee?«
Das Mädchen schien aus einer Art Trance zu erwachen. Sie erhob sich jäh und ging ein paarmal ziellos im Zimmer umher. Ein nervöser, geschäftiger Tanz. Auf der Suche nach dem kleinen Kaffeekessel, der auf dem Tisch mit den Schulbüchern stand. Rakel deutete schließlich darauf. Zwei rote Flecken erschienen auf Toras Wangen. Rakel sah, wie der Schweiß auf Stirn und Oberlippe ausbrach. Sie hielt sich zurück, damit Tora sich beruhigte. Erinnerte sich plötzlich an die Episode mit Ingrid, als sie ihr geradeheraus gesagt hatte, daß sie Henrik verlassen solle. Man sollte den Menschen nicht soviel sagen. Es wurde schnell zuviel für einen, der den Gedanken schon gedacht und ihn dann verworfen hatte.
In mancherlei Hinsicht ähnelte Tora ihr selbst. Aber sie war trotzdem Ingrids Tochter, Ingrids Schande. Rakel war nie eines Menschen Schande gewesen.
Tora war bereits auf dem Weg nach draußen, um Kaffeewasser zu holen. Rakel merkte, daß sie sich in ein gefährliches Gebiet hineingeschwatzt hatte. Das konnte alles so undurchdringlich machen, daß sie keinen Zugang zu dem Mädchen bekam.
»Wirste dich Ostern hier amüsieren, da du ja nicht nach Haus fahren willst?«

»Nein ... Ja, das heißt ...«
Tora stand mit dem Rücken zu ihr und brauchte lange, um die elektrische Kochplatte anzudrehen. Bald darauf zischte es unter dem Kessel. Sie stand gebeugt über der Platte und konnte nicht von dem Deckel mit dem roten Bakelitknopf loskommen.
»Wisch den Kessel ab, Tora! Ich werd' ganz nervös, wenn das Wasser dauernd auf der heißen Platte zischt.«
Tora streckte mit einem Ruck den Nacken und nahm einen Lappen.
»Ja«, sagte sie. Lange nachdem sie den kleinen Handgriff getan hatte.
Es war schlimmer, als Rakel gedacht hatte.
»Haste Liebeskummer, Tora?«
Sie versuchte, ihrer Stimme einen warmen und behutsamen Klang zu geben, aber sie merkte selbst, wie hohl sie sich anhörte.
»Nein.«
»Erzähl mir, warum du nicht nach Haus willst. Es bleibt unter uns.«
»Es ist nichts.«
»Etwas muß es doch sein. Das merken wir beide, deine Mutter und ich. Der Henrik hat's sogar gemerkt.«
Das Zittern begann gleichsam am Rocksaum. Pflanzte sich durch den kleinen Körper fort. Die Halsadern zeichneten sich plötzlich blau unter der Haut ab. Der Mund öffnete sich, und der eine Mundwinkel fiel herunter, als ob er sich ausgehakt hätte. Das Mädchen stand kerzengerade mit hängenden Armen da und zitterte.
Rakel erhob sich und nahm sie in den Arm. Der Pullover war klamm. Schweiß strömte über das Gesicht, und sie wischte ihn zaghaft fort, als ob es Tränen wären. Die Haare kräuselten sich am Haaransatz und sahen wie frisch gewaschen aus.
»Ich wart' auf jemanden – verstehste...«
»Auf wen wartest du denn?«
»Auf eine, die was zu essen bekommen muß. Eine, die ihr Junges verloren hat.«
»Eine, die... was?«
Sie starrten einander in die Augen. Rakel wich aus.
»Es ist eine Vogelmutter. Sie kann jederzeit kommen.«
»Tora!«
Der Raum schwankte um sie beide. Ganz langsam. Decke und

Wände. Der Fußboden. Sie waren Spielbälle in des Herren leerem Raum. Rakel streckte die Hand aus, aber niemand ergriff sie. Tora streckte die Faust aus, aber niemand ergriff sie. So war das nun einmal. Rakel schluckte und holte tief Luft, dann sagte sie sehr energisch: »Erzähl mir davon! Alles!«
»Nein. Du sollst jetzt gehn.«
Mit bittender Stimme. Wie Hasenpfötchen auf verharschtem Schnee.
»Ich geh' nicht! Erzähl mir absolut alles!«
»Du sollst gehn!«
»Nein!!!«
Rakel verlor vollständig die Fassung und schüttelte das Mädchen so heftig, daß das Bett nachgab. Ließ sie plötzlich los und sah beschämt auf ihre Hände. Tora zog die Knie an und rutschte bis hinauf ans Kopfende, schlang die Arme um die Beine und verbarg das Gesicht.
Wiegte sich sanft in ihrem eigenen Rhythmus hin und her. Hin und her. Von einer Seite zur anderen. Sie war eine Uhr. Ein Pendel, das die Minuten zwischen ihnen vorantrieb.
»Ich werd' den Doktor für dich holen. Tora, du bist ja wie von Sinnen.«
Tora sah auf, mit wilden Augen.
»Ich bin nicht wie von Sinnen. Ich werd' auch brav sein. Ich werd' alles tun, was du willst, wenn du nur nicht ...«
Das Kaffeewasser kochte über. Rakel stand auf, um es in Sicherheit zu bringen. Verschüttete mehrere Löffel Kaffee, als sie den Kaffee in den Kessel geben wollte. Hörte sich sagen: »Leg dich hin, und ruh dich ein bißchen aus, Tora. Du bist müde. Ich trink' derweilen meinen Kaffee hier hinten und schau' in deine Bücher.«
Rakel blieb am Fenster stehen und sah hinaus, ziellos. Sie stellte die gesprungene Tasse auf die Fensterbank. Das Nachmittagslicht war bläulich. Eine einsame Lärche bewegte unruhig ihre Zweige gegen etwas Unsichtbares. Irgend jemand mußte vor langer Zeit ein Loch in die Erde gegraben und den Baum gepflanzt haben. Ihn behütet, ihn zum Wachsen gebracht haben. Wie zum Trotz gegen die Natur. Allzu nahe am Pol. Vielleicht lag es an der Stärke des Baumes. Vielleicht war es die schwarze, umklammernde Liebe der Erde zu den Wurzeln.
Während sie den Lärchenbaum betrachtete, geschah es. Ein spröder Laut gegen die Fensterscheibe. Ein Picken. Einsam

und von nirgendwoher, wie die Luft, die sie einatmete. Unglaublich, wie alles andere, womit wir uns umgeben, auf das Konto »Selbstverständlichkeit« geht!

Eine Goldammer klammerte sich an die schmale Kante des Fensters. Breitete die Flügel aus und streckte den kleinen, krummen Hals vor. Klopfte. Herzschläge gegen eine kalte Fensterscheibe. Poch, poch, poch.

Toras Gesicht glättete sich. Der Körper löste sich und war auf dem Sprung zum Fenster. Endlich hatte sie die Hände an den Fensterhaken. Der Vogel schwang sich einen Augenblick empor, als ob er das Ganze geplant hätte. Ein zitternder Propeller in der Luft. Tora öffnete das Fenster. Schnell. Als ob sie Übung darin hätte. Als ob sie die Haken geschmiert, alle Trägheit aus den morschen, winternassen Fensterrahmen entfernt hätte. Als ob das Leben genau auf diesen Augenblick eingestellt wäre. Sie ging zu der Brottüte, holte ein paar Brocken, kam zurück und legte sie vorsichtig auf das Fensterbrett. Der Vogel saß ruhig im Lärchenbaum und wartete. Wartete? Konnte das möglich sein?

Rakel bekam das sonderbare Gefühl, Zeuge einer Opferhandlung zu sein. Eines Rituals, dem beizuwohnen sie auserwählt war. Tora stand mit leuchtendem Gesicht da, während der Vogel ein paar Bissen aufpickte, zu seinem Zweig flog, zurückkam und noch ein paar Bissen holte.

Mehrmals wiederholte sich das. Dann blieb er ruhig in der Luft stehen und bewegte nur die Flügel. Eine Art Gruß. Tora hob die Hand. Dann war er fort.

Die Bröckchen lagen wie Brandmale auf dem Fensterbrett.

Rakels Schultern fielen herunter.

Tora war wieder im Zimmer.

Sie wandte sich um und sah Rakel an. Nickte stumm. Dann schloß sie sorgfältig das Fenster.

»Er wird's jetzt allein schaffen! Hast du's gesehn?«

Rakel versuchte, in Toras Welt hineinzukommen. Sie nickte nur ein wenig mit dem Kopf.

Sie aßen Brot mit Fleischrolle, die Rakel mitgebracht hatte. Dazu tranken sie Kaffee. Saßen an dem runden Tisch mit der Plüschdecke, die Arme ziemlich hoch, weil die Armlehnen der Sessel so hoch waren.

Rakel wartete. Etwas mußte ja geschehen. Sie wußte, daß sie nicht die Voraussetzung hatte, Tora ohne weiteres zu verste-

hen. Spürte trotzdem intuitiv, daß sie auf dem richtigen Weg war.
»Frau Karlsen ist Witwe geworden«, sagte Tora schließlich und kaute nachdenklich. Ihr Gesicht hatte etwas Farbe bekommen.
»Ja, ich hab's gehört. Nimmt sie's schwer?«
»Er war im Altersheim. Ich glaub' nicht, daß sie's versteht. Daß er tot ist, mein' ich.«
»Das ist oft so. Als deine Großmutter starb...«
»Ich glaub' nicht, daß wir sterben«, unterbrach Tora. Es war deutlich, daß sie nicht zuhörte.
»Das müssen wir alle, Tora.«
»Nein, ich glaub', das ist nur eine Lüge! Ich glaub', daß wir die ganze Zeit da sind, auch wenn wir uns nicht zeigen. Deswegen macht sich auch Elisifs Gott nicht die Mühe, den Henrik sterben zu lassen. Er ist ja doch da. Die ganze Zeit.«
Rakel nahm den einen Fuß, den sie über den anderen gelegt hatte, auf den Boden herunter, als ob er eine Sache wäre. Er stand einen Augenblick in der Luft. Die Hand, die eigentlich die Kaffeetasse zum Mund führen wollte, sank in den Schoß.
»Warum soll der Henrik nicht sterben?« fragte sie mit steifen Lippen.
»Nein, er kann nicht sterben. Menschen wie er können nicht sterben ... Aber das macht nichts – denn ich komm' ja nicht nach Haus!«
»Weil du den Henrik nicht magst?«
»Keiner mag den Henrik.«
»Hör mal zu! Du brauchst den Henrik nicht zu mögen, auch wenn er mit deiner Mutter verheiratet ist. Du kannst deswegen ruhig nach Haus fahren. Du brauchst mit dem Henrik nicht mal zu reden. War er Weihnachten häßlich zu dir?«
»Nein. Ich war gemein.«
»Wie denn?«
»Ich hab' die Kaffeetasse so weit weggestellt, daß er nicht drankam, denn er hatte ja den Fuß in Gips. Ich hab' ihn nicht gestützt, wenn er Hilfe brauchte, um aufs Klo zu kommen.«
Tora grinste. Die Augen glänzten wie im Fieber.
»Warum, Tora?«
»Jemand muß das machen. Damit er versteht, daß er nicht sterben kann.«
Etwas Unheimliches kroch aus den Wänden, so daß es Rakel naßkalt über den Rücken lief.

»Sag mal, warum kannst du den Henrik nicht leiden? Was hat er dir getan? Hat er dich geschlagen? Dir gedroht?«
»Alle wissen, daß er schlägt. Ich will nicht dahin. Ich muß dem Vogel zu essen geben.«
Tora vergrub ihre Finger in Rakels Strickjacke, beugte sich vor und sah ihr in die Augen. Jemand hatte mehrere Kerzen tief drinnen hinter der Netzhaut angezündet. Nun flackerten sie im Zug. Zug woher?
Wie ein Kind. Ein kleines Kind, dachte Rakel. Tora ließ Rakels Jacke los. Lachte. Es hörte sich an, als ob Reißbrettstifte in einer Tabakbüchse klapperten.
»Alle wissen, was der Henrik tut, außer *einer* Sache.«
Tora schloß den Mund. Ganz fest. Schürzte die Lippen und wiegte sich hin und her.
»Was für eine Sache?«
»Er weiß nicht, daß er ein Vogeljunges hat. Er weiß nicht, daß die Vogelmutter um Brot an meinem Fenster bettelt. Er weiß nichts von sich selber.«
»Daß er ein Vogeljunges hat…?«
»Du hast doch den Vogel gesehn, nicht wahr? Er kam, obwohl du hier warst! Nicht wahr?«
»Ja, Tora, ich hab' den Vogel gesehn. Kannste mir erklären, was der Henrik mit dem Vogel zu tun hat?«
»Er ist der Vater von dem Vogeljungen, verstehste das nicht… Er ist zu groß, um der Vater von einem Vogel zu sein…«
Rakel versuchte, Ordnung dahinein zu bringen. Irgend etwas stimmte nicht mit der Tapete. Der Stoß über dem Bett klappte nicht. Das Samtmuster paßte nicht aufeinander. Die Augen wanderten von der einen Tapetenbahn zur anderen.
»Halt mich nicht zum Narren, Tora.«
Toras Augen schauten durch Rakel hindurch. Die Stimme wurde eindringlich leise. Als ob sie einen Traum erzählte, der Eindruck auf sie gemacht hatte. Als ob sie von einem Buch berichtete, das sie gelesen hatte.
»Er war klein, verstehste. Schon blau. Keiner wußte davon, deshalb starb er einfach. Aber die Mutter trauerte…«
Dann erstarrte sie plötzlich. Rang nach Atem. Die Fäuste hämmerten auf den Sessel. Staub wirbelte auf. Ein alter, trockener Geruch ließ es Rakel übel werden. Toras Augen waren voller Tränen, und aus der Kehle kamen irgendwelche Laute.
Rakel erhob sich und zog sie von dem Sessel hoch. Sie landeten alle beide auf dem Fußboden. Der Flickenteppich ver-

rutschte unter ihnen, wie es ihm paßte. Das Nachmittagslicht war sparsam hier unten. Machte den Raum flach. Schob die Wände auseinander. Die Decke mit dem abscheulichen, mehrarmigen Kronleuchter wurde drohend. Die vergilbten Bakelitschirme hatten von zu starken Birnen Risse bekommen. Rakel zählte die Schirme. Sechs.

Tora schlürfte ihr Weinen in sich hinein. Fuhr mit dem Ärmel übers Gesicht. Schluchzte noch ein wenig. Sie war zwei Jahre alt. Lag in der Tante Schoß. Hatte sich das Knie fürchterlich aufgeschlagen, so daß sie weinen mußte. Aber es gab Abhilfe für alles. Rakel legte einen Lappen auf. Die Tante legte immer einen Lappen auf. Sie blies auf die Wunde, bis der Schmerz weg war. So war es immer gewesen.

»Hier! Hier kam das Vögelchen raus. Und dann starb es einfach! Aber ich hab' das Blut aufgewischt. Alles verbrannt. Tante. Nicht wahr, es ist jetzt schön hier?«

Zuerst zeigte sie mit einem zitternden Finger auf den Teppich unter ihnen. Dann machte sie eine weit ausholende Bewegung mit der Hand und schickte ein zerbrochenes Lächeln in den Raum.

»Niemand hat's gesehn, Tante.«

7

Es ruhte ein blasser Feiertagsfrieden über Vaeret. In der Woche vor Ostern war es ihnen gegangen wie einer Henne, die ein Ei legen will. Aber sie gackerte nicht viel. Stakste nur hierhin und dahin, während die Zeit verging. Und das Nest blieb leer.

Die Fischer hatten mehr Furchen im Gesicht als gewöhnlich. Einige sagten ganz offen und sehr verbittert, daß das Zugnetz der Fischerei mehr schade als das Grundnetz. Sie blieben bei Laune, indem sie gegenseitig die Zähne fletschten, wie Tigerjunge beim ernsthaften Spiel um die Beute, der sie das Leben nicht zu nehmen vermögen.

Normalerweise fischten sie bis Mitte April. Aber nicht in diesem Jahr. Die Zugnetzfischer leugneten, daß sie daran schuld seien, obwohl es sogar in der Zeitung stand, daß der Fischfang gut gewesen sei bis zum »Zugnetz-Datum«. Zusätzlich fischten die verdammten Krabbenkutter alle kleinen Fische in der Barentssee bis herunter zur norwegischen Territorialgrenze weg. Piratenpack! Man mußte es nach Ostern in der Finnmark probieren. Über eines waren sie sich einig in den Fischerhütten, bei Tabakrauch und Schwarzgebranntem: die Zwölfmeilengrenze! Das wäre für sie die Rettung.

Simon hörte an diesem Karfreitag den Männern zu. Sonst wanderte er nicht oft dahinunter. Er konnte, um die Wahrheit zu sagen, den Gestank nicht aushalten. Aber das sagte er nicht laut. Deshalb hieß es auch, daß er seiner Frau am Rockzipfel hänge. Es konnte ihm egal sein, was die Leute redeten. Simon mochte keine Erklärungen abgeben. Er vergab den Leuten gerne ihre Dummheit, nur nicht, daß sie stanken. Das sagte er jedoch nur zu Rakel. Sie lachte und meinte, er sei verwöhnt. Kniff die Augenbrauen zusammen und ermahnte ihn, seinesgleichen nicht zu verachten. Ein Fischer *mußte* riechen, wenn er zu seiner Frau kam! Ja, ja. Sogar Simon konnte gewisse Dinge, die er nicht mochte, mit Wohlwollen betrachten, wenn Rakel sie in Schutz nahm.

An diesem Abend war Simon Strohwitwer. Er war zu Hause in Bekkejordet im Kreis herumgelaufen und hatte die Daumen gedreht. Zu guter Letzt hatte es ihn nach Vaeret und in die Tobiashütte gezogen. Dort war nicht viel vom Karfreitag zu spüren. Die ansässigen Fischer waren nach Hause gekommen, und die auswärtigen waren weggefahren. Der Tabakqualm von den Heimkehrern war ebenso grau wie der von den Fremden, auch wenn die Einheimischen etwas hellere Kleider anhatten. Sie hatten Frauen auf der Insel, die alles in Ordnung hielten.

Die Köchin hatte eine liebevolle Hand gehabt und einen Kätzchenzweig in einer Flasche auf den Tisch gestellt. Die Flasche wackelte jedesmal gefährlich, wenn die Männer den Ellenbogen wechselten, um das feiertäglich gesäuberte Haupt zu stützen, oder eine Karte auf den Tisch knallten und den Stich mit einer ausholenden Armbewegung kassierten.

»Die ›M/K Heimen‹ mit Netzen und dem ganzen Kram, Echolot und übriger Ausrüstung, kommt nach Ostern zur Zwangsauktion«, verkündete einer der Männer und strich sich ernst übers Kinn. Als ob er erstaunt wäre, daß dort ein Bart wuchs, strich er ungläubig noch ein paarmal darüber. Dann begann er an den Stoppeln zu zupfen, um sie mit der Wurzel auszureißen.

»Puhl dir nicht im Gesicht rum, Mann, du bist hier nicht allein. Es wird wohl noch mehr passieren als nur das, nach dieser Saison!« sagte eine bissige Stimme.

Simon hatte immer ein ungutes Gefühl, wenn das Gespräch diese Wendung nahm. Früher oder später würde ein Sündenbock für die schlechten Zeiten gefunden werden.
Henrik saß mit gesenktem Kopf beim Ofen. Er hatte die Stiefel ausgezogen und war in sich zusammengesunken, als ob er schliefe. Aber alle wußten, daß er leidlich nüchtern war und daß er das Gespräch wie ein Habicht verfolgte, auch wenn er sich kaum einmischte.
»Biste lange auf dem tollen Schiff gefahren?« fragte Håkon, einer von denen, die man sehr oft in der Tobiashütte hören konnte.
»Zwei Jahre. Weiß der Teufel, wie es jetzt weitergeht, es bringt nicht viel, in die Finnmark zu fahren, wenn die Staatliche Fischereibank ihr Geld bekommen hat.«
»Sie sind wie der Teufel, wenn man ihnen den kleinen Finger reicht, nehmen sie gleich die ganze Hand!« Einar spuckte auf den Boden. »Man sollte beim Simon anheuern«, fügte er hinzu und schielte gleichzeitig zu Simon hin.
»Meine Mannschaft ist komplett«, sagte Simon. »Aber es gibt wohl eine Möglichkeit. Sie können ja nicht einfach die Boote nehmen. Das wäre so, als ob man die Leute in den Schuldturm werfen würde. Es ist doch klar, ohne Arbeitsplatz kann keiner seine Schulden bezahlen.«
»Du redst wie 'n Pfarrer«, fauchte Einar.
»Pfarrer kannste selber sein«, meinte Simon gutmütig.
»Wo ist übrigens die Rakel Ostern?«
»In Breiland, soviel ich weiß.«
»Habt ihr da Verwandte?«
»Nein.«
Henrik richtete sich in seiner Ofenecke auf.
»Manche sind so stinkvornehm, daß sie Ostern nicht mehr zu Haus feiern können. Sie wohnt wohl im Hotel, die Rakel? Und strickt Osterfigürchen, was?«
Simons Gesicht verdunkelte sich. Er vermochte nicht zu antworten. Es wurde still um den Tisch. Die Männer senkten den Kopf und vermieden, Simon anzusehen.
Es war der schroffe Håkon, der ein böses Maul hatte, der aber eher weinte als eine Frau und half, wo er nur konnte. Es war der sture, naive »Himmelglötten«, den die Leute nicht für einen ordentlichen Menschen hielten, weil er schielte und mit dem Kopf wackelte. Es war Nas-Eldar, der den Lastwagen vom Dahl fuhr, der überall war, nur nicht da, wo er sein sollte.

Es war Einar von der Veranda-Dachstube, der einst vom Pfarrhof vertrieben wurde, weil er es sich zur Gewohnheit gemacht hatte, Speck aus dem Vorratshaus des Pfarrhofs mitzunehmen – und der plötzlich ein Dieb war, als der neue Pfarrer kam. Er las Bücher und kam wie ein Prophet mit Warnungen über die allen Dingen innewohnende Teufelei. Der Grünschnabel war auch da. Er war viel zu jung, um mit den alten Männern in der Hütte zu sitzen, aber er wurde trotzdem geduldet, weil er solche Schwierigkeiten hatte, eine Frau zu finden, und sich irgend jemand ja seiner annehmen mußte. Schließlich war da noch Kornelius, der keinen Spitznamen und keine Besonderheit hatte, der es aber auch nie sehr eilig hatte, nach Hause zu gehen. Es waren noch zwei andere da. Und alle waren gleichermaßen verlegen.

Einar, der sonst den Mund als letzter aufmachte. Leise, während er an einem Loch im Zahn lutschte: »Du sollst jetzt Ruh' geben, Henrik. Du weißt, es ist noch so zeitig im Jahr, daß der Mist friert, wenn man ihn ausstreut.«

»Du hast ein ziemlich scharfes Maul, wie ich hör'. Was meinste damit?« fragte Henrik. Er war sauer wie ein Seemannshandschuh, der wochenlang benutzt worden war.

»Wenn du dich nicht anständig benimmst, dann schmeißen wir dich raus. Wir nehmen Partei. Ist das klar? Für den Simon. Du hast mal im Gefängnis gesessen, reicht das nicht? Ich versteh' nicht, daß der Simon es nach der Brandgeschichte noch über sich bringt, mit dir in einem Raum zu sitzen.«

Niemand hatte es für möglich gehalten. Trotzdem geschah es. Henrik fuhr hoch, erstaunlich schnell. Dann saß seine gesunde Faust mitten in Einars Gesicht. Der alte Mann zuckte ein bißchen, ehe er vom Stuhl glitt.

Henrik stand mit wilden Augen mitten im Raum. Der Alte lag wie ein Sack vor dem Ofen. Die Männer waren aufgesprungen. Hocker und Lederstiefel. Sonderbare Kehllaute. Eine Art Fauchen. Wie auf Kommando fielen sie über Henrik her. Endlich! Sie hatten lange darauf gewartet. Jetzt war die Gelegenheit da. Simon war mittendrin, ohne daß er es wußte. Alle schlugen drauflos, als ob das ganze Leben, die Gefahr eines Konkurses, der fehlgeschlagene Fischfang, unbezahlte Rechnungen – *alles* sich in ihren Fäusten konzentrierte. Die Arme flogen wie Windmühlenflügel und trafen das Ziel wo auch immer.

Schließlich nahmen die Männer wahr, daß zwei Körper am

Boden lagen. Einar und Henrik. Sie standen mit hängenden Armen im Kreis um die beiden herum und atmeten schwer. Der Karfreitag schlich sich barfuß zu ihnen herein, aber es gab keine andere Möglichkeit. Der Mann mußte fertiggemacht werden. Endlich! Der Räuber kam ans Kreuz. Um die Wahrheit zu sagen, es waren bestimmt viele Räuber. Aber Christus war abwesend. Deshalb nahmen sie Strafe und Vergebung in ihre eigenen Hände. Es war nicht zu ändern.
Håkon weinte ein wenig, als er sah, wie übel es um Einars Nase stand. Er verfluchte und beschimpfte einen am Boden liegenden Henrik, der überhaupt nicht imstande war, einen Laut zu hören. Jemand holte eine Schüssel Wasser und fing unbeholfen an, das Elend in Ordnung zu bringen.
Simon sah lange zu. Sein Oberkörper war ganz steif, aber er spürte, wie gut es getan hatte, draufloszuschlagen. Gleichzeitig wurde ihm bewußt, wie wenig es von den Problemen, die zwischen Bekkejordet und dem Tausendheim bestanden, gelöst hatte. Dennoch: Was für eine Erleichterung war es gewesen! Die Männer hatten mitgemacht. Es gab keinen Zweifel darüber, wer Simon war – und wer Henrik war! Aber beim Weiterspinnen dieses Gedankens: Wußte Henrik, warum Rakel in Breiland blieb? Was er, Simon, nicht wußte? Da legten sich rote Wolken vor seine Augen. Er stieß mit dem Stiefel gegen den leblosen Körper, ganz kurz. Hart.

Simon wollte nicht dabeisein, wenn sie Henrik nach Hause zu Ingrid brachten, nachdem sie ihn mühsam wieder zum Leben erweckt hatten. Er war feige. Außerdem war er verwirrt über die süße Rache, die in den rasenden Schlägen gelegen hatte.
Simon erinnerte sich an Situationen, in denen er geprügelt hatte. Es waren nicht viele. Ein paarmal in seiner Jugend. Als er noch seine Männlichkeit beweisen mußte. Dann den jungen Burschen bei dem Tanz auf dem Kai, der sich an Tora gehängt hatte. Henrik. Was war mit diesem Mann los? Henrik schien gewissermaßen Simons Leben zu steuern. Wußte, wann er zupacken mußte. Wußte, wo Simon verwundbar war. Er hatte den seltsamen Gesichtsausdruck gesehen, als Henrik nach der Schlägerei aufgewacht war. Die Augen waren beinahe froh gewesen. Erleichtert. Als ob er um die Prügel gebeten hätte. Glücklich wäre über alle Schläge ... Und die Männer – beschämt. Gute Männer. Waren dennoch viele gegen einen gewesen. Eine Todsünde.

Einar wurde krank durch den Schlag. Kotzte ein bißchen. Auf diese Weise wurde die Bestrafung gerechtfertigt.
So erklärten sie es auch Ingrid. Henrik hatte den alten Einar geschlagen. Sie malten es nicht weiter aus. Und Ingrid war es nicht gewohnt, daß man ihr erklärte, was vorgefallen war, deshalb sagte sie nichts.
Bei Einar gab es keine Frau. Man brauchte ihn nur ins Bett zu legen und das Beste zu hoffen. Ingrid versprach, nach ihm zu sehen. Das sei ja das wenigste, was sie tun könne, meinten die Männer – mit so einem verdammten Mann im Haus wie Henrik. Trotzdem waren sie nicht sehr fröhlich gestimmt, als sie sich trennten und jeder nach Hause ging. Der Nachmittag und der Abend waren nicht so geworden, wie sie sich das gedacht hatten. Und sie erzählten zu Hause nicht viel. Um bei der Wahrheit zu bleiben, sie sagten gar nichts.
Aber alles wurde in gewisser Weise in Ordnung gebracht. Die Leute, die ins Tausendheim gehörten, wurden dahin verfrachtet, die anderen gingen dorthin, wohin sie gehörten. Alle wurden in die richtige Kiste sortiert. Diesem Muster folgten sie seit Generationen.

Der Frühling war scharf rund um die Fischgestelle längs des Weges. Ein scharfer Geruch nach Fisch, der zum Trocknen gegen den hellen Himmel hing. Es schmolz ein bißchen um die Steine über Mittag. Abends fror es wieder, und es bildeten sich Eisnadeln auf den Wegen und an den alten Grashalmen vom Vorjahr, die im Winde schwankten.
Simon ging, die Hände auf der Lenkstange, den Hang hinauf und verfluchte den Schnaps. Alles lief verkehrt. Er hätte sich nicht auf die Schnäpse, die angeboten wurden, einlassen sollen.
Er hatte sich wie ein Kind aufgeführt! Nahe am Gartenzaun von Bekkejordet traf ihn die Erkenntnis wie ein Pfahl. Daß dieser Abend sie alle rammen würde. Nicht in erster Linie Henrik. Aber ihn selbst, Rakel und vielleicht am meisten: Ingrid.
Auch wenn er nicht verstand, was in Ingrids Kopf vor sich ging, so würde er es doch ungern sehen, daß ihre Situation sich verschlimmerte.
Er brauchte nicht lange für den Rückweg. Bald stand er vor Ingrids Küchentür und klopfte an. Zögernd. Er wußte nicht, wie man ihn empfangen würde. Aber es sollte gehen, wie es

wollte. Es war doch alles falsch. Die Stimme von drinnen klang dünn. Aber sie trug erstaunlich gut. Wie ein Ruf über das Wasser bei dichtem Nebel.
»Herein!«
Sie war mit irgend etwas hinten am Küchenschrank beschäftigt. Drehte sich nicht gleich um, als er eintrat. Aber Henrik richtete die tiefen, dunklen Augen sofort auf ihn. Er zog sich gerade die Stiefel aus. War im Gesicht übel zugerichtet.
»Guten Abend«, sagte Simon, nahm die Mütze ab und blieb stehen.
»Setz dich!« sagte Ingrid leise, ohne ihn anzusehen. Wandte sich dann aber um und kam bis an den Lichtkegel beim Tisch. Sie hatte eine Mullbinde und Jod in den Händen.
Simon setzte sich in ihrer Nähe an den Tisch. Als ob sie eine Art Verbündete wäre. Er wußte nicht, ob er Angst vor Henrik hatte, jetzt, wo er allein war. Jedenfalls war es so etwas wie eine Probe, durch die er hindurch mußte, um sich selbst wieder in die Augen sehen zu können.
»Henrik hatte Probleme«, sagte sie bemerkenswert neutral. Wie die Stimme, die im Radio den Wetterbericht las. Sie feuchtete ein Stückchen Mull mit Jod an. Ging fünf kleine Schritte zum Herd, neben dem der Mann saß. Reinigte die Wunde. Holte behend zwei Heftpflaster aus der Schürzentasche und setzte sie über Kreuz auf das Stück Mull. Henrik rührte sich kaum. Schnitt nur Grimassen wie ein kleiner Junge, als das Jod ihn traf.
»Ja, ich war auch da«, sagte Simon und räusperte sich.
Sie drehte sich um. Blitzschnell. Als ob sie ihren Ohren nicht traute. Ihre Blicke hielten einander stand.
»Ich fürchte, ich hab' mich auch an der Mißhandlung beteiligt…«
Simon spürte plötzlich, wie warm es in dem Raum war. Das Gefühl, zu ersticken, lähmte den Rest seiner Rede, die er sich überlegt hatte.
»Warum das denn?« flüsterte Ingrid wie betäubt. Sie sah wie von weither auf Henrik und legte automatisch Schere, Pflaster, Jod, Mullbinde in einem unordentlichen Haufen auf den Tisch.
»Er hat schlecht über Rakel gesprochen, und ich bin nicht der Mann, so was hinzunehmen«, erklärte Simon, als ob nur Ingrid und er im Raum wären.
Ingrid sah von einem zum anderen.

»Schlecht? Wieso schlecht?«
»Nun, es war wohl nicht so bös gemeint, oder?« räumte Simon ein und sah Henrik fragend an. Wollte ihn mit hineinziehen.
»Was haste gesagt?« fragte Ingrid und sah Henrik an.
Die Möwen da draußen hatten etwas gefunden, worum sie sich zankten. Sie schrien, als ob auch sie den Sachverhalt erklären wollten.
»Das ist alles Unsinn.«
Henrik stand auf und schleuderte seine Stiefel unter den Herd.
»Ja, was nun war oder nicht war, wir hätten's auf eine andre Art und Weise bereinigen sollen, Henrik. Ich hätt' mich nicht in die Schlägerei in der Tobiashütte einmischen sollen. Aber du bist nun mal so, daß selbst ein Stein vor Wut zerspringen könnte. Ja, ich hab's bisher nicht gesagt. Wir haben wohl seit dem Brand überhaupt nicht mehr miteinander geredet ... Aber wie dem auch sei, ich möcht' jetzt einen Schlußstrich ziehn. Ich kann die Menschen nicht argwöhnisch anschaun und mich fragen, wie sie zu mir stehn. Unsre Frauen sind Schwestern ... Wir können das Leben unsrer Frauen nicht durch unsre Feindschaft zerstören. Das wär' nicht recht.«
Die lange Rede hatte er nun doch losgelassen. Simon fühlte sich erleichtert und lehnte sich auf seinem Stuhl zurück. Die Kugellampe über dem Tisch ergoß ihr Licht über seine blonden Haare.
Hinten in der Ecke beim Herd war es warm. Aber das Licht hielt sich von dort fern. Henrik war ein Tier, das sich da hinten rührte. Bewegte ein bißchen den gesunden Arm. Ein Schatten.
Ingrid wußte nicht, was sie von dem Ganzen halten sollte.
»Es gibt kaum etwas, worüber wir zu reden hätten, mein' ich«, fing Henrik an. Aber die Stimme verriet ihn. Sie taugte nicht viel. Es war nicht üblich auf der Insel, daß Feinde in der Küche zusammensaßen, um alten Groll aus der Welt zu schaffen. Die Worte waren eingeschlossene Stiefkinder.
»Na schön, es könnte so aussehn. Aber ich glaub' nicht, daß du so boshaft bist, Henrik.«
»Boshaft!« schrie Ingrid. Stieß Pfrieme in die Luft, so daß Simon kaum atmen konnte.
»Boshaft? Warum sagste so was, Simon?«
»Weil ich nicht weiß, was ich sagen soll! Weil ich ihn nicht zu fassen krieg', den Mann, mit dem du zusammenlebst!«

Simon verlor die Fassung, aber hatte sich schnell wieder in der Hand. Er sah klar Henriks Fähigkeit, die Menschen zum Kochen zu bringen, während er selbst am Rand saß und einfach nur anwesend war. Die Wut pochte wieder hinter Simons Stirn. Die Lust, noch einmal auf diesen Burschen loszugehen!
»Ich begreif' nicht, was du gegen Rakel und mich hast, Henrik. Versteh' nicht, was wir dir eigentlich getan haben. Verstehst du's selbst?«
Es kam keine Antwort. Die Wände saugten die Worte an. Gierig. Als ob es darauf ankäme, sie möglichst schnell unsichtbar zu machen.
Er strich sich entmutigt übers Gesicht. Wurde sich allmählich dessen bewußt, daß er bei einem um gut Wetter bat, der gar nicht daran interessiert war, etwas in Ordnung zu bringen. Er sah sich in der Küche mit den schäbigen Wänden um. Die Farbe war abgewaschen oder abgerieben worden, schon lange bevor Ingrid mit ihrem Schmierseifenwasser angefangen hatte. Die armseligen Möbel. Die abgetragenen Kleidungsstücke am Haken neben der Tür. Der Geruch eines Hauses, in dem viele Menschen lebten. Die Türen vermochten nicht, neugierige Augen und Ohren auszuschließen. Wahrscheinlich waren Ohren im Treppenhaus entlang der Wände angeklebt. Um zur Stelle zu sein, wenn etwas los war. Die Ohnmacht gegenüber dem eigenen Schicksal konnte dadurch gelindert werden, daß man miterlebte, wie das Leben anderer Menschen zerbrach.
Einen Augenblick sah er Rakels Familie vor sich, dann erhob er sich müde und machte sich fertig zum Gehen.
Henrik und Ingrid folgten ihm stumm mit den Augen. Jeder für sich, ohne Kontakt miteinander zu haben. Simon empfand es als eine Erleichterung, die eigenen Schritte auf dem abgetretenen Holzfußboden zu hören.
»Du – ihr könntet schon erzählen, was in der Hütte gesagt worden ist.« Ingrid sah endlich von einem zum anderen. Es rauschte aufbrausend in den Rohren über ihren Köpfen. Eine Art Signal, daß die Welt sich drehte – noch.
Simon blieb stehen – und versuchte dankbar die Worte, die Henrik in der Tobiashütte gebraucht hatte, wiederzugeben. Was Einar geantwortet hatte. Den Schlag. Die Schlägerei.
Henriks Gesicht war eine nicht gestrichene Bretterwand.
»Die Rakel ist in Breiland, um nach der Tora zu sehn, das wißt ihr doch?« fügte er hinzu.
»Warum denn? Wie meinste das?«

Ingrid wurde unruhig.
War auf dem Sprung. Knickte in der Mitte etwas zusammen.
»Die Rakel hat angerufen und gesagt, daß sie vor morgen nicht nach Haus kommt. Denn der Tora geht's nicht besonders gut.«
»Hat sie nicht gesagt, was ihr fehlt?« fragte Ingrid.
»Nein. Nur, daß sie noch bleibt. Ich dachte, ihr wüßtet...«
»Nein«, sagte Ingrid.
Sie zog sich mit steifen Händen die verschlissene geblümte Schürze aus. Legte sie auf dem Tisch ordentlich zusammen.
»Ich geh' jetzt mit dir nach Haus, Simon, und dann ruf' ich in Breiland an. Ich muß was Genaueres erfahren.«
Henrik hob endlich den Kopf. Die Schwellungen von den harten Schlägen wurden immer bedenklicher. Er sah ziemlich mitgenommen aus.
»Du gehst nirgendwo mit ihm hin!«
Beide drehten sich zu Henrik um.
»Ich will nicht, daß du nach Bekkejordet raufläufst wie ein Flittchen!«
Die Stimme klang, wie wenn alte, dürre Kiefernstämme im Sturm brachen. Einer nach dem anderen. Ein einsames Rufen. Das Simon verstand. Tief innerlich. Er wußte nicht, warum. Es war einfach so. Endlich sah er die Eifersucht, die die Gedanken und Reaktionen dieses Mannes antrieben.
»Geh du nur rauf und ruf an, Ingrid. Ich bleib' solange hier unten und leiste dem Henrik Gesellschaft. Kochste Kaffee, Henrik?«
Es flogen Schatten über das Gesicht des Mannes in der Ofenecke. Scham? Ein Funken Trauer? Ein Eingeständnis?
Ingrid machte einen gehetzten Eindruck, aber sie ging. Als die Tür sich hinter ihr schloß, spürte Simon, wie ihn ein unheimliches Gefühl beschlich. Ein Netz über allen Gedanken. Er zwang sich dazu, Henrik den Rücken zu kehren, während er selbst Kaffee kochte. Holte die Kaffeebüchse und ließ Wasser in den Kessel laufen. Heizte ein. Alles in der verkehrten Reihenfolge. Aber der Kaffee kam zum Kochen. Und die Geräusche im Haus erinnerten ihn daran, daß er mit Henrik nicht allein war. Zu guter Letzt zwang er sich auf den Stuhl, der Henrik am nächsten stand, und sah den Mann abwartend an.
»Du redst nicht viel, Henrik. Aber du sagst jedenfalls Bescheid, so daß du's immer so hinkriegst, wie du's haben willst.«

»Das schert mich den Teufel, was ihr glaubt.«
»Ja, das wissen wir.«
Simon sagte mit Absicht *wir*. Überlegte, wie er es anfangen sollte.
»Glaubste wirklich, Henrik, daß Ingrid und ich was miteinander haben, so daß wir nicht zusammen nach Bekkejordet gehn dürfen? Man hat dauernd den Eindruck, daß du nicht ganz richtig im Kopf bist, mein Junge.«
»Ich scheiß' auf das, was du denkst. Aber du sollst, zum Teufel noch mal, meiner Frau nicht nachstellen.«
»Ich glaub', du spinnst. Andrerseits ist es ein Wunder, daß sie dich immer noch hier hat, so wie du dich benommen hast – mit dem Brand und dem Alkohol. Aber das geht ja niemand was an.«
»Halt's Maul!«
»Na schön.«
Simon paßte auf den Kessel auf. Dann machte er den Kaffee fertig. Langsam und umständlich. Rakel hatte es ihm beigebracht. Nahm zwei Tassen heraus und schenkte ein.
»Du bist sehr vertraut hier, wie ich seh'«, stichelte Henrik mit einem Grinsen. »Du warst wohl öfters hier, während ich gesessen hab'? Was?«
»Hör mal zu, jetzt reicht's mir bald. Laß uns von was anderm reden. Warum haste meinen Betrieb angesteckt, Henrik? Ich hätte nie geglaubt, daß sich mal die Gelegenheit bieten würde, dich zu fragen. Aber jetzt tu' ich's. Warum, Henrik?«
»Ich hab' nie gesagt, daß ich's getan hab'!«
»Aber du hast's getan!«
Simons Herz hämmerte.
»Du hast's getan!« wiederholte er. Die Stimme war leise und atemlos.
»Ja. Es ist so ...«
Simon sah die ganze Zeit dem Mann direkt in die Augen. Jetzt schien der Blick dort hinten in der Ecke zu bersten. Kam und ging. Hatte keinen Anfang. Kein Ende.
Das Wort Ja – bedeutete nichts. Aber des anderen Gesicht!
Der Mann schielte zur Tür, als ob er darauf wartete, daß jemand hereinkäme. Um im nächsten Moment die Augen wieder auf Simon zu richten. Es lag etwas wie eine Bitte in ihnen.
»Aber warum?« flüsterte Simon. Fenster und Türen hatten Augen und Ohren. Das ganze Haus hielt die Luft an.

Simon schlürfte den glühendheißen Kaffee, aber er ließ Henrik nicht aus den Augen.
»Ich weiß nicht…«
Simon hatte schon den Mund geöffnet für den nächsten Schachzug, aber er hielt inne.
»Ja, vielleicht bin ich boshaft. Und wenn schon. Es ist doch egal. Aber jedenfalls weiß ich, was die Hölle ist! Verstehste? Ich weiß es.«
Henrik erhob sich. Stand zusammengesunken da und sah vor sich hin. Dann bewegte er sich seitwärts bis zur Mitte des Raumes. Wie eine verletzte Krabbe scharrte er über den Boden.
»Vielleicht soll ich das sein. Boshaft!«
Das Lachen klang rostig und gepreßt.
»Erzähl mir, Henrik, von deiner Hölle.«
Es war noch immer Karfreitag. Der Schnaps war noch im Körper.
Henrik ergriff Simons Hand. Er schwankte wie ein großer, unförmiger Stamm, den einige vergebens versucht hatten aufzurichten. Dann fiel er über Simons Schulter zusammen.
»Keiner hat mit mir geredet. Kein Mann hat bisher mit mir geredet. Weißte das, du Dummkopf? Weißte, was es heißt, nie mit dabeizusein? Nie den Respekt zu bekommen, den man zum Leben braucht?«
Simon wurde es übel, aber er schluckte die Übelkeit herunter. Er hörte sich alle Vorwürfe gegen jedermann an. Hörte sich an, was für eine leichtfertige Frau Ingrid war, was für ein anspruchsvolles Mädchen Tora. Was für eine Kindheit Henrik gehabt hatte. Wie alle versagt hatten. Der Krieg. Die Torpedierung. Das Gefängnis.
Simon fühlte sich allmählich besser. Aber die Leere war schlimmer. Dieser Mann war blind gegenüber sich selbst. Er hatte nie ein Auge auf sich selbst geworfen.
»Ist dir nie aufgegangen, daß du vieles von den Mißgeschikken, die dir widerfahren sind, selbst verschuldet hast?« sagte Simon schließlich. Henrik mit gesenktem Kopf. Der rechte Kiefer schlenkerte gleichsam nach unten. Ein armer Kerl. Das war er.
Simon wußte nicht, was er von diesem Besuch erwartet hatte. Sein Gewissen erleichtern? Und jetzt stand er bis zu den Knien in Henriks verspieltem Leben. Die Stimme des Mannes schwamm wie altes Laub im Hochwasser. Runter in den Gra-

ben damit. Als Simon ging, wußte er nicht, ob er mit einem Feind quitt geworden war oder ob die Feindschaft sich noch mehr verstärkt hatte. Aber er wußte zwei Dinge, als Ingrid zurückkam. Das Telefon bei Frau Karlsen in Breiland hob niemand ab – und: Er hatte sein eigenes Gewissen wegen des Geschehens in der Tobiashütte so erleichtert, daß er Rakel davon erzählen konnte.
Er hoffte nur, daß Henrik nicht alles an Ingrid ausließ, wenn sie allein waren. Der Bursche schaute schon wütend drein, als sie nur die Treppe heraufkam. Simon verstand die Menschen nicht. Natürlich hatte er auch manchmal Wut auf Rakel. Aber er konnte seine Wut nicht an ihr auslassen. Wenn er sie ansah, wurde er ganz weich. Wie ihr Strickgarn. Die Wolle, die sie von den Schafen schoren. Wenn Rakel ihn umarmte, spürte er so recht, daß sie ihm immer gefehlt hatte. Sie machte ihn stark. Gab den Tagen, zu denen er aufstand, Farbe. Sie!
Vielleicht, weil er immer so sicher gewesen war, daß er der Mann war, den sie haben wollte.

Es wehte ein strammer Wind von der Bucht herein. Der Frühling machte sich breit. Simon stand auf dem Hügel und sah über die Landschaft. Das tat er oft. Hatte das Fahrrad zum zweitenmal an diesem Abend hinaufgeschoben. Draußen leuchtete der Horizont. Die Inseln lagen in einer Art schimmernder Dämmerung. Simon gehörte nicht zu den Menschen, die Visionen und ein außergewöhnliches seelisches Erlebnis hatten, wenn sie eine so schöne Natur sahen. Er lebte in ihr und mit ihr. Aber manchmal tat er seine großen blauen Augen mehr auf als sonst – und *sah*. Das weckte einen gewissen Widerhall in ihm, bei dem er sich sehr wohl fühlte. Genauso wie nach einer guten Mahlzeit mit Rakel, die ihm bei Tisch gegenübersaß. Aber er grübelte es nicht weg. Ließ nicht zu, daß es Besitz von ihm ergriff.
Jetzt stand er da oben und schaute auf seinen neuen Betrieb. Er hob sich in der Dämmerung ab. Mit dem weißen Anstrich stach er aus all dem Grauen und Blauen hervor. Schob sich von selbst in jedermanns Blickfeld.
Simon besaß. Er verwaltete. Er war nicht besonders hochmütig. Er hatte im Tausendheim für klare Verhältnisse gesorgt, auch wenn Rakel nicht da war. Er stand in der Dämmerung und war glücklich. Das war alles.
Trotzdem brannte eine gewisse Unruhe in ihm. Warum kam

sie nicht nach Hause? War Tora wirklich krank? Oder wollte sie von der Insel fort – von ihm? War es zu eng für sie in Simons Reich? Hatte er während seines ganzen Erwachsenenlebens auf die Katastrophe gewartet, die ihn in den Abgrund stürzen würde? Weil Simon, der uneheliche Junge aus Bö, von einem Leben wußte, in dem man sich immer überflüssig fühlte und allen Leuten im Weg war. In dem man immer zuviel aß, zuviel herumlungerte. So war es bei den Pflegeeltern gewesen. Bis er als junger Kerl auf die Insel gekommen war, weil der Onkel kräftige Fäuste für die Arbeit brauchte.
Und dann war der Onkel ebenso gelegen und zuverlässig gestorben, wie im Herbst die Johannisbeeren gepflückt werden. Und Simon wurde über Nacht König. Er hatte um einen Onkel, den er kaum kannte, nicht getrauert. Hatte nur ein paar von den schlechtesten Möbeln in die Scheune befördert und war die Bilanz durchgegangen. Er verstand nicht allzuviel davon und nahm sie mit zum Steuerberater nach Breiland, der ihm sagen konnte, daß das Geschäft und die Gebäude und das Boot sozusagen schuldenfrei waren. Ebenso das Wohnhaus und die Landwirtschaft. Dreitausend Kronen sollten an die Mission gehen, aber alles andere – der Besitz und das Bankkonto – gehörte ihm. Simon war zwanzig Jahre alt. Er vergaß nie, wie leicht es gewesen war. Und er hatte eine tiefverwurzelte Angst, daß er ebenso leicht alles wieder verlieren könnte. Der Brand war eine Warnung gewesen.
An dem Tag, nachdem der Onkel unter die Erde gekommen war, hatte er sich Felder und Wiesen und das ganze Umland, Wohnhaus und Ställe angesehen. Mit den Händen in den Hosentaschen. Als ob er Angst hätte, es würde etwas vor seinen Augen verschwinden, wenn er es anfaßte. Nach ein paar Tagen ging er in den Fischereibetrieb, machte heimlich Skizzen und plante Verbesserungen und Modernisierungen.
Ein Wunder löste das andere ab. Rakel war das größte. Sie zog mit ihren drei Schafen zu ihm herauf und blieb. Anfangs ging sie noch jeden Abend von Bekkejordet in das kleine Fischerhaus zu ihren Eltern, weil der Vater es so wollte. Aber ihre roten kräftigen Haare waren überall zu finden. Im Schafstall, in der Ofenecke, in der Speisekammer und im Dachgeschoß. Sogar in Simons Bett. Und ihr Geruch blieb zurück wie der Geruch von getrockneten Blumen, die im Herbst in dem kleinen Nebenraum hingen. Sie waren so jung. Es fehlte ihnen nichts. Zunächst.

Simon und Rakel hatten ihre Hochzeit selbst ganz groß ausgerichtet. Ohne jemanden um Rat zu fragen. Und die Braut war nicht schwanger.
Der Schafstall war in jedem Frühling voller Lämmer. Ebenso sicher, wie das Licht über den Inseln in die Bucht kam. Aber Rakels Leib blieb flach. Der Segen wolle sich in diesem Haus nicht einstellen, hieß es. Jedoch Simon wußte. Auch wenn Rakel nach Breiland fuhr und zurückkam und ihm erzählte, daß sie keine Kinder bekommen könne, Simon *wußte*. Manchmal weinte es in ihm deswegen. Aber er konnte es nicht ertragen, daß Rakel weinte. Deshalb wagte er nicht, es ihr zu zeigen.
Er war unfruchtbar, nicht Rakel. Er wußte es seit der Zeit, als er ein armer Kerl war und sich eine Freude holte, wo er sie bekommen konnte, ohne daß ihn das Gewissen sonderlich plagte, wie wohl das Schicksal des Mädchens aussehen werde. Aber es kam nie ein Kind. Darüber hatte er sich ab und zu gewundert.
Sie waren einander Kinder, Geliebte, Diener und Träume. Sie spielten wie Tierkinder, drinnen und draußen. Bis die Freude herausbrach wie bei heißblütigen jungen Pferden. Gelegentlich ließen sie Zorn und Angst aneinander aus, um im nächsten Augenblick zueinanderzukriechen zu gegenseitigem Trost. Rundum wuchs und gedieh alles.
Simon stand auf dem Hügel und sah nach Vaeret hinunter und über den Fjord. Und er vermißte Rakel so sehr, daß der Blick getrübt war und die großen, starken Hände unruhig und schutzlos auf der Lenkstange lagen.

8

Rakel wußte nicht, wie viele Stunden vergangen waren.
Jetzt lagen Tora und sie jedenfalls in dem großen Hotelbett. Die Dunkelheit war wie eine nasse Plane über sie gekrochen. Toras Geschichte hatte sie beide so dicht zusammengeschnürt, daß sie wohl nie mehr voneinander loskommen würden. Eine Geschichte, die dieser hier auch nur annähernd glich, hatte Rakel noch nie gehört. Nicht in den Fischerhäusern, nicht auf der Straße, und auch in ihrer wildesten Fantasie hätte sie sich so etwas nicht vorstellen können. Sie würde sie bestimmt nie-

mandem erzählen. Sie war ihr auferlegt worden. Weil Tora überleben mußte. Sie sah das deutlich.
Als sie auf dem Fußboden gesessen hatten, war die Wirklichkeit mehr, als Rakels Verstand fassen konnte, auch wenn sie ihr als Gleichnis von einem Vogeljungen präsentiert wurde. Rakel brachte es bis zu einem gewissen Grad fertig, den nächsten Tag zu verdrängen. Die Gesichter, denen sie begegnen mußte. Die Situationen, die sie auf die Probe stellen würden – jeden Tag.
Sie sah auf das schlafende Mädchen neben sich im Bett und gestand sich ein, daß sie den Gedanken nicht denken konnte: Henrik! Ein jammervolles Gefühl, Tora nicht erlösen zu können. Alles ungeschehen zu machen.
Tora hatte tiefe Ringe unter den Augen. Sie glich der Großmutter, als diese im Sterben lag. Die gleiche straffe Haut über den Backenknochen. Aber es zuckte und lebte in dem Gesicht und im ganzen Körper. Sie kämpfte. Wollte nicht aufgeben. Tief im Schlaf befangen.
Während Rakel das Gesicht auf dem Kissen betrachtete, überfiel sie ein so leidenschaftlicher Haß, daß er das Mitleid für Tora erstickte. Jeden vernünftigen Gedanken erstickte. Sie nahm den Haß auf sich. Spürte, wie stark sie davon wurde. Ingrid würde die Wahrheit nie überleben – und »Henrik konnte nicht sterben«. Tora hatte recht. Er war verflucht, er hatte sich in eine Situation gebracht, in der es ihm nicht vergönnt war, zu sterben. Sonst wäre er ertrunken oder vor langer Zeit vom Blitz erschlagen worden! Rakel gelobte, daß sie die Rechnung für alles begleichen würde, was der Herrgott versäumt hatte. Dafür war sie geboren worden.
Dieses Kind zu beschützen, dem das Leben gerade im Begriff war die Haut abzuziehen. Gott mochte ihnen allen helfen. Sie hatte es noch nicht klar vor Augen, wie sie das schaffen würde. Aber schaffen würde sie es.
Und mit diesem Gedanken glitt sie in einen leichten Schlaf.
Im Halbschlaf tasteten sie nacheinander. Die eine hatte jemanden bekommen, mit dem sie ihre Angst teilen konnte. Tora bekam eine Hälfte ihres Ichs zurück. Eine leere Hälfte, um alle Dinge darauf aufzubauen. Sie fing an zu träumen.
Rakel und sie ruderten im Sturm. Sie waren seekrank. Erbrachen sich über das ganze Boot, das gleichzeitig das Bett war. Aber dann wurde das Meer außerhalb des Lichtkegels der Lampe ruhig, dort, wo das Meer sonst tobte, und die Bucht machte eine Biegung und verschwand hinter der Landzunge.

Sie lagen im Wasser und planschten und wuschen sich rein. Schwammen nur im Sonnenschein. Das tat so gut. Sie spürte, wie der ganze Körper sich dort im Wasser ausruhte.
Aber Rakel hatte die Hälfte der Angst bekommen, die sie nicht gewohnt war zu tragen. Sie war anders als die Angst vor Krebs oder Brand. Sie hatte jetzt die Verantwortung für Tora, deren Kopf sich zu verwirren drohte. Rakel sah das Grab oben in der Geröllhalde vor sich. Sie mußten *beide* dorthin. Sie dachte an all die Monate, in denen Tora mit dieser Sache allein gewesen war. Monate? Sie maß die Dunkelheit mit den Augen. Ob es wohl mehr als nur Monate gewesen waren? Ob es sich über einen langen Zeitraum erstreckt hatte? Übelkeit breitete sich aus. Wallte hoch. Sie mußte sich im Bett aufsetzen, um den Mageninhalt bei sich zu behalten. Wand sich behutsam aus den dünnen Mädchenarmen. Blieb lange sitzen, ließ die Beine über die Bettkante hängen. Den Kopf nach unten, das rote Haar glühte, ohne daß jemand es sah. Dann beschwor sie den Haß herauf, um sich zu schützen. Bitter und gut. Sie würde ihn schon erledigen. Ihn erledigen. *Ihn erledigen!* Und wenn sie Jahre dafür brauchen sollte!
Es rührte sich neben ihr.
»Schläfste nicht, Tora?«
»Nein.«
»Denkste an alles, was du mir gesagt hast?«
»Ja.«
»Das darfste nicht. Ich hab's auf mich genommen. Es ist meine Angelegenheit. Und es bleibt unter uns. Wenn du glaubst, daß ich zu irgend jemand hinlauf', damit der Henrik hinter Schloß und Riegel kommt, dann kann ich dir nur sagen, daß ich das nicht tu'. Ingrid würde mit demselben Boot untergehn, fürcht' ich... Das haste auch gedacht, nicht wahr, Tora?«
»Ja.«
»Wir werden jetzt Pläne machen, du und ich. Du mußt mir vertrauen, und du mußt darauf vertraun, daß das, was ich sag', richtig für dich ist. Glaubste, daß du das schaffst, Tora?«
»Ja, Tante.«
Die Stimme war ein leises Schwirren, wie wenn man Zucker auf eine Scheibe Brot streut. Sie hatte die Erlaubnis, ganz klein zu sein in Tante Rakels Bett. Die Dunkelheit war außerhalb des Bettes und schloß sie gemeinsam ein. Tora legte den geschundenen Körper und den leeren Kopf ganz nah an Rakels Körper. Sie wurde aufgefangen als das Bündel, das sie war.

Der Tante Stimme rieselte auf sie wie lauwarmes Wasser. Sie war noch nie in ihrem Leben so erleichtert gewesen. Und sie hatte den flüchtigen Gedanken, daß, wenn man nicht wüßte, wie es war, durch die Glut zu waten – man vielleicht auch nicht wüßte, was Linderung war.
Rakel knipste die Nachttischlampe an. Dann holte sie am Waschbecken ein Handtuch und trocknete ihre Gesichter ab. Behutsam und gründlich. Nahm sich Zeit. Legte die Steppdecke gut um sie beide und sagte: »Du mußt ein andres Zimmer haben. Das ist mal das erste.«
»Warum denn?«
»Weil das Zimmer das ungemütlichste ist, das ich je gesehn hab'. Allein die Tapete ist so, daß man am liebsten gegen die Wand rennen möchte. Da kannste nicht bleiben.«
Sie vermied zu sagen: Dort ist es passiert.
»Aber Frau Karlsen?« murmelte Tora.
»Sie kann ja an andre vermieten. Komm mir doch nicht mit solchen Fragen. Wir brauchen uns um die Frau Karlsen keine Sorgen zu machen!«
»Nein...«
»Glaubste, daß du's schaffst, nach Ostern wieder in die Schule zu gehn?«
»Ja, ich geh' schon über eine Woche wieder in die Schule. Es ist lang her, daß ich ... krank war...«
»Wie ging's ... wie haste dich gefühlt? Ich mein', hattest du irgendwo Schmerzen, nachdem ... nachdem das geschehn ist?«
Rakel sah Tora hilflos an.
Tora schlug die Augen nieder. Es tropfte und lief unter den Augenwimpern hervor. Unablässig.
»Ja. Aber jetzt ist's vorüber. Ich blute nur noch. Das war anfangs am schlimmsten. Hier auch. Es drückte so.«
Sie machte eine schnelle Bewegung über die Brüste. Rakel reichte ihr das Handtuch. Sie trocknete sich das Gesicht ab. Dann waren sie eine Weile still. Aber sie waren die ganze Zeit mit den Gedanken beieinander.

Irgendwo im Haus schlug eine Uhr fünf schwere Schläge. Das Licht kroch unmerklich zu ihnen herein.
»Wir tragen jeder unsren Teil zu dieser Arbeit hier bei, Tora. Ich werd' alles, was nötig ist, auf der Insel in Ordnung bringen, bei deiner Mutter. Ich verschaff' dir ein andres Zimmer. Und du versuchst, dein eignes Leben zu leben, als ob nichts

geschehn wäre. Verstehste? *Nichts* ist geschehn. Für alles hab' ich jetzt die Verantwortung. Genauso wie es vorher *seine* Verantwortung war. Gott helfe ihm!« murmelte sie.
»Aber Tante?«
»Ja?«
»Ich fühl' mich so kaputt. Wie tot.«
»Das mußte in dich hineinfressen. Bissen für Bissen. Nicht *du* bist kaputt, mein Kind. *Er* ist kaputt. Es ist seine Schande. Nicht deine! Hörst du? *Nicht deine!* Sag dir jeden Tag: Es ist nicht meine Schande. Du wirst sehn, es kann zu einem Segen werden, auch wenn wir's jetzt noch nicht erkennen können.«
Tora hörte Rakels Worte wie von der Kanzel in der Kirche. Der Tante energische Pastorenstimme über allen Bankreihen, zwischen allen Kronleuchtern: »Es ist seine Schande, nicht deine. *Nicht deine!* Es kann zu einem Segen werden... Segen. Segen.«
Sie saßen eine Weile, ohne etwas zu sagen.
»Weißte, Tora, ich glaub', ich hab' noch nie jemanden so bewundert, wie ich dich bewundre. Du hast für die ganze Familie etwas geleistet. Für deine Mutter, für mich, für Simon. Ganz allein. Ich kenn' keinen, der eine so große Leistung vollbracht hat. Du mußt nun auch noch den Rest schaffen. Das mußte einfach um deinetwillen. Für dein eigenes Leben. Dein Körper gehört *dir*. Deshalb mußte da durch.«
Tora saß mit gesenktem Blick da.
Sie hatte aufgehört, von dem Vogeljungen zu reden. Rakel merkte, daß die wenigen Worte, die sie sagte, normal klangen. Eine Erleichterung, an die sie sich klammerte. Rakel sandte ein drohendes Gebet nach oben. Stumm. Mit trotzigen Augen: »Lieber Gott, laß ihren Verstand keinen Schaden genommen haben, sonst weiß ich nicht, was ich tu'. Ich wetze alle Schlachtmesser in Bekkejordet und geh' los auf den Teufel von einem Mann. Hörst du, Gott?«
Sie beschwor den Herrn zu erscheinen. Dort im Bett bei ihnen. Der Mund stand halb offen, und die Gedanken lagen wie Stacheldraht in ihrem Kopf. War sie in die Welt gesetzt worden, um zu hassen, dann war es Zeit, den Haß jetzt hervorzuholen.

9

Die Frühjahrsbestellung verzögerte sich in Nordnorwegen, und in Berlin starben die Menschen am Hitzschlag. Verrückt war das in jedem Fall. Der Regen sei eine Strafe von oben für die Leute auf der Insel, meinte Elisif. In Breiland traf sie der Regen nicht so hart. Das war der Vorteil von Orten, wo sie alle in Häusern arbeiteten. Die Einwohner von Breiland fanden es natürlich auch schön, wenn die Sonne schien – und wenn alles grünte und blühte –, aber es war nicht unbedingt notwendig. Die Stunden und Tage vergingen auch so. Einzig unangenehm konnte es werden, wenn die Menschen wetterfühlig waren oder wenn sie sich von einem Haus zum anderen begaben und naß wurden.
Aber Rakel mußte die Kartoffeln in die Erde bekommen. Außerdem grübelte sie viel. Die Schmerzen im Leib waren wieder da. Sie machten sich nachts wie mit einer Kneifzange bemerkbar – wenn Simon fest und tief schlief. An manchen Tagen schleppte sie sich nur noch bis zum Stall. Aber sie sagte nichts. Simon sah es und wurde ganz unruhig. Es klappte in diesem Frühjahr sozusagen gar nichts.
Rakel wußte selbst nicht, wie sie es schaffen sollte, Henrik zu begegnen, als sie von Breiland zurück war. Sie hatte ihn bereits bei der Ankunft des Linienschiffs überraschend am Kai getroffen. Er stand da, als ob er sie erwartet hätte. Sie hatte ihm direkt ins Gesicht gesehen, genickt und war vorbeigegangen. Wußte, daß er sich umdrehte. Sie heftete ihren Blick auf Ottars Ladenschild, und nichts anderes war wichtig. Die Worte standen Schlange hinter der Stirn. Sie wagte nicht einmal soviel, wie Guten Tag zu sagen. Außerdem wünschte sie ihm alles nur erdenklich Schlechte. Nacken und Schultern verkrampften sich vor Widerwillen und Abscheu. Und wenn sie daran dachte, daß ihre einzige Schwester mit so einem zusammenlebte und Bett und Tisch mit so einem teilte, dann brannte ihr die Kotze bereits im Mund.
Aber sie verschloß die Worte. Bis auf weiteres. Rakel nahm sich Zeit, wenn sie große Dinge vorhatte.
Dann war Simon auf dem Fahrrad gekommen, und das Ganze hatte sich in einer sonderbaren Begrüßung aufgelöst. Er hatte die Schafe und die Büroarbeit verflucht, die ihn an die Insel gebunden hatten, denn sonst wäre er nach Breiland gekommen. Aber Rakel war froh über alles, was ihn anband. Es war

genug, die Verantwortung für ein Leben zu tragen. Mehr, als sie eigentlich tragen konnte.
Sie hatte auch mit Ingrid gesprochen. Ingrid mit einer Stimme wie steifgefrorene Laken auf der Leine im Wind. Ingrid mit ihrem verschlossenen Stolz. Das war das schlimmste gewesen, ihr nicht alles ins Gesicht schreien zu können. Aber sie wußte, daß sie das nicht durfte. Es würde ihrer aller Leben ruinieren... Würde wie ein Grasbrand um sich greifen und sie alle verzehren ...
Rakel dachte an Toras Lügen. Toras Gesicht in verschiedenen Situationen, von denen niemand etwas wissen durfte. Sie dachte an die abgrundtiefe Hölle, die es gewesen sein mußte. Und der Haß wurde rot wie das Schlachtblut, das sie nicht rühren konnte; dafür heuerte sie andere an. Der Haß zeichnete sie. Sie wußte, daß sie nie davon loskommen würde. Hatte ihn auf sich genommen.
Sie ermannte sich und setzte Kartoffeln. Alte Kartoffelmütter voll bleicher Keimlinge, die sie vorsichtig und schnell in die Erde legte. Dann bekam sie einen von den jungen Burschen aus dem Betrieb zum Harken. Sie hatte gleichsam alle ihre Kräfte beim Kartoffelsetzen verbraucht. Sie brachte nicht viel zuwege in diesem Jahr. Die Gedanken und die Schmerzen im Leib entkräfteten sie und ließen sie wie durchsichtiges Glas erscheinen.
Simon näherte sich ihr auf seine Weise. Mit großen, warmen Händen im Bett. Mit unbeholfenen Grimassen und wilden Geschichten in der Küche. War Clown. Manchmal weinte sie nachts und konnte nicht erklären, warum. Da stand Simon auf, zog sich an und wanderte hinaus in die nasse Frühlingsnacht, ohne etwas zu finden, woran er sich klammern konnte. Sie kam jedesmal ans Fenster und rief ihn herein. Bittend. Weich wie ein Hermelinfell strich sein Name, getragen von ihrer Stimme, über den Hof.
»Si-i-mon ... Komm zu mir herein ... Simon ...«
Und immer ging er sofort wieder ins Schlafzimmer. Ließ sich trösten. Fand schließlich heraus, daß er auf diese Weise auch sie trösten konnte. Dann schliefen sie zusammen ein wie Geschwister. Eng aneinandergeschmiegt und den Mund nahe an des anderen bloßer Haut.
Aber Simon wußte, daß Rakel ihm etwas verheimlichte.
Er tröstete sich damit, daß es wohl besser werden würde, wenn die Schafe ins Gebirge kamen und sie sich an den Webstuhl setzte.

Ein paar Tage vor dem 17. Mai schlug Simon vor, daß sie Ingrid und Henrik zu einem kleinen Imbiß und einem Schnaps für den Feiertag einladen könnten. Henrik hatte sich seit dem Gespräch am Karfreitag in Ingrids Küche meistens wie ein Mann ihm gegenüber benommen. Simon dachte, daß er Rakel vielleicht einen Gefallen tun würde, wenn er ihrer Verwandtschaft ein wenig guten Willen zeigte.
Aber Rakel hatte aufgesehen, mit blutleerem Gesicht, und »Nein« gesagt. Er war ungehalten geworden, weil er sie nicht verstand. Da war sie aufgesprungen wie eine jähzornige Ziege und hatte den Kopf in seine Brust gestoßen und geschimpft, daß er noch keine Zeit gehabt hatte, ihr beim Aufziehen der Kette am Webstuhl zu helfen, damit sie anfangen konnte, zu weben.
Ihre Reaktion war ihm unverständlich.
Er erwähnte die Einladung nicht mehr.

10

Rakel hatte alles aufgeboten, was sie an Bekannten und Energie besaß, um für Tora eine neue Bleibe zu finden. Es hatte hoffnungslos ausgesehen, Osterfeiertage und so weiter. Aber dann fiel ihr ein, daß sie einen der Krankenhausärzte kannte. Sie war an dem schwärzesten Tag ihres Lebens bei ihm und seiner Frau zu Hause gewesen, als sie nämlich erfahren hatte, daß alle Gewebeproben Darmkrebs ergeben hatten. Berg hieß der Arzt, der ihr das Urteil über einen staubfreien braunen Schreibtisch hinweg verkündet hatte. Seitdem hatte sie ihn vergessen wollen. Hielt ihn gewissermaßen für schuldig. Weil er als erster das Wort ausgesprochen hatte: Krebs. Es nützte wenig, daß er menschlich war und sie nach Hause zum Mittagessen einlud. Es war lange her.
Familie Berg hatte ein großes ockergelbes Haus in einem Garten mit großen, alten Bäumen. Einige davon waren nicht in dieser nördlichen Region heimisch. Eiche. Ein verkrüppelter Apfelbaum, der in der ganzen Zeit, soviel man wußte, nur dreimal Früchte getragen hatte. Eine Handvoll saure grüne Äpfel, die niemand aß. Das erstemal, als Rakel dorthin gegangen war, schmolz gerade der Schnee, so daß das Gras vom Vorjahr herausragte. Ungepflegt und frech. Und die Äste und

Zweige von der Naturraserei des letzten Herbstes waren Baumaterial für Elster und Krähe.
Familie Berg war modern. Sie hatten keine Zeit, den Garten zu pflegen. Er konnte im großen und ganzen in seinem eigenen Rhythmus wachsen. Frau Ringmor Berg war Pharmazeutin, Gunnar Berg war als Arzt mächtig beschäftigt und außerdem Präsident des Rotary Club und Vorsitzender der Venstre-Partei.
Der älteste Sohn studierte in Oslo, der jüngste ging in die Volksschule, und der mittlere war bald Landwirt und hatte sich bereits in Schulden gestürzt, um einen kleinen Bauernhof zu erwerben. Sie schämten sich nicht, daß er auf Grund seiner Neigungen im Overall herumlief und schmutzige Fingernägel hatte. Überhaupt nicht. Sie erwähnten ihn zuerst, wenn sie fremden Leuten von ihren Kindern erzählten. Er war das Kuriosum der Familie. Was dazu führte, daß sie Kontakt zu den »Arbeitern« und dem »Leben« hatten. Gunnar Berg hatte Interesse an Rakel bekommen, über die Tatsache hinaus, daß sie seine Patientin im Krankenhaus war. Er war sonst sehr genau damit, seine Arbeit und seine Patienten nicht mit nach Hause zu nehmen. Vielleicht lag es daran, daß er mit Rakel über ihre Krankheit gesprochen hatte. Vielleicht war er mehr Mann als Arzt, langweilte sich zu Hause und wollte eine kleine Abwechslung haben. Jedenfalls rief er Frau Ringmor an und fragte, ob sie das Essen für vier statt für drei Uhr richten könne. Er wolle eine Patientin zum Essen mitbringen, eine von den Inseln. Frau Ringmor war verdutzt, für ein paar Sekunden, bevor sie sagte, daß es in Ordnung gehe.
Und Rakel war gekommen, mit ihrem frischen »Urteil« im Sinn. Benahm sich wie eine Königin und gab der Mahlzeit die Ruhe, die eines Schafadels würdig ist. Sie schmeckte heraus, daß das Fleisch in Wein mariniert war und mit Senf eingerieben, und kommentierte das auch. Die roten Locken standen üppig um ihren Kopf, der Mund lächelte, und die Augen waren abgrundtief. Die Kleider nach der neuesten Mode. Sie sprach mit leiser, eindringlicher Stimme, die nicht einen Augenblick verriet, daß sie das Gefühl hatte, an einem seidenen Faden am steilsten Felsen zu hängen.
Sie sprach mit ihnen über Weben, Schafe und Kartoffeln. Über Simon und den Fischereibetrieb. Und über die Kommunikation zu den Inseln. Erzählte von Tora, als sie fragten, ob sie Kinder habe. Daß Tora gut in der Schule sei.

Sie war nicht orientiert in Literatur und Malerei und täuschte auch keine Kenntnisse vor, als sie anfingen, von derlei zu reden. Aber sie kannte das Hohelied Salomos und zitierte Teile daraus, während Frau Ringmor vergaß, den Mund beim Essen zuzumachen. Und Rakel reagierte nicht auf Gunnars offensichtliche Bewunderung und sein Flirten. Frau Ringmor bemerkte es. Sie war es gewohnt, daß alle Frauen einen besonderen Ausdruck bekamen, wenn ihr Mann sie ansah. Diese Frau von der Insel machte das Spiel nicht mit.
Frau Ringmors Schultern fielen langsam wieder auf ihren Platz, und die Stimme kam in ihre normale Lage. Sie achtete nicht mehr so sehr darauf, wie alle sich gaben. Hatte mehr Zeit, um zuzuhören und teilzunehmen. Und der Sohn, Ivar, durfte vom Tisch aufstehen, bevor die Erwachsenen fertig waren.
Sie war eine kleine, lebendige Frau mit hellem Haar und strahlenden blauen Augen, die ab und zu ihre Unsicherheit verrieten, ohne daß sie sich klar darüber war.
Rakel sah es.
An diesem Tag sah Rakel die Menschen überdeutlich. Wie hautlos sie waren. Nur Einsamkeit, um die angstvolle Seele darin zu verstecken. Sie nahm ihre innersten Geheimnisse wahr. Trug ihre Gedanken. Hörte das Gras wachsen. Sah den eisblauen, zerbrechlichen Himmel. Die Düfte kamen ihr schmerzvoll entgegen.
Sie empfand so stark, weil für sie ein Vorhang zwischen Leben und Tod weggerissen worden war.
Sie wußte, ohne besonders darüber nachzudenken, daß Frau Ringmor ein Mensch war, der gerne tüchtig sein wollte – und klug. Und daß sie so viel Zeit und Energie darauf verwandte, daß sie vergaß zu leben.
Wenn Rakel auf das Paar sah, das vor ihr am Tisch saß, dann ging ihr auf, daß die beiden weniger froh waren als sie selbst, auch wenn sie Gesundheit und Leben – und einander hatten. Die Gedanken wanderten zu Simon. Sie hätte ihn gerne dagehabt. Nahe bei sich. Es war, als ob sie erst seit diesem Tage wußte, wie innig sie ihn liebte. Jetzt.
Später, als Frau Ringmor in der Küche war, fragte Gunnar Berg: »Haben Sie mit Ihrem Mann gesprochen – über die Krankheit?«
»Nein.«
»Das müssen Sie. Oder soll ich es machen?«

»Nein, ich sag' selbst, was gesagt werden muß.«
»Nun ja, es gibt mancherlei Art, die Dinge zu sagen. Und Sie sind ja stark.«
»Nein, nicht stark genug, um den Anblick eines ruinierten Mannes zu ertragen. Das bring' ich nicht fertig. Das muß ein andrer machen, wenn's soweit ist.«
»Und Sie selbst? Sie haben doch wohl die Hoffnung nicht ganz aufgegeben? Ich meine ... es gibt keine Statistik, die besagt, daß es das Ende ist – für Sie. Manche haben es geschafft – lange. In der Medizin kommen wir ständig weiter...«
»Ich hab' Angst. Wenn Sie das meinen. Aber ich hoffe. Ja. Auf diese Art von Kindlichkeit will ich nicht verzichten.«
Die Kerzen auf dem Tisch flackerten in ihrer beider Atem. Rakel versteckte den Mund einen Augenblick in der Serviette. Dann sah sie auf, beinahe böse.
»Man fühlt sich ganz leer, wissen Sie. Da gibt's nichts zu beschönigen. Ich seh' sozusagen alles vor mir, was gut ist und was gut war in meinem Leben. Ich weiß, daß ich zu den wenigen gehöre, die nicht so zu tun brauchen, als ob sie den Menschen gern hätten, mit dem sie zusammenleben.«
Sie sah ihm trotzig in die Augen. Abwartend. Als ob sie etwas von ihm forderte. Er strich sich übers Kinn.
Frau Ringmor kam wieder herein. Der Faden war abgeschnitten. Die Kerzenflamme beruhigte sich.
Später spielte Frau Ringmor Klavier. Gestand ein, daß ihr die Übung fehle. Gunnar Berg ging zu ihr hin, küßte sie auf die Wange, drehte sich zu Rakel um und erklärte, wie gut Ringmor sein könnte, wenn sie nicht soviel anderes zu tun gehabt hätte.
Rakel nickte. Lächelte.
»Jede Frau muß ein wenig Lebenskünstler sein, und das verbraucht so viel Energie, daß alles andere, was sie interessiert – erst an zweiter Stelle kommt ...«
»Lebenskunst?« sagte Ringmor leicht bitter. »Ich würde es eher Lebenssklaverei nennen.«
»Nein, nicht mit Sklaverei vergleichen. Das Leben ist wie ein Geschenk, das wir für eine kurze Zeit bekommen haben – nur.«
Sie sah blitzschnell – beinahe geniert – die beiden anderen an. War verwundert und wartete auf das eigene Weinen, das aber nicht kam.
Ringmor sah von einem zum anderen. Irgendwo im Haus ging

jemand auf einer Treppe. Der Wind saugte leise im Ventilator. Der Frühling nahte.

Auf Grund dieses Abends landete Tora in der Mansarde des ockergelben Hauses, direkt gegenüber dem Café, dem Park und dem Marktplatz. Mit einem Waschbecken in der Ecke hinter einem blauen Baumwollvorhang und einem Schreibtisch am Fenster mit Aussicht auf die Straße.
So hoch, daß sie über die anderen Häuser hinwegsehen und ein Fleckchen von dem launischen Himmel bei sich haben konnte, wenn sie wollte.
Ringmor Berg und Rakel hatten noch ein paar kurze Briefe gewechselt, mit vorsichtigen Fragen, wie es ihnen ginge.
Deswegen hatten sie also nicht nein gesagt. Auch wenn sie nicht daran gedacht hatten, Sigurds Zimmer zu vermieten, aber sie brauchten es nicht. Es stand ja leer. Und Sigurd konnte in den Sommerferien gut dort schlafen, denn in den Ferien war Tora nicht da.

11

Tora hatte Frau Ringmor geholfen, die Wimpel, Diplome und Fußballbilder von der Wand zu nehmen. Die Wand gehörte allmählich ihr. Perlgrau, beinahe weiß. Mit Wunden und Kerben von achtlosen Jungenhänden, Hammer und Nägeln. Frau Ringmor hatte gefragt, ob sie die Bücher entfernen solle. Aber Tora meinte, daß es schön sei mit Büchern. Auch wenn es vor allem Jungenbücher waren, die sie längst gelesen hatte und für die sie jetzt zu alt war, so hatte sie doch das Gefühl, daß die Buchrücken das Zimmer erwärmten. Das Bett war ein Sofa, das man ausziehen konnte, so daß es für die Nacht ein Bett wurde. Der Raum war ein richtiges kleines Wohnzimmer. Ordentliche Bücherregale. Ein kleiner Tisch und zwei kleine Sessel. Ein Radiator sorgte immer für die nötige Wärme.
Sie dachte an den schwarzen Ofen bei Frau Karlsen. Der war jetzt kalt. Frau Karlsen hatte geweint, als sie zusammen mit Tante Rakel und dem Pappkoffer und ihren Kartons in das Taxi gestiegen war. Geweint! Das war ganz unvorstellbar für Tora. Frau Karlsen, die bei der Beerdigung ihres Mannes nicht geweint hatte. Das sagte sie jedenfalls. Der Herrgott habe ihr

Kraft gegeben, sagte sie... Und Rakel mußte immer wieder betonen, daß Tora nicht umzog, weil es ihr bei Frau Karlsen nicht gefiel. Sie zog um, weil sie ein Zimmer bei Freunden bekam, wo Jugend im Haus war.

In der ersten Nacht im Bergschen Haus wachte sie auf und glaubte, sie höre die Vogelmutter am Fenster. Sie stand auf und schob den Vorhang sachte zur Seite. Der Frühling strömte herunter dort draußen. Die Bäume neigten sich mit ihren verzweigten Ästen im Morgenlicht. Aber keine Vogelmutter ließ sich blicken.
Das kleine Grab kam aus den Vorhangfalten heraus. Es lag offen vor ihr. Sie roch es. Erde und Moos. Etwas anderes ... was sie vergessen hatte. Eine gewisse Kälte überfiel sie. Rakel war jetzt in Bekkejordet. Sie hätte ihr wirklich nichts sagen sollen. Es war treulos. Gegenüber der Vogelmutter?
Vielleicht verstand Rakel sowieso nichts von dem Ganzen. Wie es wirklich war?
Erst als sie wieder unter der Decke lag, wagte sie den Gedanken weiterzudenken: Verstand sie es selbst? Und irgend etwas explodierte in ihrem Kopf. Ein gewaltiger Druck riß alles in Fetzen. Sie richtete sich halb im Bett auf, weil sie nicht mehr atmen konnte.
Die Riesenwelle kam! Über die flachen Felsen in der Bucht. Über die zerklüfteten Schären weit draußen im Meer. Die Riesenwelle war in der Sturmnacht gekommen, als Almars Boot zu Kleinholz zerschlagen wurde. Sie war auch der Fluß, der vom Veten kam und in der Bucht mündete, dort, wo sie die Wäsche spülten und auf der Feuerstelle in dem großen schwarzen Eisenkessel der Großmutter kochten. Es blubberte und siedete in dem Kessel. Kochte und brauste. Der Schaum wuchs über den Rand und lief in das Feuer, worauf das Feuer böse wurde und zischte und fluchte und drohte, sich selbst zu löschen – so daß alles kalt und schwarz würde.
Sie stand auf und schaltete den Radiator ein. Allmählich flutete das Licht zu ihr herein, und die Nacht verschwand von den perlgrauen Wänden und aus den blauen Baumwollvorhängen. Das Vogelgrab verblaßte in den Falten. Löste sich auf wie ein nachtgraues, ängstliches, kleines Gespenst. Es war nicht hier geschehen. Die Dinge hier wußten nichts. Sie konnte neu anfangen. Dieser Raum war nur für den neuen Körper. Er fühlte sich wie der eines Arbeiters nach einer schweren Schicht.

Sie kam beinahe zu spät in die Schule. Hatte Schwierigkeiten, den ganzen Tag das Gesicht zu wahren. Die Augen brannten, und die Finger hielten krampfhaft den Federhalter. Aber sie fühlte eine gewisse Freiheit, eine Erleichterung, die fast der Freude gleichkam.

Am Tag von Rakels Abreise waren sie hinaufgegangen. Tora voran. Die Möwen schrien. Schnee wehte vom Meer herein. Die Dämmerung klammerte sich an ihre Körper.
Sie waren im Regen am Friedhof vorbeigegangen. Die Schneehaufen waren zu einem Nichts zusammengeschrumpft. Die Leiter hing an der Schuppenwand.
Rakel legte einen zitternden Arm um Tora, als diese anhielt und am Ziel war.
Tora hatte dort gestanden und war wieder zwei Jahre alt gewesen. Die Tante nahm sie auf den Schoß. Aber sie sah nicht sehr fröhlich aus. Tante Rakels Gesicht erschreckte sie. Wie mit einer scharfen Schere aus Zeitungspapier ausgeschnitten. Striche und Zeichen in Rakels Gesicht. Die Augen schwammen in dem Ganzen. Tora hatte das Gefühl, daß es trotzdem nicht geschehen sein konnte.
Sie sprachen nicht viel, während sie da standen. Jäh drehte Rakel sich zu ihr herum. Hielt ihre beiden Handgelenke fest. Schmolz mit ihr zusammen. Einen vibrierenden Augenblick lang waren sie nicht zwei. Sondern eins.
»Das nehm' ich auf mich. Du darfst nicht mehr dran denken. Es reicht, was du getan hast. Alles ist Friede. Du wirst sehn, das, was du jetzt vom Leben weißt, macht dich größer als andre. Das mußte tragen, Tora. Daß du größer bist als andre. Mehr weißt, mehr verstehst – als andre. Begreifste das?«
Tora schüttelte den Kopf.
»Du begreifst es, wenn die Wunde erst vernarbt ist. Da mußte noch hinkommen. So lange mußte dir jeden Tag sagen, daß nicht *du* es gewollt hast. Man kann dir nichts vorwerfen. Nichts! Hörst du?«
Tora hatte das Gefühl, daß ein kleiner, gurgelnder Laut von den Steinen über dem Grab käme. Sie wußte, daß sie den Laut gehört hatte, aber daß er nur in ihrem Kopf war. Und die Nasenlöcher füllten sich langsam mit Blut. Es tropfte herunter auf den groben, alten Schnee. Rhythmisch, als ob kleine Tropfen abgemessen und dort hinuntergeschickt würden. Es hämmerte. Ein ohrenbetäubendes Geräusch, sie wußte nicht, wo-

von. Es waren wohl die Tropfen. Tropf, tropf. Auf den uralten grauen Schnee, den der Regen beinahe zu Tode peinigte. Warum waren die kleine Birke und die Steine und der Himmel da und glotzten? Wenn doch nichts mehr zu ändern war? Warum sah der Himmel so aus, als ob ihm jemand die Haut abgezogen hätte? Die Sonne war ja irgendwo da draußen im Meer. War es ein Zeichen, daß Rakel log? Daß niemand ihr die Schuld abnehmen konnte?

Rakel hatte nicht miterlebt, wie es war, als der kleine Klumpen herausglitt und einfach dalag. Sie hatte nicht die Adern unter der bläulichen Haut gesehen. Und das Blut? Rakel, die nicht mal das Blut beim Schlachten sehen konnte!

Rakel nahm eine Handvoll grobkörnigen Schnee und hielt ihn einen Augenblick unter Toras Nase. Dann warf sie den Schnee auf den Hang. Dreimal wiederholte sie das. Die Schneeklumpen waren blutdurchtränkt und blieben wie Rosenblätter neben den Steinen liegen.

Es gab sich. Das Nasenbluten. Sie gingen den Hang hinunter. Den Strand entlang. Am Friedhof vorbei. Über Wiesen und Felder. Sie gingen dicht zusammen. Der Rauch aus den Schornsteinen zeichnete verschwommene Striche in den Himmel, als sie sich den Häusern näherten. Dann kamen die Gerüche. Koks und Kohle.

Tora hatte ihren Körper zurückbekommen. Er kam zurück, als sie die alten Kleider aus ihrem Pappkoffer auspackte und in den Kleiderschrank im Gang hängte.

»Du bist zu dünn, liebe Tora. Aber es wird schon wieder werden«, hatte Rakel gesagt.

Und Tora hatte an sich heruntergesehen. Die Linien traten hervor. Seltsam. Als ob sie sich vorher nie gesehen hätte.

Später, im Konfektionsgeschäft, hatte sie festgestellt, daß sie wirklich dünn war. Aber sie hatte noch etwas anderes festgestellt: daß sie eine Frau war. Ein merkwürdiges, erschreckendes Gefühl. Bis ihr aufging, daß die Zeit vorbei war, in der sie etwas verstecken mußte.

Rakel hatte sie eingekleidet. Jeans, die auf den neuen Körper paßten. Pullover und Rock. Schuhe zum Tanzen. Tora war ganz zittrig und verschwitzt und glücklich, als sie endlich oben in ihrem Zimmer war. Hatte überschwenglich gedankt, so wie Ingrid es getan hätte, das wußte sie.

Und Rakel hatte wieder ihr normales Gesicht bekommen. Das

machte die Mansarde im Bergschen Haus zu einem Zufluchtsort. Rakel schien ihr Gesicht zurückzulassen, als sie abreiste.
»Ich ruf' dich an. Oft!« hatte Rakel gesagt, als sie in den Bus steigen mußte.
»Ja.«
»Du kannst mich auch anrufen, wenn du willst, Tora. R-Gespräch. Falls du mich brauchst, komm' ich. Sofern ich gesund bin und Simon zu Hause bei den Schafen bleibt. Sie ziehen übrigens bald ins Gebirge.«
Der Bus gab ein lautes Prusten von sich, und die Türen schlossen sich. Dann donnerte er auf der Straße davon und nahm die Tante mit. Die Straßen waren unschöne Narben in der Welt.

Die Margeriten, die sie an *diesem* Tag mit in ihre Träume genommen hatte – veränderten sich. Sie wurden zu roten, steifgefrorenen Rosen im alten Schnee. Manche Nacht mußte sie aufstehen und sich über das Waschbecken beugen, weil sie in ihrem Nasenblut zu ersticken drohte.
Zuweilen hatte sie das Gefühl, sich selbst an der Hand zu halten. Da Tante Rakel weggefahren war, mußte sie das tun. Sie hörte ihre eigenen Schritte neben Toras Schritten. Wußte nicht, ob Tora sie selbst war. Oder existierte sie gar nicht? Aber Schritte hatte sie. Manchmal kam es ihr so vor, als ob sie Fieber hätte, lange. Das Sausen in den Ohren. Das flimmernde Licht. Luft, die auf die Augenlider drückte wie Sandpapier. Sie konnte am Fenster stehen und die Adern an ihren Händen betrachten. Sie waren in letzter Zeit gleichsam aus der Haut herausgekommen. Bläulich. Lagen wie Drähte auf den Handrücken. Wanden sich. Wie Schlangen. Das erinnerte sie an etwas. Was sie vielleicht geträumt hatte.
Und wenn sie es sah, fiel ihr ein, daß sie den Holzlöffel nicht mitgenommen hatte, als sie bei Frau Karlsen auszog. Er konnte dableiben. Die Strickdecke auch.
Die Tante hatte nicht gesagt, daß es schlimm war, wenn die schöne Decke zurückblieb. Sie hatte sich nicht einmal in der Tür umgedreht und sie gesehen.
Das hatte Tora getan. Sich umgedreht.
Da hatte sie es gesehen.
Daß die Decke für sie gestrickt worden war, um liegenzubleiben.
Genau da.

12

Das Bergsche Haus hatte seinen eigenen rastlosen Stil. Gelegentlich kamen sie zu ihr herauf mit einem Anliegen. Der Mann rief meistens im Treppenhaus und stand da und raschelte mit der Zeitung, wenn sie auf dem Treppenabsatz erschien. Er war unwirklich für sie. Hatte immer den gleichen Gesichtsausdruck. Tora glaubte nicht, daß er irgendeinen von den Menschen sah, denen er begegnete. Er sah jedenfalls nicht die, mit denen er zusammen im Haus lebte. Einmal traf sie ihn auf der Straße. Da war sie ganz erstaunt, daß er sie erkannte und grüßte. War beinahe irritiert, weil sie geglaubt hatte, er wäre wie sie. Er ließe die Menschen nicht an sich heran. Es gäbe da etwas, das er für sich allein haben wollte. Aber es war sicher nichts Besonderes an ihm. Da hörte sie auf, an ihn zu denken.
Ringmor hatte Namen und Gesicht und eine Narbe auf dem linken Daumen, die weiß leuchtete, wenn sie Klavier spielte. Manchmal ähnelte sie Ingrid. Zum Beispiel morgens, wenn sie dem Mann und dem Sohn Befehle erteilte, ehe sie zur Arbeit ging. Tora hörte ihre Stimme im Flur. Voll angsterfüllter Tage und einsamer Nächte. Sie gab oft Gesellschaften. Aber sie lachte selten.
Das beste an Ringmor war, daß sie Klavier spielte. Tora schlich auf den Treppenabsatz, um zu lauschen. Sie spielte Musik, die Tora sonst nur im Radio gehört hatte. Es war wunderschön. Die alte Orgel in der Kirche auf der Insel war nichts dagegen. Die abgedroschenen Kirchenlieder und die lächerlichen Stimmen auch. Das hier war etwas ganz anderes. Tora hörte, daß diese Musik von irgendwoher kam, wofür es keinen Namen gab. Diese Melodien ließen Ringmor die langweiligen Gesellschaften ertragen, den lauten Jungen und den Mann mit der Zeitung.
Einmal war der Sohn nach Hause gekommen, als sie gerade auf dem Treppenabsatz saß und heimlich lauschte. Er hatte sie verpetzt, und Ringmor kam heraus und bat sie ins Wohnzimmer, damit sie besser hören könne. Sie sah so geniert aus, daß Tora vergaß, daß sie beim Horchen erwischt worden war. Sie ging bis zum Klavier und blieb dort stehen. Da lagen Notenhefte mit Namen, die sie aus dem Radio kannte. Mozart, Smetana, Mendelssohn, Schubert. Eine Welt voller Musik! Ringmor machte oft Fehler. Da senkte sie den Kopf, als ob sie in der Kommunalen Realschule Breiland die Aufgaben abgefragt

würde und sie nicht könnte. Dann entschuldigte sie sich damit, daß sie so wenig übe.
Aber wenn sie ein ganzes Notenblatt schaffte, ohne steckenzubleiben, legte sie den Kopf zurück und schloß halb die Augen. Dann schien sie Toras Gegenwart vergessen zu haben.
Es kam öfters vor, daß sie Tora herunterrief, wenn sie spielte. Besonders, wenn sie ein Stück geübt hatte und es gut beherrschte. Öfters konnte Tora hören, daß Ringmor mit wütenden Fingern auf die Tasten schlug. Dann rief sie niemals nach ihr. Und es war auch egal. Die Musik war an solchen Tagen nicht magisch.
Der Sohn hieß Ivar. Tora ließ ihn nicht näher an sich heran. Ab und zu kam er zu ihr herauf, damit sie ihm bei den Aufgaben half. Er hatte sofort entdeckt, daß Tora ihm bei den Rechenaufgaben helfen konnte.
Anfangs wußte sie nicht, wie sie ihn wieder aus dem Zimmer bekommen sollte. Sie mochte die Unruhe nicht, die in ihm steckte. Als ob sein Körper voller Wunden wäre, die juckten. Sie sagte, sie habe so viele Aufgaben, daß sie keine Zeit habe. Was im Grunde auch stimmte. Er sah enttäuscht und einsam aus, wenn er ging. Danach arbeitete sie nicht besonders gut. Aber die Schweißausbrüche, die sie während seiner Anwesenheit immer bekam, hörten auf.
Es war etwas an der Art, wie er sie ansah. Als ob er durch sie hindurchsähe oder um etwas bettelte.
Er hatte so hilflose Augen. War mindestens zwei Jahre jünger als sie. Seine Pickel waren ihr so nahe, als ob es ihre eigenen wären. Sie ertrug es nicht.
Wenn er gegangen war, dachte sie immer an Frits. Frits, der keine Stimme hatte. Frits mit dem langen Hals und den schönen Daumen. Sie war froh, daß er aus ihrem Leben verschwunden war. Er hatte auch Augen, die sahen. Aber er hatte eine fröhlichere Mutter als Ivar.
Zuweilen überlegte sie, wie wohl die anderen Söhne des Hauses waren. Sie wünschte, daß sie zu Hause wären. Vielleicht hätte sie mit ihnen reden können. Aber dann fiel ihr ein, daß sie nicht einmal mit Jon reden konnte. Zum Schluß war sie froh, daß alles so war, wie es war.
»Bemüh dich, unter Menschen zu gehn!« hatte Rakel gesagt. Sie entschloß sich immer wieder dazu. Aber sie kam nicht weiter als bis zu Ringmors Klavier oder bis zum Schulhof.
Mitunter bildete sie sich ein, daß es so bis in alle Ewigkeit blei-

ben würde. Daß sie immer allein sein würde in ihrem eigenen Kopf. Und es konnte ihr nicht einmal Angst einflößen. Sie tröstete sich einfach damit, daß sie alles hatte, was sie brauchte, und daß der Radiator unter dem Fenster ihre Füße warm hielt. Sie überließ sich einer gewissen Müdigkeit und war zufrieden. Nur Ringmors Klavier konnte sie rühren. Da hätte sie wahrhaftig weinen können.

Sie bewegte sich langsam. Durchdachte alle Dinge genau, bevor sie etwas sagte oder tat. Wenn sie sich nachmittags an ihre Aufgaben setzte, sah sie immer zuerst auf die Uhr. Fing dann mit Mathematik und den schriftlichen Aufgaben an. Nahm sich zuletzt das vor, was sie auswendig lernen mußte.

Es war, als ob sie alles wieder von neuem lernen müßte. Als ob in ihrem Kopf ein Großreinemachen stattgefunden hätte. Sie entdeckte, daß sie alles vergessen hatte, was sie vor Ostern in der Schule durchgenommen hatten. Sie mußte viel nachholen. Arbeitete sich durch die Bücher rückwärts durch und machte gleichzeitig die täglichen Aufgaben. Saß am Fenster und baute in ihrem Kopf alles gründlich wieder auf. Sie hatte das Gefühl, daß der Kopf kalt und leer war, daß gleichsam immer ein Wind durch den Raum strich und sich hinter ihre Stirn legte.

Manchmal hatte sie das Gefühl, daß ein dichtes Häutchen sie und ihr Dasein umgab, durch das die Leuchtröhren im Klassenzimmer der Kommunalen Realschule Breiland nicht hindurchzudringen vermochten.

Tora sah Gesichter und Körper. Hörte Stimmen im Schulhof. Sie spielte eine schwierige Rolle in einem Theaterstück, in dem alle Repliken ihr fremd waren. Aber es war das einzige Theater, das sie hatte. Ab und zu *sah* sie Augen, die den Augen von jemandem glichen, den sie gesehen hatte. Aber sie war nicht sicher. Sie hatte die ganze Zeit das Gefühl, daß sie nicht ein brauchbares Wort gelernt hatte, um es anderen zu sagen. Andere hatten es schon vorher gesagt. Andere hatten die Worte an ihrer Stelle gelernt. Andere befahlen ihr, gerade dieses oder jenes zu sagen.

Sie sah es den Gesichtern an, wenn die anderen meinten, daß sie ihre Replik richtig gesagt hatte. Besonders deutlich war es bei den Lehrern. Ihre Gesichter waren Spiegelbilder dessen, was sie sagte.

An manchen Tagen war es nicht so schlimm. Sie ging zu den Kais und genoß das Licht. Die Farben waren beinahe jeden

Tag wie gewaschen. Das milde Wetter war endgültig gekommen.
Der Frühling roch in Breiland anders als auf der Insel. Der Fischgeruch fehlte. Der Erdgeruch war auch nicht so intensiv. Er war mit dem Geruch nach Moorwasser und nach vermodertem Laub von den Bäumen vermischt. Auf den Kais roch es nach Holzkästen und Benzin. Nach Holzwolle und Salzwasser. Der Tanggeruch war sozusagen ausgesiebt. Genau wie der Fischgeruch.
Wenn sie nachmittags einige von der Schule traf, wurde es schwierig. Sie suchte nach Worten. Begann mit: Hei! Aber die Worte, die sie sagten, schienen sich in der Luft aufzulösen. Und Tora konnte ihnen nicht in die Augen sehen, weil diese so verschleiert und nichtssagend waren.
Sie wollten sie mit ins Café nehmen. Aber sie gaben es sofort auf, wenn Tora sagte, daß sie nicht könne. Gelegentlich hatte sie den Eindruck, daß die anderen einsam und ängstlich aussahen. Es war, als ob sie sich selbst im Spiegel sähe. Das erinnerte sie daran, daß sie Tante Rakel versprochen hatte, alles aufzuessen. Jeden Tag einen Mundvoll, bis zum Schluß alles aufgegessen war. Inzwischen fingen die Birken an auszuschlagen. Duft. Licht. Farben. Die Birkenallee hinauf zur Eingangstür wogte ihr entgegen, wogte in ihr. Sie sah, daß die Wipfel ein wenig zitterten. Winzig kleine grüne Schimmer. Gerade so viel, daß ihr Auge sie einfangen konnte. Ein gütiger Schatten, der von irgendwoher geschickt wurde. Hatte sie das verdient? Wer war sie, Tora? Warum war sie nicht wie die anderen? Warum hatte sie diese dünne Haut um sich herum? Wie ein Zaun. Ein weiß gestrichenes Staket aus abgeblätterten, ängstlichen Holzlatten. Mit spitzen Enden wie Pfeile. Zeigten direkt nach oben. Gaben klaren Bescheid. Bis hierher, aber nicht weiter. Ich bin hier drinnen. Mit einer ist es genug.
Manchmal sehnte sie sich nach Menschen. Aber sie wußte, wie gefährlich das war. Sie mußte nicht noch mehr von sich selbst verlieren. Mußte das bewachen, was sie hatte. Darauf aufbauen. Gedanken zu Gedanken legen. Die Note »gut« zu Note »gut«. Fach zu Fach. Den Kopf mit solchen Dingen füllen, die sie nie richtig froh oder richtig verzweifelt machen würden. Die sie befähigten zu spüren, daß der Tee zu heiß zum Trinken war. Daß die Augen vom Lesen müde geworden waren. Daß sie Licht anmachen mußte. Daß sie Vaseline auf den Mund streichen mußte, weil sie aufgesprungene Lippen

hatte. Daß sie Hunger hatte und daß es klug war, eine Scheibe Brot zu essen, bevor sie sich an den Schreibtisch setzte. Daß sie aufs Klo gehen mußte.

Sie war ein flaches, unförmiges Tier, das auf der Erde lag und versuchte, die ganze Unterlage zu bedecken. Dicht, dicht. Gleichzeitig war da etwas, das sie hinauf in die Luft zwingen wollte. Zu den Bergen. Zum Himmel. Und das Tier sagte zu sich selbst: »Bleib hier! Decke mit deinem Körper und mit deinen Gedanken alles gut zu. Laß von der Erde, auf der du liegst, nichts ans Licht kommen! Denn das ist gefährlich.«

Gleichzeitig waren die Sehnsüchte dicht über ihrem Kopf, wie Funken im Regen.

Die Fenster der Kommunalen Realschule Breiland standen jetzt den ganzen Tag offen. Der Himmel und die Sonne waren lästig. Die deutschen Regeln und Deklinationen lagen wie verhaßte Guerillasoldaten in der verschwitzten Luft voller Kreidestaub und Widerwillen. Das ging allen so. Aber nicht Tora. Sie lag da und bedeckte die ganze Unterlage. Sie preßte sich mit aller Kraft an die Erde. Die Tage hatten keine Wunden mehr. Sie standen auf Pfählen. Fest.

Demnächst war Examen. Toras Kopf hatte gut Platz für alles, was sie lernte, denn sie hatte sich bald selbst aufgegessen. Ihr altes Ich. Und was unverdaulich war, hatte sie flach unter sich gepreßt in ihrem Eifer, alles auf der Erde zuzudecken, auf der sie lag.

13

Ingrid schrieb Tora einen Brief. Eine seltsam unbeholfene Ansammlung von Worten. Mit ordentlicher Schrift. Über selbstverständliche Dinge. Geld. Der Brief roch nach Kupfermünzen und Schmierseife.

Sie hatte keine Angst mehr vor Ingrids Briefen. Sie waren ungefährlich und ängstlich. Sie las sie schnell durch und vergaß sie. Sie stammten von einer, die sie einmal gekannt hatte, aber die sie nichts mehr anging. Wenn sie antwortete, erzählte sie von der Schule, den Noten, den Lehrern. Von dem schönen Zimmer bei Bergs. Aber sie konnte sich nicht entschließen, von der Aussicht in den Himmel zu schreiben. Oder wie es war, jeden Tag in dem drängenden Licht von der Schule nach Hause zu gehen.

Ein paarmal dachte Tora daran, was Rakel wohl zu Ingrid gesagt hatte. Aber sie schob den Gedanken beiseite. Rakel rief oft an. Eines Tages sagte sie, daß Ingrid außer sich sei, weil Tora an den Wochenenden nie nach Hause komme.

»Ich weiß nicht, wie wir das bewerkstelligen sollen. Am Telefon kann man nicht gut darüber reden, aber wenn du mir schreibst, wie du dir das Ganze denkst, dann würd' ich schon probieren, was zu machen. Was meinste?«

»Ich hab' keine Zeit, nach Haus zu kommen«, sagte Tora unerwartet energisch.

»Biste sicher? Du kannst bei uns wohnen. Ich find' schon'ne Ausrede...«

»Nein.«

»Na schön.«

Die Stimme erstarb, und Tora begriff, daß Rakel sie verstand. Und was sie nicht verstand, verblaßte in dem Willen, zu verstehen.

Alle Flure haben Spiegel, dachte sie. Hier war der Spiegel beim Telefon. Nicht im Treppenaufgang wie bei Frau Karlsen. Sie drehte dem Spiegel den Rücken zu, damit sie ihre Antworten nicht zu sehen brauchte. Das Gesicht wurde zu einem ungewaschenen Wollknäuel in dem Spiegelrahmen. Floß in einem Kreis mal hierhin, mal dorthin. Unaufhörlich wie ein Pendel. An diesem Abend ging Tora ins Café. Sie bestellte sich an der Theke ein Glas Saft und suchte sich einen Tisch. Es waren nur ein paar vom Gymnasium da. Sie sprachen nicht mit ihr. Aber sie schauten. Tora hatte das ekelhafte Gefühl, daß sie das Telefongespräch mit Rakel gehört hatten. Daß es auf ihren Kleidern geschrieben stand. Daß auch sie sich überlegten, warum sie nie nach Hause fuhr.

Genau wie Familie Berg.

»Du fährst nicht oft nach Hause, Tora«, sagte Ringmor Berg.

»Du bist tüchtiger in der Schule als unsere Jungen und gönnst dir kaum Freizeit«, sagte Gunnar Berg. Dann sahen sie sie forschend an.

Tora kämpfte immer gegen die Versuchung an, etwas zu erklären. Eine Entschuldigung zu finden. Die sie später vergaß. So daß sie zum Schluß in einem Sumpf von Lügen stand. Das konnte sie nicht. Sie sollten denken, was sie wollten. Sie sagte ja oder nein zu solchen Fragen. Oder: »Das stimmt schon.«

Ihre Antworten kamen allmählich automatisch. Sie brauchte sich nur gegen die Blicke zu wappnen – und dann eine kurze Antwort zu geben, die nicht zu Vertraulichkeit und neuen Fragen einlud.
Sie hielt ihre Noten wie einen Schild vor sich.
Würde es ihnen bei der Prüfung schon zeigen! Würde ihnen zeigen, was sie machte, wenn sie nicht nach Hause fuhr.
Sie hatte das Gefühl, es wären mehrere Jahre vergangen, seit sie zuletzt im Café war. Die Resopaltische mit den Stahlrohrbeinen. Der noch nicht entfernte Osterschmuck an der Kugellampe über der Theke. Die prunkvoll gemusterten Vorhänge. Die deutlichen Spuren von schmutzigen Schuhen auf dem Linoleum. Der erkältete junge Mann hinten in der Ecke, der sich ständig in seinen Pulloverärmel schneuzte. Das zerbrechliche Licht über der Tischplatte mit halbvollen Aschenbechern und von den Gläsern hinterlassenen Ringen.
Sie zog sich aus dem Raum zurück und starrte zum Fenster hinaus. Versuchte einen gewissen Sinn darin zu sehen, daß die Dinge nun einmal so waren. Sah ihr Spiegelbild in der Fensterscheibe wie einen schwachen Schatten, der über der Resopalplatte schwebte und keine Füße und keinen Körper hatte. Ein vergessenes Gesicht mit Haaren darum. Wie der Puppenkopf von Mutters Puppe, die auf der Kommode im Tausendheim stand. Tora hatte nie damit spielen dürfen, denn der Puppenkopf war aus Porzellan. Sie verstand, daß er nicht zu gebrauchen war, denn er hatte keinen Körper. Hatte sie selbst auch keinen Körper? Unangreifbar? Vielleicht war es doch nicht gefährlich, nach Hause zu fahren? Auch wenn *er* da war?
Sie drehte an einem losen Faden, der aus dem Pullover herausschaute. Dachte daran, daß sie eine Nadel nehmen und den Faden besser vernähen mußte. Aber sie schaffte es nicht, aufzustehen und zu gehen.
Der Saft war noch nicht zur Hälfte getrunken. Es war Dienstag, und es kamen nicht viele. Mittwoch und Samstag war Cafétag. Es war egal.
Das Paar an dem Tisch am anderen Ende des Raums flüsterte miteinander. Steckte die Köpfe dicht zusammen. Der junge Mann strich dem Mädchen die Haare aus dem Gesicht und küßte sie flüchtig auf die Nase.
Tora wandte die Augen ab. Dann trank sie einen großen Schluck aus dem Glas und sah wieder zum Fenster hinaus. Der Schmutz lag schmierig und unersättlich da draußen. Au-

tospuren durchschnitten die Straßen der Länge nach. Die Birken im Park hatten Millionen von grünschimmernden Punkten. Sie hatten sich lange versteckt. Ängstlich, als ob sie auf den Herbst warteten.

Er stand plötzlich in der Tür. Das schmutzige gelbe Licht aus den Kugellampen an der Decke sandte schläfrige Angriffe auf den Frühling, der durch die offene Tür hereinbrach.
Er stand mitten in dem Lichtkrieg. Ohne Farben oder Gesichtszüge. Dann schloß er die Tür hinter sich und ging zur Theke.
Jon.
Die Dame hinter der Theke war ein Vollmond. Sie lächelte über das ganze Gesicht. Die Kugellampen falteten sich auseinander und ähnelten auf einmal den Kronleuchtern im Speisesaal des Hotels. Es tönte. Immer lauter.
Alles ging kaputt, als er sich umdrehte und sie sah.
Er zögerte und blickte sich um. Als ob er einen Vorwand haben wollte, um mit ihr zu reden. Dann kam er mit einer Flasche Cola und mit einem Glas in den Händen durch den Raum. Stülpte das Glas nicht auf die offene Flasche, wie die anderen es machten. Benutzte beide Hände. Auch wenn sie ihn in den Korridoren oder auf dem Schulhof häufig gesehen hatte, so war es doch nicht in ihr Bewußtsein gedrungen. Daß er existierte. Nicht bis zu diesem Augenblick.
Er blieb vor dem Tisch stehen. Abwartend. Nickte schließlich und ließ sich auf den freien Stuhl gleiten, der in äußerster Not aufschrie, als Jon ihn zurückschob, um für seinen langen Körper Platz zu bekommen. Er schenkte ein, bevor er etwas sagte.
»Man sieht dich selten – im Café.«
»Ja.«
»Du lernst?«
»Ja.«
»Geht's dir gut?«
»Ja.«
»Du siehst nicht grad so aus. Ich hab' dich beobachtet. Du siehst aus, als ob du Liebeskummer hättest – mindestens!«
Tora wechselte die Farbe. Spürte, wie es unter den Armen und am Rücken feucht wurde. Es war zuviel Dunst in dem Café.
»Was machste denn, wenn du nicht lernst?«
»Ich lern'.«
Er lachte. Sein Gesicht verzog sich in gutmütige Falten.

»Les' Bücher und so was«, stotterte sie. Gleichzeitig verhärtete sie sich innerlich. Weil sie merkte, daß er sie verspottete, um sich selbst zu schützen.
»Gehste mit ins Kino?«
Das Gesicht wurde plötzlich ernst. Er feuchtete die Lippen an und wußte vor lauter Unbeholfenheit nicht, wohin mit den Händen. Nahm das Glas und wollte trinken. Überlegte es sich anders und ließ das Glas stehen.
»Was gibt's denn?«
»Ich weiß nicht, aber wir können ja auf dem Plakat nachschauen.« Er wurde eifrig. Sah auf.

Der Frühling war ein Stoß in den Unterleib.
So einfach war das. Als ob man gar nicht darüber zu reden brauchte. Als ob es schon vor langer Zeit so bestimmt war. Vor dem Fest in der Schulbaracke. Vor – vor allem...
Sie trotteten zum Kino. Er war viel größer. Sah ab und zu auf sie herunter. Vorsichtig, von der Seite. Vergewisserte sich, daß sie wirklich da ging. Sagte nicht viel. Ließ die Dinge einfach geschehen. Und sie geschahen. Sprossen wie ein Wunder aus dem schmutzigen Hang. Flimmerten als kleine, gütige Flekken in dem lichten Himmel, über den Hausdächern und am Ende der Straße, wo Himmel und Meer um den Platz am Horizont kämpften. Sie atmete in tiefen Zügen. Eine Art Beweis, daß sie mehr war als ein Puppenkopf.
Jon nahm ihre Hand, als das Licht im Kino ausging und der Film über die Leinwand lief.
Sie wußte nicht so genau, was sie sagte. Das tat er sicher auch nicht. Ein Zug raste zwischen der Leinwand und ihr. Lange. Nahm sie beide mit. Sie reisten zusammen. Auf der Leinwand. Tora hatte in Wirklichkeit noch nie einen Zug gesehen. Ein stöhnendes schwarzes Eisentier mit einem langen Schwanz.
Als sie herauskamen, war der Frühling schrecklich hell.
»Komm mit mir nach Haus.«
Er sagte es so, als ob er lange darüber nachgedacht hätte, wie er diesen Satz formulieren sollte.
»Nein.«
»Warum nicht? Wir können ein Brot essen und Platten hören.«
»Nein. Ich muß mir noch Geschichte für morgen ansehn.«
»Du übertreibst. Aber ich möchte wetten, du sagst das nur, weil du nicht willst.«

Er blieb mit hängenden Armen stehen. Nacktes Gesicht im Wind. Die Wimpern waren dunkel und berührten die Wangen.
»Das stimmt nicht...«
»Okay!« Er unterbrach sie und legte den Arm um sie.
Sie gingen zu dem ockergelben Haus, in dem Tora wohnte.
»Warum biste von Frau Karlsen weggezogen? War's ungemütlich bei ihr?«
»Nein. Aber bei Bergs ist's besser. Die kümmern sich nicht soviel um mich. Und sie laden mich auch nicht so oft zum Essen ein.«
Sie lachten sich ein wenig an.
»Darf ich sehn, wie du wohnst?«
»Jetzt nicht.«
Tora hatte sich diese Antwort angewöhnt. Wußte, daß er fragen würde.
»Du bist störrisch. Wie ein Esel. Willste eine Eins in allen Fächern haben?«
»Ja«, sagte sie schlicht. »Außer in Turnen.«
Er lachte wieder, als ob er glaubte, daß er das müsse, um dann plötzlich wieder ernst zu werden wie ein Kirchenlied: »Ich hab' darüber nachgedacht, wie ich mal mit dir reden könnte. Wie ich dich mal treffen könnte. Hatte es aufgegeben – beinahe. Und jetzt biste da. Was glaubste, was ich mir heut für einen Mut machen mußte.«
Eine ohnmächtige Freude überwältigte Tora. Sie schubste einen Stein weg. Weit.
»Warum warste damals so, als ich zu dir aufs Zimmer kam? Du hast solche Angst vor mir gehabt, daß ich auch Angst bekam.«
»Ich weiß nicht, es ist schon so lange her«, versuchte sie.
»Du entgleitest mir die ganze Zeit. Du willst nicht reden. Warum?«
»Ich bin nicht gewohnt, über alles zu reden.«
Sie sah ihn verzweifelt an.
»*Versuch* es wenigstens. Sonst lernen wir uns nie kennen. Wenn du glaubst, daß ich dir nachlauf', nur um eine zum Abknutschen zu haben – dann irrste dich. Ich muß jemand zum Reden haben. Sonst werd' ich verrückt! Zu Haus laufen sie immer im Kreis rum wie in einer Mühle und haben alles mögliche zu *tun*. Mutter und Vater und Tove und Eric. Nicht eine Seele hat Zeit zum *Reden*. Da hab' ich dich am ersten Schultag auf dem Schulhof gesehn, und da hab' ich geglaubt, du wärst

ein Mensch, mit dem man reden könnte. Du hast nicht gegrinst und dich verstellt wie die andern Mädchen. Du hast beobachtet. *Zugehört.* Ich glaub', deswegen hab' ich mich in dich verliebt. Weil du zugehört hast.«
Er stockte.
»Red mit mir, Tora«, flüsterte er.
»Ich werd's versuchen. Ehrenwort.«
Sie reckte sich auf die Zehen und legte beide Arme um seinen Hals. Ganz fest. Danach schaffte sie es nicht, ihn anzusehen. Sie ging ein paar Schritte von ihm weg und schaute zu den Fenstern. Aber nein. Da bewegte sich kein Kopf hinter der Gardine. Bei Bergs hatten sie etwas anderes zu tun.

Sie lernte an diesem Abend nicht mehr. Das Licht von draußen war zu stark.
Die tiefen Grübchen in seinen Wangen. Die übermütigen Augen, die so schnell erlöschen konnten. Sie spürte seine Hände, während sie am Fenster saß.
Der Himmel ihr gegenüber war hautlos und blutig.
Sie hatte die größte Lust, etwas kaputtzumachen. Aus dem Fenster zu werfen. War sie für die Freude nicht geschaffen? So daß sie nicht mit ihr fertig wurde, wenn man sie ihr in den Schoß legte? Weil sie eben nie von Dauer war?
Was hatte er gesagt? »Ich glaub', deshalb hab' ich mich in dich verliebt ... weil du zugehört hast.«
Sie nahm den Spiegel von der Wand und stellte ihn auf einen Sessel, so daß sie sich in voller Größe sehen konnte. Dann streckte sie die Arme über den Kopf und schaute. Ein dünnes, zartes junges Mädchen in Jeans und mit üppigen roten Haaren um ein blasses Gesicht. Die Nase war zu groß. Aber sie akzeptierte sie. Der Mund war schmaler, als er zu sein brauchte, weil sie ihn immer geschlossen hielt. »Red mit mir!« Er hatte sie gern. *Hatte sie gern.*
Hätte sie ein Radio gehabt, dann hätte sie es jetzt voll aufgedreht. Soviel war sicher!

14

Die Zeitung lag aufgeschlagen auf dem Wohnzimmertisch. Ringmor Berg war außer sich. Sie rannte wie ein aufgescheuchtes Huhn herum, das nicht wußte, wo es sein Ei hinlegen sollte.
»Komm doch mal gucken!« rief sie. Die Stimme war drei Töne höher als sonst.
Tora guckte. Suchte zwischen den Bildern und Überschriften nach dem, was Ringmor Berg veranlaßt hatte, die Treppe laut hinaufzurufen, daß sie ihr etwas zeigen wolle. Ihre Augen suchten unruhig die Zeitungsseite rauf und runter. »König Olaf in Trondheim eingesegnet«, »Mittsommernacht strahlendes Wetter«. Dann weiteten sich die Buchstaben plötzlich aus und kamen ihr entgegen: »Kinderleiche in einer Plastiktüte nahe der Straße. Das Kind hat nach der Geburt gelebt, also: Mord!«

Das Büfett mit den Bildern warf sich auf sie. Bekam ein Gesicht. Gesichter in Rahmen. Blaue Adern schlängelten sich rhythmisch um alles zusammen. Ein Wandleuchter hing schief an der Wand und traf sie in den Magen.
Sie mußte zu sich kommen, ehe es zu spät war. Sie fiel in langsam gleitenden Bewegungen, die kein Ende nahmen.
Ringmor hatte wohl alles entdeckt. Nun war endgültig Schluß. Sie fühlte sich fast erleichtert. Aber übel.
»Ivar, komm mit einem Lappen! Wring ihn in kaltem Wasser aus! Und ein Glas Wasser!«
Ringmor sah ratlos auf das Mädchen am Boden. Ging ihr das wirklich so nahe? Sie mußte es doch gewußt haben. War es möglich, so auf das zu reagieren, was über einen in der Zeitung stand. Sie hob Toras Kopf ein wenig hoch, damit sie trinken konnte.
Der Junge, Ivar, war ein blasser, verlegener Zuschauer.
Später las Ringmor laut, mit stolzer Stimme, als ob es sie selbst betreffen würde, vor: »Eine Schülerin der Kommunalen Realschule Breiland hat sich durch ›sehr gut‹ in allen Fächern, in denen es möglich war, ausgezeichnet. Sie heißt Tora Johansen und kommt von den Inseln. Die Lehrer zögern nicht, sie als begabt zu bezeichnen.«
Tora hörte die Worte in Wellen. Das Echo kam von allen Wänden. Sie richtete sich auf und trank das Wasser in gierigen großen Schlucken.

Sie hatte die Zeitung im Fallen mit heruntergerissen. Diese hatte Spuren auf ihren Armen hinterlassen. Schwarze, verschwommene Schatten. Sie zwang sich, noch einmal auf die Zeitungsseite zu sehen: »Kinderleiche in einer Plastiktüte gefunden. In einem Privathaus nahe der Straße außerhalb von Oslo. Das Kind hat nach der Geburt gelebt, also: Mord!«
Sie lag mit angezogenen Knien und dem Kinn auf dem kalten Wasserglas. Wollte aufstehen. Aber die Zimmerdecke drückte sie herunter. Es war so schrecklich hell. Mord... dachte sie. Da war es wohl Mord gewesen. Sie würden es in die Zeitung setzen. Daß es Mord war.

Als Doktor Berg nach Hause kam, lag sie noch auf dem Boden. Es war unmöglich, ein Wort aus ihr herauszukriegen.
Er gab ihr ein Beruhigungsmittel. Stellte die Diagnose: überanstrengt. Stützte sie bis hinauf in ihr Zimmer und verordnete Ruhe und Pflege mit der gleichen Stimme wie im Krankenhaus.
Ringmor schlich zu ihr herein. Sie strich ihr über die Haare und sagte ein paar freundliche Worte. Ivar schaute herein mit einem Eis vom Kiosk. Erzählte, daß der Vater verboten hatte, Bücher mitzubringen. Tora sollte mehrere Tage absolut nicht lesen.

Rakel wurde angerufen und bekam die Geschichte von der Zeitungsnotiz erzählt. Sie brauche sich nicht zu ängstigen, sagten sie. Außerdem sei das Schuljahr zu Ende. Tora habe Ferien.
Rakel stand noch lange mit dem Telefonhörer in der Hand. Dann breitete sie die Zeitung aus und las von der Prachtschülerin Tora Johansen und ihren Noten.
Wie war es möglich, daß ein Mensch, der so viel durchgemacht hatte, solche Resultate in der Schule erzielte.
Der Blick fiel etwas weiter unten auf die Zeitungsseite. Blieb an der Kinderleiche in der Plastiktüte haften.
Sie war in Gedanken bereits auf dem Weg nach Breiland. Warum stand so etwas in der Zeitung? Warum wurde das Unglück der Menschen vor aller Welt zur Schau gestellt? Glaubten die Zeitungsleute, daß das Leben der Menschen ein simpler Film war?
Sie ertappte sich schließlich dabei, daß sie die Zeitung zwischen den Händen zu einem grauen Knäuel zusammenknüllte. Dann holte sie die Reisetasche.

15

Rakel ging es schlecht. Aber es wurde nicht schlechter davon, daß sie nach Breiland fuhr, um zu sehen, was mit Tora los war. Das war ihre einfache Philosophie.

Simon war anderer Meinung. Ingrid sollte nach Breiland fahren. Er blieb standhaft. Bevor Rakel es verhindern konnte, war er bereits auf dem Weg zur Tür hinaus, um Ingrid zu sagen, daß sie Tora besuchen solle.

Rakel fühlte Müdigkeit und Wut – und noch etwas anderes. Sehnsucht, ihre Last mit jemandem zu teilen, der einen Rat wußte.

»Warte!« rief sie, als er gerade die Tür hinter sich zumachen wollte.

Er drehte sich um. Blieb stehen. Aber hatte diesen bestimmten Zug um den Mund. Falten zwischen den Augenbrauen.

»Das ist was, worum du dich nicht kümmern sollst. Da versteh' ich mich besser drauf«, sagte sie.

»Ich versteh' so viel, daß dein Bauch nicht in Ordnung ist und daß du im Krankenhaus aus- und eingehst und daß du dich mit den Schafen und mit unmöglichen Verwandten abplagst. Damit ist jetzt Schluß! Es ist Ingrids Tochter, nicht deine!«

Sie starrte ihn an. Die Worte trafen. Sie spürte eine plötzliche Schwäche. Sollte sie nachgeben? Er paßte wirklich auf sie auf, dieser Simon. Hatte es wohl immer getan. Aber sie hatte es so eilig gehabt, in ihm den kleinen Jungen zu sehen, daß sie es nicht ganz begriffen hatte. Er reagierte nicht nur, weil er sie für sich haben wollte. Das mußte sie ihm lassen. Sie streckte ihm beide Arme entgegen.

»Na gut«, sagte sie, den Mund an seinem karierten Hemd.

Die Wärme seines Körpers schlug ihr entgegen.

Aber Ingrid konnte nicht nach Breiland fahren. Sie mußte arbeiten gehen. Sie hatten eine Ladung Fisch bekommen, die im Laufe von zwei Tagen verschifft werden mußte. Sie war wie ein winselnder Hund, so schien es Rakel, aber gleichzeitig bedauerte sie sie auch. Wurde von alldem so müde.

Schrecklich müde.

Sie rief in Breiland an und konnte endlich mit Tora sprechen. Sie hatte das Gefühl, ein ekelhaftes Klicken in der Leitung zu hören. Die Telefondamen schalteten sich mit ihren langen Oh-

ren ein. Oder Josef von der Zentrale, der sein »Hallo, hallo« dazwischenrief – immer wieder.
Dadurch kam kein ordentliches Gespräch zustande. Rakel verfluchte alles, was kriechen, gehen, sehen und hören konnte, während sie zugleich Tora zu erzählen versuchte, daß sie die Zeitung gelesen hatte. Die ganze Seite. Daß sie stolz darauf war, was über Tora in der Zeitung stand. Ihr Name in der Zeitung!
Zuletzt: »Denk nicht an das, was da noch steht.«
Es wurde still am anderen Ende. Nur ein leises Atmen. Eine Art Lebensfunke über Meer und Land. Es schnürte Rakel die Kehle zu, stieg in die Nase. Die Müdigkeit war ein Bleigewicht am Ende einer Schnur. Ein Pendel, das ausschlug. Hin und her.
»Denk nicht dran, was von der Tüte dastand – von der Plastiktüte... Das war nicht für uns. Das sind dumme, verrückte Leute, die so was schreiben. Bei dir war's anders, man kann's nicht vergleichen. Du mußt jetzt wieder gesund werden und nach Haus kommen. Wir brauchen dich bald zur Heuernte in Bekkejordet. Du kannst in der Dachstube schlafen, Tora. Paß auf dich auf!«
»Ja...«, säuselte es an Rakels Ohr. Ganz zaghaft. Man konnte sich nicht daran wärmen. Aber für Rakel bedeutete es soviel wie das kostbarste Dokument für einen Kenner. Sie verwahrte es, lange.

Toras Vogelkind.
Es wunderte Rakel, daß sie daran denken konnte, als ob es eine alltägliche, wenn auch lästige Sache wäre, für die man eine Lösung finden mußte. Vielleicht war es so, daß die meisten Menschen das richtig Häßliche, das Grausame, das, was man unbedingt verbergen wollte – gerade *das* als ihr besonderes Geheimnis mit sich herumtrugen. Daß nur *sie*, Rakel, durch das Leben gegangen war, ohne sich einmal in den Finger zu schneiden, ohne daß ihr ein einziger Zahn gezogen werden mußte. Und daß nun alles auf einmal über ihr zusammenstürzte, als es kam.
Sie nahm die Katze mit ins Bett. Erblickte sich plötzlich im Spiegel über der Kommode. Ungekämmt und blaß. Das Gesicht war in letzter Zeit direkt eingetrocknet.
Der Leib. Der Gedanke an Tora. Der Zweifel. Wie sollte sie sich verhalten? Sie ging in Gedanken alles von neuem durch.

Der Katze gefiel es in der Bettwärme nicht mehr. Sie miaute und wollte raus. Kratzte am Fenster. Gab keine Ruhe. Rakel kam mühsam aus dem Bett, ging zum Fenster und öffnete es. Blieb am Fenster stehen und sah, wie der geschmeidige Katzenkörper über den grasbewachsenen Hofplatz schritt. Funken sprühten in dem schwarzen Fell. Die Schnurrhaare vibrierten. Als ob sie Witterung von etwas hätte. Dann stolzierte sie zur Stalltreppe. Wand sich träge. Hob den Kopf und gähnte leicht. Frei war sie. Frei von Rakels Schoß.

Falls sie zu Ingrid hinunterlief und alles auf ihrem Tisch ausbreitete? Falls sie das Ganze den beiden, Henrik und Ingrid, präsentierte? Sie zu einer Art Gericht berief? Wer konnte dabei gewinnen? Tora? Kaum. Alle würden Verlierer sein. Denn so weise war es eingerichtet, daß, wenn die Menschen sich das Grausamste einander antaten – keiner gewann. Alle waren Verlierer. Wenn sie Henrik anzeigte, zog sie Ingrid mit.

Und sie, Rakel? Konnte sie mit offenen Augen zusehen, wie alle von der Lawine erfaßt wurden, die sie ausgelöst hatte? Nein. Sie mußte es auf sich nehmen. Mußte diese Lüge tragen. Konnte nur hoffen, daß sie so lange am Leben blieb, bis Tora genügend Abstand gewonnen hatte. Es ging ihr auf, daß sie nicht viel Zeit gehabt hatte, über ihr eigenes Elend nachzudenken. Mußte beinahe lächeln.

Sie legte sich nicht wieder hin. Zwang sich vor den Spiegel und kratzte mit den Fingern über das Gesicht, so daß es ein wenig Farbe bekam. Dann ging sie schwerfällig in die Küche. Es war, als ob der Teufel und alle guten Mächte einen Bund eingingen, um sie auf den Beinen zu halten.

Selbst half sie sich, indem sie Schmerztabletten nahm.

Sie riß die Schürze ab und ging hinaus auf die Treppe in die Nachmittagssonne. Es glitzerte im Fjord. Winzig kleine, goldene Funken. Felder und Wiesen – satt und grün den ganzen Hang hinunter. Die Stalltüren standen weit auf, um den Winter herauszulassen. Mit so etwas war Rakel genau.

Der Sommerwind faßte sie an. Wollte spielen. Behutsam, zum Trost? Warum mußte sie sich durchaus als Leiche sehen, nur weil sie von dem toten Kind in der Zeitung gelesen hatte? Konnte ihr das jemand sagen?

Sie wandte sich zornig um und stapfte hinein. Zog sich die Schürze wieder an und nahm den großen Holztrog von der Wand im Windfang. Bereitete alles zum Brotbacken vor.

Sie knetete, daß es ihr in den Ohren sauste, als Simon hereinkam. Sie hatte gehört, daß er das Fahrrad gegen die Hauswand gestellt hatte und über den Grus zur Treppe gegangen war, aber sie sah nicht auf. Es war, als ob sie mit ihren Problemen noch mehr allein gelassen würde, wenn er in den Raum kam.

Wie gewöhnlich trat er von hinten an sie heran. Schloß die großen Hände um ihre Brüste und küßte sie auf den Nacken. Schnupperte mit offenen Sinnen. War besonders guter Laune heute. Hatte die Kaufgenehmigung für ein Auto erhalten. Hatte so ein bißchen daran gedacht, sich einen 2,5-Tonner Ford mit hydraulischer Kippvorrichtung zu kaufen, den er bei der Heuernte gut gebrauchen konnte! Er wollte es in Vaeret nicht gerade an die große Glocke hängen, aber eines schönen Tages würde das Auto vom Frachtschiff an Land gehievt werden. Und wenn die Leute fragten, wem das Auto gehöre, dann würde er grinsen, sich hineinsetzen und starten.

Würde vom Kai auf den Grusweg kurven, schalten und mit mächtigem Krach, der sich zwischen den Hügeln festsetzte, die Hänge hinaufschnaufen. So würde es sein!

Er hatte den ganzen Winter und Frühling auf dem Lastwagen vom Dahlschen Betrieb geübt. Nas-Eldar betrachtete das Auto als sein eigenes, denn er fuhr es ja immer. Er fand es allerhand, daß ein so großer Mann wie Simon zu ihm gekommen war, um die Fahrkunst bei ihm zu lernen.

Der Führerschein sei das Problem, meinte Simon. Er müsse so perfekt werden, daß er nach Breiland fahren könne und sich den Wisch holen, wie er sagte.

Nas-Eldar schielte ihn böse an. Ach so! Führerschein? Warum denn? Wollte er absolut besser sein als alle anderen? Besser als Nas-Eldar, dem er zu großem Dank verpflichtet war, weil dieser ihm die Kunst des Autofahrens beigebracht hatte? Warum wollte er nach Breiland und den Führerschein machen? Genügte es nicht, Auto fahren zu können?

Simon erklärte, indem er das Gesicht in ernste Falten legte, daß er nach Breiland mußte. Es war verboten, ohne Führerschein zu fahren.

Nas-Eldar spuckte aus dem Autofenster. Brauner Schleim blieb an der Außenseite der wackligen Autotür hängen. Ach so, Simon meinte, daß Nas-Eldar unerlaubte Dinge tat, wenn er nicht in Breiland gewesen war und irgendeinen Dummkopf veranlaßt hatte, ihm zu bescheinigen, daß er gut genug Auto fuhr, was?

Die Stimme war drohend gewesen. Nas-Eldar war ein bißchen an den Straßenrand gefahren und stehengeblieben. Aber nicht, weil er wütend war. Nein, keineswegs! Nur um des Pfarrers Mähre mit Mist und Knecht und dem ganzen Kram vorbeizulassen. Denn er war ein so guter Autofahrer, daß er Verständnis für Pferde und Leute und Autos hatte. Er wußte, wann man ausweichen mußte, damit es keinen Krach gab. Und *er* hätte nach Breiland fahren sollen und den Führerschein machen! Nach Breiland! Wo sie wohl kaum einen Lastwagen voller Fischkästen mit Eisblöcken drin gesehen hatten, wobei das Eis bei Glatteis vom Kjerringsee geholt worden und dann rückwärts auf den Kai gefahren worden war, damit die Männer ihre Fische auf Eis legen konnten. He? Nach Breiland? Wo sie noch keinen Fisch mit einem Schwanz dran gesehen hatten, geschweige denn Leute, die wirklich ein Eisauto fahren konnten!

Simon räusperte sich und verstummte. Er war sich klar darüber, daß Freundschaft eine zerbrechliche Sache war. Besonders, wenn sie auf Autofahren basierte. Er bot Nas-Eldar eine South State an, wurde aber so nachdrücklich abgewiesen, daß er ebensogut einen Eimer Wasser ins Gesicht hätte bekommen können.

Trotzdem gedachte er, die Prüfung zu machen, wenn die Heuernte vorüber war. Er erwähnte es nur nicht mehr. Auch nicht, daß er ein Auto kaufen wollte.

Er bot Nas-Eldar für den Unterricht Geld an.

Aber der Mann spuckte drohend aus und wackelte hin und her, während er seine Augen halb zukniff und den grünen Streifen auf der Mitte des Grusweges anstarrte. Klee und Gras wuchsen da frisch und munter, als ob sie gedüngt worden wären. Dann kam eine brummende Rede: »Soll ich dafür bezahlt werden, daß ich in dem Lastwagen gefahren bin, in dem ich sowieso gesessen hab'? Haste schon mal von welchen gehört, die sich dafür Geld geben lassen, daß Leute mitfahren, wenn sie bereits Geld für das bekommen haben, was sie tun? Geh mir weg! Ich mag so 'n dummes Geschwätz nicht.«

Simon mußte noch durch ein zweites Fegefeuer hindurch. Rakel war über den Autokauf nicht informiert. Und er hatte den Kaufvertrag bereits unterschrieben. Sie hatte gelächelt, wenn er von der Fahrerei erzählt hatte und wie gut er geworden war. Sie hatte abwesend in die Katzenschale geblickt und Milch

hineingeschüttet. Hatte die Blumen gegossen und war hin und her gegangen.
Simon liebte diese Art, sich zu äußern, ohne ein Wort zu sagen, nicht. Sie hätte ebensogut sagen können: Simon, du benimmst dich wie ein kleiner Junge. Aber nein, das tat sie nicht. Sie kraulte ihn im Nacken, als ob er eines von ihren Ferkeln wäre, und dann hatte sie ihn gefragt, wie schnell er gefahren sei. Als ob er das wissen konnte bei einem Auto, das keinen funktionierenden Tachometer hatte, solange es schon auf der Insel fuhr.

Aber heute war die Entscheidung gefallen, deshalb küßte er sie auf den Nacken und legte den ganzen Plan auf ihre Schultern wie ein geweihtes Schwert in die Sonne. Die Arme hörten plötzlich auf zu kneten. Die Schultern, die er umfaßt hielt, wurden zu zwei harten Knoten unter seinen Händen. Sie drehte den Kopf so weit zur Seite, daß man kaum glauben konnte, daß ihn etwas zurückhielt. Dann machte sie verächtlich: »Pah! Quatsch!«
»Aber es ist wahr, Rakel. Das Auto kommt mit dem nächsten Frachtschiff. Ist das nicht prima?«
Er ließ sie los und griff nach dem Steuerrad, das er aus der leeren Luft holte, und fuhr mit angewinkelten Knien und konzentriertem Geräusch durch die Küche.
»Br-r-r-r.«
»Setz dich doch, du Narr!«
Sie legte ein sauberes Tuch über den Teig, ging zum Wasserhahn und wusch sich die Hände.
Simon setzte sich. Es wurde ihm klar, daß er irgendwo unterwegs einen Fehler gemacht hatte.
»Was meinste mit ›ein Auto bestellen‹, einfach so ohne weiteres? Ausgerechnet ein *Auto*? Was gedenkste damit zu tun, wenn ich fragen darf?«
»Ich werd' fahren. Heu fahren und Köder und Leute und Kohle.«
»Köder und Leute und Kohle! Ich glaub', du hast se nicht mehr alle. Willste dem Nas-Eldar seine Arbeit wegnehmen? Heu? Du kannst doch nicht ein Auto kaufen, nur um die lumpigen paar Heuballen nach Haus zu fahren. Willste dich auf die faule Haut legen, Mann?«
Simon erzählte traurig von der hydraulischen Kippvorrichtung. Er konnte nicht begreifen, daß die Weibsleute so gänz-

lich ohne jedes technische Verständnis waren. Denn Rakel wurde ganz wild. Was sollte er, Simon Bekkejordet, zu *kippen* haben? Das würde sie gerne wissen.
Die Katze wurde unruhig. Sie ging herum und miaute. Zuerst zwischen Rakels Beinen, dann um Simons lange Füße.
»Die Katze kriegt es schon mit der Angst zu tun«, sagte Simon und wollte das Thema wechseln. Man konnte mit Rakel nicht vernünftig reden, wenn sie so war.
»Tröst du nur die Katze! Aber das sag' ich dir, du bestellst das Auto ab, und zwar sofort!«
Irgend etwas kochte sprudelnd auf dem Herd. Rakel nahm es weg von der Platte. Dann fing sie an, in rasender Eile Fleisch in kleine Stücke zu schneiden. Das Messer arbeitete wie eine Hackmaschine zwischen den dünnen, kleinen Fingern.
Simon sah eine Weile zu. Dann schien ihn etwas zu packen. Der Mund wurde schmal, und die Stirn legte sich in Falten wie ein Flickenteppich, den keiner geradezog.
»Nein, das mach' ich nicht«, sagte er.
»Du machst das«, sagte sie.
»Nein!«
»Nimm doch Vernunft an, Simon. Du bist doch erwachsen. Wir brauchen das Geld für andre Dinge als für so was.«
»Für was denn?«
»Ach, für vieles. Einen neuen Fußboden im Schafstall. Und... Außerdem hätt' ich gern ein hübsches, kleines Boot mit Außenbordmotor, damit ich ein bißchen raus in die Schären komm' – bevor es...«
Sie hielt inne. Etwas legte sich vor den Blick. Sie schien Simon vergessen zu haben, das Auto und – alles.
»Du möchtest ein *Boot*? Das hab' ich nicht gewußt. Das sagste wohl nur so.«
»Nein«, sagte sie plötzlich mit einer ganz anderen Stimme. Träumend. »Ich hab' mir immer ein Boot für mich allein gewünscht. Mit dem ich raus zu den kleinen Inseln fahren kann und das ich selbst an Land ziehen kann... Schon als junges Ding hab' ich dran gedacht.«
»Aber warum haste nie was gesagt?«
»Ich weiß nicht. Vielleicht hatte ich Angst, du würdest mich auslachen.«
»Warum sollt' ich dich auslachen?«
»Keine Frau hier hat ein Boot«, lachte sie herzlich.
»Warum solltest du kein Boot haben, auch wenn sonst keine

Frau eins hat? Steht das irgendwo geschrieben, daß du nicht die erste Frau auf der Insel sein kannst, die ein Boot hat?«
Rakel lachte. Es ging ihr wieder einmal auf, daß dieser Mann großzügiger war als jeder andere, den sie kannte.
Sie ging zu ihm hin und gab ihm die Hand.
»Entschuldige«, sagte sie weich.
»Was denn?«
»Daß ich so schroff bin.«
»Du bist nicht schroff. Du bist nur ungestüm und unvernünftig. Und du möchtest gern, daß ich den ganzen Tag an deinem Rockzipfel hänge und nicht mit dem Auto in der Gegend rumfahre.«
Er grinste von einem Ohr bis zum anderen. Jetzt hatte er sie.
»Und was wird aus der Sache?« fragte sie.
»Was meinste?«
»Kaufste mir das Boot? Klein und hübsch und handlich für eine Dame?«

Der Brotteig ging mächtig auf an diesem Abend. Er quoll über den Rand des Backtrogs bis auf die Arbeitsplatte. Auch hatte keiner den Backofen angestellt.
Drinnen im Schlafzimmer lagen zwei ineinander verschlungene Körper unter einem leichten Oberbettuch. Durch das offene Fenster duftete es nach Klee. Unten im Ort brannte irgendwo ein Feuer. Ein schwacher Rauchgeruch drang herein und erinnerte Rakel daran, daß es noch Tag war – und hier lagen Simon und sie, im Bett. Die Kartoffeln waren noch nicht aufgesetzt. Das wäre eine schöne Bescherung, wenn Nachbarn kämen oder irgendwelche anderen.
Sie sog seinen Duft ein, zusammen mit dem fernen Rauchgeruch. Mittsommernacht und Tanz, salziger, leichter Luftzug vom Meer. Abende, die vorübergegangen waren, bevor sie sich ihrer richtig bewußt geworden war. Und die Nächte ... Die Nächte mit Simon.
War das alles so kurz? Wie ein Hauch. Wo war das alles geblieben?
Sie schlang die Arme um ihn und schraubte sich so dicht an ihn wie ein zu Tode erschrockenes Kind. Er wehrte sich im Halbschlaf gegen den Angriff. Dann ließ er die Hände durch ihr Haar gleiten und liebkoste sie, bis er ganz erwachte und ihr in die Augen sah.
»Weinst du, mein Mädchen?«

Er setzte sich auf und nahm sie in die Arme. Wiegte sie sacht, das Gesicht in ihrem Haar.
»Ja, ein bißchen...«
»Warum, Rakel?«
»Ich weiß nicht. Ein bißchen, weil ich dich so liebhab' und finde, daß alles so schön ist. Geruch und Licht, und daß du mir so nah bist... Ein bißchen, weil ich Angst hab', was aus der Tora werden soll.«
»Aber Rakel, du mußt doch nicht heulen, weil es uns gutgeht. Wie soll ich dann wissen, wenn du wegen etwas traurig bist? Die Tora ist tüchtig in der Schule, und sie hat ja uns.«
»Hat sie dich, Simon?«
»Wie meinste das? Natürlich hat sie mich«, sagte er beinahe beleidigt.
»Hat sie dich, wenn etwas mit uns andern – passieren sollte?«
»Du bist wirklich seltsam.«
Er sah sie forschend an. Hielt sie einen Augenblick von sich ab. Dann küßte er sie lange.

Sie jammerte, daß der Brotteig noch immer keine Verantwortung für sich selbst übernahm, und schimpfte ein wenig, während sie ihn zu Broten formte. Simon war ihr im Wege, und er hatte noch das schöne Gefühl, bei ihr zu sein, in ihr, rund um sie.
Er fühlte sich steinreich, der Simon. Wiederholt knuffte er sie. Sie zeterte, daß sie heute kein Brot bekommen würden. Er sei schlimmer als ein kleines Kind. Man sollte nicht meinen, daß er erwachsen sei. Wahrhaftig nicht. Und wenn die Brote nicht aufgingen oder verbrannten, dann wüßten Gott und die Welt, warum. Es wäre wegen so einem Tunichtgut von Mann, der die Weiber so unglaublich gern habe.
»Nein«, erklärte er hinten am Tisch. »Weibsleute nehmen einem unglaublich viel Zeit und sind lästig. Jetzt zum Beispiel hätte ich die Belege und Quittungen von der ganzen Woche ordnen können, wenn du nicht gekommen wärst und dich an mir aufgegeilt hättest, so daß ich nicht anders konnte, als dir deinen Willen zu lassen und mit dir ins Bett zu kriechen.«
Sie war hinter ihm her mit einer Handvoll Teig. Schrie und klatschte ihm den Teigklumpen auf die Backe.
»Da hast du's, du bärtiger Kerl, du Troll«, schrie sie und gab sich mächtig wütend und widerborstig.
So spielten sie bis zum Abend. Ein paarmal bückte sie sich

und verbarg das Gesicht vor ihm, weil der Körper seine Schmerzstöße aussandte, durch die dämpfende Linderung der Medikamente hindurch und ungeachtet der Berührung von Simons Haut. Als ob alles deutlicher dadurch würde. Als ob der Schmerz und die Zärtlichkeit ineinander übergingen und ohne Grenzen waren.

Sie wußte, daß sie ihm gegenüber nicht ehrlich war. Sie log. Weil sie ihm nicht von ihrer Angst erzählte. Aber sie vermochte es nicht. Sie brauchte sein Lachen und seine Arme. Die gutmütige, sichere Stimme wollte sie von allen Dingen, die sie hatte, mitnehmen. Und das Bild von Simons Gesicht auf dem Kissen, wenn er schlief.

Sie sah ihn über den Hof gehen. Ein großer Mann mit blonden Locken. Ein Junge. Ein Geliebter. Ein Freund? Nein. Das war der Unterschied zwischen Freundschaft und Liebe. Ein Freund kann die Angst und den verfaulenden Körper ertragen. Einer, der liebt, wird davon in Stücke gerissen, und es bedarf eines ganzen Lebens, um zu vergessen, daß das Ende so schrecklich war.

Sie brauchte es so sehr, daß er sich gleich blieb. Deshalb täuschte sie ihn.

Als er wieder hereinkam, warf sie sich noch einmal in seine Arme. Als ob sie ihn mehrere Tage nicht gesehen hätte. Er nahm sie an. Einen Augenblick glaubte sie beinahe, daß er alles wußte. Seine Hände waren so behutsam. Die Augen so wachsam. In gewisser Weise spiegelten sie ihre – Rakels – Trauer. Aber nein, er wußte nichts.

Es war nur Liebe.

16

Es tropfte taktfest vom Himmel. Senkrecht nach unten. Ein großer Regen, der keine Umwege machte. Der blaue Anorak war bereits durchnäßt, bevor sie auf die Landungsbrücke ging.

Die Farben von Ottars Laden wirkten trüb und krank. Die Plane auf dem Stapel Kisten trank regelrecht die Nässe. Es roch trotzdem nach Sonne und Teer. Es war ein trotziger, optimistischer Geruch, der charakteristisch für jeden kleinen Kai ist, der ein so hartes Leben führt, daß der Geruch von sonnen-

warmen Teerpfählen und frisch geteerten Booten erst zu seinem Recht kommt, wenn der Regen das Ganze beleckt.
Tora hielt ihren Pappkoffer mit beiden Händen. Sie versuchte, die nassen Haare mit der Schulter aus dem Gesicht zu schubsen. Wartete, daß die Trosse festgemacht wurde. Sie erkannte alles zusammen wieder. Trotzdem war es anders.
Die graue Gestalt am Kai war Ingrid. Gebeugt unter dem vorspringenden Dach des Ladens.
Tora war froh, daß es regnete. Der Regen wusch alles fort, ehe es anfing. Ingrid hob die Hand. Eine Bewegung, die sie mittendrin nahezu abbrach.
In einem kurzen Aufleuchten sah sie Ingrid sich durch ihre ganze Kindheit bewegen. Von einem zum anderen. Wie in einem sprunghaften Film. Aus zufällig abgerissenen Stücken zusammengeschnitten.
Die mageren, sehnigen Arbeitshände so nah. Noch bevor sie nahe genug war, um Ingrids Gesichtszüge auf dem Kai zu erkennen – spürte sie Ingrids trockenen Händedruck. Und sie wurde fast von ihrem eigenen Widerwillen erstickt.
Er war nicht da. Sie hatte es nicht erwartet. Trotzdem war es eine Erleichterung. Sie hatte sich ausgemalt, wie alles sein würde. Aber sie hatte die Details vergessen. Die Gerüche, die Gesichter, die Geräusche. Vergessen, daß die Insel genug damit zu tun hatte, sich selbst treu zu bleiben.
Der gelbe Lastwagen blieb mit einem scharfen Kreischen am äußersten Rand des Kais stehen. Simon schlängelte sich aus dem Führerhaus. Sprang auf das Trittbrett, streckte die Hand durch das offene Fenster und drückte auf die Hupe, so daß es durch Mark und Bein ging. Und die Leute wandten die Augen zu dem Auto und zu Simon, ausnahmslos. Was es nicht alles gab! Dieser Simon! Er benahm sich wie ein Kind, seit der Lastwagen vor ein paar Tagen auf den Kai gehievt worden war. Und jetzt ging das Gerücht, daß er nach Breiland wollte, um den Führerschein zu machen!
Er hupte ihr zu Ehren. Es dröhnte und sang in ihr. Sie vergaß den regengrauen Ingrid-Schatten, denn Simon stand da, ohne Mütze und in Hemdsärmeln, und glühte.
Sie rückten vorne zusammen. Tora saß in der Mitte. Fühlte Simons Wärme durch die feuchten Kleider. Er redete über das Auto. Ob sie es nicht schön finde?
Fragte Tora aus über die Schule und das neue Zimmer. Zog sie an den Haaren und küßte sie in einer Kurve auf die Nase. In-

grid war stumm. Lächelte. Zaghaft. Man konnte ihr nicht ansehen, was sie dachte. Sie nahm auf keine andere Weise an dem Gespräch teil, als daß sie ihre Besorgnis für den Pappkoffer äußerte, der auf dem Lastwagen lag und durchweichte. Aber Tora beruhigte sie, daß sie nur Kleider in dem Koffer habe. Und Kleider vertrügen Nässe.
Tora sah, daß Simons Körper sehnig und stark war, der von Jon war schmal und weich.
Der Unterschied zwischen einem Jungen und einem Mann. Es brannte in ihr, und sie schämte sich. Beides zugleich.
Er drehte sich zur Seite und sah sie mit seinen seltsamen hellen blauen Augen an. Sie fühlte sich ganz schwer und wußte nicht, wohin mit ihren Händen.
Sie fuhren zum Tausendheim. Rakel hatte ihr versprochen, daß sie nicht dort zu schlafen brauchte. Tora überlegte, was sie wohl zu Ingrid gesagt hatte. Wagte nicht zu fragen. Saß nur da und wartete. Es wurde ihr bewußt – daß sie wieder auf der Insel war.
Es war ein Gefühl, als ob sie den Schorf von einer großen Wunde am Knie abgerissen hätte ...

Er kam, während sie Kaffee tranken. Simon und Tora am Tisch. Ingrid war kurz ins Wohnzimmer gegangen, um einen Rock zu holen, den sie für Tora als Überraschung genäht hatte.
Er nahm die Mütze ab und hängte sie neben die Tür. Dort hatte er sie all die Jahre hingehängt, solange Tora zurückdenken konnte. Die Farbe um den Messinghaken war verblaßt. Ein schläfriger, matter Mond hatte sich rund um Henriks Messinghaken gebildet. Den Haken hatte er von irgendeinem Brinch geerbt, der das Haus in früheren Zeiten besessen hatte. Henrik hatte immer darauf gepocht, daß es sein Haken war. Wenn er nach Hause kam und jemand aus Versehen seine Kleider auf Henriks Haken gehängt hatte, konnte er fuchsteufelswild werden und die Kleider des anderen an die Wand schmeißen.
Tora schaute ihn an. Großer, schwerer Körper in Arbeitskleidern. Die grauen Socken guckten unter den Niethosen hervor. Das sah dumm aus. Tora maß den Mann mit Blicken, aber mied das Gesicht. Er hatte immer eine Haut über dem Gesicht gehabt.
Als er die Mütze aufgehängt hatte, grüßte er.

Simon grüßte zurück. Leicht und munter, während er seine Waffel kaute.
Tora sah dem Mann in die Augen. Zwang sich dazu.
Der Raum drängte sich um sie zusammen.
Der Wasserhahn tropfte hartnäckig. Wie lange war die Dichtung schon kaputt? Ein Jahr? Fünf Jahre?
»Du hast dir ’n Auto angeschafft, wie ich seh’«, sagte Henrik ohne Umschweife.
Sie war auf seine Stimme nicht vorbereitet. Sie war tief. Beinahe schön. Das hatte sie früher nie gehört. Hatte sie seine Stimme früher überhaupt *gehört*?
»Ja. Ist es nicht schön?«
»Doch, in bezug auf die Schönheit besteht keine Gefahr. War’s teuer?«
»’s geht. Aber siehste nicht, wen ich zu euch nach Haus transportiert hab’?«
»Natürlich seh’ ich das. Guten Tag, Tora!« Er stellte sich in Positur und machte eine Verbeugung.
War es so einfach?
Der Hahn tropfte.
Simon trank seinen Kaffee. Entblößte beim Trinken einen Augenblick die braune Kehle. Legte seine Hände auf die Kaffeedecke, so daß die gestickten Rosen zwischen seinen Fingern heraussprangen. Dann lächelte er Tora zu. Ein Lächeln unter Eingeweihten, während er Henrik an Ingrids Kaffeetisch Platz machte.
Ingrid hatte wohl gehört, daß er kam, denn sie nahm sich drinnen im Wohnzimmer viel Zeit. Und als sie erschien, hatte sie keinen Rock bei sich und wirkte ganz verändert, so schien es Tora. Sie schenkte Henrik Kaffee ein, ohne ihn anzusehen, und setzte sich auf die äußerste Stuhlkante.
So war es immer gewesen.
Simon teilte sich und vermittelte mit seinen hellen Augen. Daß er das kann, dachte Tora.
»Du hast ja den Rock nicht mitgebracht«, sagte Tora plötzlich.
»Nein, das stimmt«, Ingrid schaute unsicher von einem zum anderen.
»Ich bin so gespannt und möcht’ ihn anprobieren.«
»Ich hab’ ihn in der Kammer, erinner’ ich mich jetzt. Ich hab’ dort genäht, weißte.«
Tora ging mit der Mutter zur Kammer. Blieb einen Augenblick in der Tür stehen.

Das Bett war das gleiche. Ingrid hatte es nur mit einer Wolldecke zugedeckt. Es war deutlich, daß Ingrid hier nicht nur nähte. Sie schlief hier auch. Ihre Kleider hingen an der Wand. Kleider, die sie täglich brauchte und deshalb nicht weghängte. Dann hatte Rakel also gesagt, daß sie in Bekkejordet schlafen würde! Nichts war diesmal in der Kammer für sie gerichtet worden. Die Erleichterung tat fast weh. Weil sie Ingrid ansah.
Der Rock war aus grünem Baumwollstoff. Er hatte drei gekräuselte Stufen, unten mit schmalen Spitzen. Ein richtiger Tanzrock für den Sommer. Sie machte die Tür zu und zog ihn an. Im Bund war er ein bißchen zu weit, aber sonst paßte er. Ingrid sah sie bewundernd an.
»Vielen Dank!« Tora schlang einen Augenblick die Arme um sie. Spürte, wie schwierig es war. Wußte zutiefst, daß *er* zwischen ihnen stand. Ingrid vermochte nicht, sie beide zu beherbergen, weder bei Tisch noch in ihrem Herzen. Tora hatte das so frühzeitig begriffen, daß es nur noch ein vages Erlebnis war, ein Gedanke, der so strapaziert war, daß sie vergessen hatte, warum sie ihn einmal gedacht hatte.
Sie zog den Rock aus und legte ihn wieder ordentlich in das Papier. Ingrid hatte den Rock in dasselbe Papier eingepackt, in dem sie den Stoff beim Kauf bekommen hatte. Damit sollte bewiesen werden, daß der Stoff neu war.
»Willste uns den Rock nicht zeigen?« fragte Simon und sah Tora an, als sie wieder in die Küche kam.
Tora spürte, daß sie in der alten Falle saß. Warum war sie nicht herausgekommen und hatte Simon den Rock gezeigt? Doch wohl, weil *er* da saß. Weil er immer noch die Macht hatte, alles zu zerstören, was ihr gehörte. Sie hatte sich doch entschlossen, damit Schluß zu machen. Es sollte ihr egal sein, wenn er ihren Körper in dem neuen Rock sah. Es war nicht ihre Schande. Rakel hatte es gesagt: Es ist nicht deine Schande, Tora!
Sie ging schnell in die Kammer und zog sich den Rock mit steifen Händen an.
Simon ließ einen Pfiff ertönen und erhob sich vom Küchenstuhl. Dann forderte er sie zum Tanz auf und walzte mit ihr durch die Küche. So brauchte sie *seine* Augen nicht zu sehen.
»Ich hab' geglaubt, daß die Rakel in allem möglichen unübertroffen ist, aber jetzt seh' ich, Ingrid, daß du einmalig im Nähen bist!«
Simon merkte nicht, wie still es geworden war, bis er die Gesichter am Tisch sah. Schweigend. Als ob sie gerade Zeugen ei-

ner Demütigung gewesen wären. Er verstand sie nicht. Er stupste Tora an und sagte: »Ich schreib' mich auf die Ballkarte für den Tanz am Samstag ein! Vergiß mich nur nicht, weil ich ein alter Kerl bin.«

»Ja, jetzt haste freie Bahn«, sagte Henrik und grinste. »Du bekommst sie ja mit nach Bekkejordet, damit sie euch zur Hand geht, hab' ich gehört.«

Übelkeit überfiel Tora, als ob ihr jemand Mist in den Mund gestopft hätte. Sie schluckte. Sie fühlte plötzlich einen großen Zorn – und sie sah auf eine Laus.

»Du sollst aufhören mit deinem unangebrachten, dummen Geschwätz! Du hast in deinem ganzen Leben noch keinen Menschen auch nur einen einzigen Tag froh gemacht. Du bist so ekelhaft, daß du nicht mal sterben darfst!«

Sie hatte sich erhoben. Stand über ihn gebeugt. Ein feiner Strahl von Speicheltröpfchen kam aus ihrem Mund, indes die Worte herausströmten.

»Wenn die Mama nicht gewesen wär' – dann wärste vor die Hunde gegangen!«

Stille. Tropfender Hahn. Rhythmisch. Ohne Augen.

Toras Ausbruch stand in keinem Verhältnis zu Henriks Worten. Alle waren an seinen hilflosen Hohn gewöhnt. Aber Toras Raserei kannten sie nicht.

Ingrid begann mit matten Bewegungen den Tisch abzuräumen.

Simon sah Tora an, als ob er dieses Menschenkind noch nie gesehen hätte.

Henrik? Bewegte sich unruhig. Etwas hatte ihn zutiefst berührt.

»Es war nicht so gemeint ...«, sagte er endlich.

Sie wußte nicht, wie sie weggekommen waren. Das ganze Haus war voller Minen, wo sie auch den Fuß hinsetzte.

Der Sommer stand Spalier, als sie den Weg nach Bekkejordet hinauffuhren. Simon pfiff. Sein Hemd hatte er aufgeknöpft.

Tora glaubte, den Geruch seiner Haut wahrzunehmen. Aber es war der Sommer. Der Klee. Das Gras. Die gluckernden Bäche zu beiden Seiten des Weges. Die Blumen. Das sonnenverbrannte Heidekraut. Ferne Gischt, Tang – und längst geeggter und überwucherter Mist.

Sie hielt sich am offenen Fenster fest. Die Freude lag wie ein luftiges Tuch über allem, worauf Tora den Blick richtete. Die Freude war flüchtig und ängstlich, weil sie es sich nie gönnen

konnte, ungetrübt zu sein. Es war lange her, daß Tora das alles zusammen gesehen hatte. Sie war so weit, weit fort gewesen in sich selbst.
Es wurde ihr eindringlich klar, daß in jeder Freude, die sie sich gönnen würde, ihr ein verfaulter Stumpf direkt entgegenschwamm: Ingrids Abhängigkeit von Henrik. Nie versuchte die Mutter, davon loszukommen. Deshalb konnte sie wohl auch Tora nicht retten. Weil sie nie versucht hatte, sich selbst zu retten.
Tora konnte *ihn* jetzt bestrafen, da sie in Bekkejordet sicher war. Sie würde es ihm zeigen. Ihn quälen, so daß er vergaß, boshaft zu sein. Zwischendurch dachte sie, daß sie keinen Menschen kannte, der eine solche Angst hatte wie er.
Sie wußte nicht, woher sie dieses Wissen hatte.
Die Felder und Wiesen von Bekkejordet breiteten sich vor ihnen aus. So schön wie auf einer Fotografie. Das weiße Haus tauchte über den Baumwipfeln als eine Überraschung auf. Nur für sie. Tante Rakel stand draußen. So wie im Märchen der König auf der Treppe steht.
Sie winkte mit einem Küchentuch und war ganz Rakel.
In den Märchen bekamen die Bösen ihre Strafe, und alle anderen sollten leben, bis sie alt und lebenssatt starben, nachdem sie ein Leben lang glücklich gelebt hatten.
Und der Haß auf Henrik wurde gut und bitter und wuchs gleichzeitig in ihr und aus ihr heraus, so daß sie ihn auf Abstand halten oder ihn hervorholen konnte, wenn sie wollte.

Natürlich sah sie, daß Rakel blaß und dünn geworden war und etwas Fremdes über den Augen hatte. Aber sie dachte nicht weiter darüber nach, denn der Lammbraten stand bald auf dem Tisch. Multebeeren vom vorigen Jahr standen in einer großen Schale auf dem Küchenschrank und glühten neben der steifgeschlagenen Sahne. Der Essensgeruch und eine friedliche Stimmung legten sich über die Küche. Fleißige Lieschen und Fuchsien zitterten in dem Abendwind, der durch das offene Fenster hereinwehte. Der Dampf lag fein und wohlriechend wie Weihrauch über der Mahlzeit und hängte sich als Tau an die Sprossenfenster.
Sie war in Sicherheit. Rakel wußte. Sie war mitschuldig. War ihr Schutz. Sie kroch in Simons warmes Lachen und seine Erzählungen vom Auto, wie es auf die Insel gekommen war. Die hellen Augen ruhten die ganze Zeit auf ihr.

Gerollte Waffeln standen in einer hohen Glasschale mit silbernem Fuß auf dem Tisch. Auch die Schnapsgläser. Es war wie Weihnachten. Tora war zu Hause – und sie war zugleich eine Fremde. Sie würde in dem weißen Bett in der Dachstube schlafen, dennoch fühlte sie sich plötzlich uralt. Als ob sie hundert Jahre nach ihrem Tod auf die Erde gekommen wäre und gesehen hätte, daß es eigentlich für alles zu spät war.
Da holte sie den Haß auf *ihn* hervor. Sie wärmte sich. Machte sich unverwundbar und stark. Spürte, daß der Haß über sie hinauswuchs, zu Türen und Fenstern hinaus, die Äcker hinunter, durch die Koppel, um dort die giftig grünen Farne zwischen den Bäumen niederzutreten. Ganz platt. Ohne Spur. Und sie sah, daß ihn eine Schuhspitze direkt ins Gesicht traf, so daß Blut floß. Es schmeckte köstlich. Sie nahm sich einen großen Löffel Multebeeren mit Sahne. Sie zerbrach die Waffeln und kaute. Mahlte alles in der Mundhöhle zu einem süßen, rachedurstigen Brei. Dann schluckte sie ihn hinunter. Zusammen mit Ingrids grauem Gesicht.
Die niedrige Abendsonne funkelte in dem Silberbesteck. Ein träges, allmächtiges Funkeln. Rakels schwarze Katze war ein Buddha auf der Fensterbank. Sie verfolgte die Menschen im Wohnzimmer mit ihrem schmalen, kritischen Blick, ruhte in sich selbst und wartete darauf, daß die Sonne hinter dem Vorhang hervorkommen würde. Es fiel ihr nicht ein, den Platz zu wechseln.
Die Katze hing nicht am Bretterzaun, so wie in Toras verschlissener Kindheitserinnerung.
Die Katze saß am Fenster und leckte sich das Mäulchen.
Tora bog den Kopf zurück und lachte. Rakel legte alle Sommer, an die sie sich erinnerte, zusammen mit den Multebeeren auf Toras Dessertteller und häufte Sahne darauf.

17

Ingrid saß noch lange am Tisch, nachdem sie gegangen waren. Sie hatte das Gefühl, eine schwere Arbeit geleistet zu haben. Sie mußte tief Luft holen. Tora war zur Tür hinausgegangen und wie der Wind die Treppe hinuntergeflogen. Sie hörte es deutlich. Daß sie sie verlor. Rakel hatte sie bekommen, so wie

Rakel immer alles bekommen hatte. Während des ganzen Lebens hatte Rakel immer nur bekommen.
Ingrid drehte die Kaffeetasse auf der Untertasse im Kreis herum. Ein schrilles Geräusch erreichte ihr Ohr. Aber es war ihr egal, sie ließ die Tasse immer herumsausen. Das Geräusch tat so weh, daß ihr Gesicht anfing zu zucken. Trotzdem ließ sie die Tasse sich immer wieder an der Untertasse reiben.
Henrik kam vom Hof herein. Er war lange draußen gewesen. Sie schien weder zu hören noch zu sehen. Er warf einen schnellen Blick auf sie. Ließ sie noch eine Weile sitzen, während er an seiner Pfeife zog, stehend.
Einen Augenblick sah sein Gesicht ganz hilflos aus. Wie eine nicht gestrichene Hauswand im Regen. Dann war er wieder der alte. Verschlossen, in den Raum blinzelnd.
»Ja, das war's! Willste nicht mit dem Mittagessen anfangen?«
Sie ließ die Hand mit der Kaffeetasse mitten in einer Runde anhalten und sah auf. Sie sahen sich nicht oft an. Es war eine Zeitlang friedlich zwischen ihnen gewesen. Sie war mit ihren Sachen schon vor längerer Zeit in Toras Kammer gezogen. Sie könne seinen schweren Atem nicht die ganze Nacht ertragen, während sie selbst keinen Schlaf finde, hatte sie ihm erklärt. Er hatte es mit Haltung hingenommen. Sie merkte, daß es ihm sehr naheging. Aber er hatte sie nicht geschlagen.
Irgend etwas war mit ihm geschehen, als er am Karfreitagabend nach dem Vorfall in der Tobiashütte mit Simon allein gesprochen hatte. Gelegentlich unternahm er noch eine Zechtour. Aber er kam immer nach Hause und ohne besondere Mühe in das Bett im Wohnzimmer.
Sie war jedesmal wieder dankbar. Glaubte, sie könnte das Leben aushalten, so wie es jetzt war. Er war friedlich bei den Mahlzeiten und machte sie nicht fertig mit höhnischen Worten, wenn sie in Bekkejordet gewesen war. Ab und zu sah es sogar so aus, als ob er Lust hätte, sie zu begleiten. Aber das konnte er nicht. Soviel verstand sie auch.
Sie hätte was darum gegeben, zu erfahren, worüber die beiden Männer gesprochen hatten. Sie wurde übrigens auch nicht recht klug aus Simon. Daß er derart viel von einem hinnehmen konnte, wie er von Henrik hingenommen hatte! Ein anderer hätte sich wohl von der ganzen Familie abgewandt, nicht nur von dem betreffenden Mann. Simon handelte nie so, wie man es eigentlich von einem Mann erwartete. Rakel formte die Menschen wie Wachs.

Aber Henrik vermochte sie nicht zu formen. Ihn konnte keiner formen, dachte Ingrid in bitterer Freude – mittendrin. Sie stand langsam auf und fing an, Kartoffeln zu waschen. Wie war es nur möglich, daß Henrik, der so wenig Wert darauf legte, mit ihr zu reden, ganz wild wurde, wenn er entdeckte, daß sie mit anderen redete. Daß sie zum Kiosk ging und mit der Kiosk-Jenny zusammen lachte oder ihr half, Kinder und Waren zu ihrer Dachwohnung hinaufzutragen? Oder daß sie am Ladentisch stand und einen kleinen Schwatz mit Ottar hielt? Wie war es möglich, daß er so unwillig wurde, als er merkte, daß sie eine Art Vorarbeiterin für die Mädchen in der Fischfabrik geworden war und bei Besprechungen der Betriebsleitung dabei war? Warum? Wenn er sie für nichts anderes brauchte, als das Mittagessen zu kochen und alles in Ordnung zu halten. Es war schon lange her, seit er sie zuletzt genommen hatte, so daß sie gar nicht wußte, ob er noch ein richtiger Mann war.
Sie hatte davon geträumt, daß einmal alles gut werden würde. Daß auch sie ein wenig von der vielen Zärtlichkeit, die es in der Welt gab, bekommen würde. Aber das war vor langer Zeit. Die Tage, die Wochen, die Jahre, die Schinderei – ein Rundtanz, der sie im Kreis laufen ließ. Wie die Kaffeetasse in der Untertasse. Das Geräusch tat weh, aber sie hielt es aus.
Manchmal dachte sie daran, wie alles geworden wäre, wenn sie sich nicht mit Henrik eingelassen hätte. Aber das war unvorstellbar. Das war so, als ob man sich wünschte, in einer anderen Zeit geboren zu sein, an einem anderen Ort der Erde. Manchmal sah sie das Bild eines anderen vor sich. Aber es geschah jetzt seltener, wo sie Tora so wenig sah. Sie hatte es wohl geschafft, alles mit der Wurzel auszureißen, was sie an Haut erinnerte, daran erinnerte, wie es war, für jemanden dazusein.
Heute war sie also für immer gegangen. Simon hatte sie mitgenommen. Rakel hätte Kinder haben sollen, aber sie hatte keine. Deshalb mußte sie Tora bekommen. In Wirklichkeit hatte sie Tora immer gehabt. Hatte sie mit Haut und Haar und Kopf und Herz gekauft. Mit Simons Geld und Sachen. So war es! Und Ingrid war dadurch noch mehr zum Scheitern verurteilt und wurde noch ärmer.
Heute hatten sie Farbe bekannt. Hatten ihr Tora genommen, ohne sich zu entschuldigen.
Sie setzte die Kartoffeln mit Wasser auf.
Sie wärmte die Fischfrikadellen in der Pfanne. Ließ sie in Butter brutzeln und schnitt weiße Zwiebelscheiben, die sie bräun-

te. Ingrid erledigte ihre Arbeit, ohne an das zu denken, was sie tat. Deshalb sah es so aus, als ob sie überhaupt nicht dächte. Sie legte die Wachstuchdecke auf, nachdem sie die gestickte Kaffeedecke weggenommen hatte.
»Warum können wir nicht von dem Tischtuch essen?«
Er sagte es grinsend, aber sie hörte, daß er gekränkt war. Sie entfernte es sofort aus ihrem Kopf.
»Das ist doch eine Kaffeedecke. Außerdem ist nur Mittwoch.«
»Glaubste, daß es was ausmacht, wenn wir an einem Mittwoch von einem Tischtuch essen? Glaubste zum Beispiel, daß man davon *stirbt*?«
Er kam bedrohlich nah an ihr Gesicht. Es flimmerte dunkel in der Iris. Er hatte einen Grund gefunden, um sie zu schikanieren.
»Ja, vielleicht«, antwortete sie ruhig.
»Es ist dir wichtiger, dem Simon und dem Mädchen auf einem Tischtuch zu servieren, als daß ich – daß wir von einem Tischtuch essen. Der Simon ist der Herrgott für dich!«
Sie stand mit gesenktem Kopf und lehnte sich mit beiden Händen an die Tischplatte. Wußte nicht, daß sie auf den Schlag wartete. Es überfiel sie immer eine Art Lähmung, wenn er so anfing. Sie wußte, daß er sich nicht unbedingt sofort rächte. Aber daß er fortgehen und betrunken nach Hause kommen konnte, um sie richtig fertigzumachen. Es war jedoch schon lange nicht mehr passiert. Sie wußte nicht, was geschehen würde, wenn sie sich ihm widersetzte. Sie wußte nur, was geschehen konnte, auch wenn sie es nicht tat.
Er hatte wohl über Toras Worte nachgedacht, die er nicht sofort gerächt hatte. Weil Simon dasaß.
Ingrid, dachte sie, du bist einfach zu abgestumpft, um den letzten Schritt zu tun. Um ihn so gegen dich aufzubringen, daß er mit allem Schluß macht.
»Weißte, warum die Tora nicht mehr hier wohnen will?« fragte sie unvermittelt.
Er zog die Augenbrauen hoch. Zeigte, daß er registrierte, was sie gesagt hatte. Sie mußte immer nach winzig kleinen Zeichen suchen, ob er ihre Worte wirklich zur Kenntnis nahm. Oft hatte sie das Gefühl, gegen eine Wand zu reden, wenn sie etwas sagte.
»Nein, woher soll ich das wissen?«
»Weil sie dich nicht erträgt. Sie kann hier nicht wohnen, wenn du zu Haus bist. Sie ist jetzt erwachsen genug, um für sich

selbst verantwortlich zu sein. Du hast's ja gehört, nicht wahr?«
Wände und Decken neigten sich über sie. Das Haus lauschte. Alle neigten die Ohren zu dem Geräusch hin. Ein stummes Rauschen schien durch die Gänge und Treppenhäuser zu gehen. »Pst, da ist irgendwo Streit. Pst, wir wollen's hören. Vielleicht gibt es *wirklich* was zu hören. Schlimmer als jemals vorher. Wir sind so hungrig auf so was wie Streit, wenn wir nur zuhören können und nicht mitzumachen brauchen...«
»Und warum sollte sie mich nicht ertragen?« fauchte er.
Aber die Augen flackerten in den Augenhöhlen.
»Weil du ständig Streit anfängst. Du bist zu allem und jedem so gehässig.«
»Ach, was du nicht sagst!«
Er fuchtelte mit der gesunden Faust, aber er ließ die Hand wieder sinken. Plötzlich, als ob ihm einfiele, daß er etwas anderes zu tun hätte.
»Hat sie dir gesagt, daß sie mich nicht erträgt?«
»Nein, der Rakel...«
»Und du glaubst alles, was sie dir in Bekkejordet sagen? Siehste nicht, daß der geile Teufel von einem Mann – nicht nur deine Schwester, sondern auch deine Tochter haben will? Was? Sie haben bewiesen, daß es noch andres gibt als nur Mühe und Armut und mürrische Weiber, das stimmt schon. Aber die Tora wird wohl noch merken, daß auch in Bekkejordet nicht nur Weihnachten ist. Was hat sie denn zur Rakel gesagt?«
Er zögerte die Frage so lange wie möglich hinaus, als ob sie eine Bagatelle wäre, aber er wartete gespannt auf die Antwort.
»Sie hat gesagt, daß sie Ostern nicht heimgekommen ist und daß sie auch jetzt nicht kommen wollte, weil sie nicht mit dir zusammen in einem Haus wohnen will.«
»Hat sie nur das gesagt? Aber das ist doch kein Grund.«
Er setzte sich. Sein Gesicht glättete sich. Als ob man ihm etwas Erfreuliches mitgeteilt hätte.
»Ich find', das ist Grund genug. Ich weiß doch, wie du auf ihr rumgehackt hast. Sie als Hauklotz benutzt, wenn bei dir alles schiefging.«
»Das ist nicht wahr.«
»Ich hab' nichts mehr, für das es sich lohnt, hier zu sein. Sie kommt nicht nach Haus«, murmelte sie mehr zu sich selbst als zu dem Mann.
»Du hättst ja sagen können, daß sie zu Haus bleiben soll!«

»Ich kann ’n erwachsenes Mädchen nicht zwingen. Sie ist kein Kind mehr.«
»Haste mit ihr geredet?«
»Nein. Die Rakel hat...«
»Immer nur die Rakel! Ich begreif’ nicht, daß du sie einfach über dein Kind bestimmen läßt.«
Er schien auf einmal ein anderer zu sein. Interessiert an Tora, an ihr, Ingrid, er schien helfen zu wollen...
Davon Zeuge zu sein war so ungeheuerlich für sie, daß sie anfing zu weinen.
Das Gesicht zerbarst. Sie wrang ein paarmal einen Lappen unter dem Wasserhahn aus und legte ihn sich auf das Gesicht.
»Hör auf zu heulen!« sagte er, aber die harte Stimme war nicht echt. Sie hatte das Gefühl, daß ihr jemand etwas in die Hand gab. Er sprach mit ihr.
Sie sah ihn an. Die schweren Gesichtszüge. Das dichte, dunkle Haar. Die tiefliegenden Augen, die sie einmal so schön gefunden hatte. Die verkrüppelte Schulter, die ihn in den Augen der Leute zu einem mißglückten Clown gemacht hatte. Der schwere, kompakte Körper, zu dem sie sich einmal so hingezogen gefühlt hatte. Und sie schälte alle Nächte mit Angst und Alkoholgestank weg, alle Raufereien, alle Lügengeschichten und die Hundertkronenscheine, die in ihrem Portemonnaie gefehlt hatten. Er stand für einen Augenblick als ein neuer Mann vor ihr. Sie verstand ihn, weil sie ihn besser kannte, als er sich selbst kannte. Und weil sie ihn verstand, brauchte sie ihm nichts zu vergeben. Er war das einzige, was sie besaß. Sie hatte trotz aller Scham und Demütigung zu ihm gehalten.
Er wußte – daß sie zu ihm gehalten hatte. Sie waren schiffbrüchig, aber nicht tot.
»Ja. Ich hör’ auf zu heulen«, sagte sie mit trockener, fester Stimme. »Es nützt ja nichts. Ich glaub’, ich muß aus dem Haus, damit ich atmen kann, solang ich’s noch vermag.«
»Du kannst deinen ganzen Kram mitnehmen und auch nach Bekkejordet gehen. Dann gibt’s Ruh’.« Die Stimme paßte nicht zu den harten Worten. Er hatte Angst, daß sie ihn beim Wort nehmen würde.
»Nein, das kann ich nicht, und das weißte wohl.«
»Und wo gehste dann hin? Aufs Schloß zum König, oder?«
Er schlug sich auf die Schenkel und gab so etwas wie ein Lachen von sich. Es klang, wie wenn ein mittelgroßer Zementmischer sein schweres Material mahlt.

»Komm mit dem Essen! Wir wollen friedlich sein!«
»Nein.«
»Der Teufel soll dich holen, du bist ja nicht ganz bei dir! Komm mit dem Essen!«
Sie erinnerte sich plötzlich an das Märchen vom Troll, der die Prinzessin zwingen wollte. Erinnerte sich nicht, welches Märchen es war. Aber die Worte waren dieselben: Komm mit dem Essen! Es war, als ob ein fremdes Untier über ihr stand, und schlagartig löste sich die Verzauberung. Ihr erster Gedanke war, daß sie irgendeinen Ort finden mußte, wo sie hingehen konnte. Irgendein Dachzimmer in einer Fischerhütte war wohl leer.
»Du kannst dir dein Essen selbst nehmen.«
Sie drehte sich um und wollte in die Kammer gehen.
»Was ist los?«
Er kam ihr nach. Direkt auf den Fersen. Es zischte in der Pfanne. An dem Geruch der Fischfrikadellen konnte man fast ersticken.
»Ich werd' meine Kleider packen, wenn du's endlich wissen willst. Und dann werd' ich den Simon oder den Dahl fragen, ob in irgendeiner Hütte Platz für mich ist.«
Sie spürte seine Hand im Nacken wie eine Klaue. Eisern wie einen Schraubstock.
»Du kannst mich gern totschlagen. Dann erspar' ich mir die Mühe mit dem Packen. Aber mach's schnell!«
Sie wartete auf den vernichtenden Schlag.
»Schlag doch, du. Schlag so fest, daß ich mich aus eigener Kraft nicht mehr bewegen kann in dieser Welt«, sagte sie hart.
Er schleuderte sie mit einem Ruck von sich.
Indem sie versuchte, das Gleichgewicht zu halten, fegte sie einen alten holländischen Krug vom Küchenschrank. Er lag auf dem Boden. Sauber in zwei Teile zerbrochen. War durchaus zu leimen. Soviel sie wußte, war es der einzige Hausrat, den er mitgebracht hatte. Das blaue Muster ragte traurig ein paar Millimeter in die Luft.
Sie sah das Ganze wie durch einen Nebel. Etwas war bei ihr sicher durcheinandergeraten. Der Krug hatte eine helle Wunde in den Fußboden gerissen.
Sie nahm die Pfanne vom Herd und machte das Fenster auf, um frische Luft hereinzulassen. Rettete die Kartoffeln und goß das Wasser ab. Dann wrang sie einen Lappen aus und fuhr sich damit geistesabwesend über das Gesicht, als ob sie nicht wüßte, warum sie es tat.

Es hatte aufgehört zu regnen. Die Sonne schien durch das Fenster herein. Launisch und drückend.
Als er eine Frikadelle und eine Kartoffel gegessen hatte, ließ er ein paar Worte fallen.
»Das war das einzige, was ich von meiner Mutter hatte«, klagte er leise. »Warum haste grade das kaputtgemacht?«
Wäre es nicht so unwirklich gewesen, dann hätte sie gelacht. Und als er nach ihren Händen suchte und sie an sein Gesicht legte, fühlte sie sich ganz gereinigt und frei. Er konnte nicht sicher sein, woran er mit ihr war. Jetzt hatte sie die Oberhand. Er hatte Angst, noch mehr verunstaltet, verletzt zu werden. Sie war an einem Punkt angelangt, bei dem jede Veränderung eine Befreiung sein würde. Sie hatte keine Angst vor seiner Faust!
Als sie begriff, daß er sie ins Wohnzimmer haben wollte, wo das Bett stand, ließ sie es geschehen. Und als er sie vorsichtig, und ohne ein Wort zu sagen, auszog, fühlte sie eine gewisse Lust, aus der etwas hätte werden können – wenn sie nicht schon wieder im Berg verschwunden gewesen wäre.

18

Der Sommer lag träge über der Insel. Flatterte mit Heutrocknen und Blühen an den Wegrändern. Die Wolken waren weiße und schimmernde Streifen bis in den Nachmittag hinein. An manchen Tagen türmten sie sich auf, und es donnerte und blitzte, daß die Funken stoben. Um dann, nach einer halben Stunde oder zwei, wieder zu leuchten, als ob niemals ein einziger Regentropfen hätte von da oben fallen sollen. Alles vibrierte in Licht und Wärme. Die Leute gingen ganz schwindlig umher und besaßen nur noch die Energie für das unbedingt Notwendige.
Rakel war in diesem Jahr nicht bei der Heuernte dabei. Ihre Haut war schneeweiß und zart wie gebleichtes Leinen, und die Hände trödelten bei dem, was sie tun sollten. Simon sah es und versuchte, sie zu beschützen. Nicht an jedem Tag vermochte sie etwas zu essen.
Sie war wieder im Süden gewesen, zur Kontrolle. Es war nicht viel aus ihr herauszubekommen, als sie zurück war. Aber sie strich ihm über die Haare. Und er fuhr sie nach Vaeret hinun-

ter, wenn sie Menschen sehen wollte. Sonst war sie immer wieder draußen zwischen den Inseln in dem kleinen Boot, das er ihr geschenkt hatte. Er hatte ihr den Trick mit dem Motor gezeigt. Wollte, daß sie eine Schwimmweste trug, denn sie schwamm nicht so gut, daß sie sich hätte über Wasser halten können, falls etwas passierte. Aber sie lachte darüber. Sie fahre ja nur bei schönem Wetter raus, sagte sie. Wenn er sie fragte, was sie draußen bei den Inseln mache, antwortete sie träumend: »Das anschauen, was unser Herrgott geschaffen hat. Alles riechen, was es da gibt.«

Manchmal kam sie mit Seelachs nach Hause. Stolz wie eine Glucke. Hielt amüsierte Vorträge, daß ihretwegen die Isländer ruhig für ihre Fischereigrenze kämpfen sollten, und wenn die Isländer britische Fischerboote innerhalb der Zwölfmeilengrenze enterten, sollten englische Trawlerschiffer sich mit Eisenstangen und glühendheißem Wasser einfinden. Sie sollten sich nur in Stücke reißen, denn sie fuhr raus und holte sich ihren Fisch selbst.

Simon meinte, das sei Weibergeschwätz. Sein Gesicht verfinsterte sich und beschwor Solidarität. Er wollte keine Frau haben, die nicht begriff, daß die Fischer zusammenhalten und ihr gegenseitiges Arbeitsgebiet respektieren mußten. Nicht einfach blindlings darauflosstürzen, weil sie zufällig eine gewichtige Mama hatten, die zu Hause in England auf alles aufpaßte.

Und Rakel lächelte, sie neckte ihn gerne, in diesen Minuten hatte sie ihn ganz für sich. Er wurde so wütend, daß er vergaß, zurück in seinen Betrieb zu gehen. Lief in der Küche auf und ab und belehrte Rakel, was richtig und was falsch war, soweit es die Fischereigrenzen betraf.

Ein paarmal fuhr er mit ihr hinaus zu den Inseln. Nur sie beide. Mit Broten und Kaffeekessel und Schleppangel, um auf dem Heimweg Seelachse zu fangen. Sie badeten und sonnten sich. Das heißt: Er sonnte sich. Rakel wanderte zwischen den Steinen umher und pflückte Grashalme und schaute nach den Muscheln.

Er konnte unbeweglich daliegen und ihr mit den Augen folgen. Sehen, wie sie den Strohhut im letzten Augenblick vor einem Windstoß rettete oder an einem Mückenstich kratzte, wenn sie sich unbeobachtet fühlte.

Rakel bekam braune Hände. Aber das Gesicht war beinahe farblos, trotz der vielen frischen Luft, und die roten Haare

waren sonnengebleicht und leblos an den Spitzen, die unter dem Strohhut hervorschauten.
Ihre Augen waren ohne Schutz. Simon sah es. Das brachte ihn öfters dazu, im Flur umzudrehen, wenn er auf dem Weg nach draußen war, zu ihr hineinzuspringen und sie in die Arme zu nehmen. Und sie ließ ihn gewähren. Jagte ihn nicht fort, wie sie es in früheren Tagen manchmal gemacht hatte, wenn sie in Eile war. Ließ ihn den Starken sein, der festhielt. Liebe versucht festzuhalten.
Simon fuhr mit seinem Lastwagen das Heu ein. Auch das Heu des Nachbarn. In seinem Betrieb war er nachmittags und abends. Er schuftete und aß wie ein Pferd. Die Hitze biß ihn nicht. Der Körper wurde bronzefarben, und die Arme wurden hart wie Eisen. Er zeigte abends Tora und Rakel seine Muskeln, wenn sie die Mückengitter in alle offenen Fenster eingesetzt hatten und der Tag eine sonnenverbrannte Erinnerung war, die man mit in den Winter nahm.
Rakel und Tora blinzelten sich zu und bewunderten ihn mit Worten und Blicken. Er wollte schließlich, daß sie seine Muskeln fühlten. Automuskeln nannte Rakel sie. Er tat so, als ob er beleidigt wäre, und ging in den Hof, um zu rauchen. Mußte zu Blaubeeren und Brot, Kaffee und allen guten Dingen gerufen werden. Und er ließ sich überreden wie ein Junge und ein König in seinem Reich. Er hatte keine Hemmungen und ruhte ganz in sich selbst.
Aber Tora verbrannte sich an Simons Armmuskeln. Sie holte die Brandzeichen abends hervor, wenn sie sich hingelegt hatte. Die helle Sommernacht verwandelte sich und wurde zu Simons Augen. Die Bücher, die sie vor dem Bett aufgestapelt hatte, blieben Abend für Abend geschlossen. Aus dem einen Grund. Weil sie sich an Simons Armen verbrannt hatte.

Da Rakel bei der Heuernte nicht mitmachte, arbeitete Tora für zwei. Sie rechte, setzte das Heu auf die Heureuter und trampelte die Wagenladung fest. Die Haare waren zu einem dicken Pferdeschwanz ganz oben am Kopf zusammengebunden, und das Gesicht war nackt und schutzlos der Sonne preisgegeben. Arme und Beine waren zunächst flammend rot von Millionen von Sonnenstrahlen und Heuhalmen. Aber allmählich stählte sich die Haut und wurde braun und widerstandsfähig, um alles, was es auch sein würde, auszuhalten. Die graugrünen Augen, die monatelang nicht gewußt hatten, wo sie hinsehen

sollten – waren ruhig und unbeschwert und schauten sicher auf das, was ihnen in den Weg kam.
Bekkejordet hatte sie geprägt. Die Sicherheit war zunächst unwirklich für sie. Aber endlich ließ sie sich doch hineingleiten.
Sie ging ungern zum Tausendheim.
Mitunter wachte sie von ihren Träumen auf. Wiesen voller Margeriten und tote Vögel. Eines Nachts rief sie nach Rakel, ehe sie ganz wach wurde. Großes Mädchen.
Rakel war aufgestanden, auf den Flur gekommen und hatte sie heruntergerufen.
Sie hatten sich auf die Torfkiste gesetzt und einander im Arm gehalten.
»Was haste geträumt?«
»Geröll und Steine...«
»Von dem Grab?«
»Ja...«
»Was noch?«
»Von den Margeriten und die ganze Welt voll...«
»Voll von was?«
»Toten Vögeln... oder Vogelmüttern, die ihre Kinder nicht finden.«
»Du weißt, warum du das träumst?«
»Ja.«
»Du weißt, daß es nicht deine Schuld war?«
»Ja.«
»Was glaubste, warum du immer dasselbe träumst?«
»Weil ich nicht sicher bin, daß es nicht doch meine Schuld war.«
»Aber du hast doch gehört, was ich gesagt hab'. Vertrauste mir, daß ich's nicht nur gesagt hab', um dich zu trösten?«
»Ja.«
Sie saßen da und flüsterten. Das Morgenlicht breitete sich auf dem Fußboden aus. Die Sonne wärmte wahrhaftig Tag und Nacht. Tora spürte, daß sie Sonnenbrand auf dem Nacken hatte. Legte die Hände darauf, um ihn ein wenig zu kühlen. Die Uhr tickte in ihrer Ecke wie ein trotziges Herz. Tick – tack.
Rakel war durchsichtig vor Schlaf und Müdigkeit. Tora schämte sich und schwieg. Sie schlang die Arme um die Knie und wollte allein mit sich fertig werden. Aber Rakel zog sie nur noch dichter an sich heran.
Alles war weiß in der Nacht. Tora wußte, daß es das Licht war. Aber trotzdem war es ein Zeichen.

»Du sollst mir alle deine Träume erzählen, Tora. Du mußt sie aus dir herausbekommen. Dann kann ich dir von meinen Träumen erzählen. Sie sind auch nicht immer schön. Aber ich hab' ja den Simon neben mir. Alle sollten einen Simon haben...«
Das letzte fügte sie verwundert hinzu. Als ob sie zu sich selbst über einen Gedanken spräche, der ihr unvermutet gekommen war.
Sie saßen eine Weile unbeweglich. Die Vögel fingen an, sich für den Tag bereitzumachen. Hüpften hin und her in den Zweigen vor dem Küchenfenster. Es war gleichsam eine große, ruckartige Bewegung. Tora bewachte sie, als ob sie nur für sie geschaffen wären.
»Da siehste«, Rakel nickte zum Fenster hin, »sie sind ganz lebendig.« Sie lächelte und stupste Tora an.
»Es ist nicht alles so betrüblich, wie wir uns das oft einreden. Weißte, es sind die schlimmen Dinge, die uns stark machen. Stark genug. Und du, Tora, bist jetzt über das Schlimmste weg. Dein Körper ist wieder gesund, und das ist nicht wenig, kann ich dir sagen. Und jetzt machen wir die Gedanken gesund. Und die Träume... wart nur, du wirst schon sehn.«
»Was träumst du, Tante?«
Rakel stutzte einen Augenblick. Räusperte sich. Dann kam es. Wie bei einem Kind, das seine Aufgabe nicht gut gelernt hat, das aber allmählich die richtigen Worte findet und von seinem eigenen Bericht mitgerissen wird.
»Ich träum' oft, daß ein zottiges... eine Art Tier... daherkommt – aus einem Trichter –, und dann verschlingt es mich. Und alles geht so schnell, sozusagen eh' ich einen einzigen Gedanken denken kann. Und dann ist alles für eine Weile dunkel. Aber *dann* – seh' ich ein großes Licht, das ich nicht erklären kann. Das nimmt mich in sich auf. Mich und das häßliche Tier, alles. Und darin liegt ein großer Trost. Eine Ruhe. So daß ich aufwach' und ganz ruhig bin. Nicht grad froh, aber ruhig.«
»Was bedeutet das?«
»Das bedeutet den Tod, Tora. Das bedeutet, daß ich vielleicht Angst vor dem Sterben hab'. Das haben nämlich alle Menschen. Aber ich hab' besonders viel Angst gehabt, glaub' ich.«
»Ist das deshalb, weil du krank gewesen bist?«
»Ja, das ist klar. Ich war oft im Krankenhaus. Es könnt' einen Stein im Meer erweichen. Es gibt so viel Leiden, Tora.«

»Aber das Licht?«
»Das ist ja grad der Tod.«
»Das Licht?«
»Ja, das zottige, schreckliche Wesen, das mich erst verschlungen hat, ist die Angst. Aber wenn der Tod kommt, ist er nur noch Licht. Friede.«
»Glaubste, daß es so ist?«
»Ich weiß es.«
»Wieso kannste das wissen?«
»Dadurch, daß ich Krebs bekam, hab' ich sozusagen die Erlaubnis bekommen, klüger zu werden. Ich weiß, daß die Leute kaum wagen, darüber zu reden, das Wort auszusprechen. Aber ich glaub', daß Krankheit oder Leiden uns auferlegt werden, damit wir Mitleid mit andern empfinden können. Wir sollen – gewissermaßen – uns selbst kennenlernen, so daß wir uns trauen, in die innersten angstvollen Winkel zu sehn, und dann werden wir auch die anderen verstehn. Vielleicht sind wir gar nicht viele unterschiedliche Menschen, Tora. Nur verschiedene Winkel in einem großen Menschen. Vielleicht lebt einer in dem anderen, und nur die Zeit verwirrt uns, zu glauben, daß wir unterschiedliche Menschen sind. Ich glaub', daß die Zeit in Wirklichkeit eine Luftspiegelung ist. Ich glaub', wir werden gleichzeitig geboren und sterben gleichzeitig alle zusammen. Daß der Mensch allein ist im Leiden, in der Trauer und in der Freude, das ist nur ein Bruch in unserem Verstand. Wir können uns nicht vorstellen, daß die Zeit aufgehoben ist.«
»Aber Tante, das kannste doch nicht glauben?«
»Doch. Aber *du* kannst natürlich glauben, was du willst. Ich hab' nur darüber geredet, weil ich meine Träume verständlich machen wollte.«
»Aber das bedeutet ja, daß du vor nichts mehr Angst hast.«
»Doch, ich träum' häßliche Träume und weiß mir nicht zu helfen«, lachte Rakel. »Aber es dauert nie sehr lange.«
»Wenn's so ist, wie du sagst, dann brauchen wir den Tod ja nicht zu fürchten, wie wir es tun.«
»Er ist ein schreckliches Untier, ich hab' dir's ja erklärt. Wir haben Angst vor allem, was wir nicht kennen. Und es fällt uns sehr schwer, das aufzugeben, was wir besitzen, und die, die wir lieben.«
»Und wenn's so wäre, wie du sagst, dann wären also du und ich der gleiche Mensch, zum Beispiel.«

»Ja. Für uns zwei ist es sogar begreiflich. Wir sind uns ja so ähnlich, sagen die Leute.«
Rakel hat Lachfältchen bekommen. Aber der Mund ist eine ernste Rose, bei der die äußeren blassen Kronenblätter nach außen gebogen sind.
»Und ... der Henrik auch ...?«
»Der Henrik auch. Ja, Tora.«
»Aber das geht nicht, das kann ich nicht glauben.«
Tora sieht Rakel wie irre an. Der eine Mundwinkel fällt unkontrolliert nach unten. Rakel hat das schon früher beobachtet. Ein Gesicht, in Auflösung begriffen. Rakel hat das Gefühl, ihre eigene Verzweiflung im Spiegel zu sehen.
Sie umfaßt Toras Handgelenk mit festem Griff.
»Weißt du, man darf einen Teil von sich selbst verabscheuen. Auf sich selbst wütend sein. Sich selbst hassen. Man darf mehr als nur einen Willen haben. Außerdem sollst du nicht alles, was ich sage, wie das Evangelium hinnehmen, so daß du noch mehr Probleme bekommst. Wenn du meinst, daß der Henrik außerhalb alles Menschlichen bleiben soll, dann soll er das. Da gibt es nichts zu beschönigen. Ich wünscht', ich könnt' diesen Kerl so verprügeln, daß alles, was er gemacht hat, ungeschehen wäre und nur ein schlimmer Gedanke in meinem Kopf. Und damit hätt' ich *ihm* wahrscheinlich den größten Dienst erwiesen.«
Sie saßen noch eine Weile. Ihre Gedanken berührten sich, ohne daß sie etwas darüber verlauten ließen.
»Du kannst heut nacht bei Simon und mir schlafen.«
Tora fuhr zusammen. Die Tür zum Schlafzimmer öffnete und schloß sich wie im Traum. Die Farben gingen ineinander und in das Sonnenlicht über. Irgendwo summten die Insekten. Sie hörte sie, aber sah sie nicht.
Rakels Gesicht vor ihr wurde so bleich. Unwirklich. Aber sie sah so deutlich, als ob das Bild an der Innenseite ihres Auges befestigt wäre, Simons braune Arme auf dem weißen Bettbezug.
Sie schüttelte den Kopf. Streckte die dünnen Beine von der Torfkiste weg, zog das weiße Baumwollnachthemd mit einer scheuen Bewegung herunter und war sofort bereit, wieder nach oben zu gehen.
»Biste sicher, Tora? Daß du nicht bei uns schlafen willst? Haste die häßlichen Träume ganz aus deinem Kopf bekommen?«
»Ja«, sagte Tora.

Dann lag sie in der Dachstube in dem weißen Bett und fühlte sich so erbärmlich wie ein auf dem Plumpsklo zurückgelassener Stapel Zeitungen, dem der Regen und der Südwestwind durch die undichten Wände zugesetzt haben. Die Sommernacht war feucht und beschämend geworden unter dem Nachthemd. Sie bekam Simons Arme nicht aus dem Sinn. Sie sah seine nackte Brust da unten im Bett. Mit schönen dunkelblonden, krausen Haaren auf der Haut. Da durchzuckte es sie plötzlich: Stimmte es, was Rakel sagte, daß die Menschen vielleicht nur ein einziger Mensch waren mit vielen ungleichen Gedanken und Winkeln? War es so?
Sie schlug sich damit herum. Tröstete sich an ihrem eigenen Körper mit beschämten, heißen Händen. Beschwor alle die undenkbaren Gedanken herauf. Um sie loszuwerden? Sie ungefährlich zu machen? Die brennende Sommernacht legte sich auf ihren Körper und ließ ihn eins werden mit Simons Körper. Unten im Schlafzimmer. Zwischen Simon und Rakel. Simon war lieb zu ihr, während Rakel schlief. Er streichelte sie überall. Sein Geruch! So wie der Geruch manchmal war, wenn Simon bei der Arbeit zufällig und nahe an ihr vorbeistrich. Oder war es nicht zufällig? Weil sie nie aus dem Weg ging, wenn er kam?
Falls wirklich alle Menschen eins waren, dann konnte sie auch Rakel dort unten im Schlafzimmer sein. Konnte Simon nahe sein, ohne sich schämen zu müssen.
Am Morgen, als sie am Küchentisch saß und Kaffee trank und Rakels Brot aß, war sie wieder nur Tora. Und die Nacht verwandelte sich zu einem ekelhaften Schamgefühl, so daß sie die anderen kaum anzusehen wagte. Sie kaute stumm und nahm nicht teil an dem gutmütig neckenden Gespräch. Es war, als ob sie vor der Tür stand und aß. Die beiden anderen waren drinnen.
Einmal streifte Simons Hand die ihre, als sie sich eine Scheibe Brot aus der Schale nehmen wollte. Sie zog die Hand blitzschnell zurück. Als er ihr wenig später die Schale reichte und ihr das Brot anbot – mit einem kleinen Lächeln –, schüttelte sie den Kopf. Hatte keinen Hunger mehr.
Den ganzen Vormittag, während sie auf der Wiese arbeitete und der Geruch des frisch gemähten Grases und des trockenen Heus ihre Gedanken lähmte, sah sie nur Simon. Einen goldenen Schatten im Lastwagen. Den nackten Oberkörper, wenn er mit der Heugabel das Heu auflud. Die kräftigen, dunklen

Beine, die den Körper dem gelben Lastwagenaufbau entgegenstreckten. Die Arme waren Bronzespeere in der blauen Hitze. Sein lebendiger, zuverlässiger Körper war ein Geschenk für sie. Sie war die einzige, die ihn sah. Die einzige!
Wenn die Heuernte doch den ganzen Sommer dauern würde! Sie beide wären stark genug, das Heu auf allen Wiesen der Insel einzubringen. Und sie würden in dem gelben Führerhaus sitzen und über die Wiesen holpern, mit der goldenen Last in die Scheune hineinbrummen und sie in den tiefen Heuboden runterkippen, um für den Winter vorzusorgen. Simon und sie. Abends würden sie an Rakels Tisch sitzen und ihr Brot essen, die Gomme, die sie gekocht hatte, und die Milch trinken, die sie im Bach gekühlt hatte. Sie würden die goldgelbe Butter auf das frische Brot streichen, während Rakel auftischte und gesund und munter war. Sie würden beisammen sein und sich gegenseitig beschützen. Rakel wußte um Toras und Simons Leben und um ihre Geheimnisse und streckte die Hand aus, um sie beide an den Haaren zu ziehen. Simon würde Tora mit seinen hellen Augen ansehen. Und es würde keine Schande sein. Denn Rakel hatte gesagt, daß sie nur ein Mensch waren. Und alles, was sie taten – das taten sie, um den anderen zu erfreuen.

Toras Bücher blieben jeden Abend ungeöffnet auf dem Nachttisch liegen. Sie schloß die Augen gegen die weißen Vorhänge und ließ die Träume sich ausleben zu einem weichen, vollkommenen Lebensgefühl.
Nicht immer gelang ihr das. Die Wirklichkeit brachte sie an die Oberfläche, holte sie aus dem Traum. Dann stand sie auf und ging zum Fenster, um von sich selbst fortzukommen.
Heller Sommerhimmel mit schimmernden Schäfchenwolken. Wie ein Lamm nach dem anderen. Da sah sie sich selbst von außen. Eine Gestalt in einem dünnen weißen Nachthemd. Und sie hatte keinen, mit dem sie eins sein konnte. Sie hatte das Gefühl, daß sie dadurch zu einem Nichts wurde. Dennoch stand sie unter der ewigen Sonne, die jetzt die Nacht im Meer verbluten ließ. Der Himmel war am Rand wie durchtränkt. Wie eine durchgeblutete Mullbinde. Ein Himmel, der keine Haut, keine Hände hatte.

19

Tora war es gewohnt, daß in Zeitungen und Schulbüchern in regelmäßigen Abständen grausame Dinge auftauchten.
Es waren Tausende von ermordeten Polen in einem Massengrab in Ostpolen gefunden worden. Sie waren wahrscheinlich von SS-Soldaten gezwungen worden, ihr eigenes Grab zu schaufeln, da der Nachschub zu den Gaskammern zu groß wurde. Die Leute sprachen mit Abscheu darüber. Aber Tora war mehr oder weniger aus dem Glauben herausgewachsen, daß sie sich direkt an sie wandten. Man hatte die armen Polen ja auch nicht auf der Insel gefunden.
Trotzdem mußte sie an das tote Gesicht des Vaters denken. Den toten Körper. Wie er wohl ausgesehen hatte. Sie spürte eine verzweifelte Lust, eine Verteidigung für ihn herauszuschreien. Daß er in Norwegen gewesen war und deshalb nicht hatte dabeisein *können*. Er war ja selbst gestorben. Tora wollte Ingrid fragen, wo die Körper der toten Deserteure geblieben waren. Aber sie schaffte es nicht, mit einer solchen Frage zum Tausendheim zu gehen. Es war ihr nicht möglich, sich vorzustellen, daß er Onkel Simon glich, wie sie sich das als Kind vorgestellt hatte.
Die Zeitungsnotiz war für Tora ein Eisenpfahl in ihrem Kopf.
Indessen unternahm Rakel etwas, woran sie schon lange gedacht, wozu sie sich aber bisher nicht aufgerafft hatte. Sie schrieb an die Heilsarmee und bat sie nachzuforschen, ob von Toras Vater noch Verwandte am Leben seien. Mittels der äußerst sparsamen Informationen, die sie hatte: einen Namen. Daß er aus Berlin sein sollte. Eine unbeholfene Beschreibung seines Aussehens. Eine 17 Jahre alte Erinnerung an einen Menschen, die sie verdrängt hatte, weil sie mit soviel Schande behaftet war. Nicht nur für Ingrid, sondern auch für sie selbst und die Eltern.
Sie sagte zu keinem etwas von diesem Brief. Hatte sich gewissermaßen ein Ziel gesetzt. Sie war wie ein Kind, das sein Weihnachtsgeschenk für jemanden, den es liebt, eingepackt hat – schon lange vor Weihnachten – und nun jeden Tag darauf wartet, daß der Weihnachtsabend kommt.

Tora ging gelegentlich zum Tausendheim, wenn sie sicher sein konnte, daß *er* nicht da war. Es war eine Pein für sie, ein paar Stunden zusammen mit Ingrid auszuhalten. Sie sprachen über

alltägliche Dinge und hatten nichts Gemeinsames mehr. Ingrid war in ihrer Gegenwart beinahe munter, das war das schlimmste. Fremd und munter wie ein Schlager, der in den Raum dröhnte, ohne daß sie ihn mochte.
Wenn sie wieder nach Bekkejordet ging mit den ewigen Fischfrikadellen als Geschenk für Rakel und Simon, wußte sie genau, wie sie hätte sein sollen, was sie hätte sagen sollen. Aber es nützte so wenig.
Manchmal stieg sie in das Dachgeschoß hinauf zu Elisif und Torstein und den Kindern. Die rotznasigen, mickrigen Menschenkinder streckten sich in die Höhe wie Bohnenstangen. Keines von ihnen war tüchtig und freundlich – wie Sol, die Älteste. Keines von ihnen hatte die Kraft, wegzukommen.
Von Jörgen, der genauso alt war wie Tora, war noch am meisten zu erwarten. Die beiden Ältesten schienen das wenige, das die Eltern zu geben hatten, mitbekommen zu haben. Jörgen arbeitete in der Dahlschen Fabrik, rauchte selbstgedrehte Zigaretten und war unwahrscheinlich hinter den Mädchen her. Elisif war das längst zu Ohren gekommen. Sie warnte ihn vor der Hölle und der fleischlichen Lust, und Jörgen nickte pausenlos, während er vor dem gesprungenen Spiegel über dem Ausguß seine tolle Frisur kämmte, bis er zur Tür hinaus verschwand. Er hätte kaum ein Wort von dem, was Elisif gesagt hatte, wiederholen können – wenn ihn jemand ins Kreuzverhör genommen hätte.
Aber keines von den Kindern widersprach den Eltern. Sie resepektierten sie ebenso gutmütig und gedankenlos, wie man ein altes Bett, dessen Matratze allmählich schlecht wird, respektiert, solange keine Aussicht besteht, daß man sich eine neue kaufen kann.
Die einzigen harten Worte unter den schweren Dachbalken im Tausendheim, dort, wo Elisifs Familie wohnte, waren Gottes Worte. Sie strichen vorbei wie Raubtiere, die an der Tränke auf der Hut sind. Wachsam, schleichend, lauernd, immer auf der Jagd nach etwas zu fressen. Unangreifbar kamen sie klagend aus Elisifs Menschenkehle – gut inspiriert von den »Mannakörnern« in der Schale auf der Kommode, die ihr jeden Tag den Text des Tages aus dem pechschwarzen Buch mit den goldgeränderten Seiten befahlen. Das Buch war genauso abgenutzt und schäbig wie alles andere da oben.
Tora spürte den alten Respekt vor Elisif, wenn sie in das Dachgeschoß kam. Das schräge Dach versuchte, sie alle herunter-

zudrücken, ohne daß es ihm in irgendeiner Weise gelang. Die Kinder kullerten über den Fußboden, krabbelten von überall her wie die Ameisen in einem Ameisenhaufen. Sachkundig auf der Suche nach Dingen, die sie nicht bekommen hatten, nicht zurückbekommen hatten oder die einfach von einem Bruder geklaut worden waren. Es war in allem ein gewisser freundlicher Wechsel. Die wenigen Möbel, die nicht an den Wänden befestigt waren, wirbelten auch herum. Eine rotierende, planlose Bewegung, randvoll mit Anwesenheit.

Und da oben zwischen dem schrägen Dach und dem abgetretenen Fußboden mit den breiten Brettern und dem eingewachsenen Dreck in den Ritzen fand sie einen Platz im Tausendheim, der vollständig frei von der eigenen schamlosen Vergangenheit war.

Sie ließ sich auf der selbstgezimmerten Holzbank am Tisch nieder und wurde von Elisifs durchdringenden Augen gemustert. Hörte ihr vernichtendes Urteil über die neumodischen Jeans oder die allzu kurzen Röcke und den unchristlichen Pferdeschwanz, der nicht der Sitte entsprach. Tora nickte ebenso, wie Elisifs Kinder es gemacht hätten, oder sie sagte: »Alle gehn so!« Und Elisif konnte ihre heilige Rüge auf die ganze verderbte Welt ausbreiten – und damit denjenigen vergessen, der sie ursprünglich auf die Idee vom Wesen der Sünde gebracht hatte.

Sol kam nach Hause. Sie packte ihren Oslo-Koffer vor den Augen von Tora, Elisif und den Kindern aus. Sie hatte Spitzenwäsche und Schreibpapier, das gut roch. Hatte ein paar Kilo abgenommen und drehte sich, leise singend, vor ihnen in den neuen Kleidern. Sie sagte, ohne daß Elisif es hören konnte, daß sie einen Freund mit viel Geld habe. Sie würden sich in der letzten Ferienwoche treffen. Sie wollten eine Autotour machen.

Tora überlegte, daß Sol wahrscheinlich die erste von der Insel war, die richtige Ferien hatte, in denen sie mit dem Auto verreisen konnte. Es war fast wie in einem amerikanischen Film. Der Freund habe eine eigene Firma, erzählte Sol. Was auch immer das bedeuten mochte.

Tora bekam das Bild von einem nicht ganz jungen Mann zu sehen, mit schütterem Haar in den Geheimratsecken. Er war 35. Aber nett.

»Wirste ihn heiraten?« fragte Tora, während sie das Bild betrachtete. Sie waren einen Augenblick allein in der Küche.

»Nein, ich werd' ihn nicht heiraten, und er benutzt immer einen Gummi«, antwortete Sol und beugte sich vor, um nagelneue Nylonstrümpfe anzuziehen obwohl draußen 25 Grad waren. Sie nahm sie direkt aus dem Zellophanpapier, Marke »Safa«. Sie waren steif und hatten einen deutlichen Knick.
»Ich werd' Sekretärin«, sagte sie träumend. Als ob sie über ihren wirklichen Freund redete. »Aber es ist so schrecklich teuer, verstehste.«
Und plötzlich verstand Tora das eine oder andere von früher, bevor Sol von zu Hause weggegangen war. Die Art, wie Ottar sie angesehen hatte. Wieso Sol auf einmal die Mittel hatte, um nach Oslo zu fahren und die Handelsschule zu besuchen.
Ein Vorhang wurde weggerissen. Und dahinter stand die Sol, die Tora nicht gekannt hatte, aber die die ganze Zeit dagewesen war. Und sie dachte an ihre Nächte auf der Dachstube in Bekkejordet. Die Träume. Während sie noch wach war. Vielleicht waren Sol und sie jeder ein Winkel in demselben Menschen?
Nur mit dem Unterschied, daß Tora ihre Geschenke bekam, ohne daß sie eine Autotour machen mußte.
In der Woche, in der Sol zu Hause war, brauchte Tora in Bekkejordet nicht mitzuarbeiten. Das Heu war eingefahren, und es stand nichts weiter an.
Sol und Tora lagen auf den Felsen in der Bucht, unterhalb der Wiesen, die zu Bekkejordet gehörten.
Fast sechs Wochen lang hatte Tag und Nacht die Sonne geschienen. Die Leute meinten, es sei jetzt genug. Es verbrannte alles. Der Ertrag bei der Beerenernte war mager, und das Gemüse und die Kartoffeln verdursteten, bevor etwas aus ihnen geworden war.
Aber die jungen Mädchen kümmerten sich nicht um solche Dinge. Sie schmierten sich mit Nivea und Zitzenfett ein und tranken Kaffee, den sie in der Thermoskanne mitgenommen hatten, und aßen Butterkekse, die wie heilige Oblaten am Gaumen klebten.
Tora sah, daß Sol einen ausgewachsenen Frauenkörper hatte, und dachte an ihn, den mit den Geheimratsecken, der immer Gummis benutzte.
Dann betrachtete sie ihren eigenen, dünnen, etwas eckigen Körper. Er hatte Formen und Geheimnisse. Vor allem Schande. Sie verglich sich mit Sol, die sich auf dem Felsen ausstreckte. Die starken Brüste drohten den BH des zweiteiligen Bade-

anzugs zu sprengen. Sol hatte eine träge, sichere Art – um die Tora sie immer beneidet hatte. Jetzt war es deutlicher denn je, daß Sol ihren Körper mochte.
»Wie ist er denn? Der Dan? Dein Freund?« fragte sie aus ihren Gedanken heraus.
»Wie er ist... muß mal überlegen... Nett!«
»Ja, das haste schon gesagt. Und sonst?«
»Er geht mit mir aus. Ins Kino. Ins Konzert. Zum Firmenfest. Ins Hotel – an den Wochenenden, wo ich nicht putzen gehn muß oder lerne. Er ist ganz geil. Ich glaub' fast, daß er am liebsten 24 Stunden an einem Stück mit mir im Bett liegen würde.« Sie drehte sich zu Tora um und sah sie fröhlich an, während sie gegen die Sonne blinzelte. Die üppigen Brüste fielen fast aus dem BH heraus, und der runde Bauch legte seine Falten auf den gesprenkelten Felsen.
»Aber sonst ist er auch ganz lieb«, fügte sie hinzu, seufzte und ließ sich wieder auf den Rücken fallen. Brüste und Schenkel bebten noch nach.
Tora ließ sich mitreißen. Hob sich hinein in der erfahrenen Freundin Vertraulichkeit. Wurde mutig.
»Findste... es gut... das da?«
Sol drehte sich noch einmal um, wobei ihre weichen Körperteile wogten.
»Haste noch mit keinem geschlafen?« fragte sie ungläubig.
»Nee... ich mein'...«
»Du meinst, daß du's noch nicht gewagt hast? Aber daß du Lust gehabt hast?«
»Ja, nicht grad Lust...«
Sol lachte. Aber das Lachen war nicht höhnisch, mehr ein vertrauliches Glucksen, weil sie sich geirrt hatte, wie weit Tora im Leben gekommen war.
Die Flut stieg fast bis zu ihnen herauf, aber sie merkten es kaum. Es schwappte gegen den Felsen. Kleines, schimmerndes Gekräusel. Guter, warmer Ostwind brachte den Geruch von geteerten Booten mit. Und eine gute Sattheit. Ein Kribbeln im Unterleib. Tora gönnte sich diesen Augenblick.
»Beim erstenmal ist's nicht so doll, aber dann wird's besser«, sagte Sol. »Ich kann's nicht mit einem machen, bei dem ich's nicht schaffe, scharf zu werden«, fügte sie hinzu und sah forschend auf eine schwebende Möwe.
»Haste... haste's mit vielen gemacht?« fragte Tora beinahe flüsternd.

Sol warf einen schnellen Blick auf sie, als ob sie abschätzen wollte, was Tora vertrug.
»Nein«, sagte sie entschieden. »Nur mit ein paar.«
»Und war's schön?«
»Ja, mehr oder weniger... Einer, den ich traf, noch ziemlich jung, der war zu ungestüm. Wurde fertig, als ob er einen Furz losließe. Das war nichts. Aber der, den ich vor dem Dan hatte, der war gut, wenn auch nicht grad besonders erfahren. Er fummelte entsetzlich rum, aber auf eine gewisse Art war er sehr zärtlich. Nahm sich Zeit...«
Es hörte sich fast so an, als ob sie anfinge zu weinen.
»Warum biste nicht bei dem geblieben?«
»Nein, es war Schluß. Es ging nicht. Er hatte noch weniger Geld als ich. Student. So'n Leben mocht' ich nicht. Nicht wissen, wo man das Geld hernehmen soll. Er spielte Trompete und diskutierte fürchterlich. Über alles mögliche.«
»Schläfste mit dem Dan nur, weil er Geld hat?«
»Sag das nicht, das klingt ja fast so, als ob ich 'ne Hure wär'.«
Sols Stimme war mit einemmal scharf und abweisend.
»Ich hab's nicht so gemeint.«
Tora ahnte nicht, was sie machen sollte, damit Sol sich nicht gekränkt fühlte.
»Übrigens haste wohl recht«, fügte Sol hinzu – mehr zu sich selbst. »Er ist erwachsen, sicher und erfahren, er kann mir ein wenig zurückgeben.«
»Aber du liebst ihn nicht?«
»Lieben? Ach ja, bis zu einem gewissen Grad...«
»Ich hab' geglaubt, daß man das müßte.«
»Nein, das haste nicht geglaubt«, Sol war beinahe böse. »Siehste nicht, wie die sich lieben, die miteinander verheiratet sind? Das Gegenteil ist der Fall. Lieben? Meine Eltern zum Beispiel: Was glaubste, was die für 'nen Beischlaf machen? Mein Vater deckt die fromme Dame, ohne überhaupt ihren Körper zu sehn. Sie ist von Kopf bis Fuß angezogen. Er braucht genau 25 Bewegungen, dann ist er fertig, und sie kann sich das Federbett über den Kopf ziehen, so daß kein andrer als Gott sie sieht. Einmal hab' ich gehört, daß sie ein Vaterunser gebetet hat, während sie zugange waren. Und er? Glaubste, daß er sie liebt? Und der Henrik die Ingrid? Wie ist es denn bei denen? Glaubste, die lieben sich, wenn sie's machen?«
Tora hatte das ekelhafte Gefühl, durch ein Schlüsselloch etwas

sehen zu müssen, was sie gar nicht sehen wollte. Aber sie verstand Sols Zorn.
»Die einzigen, die ich bisher auf der Insel erlebt hab', bei denen ich mir denken kann, daß sie miteinander schlafen, weil sie sich lieben, das sind Rakel und Simon. Sie sind, glaub' ich, immer wieder verliebt. Deshalb wissen die Leute nicht, wie sie sie am besten anschwärzen können. Alle mißgönnen es ihnen. – Manchmal glaub' ich tatsächlich, daß der Dan mich liebt«, fügte sie hinzu, als ob sie von dem Gedanken überrascht worden wäre.
»Meinste nicht, daß es möglich ist, einen zu lieben?«
»Doch, und da sitzt man in der Falle und wird nie das erreichen, wozu man eigentlich bestimmt ist. Jedenfalls nicht wir Frauen. Nein, ich will Sekretärin werden. Später... vielleicht, werd' ich mir einen suchen. Mal sehn.«
Sie blinzelte wieder hinauf zu der Möwe und beachtete Tora eine Weile nicht. Dann sagte sie: »Biste nie verliebt gewesen, Tora?«
»Doch, in einen, der heißt Jon. Er geht in Breiland aufs Gymnasium.«
Indem sie es sagte, spürte sie, daß es stimmte.
»Haste nicht mit ihm geschlafen?«
»Nein... So weit ist's nicht gekommen.«
»Hat er's versucht?«
»Na ja, er hat's wohl... sozusagen ...«
»Du mußt ihn dazu erziehn, daß er 'nen Gummi benutzt«, sagte Sol entschieden. »Und beim erstenmal ist's nichts Besonderes. Du mußt ihm sagen, daß er langsam machen soll. Du bist keine Hündin, die nur dasteht und es über sich ergehn läßt, bis er fertig ist. Sei nicht so verliebt, daß du nicht zu reden wagst.«
»Nein.«
»Jetzt hab' ich Kaffeedurst«, sagte Sol zufrieden.
Sie packte die Tassen aus und teilte die Tafel Schokolade in zwei Teile. Die Schokolade legte sich wie aufreizende Übelkeit in Toras Mund.

Nach wenigen Tagen sah Sol bereits wie ein frisch gebackenes Brot aus. Golden. Die Nägel und der Mund waren schwach rosa. Sie hatte eine natürliche Frische. Aber das Parfüm, das Dan ihr geschenkt hatte, umgab sie wie eine himmlische Atmosphäre, wenn sie durch Vaeret ging. Kein Parfüm auf den

Felsen in der Sonne, nein. Denn das könnte braune Flecken geben, sagte sie trocken.
Und Tora saugte Sol an sich. Nahm sie mit offenen Sinnen auf. Hörte ihre Geschichten. Von den Menschen, denen sie begegnet war. Den Cafés. Den Kinos. Allen Lichtern. Von der Schule, wo so viele Schüler waren, daß man sie nicht einmal vom Sehen her kannte, wenn man sie in der Stadt traf. »Sie in der Stadt traf...«, sagte Sol. Und das klang wie eine Zauberformel zusammen mit dem Schmatzen der Gutwetterwellen gegen die Felsen.
Sie verzogen sich weiter nach oben, um nicht naß zu werden, als die Flut stieg. Sol führte das Wort. Und Tora fügte in Gedanken alle Worte hinzu, die ihr fehlten, alle Sätze, die sie ahnte – oder von denen sie meinte, daß sie dazugehörten. Sie goß sie gleichsam in ihren Kopf hinein. So wie Rakel im Herbst die Marmeladengläser füllte. Ruhig, bedacht. Sie paßte auf, daß die Deckel sauber und ohne Makel waren, bevor sie sie auf die Gläser schraubte. Ganz fest. Die Marmelade sollte sich halten. Bis Rakel sie brauchte. Sie wußte, daß sie süß genug war. Sie hatte sie selbst gesüßt.

20

An einem der ersten Tage, als sie bei Ingrid im Tausendheim war, wurde ihr klar, daß sie sich hier nicht mehr zu Hause fühlen konnte. Die Kammer schien ihr nie gehört zu haben. Das in die Tür geklemmte Messer, das hatte es nie gegeben. Sie war erstaunt, wie leicht es war, nicht mehr daran zu denken.
Ingrid war mit ihren Problemen beschäftigt – und sie war nicht mehr ihre Mutter. Tora hatte ihr nichts vorzuwerfen, sie hatte nur eine Entscheidung getroffen. Mit Ingrid war es so wie mit Büchern, die sie als Kind gelesen hatte. Sie gehörten in eine bestimmte Entwicklungsphase. Man konnte mit Wohlwollen an sie zurückdenken. Aber man fühlte kein Bedürfnis, sie wieder hervorzuholen und erneut zu lesen.
Sie war in voller Fahrt zu etwas, das Ingrid nie würde verstehen können oder worin sie ihr nie würde folgen können, weil sie zu starr war. Mitunter schienen die Rollen vertauscht zu sein. Ingrid brauchte sie. Tora kam ohne sie zurecht. Ingrid

war wie der Veten oder der Hesthammeren oder die Bucht. Unveränderlich, außer bei Naturkatastrophen.
Ingrid sagte nicht, was sie dachte. Das fürchtete Tora vor allem, daß sie darin Ingrid gleichen könnte. Sie wollte an sich arbeiten. Gelobte, sich zu ändern, sich im Reden zu üben.
Gelegentlich sah sie sich selbst. Und da bekam sie immer Angst. Sie hatte soviel in sich, was niemals nach außen gelangen durfte, nicht einmal zu Rakel. Rakel wußte ja nicht, mit welchen Gefühlen sie in der Dachkammer lag. Sie glaubte ja, daß Tora keine Schuld hatte.
Hatte sie Schuld? Hätte sie an dem Tag, als es passiert war, zur Mutter in die Fischfabrik laufen sollen? Oder sich in Elisifs Schoß verkriechen? Hätte sie das Messer nehmen sollen, um sich zu verteidigen? Wäre es etwas anderes gewesen, gesetzt den Fall, es wäre Onkel Simon mit den guten Händen gewesen?
Wenn sie sich in ihrem eigenen Gedankengewirr verfangen hatte, vermied sie es, mit jemandem zu reden. Es endete stets damit, daß sie sich selbst liebkoste und an Dinge dachte, die Sol erzählt hatte, und an Geschichten, die sie gehört hatte. Auf diese Weise hatte es nichts mit ihr zu tun. Sie war frei. Trieb mit in dem roten Strom, in dem die Gedanken und die Gefühle eins waren und sich gegenseitig verziehen.
Eines Abends, gegen Ende der Ferien, saßen Ingrid und Tora am Küchentisch und unterhielten sich ganz vernünftig.
»Du kannst eigentlich heut nacht hierbleiben«, sagte Ingrid unvermittelt.
»Nein, ich muß bald gehn.«
»Warum denn? Wir haben dich hier unten kaum gesehn. Es ist beinah so, als ob du Tochter da oben in Bekkejordet wärst und nicht hier. Die Leute reden schon drüber. Wundern sich.«
»Was sagste dazu?«
»Nichts. Was soll ich sagen?«
»Du könntest ja die Wahrheit sagen.«
»Was denn?«
»Daß ich den Henrik nicht leiden kann.«
»Ich glaub', du bist nicht recht gescheit.«
»Es wär' aber richtig. Dann brauchten sich die Leute nicht mehr zu wundern.«
»Meinste nicht, daß der Henrik und ich schon genug ins Gerede gekommen sind?«
»*Du* ja. Aber dem Henrik gönn' ich soviel Gerede wie nur möglich!«

»Was hat er dir getan?«
Ingrid sah sie bittend an. Braune traurige Augen unter dem dichten dunklen Haar. Die ganze Ingrid ist Traurigkeit, dachte Tora schnell – als ob sie ein Bild an einer fremden Wand betrachtete.
»Das weißte wohl. In all den Jahren, soweit ich mich erinnern kann, war es seinetwegen hier so ungemütlich. Er hat uns beide eingeschüchtert. Ist besoffen nach Haus gekommen und hat das Geld genommen, das wir fürs Essen brauchten. Ist besoffen auf die Straße gegangen, daß wir uns schämen mußten. Hat's nie geschafft, 'nen festen Arbeitsplatz zu haben.«
»Keiner will ihn ja haben – ihm eine Chance geben.«
Ingrids Gesicht war wie alte Erde anzusehen. Sie öffnete den Mund, um etwas zu sagen, hielt aber inne. Sie sah wohl ein, daß es nichts nützte.
»Warum entschuldigst du ihn?«
»Ich entschuldige ihn nicht. Aber die Leute haben ihn schon vor langer Zeit verurteilt. Er wird's nicht los. Egal, was er macht, der Augenblick kommt, wo sich die Leute daran erinnern, wer er ist und daß er Simons Betrieb angesteckt hat.«
»Aber er hat's doch getan.«
Tora wollte schon sagen, daß er noch schlimmere Sachen gemacht hatte als die, von denen die Leute wußten. Spürte eine verführerische Lust, es Ingrid wissen zu lassen. Es hinter sich zu bringen. Aber sie vermochte es nicht. Hatte kein Recht, Ingrids Welt zu zerstören, auch wenn sie nicht mehr davon abhängig war, daß Ingrid sie akzeptierte oder gern hatte. Sie war nicht mehr die Tora, die zu Ottar lief und Margarine und Mehl anschreiben ließ, weil Ingrid selbst es nicht wagte. Sie war frei. Es ging ihr auf, daß man seine Eltern nicht zu lieben brauchte, auch wenn es in der Bibel stand. Aber man sollte sie in ihrer Welt leben lassen, ohne auf ihnen herumzutrampeln. Und sie entschied, daß die Eltern sich die Liebe verdienen mußten, sonst konnten sie keine erwarten. Sonst mußten sie sich mit der Liebe begnügen, die sie selbst geschaffen hatten.
»Liebste den Henrik?« fragte sie plötzlich.
»Lieben? Du kannst fragen...«
»Ja, warum bleibste an ihm hängen, wenn du ihn nicht liebst?«
»Ich bin mit ihm verheiratet.«
Ingrids Stimme war würdig, wenn auch schwach. Es klang wie Rascheln in altem Heu.

Ingrid betrachtete Tora eine Weile, dann sagte sie mit fremder Stimme: »Sie erziehn dich gut in Bekkejordet, wie ich hör'.«
»Wieso?«
»Sie wollen, daß ich den Henrik rauswerfe. Sie halten mich für einen Dreck, weil ich ihn nicht rauswerfe. Aber das will ich euch allen sagen. Daß ich in dieser Sache mach', was ich will. Geh nur nach Bekkejordet, Tora. Dort ist alles so vortrefflich. Verachte nur deine Herkunft. Wenn du glaubst, daß du davon was Besseres wirst. Geh nur zur Schule und lern feine Worte, mit denen du dich dicke tun kannst. Aber eins will ich dir sagen: Es hat den Menschen, die ihre Herkunft verleugnen – noch nie zum Segen gereicht.«
Es kam selten vor, daß Ingrid so viel sagte. Selbst die einsame Glühbirne an der Decke schwankte unruhig, als ob das Geräusch sie aus dem Gleichgewicht der Gepflogenheiten in der verblichenen Küche gebracht hätte.
»Und du, Mama? Hast du dich für deinen Vater und deine Mutter entschieden, als du jung warst?«
»Ja, das hab' ich.«
»Nein! Du hast einen deutschen Soldaten gewählt!«
Ingrids Gesicht wurde leichenblaß. Der Mund zitterte. Einen Augenblick hatte Tora den Eindruck, daß die Mutter sie ohrfeigen würde. Aber sie rührte sich nicht.
Das wäre erledigt, dachte Tora. Wartete. Sekundenlang. Aber Ingrid ging in den Berg hinein.
»Am besten gehste jetzt«, sagte sie müde.
»Willste nicht drüber reden?«
»Worüber?«
»Über meinen Vater. Der Wilhelm hieß.«
»Es gibt nichts zu reden. Er lebt nicht mehr.«
»Haste ein Bild von ihm?«
»Danach haste noch nie gefragt.«
»Nein, aber jetzt tu' ich's.«
Tora dachte daran, daß sie mehrmals an diesem Tisch gesessen hatte und gerne nach ihrem Vater gefragt hätte, es aber doch nie getan hatte. Weil sie wußte, daß es den Tag nur schwieriger machen würde.
»Ich hab' ein altes Bild...«
Ingrid glättete die Tischdecke mit langen, behutsamen Bewegungen. Wie liebkosend, mit gespreizten Fingern. Um Mund und Augen hatten sich neue Falten gebildet, zusätzlich zu denen, an die Tora sich erinnern konnte. Trotzdem sah Ingrids

Gesicht beinahe unbenutzt aus. Es schien nur einen Ausdruck zu haben. Glich dem Porzellankopf von der Puppe, mit der Tora nie hatte spielen dürfen.

Ingrid stand auf und ging in die Kammer. Als sie zurückkam, hielt sie einen Briefumschlag an sich gedrückt. Bewegte sich wie auf dem Weg zu einer Hinrichtungsstätte. Glitt auf den Stuhl und fingerte an dem Dreieck des Umschlags. Tora beherrschte sich, der Mutter nicht den Umschlag zu entreißen und aus der Tür zu rennen.

Unendlich langsam wickelte Ingrid eine Fotografie aus dem Seidenpapier, das in dem Umschlag gesteckt hatte. Sie hielt das Bild einen Augenblick vor sich hin. Betrachtete es unter gesenkten Augenlidern. Als die Haustür geöffnet wurde, fuhr sie zusammen. Lauschte, die Augen fest auf die Fotografie geheftet. Als niemand die Treppe heraufkam, ließ sie die Schultern wieder sinken und atmete normal.

Dann legte sie das Bild in Toras ausgestreckte Hände. Es lag wie ein Boot zwischen ihren schrägen Handflächen. Tora spürte das Gewicht auf der Haut. Eine Vogelschwinge. Ein Messer, das die Haut ritzte. Das Bild roch seltsam. Der Geruch füllte den ganzen Raum und ihren Kopf. Staub und Leder... und etwas anderes, was sie nicht kannte. Ein Gedanke, eine Sehnsucht, ein verspieltes Leben!

Sie sah das Brustbild eines jungen Mannes in Uniform und mit Uniformmütze. Das Gesicht war schmal mit großen, trotzigen Zügen.

Eine ungewöhnlich lange und kräftige Nase trug zu dem scheinbar mürrischen Ausdruck bei. Das Kinn ragte viereckig und scharf aus dem Bild heraus. Der Mund war geschlossen und ein wenig streng. Als ob er den bösen Mann für den Fotografen spielte. Aber der Mund konnte nicht vertuschen, daß der junge Mann dem Lachen nahe war. Denn um die Augen war ein Netz von Lachfältchen, das selbst ein schlechter Fotograf nicht zerstören konnte. Die Augen waren klar und sahen sie direkt an.

Tora erhob sich langsam. Ging zu dem Spiegel über dem Ausguß. Vergaß, daß sie nicht allein im Raum war. Hielt das Bild zum Spiegel hoch. Drehte den Kopf ein bißchen, so daß sie sich selbst und das Bild sehen konnte. Lange stand sie so. Schließlich nickte sie.

»Ja, er ist mein Vater«, sagte sie – und kam langsam zum Tisch zurück. Für einen Augenblick, als ihr aufging, daß Ingrid auch da war, stieg etwas von dem alten Gefühl in ihr auf. Die Angst, daß sie die Mutter mit dem, was sie sagte und tat, kränkte. Dann sah sie Ingrid geradewegs an und lachte. Lachte und lachte. Bis die Tränen hervorquollen und der Mund ganz schleimig wurde vor Einsamkeit. Wie damals an der Scheunenwand in Bekkejordet, nachdem Rakel ihr erzählt hatte, daß ihr Vater tot war.

Das war das schlimmste: eine Freude für immer zu verlieren – ohne daß man sie richtig besessen hatte. Ingrid wollte sie in den Arm nehmen, aber sie machte sich los. Sie hatte das Gefühl, daß Ingrid jemand war, den sie zufällig unterwegs getroffen hatte. Sie ging auf und ab und weinte. Es tat ihr alles weh. Etwas drängte unaufhörlich nach außen. Sie wußte nicht, ob es etwas Gutes oder Schlechtes war und ob sie es überhaupt aushalten konnte.

Sie bekam das Bild mit, als sie ging. Bettelte und weinte, bis sie es bekam. Ingrid war nicht imstande, es ihr zu nehmen. Wurde nur zu einem unbeholfenen Körper hinter dem Tisch. Fühlte die Ohnmacht für sie beide. Nach und nach ging ihr einiges auf, was es ihr leichter machte, das einzige, an dem ihr wirklich etwas lag, ohne große Gesten wegzugeben.

Tora saß eine Weile mit ausgewaschenem Gesicht da. Es wurde nicht mehr viel gesprochen. Die Geräusche auf dem Hof und vom Haus streuten Wundpuder auf das ärgste Brennen.

Ingrid packte viele Fischfrikadellen in eine Papiertüte. Sie rochen so schlecht, die Fischfrikadellen, aber sie hatte nichts anderes zu verschenken, weil Rakel sonst alles besaß. Tora nahm sie entgegen, ohne aufzumucken. Das Bild hatte sie in Seidenpapier auf der Brust.

Die Schnecken lagen auf dem ganzen Weg, bis hinauf nach Bekkejordet, in der Wagenspur. Es hatte geregnet. Tora gab acht, daß sie nicht auf sie trat. Die Pfützen auf dem Weg waren kurzsichtige Augen in dem blauschimmernden Augustabend.

Das Bild stach gegen die Haut, wenn sie ging. Sie hatte das Gefühl, daß sie mit einem Gesicht wie einem durchweichten Holzstück herumlief. Sie war froh, daß sie niemanden traf. Noch immer hatte sie einen bitteren Geschmack im Mund. Vor Erregung und Trauer, Freude und Triumph.

Plötzlich blieb sie stehen. Es wurde ihr bewußt, was sie ei-

gentlich für eine Macht hatte. Über Henrik. Über Ingrid. Über sich selbst. Die Fotografie schien ihr ins Ohr zu flüstern, was sie tun sollte. Es war mit Sicherheit ein Tag, an dem man bekam, was einem rechtmäßig zustand. Bekommen. Zurückgeben!
Sie kehrte um. Langsam. Als ob sie zunächst nicht richtig wüßte, wie sie sich verhalten sollte. Die Wege waren so kurvenreich.
Die Vogelbeerbäume mit den jungen Fruchtbüscheln waren mit ungleichmäßigen schwarzen Stichen an den Himmel genäht. Unordentlich, aber in einem wunderbaren, zarten Zusammenhang. Ein Vogel erhob sich und flog aus der Stickerei heraus. Erschreckt durch die Schritte.

Sie blieb nicht eher stehen, als bis sie bei der Tobiashütte angelangt war und die Männer da drinnen lachen hörte. Zögerte ein wenig, dann ging sie geradewegs auf die Tür zu und klopfte an. Hart. Poch-poch.
»Herein«, brüllte ein nicht gestimmter Chor von vier, fünf Männerstimmen.
Sie steckte den Kopf in den Tabaksrauch und versuchte zu erspähen, ob er da war.
Er sah nicht auf. War bestimmt nicht voll, demonstrierte nur, daß es ihm egal war, wer hereinkam. Es war sonst nicht üblich, an die Tür der Tobiashütte anzuklopfen. Man ging direkt rein – oder blieb draußen. So war das.
»Ist der Henrik hier?« sagte sie laut.
Etwas stieß Henrik innerlich an.
»Ja, und was ist los? Brennt's?«
Sie wartete darauf, daß die Lachsalve wie eine Steinlawine über sie hinwegdonnern würde. Aber es blieb still. Die Männer lauschten.
»Ich hab' dir was auszurichten, Henrik.«
Sie hielt sich im Halbdunkel bei der Tür. Konnte nicht zeigen, daß sie geweint hatte. Nicht denen hier!
»Was haste mir auszurichten?« fragte es rostig aus Henriks Kleiderbündel.
»Das muß ich dir draußen erzählen«, antwortete sie bestimmt.
»Was du nicht sagst.«
Die Männer glotzten sie mit einem gewissen Respekt an.
Henrik wand sich um den Tisch herum und kam zu ihr. Einen Augenblick spürte sie Übelkeit, aber sie richtete sich auf und

zog sich rückwärts zur Tür hinaus. Er kam nach. Beinahe neugierig.
Sie blieb mit dem Rücken zum Kran stehen. Er glitt langsam heran wie ein großes Schiff mit drohendem schwarzem Bug. Als Kind hätte sie sich vor Schreck in die Hose gemacht, dachte sie verwundert.
Draußen in dem blauen Abend sah er, daß sie geweint hatte.
»Ist was – ist was passiert?« fragte er.
Sie maß den Abstand zur Tobiashütte. Zum offenen Fenster. Zur Tür. Sie verzog sich etwas nach rechts hinüber vor den Speicher und die Landungsbrücke, aber nur so weit, daß ein Ruf noch gehört werden konnte. Der Briefumschlag lag auf der Brust. Beruhigte sie, so daß das Gehirn gleichsam von frischem, laufendem Wasser durchströmt wurde.
Sein Gesicht vor ihr im Halbdunkel wurde deutlicher. Die dunklen Bartstoppeln. Die Augen. Er hatte ein ungutes Gefühl, kam ihr aber nach.
»Was ist los? Warum führste dich auf wie 'n Idiot? Rede!«
»Ich bin kein Idiot. Das wirste schon noch sehn. Ich will dir nur was sagen.«
»Dann sag's doch!«
Er stand mit gespreizten Beinen da und zog ungeduldig an dem Kragen seiner Joppe. Hatte er ihre drohende Stimme verstanden?
»Ich hab' der Rakel alles erzählt«, sagte sie. In einem Atemzug. Das Fauchen einer Katze gegen einen Hund. Ihre Augen leuchteten.
Er bewegte sich unruhig.
»Was haste erzählt?«
»Was du mit mir gemacht hast! Alles! Auf der Koppel und in der Kammer!«
Er stand. Aber das Gesicht war in Auflösung begriffen. Sie *sah* das Entsetzen. Herrgott, was für ein Fest! Er hatte *Angst!* Oh, wie sie ihn quälen wollte. Ihm solche Angst machen, daß er auf der Stelle in die Hose pißte und den Dünnschiß bekam. Genau hier bei der Tobiashütte. Die Männer waren drinnen. Sie brauchte nur zu rufen. Er konnte ihr nichts tun. Jetzt hatte sie ihn. Endlich!
Er wich zurück, ohne es zu merken. Einen Schritt, zwei Schritte.
Dann beugte er plötzlich den Oberkörper vor und wollte mit der gesunden Faust auf sie losgehen.

»Wenn du näher kommst, ruf' ich! Die Tante steht oben an der Straße! In der Tobiashütte sind die Männer.«
Sie wußte nicht, daß sie log. Sie war ganz drin in dem Geschehen, das sie in Gang gesetzt hatte. Sah ihn sich so bewegen, wie sie es erwartet hatte. Hörte seinen Atem. Voll von massiver Angst.
»Was haste für Lügengeschichten erzählt, du leichtsinniges Luder.«
Sie sandte ihm ein böses Lachen und sah ihn durchdringend an.
»Genug, daß sie dich beim Lensmann anzeigen kann. Aber sie hat mich gebeten, dir zu sagen, daß du *eine* Möglichkeit hast, dich aus der Klemme zu ziehn.«
»Was meinste mit ›aus der Klemme ziehn‹?« Seine Stimme war rostig und trocken. Er schluckte und starrte.
»Du kannst dir eine Arbeit suchen und aufhören zu saufen, dann wird sie dich nicht anzeigen. Und du darfst nicht mehr in meine Nähe kommen, ohne daß sie dabei ist. Wenn du dich daran nicht hältst, zeigt sie dich an! Hörst du?«
Er öffnete den Mund. Aber es kam kein Laut. Öffnete – schloß ihn. Ein Fisch, schnell an Land gezogen, mit Kiemen, die sich nach dem Meer sehnten.
Ein paar vereinzelte Regentropfen fielen auf die Kaiplanken. Dann fielen ein paar auf die Wasseroberfläche. Die Ringe breiteten sich lautlos aus. Wie ein Gerücht in dem blauen Abend. Von dem Flaschenzug des Krans kam ein klagender Laut. Nur einmal.
»Du verdammte...«
»Haste geglaubt, du könntst dir alles erlauben, ohne daß es dich selbst trifft?«
»Du hast ganz schön mitgemacht. Hast dich angeboten. Kein Mann geht an solchen vorbei, die sich anbieten. Was?«
Das hatte sie erwartet. Hatte alle möglichen und unmöglichen Antworten und Gespräche und Beschuldigungen auf dem Weg zur Tobiashütte durchdacht. Stand leicht vornübergebeugt mit geballten Fäusten. Die Antwort war leicht zu geben.
»Was meinste, wem der Lensmann mehr glaubt, der Tante oder dir?«
»Das haste dir nur erfunden, sag' ich.«
Seine Stimme klang entrüstet, beinahe verletzt. Als ob er ein großes Unrecht aufgedeckt hätte.
»Es gibt Beweise.«

»Du lügst! Was für Beweise?«
»Das werd' ich dir nie sagen. Da sollst du deine schmutzigen Finger nicht mit drin haben. Aber die Tante weiß es. Sie hat mir versprochen, mich zu retten.«
»Du lügst!«
»Glaub, was du willst. Ich kann die Rakel dazu bringen, daß sie dir's sagt.«
»Pah!«
Er spuckte aus und sah sich heimlich um. Hörte da jemand zu? War es in der Tobiashütte nicht zu still? Standen die Männer im Kreis am Fenster? Nein.
»Du kannst jetzt wieder rein zu den andern gehn, ich hab' keine Zeit mehr für dich. Aber denk an das, was ich dir gesagt hab'. Die Rakel wird nie vergessen, was du gemacht hast.«
Er starrte sie an. Er schaffte es nicht, das Gesicht hinter der Pokermaske zu verstecken, mit der er sonst immer herumlief.
»Geh! Mach dich rein! Weg!« fauchte sie.
Er wich ein paar Schritte zurück, dann ging er schnell auf die Tobiashütte zu. Sah verstohlen über die Schulter, als ob er einen Stein auf den Hinterkopf erwartete. Dann war er fort. Tora lachte leise und ließ sich von einem dunklen Gefühl, die Kontrolle zu haben, überrieseln. Die vollständige Kontrolle. Über die verdammte Angst.
Was konnte er sich jetzt noch ausdenken? Nichts. Es Ingrid ausbaden lassen? Kaum. Ingrid war das einzige, was er hatte. Und er *hatte* Angst vor Tante Rakel. Warum hatte sie das nicht schon vor langer Zeit gemacht? Vielleicht mußte man erst mit vielem fertig geworden sein, ehe man für eine solche Sache wie diese genügend Mut hatte.
Sie spuckte vom Kai hinunter ins Wasser. Dann ging sie die Straße in südliche Richtung davon, ohne sich umzusehen. Schnell. Konnte sich nicht erinnern, daß sie sich jemals so gefühlt hatte – innerlich. Sie hatte sich selbst *erschaffen*.
Jetzt ging es nur darum, weiterzumachen. Sie dachte an den nächsten Zug. Wie ein Schachspieler. Was würde er tun? Das oder das? Was für einen Gegenzug sollte sie tun? Sie würde Rakel um Rat bitten. Sie fühlte sich riesengroß, so groß wie die mächtigen Tannen vor dem Pfarrhaus. Die Gipfel waren so hoch, daß es dort oben rauschte, auch wenn es windstill war. Rauschte von vergessenen Stürmen und gedachten Gedanken. Rauschte von allem, was keiner sehen konnte, was aber doch wirklich war.

Der Umschlag pikste sie in die Brust. Sie fuhr mit der Hand unter die Kleider und spürte, daß er genauso warm war wie ihre Haut.

Ingrid wartete an diesem Abend vergebens auf ihren Mann. Als sie am nächsten Morgen zur Arbeit ging, war das Wohnzimmer immer noch leer. Sie machte nicht viel Wesens darum. Aber am Nachmittag fing sie doch an, unruhig zu werden. Ging in Vaeret spazieren. Redete mit den Leuten.
Sie tat nicht überrascht, als Ottar im Laden ein paar Worte darüber fallenließ, daß der Henrik sicher eine große Reise vorhabe, da er am Morgen mit dem Linienschiff weggefahren sei. Sie verbiß sich innerlich in den Anblick des übernächtigten, betrunkenen Henrik, der in zerknautschter Hose, ohne Mütze und mit Bartstoppeln den Landungssteg hinaufging – und sich von Fremden und Bekannten begucken ließ. Aber sie schluckte und kaufte die wenigen Dinge ein, die sie brauchte, und sagte: »Ja, er wollte wegfahren.« Dann trat sie schnell wieder auf den Kai hinaus.
Wo hatte er das Geld her? Warum war er weggefahren, ohne etwas zu sagen? Sie war sehr beunruhigt. Ging zum Tausendheim und in die grauen Räume. Sah in den Küchenschrank, während sie die Waren auf ihren Platz stellte. Sah auf alle Bretter, als ob sie eine Erklärung hätten. Dann schloß sie die Schranktüren wieder. Machte sich Waschwasser in der roten Plastikschüssel zurecht. Trug diese in die Kammer und wusch sich gründlich.

21

Rakel schlug vor, daß Tora das Bild zum Fotografen nach Breiland mitnehmen sollte, um eine Kopie für Ingrid machen zu lassen. Dann holte sie einen Rahmen für Toras Bild. Gemeinsam steckten sie das Bild hinein. Der Rahmen war oval und ein bißchen zu groß, paßte nicht für das rechteckige Bild. Aber er war gut genug – einstweilen.
Dann packten sie Toras Sachen in einen von Rakels Koffern. Rakel meinte, daß sie nicht mehr mit ihren Sachen in einem Pappkarton zur Schule fahren könne. Und der alte Koffer sei zu klein und zu schäbig.

Simon meinte, daß es praktischer sei, zwei gleich große Kartons zu tragen, einen in jeder Hand, als einen großen Koffer in einer Hand zu schleppen. Aber Rakel bestand auf ihrer Meinung. Für Packen und Koffer hätten Mannsleute keinen Verstand.
»Nein, aber um sie zu tragen, dafür haben wir Verstand und Fäuste«, sagte er lächelnd.
»Das ist was andres«, sagte Rakel.
Tora hörte und schaute. Die zwei konnten sich über Kleinigkeiten streiten, ohne richtig böse zu werden. Früher hatte sie sich warm und sicher dabei gefühlt. Jetzt hatte sie das Gefühl, daß ihre Kabbeleien, die Art, wie sie sich ansahen, alles, was sie zwischen den Worten sagten – sie zu einer Fremden und Außenstehenden machten. Seit der Nacht, als sie Rakels Angebot, bei ihnen zu schlafen, abgelehnt hatte, war das so.
Und jetzt wollte er mit ihr nach Breiland – um den Führerschein zu erwerben. Sie würden in dem gelben Lastwagen zum Kai fahren, ein paar Stunden in dem verräucherten Salon des Linienschiffes sitzen, und dann würden sie das letzte Stück mit dem Bus nach Breiland fahren. Er würde ihr mit dem Koffer schon helfen. Ihn in ihr Zimmer hinauftragen. Sie bekam ganz klamme Hände und konnte kaum etwas sagen, als sie sich fertigmachten.
Es war nicht mehr möglich gewesen, mit Rakel über Henrik zu sprechen. Denn Simon war dauernd dagewesen.
Ingrid kam kurz herauf und aß mit ihnen zu Abend. Ihr Gesicht glänzte, als ob jemand es mit Öl eingerieben hätte. Sie wusch sich immer so gründlich, als ob sie Angst hätte, daß jemand mit einem Vergrößerungsglas in die Poren hineinsähe und das entdeckte, was das Tageslicht nicht offenbarte.
Tora saß auf der Torfkiste, während Ingrid den Tisch abdeckte und Rakel mit irgend etwas am Küchenschrank beschäftigt war. Da kam die Abendsonne. Nicht plötzlich durch einen Riß in den Wolken, wie meist. Sondern langsam, zögernd, Strahl für Strahl, bis die ganze Sonnenscheibe Fenster und Auge blendete. Die Wärme legte sich wie Haut auf Toras Gesicht. Dann verschwand die Sonne hinter der Gardine und dem Windfang ebenso langsam, wie sie gekommen war. Tora konnte die allmähliche Veränderung erst richtig wahrnehmen, nachdem die Sonne gänzlich verschwunden war. Der Raum trat hervor und umschloß Tora drinnen in der kühlen Leere. Das verzweifelte Suchen der Topfpflan-

zen nach ihrem eigenen Schatten dort auf der Fensterbank rührte sie.
Sie knöpfte ihre Strickjacke wieder zu – bis zum Hals. Dann stand sie auf und ließ Wasser in das Stahlbecken laufen, um zu spülen. Die Seifenbläschen schwebten wie Daunen hinauf zu ihren Handgelenken und hüllten sie ein. Um die Handgelenke wurde es warm, aber die Brust und die Füße blieben eiskalt.
Simon öffnete die Tür und kam herein. Er trug einen Armvoll Reisig. Ließ es in die Kiste hinunterfallen, auf der Tora gesessen hatte. Bürstete die Hände ab und wandte sich den Frauen zu. Sondierte die Stimmung, als ob er in einen Zwinger ginge und nicht wußte, ob eine der Hündinnen angreifen würde. Es lag immer etwas in der Luft, wenn Ingrid nach Bekkejordet kam. Er zog Tora am Pferdeschwanz, um einen Bundesgenossen zu haben und um seine Hände irgendwo zu lassen.
Tora drehte sich langsam um und sah ihn an. Ihre Augen waren abgrundtief. Graugrüne, kleine Gebirgsseen. Er ließ ihre Haare los und schenkte sich geistesabwesend eine Tasse Kaffee ein, die er mit zum Küchentisch nahm.
»'s ist jetzt Herbst«, sagte er.
»Ja«, sagte Ingrid nur.
»Bald muß man den ganzen Tag feuern und nicht nur am Abend.«
»Ich mag den Herbst«, sagte Rakel und zog die Schürze aus.
»Nein, pfui, denkt nur daran, wie kalt und dunkel es morgens ist«, sagte Ingrid und kroch gleichsam in sich zusammen. »Ich wünschte, der Winter wär' schon rum«, fügte sie hinzu.
»Die Stunden und Tage vergehn schnell genug, sie kommen nicht wieder und klopfen an, das ist das einzige in der Welt, was ich weiß«, sagte Rakel leichthin und stellte das Geschirr in den Schrank.
»Graut dir davor, wegzufahren, Tora?« fragte Simon.
»Nein.«
»Nein, die Tora hat wohl keine großen Sorgen. Sie lernt und hat zu essen und kann gehn, wohin sie will«, meinte Ingrid.
Rakels Gesicht verhärtete sich. Sie schloß einen Augenblick die Augen.
»Jeder hat sein Päckchen zu tragen, würd' ich meinen. Man kann den Menschen nicht alles ansehn. Die Jugend hat's auch nicht immer leicht...«
Ingrid hatte es plötzlich eilig. Das hatte etwas mit Rakels ver-

stecktem Tadel zu tun. Sie blieb in der Tür stehen. Hilflos.
Der Schweiß kroch Tora den Rücken hinunter. Das Gesicht war vollkommen verschlossen.
Simon gestand sich ein, daß es jetzt wieder da war, was ihn an dem Verhalten der Frauen krank machte. Er konnte es nicht greifen. Es legte sich um die Lungen und das Herz und drohte ihn zu ersticken. So, daß er am liebsten aus dem Fenster gesprungen wäre. Immer war da etwas, worüber man eigentlich sprechen müßte, was aber nur vage angedeutet wurde. Als ob sie *ihn* nicht dabeihaben wollten.
»Alles Gute, und paß auf dich auf!« verabschiedete sich Ingrid mit leiser Stimme und wollte Tora die Hand geben.
Simon und Rakel sahen in eine andere Richtung.
»Tschüs... Mama...«
»Wir haben dich in diesem Jahr nicht oft gesehn.«
Tora antwortete nicht. Sie hatte sich gegen die Worte gewappnet, ehe sie kamen.
Die Tür wurde aufgemacht. Dann schlug sie mit einem höflichen Knall wieder zu. Typisch Ingrid. Die kleinen Andeutungen, die gekränkten Blicke, das verkrampfte Lächeln, die Schritte voller Entschuldigungen.

Tora hielt sich an diesem Abend lange im Stall auf. In den leeren Boxen. Sie hörten sie dort herumpoltern wie eine Verrückte.
Simon fragte Rakel schließlich, was er machen solle, ob irgend etwas das Mädchen bedrücke.
»Ja. Das würd' ich wohl meinen«, sagte Rakel nur.
Und wenig später sah er sie über den Hof und in den Stall gehen.

22

Sie waren über den Fjord gefahren und auf der Straße weitergerattert. Hatten nebeneinandergesessen, ohne daß ihre Blicke sich trafen. Worauf Tora sich so gefreut hatte, das wurde ganz anders, als sie es sich vorgestellt hatte. Die Dinge veränderten sich natürlich, während man an sie dachte. Wie die Weidenröschen: von roten stolzen Blumen an den Hängen und Straßenrändern zu violetten verwelkten Speeren, die einem trotzig

entgegenragten, wenn man vorüberging, zu federleichter Wolle, die mit dem kleinsten Windstoß fortgetrieben wurde und den Himmel mit dem erfüllte, was der nächste Sommer werden sollte. Unkrautsamen, sagten die Leute. Der nächste Sommer. So war es mit Simons und ihrer Reise geworden. Er hatte über alles »Theoretische« gesprochen, was er noch nicht konnte, was er aber können mußte, um den Führerschein zu bekommen. War glattrasiert und roch nach etwas, was gar nicht zu Simon paßte, und hatte einen Anzug an. Den Mantel trug er über dem Arm. Legte ihn unruhig von einem Arm zum anderen, wenn er ging, als ob er nicht wüßte, wo in aller Welt er dieses Kleidungsstück herhatte und was er damit sollte.
Tora wurde ganz ängstlich dadurch. Simon wußte sonst immer, wozu man ein Ding in den Händen hielt. Sie wehrte sich gegen das bißchen Zärtlichkeit, die sie jedesmal überkam, wenn sie die todernsten, sonnengebräunten Hände auf dem Mantel sah. War beleidigt, weil er nicht richtig Simon war, jetzt, wo sie ihn für sich allein haben konnte.
Sie saß kerzengerade mit den Händen im Schoß.
Aber Simon sah das bestimmt nicht. Er redete vom Führerschein. Ließ sich aus über die intimsten Teile eines Motors und blickte bekümmert auf den Hinterkopf seines Vordermannes im Bus. Die Bügelfalte in der Hose war ein Messer. Blanker Stahl gegen die Welt. Er legte das eine Bein über das andere. Immer abwechselnd. Und die Bügelfalte schnitt in die Luft.
»Das wär' Mist, wenn ich's nicht schaffte«, sagte Simon betrübt.
»Du schaffst das«, antwortete Tora – genauso, wie sie wußte, daß Rakel geantwortet hätte.
»Na ja, 's kommt drauf an ...«
»Du mußt nur wollen«, sagte sie und schürzte leicht die Lippen. Als ob das Ganze bereits entschieden wäre.
»Es liegt am Motor«, kam es mißmutig.
»Warum denn?«
»Es ist so babylonisch viel, was es an Schrauben und dem ganzen Kram gibt.«
Er war mit dem Mantel beschäftigt und schleuderte die eine Bügelfalte wieder über die andere.
»Du ruinierst die Bügelfalten in deiner Hose, wenn du so sitzt«, erklärte Tora mit belegter Stimme. »Den Mantel kannste in das Netz über dir legen«, fügte sie hinzu.
Simon schielte sie von der Seite an und befeuchtete die Lip-

pen. Das Mädchen war jetzt erwachsen. Das war ihm schon mehrfach aufgegangen. Immer öfter. Wie ein Gedanke, der nicht durchdacht ist und der deshalb an einem nagt und einen quält. Er lächelte zaghaft: das alte Onkel-Simon-Lächeln. Aber sie sah es nicht – oder tat so, als ob sie es nicht sah. Er legte den Mantel ins Netz. Reckte seinen langen Körper und schob das elende Kleidungsstück auf seinen Platz.
Tora sah die starken Rückenmuskeln unter der Jacke leben. Wie bei einem großen Tier. Einem Pferd?
»Du hast schwierigere Dinge zu lernen als ich.«
»Wieso?«
»Sprachen. Mathematik. Alles mögliche.«
Er schielte zu ihr hin.
»Das ist nicht besonders schwer.«
»Nein, du hast 'nen klugen Kopf. 's ist schön, daß du auf die Schule gehst. Haste schon drüber nachgedacht, was du werden willst?«
Tora wand sich. Spürte, daß alles Selbstsichere, Erwachsene sich verflüchtigte. Statt dessen brannte das Gesicht, und die Worte setzten sich fest. Er hatte eine Narbe am Kinn.
Ehe sie sich dessen bewußt wurde, hatte sie die Hand gehoben und über die Narbe gestrichen. Die frisch rasierten Bartstoppeln kratzten sie zärtlich an den Fingerspitzen. Sie fühlte die Erhöhung der Narbe wie einen Lufthauch unter dem Zeigefinger. Dann war es vorbei.
Simon rührte sich nicht. War auf der Hut. Wartete er darauf, daß sie die Hand abermals heben würde und ihm übers Kinn streichen? Aber sie saß ruhig da, die Hände im Schoß und mit gesenktem Blick. Als ob nichts geschehen wäre. Als ob sie nicht zwei Finger zu seinem Gesicht gehoben hätte. Hatte sie das überhaupt getan?
Simon war verwirrt und verstand es nicht. Er hatte dieses Kind mühelos gegen die Decke gestemmt. Früher mal. Sie am Schopf gezogen und gedrückt.
»Ich weiß nicht, was ich werden will«, sagte Tora ernst. Sie sah zu ihm auf, als ob sie auf etwas hinter seinem Kopf sähe.
Und die Landschaft flog vorbei. Ein Film von Steinen und Bäumen, Buchten und Stränden, Häusern und Menschen.
Tora spürte die Wärme seines Schenkels. Fünf Kilometer. Sechs Kilometer. Der Bus dröhnte.
Sie wagte nicht, sich zu rühren. Die Wärme seines Körpers könnte sonst für sie verschwinden. Es war wie ein Hunger

nach seiner sicheren, guten Wärme. Als sie in eine Kurve bogen, ließ sie sich gegen ihn fallen. Sie schien keinen eigenen Willen mehr zu haben.

Ringmor Berg erzählte, daß ihr Vater dagewesen sei und nach ihr gefragt habe. Toras Denken setzte aus.
Simon stellte sich vor. Dann trug er den Koffer hinauf in ihr Zimmer. Sie folgte ihm wie ein Hund. Wußte nicht, ob er das gleiche empfand wie sie. Ein fremder Luftzug über Wände und Fußboden. Es roch nach nichts. Die Möbel lebten zwischen Simon und ihr und der Tür.
Sie wußte nicht mehr, was sie tat. Trieb nur frierend zwischen Simon und den Möbeln, als ob alles in kaltem Wasser schwimmen würde. Der Kopf schwamm mit, als ob er am Hals mit einem äußerst dünnen Draht befestigt wäre.
»Dein Vater ist hiergewesen und hat nach dir gefragt«, sagte Frau Ringmors Stimme durch den Draht.
Plötzlich konnte sie doch etwas denken. Dachte an trockenes gelbes Gras, das aus dem Schnee und aus faulen Möweneiern herausragte. Überall lagen faule Möweneier. Auf dem Schreibtisch lagen sie haufenweise. Der Frühling war so schnell gekommen, er ließ den Schnee nicht wegschmelzen, so daß die Möwe in Ruhe brüten konnte. Die Möwe kreischte unaufhörlich.
»Es ist vielleicht nicht angenehm für dich, daß der Henrik hier war? Er war wohl auch nicht nüchtern?«
Simon stand unschlüssig in der Tür und war fertig zum Gehen.
Tora lief zu dem Mann hin und klammerte sich an seinen Mantelärmel. Wiegte sich in seinen Armen. Vergrub sich unter dem offenen Mantel und bohrte den Kopf in seine Brust.
»Schon gut, Tora, nimm's nicht so tragisch. Der Henrik tut dir nichts. Ich werd' ihn mit nach Haus nehmen. Ich komm' noch mal rauf und erzähl' dir, wie's mit dem Führerschein gegangen ist. Ja? Tora, bitte, ich muß jetzt gehen.«
Als sich die Tür schloß, fingen die Eier auf dem Schreibtisch an, auf den Boden zu kullern. Eins nach dem anderen. Es gab einen glitschigen Matsch aus Eigelb und Eiweiß auf dem Teppich. Eine immer größer werdende Lache. Die Eierschalen schwammen in dem Ganzen. Hatte die Farbe von Rentiermoos. Es war doch diese Farbe? Nein, es war Weiß. Wogte über den Fußboden – eine endlose, dichte Masse von Margeri-

ten mit Orange in der Mitte. Ein oranger Fleck in der Mitte jeder Blüte. So viele! O Gott, so viele. Sie fing an zu zählen. Und da sprangen noch mehr Blüten auf. Der Haufen auf dem Tisch wuchs immer noch, obwohl die Eier blitzschnell auf den Boden fielen. Minuten und Stunden vergingen. Waren es Tage, die verrannen?

Jemand ging auf der Treppe. Ihr Kopf war so locker. Rollte wie ein alter Puppenkopf bei Flut zwischen dem Tang. Vielleicht existierte sie nicht mehr. Und die Schritte wuchsen in ihrem leeren Kopf.
Die Eier rollten blitzschnell vom Schreibtisch. Jetzt versteckten sie den ganzen Raum. Sie hatte ihn ganz oben im Hals.
Da klopfte es. Sie hatte keine Stimme. Es gab nichts mehr, was gesagt werden mußte. Als die Tür aufglitt, war sie niemand.

Simon war in strahlender Laune! Er hatte die seltsame Stimmung im Bus vergessen. Hatte Henrik und alles, was schwierig war, vergessen. Er hatte den Führerschein geschafft! Er hatte keine Zeit zu warten, bis Tora »Herein!« rief, er stürzte ins Zimmer, um ihr von dem großen Ereignis zu berichten. Er hatte Rakel angerufen, aber keine Antwort bekommen. Da war sie wohl in Vaeret oder beim Beerensammeln oder war mit dem Boot hinausgefahren.
Aber Tora war da.
Er stand mitten im Zimmer. Die lockigen Haare strebten nach allen Richtungen. Das Gesicht war heiß. Die dunkle Haut glühte über dem weißen Hemd. Er hatte Jacke und Mantel unter dem Arm, als ob es ein vergessenes Paket wäre, das er in aller Eile wiedergefunden hatte. Die Augen strahlten. Der Körper war wie eine gespannte Feder gegen all die toten Dinge im Raum. Er kam aus einer anderen Welt.
»Komm und gratulier mir, Mädchen! Ich hab' mit Glanz bestanden!«
Er schleuderte die Kleidungsstücke auf einen Stuhl, griff Tora um die Taille und warf sie hoch bis zur Decke.
Sie hatte keine Zeit gehabt, das Elend mit den kaputten Eiern zu verstecken. Sie glaubte, daß er es sah, aber er sah es nicht. Sie hatte geglaubt, daß er ein anderer wäre. Das war dumm von ihr gewesen, denn es gab nur *einen* Mann, der die Treppen so heraufsprang wie Simon.
Sie hatte geglaubt, daß Schluß wäre. Daß alles für immer dun-

kel werden würde. Daß *er* sie immer wieder quälen würde, bis alles sich auflöste und fort war.
Sie hing mehrere Ewigkeiten dort unter der Decke. Als ob sie die Welt aus keiner anderen Perspektive sehen sollte als von da oben. Es war ihr sehr übel, aber sie vermochte ihm nicht zu sagen, daß er sie wieder auf den Boden stellen sollte. Es war wie eine Strafe dafür, daß *er* nicht gekommen war. Weil sie einen Aufschub bekommen hatte.
Simon wirbelte mit ihr herum, bis die Augen blind wurden und die Fensterscheiben zersprangen. Die Bewegungen machten so ein lautes Geräusch! Sie konnte es nicht aushalten.
Er stellte sie behutsam neben sich auf den Boden. Dann wischte er sich unsicher den Schweiß von der Stirn.
»Du bist wohl nicht in besonders guter Stimmung«, sagte er vorsichtig.
Zögerte, aber dann strich er mit der braunen Hand über ihre Wange. Eine scheue, erstaunliche Geste. Er räusperte sich.
»Was ist, Tora?«
»Ich hab' geglaubt, daß *er* kommt.«
Das waren so viele Worte. Sie wurde ganz atemlos davon. Die Hände krallten sich in seine Hemdbrust.
»Wer?«
»*Er*, der Henrik!«
Ihre Finger waren in dem Stoff festgeschraubt. Er spürte, daß sie auch ein Stück Haut und ein paar Brusthaare gegriffen hatte. Da nahm er sie in die Arme.
»Haste solche Angst vor dem Henrik, Tora? Sei doch nicht töricht. Der Henrik tut den Leuten nichts. Er legt nur Brände.«
Als sie nicht antwortete, hob er ihr Gesicht hoch.
»Er ist für die Leute wirklich nicht gefährlich«, wiederholte er.
»Nein«, sagte sie nur.

Dann saßen sie im Hotel unter den Kronleuchtern. Simon und sie. Er erzählte, wie er gekurvt, gebremst und geantwortet hatte. Bis er endlich Bescheid bekam, daß er das Außergewöhnliche, Einzigartige geschafft hatte. Den Führerschein zu erwerben!
Der Schweinebraten war seltsam wäßrig in ihrem Mund, aber sie versuchte, dem Bericht zu folgen. Mehrmals unterbrach er sich und sah sie forschend an. Nahm den Blick wieder zurück und war geniert.
»Ich schwatze ja ununterbrochen«, sagte er zum Schluß.

»Du bist schrecklich tüchtig gewesen, find' ich!«
Sie hörte selbst, wie sie übertrieb. Er hatte sie durchschaut, daß sie ihm nicht richtig gefolgt war. Aber sie konnte die Worte, die er aussandte – nicht in ihren Kopf bekommen. Es war so, als ob man versuchte, ein Echo zu vernehmen, das bereits in den Bergen verschwunden war.
Sein Mund war rot wie bei einem Mädchen. Er nahm sicher nicht zur Kenntnis, was er aß, auch wenn er mit ihr ausgegangen war, um zu feiern.
Immer wieder sah sie Henriks dunkle Bartstoppeln vor sich. Simon verzehrte Henriks Backen direkt vor ihren Augen.
In diesem Augenblick fing sie an zu zählen. Sie zählte die Wandleuchter. Die Türen. Die Gedecke. Die Felder in den Fenstern. Sie zählte und kaute. Schließlich wagte sie Simon anzusehen. Er war fertig mit Henriks Backen und wischte sich den Mund mit der Serviette ab.
»Ich erkundige mich nach Henrik und nehm' ihn mit nach Haus«, sagte er.
Da merkte sie, daß die Füße anständig und ordentlich unter dem Tisch standen und daß sie mehr Schweinebraten essen konnte, wenn sie einfach ein bißchen warme Soße darübergoß.

23

Der Schnee kam Ende August. Er blieb nicht liegen, aber hatte eine unwiderrufliche Warnung in seinem großen Atem.
Rakel holte zeitig die Wintervorhänge heraus und wollte sie aufhängen. Bald. So schnell wie möglich. Als ob die Dunkelheit schon morgen kommen würde. Als ob es in diesem Jahr keinen September und keinen Oktober geben würde. Trotzdem blieben die Vorhänge auf dem Sofa in der guten Stube liegen. Genau in der Mitte, der Länge nach gefaltet. Goldfarben wie Stroh. Rakel wollte sowohl im Sommer wie auch im Winter helle Vorhänge haben. Vorhänge sollten nur eine Sperre für neugierige Augen sein.
Die Tage vergingen so schnell. Sie bewältigte nur das Notwendigste. Die Vorhänge blieben auf dem Sofa liegen.
Sie hatten sie nicht mehr bestrahlen wollen, als sie das letztemal in Oslo war.
Es sei weder zum Leben noch zum Sterben gewesen, bemerkte

sie, als sie sagten, daß sie abbrechen wollten, weil es wahrscheinlich nicht helfe, sondern ihre Leiden nur verschlimmere. Wollten sie gleich dabehalten – meinten, sie sei zu krank, um nach Hause zu fahren, nur zu einem Landarzt. Aber Rakel bestand auf ihrem Willen. Sie ging unglaublich aufrecht, sobald ein Arzt in der Nähe war. Im übrigen war das Leben ein gekrümmter und angsterfüllter Schmerz. Das Morphium, das sie mitbekam, nützte nichts mehr.

So konnte es nicht weitergehen, das fühlte sie. Trotzdem trug der Tag den Schimmer eines Traums. Wie eine trotzige Sonne, die bereits begonnen hatte, im Meer zu versinken.

Simon wollte ihr Boot für den Winter in den Schuppen holen, aber Rakel meinte, sie könnte es noch gebrauchen. Wollte noch einmal zu den Inseln hinaus vor dem Winter.

Simon war mehr denn je zu Hause. Die Schreibarbeit brachte er mit. Er fing an, einen neuen Fußboden im Schafstall zu legen. Stapfte durchs Haus wie ein Wachhund, der etwas Drohendes wittert, von dem er vorher keine Witterung bekommen hat. Die ewige Müdigkeit in der Küche ängstigte ihn.

Er, der vorher genörgelt hatte, wenn Rakel sich ins Krankenhaus nach Oslo begab, wollte sie jetzt auf den Weg dorthin haben. Aber Rakel sah ihn sonderbar an und sagte vorsichtig: »Da ist nichts zu machen ...«

Und Simon fragte nicht weiter.

Er vergrub die kräftigen, braunen Arbeitshände in Rakels Haar. Und er brauchte sie am Spülbecken, im Schafstall, und um den Webstuhl zu richten. Er kippte das Brot aus der schwarzen Pfanne, und er hielt das Steuerrad, wenn er Rakel zum Einkaufen nach Vaeret fuhr.

Die Sache war nur die, daß die Wintervorhänge liegenblieben. Der Schafstall nicht so schnell fertig wurde, wie es nötig gewesen wäre, denn die Schafe kamen bald vom Gebirge herunter. Daß die Brote nie so schmeckten, wie wenn Rakel sie auskippte. Und der Webstuhl stumm blieb. Die Streifen für die Flickenteppiche glühten im Halbdunkel in ihren Pappschachteln im Dachgeschoß. Glühten absichtlich vor verwirrtem Leben, Fäden aus Wolle und Baumwolle und altem, verschlissenem Leinen.

Rakel ging ab und zu hinauf. Sie bewahrte den Anblick in ihrem Innern. Die Streifen hoben die Farben zu ihr auf. Sie berührte sie und merkte, daß sie sich wie Haut anfühlten, auch wenn der Raum kalt war.

Wurde es zu schlimm, nahm sie Zuflucht zu den Medikamen-

ten, doch sie begriff schnell, daß die Medikamente abstumpften und sie in eine Welt versetzten, in der niemand sie erreichen konnte. Sie nahm sie meist nachts.
Im übrigen achtete sie darauf, den Körper sofort morgens, wenn sie aufgestanden war, aufzurichten, so daß die Schmerzen einen aufrechten Körper versteifen sollten. Er war nicht besser – der Schmerz –, wenn sie gebeugt wie eine abgeknickte Stange ging. Es ist nur eine Gewohnheit, sagte sie zu sich selbst.
Dann und wann dachte sie bittere Gedanken: »War mir das bestimmt? O Gott, das?«
Dann ging sie mit ihrem aufgerichteten Schmerz durch das Haus und ließ es zu, daß das bläuliche Licht durch die Sommervorhänge gesiebt wurde und sich wie Salbe auf die strohfarbenen Wintervorhänge legte.
Und sie ballte die geäderte Hand und fing die Sekunde ein. Die Minute. Beschwor die Zeit, in Bekkejordet stillzustehen. Festzuhalten. Weil sie noch atmete.
Sie vermochte sich das Ende nicht vorzustellen. Wußte nicht, ob es als eine Befreiung kommen würde oder als ein konzentrierter Schmerz, jenseits aller Vernunft. Manchmal dachte sie daran, ins Wasser zu gehen. Aber sie klammerte sich an die Stunden. An Simons starke Arme. Das Licht über den Feldern am frühen Morgen. Alles war dann so deutlich und unwahrscheinlich nah. So wie die Gestalt des Geliebten aus dem Nebel auftaucht, wenn man sich am meisten nach ihm sehnt.
Sie hatten sie nicht angesehen, die Ärzte, als sie ihr sagten, es könne ihr noch eine gewisse Zeit bleiben, auch wenn die Leber, die Lunge und das Becken angegriffen seien. Sie hatte verlangt, die Bilder zu sehen. Hatte sich auf ihren eigenen Fall eingelassen, als ob es der Körper und die Krankheit eines anderen wären.
Sie würde Medikamente gegen die Schmerzen bekommen, trösteten sie. Soviel sie haben wolle.
Nachher hatte sie lange auf einer Bank im Park vor dem Krankenhaus gesessen und das Ganze in sich hineinsinken lassen. Das Laub der großen Bäume hatte angefangen zu fallen. Die Blätter wurden ab und zu vom Wind hochgewirbelt und blieben zitternd an einer anderen Stelle liegen. Aus dem Springbrunnen hatte man das Wasser abgelassen und ihn für den Winter zugedeckt. Sie erinnerte sich an das Geräusch vom frühen Sommer: das zarte Plätschern der Fontäne. Jetzt war sie

trocken. Die Sonne blinzelte manchmal durch die Wolkendekke, und ihr Leben war wie die Spinngewebe in den Ecken, die wegzufegen sie nie Zeit gehabt hatte. Simons und Toras Gesicht. Ingrid. Erstarrt in der Bewegung, abgeschnitten mitten im Satz. In ihr, Rakel, festgefroren. Während Kleinigkeiten, die sie früher nie bemerkt hatte, so wichtig wurden, daß der Tag vor ihnen zur Seite treten mußte, glitten große äußere Begebenheiten vorbei wie Gekräusel auf einer schwarzen Wasserlache.
Manchmal dachte sie, daß es gar nicht so schlimm war. Zu sterben. Schlimmer war es sicher mit all den Tagen, die sie hatte vorübergehen lassen – und verschwinden lassen in all dem Grau. Mit allem, wofür sie nie Worte gefunden hatte und das sie deshalb mit niemandem hatte teilen können. Nicht einmal mit Simon.
Sie studierte sein Gesicht, wenn er schlief. Wußte, daß sein rechtes Augenlid im Schlaf manchmal zuckte. Als ob er etwas träumte, wovor er sich fürchtete. Simon hielt sie über Wasser. Zwischendurch glaubte Rakel voll und ganz an das Wunder. Das *Wunder.* Daß sie eines Morgens gesund aufwachen würde. Daß sie sie bei dem nächsten Krankenhausbesuch voller Erstaunen ansehen würden, die Ärzte, die Schwestern. Und dann würden sie ausrufen: »Rakel Bekkejordet ist gesund! Es fehlt ihr nichts mehr!«
Und sie würde jubelnd zum Lift gehen – nein, alle Treppen hinunter. Jubelnd! Aus dem Korridor und durch die Halle, in der immer so viele Menschen waren. Patienten, Besucher. Vorbei an dem Informationsschalter. Zu den Doppeltüren hinaus. Und es würde groß und mächtig in den Bäumen rauschen, und das Gras würde ihr entgegenwachsen. Grün und saftig und mit vielen weidenden Schafen. Der Himmel würde blau und voll ausgestreckter Hände sein, die sie empfingen.
Es wurde allmählich Rakels Tagtraum. Wahrhaftiger als alles andere, was sie erlebte.
Das Wunder wurde ihr Farbkasten. Sie saß auf der Torfkiste und trug die Farben dick auf. Man mußte sich nur selbst an der Hand nehmen und sich Gutenachtgeschichten erzählen, dick wie die saure Sahne in der Speisekammer. Über das *Wunder.*
Zwischen den Schmerzanfällen hatte sie alles geregelt. Zusammengefaltet und zurechtgelegt. Verbrannt.

Tora kam in den Herbstferien nach Hause auf die Insel. Es war nie die Rede davon gewesen, wo sie wohnen würde. Rakel brauchte sie. Sie hatten am Telefon miteinander gesprochen, wenn Rakel gute Tage hatte.
Es fehle viel dazu, daß es Rakel gutgehe, hatte Simon mit brüchiger Stimme einmal am Telefon gesagt.
Trotzdem war das Wiedersehen für Tora ein Schock. Rakel saß in dem besten Sessel im Wohnzimmer, als sie hereinkam. Sie erhob sich mit großer Mühe und streckte Tora mit einer zerrissenen Freude die Hände entgegen, die nur ein Schatten von der Freude war, die früher auf Bekkejordet geherrscht hatte.
Tora spürte, wie das Herz die Angst in den Körper jagte und sie dort einzäunte.
»Tante, du bist nicht gesund!«
»Nein, ich hab' heut 'nen schlechten Tag.«
»Wieso?«
»Das alte Leiden. Es hat sich festgekrallt, um zu bleiben. So sieht's jedenfalls aus.«
Sie versuchte, die matten Augen aufleuchten zu lassen.
»Aber können sie dir nicht helfen, die Ärzte?«
»Sie tun, was sie können. Ich bin so wurmstichig.«
Ein seltsames Lachen kam über die bleichen Lippen.
»Aber Tante! Du bist doch ständig in Oslo im Krankenhaus gewesen! Sie hätten doch ein Mittel finden können?«
Rakel sah Tora an. Beinahe belustigt.
»Es gibt so komplizierte Fälle, daß es nichts nützt, sie nach Oslo zu schicken.«
Tora entfernte die Spinnweben aus den Ecken und räumte nach Rakels dankbaren Anweisungen auf. Sie hängte im Wohnzimmer die Wintervorhänge auf und hielt in den Schafboxen die Bretter fest, während Simon die letzten Nägel einschlug. Es roch so frisch nach Hobelspänen und neuem Holz in dem Stall.
Ingrid kam eines Tages herauf. Kam wie eine Fremde – und ging wie eine Fremde. Sie wußte es selbst. Alles, was sie Tora hatte sagen wollen, war wie weggeblasen. Daß Henrik sich anständig benahm und schon seit längerer Zeit Arbeit hatte. Daß er abends zu Hause am Tisch saß mit der Pfeife und seinem Kreuzworträtsel. Wichtiges und Unwichtiges, was sie Tora so brennend gern erzählt hätte, war weg in Rakels Welt.
Ingrid dachte daran, daß Rakel immer wichtiger gewesen war, schon als sie noch kleine Mädchen waren mit hängenden

Strümpfen und Schürfwunden. Für die Eltern. Für den Lehrer. Für die Jungens und die Nachbarn. Für die Haustiere. Rakel band sie alle an sich mit Worten und Taten.

Und da war kein Platz für Ingrid. Sie konnte bei den Eltern machen, was sie wollte. Ihnen Sorge oder Freude bereiten. Konnte wie zum Trotz arbeiten bis zur Erschöpfung. Dennoch war sie nur Ingrid. Die dazu geboren war, übersehen zu werden, die die unansehnlichsten Farben hatte und immer verblaßte im Vergleich zu Rakels roten Haaren und schlagfertigen Antworten.

Aber sie war entschlossen, sich nicht kaputtmachen zu lassen. Nicht jetzt, wo zu Hause Friede herrschte.

Sie knotete das Kopftuch unter dem Kinn zusammen und sagte mit ein paar leisen, alltäglichen Worten, daß der Wind biß. Dann packte sie den Griff ihrer Handtasche mit fester Hand und ging dorthin zurück, wo sie herkam.

Freude? Manche wünschten sich Freude. Was auch immer das war. Rakel sah übrigens auch nicht froh aus. Die Wunde im Leib wolle nicht richtig zuheilen, hatte sie gesagt. Sie ist schrecklich dünn und blaß geworden, dachte Ingrid.

Aber das, was sie sah, erreichte nicht ihr Innerstes. Für sie war Rakel die Unverwundbare, wie immer im Leben.

Sie ging nach Hause zu dem Mann mit den schwarzen Bartstoppeln und dem verschlossenen Gesicht und ließ ein paar Worte über Rakels Gesundheit fallen, und daß Tora in Bekkejordet helfen mußte.

Henrik gab keinen Kommentar ab. Die Augen lagen wie Feuer in dem Kopf, aber sandten keine Signale aus.

24

Sie hatten Bescheid bekommen, daß die drei Schafe, die noch fehlten, oben am Veten in einer Felsspalte festsaßen. Auf der Rückseite zum Meer hin. Der Nordwestwind hatte freies Spiel mit den armen Geschöpfen.

Es war Ende Oktober, und die anderen Schafe waren vor nicht allzu langer Zeit heruntergekommen.

Die ersten Frostnächte genügten oft, daß Rakels Schafe im Dorf erschienen. Sie waren unglaublich ans Haus gebunden. Standen eines Morgens plötzlich am Zaun und bettelten.

Schiefe Mäuler und traurige Augen. Bereit, mit Fütterung und Winter anzufangen, diejenigen, die zum Leben verurteilt waren. Aber jedes Jahr war es eine Heidenarbeit mit dem Teil der Herde, der nicht da stand und mit dem Kopf gegen den Zaun der Koppel stieß.
Zwei Männer aus Vaeret entdeckten die drei Tiere mit dem Fernglas, als sie in der Gegend jagten.
Nun war es klar, daß man sie heruntertreiben und mit dem Boot nach Vaeret bringen mußte.
Simon hatte eigentlich einen von seinen Männern angeheuert, aber Henrik hatte zufällig unten bei Simons Betrieb herumgelungert und sich angeboten. Simon nahm an.

Rakel und Tora saßen bereits in einem der beiden Boote, die sie benutzen wollten. Rakel hatte sich diese Fahrt erkämpft, als ob es die letzte Vergnügungstour dieses Sommers wäre. Sie wollte unten am Ufer warten und die Schafe entgegennehmen, damit sie nicht wegrannten, nachdem man sie heruntergetrieben hatte. In den Bergen klettern konnte sie nicht mehr. Sie hatte gesehen, wie froh Simon war, daß sie mitfahren wollte, auch wenn er protestiert hatte. Das Leben wurde für sie beide etwas leichter, weil sie wollte.
Sie sagte nichts, als Henrik und Simon am Kai ankamen, aber ihre Augen wurden schmal. Henrik ging in das leere, kleine Boot, und Simon kam zu den Frauen.
Tora drehte das Gesicht in die Gischt und war in sich selbst versunken. Rakel verschwand in dem großen Arbeitsanzug, den sie anhatte.
Simon verfluchte sich selbst, daß er Henriks Angebot nicht abgelehnt hatte. Aber er ärgerte sich gleichzeitig darüber, daß die beiden Frauen unbedingt demonstrieren mußten, daß dort der falsche Mann im Boot saß. Henrik bediente den Außenbordmotor und kletterte in den Bergen so gut wie jeder andere – wenn er wollte.

Rakel stand am Strand und wartete auf die Schafe. Sie konnte erkennen, daß Tora die Felsspalte hinaufstieg, um das letzte Tier über die Kluft zu treiben. Sie starrte durch das Fernglas hinauf in den Nebel.
Wenn das Mädchen nur nicht in Gefahr war! Sie würden wohl nicht so dumm sein, daß sie Tora voranschickten. Allein konnte sie mit den verschreckten Tieren nicht fertig werden.

Aber nein, da tauchte Simons dunkler Schatten unterhalb der Kluft auf. Heidekraut leuchtete auf den Heidebulten. Hie und da krallte sich eine Birke fest und streckte hilflos die nackten Zweige dem Meer und dem Winter entgegen.
Rakel konnte sehen, daß sich die drei da oben in dem Geröll bewegten. Sie verschwanden und kamen wieder zum Vorschein. Ab und zu tauchte Toras rote Mütze auf. Wie ein Teil des herbstlichen Gebirges. Sie war immer ein großes Stück von den anderen entfernt.
Das Blöken klang sonderbar gequält von da oben her. Wie eine Stimme des Gebirges selbst.
Sie konnte sehen, daß Simon zwei Tiere die Geröllhalde heruntertrieb, ihr entgegen. So saß wohl nur noch eines der Lämmer fest.
Toras Kopf kam, gegen den Himmel abgehoben, wieder zum Vorschein, plötzlich, als ob sie geflogen wäre. Gleichzeitig übermannten Rakel die Schmerzen. Sie ging in die Knie, um sich zu retten, und blieb rittlings auf einem vereisten Stein sitzen. Spürte die Kälte bis ins innerste Mark.
Trockene Disteln und Grashalme standen am Ufer wie trotzige Speere gegen den grauen Himmel. Hie und da lag Neuschnee, aber er versteckte sich schamhaft in den Ritzen. Als ob er wüßte, daß er in diesem Jahr allzufrüh kam. Nebel und Wind leckten an den Bergen, und kleine Felskuppen lagen wehrlos in der feuchten Meeresluft, die frisch hereinwehte. Der Wind hatte in der letzten Stunde stark zugenommen. Es konnte eine aufregende Rückfahrt nach Vaeret werden. Aber es war nicht daran zu denken, die Tiere an der Küste entlangzutreiben. Das letzte Stück war sowohl für die Tiere als auch für die Menschen zu unwegsam. Wenn die dummen Tiere nicht mal dem Pfad übers Gebirge folgen konnten wie die anderen Schafe!
Rakel fröstelte. Sie war warm angezogen, aber das half heute nichts. Das Meer fing an weiß zu werden. Sie wünschte, die anderen wären unten. Wünschte, sie wären alle zu Hause.
Henrik habe sich selbst angeboten, hatte Simon gesagt, als sie im Boot saßen und den Berg umrundeten. Es war, als ob aller Unwille, den Henrik bei jeder sich bietenden Gelegenheit Rakel gegenüber zeigte, sich in ein Wohlwollen für Simon verwandelte. Als ob er wüßte, daß er vollständige Verwirrung und Unruhe stiften konnte, wenn er Simon die Füße leckte – und gleichzeitig Rakel mied.

Eine Zeitlang hatte sie gedacht, daß sie ihn sich vornehmen sollte. Aber es hatte sich nicht ergeben, daß sie mit ihm allein sprechen konnte. Jetzt wäre vielleicht die Gelegenheit, dachte sie bitter. Tatsache war, daß sie die Übelkeit hinunterschlucken mußte, wenn nur jemand seinen Namen erwähnte.
Sie hatte es wohl gesehen: daß er sich vor ihr fürchtete. Daß er sie für alle Zeit weghaben wollte.
Als die kleine Schar endlich unten am Strand war, hatte das Tageslicht keine Kraft mehr, und das Meer spülte große Schaumwellen gegen das Geröll.
Simon dirigierte sie in die zwei Boote, aber Rakel tat so, als ob sie nicht hörte, daß er sie in sein Boot haben wollte.
Henrik konnte sich unglaublich gut helfen mit seinem verkrüppelten Arm. Er fing das Muttertier ein und legte ihm das Halfter um. Rakel hielt das Boot, während er das Schaf an Bord beförderte. Sie hatte Henriks Boot anvisiert, ehe sie sich dessen bewußt war. Mußte Tora davor bewahren, mit ihm allein zu fahren. Aber es war auch noch etwas anderes. Der Wunsch, ein paar Worte mit diesem Mann zu wechseln, jetzt, wo sie ihn in Wind und Wetter hatte, ohne daß jemand zuhörte.
Tora und Simon mühten sich mit den verstörten Lämmern ab, die zu ihrer Mutter wollten. Aber endlich waren sie fertig und konnten von Land abstoßen. Toras Gesicht war rot und frisch in der feuchten Meeresluft. Sie hielt die Lämmer im Arm, während Simon den Motor anließ.
Dann waren sie alle zusammen draußen in den hohen Wellen. Und die Stimmen trugen kaum so weit wie bis zur nächsten Ruderbank.
Rakel kämpfte mit dem Widerwillen gegen den Mann am Steuerruder. Spürte Genugtuung, weil sie merkte, daß sie sich unter Kontrolle hatte. Die *Gedanken*, die sie immer als eine Selbstverständlichkeit empfunden hatte. Was waren sie doch für ein unendlich großer Reichtum. Er umschloß sie alle. Simon und Tora, die Lämmer und das Mutterschaf. Und das, was sie Henrik sagen wollte.
Hatte das Gefühl, auf den Wellenbergen in die Wirklichkeit hinein- und aus ihr herauszufliegen. Als ob sie die Bürde bereits abgelegt hätte und in großen Bewegungen über alles, was qualvoll war, getragen würde. Und dieser wohltuende, trotzige Wind.
Es begann zu schneien. Der Schnee trieb gegen das Land. Das

Mutterschaf ohne seine Lämmer fing an zu stampfen, als es die Jungen in Simons Boot blöken hörte. Rakel zog die Handschuhe aus und bohrte die Finger beruhigend in die Halswolle des Schafes. Henrik saß angespannt am Ruder. Der Außenbordmotor ging ruckartig. Rakel wartete darauf, daß sie von den Steinen wegkommen würden und hinaus ins offene Fahrwasser, um mit Henrik zu reden.
Die Lichter vom Festland leuchteten gelegentlich kurz auf. Aber sie waren zu weit entfernt, als daß sie ihnen etwas genützt hätten.
Tora winkte mit einem Arm. Sie hielt ein Lamm auf dem Schoß. Das kleine, wollige Geschöpf tauchte unruhig ab und zu über dem Bootsrand auf. Simon winkte. Er saß barhaupt im Achtersteven und steuerte. Das helle Haar wehte wie Meeresleuchten.
Endlich. Draußen im Meer. Die Wellen gingen höher. Aber sie waren langgezogen, und es war leichter, mit ihnen umzugehen als mit Schären und Steinen unter der Wasseroberfläche.
Henrik blinzelte in das Dämmerlicht und gab Rakel den Strick, an dem das Schaf angebunden war. Sie nahm ihn entgegen. Versuchte, Henriks Blick einzufangen. Beugte sich näher zu ihm, so daß die Stimme tragen konnte. Die Worte hatte sie bereits im Kopf. Sie waren fertig zum Gebrauch. Sie hatte sich die Worte oft genug vorgesagt.
»Du darfst die Tora nicht mehr anrühren, Henrik!«
Der Mann reckte den Hals, als ob er etwas am Horizont erblickte, von dem er nichts begriff.
Das Schaf zerrte unruhig an dem Strick. Schlug mit den unansehnlichen, dünnen Vorderbeinen gegen den schrägen Bootsrand. Es klang wie das ungeduldige Klopfen von vielen kleinen Fäusten.
»Haste gehört, Henrik? Ich weiß, was du gemacht hast!«
Er wandte den Kopf und sah sie an. Eine böse Warnung? Die Augen voller Haß? Nein. Das nicht. Rakel wußte nicht, was sie sah. Eine Art Verzweiflung. Leere. Wie der Blick, den sie sich selbst im Spiegel gegeben hatte, bevor sie sich eingestand, daß sie nie mehr gesund werden würde? Ja. Sie erkannte ihn wieder. Aber vielleicht war dieser hier schlimmer.
»Ich hab' dich gehört.«
Er krächzte es gegen den Wind. Aber er hätte sonstwas sagen können. Es waren nur Worte, um Zeit zu gewinnen.
»Du darfst das Mädchen nie mehr anrühren! Denk daran, daß

du mal für deine Taten einstehn mußt, damit du in Frieden sterben kannst. Du mußt gegen dich ankämpfen, Henrik. Ich glaub', du wirst es schaffen.«
»Du hast nur auf das Gerede gehört.«
Er steuerte von einer jähen Welle weg, so daß das Schaf erschrocken trippelte und über die Ruderbank wollte.
»Die Tora hat mir alles erzählt.«
»Was hat sie erzählt?«
»Daß du sie lange Zeit mißbraucht hast. Sie vergewaltigt. Und du *weißt*, daß ich's weiß. Deswegen biste mir ausm Weg gegangen, während du versucht hast, dich beim Simon anzubiedern. Du liebst es, 'nen Keil zwischen die Menschen zu treiben. Das ist die einzige Freude, die du hast. Nicht wahr?«
»Das geht dich einen Dreck an, was ich für 'ne Freude hab'.«
»Aber begreifste nicht, daß du immer unglücklicher wirst, je mehr du andre unglücklich machst?«
Er versetzte dem Schaf, das am Bootsrand herumtänzelte, einen Schlag.
»Du wünschst mich jetzt zur Hölle?« sagte sie.
»Sei still und paß auf dein Schaf auf!«
»Und wenn ich dich anzeig'?«
»Das haste schon mal gemacht.«
»Aber mit dieser Geschichte hier kommste nicht so leicht davon.«
»Nein, der Teufel holt sich seine Leute«, lachte er, schüttelte ratlos den Kopf und winkte hinüber zu Simon.
»Diesmal sollste mir zuhören, Henrik. Du hast auch versucht, in ihr Zimmer in Breiland zu kommen. Der Simon hat's gesagt. Du mußt mir versprechen, sie nie mehr anzurühren. Benimm dich! Ich weiß nicht, ob sie nach allem, was sie durchgemacht hat, noch lebenstüchtig ist. Laß sie jetzt in Ruh', damit sie uns nicht entschwindet.«
»Entschwindet?«
Er brachte das Wort nur mühsam durch den Wollschal, der vor seinem Gesicht flatterte, so daß sie kaum erfaßte, was er sagte.
»Ja, ich hatte Angst, sie würde verrückt werden. Begreifste nicht, was du aus ihrem Leben gemacht hast? Weißte nicht, daß...«
Rakel hätte ihm beinahe bittere Dinge über das Kind in der Geröllhalde bei Breiland ins Gesicht geschleudert. Aber sie hielt inne. Sie mißtraute ihm, wie er die Neuigkeit hindrehen würde. Vielleicht würde er Tora noch mehr schaden.

»Warum zeigste mich nicht an, wenn du glaubst, daß du soviel weißt?«
»Weil ich Ingrids Leben nicht zerstören will, und das verstehste wohl. Aber ich mach's sofort, wenn du's wieder versuchst.«
Da lag das Festland mit seinen kraftlosen Lichtschimmern. Hatte nichts mit ihrem Leben zu tun. Die Insel war nahe und wild. Sie hatte Häusergruppen rund um die Bucht, und Vaeret und die Höfe zogen sich am Veten und am Hesthammeren die Hänge hinauf. Aber alles das war auf der anderen Seite. An der Außenseite, zum Meer hin, herrschten zu dieser Jahreszeit die Dunkelheit und die Möwe. Gute Mächte hatten vergessen, daß die Rückseite der Insel auch eine Gegend war.
Henrik saß mit erstarrtem Gesicht da. Rakel griff nach seinem Arm und schüttelte den Mann. Sie sahen die Sturzwelle nicht kommen, als sie die Landspitze umrundeten.
Das Boot bekam Schlagseite, und das Schaf tat einen Satz mit seinem gutgenährten, wolligen Körper. Die Wolle war dick und weiß, aber das machte die Sache nur schlimmer, als es Sekunden später im eiskalten Wasser lag. Es kam rasch wieder an die Oberfläche, weil Rakel den Strick mit beiden Händen festhielt. Aber sie mußte etwas nachgeben. Der Strick brannte wie Feuer in ihrer Hand. Das Schaf verschwand wieder und tauchte mit wilden, glänzenden Augen ein Stück vom Boot entfernt auf.
Rakel stand auf. Sie schien Henriks warnende Rufe nicht zu hören.
Sie hatte das Schaf jetzt fast am Bootsrand. Als Henrik über die Ruderbank zu ihr kam, passierte es: Das Boot kippte. Das Gewicht von Henriks Hilfe war zuviel. Rakel verlor das Gleichgewicht, und die lähmende Kälte umschloß sie. Im Fall hatte sie nach dem Schal des Mannes gegriffen und hielt sich daran fest. Der Strick war um den rechten Arm gewunden. Sie spürte, wie er sie hinunter in die Tiefe zog. Die Kälte. Die Tiefe. Henrik packte sie mit dem gesunden Arm am Kragen.
Simons Boot war ein paar hundert Meter weiter vorne. Sowohl Tora als auch Simon saßen mit dem Gesicht in Fahrtrichtung. Der Motor brüllte heiser. Die Wellen brachen sich. Die Geräusche gingen ineinander über.
»Laß das Schaf los!« schrie er.
In diesem Augenblick verstand sie es. Warum sie mitgefahren war und im Boot saß.

So weise war es eingerichtet. Sie brauchte nicht zwischen den Laken dahinzusiechen. Vage spürte sie den Griff des Mannes am Kragen. Zitternd. Er hielt eisern fest.
Plötzlich empfand sie Zuneigung für die Hand, die versuchte, sie über Wasser zu halten; denn das Schaf in der Tiefe verdrehte ihr das Handgelenk, so daß sie nichts anderes spürte als den Sog zum Meeresgrund. Alles auf der Welt war für etwas gut. Ein großer, einfacher Gedanke umschloß sie alle in dem, was geschah. Jetzt. So klein mußte alles werden. So kurz.
Sie sah den Silberstreifen am Horizont, jedesmal wenn der Wellenberg im Meer verschwand.
Und sie sah sich als kleines Mädchen neben dem Herd stehen, wenn die Mutter das Essen zubereitete. Sah sich umherspringen zwischen den Steinen, mit Wind in den Haaren und Salzwasser um die Knöchel. Sie war sie selbst, und sie war sie alle zusammen. Alle, die über die Erde gegangen waren in dem Hauch eines Menschenlebens. Sie war in dieses Mannes Hand. Sekunden? Minuten?
»Laß das Schaf los!«
Sein Schrei trug echte Angst für eines anderen Leben in sich. Sie hörte es. Er war also nicht so schlecht, wie er immer tat, dieser Mann.
»Du rührst sie nicht mehr an!« schluchzte sie.
»Nein! Ich versprech' es – wenn's das ist, was du von mir willst!« schrie er ihr zu.
»Dann muß er dir wohl vergeben, unser Herrgott...«
Sie ließ seinen Schal los und riß sich mit einem Ruck aus seinem Griff.

Alles wurde so kostbar für sie. Das Leben! Das Licht! Sie hatte es die ganze Zeit in sich gehabt. Die Freude! Ohne darüber nachzudenken, ohne zu danken.
Einmal meinte sie, daß ihr die Freude da draußen in dem aufgewühlten Horizont zuwinke. Das Licht und das Lachen! Simon! Wie ein Bündel Sonnenstrahlen in der Hochwasserlinie. Himmel und Meer in ihrer ewigen Grenzlinie. Simon und sie. Immer. Der Strick, der sie an das Schaf band, wurde straff und ruhig. Ohne Kampf.
Der Himmel war hell. Leer. Die Kälte und der Körper existierten nicht.
Es klingelte und läutete in Rakels Kopf. Ein wunderbares Rieseln erreichte ihr Ohr. Wie der Bach, der im Frühling an ihrem

Haus vorbeifloß. Ein Schimmer von etwas Unbekanntem, nach dem sie sich aber immer gesehnt hatte, legte sich wie eine Haut über die Augen.

Henriks Schrei durchschnitt die tosenden Schaumkronen um Simons Boot. Simon wendete das Boot so jäh, daß Tora und die Lämmer zwischen die Ruderbänke geschleudert wurden. Tora versuchte, die erschrockenen Tiere unten zu halten.
Simon stand im Boot und steuerte dicht an das andere heran. Da sah er es: daß Rakels Platz leer war. Das Meer lag aufgewühlt und schwer rundum, gleichmäßig rollten die mächtigen Wellen heran.
Henrik steuerte im Kreis um die Stelle, wo Rakel in der Tiefe verschwunden war.
»Sie ist mit dem Schaf untergegangen«, heulte er, während Rotz und Tränen aus dem dunklen, salzwassernassen Gesicht hervorquollen.
Simon stand mit irren Augen. Die bloßen Hände hielten das Steuerruder. In seinem Kopf war nur ein einziger Gedanke, ein einziges Bild: Rakels rote Haare über den Wellenbergen. Immer wieder sah er es, steuerte dorthin, um sie zu packen. Bis er begriff, daß das Bild sich nur in seinem Kopf befand.
Henriks rauhes Weinen lag wie das Jüngste Gericht über ihnen. Durch das Motorengedröhn, den Wind und das Klatschen gegen die Bootswände hindurch.
Sie kreisten und kreisten. Ein paarmal wären sie beinahe aneinandergestoßen. Aber Simon hörte im letzten Augenblick immer Henriks Weinen, so daß er ausweichen konnte.
Die Stunden waren nichts wert, während sie suchten. Die Möwen schrien wieder und wieder das gleiche.
Es war Tora, die sie plötzlich sah. Mitten in den spitzen Steinen auf dem Grund saß Rakel fest.
Die roten Haare flammten ihnen zwischen zwei anbrandenden Wellen entgegen.
Das Schaf hing noch am Strick. Wusch seine schwere weiße Sommerwolle. Der Strick band sie beide an die zerklüftete Schäre.
Die Lämmer lagen wie tot im Boot. Toras Kleider waren durchnäßt von Schweiß und Seewasser. Aber sie spürte es nicht. Der einzige normale Menschengedanke, den sie zustande brachte, war: »Wie seltsam, daß der Henrik heult und der Simon still ist...«

25

In Ottars Laden lag eine aufgeschlagene »Lofotposten«, die kundtat, daß Papst Pius XII. im Alter von 92 Jahren gestorben war. 19 Jahre lang Führer der römisch-katholischen Kirche. Aber Ottar registrierte die Neuigkeit nicht in seinem Kopf, und der Bleistift, der gewöhnlich hinter dem Ohr steckte, war heruntergefallen und lag unsichtbar vergessen unter ein paar Margarinekisten.

Er hatte gerade ein tiefsinniges Gespräch mit einigen Arbeitern von der Dahlschen Fabrik und einigen Mädchen aus Simons Betrieb geführt. Es standen in der Zeitung nämlich sonderbare Dinge über die Liebe, was auch immer das sein mochte.

Ein amerikanischer Forscher hatte unfeine Versuche gemacht, um herauszufinden, wie Liebe entsteht. Junge Affen hatten künstliche Mütter aus Fell oder Eisen bekommen. Die Jungen bevorzugten die Mütter aus Fell, auch wenn man bei den Eisenmüttern Milch saugen konnte. Also: Liebe sollte auf Gefühlen beruhen, auf dem Wohlbehagen des Zusammenseins, der Weichheit – mehr als auf Fürsorge und Pflege.

Die Mädchen grinsten. Die Männer pafften ihre Zigaretten und wollten zu so einem Unsinn keine Meinung äußern. Aber Ottar machte es zum Problem des Tages – und sah nicht, daß in der gleichen Zeitung der Papst tot war.

Nicht bis zu dem Augenblick, als ein Mann in den Laden kam und mit ungläubiger Stimme verkündete: »Dem Simon seine Rakel ist zusammen mit ihrem Schaf ertrunken!«

Ottar blieb gebeugt über der Zeitung stehen: Pius XII. war tot.

Es wurde still um den Ladentisch. Nur im Ofen knisterte es, als ob nichts geschehen wäre. So war es immer. Das Leben ging weiter, weil es weitergehen mußte.

Simon kam selbst in den Laden und fragte, ob er eine Plane leihen könne. Dann trug er Rakels leichten Körper zum Lastwagen.

Tora kroch auf die Ladefläche und setzte sich dazu. Sie hatte eine solche Fahrt schon einmal gemacht. Damals, als Henrik in der Plane lag, ohne Stiefel. Jetzt saß er vorne bei Simon. Er weinte so schrecklich. Als ob alles, was in dem Mann drin war, an einem Tag heraus sollte. Es strömte lautstark aus ihm her-

aus. Stoßweise, wie bei einem Damm, der im Begriff ist, zu brechen, der aber immer wieder verstärkt wird.
Wer hätte geahnt, daß Henrik trauern konnte. Aber so wenig wußte man voneinander.
Sie scharten sich um das Auto, stumm wie Tiere. Die Mädchen aus der Fischfabrik meinten, man solle sich der Lämmer annehmen, die naß und verstört auf dem Kai standen und blökten. Sie ließen sie ins Lager und holten fürs erste mal Futter.
Tora dachte, wenn Rakel das alles gesehen hätte, dann hätte sie gelacht. Sie schielte auf das Bündel, das durch die solide Plane Seewasser von sich gab, und bekam direkt Lust, das Gesicht freizulegen, damit Rakel den ganzen Zirkus sehen könne.
Ottar mit seinem runden Mondgesicht stand wie eine Statue. Er hatte vergessen, den Südwester aufzusetzen, obwohl es blies und regnete. Und er war sonst so bedacht auf seine schöne Frisur. Die Frauen aus Vaeret schneuzten sich abwechselnd. Eine war in Pantoffeln herbeigeeilt. Karierte Pantoffeln mit Gummisohlen, die Wasser und Schneematsch zogen. Der Unterrock guckte unter dem Mantelsaum von Oles Mutter hervor.
Der Tod war wieder nach Vaeret gekommen. Er kam in regelmäßigen Abständen. Das war weder neu noch verwunderlich. Aber sie hätten nie gedacht, daß er mit Rakels nassem Körper kommen würde. Das nicht. Es war seltsam. Da konnten sie auf Bekkejordet also auch sterben. Ein paar Kinder gesellten sich noch dazu und verharrten ehrfürchtig hinter den Erwachsenen. Oles Mutter weinte jetzt laut.
Tora mußte daran denken, daß sie Ole einmal mit der Milchkanne verprügelt hatte. Sol und sie hatten sich bis aufs Blut verteidigt. Sie saß auf dem Lastwagen und hielt die Tante im Arm und mußte beinahe lachen. Es war fast so, als ob sie ein Geheimnis zusammen hätten. Da wurde sie gewahr, daß die Leute sie anstarrten, und unterdrückte das Lachen.
Die glänzende, birnenförmige Kuppel der Kailampe stand direkt über ihnen. Legte einen weißen Glanz auf die grünlich schimmernde Plane. Sie sah aus wie eine gefrorene Moorlache. Die Tante war in der Lache festgefroren, deshalb konnte sie sich nicht bewegen.
Simon fuhr sicher die Hügel hinauf. Er hatte kein Wort gesprochen, seit er Ottar gebeten hatte, ihm eine Plane zu leihen. Den Mann neben sich schien er nicht wahrzunehmen. Er

hatte keine Fragen gestellt, wie das Ganze passiert war. Es war, als ob er keine Worte mehr hätte.
Aber Henrik weinte und erzählte – schon im Boot. Bevor sie sie gefunden hatten. Wie sie sich abgestoßen hatte. Wie sie ihn gehindert hatte, sie über Wasser zu halten. Wie sie sich geweigert hatte, das Schaf loszulassen. Henrik redete an diesem Nachmittag mehr als sonst in Jahren.
Jemand hatte eine Tür aufgeschlossen, so daß alles herauskam, sowohl Silber als auch Tinnef. Ob Simon glaube, daß er sie losgelassen habe? Er schüttelte Simon, und die Augen bettelten. Nein, Simon glaube es nicht.
»Sie wollte nicht mehr, die Rakel«, weinte er.
Simon sah auf die steifgefrorenen Gräser am Straßenrand. Sein Gesicht war verschlossen.
Zuletzt wurde es bei Henrik zu einer fixen Idee, einer Dunkelangst, daß Simon nichts sagte.
»Du meinst, daß ich das auch getan hab'? Nicht wahr?«
»Nein«, sagte Simon. Endlich. Müde. Die hellen Augen starrten in die Luft.
»Nein«, sagte Simon wieder. »Ich glaub' nicht, daß du das getan hast.«
»Dann willste keinen Prozeß, diesmal?«
Da warf Simon einen schnellen, ungläubigen Blick auf den Mann.
»Nein, das hab' ich nicht vor«, sagte er nur.
Als sie zu dem Wäldchen kamen, war es mit einemmal herbstdunkler Wald. Wo der Weg zum Tausendheim abzweigte, hielt Simon an und bat Henrik, nach Hause zu gehen und Ingrid auf das vorzubereiten, was geschehen war.
Der Mann taumelte aus dem Auto und verschwand in der Dunkelheit.
Simon öffnete die Tür auf seiner Seite, steckte den Kopf hinaus und rief Tora.
»Komm und setz dich hierher, Tora. Es ist zu kalt für dich da oben. Hier ist jetzt Platz...«
»Nein«, antwortete sie. »Ich muß die Tante halten, damit sie nicht herunterfällt.«
Simon schloß die Tür und startete.
Die Scheinwerfer fuhren suchend über den Grusweg und die Wegränder. Die erfrorenen Margeriten und die Weidenröschen umarmten sich unten im Graben. Der Weg war in der Mitte mit Gras bewachsen. Die Sommerblumen ragten heraus. Oh-

ne Blüten. Unansehnlich. Heidekraut wölbte sich hie und da über den Bulten. Triumphierend. Ein purpurner Teppich. Ein Hohn.
In der Einzäunung beim Schafstall standen die leuchtenden Schafsaugen und warteten auf ihn. Er erinnerte sich an etwas, was vor langer, langer Zeit geschehen war: daß er den Strick mit dem Schaf von Rakels Hand losgeschnitten hatte.
Er hatte das Schaf ins Meer gehen lassen.
Das war nicht richtig gewesen. Rakel würde sagen, daß er das nicht hätte tun sollen. Sie konnte während der Schlachtzeit kein Hammelfleisch essen. Er hätte daran denken sollen. Sie waren gleichsam Menschen für sie, die Schafe. Jetzt graste der Rest ihrer Herde rund um den Schafstall, mit leuchtenden Augen voller Trauer.

Ingrid ließ nicht zu, daß Simon Rakels Körper hinein in die Wärme nahm. Tora hörte die Anweisungen der Mutter. Die Worte rumorten irgendwo in ihr, aber gaben keinen Sinn.
Ingrid sah sie nicht an. Holte nur ein paar Laken und begab sich in die Scheune, wo sie gewisse Dinge tun mußte.
Als Simon und Tora sich trockene Sachen angezogen hatten, auf Ingrids ausdrücklichen Befehl, gingen sie ihr nach.
Sie hatte Rakel der nassen Kleider entledigt und sie in Laken gehüllt. Die roten Haare lagen triefend naß auf der grünschimmernden Plane. Das Gesicht hatte bereits die Farbe des Meeres angenommen. Sie war kalt. Alles war kalt. Ein paar Locken waren auf der weißen Wange erstarrt. Der Kopf lag ein wenig zur Seite geneigt. Simon kniete nieder und wollte ihn geraderücken. Aber es ging nicht.
Da sah Tora die Schere. Ingrid hatte sie neben die Waschschüssel gelegt, sie glitzerte in dem spärlichen Licht der nackten Birne, die oben an der Decke hing. Tora begriff, daß Ingrid Rakels Kleider aufgeschnitten hatte. Sie lagen in einem nassen Haufen hinter ihr.
Ingrid richtete sich mühsam aus der gebückten Haltung neben der Leiche auf und machte Tora ein Zeichen, daß sie gehen sollten.
Simons gebeugte Gestalt. Seine Hände strichen über das nasse, lockige rote Haar.
Tora kapselte das Bild irgendwo in sich ein.
Ingrid nahm sie an der Hand, als sie hinausgingen.

Es war etwas Schnee in der Luft. Die Schafe trippelten auf dem gefrorenen Boden.
Der Mond war milchig weiß und ohne Licht.
Tora lag in dem großen Hotelbett. Dicht bei Tante Rakel. Sie schwebten ein wenig über den Laken und lachten darüber, daß Oles Mutter ausgetretene, karierte Pantoffeln anhatte und daß Ottar den Südwester vergessen hatte.
»Du darfst dich über die Leute nicht lustig machen«, sagte Rakel und unterdrückte das Lachen.
»Aber ich konnte es mir nicht verkneifen, es war so komisch«, sagte Tora.
Es tönte überirdisch von dem Kristalleuchter. Tönte ein wahnsinniges Licht, das ihr plötzlich angst machte.
Da sah sie, daß sie nicht im Hotelbett lag: Sie schwammen im Meer. Die Tante und sie. Das Meer war so eiskalt, daß sie sich nicht zu helfen wußte. Und die Tante trieb schneller als sie. Hob einen leuchtendweißen Arm und winkte ihr matt zu. Tora sah, daß sie Nasenbluten hatte. So schlimm, daß das ganze Meer warm und rot wurde. Da hörte sie der Tante lächelnde Stimme an ihrem Ohr. Ganz, ganz nah, so daß sie die Arme um sie schlingen wollte. Aber da war nichts. Nur rotes dumpfes Meer.
»Du weißt, wir sind der gleiche Mensch, du und ich. Ich komm' zu dir und lächle ein wenig. Damit du dich nicht so verloren fühlst. Denn du bist ich, und ich bin du. Wir sind nur ein Mensch, eigentlich ...«
Tora schlug die Augen auf. In der weißen Dachstube. Der rosa Lampenschirm breitete sein Licht über Rakels Dinge.
Sie schlug die Decke zur Seite und wollte in den Flur hinuntergehen und die Tante rufen. Wußte, daß sie nicht wieder einschlafen würde. Alles war so schrecklich für sie geworden. Sie konnte es nicht ertragen.

Zeitig morgens ging Simon in die Scheune. Er fand Tora neben Rakels Körper. Nur die Nase schaute aus der Wolldecke heraus. Sie war rot vor Kälte. Das Mädchen hatte das Laken beiseite geschoben und das Gesicht der Toten entblößt. Lag dicht bei ihr. Die Haare der Toten und die Haare der Lebenden verflochten sich vor seinen Augen ineinander.
Angst überfiel ihn. Sie hatte nichts mit Trauer zu tun.
Er öffnete die Scheunentore weit, damit das Tageslicht hereindringen konnte. Dann machte er die Birne an der Decke aus.

Immer wieder sagte er Toras Namen, aber sie wiegte sich nur hin und her und schlief weiter.
Schließlich ging er hin. Deckte das Gesicht der Toten zu und hob das Mädchen auf und trug sie ins Haus. Einmal schlug sie die Augen auf und sah ihn an. Als ob sie nicht wüßte, wer er war.
Er zog ihr Schuhe und Anorak aus und legte sie im Schlafzimmer in sein Bett. Das schien ihm das beste zu sein, so erfroren, wie sie war. Außerdem war die Treppe zum Dachgeschoß so steil.
Simon mied das Dachgeschoß.
Er wußte nicht, daß er das tat.
Nur, daß er da früher mal gesessen hatte. Damals, als der Betrieb gebrannt hatte.
Im Laufe des Tages kam Henrik angeschlichen. Er war seit Menschengedenken nicht mehr in Bekkejordet gewesen. Der Mann war völlig grau. Keiner hatte daran gedacht, daß er allein im Tausendheim saß. Es hatte sich ganz selbstverständlich so ergeben, daß Ingrid in dieser Nacht in Bekkejordet schlief.
Nun tauchte er wie ein trauriges Seegespenst auf. Er wollte sich endlich betätigen. Als ob er für Rakels Tod Buße täte. Er begab sich ans Holzhacken, ausgerechnet jetzt, so daß Simon zu ihm in den Holzstall ging und ihn bat, aufzuhören. Es gehöre sich nicht, an einem solchen Tag solle es still sein auf dem Hof.
Und Henrik krümmte sich und fing an zu weinen. Simon verstand sein Verhalten nicht mehr. Es war so äußerlich. Er umarmte den Mann, der ihm so viele Streiche gespielt und ihm so viele Unannehmlichkeiten bereitet hatte.
»Du kannst mir glauben, daß ich versucht hab', sie zu halten, Simon! Du mußt es mir glauben, wenn ich's dir sag'!«
»Ja, ja«, sagte Simon leicht benommen.
Er spürte, daß der Zorn ihn übermannte. Henrik war wie eine wundgeriebene Stelle, ob er sich so verhielt oder so. Es war beinahe besser, wenn er schweigsam und düster und wortkarg war. Daran hatten sie sich gewöhnt. Das war ihr Bild von Henrik und sollte es bleiben.
Simon merkte, daß dieser Mann seine eigene Trauer verdrängte. Ihn daran hinderte, zu fühlen. Nur durch seine bloße Gegenwart zwang er sie, auf seinen Willen Rücksicht zu nehmen. Das war wie eine absurde Szene von einem Saufgelage. Bei dem Henrik unvermutet aus purer Sentimentalität die Tobiashütte total durcheinanderbrachte.

Und zwischendurch kam es Simon so vor, daß da noch etwas dahintersteckte, daß Henrik die Geschichte nicht vollständig erzählte. Etwas blieb außerhalb – die ganze Zeit. Etwas Wichtiges. Das er nicht zu fassen kriegte.
Hatte er Rakel rausgestoßen? Hatte er?

Tora schlief in Rakels Bett den ganzen Vormittag. Ab und zu war sie in einer Art Wirklichkeit, aber meist starrte sie, wenn sie wach war, auf die weißen Vorhänge, ohne daß es etwas für ihre Gedanken bedeutete.
Einmal grub sie in der gefrorenen Erde und schob den Pappkarton mit dem Vogeljungen unter den großen Stein. Einmal sah sie den Mann von Frau Karlsen steif und ausgestreckt auf einer Bahre liegen mit vielen blanken, unbenutzten Hundertkronenscheinen, die in Bündeln korrekt auf seiner Brust verteilt waren. *Breiland Sparebank* stand auf der Banderole eines jeden Bündels.
Einmal schlug sie auf einen Körper los, den sie nicht erkannte – mit dem Beil. Sie spürte, daß ihr die Arme dabei weh taten und daß der Schweiß über Rücken und Bauch lief. Und die Beilschläge konnte man durch den ganzen Körper hören, ruckartig. Scharf und weich zugleich. Sie hieb in Fleisch.
Die Tante und sie tanzten Walzer in der Scheune. Die Tante wollte ihr die Schritte zeigen. Sie hatten Nachthemden an. Es war Sommer. Und sie lachten und wirbelten umeinander.
Zu guter Letzt wurden sie so müde, daß Simon sie ins Bett trug. Er breitete die kräftigen, sonnengebräunten Arme aus und nahm sie mit zu sich ins Bett. Und sie gingen gänzlich ineinander auf. Es schimmerte in den weißen Nachthemden, wenn sie sich bewegten.
Alles war Mondschein. Und Wald und Wiese. Alles war voller Margeriten. Sie waren beieinander. Und die Beilschläge hieben fast von selbst. Sie brauchte nicht einmal mehr die Arme zu heben.
Dann wurde alles still.
Tora schlug die Augen auf.
Es stand jemand in der Tür.
Es war eine Zeit gekommen, da sie sehen mußte.

26

Es gibt Tage, an denen man nicht sieht, daß die Berge noch stehen.
Es kommen Stunden, in denen alle Dinge schnell in der Flut, entlang den öden Stränden, verschwinden.
Augenblicke, da man keinen kennt.
Ingrid kochte Kaffee – auch an diesem Tag. Sie hantierte leise mit Rakels Töpfen in der Küche von Bekkejordet. Schmierte Brote. Schnitt von dem gelben Käse ab und von dem braunen Käse.
Sie schenkte vier Tassen ein und setzte die Schale mit den Broten mitten auf die Wachstuchdecke. Dann streifte sie sorgsam Rakels Küchenschürze ab und bat mit einem Kopfnicken zu Tisch.
Henrik war voller Tatendrang. Jahrelang hatte er keinen Ton von sich gegeben. Nun kamen die Worte stoßweise und dunkel, als ob das Herz sie aus ihm herausarbeitete, während es gleichzeitig das Blut durch den Körper schickte. Er sprach davon, wie alles gewesen war:
Er hatte Rakel am Kragen über Wasser gehalten. So hatte er sie gehalten. Und da war irgend etwas gewesen, was sie in die Tiefe zog. Das Schaf? Ja, das Schaf. Oder etwas anderes...
Aber er erwähnte nicht, was er ihr versprochen hatte. Je mehr er redete, desto mehr verschleierte er, was wirklich in dem Boot gesagt worden war. Redete um die Sache herum. Sprach über alles, was getan werden mußte.
Sie saßen da und kauten Rakels Brot, Rakels Käse, Rakels Marmelade. Und sie konnten einander nicht ansehen.
Den Mann am Tischende kannten sie nicht, und keiner konnte sich entschließen, ihn zu bitten, daß er ging. Oder schwieg.
Tora hob endlich ein gequältes Gesicht. Sah, daß Henriks Augen undurchdringlich vor Angst waren. Daß seine Tränen Entsetzen, nicht Trauer waren. Sie schälte ihn wie eine Zwiebel und wußte, daß sie ihn bitten mußte zu schweigen, bevor sie ein Beil nahm und losschlug. Immer wieder in das zähe Gewebe schlug, das vor ihr in dem Hemd und in den Niethosen steckte.
Gleichzeitig verstand sie bis zu einem gewissen Grad, warum er so war. Er, der nie etwas sagte, ohne zu fluchen, der nie ein Gefühl zeigte, wie klein es auch sein mochte.
Vor langer Zeit war er einmal betrunken nach Hause gekom-

men und hatte das gespülte Geschirr vom Küchenschrank heruntergerissen und war in den Scherben sitzen geblieben. Und da hatte er auch geweint. Hatte Henrik jetzt das Gefühl, in den Scherben zu sitzen? Wessen Scherben? Seinen eigenen? Oder Rakels?

Warum mußte Henrik immer alle Gedanken wegschieben, die sie hatte und die ihren Kopf ausfüllten? Warum konnte sie nicht etwas für sich allein bekommen in dieser weiten Welt? Warum redete er dauernd von dem Unglück, so daß man nichts anderes sah als den nassen, leblosen Körper? Warum konnte er ihnen keine Ruhe gönnen? Sie wußte, daß Simon und Ingrid das gleiche dachten. Daß sie wünschten, er wäre nicht da.

Sie begriff etwas von dieses Menschen Fluch und Unglück: Er war nirgends erwünscht. Er hatte eine solche Angst, daß er vergaß, andere Lebewesen zu sehen, außer sich selbst.

»Du mußt jetzt still sein«, sagte Tora plötzlich.

Alle hörten auf zu kauen. Rakels Katze schlich unruhig zum Herd. Sie witterte, daß alles verändert war. Es lag eine elektrische Spannung zwischen der Katze, den Menschen und den Dingen. Sie bewachten gegenseitig ihre Bewegungen auf eine lähmende, einsame Art und Weise.

Simon erhob sich jäh und schob die Tasse von sich.

»Vielen Dank für den Kaffee, Ingrid«, sagte er – als ob er nicht gehört hätte, was Tora gesagt hatte.

Henrik stand auch auf. Sie standen eine Weile. Aber als Henrik ihm nach draußen folgen wollte, schien Simon in Panik zu geraten und setzte sich wieder.

Ingrid fing an, die Tassen einzusammeln, ohne zu fragen, ob alle fertig seien.

»Wir müssen wegen der Todesanzeige telefonieren und das Nötigste mit dem Pfarrer besprechen«, sagte Henrik.

»Ja«, sagte Simon – und blieb sitzen. Die Hände lagen ineinandergeballt auf dem Tisch.

»Ich kann das gut machen«, sagte Ingrid fragend.

»Nein.«

Er erhob sich langsam. Sah einen Augenblick aus dem Fenster. Dann ging er zum Telefon. Es stand auf seinem Brett. Schwarz.

Henrik fing von neuem an, davon zu reden, daß man nach den Booten sehen müsse und daß die Lämmer geholt werden müßten. Er sprach von mehreren Dingen in ein und demselben Satz.

Tora drehte sich zu ihm um, schroff: »Warum gehste nicht und machst das alles, ohne drüber zu reden?«
Henrik setzte sich hinten bei der Tür die Mütze auf. Wandte sich ihnen zu, verzweifelt, trotzig: »Die Trauer macht euch auch nicht grad freundlich«, stieß er hervor, ehe er die Tür hinter sich schloß und verschwand.
Simons Gesicht wurde grau.
Er wartete auf die Verbindung.
Ingrid hatte ihnen den Rücken zugekehrt. Tora sah, daß sie die Scham auf sich nahm – auch dieses Mal. Sie beugte sich über den Herd und klapperte mit den Herdringen, als Tora hinausging.
Er stand gegen die Wand des Windfangs gelehnt.
Sie ging direkt auf ihn zu. Er mußte zur Seite treten. Dann schritt sie über den Hof und die Brücke zur Scheune hinauf.
»Was willste da oben?« rief er ihr nach. Sie hörte, daß er hilflos seine Stärke mit ihr maß. Sie öffnete die Scheunentür und ging hinein. Schloß die Tür sorgfältig von innen. Durch die Ritzen zwischen den Holzbrettern flimmerte Tageslicht herein. Leuchtende, schmale Lichtkegel, die sich über der Gestalt auf der Plane sammelten. Die Füße starben unter ihr ab. Sie floß hinein in das Licht über Rakels Körper. Das Licht verwischte die Grenzen. Die Geräusche von draußen wurden ausgeschaltet. Ein harter Punkt mitten in ihrem Kopf lag wie eine vergessene Erbse in einer offenen Blechbüchse, deren blanke, runde Wand das Tageslicht reflektierte. Und in der Erbse lag die Gewißheit, daß Rakel sich zwischen Henrik und sie gestellt hatte.
Sie kniete nieder.
»Was geschehen ist, das glauben nur die andern«, flüsterte sie. Durch die Ritzen in der Scheunentür sah sie, daß er noch bei dem Windfang stand. Aber er rauchte nicht. Starrte nur hinauf zu ihr, ohne sie sehen zu können. Da beugte sie sich über die Gestalt am Boden und lachte leise. Ein wohliges, zufriedenes Gurren.
»Wir haben ihn endlich, wir, Tante. Er hat Angst vor dir, siehst du.«

27

Simon hielt sich bis nach der Beerdigung aufrecht. Sein Mund sah aus wie eine halboffene bläuliche Wunde und warnte alle, die sich ihm näherten. Die hellen Augen blickten ausdruckslos. Nach innen gewandt, gleichzeitig geradeaus. Als ob er die ganze Zeit etwas sähe, an das er nicht glauben konnte.
Und die Leute senkten den Kopf und ließen ihn vorbei. In Vaeret und auf den Kais, in Ottars Laden und in der Kirche.
Ein paarmal, im Schlafzimmer neben Rakels Bett, spürte er eine lähmende Einsamkeit. Aber im übrigen verstand er seine eigenen Gedanken nicht.
Er verstand, daß Ingrid kam und verschiedene praktische Dinge für ihn tat, ohne daß er sie darum zu bitten brauchte.
Rakel war tot, denn er legte sie selbst in den weißen Sarg und trug sie zum Friedhof. Sah, daß alles in der kalten Erde verschwand. Er sah alle Blumen. Den Mund, der sich im Gesicht des Pfarrers bewegte. Hörte überall Weinen.
Ein paarmal faßte er nach Toras Pferdeschwanz. Weiches, seidiges rotes Haar. Aber er wußte es nicht. Und die Augen waren ebenso trocken wie die Flüsse, die vom Veten herunterkamen, in dürren Sommern.
Nachts saß er im Schaukelstuhl in der Küche und sah in die Dunkelheit. Es konnte passieren, daß er beinahe herunterfiel, weil er einnickte. Ingrid versuchte ihn zu überreden, sich im Schlafzimmer ins Bett zu legen. Aber er schüttelte nur den Kopf. Das war kein Ort für ihn.
Rakels Katze schlief gut in seinem Schoß, wenn sie zur Nachtzeit nicht draußen war und Mäuse fing.
Die Wohnzimmeruhr in Bekkejordet schlug dreimal. Der Tag war noch eine Liebkosung des Lichts für die Topfpflanzen auf der Fensterbank. Eine goldene Flut auf dem Eßtisch. Ingrid hatte ihn abgeräumt und die Tischdecke gewechselt.
Diejenigen, die Rakel das letzte Geleit gegeben hatten, waren gegangen. Es war bei Tisch kaum gesprochen worden. Aber alle drückten Simon mehrmals ganz fest die Hand, wie es der Sitte entsprach. Keine Reden, keine Lobeshymnen. Der Pfarrer hatte mit einem Gebet begonnen und mit einem Gebet aufgehört. Dann war es vorüber. Die Leute hatten mäßig gegessen. Etliche Schüsseln quollen immer noch über, sie standen jetzt, mit einem Tuch zugedeckt, in der Speisekammer.

Einige Nachbarsfrauen hatten geholfen. Ingrid, die wußte, wo alles war und wie es sein sollte, hatte sie angeleitet.
Tora war seit der Beerdigung verschwunden. Ingrid ließ es sich nicht anmerken, daß sie über Toras Benehmen ungehalten war. Sie hätte auch helfen können. Während der kurzen Zeremonie auf dem Friedhof hatte sie sie in gutem Abstand von dem offenen Grab stehen sehen. Aufrecht, aber das Gesicht in dem mächtigen roten Haar verborgen. Ingrid hatte gewünscht, daß sie es hochband. Daß sie an einem solchen Tag nicht wie ein Flittchen herumlief. Aber Tora hatte sicher nicht gehört, was sie gesagt hatte.
In Bekkejordet, während die Leute kamen und gingen, hatte sie sich nicht gezeigt – weder um zu helfen, noch um zu essen.
Henrik war der einzige, der das Gespräch in Gang gehalten hatte. An diesem Tag war er in Bekkejordet, auch wenn er früher kaum da gewesen war. Die Leute nahmen es zur Kenntnis. Deshalb wurde nicht groß über Feindschaft gesprochen. Sie registrierten auch, daß Henrik versucht hatte, Rakel zu retten. Jedenfalls sagte er es selbst, so daß auch Simon es hörte. Demnach mußte ja etwas dran sein.
Auf manche wirkte es fast so, als ob Henrik und Ingrid in Bekkejordet zu Hause wären. Simon saß mit eisblauen Augen stumm am Tisch und sagte nichts.
Als alle gegangen waren und Ingrid das gespülte und polierte Kaffeeservice ins Büfett stellte, sagte er, daß er sie nach Hause fahren würde. Er käme gut allein zurecht. Sie nickte. Es ging ihr auf, daß dies das erste war, was er an diesem Tag sagte.
Erst als sie im Auto saßen, nahm er ihre Hand und dankte ihr. Sie biß sich auf die Lippen und lehnte sich einen Augenblick an ihn. Er wußte nicht, wie er reagieren sollte, denn die Welt war für ihn in Auflösung begriffen. Ingrids verschlossener Ausdruck für die Trauer war ein Spiegelbild seiner selbst.
Mit einemmal konnte er erfassen, daß alles anders war. Sie war nicht mehr da. Rakel war von ihm gegangen. Henrik sagte die Wahrheit, wenn er behauptete, daß sie sich losgerissen hatte. Sie hatte ihn freiwillig verlassen.
Konnte er deshalb nicht weinen?
Er ging in die Koppel und sah nach den Schafen. Die beiden Lämmer von dem toten Mutterschaf machten sich gut.
Eine Frage hatte die ganze Zeit an ihm genagt, seit er ihren toten Körper zwischen den rissigen Steinen bei der Landzunge, die die Bucht vom Meer trennte, gefunden hatte. Seit Henrik

das erstemal gejammert hatte, daß sie sich losgerissen habe. Warum hatte sie ihm nicht gesagt, wie es um sie stand? Warum hatte er geschont werden müssen?
»Warum, Rakel?« sagte er hart und heftig.
Er faßte sich und ging zum Haus. Der Herbst war unmißverständlich da, als ein feindlicher Luftzug vom Meer, vom Bach, vom Veten.
Er mußte da durch.

Er sah es deutlich in dem Halbdunkel: das rote Haar auf Rakels Kissen!
Irgend etwas zerbrach – tief innerlich in ihm.
Alles andere im Raum war grau. Aber die Haare fluteten über das ganze Kissen. Ein Fluß des Lebens! Golden wie ein Sommer, den er gerade im Schoß gehabt hatte. Es roch nach frisch gemähter Wiese und Sonne – o Gott!
Es schwindelte ihn, als er versuchte, logische Gedanken um das, was er sah, aufzubauen.
Er hatte sie ja selbst hierhergelegt an dem Morgen nach ... als er sie in der Scheune gefunden hatte.
Aber der Raum drehte sich um ihn und drohte ihn zu erstikken.
Es roch nach Rakel. Er versuchte sich dem zu entziehen. Ein Loch in der Wand zu finden und hinauszuschlüpfen. Beschwor die Füße, ihn zur Tür hinauszutragen. Aber nichts von dem, was er logisch dachte – geschah. Nichts von dem, wozu er sich entschloß, war durchführbar.
Das Haar auf dem Kissen war ein Himmel von Wärme und Haut. Er war der kleine Simon, der draußen im Regen stand und auf seine Mutter wartete, die nie kam, weil sie an einen anderen Ort gezogen war und ihn zu Verwandten gegeben hatte.
Er wußte nicht, wer von ihnen weinte.
Zwei Kinder.
Die auf etwas warteten, was nie kam.

Tora war wach.
Die weißen Gardinen bewegten sich schwach vor dem offenen Fenster. Simons Anzughose und das Hemd lagen auf dem Hocker und waren ein schwarzweißes Tier, das in der Dunkelheit schlief. Die Gegenstände auf der Kommode traten langsam hervor und zeigten sich ihr. Die Parfümflasche mit der

Quaste. Spiegel. Kamm und Bürste aus Silber. Das rote Schmuckkästchen aus Samt.
Er hatte eine behaarte Brust, die sich regelmäßig hob und senkte. Breit und ruhig. Sein Gesicht war naß bis hinauf zu den lockigen Haaren.
Sie legte die Arme um seinen Hals. Dicht.
Sie hatte kräftige Arme, Tora.
Die Nacht stellte sich darum.
Draußen in der Koppel und rund um den Stall lagen Rakels Schafe dicht beieinander. Weiße, wollige Körper, die sich gegenseitig wärmten.

Graues Licht breitete sich aus, das den silbrigen Schimmer der ersten Frostnächte in sich trug. Gerade bei Mondwechsel, wo die Nacht sich mit einer so spitzen Sichel verteidigt, daß nichts sich wehren kann. Nichts.
Sie stieg zur Decke auf wie eine Blase.
Sie war Tora. Und dennoch war sie nur ein Gedanke von Tora. Eine Art Wahrnehmung. Sie stieg zur Decke auf, die voller Wege war und voller Möglichkeiten und Bilder. Dort waren Öffnungen und warmer Atem. Dort waren Stimmen und Haut und Wind. Wind, wie er im Juli zwischen die Steine am Strand sickert.
Die Blase löste sich auf in Rauch. Lag über ihrem Kopf wie ein Leichentuch. Deckte ihn genau zu. Eine besondere Art, einen Kopf zuzudecken. Eine sachkundige Art. Und ihr Körper triefte jetzt. Natürlich! Sie hatte ja im Meer gelegen.
Flinke, warme Hände wickelten sie aus dem langen Streifen weißen Stoffs. Befreiten Gesicht und Hals.
Da konnte sie endlich wieder im Schlafzimmer sein. Sie sah den königsblauen Bettüberwurf auf dem Stuhl. Sie war zu Hause. Ihre Sachen standen auf der Kommode, genau so, wie sie sie verlassen hatte. Das kleine Kästchen aus chinesischer Seide mit der Stickerei. An der Wand neben dem Schrank hing der weiße Stoffbeutel an geflochtenen Seidenschnüren. In Hellblau war darauf ein Waschbottich gestickt und ein puppenhaftes junges Mädchen, das sich mit üppigem Busen und Schürze über den Bottich beugte. Und große Stiche am Rand und »Wäsche« mit verschnörkelten Buchstaben gestickt. Auf dem Nachttisch der große, alte Wecker aus Messing.
Im Spiegelrahmen über der Kommode steckte Toras Bild. Tora als kleines Mädchen – auf dem Dahlschen Kai, auf einer Fisch-

kiste sitzend. Wartete sie auf ihre Mutter? Oder war sie nur wegen des Bildes dorthin gesetzt worden? Sie hatte ein verschlossenes Gesicht, was man vom Bett aus nicht deutlich erkennen konnte. Aber sie wußte, daß es so war. Früher.
Jetzt war sie Rakel, die durch das Labyrinth bis zum Ende gegangen war. Sie hatte den Ausgang gefunden. Lag mit dem Mund an Simons nackter Brust. Spürte seinen festen Körper an der Stirn, die warmen Hände um die Schultern.
Sie war ja wieder nach Hause gekommen.

Einmal, im Schlaf, hörte sie ein Geräusch, als ob ein Vogel Äste herbeischleppte, um ein Nest zu bauen. Ein vorsichtiges Geplapper der Elstern rund um das Haus und in den Vogelbeerbäumen im Garten. Sie warnt die Menschen, hieß es.
Und plötzlich sah sie den Papa unten in der Kurve kommen, und fast im gleichen Augenblick erstarb das Elsternspektakel. Papa hatte Simons Niethosen an und lachte genauso wie er. Im übrigen glich er der Fotografie, die sie von Ingrid bekommen hatte. Er sagte nichts. Setzte sich nur auf die Bettkante und sah sie an. Als sie die Hand nach ihm ausstreckte, war er fort. Ein unsägliches Unglück breitete sich in ihrem Kopf aus, der ganze Körper schmerzte. Als sie sich davon befreien wollte, indem sie die Augen öffnete, sah sie, daß nicht Simon im Bett lag. Es war der Vater. Sein Gesicht war genau wie auf dem Bild.
Zuerst war es abstoßend. Dann verstand sie es: Sie waren ja ein Mensch. Alle. Papas Gesicht und Simons Hände und Brust.
Und sie war Rakel, die davongekommen war.
Sie mußte Simons Freude verteidigen.
Seine Trauer.
Die auch die ihre war.

28

Der Norwegischlehrer der Kommunalen Realschule Breiland gehörte zu jener Sorte von Lehrern, die ihre Ehre dareinsetzten, daß die Schüler über das Zeitgeschehen unterrichtet waren. Er war ein junger Mann mit nordnorwegischem Dialekt. Dadurch galt er im Lehrerzimmer als wenig vertrauenswürdig,

schon als er im Herbst kam, gerade fertig mit der Ausbildung. Ohne Erfahrung und mit einer schlechten, neumodischen Nebenfachausbildung in Norwegisch tauchte er im Lehrerzimmer auf und verkündete, daß die jungen Leute nichts über ihre eigene Zeit wüßten. Die Geschichtsbücher und die Norwegischbücher seien veraltet, und kein Lehrer lerne genügend moderne Geschichte, um den unwissenden Schülern zusätzliche Informationen geben zu können, meinte er.
Es bedurfte vielen Mutes oder großer Dummheit, um solche Meinungen zu vertreten. Und das rächte sich.
Bei dem jungen Jakobsen kam die Strafe nicht sofort, aber sie kam. Als er sich besonders sicher und sehr modern fühlte, schlugen sie zu. Die Grauen, an denen das Leben vorbeigegangen war, die Problembeladenen, die der Schüler, des Ehepartners, der Schulleitung und des nordnorwegischen Landesteiles überdrüssig waren. Sie sahen auf den Schnelldampfer wie eine Fata Morgana, die sie einmal in den Süden bringen würde.
Und sie schlugen zu. Sie wiesen dem kleinen Jakobsen nach, daß er den Schülern Politik predige. Außerdem kümmere er sich nicht um den Religionsunterricht, den er ein paar Stunden in der Woche übernehmen sollte. Es gingen Gerüchte um, daß er in diesen Stunden aus dem »Doktor Schiwago« vorlas.
Jetzt würde es offenbar werden, denn an dem Tag, an dem der Rektor auftauchte, um dem Unterricht des jungen Jakobsen beizuwohnen, gerade an dem Tag hatten die Morgennachrichten gebracht, daß Boris Pasternak den Nobelpreis für den »Doktor Schiwago« bekommen hatte. Und daß die Sowjets die Schwedische Akademie kritisierten, weil sie sich einer feindlichen Haltung schuldig gemacht habe. Ja, sie habe den Nobelpreis an Pasternak verliehen, um den Kalten Krieg zu verschärfen. »Doktor Schiwago« war in der Sowjetunion zu einem bösartigen Werk voller Haß gegen den Sozialismus erklärt worden.
Der Rektor verlor gleichsam den Mut, Zensur an diesem Werk zu üben. Er bekam Kopfschmerzen, weil er nicht recht verstand, daß ein Lehrer, der in seinem Unterricht aus einem Buch las, das die Sowjetunion verurteilte – irgendeine politische Gefahr sein sollte. Oder ein Kommunist? Das schreckliche Wort.
Er wollte sich damit begnügen, mit dem jungen Jakobsen in einer Pause darüber zu sprechen.

Aber der Rektor wurde in den Unterricht gebeten. Die Schüler wollten exakt aus diesem preisgekrönten Buch vorgelesen haben, sagte der junge Jakobsen. Der Rektor rang die Hände und nahm dankend an. Was hätte er auch sonst tun sollen?

Zu dieser ersten Stunde, an einem Montag Ende Oktober, war sie von der Insel zurückgekommen und wurde nun gleich mit dem Rektor und mit Boris Pasternaks »Doktor Schiwago« konfrontiert.

Sie saß an ihrem Pult in dem provisorischen Auditorium der Kommunalen Realschule Breiland und spürte, daß sie *das* losgeworden war, was sie sonst dazu gebracht hatte, unter den Armen zu schwitzen, die Hände in den Pulloverärmeln zu verstecken, das Gesicht zum Pultdeckel zu senken – und zu glauben, daß der Rektor erschienen war, um sie festzunehmen.

Rakels grüner Wollrock mit den Volants lag ihr um die Beine wie eine Hülle, eine Sicherheit.

Sie hatte die Haare aus dem Gesicht gebürstet, aber hatte sich entschlossen, sie lose über den Rücken hängen zu lassen. Sie war sich klar darüber, daß die anderen sie ansahen.

Sie ließ sie schauen. Konzentrierte sich auf Boris Pasternak.

»Das Wort ist gefährlich!« zitierte Jakobsen und sah vielsagend auf den Rektor.

Sie hatte das schon vorher gewußt. Hatte immer Worte gesammelt, die sie nie sagte. Jetzt hatte sie auch noch Rakels Worte. Mußte auf sie aufpassen, sich an sie erinnern, sie benutzen. Worte waren Macht.

Sie streckte die Hand hoch. Ruhig. Hatte Rakels Stimme im Ohr, zog den Mundwinkel nach oben, etwas höhnisch, etwas herausfordernd. Warf die rote Mähne zurück und sah den Norwegischlehrer an: »Ich finde, wir sollten lieber ›Doktor Schiwago‹ lesen, als darüber zu reden, was die Sowjets meinen.«

Der junge Jakobsen sah verwirrt aus. Dann nickte er Tora eifrig zu, daß sie anfangen sollte.

Zuerst klang Toras Stimme trocken und so, als sei sie lange nicht gebraucht worden, dann aber kam ein Unterton von Wärme und Leben hinein. War ein Bach in der Sommersonne, der auf der erwärmten Oberfläche gluckerte, während die Unterströmungen die gleiche Temperatur wie das Grundwasser und die glitzernden metallischen Sandkörner auf dem Grund hatten. Tatsächlich brachte die Sonne den Grund zum Funkeln. Kupfer? Eisen? Winzig kleine verborgene Schätze. Immer feucht, immer glänzend und in ruhiger Bewegung mit dem Wasser, das vorbeifloß. Immer vorbei.

Sie war sie selbst. Hatte den Menschen in sich aufgenommen, der sie sein sollte. Es ging nur darum, zu entscheiden, zu wählen, zu wagen. Die Worte wie Goldkörner durch das Wasser aufleuchten zu lassen.

»Die Menschen werden geboren, um zu leben, nicht um sich auf das Leben vorzubereiten. Und das Leben selbst, das Leben als Phänomen, als Geschenk – ist eine unendlich ernste Sache«, las sie.

Die Klasse hörte aufmerksam zu und ließ die Worte niedersinken.

Das Mädchen von der Insel hatte keine besonders schöne Stimme. Sie lebte sich trotzdem in die Zuhörer ein. Wie Balsam auf verschrammte, nervöse Gemüter – die immer darauf bedacht waren, sich Regeln, Verse, Lehrsätze anzueignen. Sie ließen die Worte ruhig durch ihre Köpfe strömen, nahmen sich Zeit zum Überlegen, ohne pauken zu müssen. Hatten Zeit, sich zu konzentrieren ohne die gierigen Hintergedanken der Jagd nach den Noten.

Der junge Jakobsen war zufrieden. Der Rektor war entwaffnet. Es war ein guter Zufall, daß das Mädchen von der Insel an diesem Tag gekommen war. Sie war erwachsen geworden, ohne daß er es gesehen hatte. Der Herbst war schnell vorübergegangen. Aber sie hatte viel nachzuholen, diese Tora. Sie war lange weg gewesen. Todesfall, hatte man Jakobsen mitgeteilt.

Er unterbrach sie nicht, um zu sagen, daß jemand anderes weiterlesen sollte, wie er es sonst zu tun pflegte. Sie hatte das entschieden, indem sie zu sagen wagte, daß sie lieber aus dem Buch lesen sollten.

Stimmte es, daß die Menschen geboren wurden, um zu leben? Sie sah das bläuliche Vogeljunge in dem Schuhkarton vor sich. Es hatte nicht gelebt. Oder hatte es? Gelebt in ihr? Einen Augenblick holte sie tief Luft, so daß es eine Pause gab. Dann fuhr sie fort zu lesen.

29

Sie hatte ein großes Rotkehlchen auf dem Fensterbrett. Es aß die Bröckchen, als ob sie ihm gehörten. Tora wußte, wer es war. Daß es den ganzen Winter zurückkommen würde. Sie saß bei ihren Büchern und Aufgaben und hörte es herumwirtschaften. Aber sie versuchte es nie hereinzulocken wie damals, als sie noch blutete und scheu und ängstlich war. Dieses hier war von einer anderen Art.

Sie hatte die Sachen, die sie von Bekkejordet mitgebracht hatte, in den Schrank gehängt. Damenkleider. Pullover aus weicher, dünner Wolle. Faltenröcke mit enganliegender Passe. Schuhe aus feinstem schwarzem Leder. Es paßte alles zusammen. Sie legte die Jeans und den weiten Pullover weg, ohne daran zu denken, daß das eigentlich die richtige Kleidung für ein Schulmädchen war.

Sie zog den Wintermantel an, den sie aus Bekkejordet mitgenommen hatte. Pelzkragen und Pelzhandschuhe. Sie bewegte sich jetzt anders und hatte eine andere Haltung. Die Worte bekamen eine solche Macht in den neuen Kleidern. Obwohl, neu? Sie waren nur hier in Breiland neu. Tora war mit diesen Kleidern immer vertraut gewesen. Bis auf die, die tatsächlich neu waren. Fast nicht getragen. Zeitig im Herbst in irgendeinem Geschäft in Oslo gekauft.

Sie spürte, daß der alte Schmerz sie ergriff, die schrille Einsamkeit, dadurch, daß sie allein und krank war. Aber das war jetzt nur ein Spuk. Ihr Körper war gesund! Sie machte sich mit aggressivem Eifer an die Bücher. Wollte das nachholen, was sie versäumt hatte. Sich den neuen Stoff aneignen. Immer mehr. Immer tiefer. Immer vor den anderen.

Eines Tages schloß Jon sich ihr nach der Schule an. Sie hatte ihn nicht oft gesehen. Hatte ihn wohl vergessen. Er war aus ihrem Gesichtskreis verschwunden.

Jetzt stand er am Schultor und zündete sich eine Zigarette an. Seine Hände zitterten, als ob er friere. Aber das rührte sie nicht. Sie stellte fest, daß es schön war. Eine kleine Rauchsäule über der roten Glut. Die schlanken Hände. Zwei unruhige Finger, die eine weiße Papierhülle hielten.

Ob sie Zeit habe, sich mit ihm zu treffen.

Ja, sie habe Zeit.

Er wußte nicht, was er noch sagen sollte.

»Wo wollen wir uns treffen?« sagte sie bloß – und nahm die Schultasche in die andere Hand.
Er nahm ihr die Tasche ab. Schlenkerte sie in derselben Hand, in der er seine eigene trug. Die freie Hand stopfte das Zigarettenpäckchen in die Hosentasche, und der Arm legte sich dann zögernd um ihre Schulter.
Ein Jungenarm.
Sehnig und dünn.
Neu und unverbraucht.
Simons Arm war schwer von Muskeln und gelebtem Leben.

Neuschnee und Frost hatten alles in einen eisernen Griff genommen. Das spärliche Tageslicht reichte nicht weit, obwohl es mitten am Tag war.
»Du warst nach den Herbstferien bei einer Beerdigung, hab' ich gehört. War's ein naher Verwandter?«
Sie richtete sich auf. Zog die Handschuhe an und sah ein wenig über die Schulter. Wandte sich nicht ab. Überhaupt nicht. Warf nur einen Blick – zurück.
Rakels Stimme an ihrem Ohr! Aus dem Tritornshorn. Belustigt über das, was die Leute fragen konnten.
Ein Schneekristall explodierte an der Netzhaut.
»Ja«, sagte sie.
»Wessen Beerdigung?«
»Meine eigne«, sagte sie und lächelte.
Jon sah sie an. Schräg. Ein ungläubiger Blick. Machte sie sich über so ernste Dinge lustig?
Sie begegnete seinem Blick. Warf das rote Haar zurück.
»Es ist glücklicherweise vorbei.«
Er fragte nicht mehr. Sah darin eine Ablehnung. Verletzt zog er sich etwas zurück. Es war viel Luft unter seinem Arm. Ein Luftzug zwischen ihnen.
Aber sie ging gerade und ganz normal, als ob nichts Besonderes wäre.
Sie war anders, als er sie in Erinnerung hatte.
»Du hast jetzt so viele schöne Kleider. Beinah wie eine Dame. Du fällst auf in der Schule.«
»Ja«, sagte sie nur.
Ein sprudelndes, unbeschwertes Lachen entschlüpfte ihr, während sie spürte, daß die Kleider eng und gut am Körper saßen. Die Stiefeletten mit den kleinen modernen Absätzen trugen sie die Straße hinunter.

Sie gingen ins Kino. Seine Hand legte sich auf die ihre bereits während des Vorfilms. Er roch gut nach Haarcreme oder etwas anderem. Es berührte sie nicht. Aber sie mochte es. Die Entscheidung fiel ihr leicht: ihn zu mögen.

Als sie an das Tor zu der großen Villa kamen, tanzte die Allee im Wind. Die Kälte setzte sich zwischen die Schulterblätter. Ihr Fenster war schwach erleuchtet. Das Licht über dem Waschbecken brannte. Eine Angewohnheit von ihr.

Er setzte sich auf die äußerste Kante der Bettcouch und zog den kurzen Mantel aus. Unbeholfen. Als ob es ihm erst, nachdem er sich gesetzt hatte, eingefallen wäre, daß er noch im Mantel war.

Einen Augenblick verriet sie sich. War wieder die alte. Der Rücken wurde klamm. Es tröpfelte salzig und naß unter den Armen. Aber während sie die Stiefeletten abstreifte, sah sie den Jungen auf der Couch an und sagte: »Willste Kaffee oder Tee?«

»Kaffee«, sagte er ein wenig heiser.

Er stand auf, als ob er seinen Mantel aufhängen wollte. Aber gleichzeitig näherte er sich ihr. Sie spürte, daß der sehnige junge Körper sie gegen den Schrank drückte. In einem Wirbel sah sie den Raum sich um die Deckenlampe drehen, die ein dunkler Punkt in der Wirklichkeit war. Immer schneller. Da schloß sie ganz fest die Augen.

Und Simons Gesicht leuchtete über ihr. Ein trauriges braunes Gesicht mit großen blauen Augen. Seine Brust hob und senkte sich, er schien zu weinen. Da begriff sie, daß er Trost brauchte. Daß sie ihn im Arm halten mußte, ihn wärmen mußte, solange sie ihn hatte.

Sie spürte seine Hände auf ihrem Körper. Erst auf den Kleidern. Ungeduldig, zitternd. Als ob er für etwas um Entschuldigung bäte. Und das rührte sie. Setzte eine Lawine in Gang. Als ob sie einen elektrisch geladenen Zaun anfaßte und es nicht schaffte, ihn loszulassen. Ein merkwürdiger Strom vom Schritt aus aufwärts ließ sie in seinen Armen schwer werden.

Er nahm sie mit zur Tür, um abzuschließen. Wollte kein Risiko eingehen, daß sie sich ihm entzog. Nahm sie mit in die Ekke hinter dem Vorhang, wo das Waschbecken war – um das Licht zu löschen.

Die Dunkelheit machte Simon noch deutlicher. Sie fühlte, daß er es war. Später auf der Couch, als seine Hände mutig und

spielerisch geworden waren und sie fanden, verstand sie nicht, wie sie hatte zweifeln können, daß er es war.
Als die Finger sie spalteten, zitternd und voller Freude, faßte sie ihn um die nackten Hüften und drückte ihn an sich. Eine Stärke. Eine Sehnsucht und eine Entscheidung, die endlich freigelassen wurden.
Er hatte den Mund an ihrer Brust. Gierig und kräftig saugte er daran.
Aber als eine fremde Stimme in den Raum drang, die sagte, daß er einen »Gummi« habe, kam sie sich vor wie alter, vergessener Kaffeesatz in einer Tasse. Sie wollte da heraus. Spülte die Tasse und setzte sie ordentlich in den Schrank. So einfach war das!
Die Quellen in ihr sprangen auf. Eine nach der anderen. War sie gerade aus dem Meer gekommen? Natürlich! Eine, die aus dem Meer kam, konnte mit allem fertig werden!
Sie betrachtete ihn heimlich, während er etwas überzog. Herumfummelte. Atmete. Eine gewisse Zärtlichkeit ergriff sie.
Als er mit einem Seufzer behutsam in sie hineinglitt, vermißte sie den Spiegel über der Kommode und die Konturen des Vogelbeerbaums vor dem Fenster. Dann machte sie die Augen zu und fühlte sich von warmer, weicher Haut umschlossen. Lag ruhig und streichelte sein Hinterteil und den Rücken. Den Nacken, die Haare.
Er bewegte sich und erfüllte sie mit Lust. Pumpte sie voll mit gieriger Lust. Die sich in Wellen fortpflanzte und sie dazu brachte, sich ganz zu öffnen.
Sie war in seinem Rhythmus. Einmal zog er sich fast ganz heraus, da klagte sie leise und umfaßte die Lenden des Mannes. Er sollte ihr nahe sein. Innen. Sie wollte ihn haben. Ihn einlullen. Ihn umfassen. Auf ihn achtgeben. Ihn verstecken.
Als er endlich erschöpft und leer auf ihr lag, den Mund in ihrem Haar, hungerte sie immer noch danach, daß er sie füllte. Seine rhythmischen, zielbewußten Bewegungen waren wie ein Ruf in ihrem ganzen Körper.
Aber als er mit beschämten Worten sagte, daß das nicht so schnell gehe, legte sie die Hand auf seinen Mund. Hielt die Augen geschlossen. Hatte Angst, daß sie sich in diesem Raum nicht mehr zurechtfinden würde.
Sie hörte ihn aufschließen und gehen.
Kurz darauf meinte sie, daß er den gelben Lastwagen startete.

Da mußte er wohl zum Betrieb runterfahren.
Eine schöne, sichere Sehnsucht erfüllte sie.
Sie schlief ein, ohne die Mappe für die Schule am nächsten Tag gepackt und ohne den Wecker gestellt zu haben.

30

Die Tage und Nächte waren oft wie eine Wand. Aber manchmal ein schrecklich hoher Baum – zum Klettern. Sie bestimmte selbst, wo sie war. Bei der Wand oder in dem Baum.
Sie lernte. Sie traf sich mit Jon. Empfing ihn vor der Mauer. Nie dahinter. Da war Simon.
In den großen Baum kletterte sie zusammen mit Simon. Er hatte immer einen nackten Oberkörper. Roch nach Heu und süßem Schweiß. Harz... Nie nach Haarwasser oder Deospray.
Anfangs war es schwierig für sie, von dem einen zum anderen zu wechseln. Aber allmählich ging es immer besser.
Die Zärtlichkeit hatten beide gemeinsam. Die Wärme. Die nackte Männerhaut.
Zuletzt fuhren sie zusammen in dem gelben Lastwagen fort. Und das Zimmer gehörte nur noch ihr. Sie konnte tun und lassen, was sie wollte. Lernen. Denken. Schreiben.
Sie hatte wieder angefangen, in ein Heft zu schreiben. In genau so eines, wie es Tora vor dem Brand auf dem Speicher in Simons Betrieb gehabt hatte. Sie schrieb keine Geschichten, zunächst. Nur Bruchstücke von Sätzen. Gefühle. Kurz. Unvollständig. Als ob sie sich an den Worten verbrannte, wenn sie sie niederschrieb.
Ein paarmal glaubte sie, in Bekkejordet zu sein. Aber sie ermahnte sich, daß sie jetzt dort nicht sein durfte. Sie mußte hier lernen. Sie war lange genug bei ihren Schafen gewesen. Die zogen sie nur ins Meer hinunter. Es war ebensogut, wenn sie etwas fand, worin sie schwimmen konnte.
Sie hatte Sehnsucht. Die war die ganze Zeit da. Die Sehnsucht nach einem Himmel mit Haut. Sie schrieb darüber in ihrem Heft.
An Henrik dachte sie selten. Er hatte ja eine solche Angst bekommen, als sie sich losriß und ertrinken ließ. Er bekam regelrechte Dunkelangst, wenn er den Mut anderer Leute sah.

Jetzt war er nur Henrik mit dem rauhen Weinen, den dunklen Bartstoppeln und der abgetragenen Windjacke.
Ingrid schrieb, daß er feste Arbeit auf einem Frachtschiff habe, das »Varg« heiße, und daß es ein Segen sei.
Sie zog die Kleider aus dem Schrank von Bekkejordet an und machte einen langen Hals in dem Schal. Ihr Kopf erhob sich wie ein hochaufragender Gipfel über den Körper. Ein neuer Stolz wohnte in ihr, den sie ab und zu vergaß. Ja, natürlich. Aber in der Schule, in den Pausen, erinnerte sie sich daran. Besonders erinnerte sie sich daran, wenn sie unten bei Bergs war.

Die Lehrer wurden aufmerksam auf das Mädchen von der Insel. Sie war mitteilsamer geworden. Diskutierte in den Stunden. Hatte eine eigene Meinung und eine überhebliche und freundliche Art, die Dinge anzupacken. Sie hatte sich wirklich verändert. War reifer geworden. Sie sprachen im Lehrerzimmer darüber. Die Jugendlichen von den Inseln hatten gewöhnlich nicht soviel Selbstvertrauen, hieß es. Sie hatten genug damit zu tun, sich zurechtzufinden. Dieses Mädchen hier war anders, dafür, daß sie so jung war. Wenn es nur nicht ausartete, so daß sie eine von diesen Hochmütigen wurde, diesen Besserwissern, die glaubten, daß sie der Nabel der Welt seien, weil sie gut in der Schule waren.
Daß die Graugekleideten, Wollstrumpfbekleideten und Pfeiferauchenden es nicht lassen konnten, den Rotstift auch beim Menschen zu benutzen.
Das Mädchen von der Insel habe einfach Boden unter den Füßen bekommen, meinte der junge Jakobsen.
Die anderen, älteren waren nicht ganz einverstanden. Aber sie warfen ihm nur einen Blick zu oder zwei. Sie hatten nicht vergessen, wie das mit der Kampagne gegen das Vorlesen von *Doktor Schiwago* gegangen war und gegen den elenden Pasternak, der den Nobelpreis bekommen hatte und die Sowjets auf den Hals, so daß die Sache unangemessen respektiert wurde. Obendrein erschien er nicht mal, um den Preis entgegenzunehmen. Verzichtete!
Nein, sie widersprachen dem jungen Jakobsen nicht, auch wenn er sozusagen für nicht ganz voll zu nehmen war.
Als es wieder schellte, hatten sie die ganze Pause über das Mädchen von der Insel gesprochen. Das reichte.
In der nächsten Pause korrigierten sie entweder Hefte oder nahmen sich ernste Probleme vor, zum Beispiel, daß die Span-

nung in Berlin ihrem Höhepunkt zustrebte. Die Westmächte würden wohl die Stadt halten. Koste es, was es wolle! Die Wahl in West-Berlin war ein Sieg für die Freiheit. Die Gerechtigkeit. Die Wahrheit! Vernichtende Niederlage für den Kommunismus! Willy Brandt war als Bürgermeister wiedergewählt worden.
Das waren wichtige Neuigkeiten.
Und sie nahmen die Aufsatzhefte und die abgewetzten Ledermappen und glitten auf knirschenden Sohlen hinaus in den Gang.
Die Korridore. Die grauen, zugigen Korridore. Mit hohen Fenstern auf der einen Seite und der Türreihe auf der anderen. Und alle die Füße. Latschende junge Füße. Widerwillige, dazu verurteilt, die richtige Tür zu finden. Sonst wurde nichts aus ihnen.
Darüber brütete eine graublaue Decke, die dadurch heruntergezogen worden war, daß der obere Teil der Wände dieselbe Farbe wie die Decke hatte. Irgendein Anstreicher hatte wohl von einem Malermeister gelernt, wie man eine Decke herunterzog, um es gemütlicher und intimer zu machen.
Und die Wände! Voller Wunden, Haß, Tritte und Striche. Man konnte gelegentlich einmal auf ein Gefängnis losgehen, ohne gesehen zu werden, wenn man nämlich aus der Klasse verwiesen wurde, weil man frech zu einem Lehrer gewesen war. Man konnte ein Taschenmesser benutzen, wenn man eins hatte. Lauernd in den Ecken stehen und in sechs Schichten Farbe und in die Mauer schneiden. Blindlings. Unsichtbar.
Später – wenn man vorbeikam – konnte man die Wunde von diesem und jenem Mal sehen. Man konnte sich erlauben, zu grinsen und die grauen Wände der Kommunalen Realschule Breiland zum Teufel zu wünschen. Davon träumen, daß man frei war. Es half nur nicht. Aufs ganze gesehen war es so, als ob man in den Stillen Ozean kotzte.
Und der Luftzug von den breiten doppelten Türen vergewaltigte sie vom ersten Augenblick an. Krümmte sie, schob ihre Köpfe zwischen die Schulterblätter, zog die Haut auf den Gesichtern und auf den Händen zusammen und machte sie bläulich wie die Kerzen auf dem Friedhof am Weihnachtsabend.
Und mitten in der Kälte wurde das eine oder andere Feuer aus Gelächter und Hohn gegen die grauen Wächter entzündet, die Kontrolleure, die Spitznasigen, die Rotstifte – die in den Pausen warm und sicher im Lehrerzimmer sitzen konnten und

rauchen. Aber unter den Pullovern, die süß und bitter nach nervösem Schweiß rochen, hämmerten junge Herzen taktfest und unsichtbar. Poch, poch, poch! Wie trotzige Maschinen.

Das Mädchen von der Insel stand nie in den Korridoren, ohne daß Pause war. Die hohe, kalte Decke war eine kühle Schale für sie. Einzig wichtig war nur, die richtige Tür zu finden, die richtige Regel, das richtige Wort, das richtige Buch, die richtige Lösung.

Sie kannte den Haß nicht, der in den Narben auf den Mauern lag. Sie hatte genug mit sich zu tun.

Während die anderen wie Gefangene herumliefen, richtete sie sich auf und fühlte sich sicher. Je mehr sie sah, wie verschüchtert die meisten waren, welche Angst sie vor dem Klang ihres Namens hatten, dem Anblick ihrer Schrift, dem Klang ihrer Stimme, wenn sie Regeln oder Gedichte oder Lehrsätze wiedergeben sollten – desto sicherer wurde sie.

Es kam vor, daß sie die Lehrer etwas fragte, was nicht in den Büchern stand. Wozu die Lehrer mehr Wissen und Kenntnisse haben mußten als nur das, was vom einen Tag zum anderen in den Schulbüchern stand. Sie saß mit unbeweglichem, blassem Gesicht und Augen von blaugrüner Emaille da, während die Lehrer die Lippen befeuchteten, nachdachten, sich geschlagen gaben oder versuchten zu bluffen.

Blufften sie, hatte sie sich oft auf weitere Fragen vorbereitet, deren Beantwortung noch mehr Wissen erforderte. An diesem Spiel hatte sie große Freude. Aber sie paßte auf, daß sie nicht übertrieb. Akzeptierte eine Antwort, auch wenn sie wußte, daß sie falsch war.

Innerlich lachte sie. Rakel lachte mit erhobenem Haupt und schmalen, blitzenden Augen. Lautlos und ohne eine einzige Falte im Gesicht. Rakel legte die Hände ruhig in den Schoß oder spielte mit ihren Haaren. Hatte einen kleinen rosa Mund, der sich halb öffnete, als ob er den Ohren helfen würde, das Wissen in den Kopf hineinzubekommen.

Ihr Kopf war ein Lagerraum. Sie hatte gründlich da oben aufgeräumt. Herausgeworfen. Leere Schränke und Schubladen für alles bekommen, was da hineingelegt, gelagert, gebraucht, aufgebaut werden mußte. Es konnte passieren, daß sie vergaß, wer sie war. Aber in der Schule war sie Rakels Körper in Rakels Kleidern mit Rakels sicherem Wissen, wer sie war.

Der Körper bewegte sich den Kleidern entsprechend, die sie anhatte. Das Schulmädchen in Jeans und weitem Pullover peinigte sie. Es kam etwas unter die Haut, was sie nicht mochte. Sie hatte dann das Gefühl, daß sie schlecht roch. Nach Schweiß und enger Bude. Die Kleider von Bekkejordet brachten ihren Körper triumphierend zur Geltung. Sie hatten ihren eigenen Geruch. Auch nachdem sie sich gewaschen hatte. Duft von Frühling, Lavendel und Parfüm. Backwerk. Fremd – trotzdem: sie!

Meistens ging sie mit diesen Kleidern. Sie wurde von den anderen Mädchen zurechtgewiesen: daß sie viel zu elegant sei, zu damenhaft.

Da flog mit einer weit ausholenden Bewegung das rote Haar nach hinten. Und die Antwort kam nicht aus ihrem Mund, sie lag nur in dem Blick, den sie ihnen zuwarf.

Gelegentlich war sie mit den Mädchen aus ihrer Klasse zusammen. Ging mit Anne ins Café. Es gab ihr nicht viel. Sie merkte, daß die anderen sie auf eine seltsame, sorglose Weise langweilten. Wie die kleinen Geschwister von Sol. Eine lärmende, rotznasige Bande. Purzelten übereinander wie kleine Kartoffeln in einem Eimer an einem Regentag im Oktober.

Sie hörte ihnen eine Weile zu, ohne direkt am Gespräch teilzunehmen, dann zog sie sich aus dem Lichtkreis ihres Cafétisches zurück und tanzte in ihre eigene Welt hinein.

Die Gerüche waren anders, das Licht war weicher, die Geschehnisse spannend. Als ob sie von Raum zu Raum ginge in einem großen Haus, in einem Schloß, einem Wald – wo sie noch nie gewesen war. Und die ganze Zeit fühlte sie die kribbelnde, zarte Freude – als ob sie in großer Höhe auf einem straffen Seil balancierte oder zu weit hinausschwämme, so daß sie nicht sicher sein konnte, wieder an Land zu kommen.

Im Unterschied zu früher spannte sie jetzt selbst das Seil, ging selbst aus und ein in den dunklen Räumen mit den Kronleuchtern, die nicht ordentlich an der Decke befestigt waren. Sie konnten jederzeit herunterfallen und sie erschlagen. Sie hörte den spröden Ton, wenn die Prismen aneinandergerieten und das Licht kurz und klein schlugen, so daß keiner es mehr festhalten konnte. Aber sie war nicht mehr darin verloren. Hatte keine Angst mehr, daß es passieren würde.

Sie beherrschte es.

Sie spürte die Wärme der Bettwäsche, die Wärme des Flickenteppichs hinten beim Waschbecken, wenn sie nackt dort stand

und sich wusch. Der Radiator unter dem Fenster sandte seine wohlige Wärme in den Unterleib und die Füße, wenn sie am Schreibtisch saß und lernte.
Abends kuschelte sich die strahlende Wärme der Fensterscheibe an sie wie die Katze in Bekkejordet. Schmiegte sich so dicht an, als ob sie ein glänzendes schwarzes Fell hätte.
Sie beherrschte die Wärme.

Die Bücher mußte sie Rakel manchmal mit Gewalt eintrichtern. Aber es ging allmählich besser. Was Rakel an Romanen und Erzählungen nicht lesen wollte, holte sie mit Lernen auf. Dem fügte sie sich.
Die Schulbücher waren das Wichtigste. Deswegen war sie ja in Breiland, weit fort von Simon und den Schafen.
Sie wachte nachts auf und spürte seine breite Brust an ihrem Gesicht. Spürte den schönen Druck von Lust und Freude gegen den Unterleib. Roch seine Haare und seine Haut.
Wenn Jon abends da war, bekam sie ihn immer beizeiten aus dem Zimmer. In dem Augenblick, in dem das Licht ausgemacht wurde und Simon erschien, war Jon auf dem Weg nach draußen. Auf diese Weise trieb sie ihr Doppelspiel. Wollte sich das nicht versagen. Mit Jon konnte man gut über viele Dinge reden. Er hatte Filme gesehen und kannte die Lehrer. Er wollte das Abitur machen.
Sie paßte genau auf, daß sie den einen auf der Innenseite der Mauer hatte und den anderen vor der Mauer. Wie sie auch genau aufpaßte, daß sie sich nach einem bestimmten Verhaltensmuster anzog, wenn sie mit den Mädchen nach der Turnstunde zusammen in der Dusche war. Streckte den Körper und glitt frei und geschmeidig in die Kleider. Zeigte ihren neuen Körper mit Stolz, weil er ihr gehörte.

Jon brauchte alle seine Spargroschen für Hygieneartikel. Er sättigte sich wie ein hungriger Hund, der lange in der Kälte gewesen und nun endlich an einen Freßnapf gekommen war.
Nach dem ersten Mal wurde alles zu einem Sog, einem Bedürfnis, einer Art Trost.
Es war Simon, an den sie sich lehnte, wenn sie die Treppen hinaufgingen, er war es, der sie auszog und ihr mit lautlosen Bewegungen bei der Bettcouch half. Er streichelte ihre Brüste und den Bauch und schnappte mit eifrigen Bissen nach den Brustwarzen. Er spielte mit ihr. Langsam, genießend, als ob er

Samt berühre. Er seufzte, wenn er in sie eindrang und seine Bewegungen machte. Sie lag da und empfing. Kannte den Rhythmus, so daß sie genau ausrechnen konnte, wann er kam, und schwer und ruhig wurde.
Einmal entglitt ihr alles. Sie war in der Koppel, und die Farne waren grün und giftig und zogen sie herunter. Sie fühlte wieder den Stoß. Den Schmerz. Die Angst. Die Demütigung. War wieder Tora, wälzte sich mit wilden Augen herum und warf ihn ab. Denn sie kannte ihn nicht.
Es war kurz davor gewesen. Der junge Mann auf der Bettkante beugte seinen weichen Nacken und weinte. Vor Schmerz, weil es ihn fast sprengte. Aus Enttäuschung, weil er ohne jeden Grund abgewiesen worden war. Er verstand nicht, was in so einem verrückten Mädchenkopf vor sich ging.
Da begriff sie, welche Macht sie hatte. Sie tadelte sich selbst. Schlüpfte wieder in Rakels Körper und umarmte ihn.
Es dauerte lange, bis er konnte, aber als er endlich wieder in sie eindrang, strich sie ihm über den Kopf und ließ ihn die Schuld auf sich nehmen für das, was geschehen war. Als ob sie sagen wollte: Schau her. Ich tröste dich ja.
Nichts rührte sie mehr an diesem Abend.
Außer einer Sache.
Sie beherrschte einen Menschen – vollständig.

31

Eines Tages geschah es doch! Daß der Kronleuchter in einem der Räume, in denen sie sich befand, von der Decke fiel. Es klirrte ohrenbetäubend von zerbrochenem Glas und gesprengtem Licht.
Denn als sie in das Geschäft kam, stand Henrik an der Theke und bezahlte ein Päckchen Tabak!
Er sah es ihr wahrscheinlich an, daß sie wußte, daß er sie hätte ins Boot ziehen können, wenn er wirklich gewollt hätte... Er verriet es mit einem blitzschnellen Blick. Sofort schlug er die Fensterläden zu, setzte die Mütze auf und war fort.
Dann lag sein Frachtschiff wohl hier.
Sie ging direkt in ihr Zimmer und holte Rakels blauen Mantel aus dem Schrank. Zog die kleinen, hochhackigen Stiefeletten an.

Dann ging sie hinunter zum Kai. Fand das Frachtschiff »Varg« und ging ein wenig vor den Bullaugen auf und ab.
Schließlich kam er an Deck. Er schüttelte sich wie ein Hund, schob den Kopf zwischen die Schultern und taumelte in den Aufbau.
Sie blieb noch eine Weile stehen. Bis sie sein Gesicht wie eine graue Angstmaske in einer der runden Luken sah. Er duckte sich schnell weg, als ob ihm jemand mit einem Stock auf den Kopf geschlagen hätte.
Da schwang sie sich langsam herum, so daß der Mantel wie ein Segel um sie stand. Warf das krause rote Haar zurück und schritt über die Kaiplanken. Sie sah das verzerrte, erschreckte Gesicht des Mannes nicht. Aber sie wußte, welchen Anblick er bot.
Sie kam auf die Idee, hinauf ins Hafenbüro zu gehen und nach der Route des Frachtschiffes »Varg« zu fragen. Dann könnte sie in dem blauen Mantel an der Küste entlangreisen und in jedem Hafen ein paar Minuten vor dem Bullauge auf und ab spazieren, bis er sie sah.
Das Lachen machte sich in ihrer Kehle bereit wie ein Schwarm Zugvögel vor dem Flug in den Süden.
Aber es würde zu teuer. Und sie müßte auch die Schule versäumen. Trotzdem: Der Gedanke war wie ein angewärmter Wollsocken am Fuß.

Sie war so sehr in ihrem Triumph befangen, daß sie zunächst das Atmen und Knirschen auf dem Schnee hinter sich nicht hörte. Nicht, bis sich sein Schatten unter der Lampe des Lagerschuppens auf sie legte. Er war schrecklich groß. Sie blieb wie angenagelt auf der festgetretenen Böschung stehen. Der rechte Fuß schlitterte ein bißchen, ehe er Halt fand.
Dann spürte sie seine Hand auf der Schulter. Sie wappnete sich und wollte sich umdrehen. Aber die Bewegung taugte nicht viel.
»Was willste von mir?« fragte es heiser über ihrem Kopf.
Er machte ein paar lange Schritte und stand vor ihr auf der Straße.
Da sah sie ihn an. Wußte nicht genau, was sie erwartet hatte. Sie hatte sich in einen gewaltigen Haß gesteigert, Toras wegen. Aber jetzt hatte sie das Gefühl, als ob sie versucht hätte, einen Stein auf eine Krähe in mehreren Kilometern Entfernung zu werfen.

Er war nüchtern und sah erbärmlich aus. Die Windjacke stand vorne auf.
»Was willste von mir?« wiederholte er und wollte sie wieder an der Schulter fassen.
Sie scheuchte seine Hand weg. Wunderte sich, daß sie keine Angst vor seiner Rache hatte.
»Wollte nur mal kurz aufm Kai vorbeischaun«, sagte sie.
»Ich dachte, du wolltest mit mir reden, daß du Geld brauchst. Ich war so perplex, als ich dich in der Rakel ihren Kleidern gesehn hab', daß ich nicht dran gedacht hab'.«
»Ob ich Geld brauch'?«
Sie hätte lachen können. Die Worte waren zu unglaublich aus diesem Mund.
»Ja... Ich weiß nicht, wie ich's sagen soll, aber... ich verdien' jetzt gut, und wenn du's nicht verschmähst... Die Rakel hat was verlauten lassen, daß du's nicht so leicht gehabt hast... Hat's gesagt, bevor... Ich kann dir 'nen Gefallen tun, wo die Gelegenheit grad da ist.«
Er stotterte seinen Wortschwall weiter.
Sie war ganz in ihrem jetzigen Leben.
Aber sie besann sich und wartete. Wartete darauf, daß er das Motiv für seine guten Taten verriet. Denn es war wie in Elisifs Geschichten, in denen sie von Leuten erzählte, die einfach das Knie vor dem Herren beugten und bekehrt waren.
Dann fiel ihr ein, daß der Mann sich natürlich verschieden gegenüber Rakel und gegenüber Tora benahm. Er hatte immer eine Art unterwürfigen Respekt vor Rakel gehabt. Das hatten alle gemerkt, auch wenn er versucht hatte, es hinter seiner Angeberei zu verbergen.
Sie steckte die Hände in die Manteltaschen und musterte ihn höhnisch.
»Nein, ich komm' gut zurecht. Aber schick dein Geld der Ingrid. Sie braucht's!«
Dann ging sie los und wollte an ihm vorbei. Er hängte sich an. Trottete an ihrer Seite. Es war deutlich, daß er mit seinem Gespräch noch nicht zu Ende war.
»Ich hab' gehört, daß du... daß es dir miserabel gegangen ist, Tora.«
Die Stimme verschwand in dem Körper. Sie begriff von alledem nichts. Worauf wollte er hinaus?
»Ich mag nicht mehr mit dir reden«, sagte sie und wollte gehen.

Aber er war aufdringlich wie ein Insekt. Summend. Sie vermochte dem, was er sagte, nicht länger zu folgen. Er sprach davon, daß er etwas nicht ungeschehen machen könne. Daß er alles zusammen nicht schaffe. Daß er von Ingrid fortgegangen sei, von der Insel, um herauszufinden, ob er das Untier sei, zu dem ihn Rakel verdammt habe.

Stimmen nahmen von ihrem Kopf Besitz. Sie redeten durcheinander. Hielten sie raus. Trotzdem gelangten Bruchstücke von der stottrigen Verteidigungsrede des Mannes bis zu ihr wie ein Stück Text in einer fremden Sprache mit vielen Wörtern, deren Bedeutung sie nie gelernt hatte.

»Weißte nicht, wer ich bin?« schrie sie ihn an.

Da wurde es endlich ruhig.

Der Wind mühte sich mit dem losen Wellblech ab, das auf dem Dach eines Lagerhauses in der Nähe lag. Es blitzte festlich, wenn es mehrere Zentimeter hochgehoben wurde und dem Himmel zuwinkte. Der Mond flackerte mit Silberpapier über den Fjord.

»Die Rakel hat mir erzählt... Ich weiß, daß es nicht geht, dich zu bitten, daß du mir verzeihst«, sagte er heiser.

Sie starrte.

Die Katze am Bretterzaun zeigte die Krallen, sträubte die Schnurrhaare, und die Augen blitzten. Sie streckte sich im Sprung.

»Nein«, zischte sie ihn an.

Dann rannte sie über die vereiste Straße.

Die Gestalt in der Windjacke hatte lange, blutige Schrammen bekommen, an einer Stelle, die niemand sah. Er verband den Schaden, wie er das zu tun pflegte. In einer Gaststätte.

32

Der Winter mußte mit planmäßiger List und harter Arbeit bewältigt werden. Das war die einzige Möglichkeit für den Polarmenschen, sich am Leben zu erhalten. Rituale mit Licht und Bewegung. Ein jeder hatte den schweren Rhythmus unter der Haut, wer er auch war: dick vermummt. Kleinliche Jagd nach einem gemütlichen Ort. Augen wie Motten, gegen das Licht.

Die Gedanken lagen in Schichten wie Schneewälle und waren

ein Hindernis. Ab und zu mußte ein Schneepflug herbei. Der bahnte sich einen Weg und schuf freien Durchgang. Aber gleich daneben waren die Schneewälle, hoch wie Häuser, die einen daran hinderten, hinaus auf die geräumten Straßen zu kommen.
Die Krähen in Breiland hatten es nicht gut. Sie saßen oben auf den Dachfirsten und Schornsteinen und wärmten sich. Hatten ein Gespür für Fenstersimse mit undichten Ecken, die die Wärme herausließen. An verhangenen Nachmittagen konnte sie sie in den schwarzen Zweigen bei der Müllhalde sehen. Sie schaukelten vor und zurück, als ob die Gicht sie plagte und bekümmerte oder als ob sie fürchteten, an den Ästen festzufrieren.
Aber sie warteten. Warteten, daß die Wärme auflodern würde. Sie hatten gelernt, daß ein Mann, eingepackt in einen Arbeitsanzug und mit einer schmutzigen Schiffermütze auf dem Kopf, kam und den Abfall verbrannte, den man nicht fressen konnte. Den ganzen Tag hatten sie dazu benutzt, die Krähen, sich um Kartoffelschalen und schimmelige Brotkanten zu schlagen.
Sie wußten, daß dann die Flammen kamen. Die sie wärmten. Die die Baumkronen mit schwarzen steifen Fingern zum Himmel greifen ließen.
Indessen krallten die Krähen sich fest. Wie rußige Opferpriester hielten sie ihre Messe. Ab und zu ließen sie ihr Geschrei über verkohlte Pappkartons, amputierte Stuhlbeine und sohlenlose Schuhe los. Blechbüchsen, die den Optimismus nie ablegen konnten, sondern grelle Reklame für Vesterålens Fischklopse machten, vergewaltigt von Büchsenöffnern und geleert von gierigen Händen.
Und die Krähen setzten sich so dicht an die Flammen des Müllmanns, wie sie es verantworten konnten, und riefen ihr rauhes: Pfui!

Es lagen auch alte, nasse, verkohlte Zeitungen auf dem Müllplatz. Die Worte waren gefährlich, selbst wenn sie anscheinend vergessen waren. Denn sie lagen sogar in den Schneewällen, die die Schneepflüge an den Straßenrändern zusammengeschoben hatten, in den Köpfen der Leute.
Wenn sie es am wenigsten erwartete, würde man es ausgraben und sie verurteilen. Sie ergreifen!
Sie fühlte sich sonderbar hingezogen zu dem Müllplatz.

Konnte die Geröllhalde von dort bewachen. Wußte, daß sie um so besser vorbereitet sein würde, je öfter sie den Weg in der Winterdunkelheit ginge.
Denn tief innerlich hatte sie eine Heidenangst, in eine Situation zu geraten, in der sie vergaß, wer sie war.
Sie empfand den Geruch von verbranntem Abfall wie eine Warnung. Die hohe senkrechte Wand, wo der Schneepflug gedreht hatte, hinderte sie, zu der Geröllhalde hinaufzusteigen. Wo das Vogeljunge unter Schneekristallen und Schichten von Harsch und Steinen und Moos lag.
Der Holzlöffel, der noch bei Frau Karlsen war, hatte gegraben und gegraben. Dort.
Und sie kehrte um und ging zu den Lichtern, ohne sich umzusehen. Die Häuser riefen sie. *Baten sie.* Mit gelben traurigen Augen: Komm zurück!
Es war kein Zufall, daß sie zurückging. Es war ihre eigene Entscheidung. Man hatte das Recht, eine Entscheidung zu treffen. Der Stärkste konnte das. Es war wichtig, der Stärkste zu sein.
Sie war stärker als Henrik.
Sie machte ihm Dunkelangst.
Sie ging über bereifte Müllhalden, zwischen Ratten und Mäusen.
Sie war stärker als Jon. Konnte ihn aus ihrem Kopf werfen, aus ihrem Körper. Konnte ihn einschüchtern durch ihr bloßes Dasein.
Sie war stärker als die Lehrer. Zuinnerst wußte sie, daß sie klüger war.
Natürlich mußte man gerecht sein und nicht mehr nehmen, als einem zustand. Aber wenn es sich nun so verhielt, daß ihr sehr viel zustand? Ja, dann konnte sie es nehmen. Bevor ein anderer es nahm. Die Leute standen ja Schlange genau davor: zu nehmen!
Wenn sie hinauf in ihr Zimmer kam, nachdem sie die eisige Tour zum Müllplatz gemacht hatte, wo der Winterweg so vollständig zu Ende war, betrachtete sie sich immer im Spiegel. Ein kleines, hartes Gesicht mit verfrorenen Zügen. Die Nase war weiß in dem Ganzen. Die Augen waren rauchschwarze Höhlen.
Und sie erinnerte sich, daß sie sich selbst gesehen hatte in der Scheune in Bekkejordet. Auf der Plane. Genau so. Sie grüßte ihr altes Ich. Sah es so lange an, bis es sie nicht mehr erschreckte.

Dann setzte sie sich an den Tisch, um zu lernen. Spreizte die Beine und wärmte sich auf durch den Radiator. Spürte, wie das Blut ganz langsam und ruhig durch die Adern floß.
Nach einer halben Stunde betrachtete sie sich wieder im Spiegel. Die Augen leuchteten blaugrau und waren klar. Lebendig! Das Gesicht rotbackig und jung.
Das hatte sie selbst gemacht.

Manchmal nahm sie das spezielle Heft aus der Schublade. Sie konnte es frei unter die Lampe auf den Tisch legen. Brauchte nicht an einem bitteren Kopierstift zu lecken, bevor sie etwas schrieb, wie in alten Tagen auf dem Speicher. Sie benutzte jetzt einen Füller.
Sie schrieb eine lange Geschichte von einem Mädchen, das einen Mann an der Küste entlang verfolgte und ihn erschreckte, indem sie ihn an eine erinnerte, die er getötet hatte.
Sie sah wohl, daß es dem glich, was sie selbst am Kai erlebt hatte, als sie bei Henrik auftauchte. Trotzdem war es ganz anders.
Hin und wieder las sie das Geschriebene durch, verbesserte es sprachlich und wechselte ein Wort durch ein anderes, besseres aus.
Und die ganze Zeit mahlte es in ihrem Kopf: Er hat losgelassen! Ja, ich war doch dabei. Es ist nicht wahr, daß er loslassen *mußte*. Er hat losgelassen, weil er loslassen wollte.

Die vielen Menschen, die ständig durch sie hindurchgingen! Sie juckten wie Ekzeme. Wie Ameisen. Sie wollte sich schütteln, um sich ihrer zu entledigen. Aber sie schaffte es nicht. Sie waren aus einer anderen Zeit, auch wenn sie an ihr vorbeigingen, auf der Straße, im Schulhof, in der Bibliothek. Sie bekam solche Lust, sie zu erschlagen, sie aus dem Weg zu räumen, auf dem Müllplatz zu begraben. Es quälte sie, daß sie da waren, sich bewegten, redeten.
Es gab Tage, da war ein so großer Lärm in ihrem Kopf, daß sie das Geräusch nicht ertrug, wenn die Lehrer das Klassenbuch zuklappten. Oder wenn die spitzen Lehrerinnenstimmen wie weißer Frostrauch über die Bankreihen trieben und zu Boshaftigkeit in ihrem Kopf wurden.
Es war, als ob die Menschen sie daran hinderten, etwas wieder hervorzuholen, woran sie sich erinnern wollte.
An anderen Tagen quälten die Menschen von der Insel sie.

Obwohl sie in Breiland war. Sie kamen mit viel Krach und Spektakel in ihren Kopf. Sie waren vulgär und anstrengend und wollten immerzu Geschichten erzählen, die sie schon von früher kannte.
Sie waren rotznasig, fluchten, rochen nach Fisch und lachten lauthals. Sie konnte es nicht ändern, daß sie eine gewisse Verachtung für ihren Rummel empfand. Sie wußten nicht, wer sie waren. Sie verstanden keinen Nutzen daraus zu ziehen, daß sie eine Ecke in demselben Menschen waren wie sie. Sie trieben sich herum zwischen Ottars Laden, dem Bethaus, der Fischfabrik, dem Tausendheim, Vaeret, den Fischereibetrieben. Total verschroben und gedankenlos.
Und sie störten sie. Ihre Blicke. Die alten höhnischen Worte. Die Mißgunst. Sie war sich klar darüber, daß sie das alles längst in den Schneewällen versteckt hatte. Zu beiden Seiten der geraden weißen Straße, auf der sie ging. Einmal mußte sie es ausgraben und anzünden.
Sol! Sol mußte geschont werden. Sol wußte, wer sie war.
Sie ertappte sich dabei, daß sie sich nach Sol sehnte. Nach ihrem großen Busen, der aus dem Badeanzug herausquoll. Nach ihrer furchtlosen, unbekümmerten Stimme: »Er benutzt immer einen Gummi...« Oder: »Er ist nett...«
Jetzt verstand sie Sols Art, ihre Idee: zu herrschen. Sich nie überrumpeln zu lassen. Diejenige zu sein, die bestimmte.
Simon war ausgenommen. Er würde auf der Insel warten, bis sie fertig war mit dem, was sie tun mußte. Er würde auf ihre Schafe aufpassen. Würde in dem gelben Lastwagen in seinen Betrieb fahren. Und wenn sie seinen großen Körper brauchte, weil die anderen sie langweilten oder nicht verstanden, wer sie war – dann würde er sie umarmen. Sie hatte ihn gewählt. Er mußte geschont werden.
Ingrid? Sie mit ihren Fischfrikadellen. Was machte sie jetzt, wo sie keinen hatte, an den sie ihren Lohn verplempern konnte. Sie mußte wohl geschont werden – sie auch.
Einmal würde sie eine Geschichte in ihr Heft schreiben von einer Frau, die nicht wußte, wofür sie lebte, nachdem der Mann, der sie immer nur schikaniert hatte, verschwunden war. Sie mußte ihn wohl nach Amerika fahren lassen. Den Einfall mit dem Frachtschiff hatte sie bereits aufgebraucht.
Irgendwo in dem Schneewall lag ein kleiner Gedanke, der wie ein lästiger, vergessener Fausthandschuh auftauchte, der keinem gehörte: War es so, daß Ingrid keine Gedanken hatte?

Die Sorge mit dem Kreditbuch auf Ottars Ladentisch, dem Buch mit einem Muster wie schäbiger Marmor auf dem holzbrettdicken Einband, *die* beschäftigte Ingrid.
Als sie das letztemal zu Hause war, hatte sie Ingrid nicht einmal gefragt, wie es mit den Zahlen in Ottars Buch stand.
Konnte Ingrids Zahlen nicht bis ins unendliche auf sich nehmen. Trotzdem bekam sie Ingrid nicht ganz in den festgebackenen Schneewall hinein. Es stak immer etwas heraus. Dünne, rotgefrorene Hände, die im Keller, tief unten im Tausendheim, Wäsche in dem Eiswasser ausspülten. Das dichte schwarze Haar. Irgendein gewelltes Haarbüschel lag vereist am Rande des Schnees. Ab und zu ein hilfloser Seifengeruch, gemischt mit dem Dunst aus der Fischfabrik. Gemischt mit dicken Tränen – wie grobe Salzkörner aus der Papiertüte auf dem Küchenschrank. In der Tüte waren immer Löcher, aus denen ein paar Salzkörner rannen, die auf den Küchenboden fielen und aufgefegt werden mußten.
Hie und da hingen Gesichter am Rande des Schneewalls. Wie vergessene Masken. Ingrids weiße Haut ging über in die Gesichtszüge anderer Leute.
An solchen Tagen dröhnte und arbeitete es in ihrem Kopf wie ein ganzer Putztag. Stimmen! Es wurde feucht und klamm von Dampf und altem Schmutz. Vielleicht mußte sie Schrubber und Messer dazu nehmen.
Ein paarmal arbeiteten die Gedanken sich durch zu dem tauben Frits, der nicht sprechen konnte, und zu Randi, seiner Mutter, die eine prächtige Farbenwelt auf einer Maschine strickte. Sie wußte nicht, was aus ihnen und ihren Bücherregalen geworden war. Konnte sich nicht von ihnen aufhalten lassen. Sie mußte sie daran hindern, daß sie mit dem Bettüberwurf, den Randi ihr einmal geschenkt hatte, aus dem Schneewall herauskamen. Die rotflammenden Flicken aus Wollgarn könnten sie vergessen lassen, wer sie war.

33

Sie hatte nachgegeben und war mitgegangen, um Jons Familie kennenzulernen.
Jons Vater verkaufte Holz. Besaß unten am Kai einen großen Lagerschuppen, der so aussah, als ob zehnmal angebaut wor-

den wäre, ohne daß man sich richtig überlegt hatte, wie der Ausbau erfolgen sollte. So war ein graues Krähenschloß daraus geworden. Bretter und Stangen quollen zu den Fenstern und offenen Türen heraus. Es ähnelte ein wenig Simons altem Betrieb. Jons Vater roch nach Holz und Sägespänen. Ein eigenartiger frischer Teergeruch lag bereits auf der Treppe zu dem großen Haus, das Jons Heim war. Altmodische, schmiedeeiserne Lampen streuten ein bleiches Licht über den Schnee und die mutlosen Rosenbüsche.

Jons Vater hatte ein weißes Nylonhemd an, das nicht ganz weiß war. Die Hosenträger hingen von den Knöpfen herunter und baumelten vor den Schenkeln. Er war gerade dabei, sich vor dem Spiegel im Flur den Schlips zu binden, als sie kamen.

Jon war sichtlich verlegen, daß sein Vater da stand und noch nicht fertig war. Aber er sagte nichts. Er war mit einem Tadel zu Hause sicher nicht so schnell bei der Hand wie im Freundeskreis.

Jons Vater war nicht im geringsten verlegen. Er machte mit dem kurzen, umfangreichen Oberkörper eine kleine Verbeugung und gab ihr die Hand. Sie konnte gut sehen, daß hinter seiner Clownsmaske eine Menge Lachen lag.

Er hatte dünnes, angegrautes Haar, das er nicht versucht hatte über den kahlen Scheitel zu kämmen. Er war frisch rasiert und roch nach Rasierseife – und frisch gesägten Kiefernstämmen.

Jon glich seinem Vater überhaupt nicht.

Aber die Mutter war groß und dunkel, die Haare an den Schläfen waren streng zurückgekämmt und hatten bereits silbergraue Strähnen. Das Gesicht war schmal mit einer scharf geschnittenen Nase und einem großen Kinn. Die Augen blickten forschend. Dem schlanken Körper mit seinen ruhigen Bewegungen, den Händen, die sie freundlich um die Schultern faßten, war nicht recht zu trauen. Und trotzdem: Jon glich ihr. Äußerlich.

Das Haus war eine seltsame Mischung von Jons Eltern. Der Flur, das Eßzimmer und die Küche befanden sich in schönster Ordnung. In diesen Räumen war ganz offensichtlich die Mutter zu Hause.

Aber das Wohnzimmer erinnerte an einen Bombenangriff. Das große Bücherregal quoll über von Büchern, Zeitschriften, Zeitungen. Auf einem großen, altmodischen Schreibtisch unter einem der hohen Fenster lagen Papiere, Protokolle und

Formulare in allen Ausführungen herum. Sie begriff, daß das eine Art häusliches Büro war. Auf der fleckigen Schreibunterlage stand ein randvoller Aschenbecher.
Die Möbel sahen aus, als ob jemand fortwährend Kabeljau, Leber und Rogen darauf verzehrt hätte. In dem Zimmer war eine undefinierbare Atmosphäre von Streit und brodelnder Aktivität, Tabak und nasser Wolle.
Tove und Erik kamen lärmend aus der Kälte herein und hatten noch ihre Jacken und Schuhe an. Rotbackig und schwatzend und ebenso blond, wie Jon dunkel war. Sie waren Vaters Kinder und hängten sich wie Kletten an ihn. Sie nahmen sich gegenseitig das Wort aus dem Mund, als ob sie wüßten, was der andere hatte sagen wollen, und warfen einander entrüstete Blicke zu.
Sie merkte, daß es ihr zuviel wurde. Jetzt verstand sie Jon. Seinen Drang, einen Menschen zu haben, mit dem er reden konnte, wie er sagte.
Sie beneidete ihn nicht. Es ging ihr auf, daß sie das früher vielleicht anders gesehen hätte. Sich von den Bücherregalen und dem Klavier hätte beeindrucken lassen. Von einem Vater, der dasaß und rauchte und über alle möglichen Dinge sprach.
Die dunkeläugige Mutter würde sie sicher erschreckt haben mit ihrer Art, zu fragen, zu nicken, sich mit der Serviette den Mund abzuwischen.
Nun warf sie nur den Kopf zurück und lachte lautlos. Schickte kleine, schräge, forschende Blicke zurück zu der Frau ihr gegenüber am Tisch. Durchschaute ihre müde Gereiztheit über die gräßlichen Kinder, die nie warten konnten, bis sie an der Reihe waren, etwas zu sagen.
»Deckt den Tisch ab, Kinder!« kommandierte Jons Vater.
Sie hörten nicht auf ihn. Stritten sich nur heftig, wer dran war, nachts die Katze mit ins Bett zu nehmen.
Die Mutter erhob sich und gab beiden Kindern einen Knuff in den Rücken. Ohne ein Wort. Da standen sie auf wie kleine Ponys, denen man eins mit der Peitsche übergezogen hatte. Ergriffen Sauciere, Kartoffelschüssel und Teller mit Windeseile und viel Geklapper. Unsanft.
Jons Mutter ließ ein paar Worte darüber fallen, wie heftig es draußen regnete. Platsch, platsch. Immer mit der gleichen Stimme.
Als die Kinder fort waren, seufzte Jons Vater und wandte sich an den Gast: »Was machen deine Eltern?«

Die Frage kam ohne Vorwarnung. Sie hatte sich vor derartigen Fragen sicher gefühlt, solange es zu laut für das Frage-und-Antwort-Spiel war.
»Meine Mutter arbeitet in einer Frosterei. Mein Vater ist tot.«
Sie war erstaunt, wie einfach das ging. Sicher weil sie wußte, was die Leute glaubten, wer sie war.
»Ach so, Witwe...«, sagte er sinnend, bar jeden echten Mitgefühls.
Er stocherte in den Zähnen, weit hinten in den Backenzähnen – mit einem angespitzten Streichholz. Das Fleisch war faserig gewesen. Alter Ochse. Da konnte man noch so lange kochen. Er machte mit leiser, vorsichtiger Stimme eine Bemerkung über das Essen, während er zur Küchentür guckte.
»Sie hat wieder geheiratet – später«, fügte sie hinzu und sah den Mann gespannt an.
»Wieder geheiratet. Das ist vernünftig. Das ist vernünftig.«
Er nahm endlich den Unterarm aus dem Mund und schneuzte sich in die Serviette. Bemerkte Jons Blick und sagte entschuldigend: »Es ist nur eine Papierserviette. Man ist ja auch zu Hause.«
Sie spürte, daß sie lachen mußte. Als ob sie Brausepulver in die falsche Kehle bekommen hätte. Aber Jon hatte es nicht gut, so gelang es ihr, das Lachen zu unterdrücken.
»Was macht denn dieser, dieser Stiefvater von dir?«
»Er arbeitet auf einem Frachtschiff.«
»Ach so, ach so. Ist er der Eigentümer von dem Schiff?«
Da fing sie an zu lachen.
»Nein, ihm gehört überhaupt nichts.«
Die anderen starrten sie unsicher an. Der Vater blinzelte mehrmals mit beiden Augen.
»Nein, nicht jeder kann Unternehmer sein.«
Jon sah aus, als ob er wütend wäre. Aber er sagte nichts. Schielte nur böse zu seinem Vater.
Nachher verschwand der Vater, um ein Mittagsschläfchen zu halten, und die Kinder gingen ins Kino.
Jons Mutter war sichtlich erleichtert. Sie hantierte lange bei offener Tür in der Küche.
Alles glänzte dort, und es herrschte Ordnung. Wie in der Küche des Jugendhauses, wenn die Frauen nach dem letzten Fest geputzt und alles aufgeräumt hatten. Nichts blieb zurück, was an Menschen erinnerte.
Schließlich kam sie mit einer Schale Obst herein und setzte

sich mit einem Strickzeug hin, ohne ein Wort zu sagen. Als ob sie allein im Zimmer wäre.
Jons Familie war anders, als sie geglaubt hatte. Sie hatte Jons Mutter schon einmal auf dem Elternfest in der Schule gesehen, mit Wollkostüm und Hut.
Dies war eine Familie, wo keiner den anderen mochte und keiner viel Aufhebens davon machte, daß sie miteinander eingesperrt waren. Sie glaubte, daß nicht einmal die Kinder ihre Eltern gern hatten. Ihre Stimmen klangen wie ungeölte Kräne bei steifer Brise, voll unbekümmerter Herablassung, wenn sie mit dem Vater redeten, und voll widerwilliger Gefügigkeit, wenn sie mit der Mutter redeten.
Sie brauchte keine Angst zu haben, nicht zu genügen.
Sie lehnte sich in dem fleckigen Sessel zurück, blätterte geistesabwesend in einem Lexikon und langweilte sich.
So war es in der Kirche, wenn sie da saß und an etwas anderes dachte, während die Gebete und Gesänge sie wie eine Staubwolke umgaben und die Orgel brauste und ihre Gedanken wiederholte.

Als Jon sie in der Dunkelheit nach Hause begleitete und die Lichter aus allen Häusern sie mit ihren Vorhängen, ihren Topfpflanzen, ihren Lampen und ihrem Nippes überfielen, fühlte sie einen wilden Hunger, alle die zu entlarven, die hinter den glatten Scheiben wohnten. Sie nur in Unterkleidern auf die Straße zu zerren. Zuzusehen, wie sie einander schlugen, haßten und sich zankten. Wie sie zusammen eingeschlossen waren, ohne ein Wort zu sagen, das irgendeinen befreien könnte. Mit Vergnügen zu beobachten, daß sie dazu verurteilt waren, miteinander auszukommen, wie Hunde, die man an einen Torpfosten gebunden hat, den Freßnapf daneben.
Sie hatte etwas entdeckt. Daß nicht nur Tora zitternd in der Kälte gestanden hatte. Bei einigen waren nur noch die Eiszapfen zu sehen.
Das tat ihr gut.
Da war Ingrid wohl auch ein ganz gewöhnlicher Mensch?
Sie entschied, daß Ingrid weder schlechter noch besser war als viele andere.
Oben in ihrem Zimmer ließ sie Jon ihre kleinen Brüste herausholen. Aber sie konnte nicht mit ihm schlafen. Und kurz darauf hörte sie ihn mit dumpfen Schritten die Treppe hinuntergehen. Wie ein halb bewußtlos geschlagener Seehund, der sich

mit seinen Flossen am Strand vorwärts schob. Dump, dump. Aber es rührte sie nicht. Hatte nichts mit ihr zu tun. Er mußte sich daran gewöhnen, daß er nicht immer getröstet werden konnte, auch wenn er eine schreckliche Familie hatte.
Statt dessen holte sie die Bücher hervor und liebkoste die weißen Seiten mit den scharfen Rändern. Vergnügte sich damit, den anderen mit den Aufgaben voraus zu sein. Immer diejenige zu sein, die am meisten wußte.

34

Das Schneegestöber trieb langsam über den Veten und die Scharte. Bis herunter zu den Kais. Es roch nach salziger Gischt und dicken Tränen.
Sie stand an der Reling und schaute. Das Tausendheim draußen auf der Landzunge war nicht mehr weiß. Es hob sich deutlich von den schneebedeckten Wiesen und Feldern ab. Das Haus ragte als eine gräuliche Wand heraus. Mußte alle erschrecken, die es sahen. Der Dachschiefer war farblich eins mit den Wänden, und der Rauch stieg schwarz und widerlich aus den kaputten Schornsteinen auf.
Der Himmel dahinter war winterweiß und brüchig wie ein verwaschenes Bettuch, und das Schneegestöber stand wie ein Trichter über den alten Kais und den baufälligen Bootsschuppen. Die Männer schleppten in der Kälte, mit Fäusten gleich Riesenklauen, die Trossen auf ihren Platz.
Punkte bewegten sich auf den Straßen. Die Menschen waren Ameisen, die von Ottars Laden aus mit ihren alten Einkaufstaschen und Milchkannen die Hänge hinaufstiegen.
Sie konnte an die Menschen nicht in der gleichen Weise denken wie in Breiland. Sie kamen ihr jetzt näher.
Waren in ihr und um sie. Sie vermochte die Verachtung für das erbärmliche Leben dieser Menschen nicht heraufzubeschwören. Sie wußte zuviel von sich selbst. Und sie verstand, daß es hier auf der Insel schwieriger wurde, zu wissen, wer sie war. Sie würde nicht lange bleiben. Nur so lange, daß Ingrid am Weihnachtsabend nicht allein dasitzen mußte.
Ingrid hatte angerufen. Geschrieben. Gebettelt. Aber erst als der Brief kam, daß Henrik Weihnachten nicht zu Hause sein würde, entschloß sie sich, auf die Insel zu fahren.

Sie tat Ingrid den Gefallen. Aber sie fühlte sich müde von den vielen Gefälligkeiten, die sie ihr erwiesen hatte. Sie wollte frei davon sein. Da herauskommen. Man konnte nicht einen anderen die ganze Zeit auf dem Rücken tragen.
Keiner wußte, daß sie heute kam.

Mitten in dem Trubel sah sie Simons Rücken und Nacken vor sich, auch wenn er nicht am Kai war. Er stand ihr halbwegs zugewandt. Lächelte. Sein Arm lehnte gegen die Autotür. Der gelbe Lack gab dem Arm eine sonderbare Glut. Als ob er nicht von Fleisch und Blut wäre. Als ob er nicht dazugehörte.
Ingrid hatte am Telefon gesagt, daß Simon ein Schatten seiner selbst sei. Aber Simon konnte niemals ein Schatten sein. Er war Simon. Wenn er zu ihr nach Breiland kam, hatte er den linken Arm auf der Autotür und lächelte. Leicht vornübergebeugt, so daß die Stirnhaare ins Gesicht hingen und die Falten in den Wangen deutlich sichtbar wurden.
Einmal hatte sie Simons Stimme am Telefon gehört. Tief und weit entfernt. Freundlich, als ob sie nicht richtig wüßte, was sie sagte.
»Wie geht's dir, mein Mädchen?« hatte er gefragt.
Als ob er nicht wüßte, wie es ihr ging.
Und dann hatte er davon gesprochen, daß er alle Schafe schlachten wolle. Da hatte sie ihn gebeten, mit dem dummen Geschwätz aufzuhören. Man könne nicht alle Schafe deshalb schlachten, weil sie in Breiland zur Schule ginge. Er müsse doch Manns genug sein, um mit den Schafen fertig zu werden. Die Pflege, die sie brauchten, sei ja nicht der Rede wert. Sie kämen allein zurecht. Und jetzt habe er ja auch den neuen Fußboden in den Boxen gelegt und alles!
Es war so still am anderen Ende des Drahtes geworden, daß sie hatte fragen müssen, ob er noch da sei.
Er hatte sich geräuspert und angefangen, von etwas anderem zu sprechen. Hatte mit ihr geredet wie mit einem Kind.
Etwas ging in ihr dabei kaputt, so daß sie sofort einen Spaziergang zum Müllplatz machen mußte.
Seitdem hatte sie nicht mehr versucht, in Bekkejordet anzurufen. Hatte ihn nur herbeigeholt, wenn sie ihn am meisten brauchte. Und da war er wie immer.
Einmal, als Ringmor rief, daß Simon am Telefon sei, tat sie so, als ob sie nicht zu Hause wäre.

Sie war vorbereitet, trotzdem war ihr Herz wie ein alter Motor, als sie an Land ging. Die Leute starrten sie ohne Scheu an. Als ob sie ein Gespenst wäre. Oder eine Fremde.
Das erschreckte sie nicht. Man mußte die Leute nur daran gewöhnen, daß sie wieder da war. Da mußten sie durch.
Die Reisetasche mit Kleidern und Weihnachtsgeschenken setzte sie bei Ottar ab. Er starrte auch. Fragte vorsichtig, wann sie die Tasche holen würde.
Sie antwortete, daß Simon wohl kommen würde, um sie zu holen. Als ob das eine Frage wäre. Sie reichte ihm die Tasche über den Ladentisch.
Es waren Spuren von Taschenmessern und Kopierbleistiften und Gott weiß was noch allem auf seinem Ladentisch. Er hatte den Bleistift hinter dem Ohr und einen Ring um den Kopf, den der Südwester hinterlassen hatte, denn er war gerade draußen im Lager gewesen und hatte Salzheringe für eine Frau geholt und keine Zeit gehabt, sich zu kämmen.
Sie mußte lächeln. Die Welt stand hier ja still. Nur in ihrem Kopf ging alles weiter. Ein seltsamer Strom. Irgend etwas leuchtete auf, und sie wußte nicht, was sie damit anfangen sollte.
In Ottars Laden baumelten alle möglichen Dinge von der Decke. Milchkannen, Kochtöpfe, Wasserschöpfer. Feilen in allen Größen hingen in einem Ring, der durch gleich große Löcher in den Feilen gesteckt war. Ihr fiel ein, daß sie oft unter den Feilen gestanden und überlegt hatte, ob es stimmte, daß die Feilen verschiedene Größen hatten und verschieden grobe Feilblätter – aber gleich große Löcher, in denen sie hingen. Und es schien ihr so wichtig zu sein, sich an diese idiotische Sache zu erinnern. Es verursachte ihr Kopfschmerzen, weil sie sich an das übrige nicht mehr erinnern konnte.
Ottar hatte schon vor längerer Zeit ein modernes Schaufenster bekommen, aber er hinkte sozusagen mit dem Ausstellen hinterher, jetzt, wo Sol fort war. Die Waren blieben im Schaufenster liegen, bis jemand sie kaufte. Die leere Stelle, wo die verkaufte Ware gelegen hatte, gaffte alle an, die vorbeigingen. Fliegen starben dort, nachdem sie ihre Spuren ohne Bosheit hinterlassen hatten. Der Staub lag überall gleichmäßig verteilt. Ottar fand niemanden, der gelernt hatte, so gründlich saubermachen wie Elisifs Älteste. Es gab auch keine, die sich auf der Leiter tätscheln ließ. Sie waren alle unstet und unnahbar

wie junge Elstern. Hackten auf den armen Kerl los, wenn er nur den Gedanken hegte, sie anzufassen.
Ottar vermißte Sol.
Sie erkannte es, als sie nach Sol fragte. Er wisse vielleicht, ob Sol Weihnachten nach Hause komme. Da wurde sein Gesicht ein grüner Mond voll roter Flecken.
Sol hatte ihr genügend von Ottar erzählt, als sie im Sommer auf den Felsen lagen und sich sonnten. Aber es war nicht sicher, daß sie alles erzählt hatte. Es hatte den Anschein gehabt, daß sie einiges für sich behielt.
Sie erinnerte sich an Beschuldigungen, die Sol lange verfolgt hatten. Die sie selbst dazu gebracht hatten, Partei zu ergreifen. Wütend zu werden. Nun kam ihr das ein bißchen kindisch vor. Sol hatte Pläne mit ihrem Leben. War mutiger als irgendeine andere, die sie kannte. Hatte sich entschieden, wer sie war, auch sie.

Sie stand eine Weile an der Wegkreuzung. Bei dem alten Stall, der niemandem gehörte und der keine Farbe mehr hatte. Die Frauen ohne eigene Landwirtschaft hatten dort während des Krieges kleine Schweine großgezogen.
Simons neuer Betrieb lag frisch gestrichen unten am Fjord wie eine Kirche. Sie konnte sehen, daß da ein reges Leben herrschte, aber den gelben Lastwagen, nach dem sie überall Ausschau gehalten hatte, konnte sie nicht entdecken. Da war Simon wohl zu Hause. Sie würde ihn überraschen!
Hier oben waren die Schneewälle nicht so hoch, denn der heftige Wind hatte frei und unsanft über die nackten Erdrücken gefegt.
Sie hatte von dem Foto, das sie von Ingrid bekommen hatte, eine Vergrößerung machen lassen. Es in einen Rahmen gesteckt. Das Bild sollte ein Weihnachtsgeschenk für Ingrid sein. Es war körnig und unscharf, aber schön. Sie selbst liebte das kleine, vergilbte mehr. Es stand in dem ovalen Rahmen. Im Bücherregal. Jon hatte keinen Kommentar dazu abgegeben, daß der Mann eine deutsche Uniform trug, das wunderte sie zuerst, dann kam sie darauf, daß man auf dem Bild wahrscheinlich nicht so gut erkennen konnte, daß es eine deutsche Uniform war. Sah nur sie das?
Sie entschloß sich schnell, zuerst zum Tausendheim zu gehen. Es hinter sich zu bringen.
Dann würde sie direkt nach Bekkejordet hinaufgehen und auf

der Torfkiste sitzen und alles betrachten, was in der Küche war. Den Handtuchhalter mit dem gestickten Tuch davor. Die altmodischen Porzellantöpfe mit dem blauen Holländermuster und der verschnörkelten Schrift: Mehl. Zucker. Grieß. Salz.
Sie würde die Herdringe herausnehmen, einen nach dem anderen, und Birkenholz und Torf auflegen. Sehen, wie es loderte. Rote Flammen mit gelben und orangen Zungen. Warm.
Dann würde sie die Tür zum Schlafzimmer aufmachen. Das Küchengerät durch die Hände gleiten lassen, während die Tür zum Schlafzimmer einen Spaltbreit aufstand, damit die Wärme hinein konnte.
Sie spürte bereits den Geruch von Brot, Torffeuer und Tieren. Der vertraute Geruch, der sie schon immer auf der Treppe empfing, gehörte ihr.

Ingrid putzte die Treppe, als sie zu der wackligen Haustür hereinkam. Sie sah, daß der Unterrock ein ganzes Stück unter dem Rock hervorschaute, der Haarknoten aufgegangen war und die Strickjacke an den Ärmeln naß war. Der Dampf umgab sie wie alte Bosheit.
Ingrid drehte sich nicht um, als sie jemanden zur Tür hereinkommen hörte. Wrang den Putzlappen mit einer großen Bewegung aus. Voll Kummer über den ewigen Schmutz. Dann wischte sie schnell und lieblos die abgetretenen Stufen trocken und legte den feuchten Lappen auf die letzte saubere Stufe, was soviel bedeutete wie: »Putz dir die Schuhe ab!«, und machte Platz für den, der vorbei wollte. Die Leute sollten sich beeilen, damit sie fertig wurde. Ingrid ließ sich nicht dazu verleiten, groß was zu sagen. War ein Tatmensch, wenn es ums Putzen ging.
Tora blieb stehen und machte keine Anstalten vorbeizugehen, so daß Ingrid sich umdrehte. Ungeduldig. Im Verlauf weniger Sekunden spielte sich etwas in ihrem Kopf ab. Es erreichte die Pupillen, die Fältchen um die Augen, die Mundwinkel. Sie starrte auf die junge Frau vor ihr. Auf den blauen Mantel, auf die Stiefeletten, die unterwegs Wasser gezogen hatten und danach verlangten, getrocknet zu werden. Vor allem starrte sie auf das kleine Gesicht mit den blassen Sommersprossen auf der Nase. Mitten in einer weiten Landschaft von rotem lockigem Haar.
»Mein Gott, Mädchen, du hast mich aber erschreckt! Ich hätte fast gedacht, daß *sie* es ist!«

»Guten Tag!«
»Ja, guten Tag…«
Ingrid trocknete sich die Hände an der Schürze ab.
»Warum haste nicht beim Dahl angerufen und gesagt, daß du kommst? Ich hätt' dich abgeholt, das kannste dir doch denken. Geh rauf, ich bin gleich fertig.«
Ingrid machte zum zweitenmal Platz, so daß die andere vorbei konnte. Sie starrte die ganze Zeit.
»Ich mach' die Treppe fertig, geh du rauf, und stell den Kessel auf!«
»In den Kleidern kannste doch keine Treppe putzen«, sagte Ingrid in wehleidigem Ton.
»Das wirste schon sehn. Geh jetzt!«
Ingrid verzog sich rückwärts die Treppe hinauf. Die nasse Schürze schlenkerte traurig hin und her und schlug wütend gegen das Geländer, als sie um die Biegung ging.
Ingrid war nicht schlimmer dran als andere, dachte sie. Ingrid im Tausendheim: verurteilt zu Henrik, zu Treppenputzen, zu Fischfilet-Verpacken bis in alle Ewigkeit. Niemand konnte das ändern. Aber das wichtigste war, daß Ingrid *sie* gesehen hatte, gesehen, wer sie war. Aber sie hatte es nicht geglaubt.

»Mit diesen Kleidern kannste nicht nach Bekkejordet gehn!« Ingrids Stimme gellte.
»Warum nicht?«
»Dem armen Mann reicht's. Er würde glauben, daß sie es wäre… die Rakel, die kommt. Er würde wieder an alles erinnert werden, was er versucht zu vergessen. Ich versteh' nicht, daß du in den Kleidern herkommst. Gehst mir nichts, dir nichts durch Vaeret und… Ich glaub', du bist nicht recht gescheit, Mädchen! Verstehste nicht, daß man das nicht tut… Man muß die Leute schonen.«
Ingrid stand mitten im Raum. Der Unterrock schaute etwas unter dem schäbigen Rock hervor. Der Mensch flimmerte an ihr vorbei, wie ein Film, den man allzuschnell vor- und zurücklaufen läßt.
»Ich darf ja wohl noch die Kleider anziehn, die mir gehören!«
»Dir? Du stehst in ihren Kleidern da und erinnerst uns an alles…«
Die Stimme bekam einen klagenden Ton.
Aber Ingrids Worte rührten sie nicht. Sie fühlte sich ekelhaft dabei. Als ob man sie gezwungen hätte, in den Gedanken ei-

nes anderen hineinzusehen. Zu häßlich, um ihn in sich aufzunehmen. Warum ließ Ingrid sich nicht trösten? Sah sie nicht, daß Rakel gekommen war?
»Du kannst heut nacht *hier* bleiben. Morgen kannste nach Bekkejordet raufgehn und den Simon besuchen. Und du wirst dann was andres anziehn!« sagte Ingrid bestimmt.
Sie sah Ingrid in die Augen und versuchte eine Auflehnung heraufzubeschwören. Wußte, daß es im Tausendheim nutzlos war.
Da hörte sie Rakels Stimme: »Beruhig dich, wir können nicht erwarten, daß sie versteht, wer wir sind, du mußt sie dahin bringen, daß sie dir vertraut. Dann haben wir unsere Ruh'. Wir schaffen das, nicht wahr?«
Die Stimme war nur für sie. Sie wußte alles. Es war die Stimme von einer, die auf Schürfwunden bläst, die einen in ihrem Schoß einlullt. Schön.
Und sie schwieg. Ging nur ein paar Schritte vor, und ihre Hand streifte Ingrids Arm. Eine flüchtige Bewegung. Wie von einem Flügel, bereits auf der Flucht.
»Also gut«, sagte sie nur.
Sie tranken Kaffee und sprachen nicht mehr davon, daß sie nach Bekkejordet gehen würde. Ingrid erzählte, daß die Kopftuch-Johanna kränkelte. Sie war verkalkt. Vergaß, was sie machen wollte. Und sie hatte aus Haß den Einar in die Dachstube über der Veranda gelegt. Schimpfte unaufhörlich. Behauptete, daß er aufs Frauenklo gehe und auf die Sitzbank pinkele. Uff!
Es polterte etwas weniger als sonst über ihren Köpfen. Elisifs Kinderschar wuchs heran. Tagsüber waren sie weg. Elisif las nicht mehr soviel in der Bibel wie früher. Gott sei Dank, sagte Ingrid.
Sol würde am Weihnachtsabend nach Hause kommen, da versuchte sie da oben sicher ein bißchen Ordnung zu machen. Sol sei Gast, wenn sie komme. Sei die Verwandte aus Amerika, die es geschafft habe, herauszukommen. Auch wenn der Weg der Sünde breit sei, so scheine Elisif es Sol zu gönnen, daß sie ein wenig die Annehmlichkeiten dieser Welt genieße. Und der Koffer sei nie leer, wenn sie komme. Als sie fortgegangen und es klargeworden sei, daß sie nie mehr zu Hause wohnen würde, da habe Elisif sich offensichtlich damit abgefunden.
Aber sie bekomme keine Ordnung in die restliche Kinderschar. Schaffe das nicht alles, die Arme. Sie sei im Grunde ihres Herzens gut, auch wenn sie den Teufel und noch Schlim-

meres beschwören könne. Sie habe sich mit dem Jammertal ausgesöhnt, wie sie sage. Ingrid fand, daß sie jetzt besser über ihrem Kopf zu ertragen sei.
»Und Henrik?« sagte sie und sah Ingrid in die Augen.
»Er läßt nicht viel von sich hören. Fährt wahrscheinlich bis hinauf nach Kirkenes und hinunter nach Bergen.«
»Geld? Schickt er Geld?«
»Ja. In letzter Zeit. Etliche hundert Kronen!«
Das klang wie einer von Elisifs ewigen Jubelgesängen, dachte sie kalt.
»Hat's gereicht, was du von mir bekommen hast?« fragte Ingrid in einer Art Fortsetzung.
Sie fühlte sich miserabel. Als ob sie ein Stück von Ingrids Arm abgebissen hätte und sich nun bemühte, es runterzuschlucken.
»Ich hab' deine Kammer für dich gerichtet, komm gucken.« Ingrid stürzte eifrig zur Kammer.

Sie fühlte bei dem Anblick so etwas wie Trauer. Es war einfach zu spät. Trotzdem folgte sie ihr in den kleinen Raum.
Das Bett hinten an der Wand. Ein gewöhnliches, kleines, altmodisches Bett mit hohem Kopf- und Fußende. Geölte Kiefer. Leuchtete ihr mit der gleichen Farbe entgegen wie das Rinnsal, das aus der Trantonne in der Kokerei zu laufen pflegte. Der Geruch lag förmlich in der Luft, auch wenn hier gründlich geputzt worden war. An der Decke hingen Girlanden. An der Wand war immer noch der helle viereckige Fleck zu sehen, dort, wo das Engelsbild gehangen hatte, das sie einst zum Fenster hinausgeworfen hatte, so daß es hinter dem Wirtschaftsgebäude verschwand. Oder im Himmel?
Auf dem Tisch beim Fenster lag eine gebügelte Decke mit gestickten Wichtelmännern. Wacholderzweige in einem Glas. Ein Wichtelmann aus Glas hatte einen kaputten Fuß und mußte sich an etwas anlehnen, damit er aufrecht stehen konnte. Sie hatte ihn sich einmal erbettelt, als Ingrid wegen ungebleichten Leinens an das Warenhaus schrieb. Er hatte so lebendig in dem grellen Katalog ausgesehen. Als er kam, war er nur kalt und leblos.
Ein geschäftiger, nervöser Schmierseifengeruch war überall in dieser Zeit. Ingrid richtete sich auf und fragte mit den Augen. Bettelte. Bekam nichts und senkte den Blick wieder.
»Ich werd' in Bekkejordet wohnen«, sagte Tora endlich.
»In Bekkejordet...?«

»Ja.«
»Aber... der Henrik kommt doch nicht nach Haus. Er ist weit weg. Der Simon kann am Weihnachtsabend zu uns kommen. Das wird er wohl tun, du wirst schon sehn. Er hat auch nicht so viele Menschen, er auch nicht.«
»*Du* kannst am Weihnachtsabend ja zu uns kommen. Nach Bekkejordet. Du kannst da oben schlafen, wenn du willst.«
Ingrid starrte. Trockene, wachsame Augen. Kamen ihr aus dem schwarzen Haar entgegen. Das Gesicht durchsichtig. Wie Luft.
»Ich glaub' nicht mal, daß der Simon dran gedacht hat, was für Weihnachten vorzubereiten.«
»Ich hab' dran gedacht, was für Weihnachten vorzubereiten.«
Die Worte waren wie der Knall von Einars Zügeln, wenn er des Pfarrers Mähre erschreckte, damit sie das Tempo ein bißchen beschleunigte.
»Tora, du...«
»Quäl mich nicht! Hörst du!«
»Ich dich quälen? Du bist doch meine Tochter!«
»Nein! Ich ertrag' deine Nörgelei nicht!«
Geschoren, wie mit nicht geschmierten Schafscheren in dunklen Scheunengängen im Herbst. Klipp. Klipp.
»Und wer biste dann, wenn ich fragen darf?«
Ingrid stemmte die Hände in die Seiten. Sie war größer als die andere.
»Ich selbst! Ich gehör' keinem!«
Die Stimme in ihrem Kopf hatte nicht gereicht, um sie zu warnen. Sie war dumm gewesen. War zu weit gegangen.
Ingrids weit aufgerissene Augen. Pupillen wie Kohle. Sie stürzten ihr entgegen. Wurden zu runden Steinen, die sie im Fall erschlagen wollten.
»Ich bin entsetzt, Mädchen.«
Die Stimme. Im Kopf.
»Du bist so schroff, verstehste. Sag, daß du Unsinn geredet hast.«
Sie wurde von einer schrecklichen Übelkeit übermannt.
»Denk nicht mehr dran«, murmelte sie und ging an Ingrid vorbei in die Küche. Nahm ein Glas und füllte es mit Wasser. Trank mit schweren Schlucken und gierig. Ingrid kam langsam nach.
»Weißt *du*, wer *du* bist, Ingrid?« sagte sie und setzte das Glas auf den Küchenschrank.

Ingrid verzog keine Miene, als sie ihren Namen gebrauchte und nicht Mama sagte. Schaute nur. Forschend. Als ob sie auf einen Saum schaute, der sich in der Nähmaschine verdreht hatte.

»Ja, Tora, ich glaub', daß ich das weiß.«

»Und wer biste dann?«

»Ich bin deine Mutter, und ich will, daß du hier zu Haus wohnst, wenn Weihnachten ist und du von der Schule in Breiland heimkommst.«

»Niemand kann Mutter *sein*. Das ist nichts, was man *sein* kann«, murmelte sie und griff erneut nach dem Glas Wasser. Trank.

»Ich hab' versucht zu sorgen für...«

»Den Henrik?«

»Den auch.«

»Biste seine Mutter?«

»Ich bin mit ihm verheiratet.«

Der Hahn tropfte. Keiner hatte eine neue Dichtung eingesetzt. Ingrid drehte ihr den Rücken zu und stellte ruhig die Tassen zusammen, aus denen sie Kaffee getrunken hatten. Untertasse auf Untertasse, Tasse auf Tasse. Die Tassen auf die Untertassen. Die kleine Glasschüssel, die sie für besondere Anlässe gebrauchte. Mit Pfefferkuchen. Gerade gebacken. Der Geruch hing noch an den Wänden. Der Geruch von allen Weihnachtsfesten, aus denen nichts geworden war, weil *er* irgend etwas angestellt hatte.

Nun war er weg. Hatte ihn jemand erschreckt?

Sie spürte einen Schmerz im Kopf wie damals, als sie ein kleines Mädchen war und mit dem Hinterkopf aufs Eis fiel.

Die Wachstuchdecke war neu. Rot und weiß kariert. Versuchte fröhlich zu sein. Streckte ihr ihre Farben entgegen: »Sieh mich an. Bin ich nicht glatt? Fein? Ohne irgendeinen Kratzer? Ich bin gekauft worden, um es Weihnachten schön zu machen.«

»Du kannst keine Mutter sein, wenn du nicht selbst was bist.«

»Setz dich, Tora!«

Sie setzten sich. Die Wachstuchdecke saugte ihre nackten Unterarme an. Wollte sie festhalten. Die Panik schlich sich durch die Hintertür zu ihr herein. Sie wurde so klein. Sie wurde Tora. Schrumpfte zusammen, wie wenn Henrik sie schlug.

Damals, als sie klein war? Und Henrik schlug? Aber sie war doch nicht unter Henriks Faust klein gewesen. Das hatte sie doch entschieden.

»Ich weiß nicht, ob du mich zu denen rechnest, die dir was bedeuten? Ich bin nur ein ganz gewöhnlicher Mensch. Vor allem hab' ich mich um die alltäglichen Dinge gekümmert. Darüber gibt's gar nichts zu reden. Ich hab' auch nicht immer alles richtig gemacht. Absolut nicht. Aber ich hab' geglaubt, daß du mehr Verstand hättest, wenn du erwachsen bist. Um zu begreifen... Daß du vor mir nicht zurückweichen würdest, wenn du nun auf die Schule gehst und was lernst. Du bist so anders geworden. So hochmütig. Ich weiß nicht, ob ich dich noch kenne...«
Die Stimme starb. Eine Stimme im Radio, das man einschaltete und abschaltete.
Ingrid streckte ihre schmalen Arbeitshände auf dem Tisch aus. Blaue Adern hielten sie zusammen. Die Hände waren aufgesprungen von dem Hausputz vor Weihnachten. Die Nägel stumpf bis herunter zu der Haut. Lagen wie ein Film über den Fingerkuppen. Rosa. Die schmale Rundung der Handgelenke. Schöne, abgebrochene Säulen. Trotzdem stark. Hände, die kühl auf der Stirn gewesen waren, wenn man Fieber hatte.
»In einem anderen Leben«, sagte die Stimme in ihrem Ohr. So laut, daß sie Angst bekam, Ingrid würde es hören.
»Quäle Ingrid nicht mit allem, was wir wissen. Sie hat genug Probleme. Sie macht's so gut, wie sie kann. Siehste nicht, wie nackt sie ist? Wie allein?«
»Ja, aber ich kann mich ihrer nicht annehmen. Sie hat mich über *ihm* vergessen. Hat mich nie gesehn! Wie soll ich da...?«
»Denk nicht dran. Geh zur Seite. Laß mich mit ihr reden. Sie ist meine Schwester. Wir haben zusammen gespielt. Verschwinde jetzt. Laß mich vor.«
»Aber sie gönnt's mir nicht, daß ich zur Schule geh'. Was werde!«
»Sie gönnt dir alles, aber sie hat Angst, daß du sie verläßt. Laß mich jetzt vor.«
»Du mußt nicht glauben, daß ich hochmütig bin. Daß ich keinen Wert drauf lege, daß du mir Geld schickst. Daß ich nichts von dir wissen will... Es ist nur so, daß ich Weihnachten so schrecklich gern nach Bekkejordet möchte, bitte, bitte. Du kannst doch auch hingehn.«
»Aber haste mit dem Simon geredet? Weiß er davon?« fragte Ingrid resigniert.
»Der Simon weiß gut, wo ich sein muß.«

»Ja, ja, ich werd' mit dir nicht mehr fertig«, sagte Ingrid müde.

Unten im Hof drehte sie sich um. Sah den Schatten einer Frau oben im Fenster.

35

Ein paar einsame Lichter sagten ihr, daß normalerweise jemand in Bekkejordet zu Hause sein mußte. An der Wand des Windfangs brannte die Kugellampe – die so geformt war, daß unten ein Tropfen dranzuhängen schien. Sie färbte die graue Steintreppe mit einem freundlichen Licht, das nicht viel bewirkte – nur notdürftig den Leuten die Stufen zur Windfangtür zeigte. Die Tür war altmodisch, weiß gestrichen, hatte einen Messinghandgriff. Das Muster der Türfüllung war schön, und im oberen Teil hatte die Tür Sprossenfenster. Auf der Verandatreppe war alles dunkel. Der Anblick des Blumenkübels, der eingeschneit auf der untersten Stufe stand und noch Erde und Reste von Sommerblumen barg, fuhr ihr gleichzeitig in den Magen und in den Kopf. Der Schnee deckte die toten Blumenstiele barmherzig zu. Die Verandatür war verdunkelt. Die Treppe noch nicht frei geschippt. Da benutzte er also nur den Eingang zum Windfang.
Der gelbe Lastwagen war nicht da.
Im Windfang roch es nach nassen Kleidern. Hier hängte er die Sachen auf, die er im Betrieb anhatte. Die Kleiderhaken waren leer.
Als sie die Tür zur Küche öffnete und das Licht anknipste, hörte sie, wie die Wanduhr die Sekunden vorwärts hackte. Der Staub lag wie eine Entschuldigung auf Tisch und Küchenschränken. Aber die Topfpflanzen am Fenster lebten.
Sie war wirklich lange fort gewesen.
Der Herd war kalt. Es knackte ängstlich in dem elektrischen Heizofen unter dem Tisch. Er vermochte aber den großen Raum nicht zu erwärmen. War nur zur Reserve da.
Die Tür zum Wohnzimmer stand einen Spaltbreit auf. Der Raum weitete sich vor ihr aus, eiskalt und voll mit Dingen. Sie standen wie Statuen da drinnen. Der Staub schien alles vor ihr verbergen zu wollen. Die Regale mit winzig kleinen weißen

Gegenständen und einigen wenigen alten Büchern. Den Zeitungskorb mit den alten Zeitungen vom Herbst. An der Rükkenlehne des bequemsten Sessels hing unbeweglich und grau das Nackenkissen. Die Deckenbalken warfen gewaltige Schatten, als sie den Kronleuchter anknipste. Sie machte das Licht schnell wieder aus und schloß die Tür hinter sich, als sie in die Küche zurückging.
Im Schlafzimmer war es eiskalt. Das Bett war mit dem königsblauen Amerika-Bettüberwurf zugedeckt. Es sah nicht so aus, als ob in letzter Zeit jemand hier geschlafen hätte. Vielleicht nicht mehr, seit sie da gelegen hatte, dachte sie verwundert. Sie schaltete den elektrischen Heizofen ein und ließ die Tür zur Küche offen, machte Feuer in dem großen, altmodischen Herd. Er hatte einen Bauch, in dem man Brot gebacken hatte, bevor der elektrische Herd auf den Hof gekommen war. Der Herd bullerte sogleich und schickte Funken zur Decke, bis sie die Ringe wieder einlegte. Der Schein aus den Zuglöchern flackerte über den Boden und versuchte ihr etwas zu zeigen, was sie nicht ganz in den Griff bekam.
Plötzlich wußte sie nicht, ob sie aus dem Kreis herausgegangen war, in dem sie sich lange bewegt hatte. Die Stimmen in ihrem Kopf waren nicht mehr so deutlich. Es war mehr ein Rauschen – das sich mit dem Rumoren in dem schwarzen Herdbauch vermischte. Es klagte leise im Ofenrohr und im Schornstein. Sie wußte, daß eine schöne, hohe Rauchsäule über dem Dach stand, die man in Vaeret sehen konnte. Er würde sie sehen, wenn er die Hügel hinauffuhr! Würde verstehen, daß sie nach Hause gekommen war. Würde schalten und so schnell wie möglich fahren.

Sie füllte den Putzeimer mit Wasser, krempelte die Pulloverärmel hoch und warf die Flickenteppiche aus der Küche. Dann füllte sie das Schlafzimmer, die Küche und den Windfang mit frischem, warmem Schmierseifendampf und ging zwischendurch immer wieder zum Herd und legte auf. Sie mußte den Pullover ausziehen und im Hemd gehen. Die Hitze fuhr ihr ins Gesicht und in die Hände. Es war ihr glühend heiß von der Arbeit und der Ofenwärme, als sie die Teppiche ausschüttelte und wieder auf den Boden legte.
Wenn Ingrid sie gesehen hätte, dann hätte sie sicher gesagt, daß man erst Tisch und Küchenschränke abwischte und das Geschirr spülte, ehe man sich den Fußboden vornahm. Aber

sie machte zuerst das, was sie am meisten anwiderte. Sonst war es überhaupt nicht auszuhalten.
Tau weinte an den Fensterscheiben. Die Wärme war wieder nach Bekkejordet gekommen. Das hatte sie bewirkt.
Merkwürdig, daß er nicht nach Hause kam, um die Schafe zu füttern. Nun ja, da hatte er sie wohl gefüttert, bevor er wegfuhr. Vielleicht war er auch während der Mittagspause dagewesen und hatte ihnen Futter gegeben.
Einen Raum hatte sie ganz vergessen, das kleine Bad. Es war staubig, aber ganz gemütlich und ordentlich. Die schmutzige Wäsche war weggebracht worden, und die Handtücher waren sauber. Sie ließ Wasser in die weiße Wanne laufen, tat ein paar Tropfen Schaumbad dazu, zog sich schnell aus und kroch in die Wanne.
So hatte sie das Haus zu dem ihrigen gemacht. Wieder. Die Gerüche in Gang gesetzt. Die Dinge. Das Wasser durch die Hände laufen lassen, über den Körper.
Sie wurde gebraucht.
War allzulange fort gewesen.
Die Schule? Breiland? Das Zimmer bei Bergs? Das war alles aus ihrem Kopf. Sie fühlte, daß sie hier sein mußte. Ihre Hände waren immer hier gewesen. Das Herz, das das Blut durch ihren Körper pumpte, war hier. Festgewachsen wie das Moos am Stein. Am Geröll? Über kostbaren Schätzen in der Geröllhalde...
Auf einmal liefen die Gedanken in einer anderen Richtung. Bilder verfolgten sie. Sie mußte sich davon befreien. Wenn sie sich nur ganz genau erinnern könnte, was es war!
Sie aß eine Scheibe Brot am Küchenschrank. Trank Milch dazu. Es war gekauftes Brot mit einer zähen Kruste. Hatte zwei Tage in Ottars Laden gelegen und war vorher zwei Tage unterwegs gewesen. Aber es war gut für eine, die Hunger hatte. Sie könnte morgen früh einen Brotteig ansetzen. Das konnte sie doch? Hatte viele hundert Male Brotteig in diesem Haus geknetet. Sie versuchte, der lächelnden Stimme in ihrem Kopf zu lauschen. Aber sie schlief. Es war zuviel geworden...

Sie hörte das Motorengebrumm nicht. Wachte erst auf, als die Tür zur Küche weit geöffnet wurde und das Licht ins Schlafzimmer hereinflutete. Er stand in der Tür, in der Schaffelljacke und mit der Schiffermütze auf dem Kopf.

Der Raum weitete sich in einer zitternden Erwartung. Ein großer roter Gedanke.
Erst als sie die irren Augen des Mannes sah, den ungläubigen Ausdruck in dem mageren, markanten Gesicht, begriff sie, daß sie nicht erwartet worden war.
Er sah die nackten Arme auf der Bettdecke. Das üppige rote Haar auf dem weißen Kissen und blieb stehen. Nahm endlich die Mütze ab, so daß die Mähne in die Stirn fiel. Eine Art Stöhnen kam von dem großen Körper.
»O Gott!«
»Ich bin wieder nach Haus gekommen«, sagte sie schlicht.
Sie war völlig wach. Trotzdem: Es war etwas in dem Raum, was sie nicht fassen konnte. Freute er sich nicht? Oder lag es daran, daß er sie nicht erwartet hatte? Aber sie hatte es ihm doch gesagt, als er das letztemal nach Breiland gekommen war. Donnerstag vor Weihnachten, hatte sie gesagt. Er konnte es doch nicht vergessen haben...
Und sie wurde von seiner Unruhe angesteckt, seinem Stöhnen, seinem ängstlichen O Gott! Und sie wiederholte unsicher, daß sie wieder zu Hause sei.
Da warf er die Pelzjacke ab und kam mit ausgestreckten Händen zu ihr ans Bett.
»Ja doch, natürlich. Du hast mich nur so fürchterlich erschreckt.«
Sein Gesicht ist schmal geworden, dachte sie, als er das Licht neben dem Bett anmachte. Tiefe Furchen teilten das Gesicht quer und längs. Wie wenn man im Frühling vom Hesthammeren heruntersah: bleiche Wiesen mit Gräben darin.
Sie schlang die Arme um ihn und zog ihn zu sich herunter. Der rote Gedanke kam wieder. Setzte sich in den Unterleib, in die Brust. Sandte zitternde, warme Schauer durch ihren Körper.
Er ließ sich ziehen. Hielt sie ein wenig von sich ab, aber ließ sich ziehen. Er roch nach Benzin. Sie bohrte ihre Nase in seine Halsgrube. Schnupperte. Schluchzte auf. Streichelte ihn. Ziepte ihn an den Haaren und streichelte wieder. Wußte nichts anderes, als daß sie das schon früher getan hatte. Dafür war sie nach Hause gekommen. Sie merkte nicht, daß der magere Körper und die sehnigen Arme erstarrten. Sie tat etwas, was sie früher schon so oft getan hatte...
»Wann biste gekommen?« fragte er heiser.
»Heut nachmittag mit dem Schiff.«

Er machte sich frei. Sicherheitshalber hielt er ihre Hände fest. Da sah sie ihn. Blitzartig. Etwas zerriß in ihr, und die Scham stand da. Denn er begriff nicht, wer sie war!
»Es ist schön, daß du wieder da bist, Tora, aber... du hast mich so grausam erschreckt. Verstehste das?«
Sie blieb mit gesenktem Kopf sitzen.
»Ich bin nicht oft hier in diesem Zimmer gewesen. Es tat zu weh.«
Es knackte irgendwo im Stockwerk über ihnen.
»Aber ich bin doch jetzt gekommen«, versuchte sie.
Ihr Mund war klein und rosa. Er öffnete sich. Sie lachte ihn mit einem glucksenden Kehllaut an.
»Schluß jetzt damit!«
Er schnitt die Worte in ihr Trommelfell. Der ganze Kopf blutete. Sie spürte, wie die Tropfen unten an den Ohrläppchen hingen. Sie sah sich unter das Bett kriechen. Es roch nicht nach Staub oder Tod. Nur nach Schmierseife. Schmierseife war ein Geruch, bei dem sich alle heimisch fühlen konnten. Den gab es überall, wo Leute wohnten. Sie würde ihn wohl noch dazu bringen, daß er begriff, wer sie war. Morgen. Er würde es sehen, wenn sie den Mantel anzog. Ja! Und den Rock und die kleinen Stiefeletten. Da würde er begreifen, daß sie wirklich existierte!
»Ich ertrag' es nicht, daß du ihr so ähnlich...«, murmelte er.
Sie wagte sich trotzdem aus dem Bett. Kroch auf seinen Schoß. Fühlte die Wärme des zuverlässigen, eckigen Körpers. Er seufzte, schlang die Arme um sie und wiegte sie. Hin und her. Als ob er einen Strang weichen Wollgarns um die Handgelenke hätte.
»Warum biste hierhergekommen, Tora?«
»Das mußt' ich doch.«
Die Stimme klein wie trockenes Birkenlaub im Wind.
»Weiß die Ingrid, daß du hier bist?« flüsterte er ihr ins Ohr.
»Ja«, flüsterte sie zurück. Spürte den Geschmack seiner Wange.
»Was sagt sie dazu, daß du immer noch nach Bekkejordet gehst, wenn du von Breiland kommst?«
»Sie sagt, daß ich das nicht soll.«
»Da solltest du's auch nicht tun. Sie möchte dich zu Haus haben.«
»Ja, ja.«
Es stöhnte wieder in dem Stockwerk über ihnen. Ein lang anhaltender Seufzer von einem großen Tier, das endlich die Wärme fühlte.

»Wo biste gewesen, Simon. Ich hab' so gewartet. Du bist ja nicht gekommen.«
»Ich war im Betrieb bei meinen Papieren. Bilanz. Ich krieg' Kopfschmerzen vor lauter Zahlen.«
»Ich kann dir helfen.«
»Du sollst in die Schule gehn und klug wie ein Papst werden«, flüsterte er und wollte sich von ihr lösen.
»Ich werd' hierbleiben.«
»Nein! Aber du hast prima aufgeräumt.«
Sein Lächeln war wie ein Sommertag.
»Ich kann dir trotzdem helfen.«
»Ich werd' mir einen Mann suchen, der die Buchführung übernimmt. Es ist zuviel geworden. Es quillt aus allen Pappschachteln unten im Büro. Purzelt von den Regalen. Nur Dreck und Kopfweh... Haste gegessen?«
»Ja.«
»Ich muß noch 'ne Kleinigkeit essen.«
»Kommste schlafen... nachher?«
»Ich hab' meine Decke auf der Couch in der Küche. Ich schlaf' da.«
Er nahm gleichsam einiges zurück, was er ihr vorher zugestanden hatte.
»Wo ist die Katze?« fragte sie unvermittelt.
»Sie ist wie vom Erdboden verschwunden. Ich hab' versucht, sie herbeizulocken, aber...«
»Du bist soviel im Betrieb. Sie ist allein... Keiner sollte nur allein sein.«
»Nein«, sagte er bloß. Strich ihr über die Schulter und erhob sich.
Und plötzlich ließ sie ihn aufstehen. Es war so bestimmt. Genau jetzt sollte er aufstehen.
Sie vergab ihm, daß er nicht verstand, wer sie war.
Ebenso wie sie die Notwendigkeit von Jahreszeiten einsah.
Der Raum umschloß sie. Sie hatte die Wärme geschaffen, die nicht wegdiskutiert werden konnte.
Simon rumorte in der Küche. Geräusche, die sie schon früher gehört hatte, kamen aus der Dunkelheit wie kleine, warme Tiere, die den Schwanz hinter sich herzogen.

In der Nacht weckten die Stimmen sie. Keine von ihnen gehörte Rakel.
Sie schaffte es, die paar Schritte bis in die Küche zu gehen. Der

Mond schien durch das Fenster und zeigte ihr, daß er dort lag. Eine Gestalt unter einer Decke. Vollständig in sich und seiner Einsamkeit gefangen.
Sie schlug die Decke so weit zur Seite, daß sie Platz hatte. Dann kroch sie zu ihm. Rutschte ganz dicht an ihn heran. Lag mucksmäuschenstill, bis er etwas merkte und die Arme um sie legte.
»Biste allein, Tora?« flüsterte er in den Raum.
»Jetzt nicht mehr«, flüsterte sie zurück.
»Du bist zu groß für so was, weißte das?«
»Nein.«
»Doch, doch.«
Sie betrachtete den Mond, der am Küchenfenster vorbeisegelte.
Dann glitt sie in ein Bild, auf dem Simon Heu schleppte. Der Rücken war eine einzige streifige, nässende Wunde von dem Seil und den scharfen Halmen, die ihn ins Fleisch schnitten.
Sie ging in dem Ganzen umher und war unsichtbar.
Sie versuchte zu trösten.
Aber er sah sie nicht.

36

Das Tageslicht! Es schlüpfte unter die Decke. Wütete im Magen. Im Unterleib. Kletterte um die Beine. Strömte in die Füße. Die Finger. Breitete sich auf der warmen Haut aus. Zwang sich auf sie.
Ihr Kopf ruhte auf einem Zipfel des steinharten Kissens. Hellwach, aber in einem roten Geflimmer. Sie öffnete die Augen.
Seine Hand. Eine schläfrige, ruhige Bewegung auf der Decke ließ sie zu einem Feuer werden. Überall dieser dampfende, volle Geruch nach Teer und Salz, Benzin und Haut.
Die Bartstoppeln standen blond und scharf gegen ihre Schulter. Sie war eine Lupe, die ihn betrachtete. Die Haut war durchsichtig und bläulich um jedes einzelne Barthaar. Hie und da waren die Poren erweitert, anders. Sie kämpften vielleicht um ihren Platz. Die Nase war scharf geschnitten und streng. Als ob sie vor einer Berührung warnte. Der Mund war geschlossen. Wie Konturen von Stränden im Nebel.
Das Morgenlicht war rußig und matt.

Das Nachthemd war nach oben gekrochen. Die Schwere seiner Hand lag auf ihrer nackten Haut. Die Wärme breitete sich wie ein Meer von Sehnsucht aus:

Sie trieben zusammen im Meer. Ihre Körper verstrickten sich ineinander, ohne Grenzen. Sie sah seinen Kopf mit dem offenen, lachenden Mund in den kühlen Wellen auf- und wieder untertauchen. Sie trieben hinaus zu den Inseln, hinaus ins Meer. Aus der Kühle wurde Kälte. Eiskalte, schäumende Gischt, die sie ständig näher jagte. Da lösten sie sich ineinander auf und wurden eins mit dem Himmel und dem Meer in dem zitternden Streifen weit dort draußen. Und sie spürte einen Sog, der sie beide in sich hineinzog. Eine Kraft, die Raum für sie beide hatte. Und alle Dinge wurden unendlich und willenlos. Über allem lag ein milchig schimmerndes Licht.

»Du mußt dich ins Schlafzimmer legen, das ist zu schmal hier«, murmelte er schläfrig.
»Wir können beide gehn«, antwortete sie mit kläglicher Stimme.
Er richtete sich halb auf, so daß die Decke auf den Boden glitt und die Kälte des Raumes sie überfiel. Dann sah er auf die Uhr und entschloß sich, zeitig aufzustehen.
»Haste Angst, allein zu schlafen?«
»Ich weiß nicht.«
»Aber du bist doch erwachsen, da kannste dich nicht einfach zu Männern legen.«
Er fuhr sich mit der einen Hand übers Gesicht. Eine mutlose, todmüde Bewegung. Gähnte.

37

»Du mußt heut heimgehn.«
Er sagte es bestimmt, ohne sie anzusehen.
Sie saßen beim Frühstück. Dröges gekauftes Brot und Multebeermarmelade. Der Kaffeeduft legte eine wohlbekannte Sicherheit um sie beide. Es bullerte im Herd. Das Thermometer vor dem Fenster zeigte 15 Grad minus. Das war kein Spaß. Die kleinen Fensterscheiben vereisten. Es gab nur noch ein

Guckloch in der Mitte jedes Sprossenfensters, durch das man hinausschauen konnte.
»Ich bin daheim«, sagte sie störrisch.
Er hob den Kopf mit einem Ruck. Starrte sie an. Dann hielt er inne.
»Also gut. Du bist hier auch zu Haus. Aber du mußt jetzt zu deiner Mutter gehn und dort schlafen.«
»Jagste mich weg?« flüsterte sie.
Er warf mit einer hastigen Bewegung den Blick auf die vereisten Fenster und seufzte.
»Hör mal zu, Tora! Geh runter zu deiner Mutter und schlaf dort, tagsüber kannste hier sein. Das wär' schön. Es ist ja nicht so, daß ich dich nicht haben will.«
»Nein«, sagte sie gutmütig. »Es ist nicht so, daß du mich nicht haben willst. Ich werd' hier sein. Und die Katze wird zurückkommen. Und alles wird wieder gut. Wie früher.«
Sie sah ihm in die lichtblauen Augen, bis sein Blick auswich und fortfloß.
»Nein«, flüsterte er heiser. »Nichts kann mehr so werden, wie es war. Keiner kann mir da helfen. Da muß ich durch. Allein. Begreifste das nicht? Es nützt gar nichts, mit dem Simon Mitleid zu haben. Oder den Simon zu trösten. Das nützt nichts.«
Er erhob sich jäh. Holte die dicken Winterschuhe unter dem Ofen hervor. Steckte die Füße hinein, als ob sie Feinde wären. Dann war er in seiner Schaffelljacke und mit der Schiffermütze – zur Tür hinaus.

Ein zerstörter Traum verfolgte sie durch das Haus. Endlich fiel ihr ein, daß er aus dem Haus gestürmt war, ohne daß er die Schafe gefüttert oder sie gebeten hatte, es zu tun. Sie zog sich irgendeine Jacke an, die im Windfang hing, und machte sich auf den Weg zum Schafstall.
Sie war nicht vorbereitet auf das, was sie zu sehen bekam. Bereifte Wände, leere Boxen mit offenen Türen. Haken, die schwach und traurig vibrierten, als sie über den Boden ging.
Er hatte die Schafe geschlachtet!
Sie lief der Reihe nach in alle Boxen. Das hatte er fertiggebracht! Geschlachtet und vernichtet. Alles, was sie hatte. Die Katze war weggelaufen. Er war aus dem Schlafzimmer ausgezogen!
Sie rannte aus dem Stall und warf die Tür hinter sich zu, mit einem fürchterlichen Knall, der über die gefrorenen Schneehaufen zitterte.

Wieder im Haus, blieb sie mitten in der Küche stehen und stampfte mit dem Fuß auf, während sie überlegte. Machte Pläne, über die sie sich nicht ganz im klaren war.
Sie schlüpfte in den Mantel. Wickelte den weißen Schal um Hals und Ohren.

Simon sprach gerade mit seinem Vorarbeiter. Sie hatten auf der letzten Fahrt vor Weihnachten einen guten Fang gemacht. Nun konnte es Weihnachten werden. Simon lobte den Mann. Wollte ihn in sein Büro bitten. Einen Schnaps? Aber nein. Man wartete auf ihn zu Hause. Er zog an seiner Jacke und hatte es eilig, wegzukommen. Aber er fand trotzdem, daß er Simon auf die wichtigsten Fragen nach Boot und Netz antworten müßte.
Sie sahen sie ungefähr gleichzeitig: In dem blauen Mantel kam sie in großer Erregung über den Kai. Ein Anblick, den man lange vermißt hatte.
Der Vorarbeiter sah auf die Frauengestalt in Rakels blauem Mantel und dann auf den Mann neben sich.
»Herrgott... das... das ist ja, als ob sie es wäre!« rief der Vorarbeiter aus.
Er konnte nichts dafür. Es war ihm einfach rausgerutscht. Wie ein Fluch in der Kirche.
Es zitterte um Simons Mund.
Sie stellte sich wütend vor ihnen auf. Ein kleiner rosa Mund stieß eine große Wolke kräftigen Wasserdampfes in die frostige Luft.
Sie erwiderte den Gruß des Vorarbeiters nicht. Sah nur Simon.
»Ich muß mit dir reden!« zischte sie.
Simon faßte mit festem Griff den flauschigen Mantel und nahm sie mit in das Betriebsgebäude. Vorbei an den Spülwannen und der surrenden Tiefkühlanlage. Vorbei an Körpern und Kommandorufen. Vorbei an der eisigen Kälte, die aus der offenen Tür der Tiefkühlanlage sickerte. Der Eisenbolzen des Türschlosses sah aus wie eine riesengroße, bereifte Augenbraue.
Die Leute starrten auf den blauen Mantel. Die Zeit stand still.
Die Treppe hinauf und hinein ins Büro ging es. Sie polterte hinter ihm her, als ob sie ihn verfolgte.
»Was haste dir dabei gedacht?« fauchte sie, als sie noch auf der Treppe waren.
»Warum haste alle Schafe geschlachtet? Du verdammter Idiot!«

Er verfrachtete sie in den Drehstuhl. Atmete tief ein. Sie hatte von Kopf bis Fuß Rakels Kleider an. Er gewöhnte sich an den Anblick. Nach und nach. Sie hatte etwas mit ihren Haaren gemacht. Sie standen ab. Genau wie Rakels Haare.
»Ich hab' doch gesagt, daß ich's mit den Schafen allein nicht schaffe. Erinnerste dich nicht, daß ich's dir erzählt hab' – am Telefon?«
Die Stimme war leise. Beide Hände lagen auf dem Tisch zwischen ihnen. Der Kopf gesenkt zwischen den Schultern. Die strohblonden Haare waren ein Glorienschein gegen das spärliche Dezemberlicht. Die Arbeitslampe brach in das Ganze ein. Zeigte, daß die Schläfen einen Grauschimmer bekommen hatten. Das hatte sie vorher nicht gesehen. Es schuf einen Abstand, den sie sich nicht erklären konnte.
Es war, als ob die Wut über die toten Schafe zusammensackte, so wie Holzknüppel in einem erlöschenden Feuer zusammenfallen.
»Du bist nicht allein«, sagte sie.
»Doch. Ich *bin* allein. Niemand in der ganzen Welt kann das ändern. Rakel ist fort. Damit muß ich leben. Aber die Schafe mußten geopfert werden.«
»Sie ist nicht fort...«
»Nein, nicht in unseren Gedanken. Aber sie versorgt ihre Schafe nicht mehr...«
Er ging um den großen Mahagonischreibtisch herum, der eine Neuanschaffung und ein Luxus in dem neuen Gebäude war, setzte sich auf die Tischkante und war schrecklich nah.
Da hörte sie die Stimme. Warnend. Rakels Stimme. Die ihr vorwarf, daß sie zu weit gegangen sei und Geheimnisse verraten habe. Ob sie nicht merke, daß es zu früh sei, ihm etwas begreiflich zu machen. Sie müsse alle möglichen Tricks lernen, ehe sie ihn damit quäle, wer sie sei. Auf die Schafe komme es doch nicht an!
Sie saß mit gesenktem Kopf und schwieg zu dieser Zurechtweisung. Sie war verdient. Sie war selbst schuld, daß Simons Haare grau wurden.
Und plötzlich war sie nur Tora, die um Hilfe bat. Die sich an Simons Hände klammerte.
»Ich versteh' ja, daß du das mit den Schafen schlimm findest. Hätt' ich 'ne Magd wie dich gehabt, dann wär's wohl gegangen. Aber du sollst niemandes Magd sein. Du sollst auf die Schule gehn und was werden. Das ist mein Wille, und das war

auch Rakels Wille. Sie hatte immer solche Lust, was zu lernen. Aber es wurde nichts daraus... Wir vermissen sie, Tora, nicht wahr?«
Sie nickte.
Er reichte ihr sein Taschentuch.
Sie konnte nicht begreifen, an was sie das erinnerte.
An etwas Ekelhaftes, Klammes und Grünes, Qualvolles und Schmachvolles. Was nichts mit Simon zu tun hatte.
Sie konnte das Taschentuch nicht nehmen.
Schließlich kniete der Mann neben dem Drehstuhl und putzte ihr die Nase. Da merkte sie, daß sie weinte.
»Schneuz dich«, sagte er behutsam.
Viermal schneuzte sie sich. Seine Hand fand jedesmal ein sauberes Eckchen in dem Taschentuch – und schloß sich energisch um ihre Nase. Sie hörte ihr eigenes Geräusch weit hinten im Kopf.
»Wir müssen zusammenhalten. Du darfst mich nicht so hart wegen der Schafe verurteilen... Ich muß mich mit so vielem hier im Betrieb rumschlagen, verstehste?«
Sie nickte. Dann verbarg sie sich bei ihm mit ihrem ganzen Sein.

38

Sonderbare Worte zeichneten sich in ihrem Heft ab. Sie wußte nicht, wo sie sie herhatte.
Eigentlich wollte sie damit keine Zeit vertrödeln. Denn Simon hatte ihr versprochen, daß sie alles für Weihnachten in Bekkejordet vorbereiten dürfe. Und Ingrid würde kommen. Trotzdem saß sie mit dem Füller und dem Heft am Küchentisch.
Die Worte liefen hintereinander über die Linien. Wie eine verschworene Schar. Wurden zu einer Art Geschichte, während sie dasaß und aus dem Fenster guckte.
Der Vogelbeerbaum im Garten war groß und alt. Die untersten Zweige waren abgesägt, damit das Licht ungehindert durch die kleinen Fenster hereinfallen konnte. Die Zweige, die vor dem Südwestwind geschützt waren, hatten die Arme noch voll blutroter Beeren. Die kleinen Vögel waren rastlose Flüchtlinge auf der ewigen Jagd nach Futter und ein wenig Schutz. Man sah sie nur mitten am Tag. Kleine, blitzschnelle Schatten.

Sie schrieb über sie in dem Heft. Schrieb von dem Vogeljungen in der Geröllhalde und der Vogelmutter auf der Fensterbank. Es schien ihr schrecklich wichtig zu sein, das *jetzt* niederzuschreiben.

Die Stimmen hatten sie nicht in Ruhe gelassen, seit sie von Simons Betrieb zurückgekommen war. Am schlimmsten war es, wenn sie nicht verstand, was sie wollten. Ein paarmal befahlen sie ihr, Dinge zu tun, die sie nicht gutheißen konnte. Es war vor allem eine helle, fordernde Mädchenstimme. Sagte unzusammenhängende, ekelhafte Wörter. Sie hatte das Gefühl, die Stimme zu kennen. Aber sie wagte nicht, sie zu sich hereinzulassen.

Einmal, als sie den Füller hochhob, befahl die Stimme ihr, in die Webstube hinaufzugehen. Zuerst tat sie es nicht. Aber es juckte sie am ganzen Körper – in den Gedanken juckte es auch, da gab sie nach.

Die Flicken waren aufgeräumt. Sie waren nach Farben und nach Qualität und Stärke geordnet.

Sie machte die starke Arbeitslampe über dem Webstuhl an und blieb stehen. Der letzte Teppich hatte blaue und weiße Streifen. Wollappen. Woraus waren die weißen Streifen geschnitten?

Vor lauter Stimmen fing es in ihrem Kopf an zu sieden, als sie sich nicht erinnern konnte, woher die weißen Flicken stammten.

Sie war den Tränen nahe. Sie fühlte sich erschöpft und gleichzeitig seltsam erregt.

Langsam glitt sie in den Webstuhl. Probierte vorsichtig die Pedale. Sie hatte das Gefühl, daß sie früher nicht gewebt hatte. Aber sie wußte doch, daß sie es getan hatte.

Dann legte sie die Flicken schichtweise auf das hausgemachte Holzbrettchen. Aber verzweifelte wieder, weil sie sich nicht erinnerte, wie es hieß. Das *Weberschiffchen* war für den Faden, mit dem man Stoff webte, oder für dünnes Wollgarn. Das Brett war für die Teppichflicken...

Der Kopf schmerzte, und die Stimmen nahmen überhand. Sie vermochte nicht mehr klar zu sehen. Schimpfte zurück, wenn die Stimmen da drinnen gellten. Führte das Holzbrett mit den Teppichflicken durch das Fach und schlug wütend mit der Lade. Da teilten sich die Fäden, gleichmäßig und schön wie durch ein Wunder, und öffneten erneut das Fach. Sie schlug und schlug, bis sie ruhig wurde.

Ein Geräusch von draußen ließ sie die Kälte plötzlich spüren. Den steifen Rücken. Und die Stimmen waren wieder da, wie auf Kommando. Die Ecken waren dunkel, und das Fenster stand ihr schwarz entgegen hinter den hellen Vorhängen.
Sie stahl sich aus dem Webstuhl und ging hinunter in die Küche. Ging von Raum zu Raum und machte die Lampen im ganzen Haus an. Von dem Stimmengewirr bekam sie natürlich Dunkelangst. Jetzt war da eine Stimme, die sie verhöhnte, weil sie für Weihnachten nicht gebacken hatte.
Verwirrt kletterte sie auf einen Hocker, um die Küchenwaage zu holen, die auf dem Küchenschrank stand. Sie war schwer und altmodisch. Mit beiden Händen hob sie sie herunter auf die Arbeitsplatte.
In der Waagschale lag ein Schlüssel. Auf dem Weg nach unten gab er einen traurigen Laut von sich.
Der Schlüssel zum Schreibschrank! Das fiel ihr jetzt ein. Gleichzeitig mahlte und quengelte eine Stimme, daß der Weihnachtsschmuck in der untersten Schublade des Schreibschranks liege.
»Ja, ja – sei still«, rief sie wütend zurück.
Da fingen sie an durcheinanderzureden, ohne Rücksicht auf sie zu nehmen. Sie führten lange Gespräche, aus denen sie nichts Vernünftiges heraushören konnte. Es krächzte wie in einem schlecht eingestellten Radio.
Während sie noch auf dem Hocker stand – kamen sie geströmt. *Braun, flach, ekelhaft!* Pfefferkuchenmänner von allen Weihnachtsfesten in Bekkejordet. Sie hüpften in der Waagschale auf und nieder. Strömten von den Oberschränken herunter.
Sie hatten eine weiße klebrige Glasur, die um sie herumschlotterte. Sie wirbelten auf die Arbeitsplatte und auf den Fußboden herunter. Kletterten an den Stuhlbeinen hoch, an ihren Beinen. Unter die Kleider. Sie spürte, daß sie sich an ihrer Haut hochkrallten. Die ganze Zeit war da ein kratzendes, widerliches Geräusch, als ob man eine Krabbe in einer Milchkanne laufen ließe. Sie waren bald oben an ihrem Hals. Millionen von ihnen.
Und mit einemmal begriff sie, wem die Stimmen gehörten.

Sie welkte gleichsam auf der Stelle dahin. Fiel in ihren Kleidern zusammen. Versuchte sie zu bitten, daß sie aufhörten. Aber es kam kein Laut. Sie wollte die Hände heben, um sie

wegzujagen. Aber dann spürte sie, daß sie in ihrem Mund waren. In den Ohren. Im Kopf. Sie fraßen sich in ihr Gehirn hinein. Und Simon war nicht da! Es war bald Weihnachten, und sie hatten den Baum noch nicht geholt! Und die Vögel saßen verborgen in dem Vogelbeerbaum und warteten auf das Tageslicht. Jeder mit dem Kopf unter dem Flügel. Wartete auf sein Junges. Das wußte sie ja. Und sie stand hier und ließ sich von ein paar abscheulichen puderzuckerklebrigen Pfefferkuchen piesacken, die es vor vielen Jahren zu Weihnachten gegeben hatte.
Der eine hatte kleine weiße Augen aus zwei Puderzuckertropfen, die er in ihre Augen stach. Das tat weh. Das Hirschhornsalz trieb ihr die Tränen in die Augen.
»Warum biste hergekommen? Du bist nicht tüchtig. Du bringst nur Unglück. Wir brauchen dich nicht. Du hast nichts für Weihnachten vorbereitet. Niemand hat die Mehlbüchse angerührt. Oder das Hirschhornsalz. Der Puderzucker liegt noch im Laden. Wer bist du? Du kannst nicht mal weben. Du weißt nicht, was eine Webspule ist. Du denkst nicht dran, daß wir Nachschub auf dem Schrank haben müssen. Wir sind zu wenig. Die Rakel hat jedes Jahr gebacken. Nun ist sie weg!«
»Laßt mich vom Stuhl runter!«
»Warum? Wenn ich alle Pfefferkuchenmänner auf dich hetze, biste heut abend nicht mehr da. Hahaha!«
Die bösartigen Glasuraugen stachen ihr ins Gesicht.
Dann begannen sie wieder, an ihr hochzukrabbeln. Sie spürte deutlich, daß sie im Kopf saßen. Daß sie sie von innen her auffraßen.
»Seht ihr nicht, wer ich bin?« rief sie mit voller Lautstärke und ließ sich vom Hocker herunterfallen.
Es war höchste Zeit. Die Pfefferkuchenleute schienen unten auf dem Boden keine Macht zu haben. Sie versuchte, sich für den Rest des Tages da unten zu halten. Ein paarmal dachte sie daran, in den Flur zu den Stiefeletten und dem Mantel zu flüchten. Aber man konnte ja nicht wissen, was sich in der dunklen Ecke hinter der Flurtür verbarg.
Sie guckte immer wieder auf den Küchenschrank, wo die Waage stand. Eine blaugestrichene Eisenwaage mit einer verbeulten Messingschale. Alt. Seit ewigen Zeiten hatte sie Mehl und Zucker gewogen.
Die Pfefferkuchenleute hatten sich aus Rache erhoben. Weil Rakel nicht mehr da war. Sie akzeptierten sie nicht. Sie war nicht tüchtig genug.

»Rakel!« rief sie mehrmals durch das Haus. »Sie kommen zurück. Sie fressen mich auf. Sie liegen auf der Lauer, um mich fertigzumachen! Hörst du?«
Aber Rakel war still. Wo sie auch sein mochte. Tora fühlte sich wie eine alte Haut in Rakels Kleidern. Wußte nicht, wie lange sie zusammenhalten würde.
Sie wollte die Wände dazu bringen, daß sie ihr sagten, wann sie Rakel zuletzt gesehen hätten. Aber sie schwiegen. Die Bilder schwiegen. Alle Gefäße auf dem Küchenschrank und im Schrank: schwiegen.
Sie schnappte sich den Schlüssel vom Schreibschrank und schlich ins Wohnzimmer. Mußte den Weihnachtsschmuck finden, bevor sie sie daran erinnerten. Mußte schnell sein, um ihnen zuvorzukommen.
Sie fand die braune Schachtel, in der er ihrer Erinnerung nach sein mußte. Eine Weile hielt sie die Girlanden und Engel abwechselnd in den Händen. Sie mußten einen Baum holen gehen, Simon und sie.
Sie legte die ganze Pracht auf den Eßtisch und liebkoste sie mit den Augen.
Da fing die Mädchenstimme an zu quengeln, daß sie ihre Papiere aufräumen solle. Es sei schon lange her, daß sie in den kleinen Fächern des Schreibschranks aufgeräumt habe, sagte die Stimme.
Sie fügte sich und schloß die Klappe mit unsicheren, steifen Händen auf.

39

Er sollte sich wirklich einen Schneepflug anschaffen, dachte Simon, als er den Lastwagen unten am Hang parken mußte. Gewaltige Schneemassen lagen mitten auf dem Weg.
Im ganzen Haus brannte Licht. Da räumte sie wohl noch auf. Er würde sie zu Ingrid fahren, wenn sie gegessen hatten.
Er hängte seine Sachen im Windfang auf und ging in die Küche. Legte den ersten Seelachs der Saison auf den Küchenschrank. Er würde ihn gleich kochen. Mit Leber und Rogen. Er merkte, wie sich seine Laune bei dem Gedanken bedeutend besserte. Er öffnete vorsichtig die Tür zum Wohnzimmer, um

Tora mit der guten Nachricht von dem frischen Fisch zu überraschen.
Rakels Schreibschrank war offen. Rakels grüner Pullover auf dem hohen gepolsterten Stuhl ließ ihn erzittern.
Tora hatte eine Menge Papiere um sich ausgebreitet. Briefe. Bezahlte Rechnungen. Zeitungsausschnitte. Abrechnungen über die Tierhaltung und den Haushalt.
Er mußte ihr sagen, daß er es nicht ertrug, daß sie in Rakels Kleidern ging, dachte er matt.
Aber er sagte es nicht. Lobte sie nur, daß sie den Schlüssel gefunden hatte. Wo hatte sie ihn gefunden?
Gefunden? Sie hatte ihn nicht gefunden. Hatte ihn geholt. Sie lächelte unsicher.
Er nahm ihre Hände von den Papieren fort. Sein Schatten überdeckte alles. Lag schwer auf ihr. Seine Finger waren stark und kalt. Das Gesicht war streng und verschlossen. Als ob er sie bei einem Diebstahl ertappt hätte.
Dann klappte er den Schreibschrank zu und schloß ab. Einen Augenblick stand er mit dem Schlüssel in der Hand, dann steckte er ihn langsam in die Tasche.

Der Schreibschrank! Dort hatte Rakel ihre Geheimnisse. Er war nie versucht gewesen, sie dadurch zu verletzen, daß er sich in dem Schrank zu schaffen machte. Er schien zu wissen, daß mit allem Schluß gewesen wäre, wenn er versucht hätte, an ihre Geheimnisse zu kommen. Solange sie da war, hätte er an so etwas nicht einmal gedacht. Er verstand, daß solche zarten Dinge verbanden. Einige Papiere, eine Schublade irgendwo, in der man seine Geheimnisse aufbewahren konnte. Es war einfach so: Rakels Schreibschrank war nicht für ihn.
Dann hatte er das Mädchen in Rakels Kleidern an dem Schreibschrank überrascht. Wie das Phantom eines Erlebnisses, das er oft gehabt hatte: daß Rakel da saß, wenn er heimkam. Daß sie sich umdrehte. Schnell. Glücklich, ihn zu sehen.
Seitdem Rakel fort war, hatte er sich mehrfach mit dem Gedanken getragen, den Schreibschrank in den Garten zu befördern und anzuzünden. Zu sehen, wie eine Feuersäule gegen den Himmel stand. Geflammte Birke. Er hatte ihr den Schrank im ersten Jahr ihrer Ehe geschenkt. Ein glühendes Möbelstück. Voll von Rakels geheimem Leben.
Jetzt war Tora da eingebrochen! Es war nicht gerecht, so zu

denken, aber er konnte nicht anders. Er wußte nicht mehr, woran er mit ihr war.
Sie war so erdnah gewesen, die Rakel. So praktisch in allem, was sie tat. Vernünftig. Gerecht. Aber sie besaß einen Schreibschrank, in dem sie ihre Träume aufbewahrte. Die er schützen würde.

Simon schnitt Kabeljau auf dem schon viel benutzten Brett. Ein mächtiges Maul klaffte gegen das Messer. Weiß da innen. Es war ausgeblutet. Bald kochte das Wasser. Simon tat eine Handvoll grobes Salz hinein. Dann legte er die Fischstücke in den Topf. Sie wurden zunächst ein wenig grau. Dann schickten sie perlmuttschimmernde Muster in das Wasser.
Tora fand eine vergilbte Tüte mit Lorbeerblättern. Wählte umständlich zwei aus. Ließ sie leicht in das Wasser fallen. Einen Augenblick verschwanden sie zwischen den Wasserblasen, um dann wieder aufzutauchen und sich zitternd auf die unruhige Oberfläche zu legen. Jetzt fehlten nur noch drei Tropfen Essig.
Sie lief ihm nach wie ein Hund, der nicht recht weiß, warum er Prügel bekommen hat. Es war ihr darum zu tun, ihn nicht derart zu reizen, daß er sie wegschickte.
Sie deckte den Tisch, so gut sie konnte. Versuchte sich vorzustellen, wie er es haben wollte.
Das Heft hatte sie vergessen zu verstecken.
Sie aßen, ohne viel zu reden. Ihre Augen trafen sich über dem Dampf.
Sie hatte kalte Füße.
»Morgen. Bei Tageslicht – gehen wir wegen einer Tanne«, sagte er über dem rauchenden Fisch.
»Ja.«
»Sei nicht traurig wegen der Sache mit dem Schreibschrank, aber die Rakel wollte ihn für sich allein haben, verstehste das?«
»Ja«, sagte sie.
»Wir wollen jetzt nicht mehr dran denken. Ich war vielleicht ein bißchen schroff. Verstehste mich, Tora?«
»Ja.« Er sagte nicht, daß sie zum Schlafen ins Tausendheim gehen sollte. Es hatte gereicht für diesen Tag.

Sie versteckte sich im Rakel-Bett. Hörte die Pfefferkuchenleute im ganzen Haus rumoren und flüstern. Aber sie wagten sicher nicht, zu ihr hereinzukommen, solange Simon in der Kü-

che schlief. Zwischen der Küchenwaage und der Tür zum Schlafzimmer.
Sie fühlte, daß sie allen Widerstand aufgegeben hatte. Aber er konnte wohl nicht zusehen, daß sie ihr den Rest gaben. Oder würde er es als eine Erleichterung empfinden? Sie sah doch, daß sie ihn peinigte, durch ihre bloße Anwesenheit. Vielleicht hatte er das Pfefferkuchenvolk auf sie gehetzt. Um sie aus dem Haus zu graulen? Nein!
Sie legte die Hand auf den Mund, weil sie nicht wußte, ob ihr das Wort entschlüpft war.
Die Geräusche im Haus waren wie das ferne Knistern eines Brandes. Sie wußte, daß das Pfefferkuchenvolk wiederkommen würde.
Inzwischen verlangte sie flüsternd nach Rakel, aber sie wagte nicht laut zu rufen. Da würde er sie zur Tür hinauswerfen.
Rakel antwortete nicht ein einziges Mal.
Es war jedenfalls warm im Bett. Sie hatte die Tür zur Küche gut zugemacht. Aber sie wußte, daß sie durch die Tür gingen, falls es ihnen einfiel, nach ihr zu suchen.
Sie würde nach Breiland fahren. In ihr Zimmer bei Bergs. Dort wußten sie, wer sie war. Aber...
Plötzlich kam Almar von Hestvika mit seinem zerfetzten, dampfenden Körper. Auf dem Rücken in rosa Eismatsch schwimmend. Völlig anders als alles, was sie bisher gesehen hatte. Zerstört. Nicht wieder zum Leben zu erwecken.
Alle Menschen, denen sie begegnet war, gingen durch sie hindurch. Besonders die vom Tausendheim. Hatten höhnische Worte an Nase, Kinn und Ohren befestigt. Im Haar. Trieben durch sie hindurch. Vom Wind wie Asche geweht. Sie wollte fliehen. Aber Breiland war wie ein toter Klumpen aus Fleisch und Haut. Sie wußte nicht, was sie damit sollte. Sie konnte die Gesichter nicht aus dem Weg räumen, um zu sehen.
Auf einmal verstand sie, daß das Bündel am Strand nicht Breiland war, es war Almar. Er starb immer noch. Wurde nie fertig. Sie merkte, wie müde und überdrüssig sie seiner war.
Und der Holzlöffel, der in der gefrorenen, sandigen Erde grub. Die Schachtel. Die Flammen im Ofen. Sie fraßen und fraßen. Alles, was sie nicht mit sich herumschleppen konnte. Was keiner mit sich herumschleppen konnte. Keiner!
Das Vogeljunge, das blaue Adern am Kopf hatte! Adern mit totem Blut. Die Nabelschnur, die es mit sich zog. Das schnaufende Geräusch. Etwas, was herausglitt.

Es tat ihr nicht mehr weh. Machte sie nur schrecklich müde. Weil überall alles auf ihr herumkrabbelte. Etwas von ihr forderte.
Der zerzauste Kopf von Elisif. Ihre Matratze, die sie am Strand verbrannten, als sie das tote Mädchen geboren hatte. Das Mädchen, das ein lebendiger Junge hätte sein sollen, der als Missionar in die weite Welt gehen sollte.
Der alte Jude mit dem schwarzen Mantel, der zum Kartoffelacker kam. Von dem sie Stickereien gekauft und dem sie Waffeln und Kaffee angeboten hatten. Man konnte sich gut und wunderbar dabei fühlen.
Lange Zeit hatte sie sein Gesicht satt gehabt. Er sprach zu ihr mit der Stimme von einem der Pfefferkuchenmänner. Leise, polternd. Mit vielen Entschuldigungen, Vorwürfen.
Frits. Mit dem dünnen Hals, den Kehllauten. Den langen Fingern, mit denen er sprach. Frits, der ihr manchmal Briefe geschrieben hatte. Mußte es so einem nicht unmöglich sein, Briefe zu schreiben? Trotzdem hatte er es getan. Nun war er fort für sie, schon sehr lange.

Das Schaf schwamm im Meer. Das Seil. Um das weiße Handgelenk gewickelt. Simon, der es abschnitt. Simons weicher Mund war ein Strich.
Ihre Kleider. Schwer von salzigem Meerwasser. Das Haar. Die geschlossenen Augen.
Ingrid.

40

Sicher hatte Simon sie dabehalten, weil sie ihn nicht quälte, sie stand auch nicht auf, bevor er aus dem Haus war. Ein paarmal hatte er zur Tür hereingeschaut – als ob er sie wecken wollte. Aber sie stellte sich schlafend. Atmete nur den Kaffeeduft ein, um auf alle Fälle etwas zu haben. Sie tat jetzt alles, was er von ihr verlangte.
Sie überlegte, ob ihr jemand Bewegungen und Worte eingeimpft hatte, während sie schlief. Sie hatte das Gefühl, von irgendwoher, außerhalb ihrer selbst, gesteuert zu werden. Die Worte, die sie benutzte, wenn es erwartet wurde, Füße und Hände, die durch Zeit und Raum gingen. Der Körper kapselte

sich ein, war im Begriff einzutrocknen. Niemand wollte ihn haben. Sie selbst auch nicht. Sie war ein Fremdling in Rakels Kleidern.

Ein Flüchtling, der ein verlassenes Haus gefunden hatte. Wo alles fertig dastand, bereit, daß jemand es in Gebrauch nahm. Die Betten waren gemacht, die Schränke voller Kleider und Aussteuer, Geschirr und Töpfe. Die Stühle waren noch warm von denen, die zuletzt hier gesessen hatten. Kaffeeflecken auf der Decke. Eine benutzte Tasse.

Sie bemühte sich, ein kleines Mädchen zu sein, wenn Simon da war. Sonst riskierte sie, daß er sie wegschickte. Gehorsam gab sie ihrer Begeisterung Ausdruck, als er ihr den Weihnachtsbaum zeigte, der in einer Schneewehe stand und sich zu verstecken suchte.

Sie protestierte nicht, als Ingrid plötzlich auftauchte und alles in Ordnung bringen wollte.

Wenn sie allein in Bekkejordet war, kroch sie mit dem Heft in Rakels Bett und schrieb in den Augenblicken, in denen die Stimmen sie vergaßen. Die Pfefferkuchenleute zeigten sich glücklicherweise nicht mehr. Aber sie hörte sie. Die ganze Zeit.

Ingrid und Simon gingen durch ihren Tag. Abends war sie erschöpft von all dem, worauf sie aufpassen mußte, um nicht ihren Abscheu heraufzubeschwören, ihre Mißbilligung, ihre ungläubigen Blicke. Sie sagten, es sei der Tag vor Heiligabend.

Der Tag schlich dahin, wie Staub, der sich langsam auf die Möbel legte in einem Haus, in dem niemand ging. Niemand ihn aufwirbelte, niemand ihn wegnahm. Irgendwo hatte sie in ihrem Inneren einen unverwundbaren Punkt. Sie wußte, daß sie dabei war, ihn zu finden. Für immer.

Aber erst mußte sie durch alles durch, was Simon daran hinderte, zu sehen, wer sie war.

Er lag nachts auf der Couch in der Küche.

Die Katze war nach Hause gekommen. Mager und mit glanzlosem Fell.

Die Katze war die einzige, die sie erkannte.

Es war eine göttliche Fügung, würde Elisif gesagt haben. Eine wunderbare Fügung. Aber sie wußte nichts und sagte nichts, erst lange, lange danach.

Die letzte Weihnachtspost wurde ins Haus gebracht.

Als Simon die glitzernden Weihnachtskarten auf die Wachs-

tuchdecke legte, zusammen mit ein paar Rechnungen, fiel ein langer weißer Umschlag heraus und landete auf dem Boden. Unter allen Dingen, die am Vormittag des Heiligen Abends ankommen können, wenn keiner Zeit hat, sie anzusehen, befand sich diesmal ein Brief an Rakel Bekkejordet von der Heilsarmee. Aufgegeben in Oslo. Sie konnten nicht wissen, daß sie den Brief nicht mehr öffnen würde.
Simon steckte den Brief zuerst weg. Rakels Name konnte ihn niederschmettern, wenn er so unvermutet auftauchte. Er ging davon aus, daß es ein Bettelbrief war.
Aber Ingrid bat ihn, den Brief zu öffnen. Meinte, daß Rakel wohl ein paar Kronen geschickt hätte, falls sie tatsächlich um Geld baten.
Er nahm den Brief geistesabwesend in die Hand und riß ihn auf. Eine Fotografie mit einem Gruppenbild fiel heraus, als er den Briefbogen aus dem Umschlag zog.
Der Brief von der Heilsarmee war kurz, aber freundlich. Das Wort Geld oder Spende kam nicht vor. Statt dessen konnten sie Auskunft geben, daß sie endlich Wilhelm Storms Familie ausfindig gemacht hatten. Sie glaubten, daß es die Familie sei, mit der Rakel Bekkejordet auf Grund der Tatsache, daß eine Tochter von Wilhelm Storm auf der Insel lebte, Kontakt aufnehmen wollte. Sie hatten einen Friedrich Storm und seine Familie aufgespürt. Die Familie besaß einen Brief, den Wilhelm Storm aus Norwegen an seine Eltern geschrieben hatte und in dem er eine Frau namens Ingrid erwähnte. Dieser Wilhelm hatte sich auf der Insel von August 1941 bis zu einem unbekannten Datum aufgehalten. Die Familie hatte die Mitteilung bekommen, daß er gefallen war, kannte aber nicht die äußeren Umstände und den Zeitpunkt. Sie hatten auch nichts von Tora Johansens Existenz gewußt, bis die Heilsarmee Kontakt mit ihnen aufnahm. Friedrich Storm war Wilhelms jüngerer Bruder und der einzige nähere Verwandte, nachdem die Eltern vor einigen Jahren gestorben waren. Er wohnte in Berlin zusammen mit seiner Frau und zwei Kindern. Hatte der Heilsarmee ein Familienfoto geschickt und ein Foto von dem jungen Wilhelm Storm, bevor er nach Norwegen ging.
Die Adresse der Familie in Berlin war mit großen Druckbuchstaben geschrieben, die in dem geschäftsmäßigen Brief zwei Zeilen füllten.

Simon wechselte die Farbe, während er las. Er sah zu Ingrid

hin, die das Pökelfleisch mit zwei groben Gabeln aus dem dampfenden Topf auf die Servierplatte beförderte.
Tora wirtschaftete mit irgend etwas im Wohnzimmer herum.
Er verlegte das Gewicht von dem einen Fuß auf den anderen, während er den Blick über die Fotografien gleiten ließ, aber der Fuß schien nicht recht standfest zu sein, deshalb setzte er sich.
Dann mußte er auch an diesem Tag wieder denken: »Wenn du doch hier wärst, Rakel! Und dich um alles zusammen kümmern könntest.«
Helle Knabenstimmen sangen: »Stille Nacht...« in einem gleichmäßigen Strom aus dem Radio.
Simon räusperte sich. Dann räusperte er sich noch einmal, so daß Ingrid ihn verwundert ansah.
»Ihr habt einen Brief von der Heilsarmee bekommen!«
Mit dieser vagen Erklärung gab er ihnen den Aufschub, den sie seiner Meinung nach brauchten.
Sie kamen an den Tisch. Zuerst Tora, sie hatte es leichter, das wegzulegen, was sie gerade in den Händen hielt. Dann Ingrid, widerwillig, während sie sich die Fleischbrühe mit einem Lappen von den roten Arbeitshänden wischte.
Ingrid las den Brief langsam durch, ohne etwas zu sagen. Dann betrachtete sie nacheinander beide Fotografien. Hielt die des Mannes, Wilhelms, länger in den Händen. Plötzlich fiel ihr ein, daß das Fleisch auf der Platte kalt wurde. Sie legte die Fotografie auf den Tisch und ging zum Herd. Verfehlte den Topf, als sie das Fleisch wieder hineintun wollte. Und als der braune Klumpen mit den rosa Rissen endlich im Topf landete, spritzte glühendheiße Fleischbrühe über ihren Handrücken. Sie verzog keine Miene.
Tora hielt den Brief mit zitternden Händen. Die Worte liefen ineinander und wurden zu Nebel, zunächst. Die Fotografien dort auf dem Tisch waren unwirklich. Vielleicht träumte sie nur?
Keiner sagte etwas. Warum sagten sie nichts?
Simon machte sich im Wohnzimmer zu schaffen.
»Ingrid, wir fahren hin«, sagte Tora atemlos.
»Nein! Zu dem fremden Mann und seiner Familie, wozu soll das gut sein? Ich versteh' nicht mal, was sie sagen.«
Tora wurde so klein. Stand mitten in der Küche und versuchte, die Decke über ihnen festzuhalten. Die Wände drängten sich zusammen, um sich im nächsten Augenblick weit hinaus auf die Wiesen zurückzuziehen.

»Wir schreiben ihnen, Ingrid!«
»Nein!«
Simon kam aus dem Wohnzimmer und konnte nicht verheimlichen, daß er ihre Worte gehört hatte.
»Die Tora kann doch schreiben, wenn sie will«, sagte er entschieden.
Er streifte Tora mit der Hand. Aber sie schien es nicht zu beachten.
Er war ratlos und wütend. Sie verstanden nicht, was für ein fantastisches Weihnachtsgeschenk Rakel ihnen gemacht hatte. Sie nahmen es nicht einmal an! »Sie meinte es doch gut, die Rakel«, murmelte er mit belegter Stimme.
»Ja«, sagte Ingrid und rührte energisch in dem Rübenmus.
»Die Tora kann doch schreiben, wenn sie will«, wiederholte er und sah Tora an.
Aber niemand antwortete ihm.
Tora legte die Weihnachtskarten vor sich auf einen Haufen. Dann faltete sie den Brief von der Heilsarmee zusammen und steckte ihn mit den Fotografien in den Umschlag. Außen auf dem Umschlag stand Rakels Name. Sie legte den Brief im Wohnzimmer auf Rakels Schreibschrank.
Mit flinken Händen deckte sie den Tisch mit allem Staat aus dem Büfett.
Sie bewegte sich in einem Bild, das sie sich oft gewünscht hatte. Der fünfarmige Leuchter auf der Hardanger Tischdecke. Die gestickten Servietten, mit denen keiner wagte sich den Mund abzuwischen und die deshalb immer in den silbernen Serviettenringen liegenblieben. Der kleine Baum vor dem Fenster. Der Geruch des Pökelfleisches, das draußen in der Küche dampfte. Die gelbe, ungleichmäßige Oberfläche von dem Rübenmus in der Schüssel mit dem Goldrand. Das Silberbesteck und die Gläser, die in dem warmen Dunst anliefen und eine Spur matter wurden. Die Mandelkartoffeln, goldgelb und geschält wie abgezogene Riesenmandeln, in der Kartoffelschüssel. Der traumhafte, schwere Geruch von dem Weihrauch, der auf dem Etagenofen lag.
Davon hatte sie wahrhaftig immer geträumt. Heiligabend in Bekkejordet.
Dann war es wohl doch so, daß sie nur Tora war.

Ingrid ging zwischen Herd und Tisch hin und her, zunächst. Dann meinte Simon, daß sie sich setzen solle. Sie könnten ja nicht anfangen, bevor sie komme. Sie ließ sich gehorsam auf dem gepolsterten, alten Eßzimmerstuhl mit Federn in den Sitzen nieder. Er gab so etwas wie einen kleinen Seufzer von sich, obwohl sie sich ganz vorsichtig und leicht wie eine Fliege setzte.

Wenn Tora Ingrid ansah, bekam sie die bösartige Vorstellung, daß sie lachen, pupsen, singen müßte, unanständige Geschichten oder schlüpfrige Verse zum besten geben, die sie vor langer Zeit in Vaeret bei den Jungens, die am Kai herumlungerten, gehört hatte. Sie bekam solche Lust, Ingrids Gesicht mit Worten, Bewegungen zu zerstören. Allem, was sie von ihr erwartete, den Rücken zu kehren. Aber sie konnte nicht. Dann würde das Pfefferkuchenvolk vom Küchenschrank heruntergepurzelt kommen und sie vernichten. Sie sah sich als einen Klumpen am Boden liegen. Der zerbröckeln würde und zu Staub werden, falls jemand sie anrührte.

Zwischendurch bekam sie Lust, Ingrids Wange zu streicheln. Weil sie das Pech hatte zu existieren.

Aber sie hatte das Essen zubereitet und die letzten Vorbereitungen für Weihnachten getroffen. Sie war die Jungfrau Maria auf Elisifs Bild über der Kommode. Sie hielt sie alle auf eine praktische und vertrauenswürdige Art im Schoß. Aber sie hatte die ganze Zeit den Blick nach innen gerichtet, als ob sie etwas sähe, was sie mit keinem teilen wollte. Und die Hand auf dem Kind war so abwesend, als ob sie nicht ahnte, daß sie etwas Lebendiges im Schoß hielt.

Ingrids Jesuskind... das Probleme schuf und rote Augen, so daß sie es unten im Schoß halten mußte, um seinem Anblick zu entgehen. Woran dachte sie, diese Ingrid? Dachte sie an ihn, der draußen auf dem Meer mit einem Frachtschiff fuhr oder in der Kneipe saß und den Kopf schwer auf die Tischplatte legte? Er war auch ihr Jesuskind.

Nach dem Essen nahm Simon die Bibel zur Hand. Er las das Weihnachtsevangelium mit der Stimme eines Jungen. Zitternd, wie einer, der im Stimmwechsel ist und vom Pfarrer in der Kirche abgehört wird. Er sah nicht auf. Begegnete ihren Blikken nicht. Er war aschgrau im Gesicht. Alles war für Simon zusammengebrochen.

Rakel war nicht da.

Ob sie vielleicht aus dem Heft vorlesen sollte? Ob sie die anderen dann dazu brachte, sie richtig zu sehen?

Nur ein einziges Mal. Warum sahen die anderen sie nicht? Sollte sie sie trotzdem erschrecken, damit sie sahen?

Es war beim Kaffee. Sie wollten gerade anfangen, die Geschenke zu verteilen. Da klopfte es hart an die Küchentür. Einmal. Als ob die Schneeschaufel umgefallen wäre.
Simon stand auf und ging in die Küche. Ingrid wurde unruhig. Ihre Hände spielten mit dem Gürtel. Die Katze ringelte den Schwanz um sich und spitzte die Ohren zur Tür hin. War auf der Hut.
Sie wußte nicht, was sie in der Türöffnung erwartete. Wahrscheinlich wußte sie bereits durch Ingrids unruhige Hände, was sie zu Gesicht bekommen würde.
Alles löste sich auf. Die weißen Kerzen in dem fünfarmigen Leuchter flackerten, als Simon die Windfangtür hinter ihm schloß.
Jetzt waren sie eingeschlossen. Alle vier. Miteinander.

Er war sauber und ordentlich. Rasiert. Der Anzug war neu. Die Augen waren groß und unsicher. Er sah von einem zum anderen. Nahm sich Zeit. Als ob ihm nur die Zeit zugemessen wäre, in der er ihnen in die Augen sah.
»Du!« sagte Ingrid und erhob sich halb aus ihrem Sessel.
»Willkommen!« sagte Simon mit matter Stimme.
»Du bist das Jesuskind«, murmelte Tora und grinste den Mann bei der Tür an.
Es wurde still. Die Katze gähnte. Die Wohnzimmeruhr schlug aus weiter Entfernung acht Schläge.
»Setz dich und feiere den Rest des Abends mit uns«, sagte Simon. Er nahm dem Mann die Schifferjacke ab, die auch neu war.
Henrik hatte unerwartet eine Fahrgelegenheit bekommen. Einer, der ein Boot besaß, wollte seine Freundin, die bei Dahl arbeitete, besuchen. Er hatte nicht vorgehabt, nach Bekkejordet zu kommen. Aber es war wohl ein wenig langweilig, wenn man nichts vorhatte. Er erklärte es ruhig und umständlich.
Tora hörte sie, als ob sie aus einer Milchkanne redeten. Zuerst glaubte sie, daß es die Stimmen wären, die sie die ganze Zeit traktierten. Aber das konnte ja nicht sein. Sie sah, daß die Münder, die Gesichtsmuskeln, die Hände sich bewegten. Vor allem sah sie Simons Hände unterhalb des allzu weißen Hemdes. Sein gequältes Gesicht. Einmal glaubte sie, daß sie ihn rief. Aber sie sah an ihren Gesichtern, daß sie den Ruf nicht gehört hatten. Und sie waren so fern wie der Mond über dem Stalldach.

Zwischen dem zarten Klirren von Rakels Goldrandtassen, der Multebeercreme, der Uhr, die schlug – hatte sie das Gefühl, daß es Sommer war und daß sie auf einer Felskuppe oben am Veten saß und die Beerenpflücker beobachtete, die sich den Preiselbeerhang hinaufmühten, ohne sie zu sehen. Sie saß ganz versteckt und hörte Bruchstücke der Gespräche, ohne selbst gesehen zu werden. Das war beinahe beruhigend.

Sie hatten keine Geschenke für Henrik. Simon holte eine extra gute Zigarre und bot sie ihm als Trostpflaster an. Er bot ihm auch Pökelfleisch an. Aber Henrik hatte genug mit Kaffee und Kuchen.

Simon wollte, daß Tora die Weihnachtsgeschenke verteilte. Aber sie sah nicht auf, als er sie fragte. Antwortete nicht. Da teilte er sie selbst aus. Verstand, daß er das Beste aus dem Abend machen mußte, wenn es richtig Weihnachten sein sollte.

Tora bekam von Simon ein weinrotes Kofferradio, Marke Kurér. Ingrid war entsetzt – und sagte, daß das viel zuviel sei. Tora schaltete es ein, ohne gedankt zu haben. Es gab nur knakkende Geräusche von sich, so daß sie es sofort wieder abstellte.

»Willste dich nicht bedanken?« sagte Ingrid beinahe böse.

»Danke!«

Tora war so beschämt. Sie suchte Simons Hand und hätte sich am liebsten in ein Mauseloch verkrochen.

»Nichts zu danken«, sagte Simon, aber er hatte doch wenigstens eine Umarmung und ein frohes Gesicht erwartet.

Als Ingrid die Fotografie des Mannes Wilhelm aus dem Papier mit dem sich rankenden Christdorn auswickelte, war sie nicht vorbereitet. Hatte wohl geglaubt, daß mit Bildern und derartigen Dingen für diesen Tag Schluß sei. Sie versuchte sie wegzustecken, aber die Männer reckten die Hälse und wollten sehen, was sie bekommen hatte.

»Wer ist das?« fragte Henrik und zündete sich die Zigarre an.

Der Weihnachtsbaum leuchtete mit den kleinen, gedrehten Kerzen, die Luma hießen, und Ingrid wurde blutrot.

Schließlich besann Tora sich. Sie beugte sich zu Ingrid vor, nahm das Bild und hielt es für die anderen hoch.

»Das ist Toras Vater!« sagte sie triumphierend.

Simon wünschte, daß dieser Abend zu Ende wäre.

»Wo kommt das her?« fragte Henrik mit angespannter Stimme.

»Vom Himmel«, kicherte Tora.
»Red keinen Unsinn, Tora«, sagte Ingrid streng und wickelte das Bild wieder ein.
Tora spürte, daß sie hätte den Tisch umwerfen können. Die Fensterscheiben einschlagen. Ihre Faust in das Gesicht von irgendeinem plazieren.
»Das ist ’n Bild, das ich liegen hatte und das Tora bekommen hat«, erklärte Ingrid und sah mit leerem Blick in den Raum.
»Und jetzt will sie mir wohl eine Vergrößerung zurückgeben, nicht wahr?«
Ingrids Mut war makellos. Sie lehnte sich müde in ihrem Sessel zurück und wartete.
Simon wartete auch.
Aber von Henrik kam kein Laut. Simon überlegte, ob es daran lag, daß er in Bekkejordet war. Oder ob es an dem lag, worüber die Leute jetzt redeten: daß Henrik seit dem Tag, an dem ihm Rakel aus der Hand glitt, beinahe religiös geworden war.
Simon glaubte, daß das Schlimmste abgewendet war, als Tora auf einmal Ingrid ansah und rachsüchtig fragte: »Willste dich nicht bedanken?«
Er hatte die größte Lust, über die Schlagfertigkeit des Mädchens zu lachen. Aber mit dem Lachen war es in Bekkejordet jetzt wohl für immer vorbei.
Ingrid starrte Tora an, die zurückstarrte. Es war eine Art Krieg.
»Vielen Dank«, sagte Ingrid endlich.
Da lachte Tora laut und böse.

Es wurde nichts Vernünftiges mehr aus dem Gespräch, und die Kerzen waren fast niedergebrannt. Bald darauf wollte Ingrid noch zu guter Letzt spülen. Dann würden sie gehen. Es sei spät geworden, sagte sie.
Simon meinte, daß es unsinnig sei, in die kalten Räume im Tausendheim zurückzugehen, wenn Bekkejordet ein ganzes Heer beherbergen könne.
Tora bekam plötzlich keine Luft mehr. Aber sie hielt den Körper ruhig im Sessel. Es würde sich schon regeln.
Aber Simon und Ingrid gingen ins Dachgeschoß, um die elektrische Heizung anzumachen und das Bettzeug herauszusuchen.
Sie hängte die Augen auf ihre Rücken, als sie in den Flur hinaus verschwanden. Machte sich schwer wie Blei, um sie dahin

zu bringen, daß sie es sich anders überlegten. Aber sie schlossen die Tür.
Da erkannte sie, daß sie nur sich selbst hatte. Rakel war woandershin gegangen. Sie hatte versagt. Die Stimmen waren auch nicht da.
Er war da!
Sie kam aus dem Sessel hoch, ging in den Flur und schrie die Treppe hinauf, daß es in dem alten, gemütlichen Haus widerhallte: »Sie sollen nicht hier schlafen. Sie sollen zu sich nach Haus gehn! Hörste, Simon!«
Erst tat Simon so, als ob er Toras Benehmen für einen groben Scherz hielt.
Aber Ingrid stand wie ein toter Baum im Flur und erklärte, daß sie nach Hause gehen würden. Je mehr Ingrid darauf bestand, desto wütender wurde Simon.
»Ich versteh' nicht, wie du so garstig sein kannst, Tora?« sagte er mutlos mit grauen Lippen.
Aber Tora schrie immer weiter, bis ihre Stimme nur noch ein Fauchen aus der Kehle war: »Sie sollen gehn! Ich will nicht, daß sie hier schlafen!«
Sie war ein fanatischer Fußballpatriot, der mit flammenden Augen und Schaum in den Mundwinkeln für den Sieg seiner Mannschaft schrie.
Da hob Simon die Hand und schlug ihr ins Gesicht.
Noch brannten die Kerzen im Messingleuchter. Aber es würde nicht mehr lange dauern.
Ingrid sah so aus, als ob sie lange verprügelt worden wäre. Sie war nicht mehr die Jungfrau Maria.
Henrik war sichtlich beleidigt. Er hatte sich doch den ganzen Abend wie ein ordentlicher Mensch aufgeführt und nahm an der Aufregung nicht teil.
Simon holte schließlich seine Schaffelljacke und die Schiffermütze, um sie nach Hause zu fahren.

41

Die Weihnachtstage gingen irgendwie herum. Rakel kam nicht zurück, und die Stimmen waren nur da, wenn sie allein war. Sie zog mit ihrem Federbett in die Dachstube, damit Simon sie nicht so in der Nähe zu haben brauchte. Im übrigen achtete sie

darauf, so neutral wie möglich zu sein. Sie schrieb in ihrem Heft.
Einmal sah Simon sie mit seinem alten Blick an und fragte sie, warum sie am Weihnachtsabend so ein Theater gemacht habe.
»Es ist quälend, solche Leute zu Besuch zu haben.«
»Was haben sie dir getan? Warum biste so?«
»Nichts. Überhaupt nichts.«
»Irgendwas muß es doch sein. Ist es der Henrik, dessen Anblick du nicht erträgst?«
»Sie gehören zusammen«, sagte sie und schlüpfte aus dem Raum, ehe er noch mehr fragen konnte.
»Ich kenn' dich nicht wieder«, rief er ihr nach.
»Das weiß ich«, antwortete sie kaum hörbar.

Sol war gekommen. Sie hatte ein rotes Jäckchenkleid an und einen neuen Mantel.
Tora und sie gingen spazieren. Sol hatte sich daran gewöhnt, spazierenzugehen, erzählte sie. Es ergab sich so, wenn man in einer Stadt wohnte.
Für Tora war es wie ein Aufschub, Sols Erzählungen, ihren Beschreibungen von den Menschen, die sie getroffen hatte, von den Festen, auf denen sie gewesen war, zuzuhören.
Sols Stimme legte sich um sie – weich und sicher. Sie hatte in Oslo *Vom Winde verweht* gesehen. Tora hätte Clark Gable erleben sollen! Er war schön! Und Vivien Leigh! Die schöne Dame, die die Menschen immer dazu brachte, das zu tun, was sie wollte. Sol glaubte, daß sie böse war. Wirklich böse! Obwohl sie die Hauptperson im Film war. Das sei seltsam, meinte sie, denn sonst seien die Hauptpersonen immer gut.
Tora fand großen Trost in den Spaziergängen mit Sol und in ihren Erzählungen.
Ihr selbst ging es so, daß ihr die Worte, die sie sagen wollte, im Mund erstarben.
Weder die Stimmen noch die Pfefferkuchenleute wagten sich hervor, wenn Sol da war.
Elisif hatte Sol zu Ehren einen spärlichen, kleinen Tannenbaum geschmückt. Das war neu. Denn Elisif hatte vor vielen Jahren herausgefunden, daß der Weihnachtsbaum Götzendienst und Teufelswerk sei. Jetzt stand er trotzdem auf einem wackeligen Tisch in der Ecke. Eine dick zusammengefaltete Zeitungsseite war als Keil unter das eine Tischbein geschoben.
Die Girlanden sahen etwas zerrupft aus. Und den Stern hatte

seit dem ersten Weihnachtstag keiner mehr gesehen. Aber der Baum war schön. Er ergänzte die Familie und hatte seinen Platz gefunden. Hatte nichts dagegen, ein Bindeglied zwischen Gottesverehrung und Götzendienst zu sein. Er schien seine Rolle direkt zu lieben.

Sol bestimmte, daß Tora und sie nach Breiland fahren würden und dort Silvester feiern. Sie fegte Elisifs Proteste und Tränen und Vorwürfe beiseite und erklärte, daß Breiland auf dem Weg nach Oslo liege und es einfach für sie sei, von dort zu starten. Außerdem sei es jetzt eng in den Räumen, wo sie einen Weihnachtsbaum und andere Dinge bekommen hätten. Sie streichelte ihnen allen die Wange und ermahnte sie lachend, ihretwegen nicht zu weinen, denn sie hätte sie doch alle gern. Tora war immer wieder erstaunt, wie schnell Sol alle Dinge nach ihren Wünschen regelte.

Ingrid tat so, als ob sie den Weihnachtsabend vergessen hätte, als Tora hereinkam, um ganz kurz zu sagen, daß sie fahre.

Sie sah beinahe froh aus, während sie ihr die Hand reichte und gute Reise wünschte.

Henrik war weggegangen, aber sie würde ihm Grüße ausrichten.

Tora schaffte es, die Worte einzuschließen. Drückte nur die ausgestreckte Hand. Es war unbedingt notwendig, sie fest zu drücken, denn es war das einzige, was sie tun konnte.

»Du kannst ja nach Berlin schreiben, wenn du willst«, sagte Ingrid versöhnlich, ohne Einleitung oder Schluß.

Tora drückte die Hand, die zwischen ihnen in der Luft hing.

Simon fuhr Sol und Tora zum Kai und sah erleichtert aus. Er war grau und gebeugt.

Rakel blieb unsichtbar. Sie wollte sich nicht zu ihren Kleidern bekennen. Tora füllte sie aus, so gut sie konnte.

»Ja, ja, das war's«, sagte Sol, als sie mit dem Linienschiff zum Fjord hinausfuhren. »Jetzt kannste tanzen gehn. Niemand in Breiland erinnert sich dran, daß die Rakel tot ist. In großen Städten nehmen sie's nicht so genau mit der Trauerzeit.«

Sie sagte es mit dem gleichen erleichterten Seufzer, mit dem sie den Kofferdeckel zugemacht und den Koffer abgeschlossen hatte.

Tora saß mit offenem Mund da. Die Worte waren unglaublich, aber ehrlich.

Es schlingerte ganz heftig an diesem Tag. Der Winter hatte das Meer im Griff, und die Tage waren sozusagen nicht mehr da. Sie hatte Jon vergessen. Bis Sol sie daran erinnerte, daß sie ihn anrufen mußte, damit sie ihn bei dem Tanzvergnügen dabeihatten. Vielleicht hatte er noch einen netten Kameraden.
Sie benutzte das Telefon im Flur bei Bergs und wählte die Nummer. Jons Mutter hob ab und war kühl wie ein Wäschestück, das man gerade von der Leine geholt hat und das die Nachtfeuchtigkeit in vollem Umfang mitbekommen hat.
Jon war schrecklich froh, daß sie wieder da war. Weniger froh, als er hörte, daß sie in Begleitung einer Freundin war. Aber zum Tanzen würden sie gehen.
Er traf sich mit ihnen im Café, mit gebügelten Hosen und Pomadenhaaren. Tora erkannte ihn bis zu einem gewissen Grad wieder, doch er war ihr nicht nahe. Sie konnte nicht mit ihm reden. Ihn anfassen. Trotzdem tat sie es.
Sie tanzten. Aber sie fühlte sich die ganze Zeit müde und seekrank. Schließlich trank sie einen Schluck aus einem Glas, von dem sie nicht wußte, was drin war. Es machte sie warm und schwer in seinen Armen, und sie brauchte ihn nicht mehr deutlich zu sehen. Es wurde alles viel besser. Sie bekam in der Pause das ganze Glas für sich allein.
Sol fand schnell jemanden zum Tanzen. Das heißt: Sie ließ sich finden. Sorgte dafür, zur Stelle zu sein, als der Richtige vorbeiging. Einfache, wendige Regeln, nach denen Sol spielen konnte.
Die Feuerwerkskörper waren gen Himmel gefahren, alle hatten einander umarmt und sich ein gutes neues Jahr gewünscht, und die Stunden hatten sich wie Zuckerlösung auf sie gelegt, klebrig und zu süß. Da kam Sol und flüsterte, daß sie mit einem, den sie kennengelernt hatte, heimgehen würde und daß Tora nicht auf sie warten solle.
Tora fühlte eine gewisse Trauer, wie damals, als sie klein war und Sol anfing zu groß zu werden, um mit ihr zu spielen. Sie wollte protestieren, aber es fiel ihr ein, daß man gegen das, wozu Sol sich entschlossen hatte, nicht protestieren konnte.
Hatte sie sich darauf gefreut, zusammen mit Sol in ihr Zimmer zu kommen? Die Treppe heraufschleichend, noch die Wärme vom Tanzen im Körper? Kichernd, wie in alten Tagen, wenn sie Geheimnisse hatten und auf dem Klo im Hof des Tausendheims saßen und flüsterten, bis jemand kam und klopfte. Aber Sol hatte andere Dinge vor. Genau wie Rakel. Versinken.

»Komm ans Kai, wenn das Schiff abgeht, damit ich dir Auf Wiedersehen sagen kann«, flüsterte Sol.
Und Tora nickte. In ihrem Kopf drehte es sich. Die Türen standen gegen eine weiße funkelnde Welt auf. Die eine oder andere verspätete Rakete zischte über den Himmel und warf ihre falschen Sterne herunter, ohne zu treffen.
Sie leerte ihr Glas und glaubte, daß sie irgend etwas sagte.

Sie lag unter der Bettlampe. Das Licht war grell wie beim Zahnarzt. Er hatte es eilig, ihr die Kleider auszuziehen. Zuletzt lag sie nackt auf dem Bett und hatte ein gewaltiges Nordlicht über sich. Er riß sich auch die Kleider vom Leib und kam in dem Nordlicht zu ihr. Aber sie erkannte ihn nicht. Es wogte drohend, und der kühle Raum drängte sich ihr in die Poren. Er hatte große, dunkle Augen, mit denen er sie zu wecken versuchte. Sie lag nur still da und sah ihn an. Den ganzen Mann. Als ob sie sich jede Bewegung einprägen wollte.
Als seine Hände sie auftauen wollten, wurde sie ein kantiger Stein unter ihm.
Immer wieder versuchte er, in sie hineinzukommen. Aber sie hatte keine Öffnung. Denn sie war Tora.
Er fand nichts. Er setzte sich auf die Bettkante und zündete sich eine Zigarette an und wollte mit ihr reden. Aber sie antwortete nicht auf das, was er fragte, denn sie verstand nicht, was er sagte. Schließlich konstatierte er hart: »Du bist voll!«
Da geschah es: Es wurde ihr klar, daß sie Henrik war. Und daß Henrik in den Glasscherben auf dem Fußboden im Tausendheim saß und weinte, weil er sich geschnitten hatte. Denn Henrik und sie waren der gleiche Mensch.

42

Sie merkte sofort, als sie aufwachte, daß ihr jemand die Haut abgezogen hatte, während sie schlief. Jede Bewegung mit dem Kopf tat weh. Der Körper näßte. Sie hatte unerträglichen Durst.
Sie erinnerte sich nicht, daß Jon gegangen war. Dagegen erinnerte sie sich, daß sie vergessen hatte, das Radio von der Insel mitzunehmen. Ein weinrotes Kurér-Kofferradio mit vier el-

fenbeinweißen Knöpfen und dem Globus, der den Sucher feststellte. Das Radio hatte einen wunderbaren Klang, den sie nicht gehört hatte, weil er nach Bekkejordet gekommen war. Später hatte sie es wahrhaftig vergessen. Die zwei Zeilen mit der Berliner Adresse auch. Sie vermißte beides, nachdem sie ein großes Glas Wasser getrunken hatte.
Sie hätte das Radio nicht eingeschaltet. Nein, das würde zuviel Lärm geben. Sie hätte es auf den Tisch gestellt und die Hand darauf gelegt.

Als der Schnelldampfer am ersten Tag im neuen Jahr vom Kai ablegte, spielte das Breiland-Schulorchester in den roten und blauen Uniformen. Es klang unsauber und nackt über den flauschigen Fjord. Wie ein Jammern.
Sol schwatzte mit einem jungen Mann vorne bei der Landungsbrücke, und es fiel ihr schwer, sich loszureißen, so daß Tora nicht zu ihr ging. Sol hatte sie wohl vergessen, so wie sie selbst das Radio vergessen hatte. Es war nicht böse gemeint. Manchmal fügte es sich so, daß man vergessen mußte.
Rakel hatte sie auch vergessen. Da war wenig dran zu ändern.
Aber Sol hielt Ausschau nach Tora. Es war nicht einfach, sie zu entdecken, denn an einem solchen Tag fanden viele den Weg zum Kai. Sie gab ihrem zufälligen Freund einen extra nassen Kuß und ging an Bord. Hatte bereits eine Menge aus ihrer Reise nach Süden herausgeholt. Und sie würde noch mit den Leuten auf dem Schnelldampfer bis Trondheim schwatzen und im Zug bis Oslo.
Dic Nacht war immer neu. Wie eine übermütige Neujahrsrakete, die sie die düsteren, ekligen Werktage vergessen ließ. Von denen sie Tora nichts erzählt hatte. Die man am besten begrub, sobald sie verbraucht waren. Sie stand an Deck und schaute nach Tora aus, bis das Land im Schneetreiben verschwand.
Tora dachte daran, Jon anzurufen, aber sie hatte das Gefühl, daß er einige Lichtjahre entfernt war. Glitt immer weiter fort. Folgte gleichsam dem Schnelldampfer zum Fjord hinaus. Sie hatte ja keine Öffnungen mehr. Nichts. Sie war niemand in Rakels Kleidern. Sie wünschte beinahe, die Pfefferkuchenleute kämen, so daß sie sich fürchtete und somit fühlte, daß sie noch lebte. Aber sie kamen nicht. Sie hatten Simon dazu gebracht, daß er sie schlug, damit sie begriff, wie wenig sie wert war. Simon, der sonst nie schlug.

»Es war nicht richtig von mir, daß ich dir eine runtergehaun hab'«, hatte er gesagt.
»Haste mir eine runtergehaun?« hatte sie gefragt.
Sie wußte, daß er es nur gesagt hatte, um vor sich selbst bestehen zu können.

Die beiden hohen Fenster schauten gütig auf sie herab, obwohl sie dunkel waren. Das ganze Haus nahm sie an, auch wenn sie mehrmals klingeln mußte, bis Frau Karlsen kam, um zu öffnen. Sie schien erschrocken, redete schnell und sagte zweimal »Prost Neujahr«. Sie war ungekämmt und sah nach alter, verwelkter Einsamkeit aus. Und Tora spürte, wie Frau Karlsen sie in die Räume hineinsaugte.
Sie kochte Kaffee und brachte ein paar Schmalzringe, die sie in der Bäckerei gekauft hatte.
Tora erwähnte, daß sie einen Holzlöffel und eine Strickdecke in ihrem Zimmer vergessen hatte.
Frau Karlsen starrte sie zuerst an, dann hielt sie inne und kaute weiter. Natürlich solle Tora die Strickdecke zurückbekommen und den Holzlöffel! Es wohne jetzt niemand mehr da oben. Sie vermiete das Zimmer nicht mehr. Sie habe ja noch die Miete von dem Mann, der in dem Zimmer gegenüber im Flur wohne und der nie zu Hause sei.
Sie sagte nichts davon, daß es ein sonderbarer Tag war, um vergessene Dinge zu holen. War nur erregt und teilnahmsvoll. Wie damals, als sie alles für die Beerdigung richtete, dachte Tora.
Frau Karlsen fiel es plötzlich ein, daß sie im Sommer in der Zeitung über Tora gelesen hatte. Das sei ja großartig. Großartig! Sie habe es ausgeschnitten. Tora solle den Ausschnitt mitnehmen, falls sie ihn nicht habe. Sie eilte zu einer Schublade und holte eine alte Zeitungsseite, die bereits anfing zu vergilben. Breitete sie auf dem Tisch aus.
Sie erzählte, daß alle in der Bank davon gesprochen hätten, daß Tora so gute Noten bekommen habe. Es sei ein fantastisches Geschenk, einen so klugen Kopf zu haben. Ja, sie würde wohl etwas Großes werden. Etwas richtig Großes...
Sie sah Tora hingerissen an.
»Kinderleiche in einer Plastiktüte gefunden! ... Mord!«
Das steht da noch, dachte Tora. Es wurde schrecklich still rund um alle Möbel.

Der Schneewall ist nicht so hoch, wie sie ihn in Erinnerung hat. Sie nimmt sich nicht die Zeit, auf alles zu schauen, was überall heraussticht, als sie sich dem Müllplatz nähert. Klettert über den Wall und geht am Müllplatz vorbei.
Der Friedhof ist beinahe freundlich. Der Schnee ist ins Meer geblasen worden, weit draußen an der Landspitze. Die Leiter hängt an der Schuppenwand. Aber es gibt keine offenen Gräber, und der Weg zum Friedhof ist nicht geräumt. Man kommt nur schwer voran in dem matschigen Schnee, aber es geht.
Dann springt sie endlich von Stein zu Stein, am Strand entlang, bis sie beginnt hochzusteigen. Mit losem Schal und offenem Anorak. Ist froh über die Stretchhose und die Wollsokken.
Die Luft ist still, hat nur einen sanften Zug vom Meer her. Wie eine Liebkosung.
Dann ist sie da! Packt die Strickdecke und den Holzlöffel aus dem Leinensack aus und bleibt einen Augenblick sitzen, um auf die Steine über dem Grab zu schauen.
Sie scheinen immer da gelegen zu haben. Aber sie wird es schaffen, sie wegzuwälzen. Sie hat es ja auch vorher geschafft. Gestern? Vor langer Zeit?
Während sie an dem größten Stein rüttelt, der es für gut befand, an der Unterlage festzufrieren, merkt sie, daß sie Hilfe bekommt. Gute Hilfe.
Rakel steht da!
Sie spürt ihren Atem im Gesicht.
»Ich wußte, daß du ihn mitnehmen willst, wenn du fährst«, sagt Rakel mit einem Lächeln, das zu einer Grimasse wird, weil sie so fest anpackt.
»Ja«, sagt Tora jubelnd und packt auch fest an.
»Haste das Heft und den Federhalter mit?«
»Ja, und das Bild vom Papa, damit sie mich erkennen, wenn ich komm'.«
Rakel gluckst.
Tora kann sich nicht dazu entschließen, ihr Vorwürfe zu machen, daß sie so lange fort war. Sie ist so unendlich froh, sie zu sehen. Froh, weil Rakel froh ist.
»Ich hab' lang auf dich gewartet. Hab' geglaubt, du kommst überhaupt nicht mehr«, sagt Rakel, während der letzte Stein wegrollt.
»Ich wußte nicht, daß du hier gewartet hast.«
»Wo in aller Welt sollte ich sonst sein?« fragt sie sanft. Sieht

verstohlen zu Tora und fängt an, mit den bloßen Händen zu graben.
»Nein, mach dich nicht schmutzig, ich hab' den Holzlöffel mit, verstehste.«
»Es war gut, daß du soviel Verstand hattest, den Stein drüberzuwälzen, sonst hätt' es sehr tief gefroren.«
»Hörste was?« fragt Rakel nach einer Weile.
»Ein klitzekleines, fröhliches Zwitschern«, lacht Tora.
»Wir haben ihn bald in der Hand. Vögel soll man nicht vergraben. Sie sollen fliegen. Daran haste nicht gedacht, Tora.«
»Nein.«
»Das macht nichts. Wir nehmen ihn mit, wenn wir nach Berlin fahren. Das hier ist kein Ort für uns. Das weißte ja.«
»Wie werden wir hier wegkommen?«
Rakel hört auf zu graben und lacht erstaunt, während sie eine Atempause macht. Dann stupst sie Tora in die Seite. Die Haare stehen wie ein Glorienschein gegen den zerbrechlichen Himmel. Wie eine Sonne.
»Wir nehmen den Schnelldampfer. Und den Zug. Wir fahren Tag und Nacht, bis wir da sind.«
»Wie sollen wir uns zurechtfinden, Tante?«
»Du fragst so dumm, daß ich dich keiner Antwort würdige. Du wirst schon sehn!«
»Es gibt einen runden Turm. Ich hab' ihn in einem Buch gesehn, weißte. Ein großer, runder Turm mit einer Uhr und sehr vielen Fenstern. In der Kuppel ist ein rundes Fenster mit einer Krone drüber. Beinah wie im Himmel. Und ganz oben steht eine schöne, nackte Dame, die auf einem Fuß balanciert und einen Vogelflügel hält. Es sieht so aus, als ob sie fliegen wollte. Sie besitzt sich und die ganze Welt.«
»Da hast du's. Du weißt ja, wie alles ist. Wir müssen nur den hier mitnehmen, dann fahren wir«, sagt Rakel zufrieden.
Sie graben, ohne etwas zu sagen. Aber Tora sieht, daß es viel zu langsam geht.
»Ich glaub', er ist doch erfroren, Tante.«
»Immer mit der Ruhe, es taut wohl, bis der Schnelldampfer kommt. Ich setz' mich hierher und wärm' den Boden – dann geht's schneller.«
Rakel breitet die Strickdecke in der Mulde, in der vorher die Steine gelegen haben, aus und setzt sich.
Tora setzt sich dicht zu ihr.
»Es ist ein Tor vor dem Turm, Tante.«

»Wie sieht's aus?«
»Es hat viele gold'ne Schnörkel drauf. Und auf jeder Seite steht ein Mann mit Schwert und Schild Wache. Aber es ist nur wegen des Aussehens. Denn es ist kein Krieg mehr.«
»Da gehn wir einfach rein und schaun uns um. Was sehn wir noch?«
»Grüne Wiesen und Blumen. Große Bäume mit Vögeln.«
»Sollen wir uns auf die Treppe setzen und alle Leute beobachten, die vorbeigehn?«
»Tante! Fühl mal die Wand hier – die gelben Steine.«
»Die gelben Steine?«
»Aus denen das Haus gebaut ist, was sonst?«
»O ja, fühl mal hier – die Sonne hat sie gewärmt. Sind sie deshalb gelb?«
»Nein, Tante, du bist dumm!« lacht sie.

Der Schnee und die Dunkelheit legen sich nach und nach wohlig um Tora. Es ist unendlich still. Nur ein winzig kleines Tönen ist in der Luft.
»Wie sollen wir wissen, wann das Schiff kommt, Tante?«
»Wir sehen die Lichter, Tora. Eine Unmenge Licht.«

Herbjørg Wassmo

Das Buch Dina

Roman. 544 Seiten. Gebunden mit Schutzumschlag

Ein historischer Roman, der das Norwegen des 19. Jahrhunderts mit einer epischen Kraft schildert, die ihresgleichen sucht. Die Geschichte einer starken, ungewöhnlichen Frau, die mit alttestamentarischer Härte handelt und doch zuinnerst ein verletzliches, nach Liebe sich sehnendes Kind geblieben ist.

Herbjørg Wassmo gilt als angesehenste und meistgelesene Autorin Norwegens. *Das Buch Dina* wurde vom norwegischen Buchhändlerverband 1991 zum besten Roman der achtziger Jahre gekürt.

»*Das Buch Dina* ist ein hervorragender Roman. Groß und schwer, leicht und tief. So macht ein Dichter aus einem toten Damals ein lebendes Jetzt.«

Information, Dänemark

»Herbjørg Wassmos wildromantisches Epos ... ist ... ein rasantes Lese-Erlebnis.«

AZ, München

Tor Åge Bringsværd

Mond der Kindheit

Roman. 224 Seiten. Gebunden mit Schutzumschlag

In einer Oase in der Wüste Gobi, neben den singenden Dünen, sitzt ein alter Mann und erinnert sich an die Zeit, da er ein Kind und sein Mond noch voll war. Im wohl spektakulärsten und grausamsten Kreuzzug der abendländischen Geschichte, dem Kinderkreuzzug von 1212, verschlug es Wolfgang von Godesberg aus der deutschen Heimat zunächst nach Alexandrien, dann immer weiter nach Osten, bis er in Karakorum, der Hauptstadt der Mongolen, Gefangener von Dschingis Khan wurde.

Der mit mehreren literarischen Preisen ausgezeichnete norwegische Schriftsteller Tor Åge Bringsværd schildert in Wolfgangs Assoziationen den Aufeinanderprall von westlicher und östlicher Mythologie, von weißem Tiger und blauem Drachen. Geschichtenerzähler wie Philosoph, Weiser wie Narr – ihre Stimmen vereinen sich zu einer »... mitreißenden historischen Parabel«.

Fynens Stiftstidende